地址：湖北省武汉市武汉经济技术开发区东风大道特1号

Add: Special No.1, Dongfeng Street, Wuhan Economic and Technology Development Zone,
Wuhan City, Hubei Province

邮编(P.C.): 430056

电话(Tel.): 0086-27-84285555

传真(Fax): 0086-27-84285288

Http://www.dfmc.com.cn

福建省汽车工业集团有限公司
FUJIAN MOTOR INDUSTRY GROUP CO.,LTD

董事长：廉小强

福建省汽车工业集团有限公司（简称福汽集团，英文简称FJMG），成立于1992年，是福建省国资委所辖的国有独资公司。已有权属企业：东南汽车、福建戴姆勒汽车、厦门金龙汽车、新龙马汽车、福建厦门经贸集团、福建省汽车工程研究院（蓝海汽车技术有限公司）、蓝海物流有限公司、福建华擎发动机、星联汽车配件等，贸易企业有福建东南汽车贸易公司等。福汽集团主要产品是轿车、大中轻型客车、重中轻型载货车等，从业人员约8万余人，具备30万辆汽车的年产能力。

作为福建省属大型国有企业集团和海峡西岸经济区的核心产业，福汽集团将对福建汽车的整体布局与发展进行统筹考虑，秉持“政府规划、政策引导、龙头带动、产业关联、优势互补、做强做大”的发展思路，紧紧抓住国务院出台《关于支持福建省加快建设海峡西岸经济区的若干意见》的有利契机，争取“差异化”政策，充分发挥两岸“五缘”优势和海峡西岸独特的政策优势、临港物流优势，凝心聚力，上下同欲，趁势而上，有所作为，通过持续深化闽台合作、国内国际合作，加快推进海峡两岸汽车工业和世界汽车工业的对接、融合与合作共赢，争取用3～5年时间，达到30万～50万辆的产业规模，推动福建发展成为全国重要的汽车制造和出口基地，打造独具特色的海西汽车板块。

2011年版

中国汽车出口年鉴

CHINA AUTOMOBILE EXPORT YEARBOOK

《中国汽车工业年鉴》期刊社　编

吉 林 科 学 技 术 出 版 社

图书在版编目(CIP)数据

2011中国汽车出口年鉴 /《中国汽车工业年鉴》期刊社编.
— 长春:吉林科学技术出版社，2011.7
ISBN 978-7-5384-5380-5

Ⅰ. ①2… Ⅱ. ①中… Ⅲ. ①汽车—出口商品—中国—2011—年鉴 Ⅳ. ①F752.656-54

中国版本图书馆CIP数据核字(2011)第142203号

2011中国汽车出口年鉴
《中国汽车工业年鉴》期刊社 编
责任编辑：王雁鹏　　封面设计：赵　欣
*
吉林科学技术出版社出版、发行
天津中铁物资印业有限公司印刷
*
889×1194毫米 大16开本 17.75印张 480千字
2011年10月第1版 2011年10月第1次印刷
定价：360.00元
ISBN 978-7-5384-5380-5

社　　址　长春市人民大街4646号
邮　　编　130021
编辑部电话　0431-85636729
网　　址　www.jlstp.net
广告经营许可证号　2200004000048

2011年版《中国汽车出口年鉴》编审委员会

顾　　问　蒋耀平　中华人民共和国商务部
　　　　　刘铁男　中华人民共和国国家发展和改革委员会
　　　　　张小虞　中国机械工业联合会
主任委员　张　骥　中华人民共和国商务部
　　　　　陈　斌　中华人民共和国国家发展和改革委员会
副主任委员（按姓氏笔画排列）
　　　　　王富昌　中华人民共和国工业和信息化部
　　　　　刘世远　国家质量监督检验检疫总局
　　　　　陈建国　中华人民共和国国家发展和改革委员会
　　　　　金立萍　国家认证认可监督管理委员会
　　　　　赵　航　中国汽车技术研究中心
委　　员（按姓氏笔画排列）
　　　　　马继宪　广西壮族自治区商务厅
　　　　　支　敏　中国汽车工业协会
　　　　　支陆逊　中华人民共和国商务部
　　　　　方红卫　陕西汽车集团有限责任公司
　　　　　毛　辉　新疆外经贸厅机电处
　　　　　王　昆　国家认证认可监督管理委员会
　　　　　王秩亮　台州市对外贸易经济合作局
　　　　　王曙涛　辽宁省对外贸易经济合作厅
　　　　　白岩京　北京市商务委员会机电进出口处
　　　　　闫立功　内蒙古自治区商务厅
　　　　　何　为　重庆市外经贸委机电科技产业处
　　　　　余永福　厦门市机电产品进出口办公室
　　　　　佟新友　保定市商务局机电产品进出口办公室
　　　　　张　宁　中国汽车工程学会
　　　　　张　琼　武汉市商务局机电处
　　　　　张　霖　山东省商务厅
　　　　　张丹宁　安徽省商务厅机电处
　　　　　张忠宝　湖北省商务厅机电处
　　　　　张智松　长春市商务局机电科技处
　　　　　李　钢　中华人民共和国国家发展和改革委员会
　　　　　李文涛　国家质量监督检验检疫总局
　　　　　李红荣　河南省商务厅机电处
　　　　　李晋峰　山西省商务厅

杨　晓　广州市外经贸局机电产品进出口处
沈才林　江苏省机电产品进出口办公室
肖　栋　天津市商务委员会
周　强　东风汽车公司
季朱军　湖南省商务厅机电和科技产业处
庞莉萍　合肥市商务局国家汽车及零部件出口基地办公室
林本东　福建省外经贸厅机电办
姚百顺　广东省外经贸厅机电处
姜伟军　吉林省商务厅机电处
施　峰　上海市商务委员会机电和科技产业处
胡金贵　芜湖市国家汽车及零部件出口基地领导小组办公室
郝　伟　中国机电产品进出口商会
唐宇刚　陕西省商务厅机电处
徐立红　柳州市商务委员会
徐慧中　宁波市对外贸易经济合作局
钱明华　中华人民共和国工业和信息化部
高司华　四川省商务厅机电和科技产业处
高和生　中国汽车技术研究中心
崔　铁　大连市对外贸易经济合作局机电处
崔怀平　河北省商务厅机电处
盛华美　黑龙江省商务厅
黄　强　江西省机电产品进出口办公室
黄永和　中国汽车技术研究中心
韩　峻　浙江省商务厅
廉小强　福建省汽车工业集团有限公司
窦　民　青岛市商务局科技与机电处

2011年版《中国汽车出口年鉴》联络员

（按姓氏笔画排列）

王永权　山西省商务厅机电科技产业处
左永权　重庆市外经贸委机电科技产业处
田丞军　吉林省商务厅机电处
石　岩　天津市国家汽车及零部件出口基地建设领导小组办公室
关　杰　大连市对外贸易经济合作局机电处
刘德锐　四川省商务厅机电和科技产业处
汤海婴　厦门市机电产品进出口办公室
牟　莉　广州市外经贸局机电产品进出口处
吴海平　广东省外经贸厅机电处
张　军　长春市商务局机电科技处

张　琼　武汉市商务局机电处
张　辉　河北省商务厅机电处
张　鑫　河南省商务厅机电处
李　硕　广西壮族自治区商务厅产业处
李　琦　柳州市商务委员会
李玉山　黑龙江省机电产品进出口办公室
李安华　湖南省商务厅机电和科技产业处
李莉莉　青岛市商务局科技与机电处
杜　磊　北京市商务委员会机电进出口处
苏国辉　辽宁省对外贸易经济合作厅
陈素君　台州市国家汽车及零部件出口基地建设管理委员会办公室
陈雪芬　宁波市对外贸易经济合作局
周刚锋　湖北省商务厅机电处
庞莉萍　合肥市商务局国家汽车及零部件出口基地办公室
范万春　陕西省商务厅机电处
南　毅　保定市商务局机电产品进出口办公室
柳　磊　新疆外经贸厅机电处
胡　钰　安徽省汽车行业协会
郭晓京　安徽省商务厅机电处
梁永红　江西省机电产品进出口办公室
梁华平　安徽省汽车行业协会
景旦群　浙江省商务厅
廖　涛　上海市商务委员会机电和科技产业处
谭振学　山东省商务厅
滕　云　福建省外经贸厅机电办
潘文章　内蒙古自治区商务厅科技机电处
魏　刚　芜湖市国家汽车及零部件出口基地领导小组办公室
魏高宏　江苏省商务厅产业处

《中国汽车出口年鉴》编辑部

主　　编　赵　航
副 主 编　黄永和　王玮楠
编辑部主任　崔增辉
责任编辑　王雁鹏
编辑部成员　谭玲玲　恽　海　贾广宏　赫　炎
黄　倩　吴松泉　沈　庆　曲　婕
设计与制作　张　贞　赵　欣

编辑出版说明

《中国汽车出口年鉴》是在商务部机电和科技产业司、国家发展和改革委员会产业协调司的指导下，由《中国汽车工业年鉴》期刊社编写的。《中国汽车出口年鉴》旨在及时回顾中国汽车及零部件出口发展情况，发布权威、详细的信息，总结发展经验，为政府部门及行业组织制定发展规划和政策措施提供翔实、可靠的数据和资料，搭建政府与企业交流的平台，加强中国汽车工业和国外汽车工业的交流，服务于中国汽车及零部件出口的健康、有序发展。

2010年，随着国际汽车市场需求逐步恢复，中国汽车出口市场走出了2009年的低谷，在政策支持和国际市场回暖的双重作用下，汽车出口呈现回升态势，出口金额首次超过500亿美元，同比增长达到41.2%。2010年，中国出口汽车整车（包括汽车底盘）566 653辆，同比增长53.1%；出口挂车及半挂车304 046辆，同比增长6.9%；出口发动机整机（包括摩托车发动机）3 326 450台，同比增长19.5%；出口摩托车整车9 040 525辆，同比增长45.3%；零部件（包括汽车、摩托车和发动机零部件）出口金额4 170 866.9万美元，同比增长42.5%。

2011年版《中国汽车出口年鉴》正文共10个栏目，其中：有总览2010年汽车产品出口发展概况的综述文章；有指导汽车产品出口的政策法规；有记述汽车产品出口发展的大事记；有主要省、市汽车产品出口情况介绍；有乘用车、商用车及零部件产品的出口情况；有12个国家汽车及零部件出口基地的发展情况介绍；有主要出口国家和地区的法规、市场发展概况。同时，统计数据和附录中收录了大量翔实的国内外汽车产品进出口及相关资料。

《中国汽车出口年鉴》是按照编审委员会审定的原则，在商务部和国家发改委等政府部门的指导下编写的。本书在征集资料及编辑过程中，得到了国家有关部门、中国机械工业联合会、中国汽车工业协会、中国机电产品进出口商会以及各省、自治区、直辖市、计划单列市的商务主管部门、12个国家汽车及零部件出口基地和各汽车企业集团（公司）的大力支持，特别得到了《中国汽车出口年鉴》各位联络员及所在单位的大力支持与协助，在此表示诚挚的谢意。

希望今后能够继续得到有关方面及广大读者的大力支持，欢迎有关部门及广大读者对本书的持续改进提出建设性意见和建议，编辑部同仁将感谢之至。

《中国汽车出口年鉴》编辑部

2011年10月

目 录

政策法规
Policies & Regulations

大事记
Major Events

主要地区汽车产品出口情况
Auto Products Export of Main Provinces and Municipalities

乘用车出口
Export of Passenger Cars

商用车出口
Export of Commercial Vehicles

汽车零部件出口
Export of Auto Parts

汽车产品出口统计数据
Statistics of Auto Products Export

主要出口地区和国家
Major Export Destination

国家汽车及零部件出口基地
National Automobile and Parts & Components Export Bases

附录
Annex

2010年中国汽车产品出口发展综述

2010年，随着国际汽车市场需求逐步恢复，中国汽车出口市场走出了2009年的低谷，在政策支持和国际市场回暖的双重作用下，汽车出口呈现回升态势，尽管增速低于同期进口，但出口金额首次超过500亿美元，同比增长达到41.2%。

2010年，中国出口汽车整车（包括汽车底盘）566 653辆，同比增长53.1%；出口挂车及半挂车304 046辆，同比增长6.9%；出口发动机整机（包括摩托车发动机）3 326 450台，同比增长19.5%；出口摩托车整车9 040 525辆，同比增长45.3%；零部件（包括汽车、摩托车和发动机零部件）出口金额4 170 866.9万美元，同比增长42.5%。2010年汽车产品出口额构成见表1。

表1 2010年中国汽车产品出口额构成 万美元

产品类别	出口金额	同比增长，%	所占比例，%
汽车产品总计	5 413 927.5	41.2	100.0
汽车整车	698 413.3	34.6	12.9
挂车及半挂车	46 499.2	38.2	0.9
发动机整机	98 487.6	36.4	1.8
摩托车整车	399 660.5	41.4	7.4
零部件	4 170 866.9	42.5	77.0

1 汽车整车出口

1.1 概况

2010年，在汽车整车出口主要品种中，轿车和载货车仍是两大主要出口车型。2010年轿车出口179 940辆，同比增长75.7%；载货车出口232 081辆，同比增长30.4%，上述两大品种全年共出口381 960辆，占汽车整车出口总量的72.7%。

在出口的车型中，柴油型乘用车的出口量依然较小，汽油乘用车占出口总量的9成以上，而柴油商用车的出口则超过乘用车。在商用车出口中，载货车（含底盘）、大中型客车及专用车出口金额约占整车出口总额的73.4%，尤其是客车出口表现出色，数量与金额分别同比增长57.0%和62.4%，增幅均名列前茅，其中轻型客车出口的增幅最大。2010年中国汽车整车产品出口情况详见表2。

表2 2010年中国汽车整车产品出口情况

	汽车种类	出口量 辆	同比增长 %	出口金额 万美元	同比增长 %
乘用车	轿车	179 940	75.7	127 631.7	58.8
	四驱越野汽车	22 502	83.2	19 362.0	75.9
	小客车（≤9座）	39 918	123.4	29 436.8	130.9
	其他载人机动车	2 067	4.3	2 324.5	27.9
	未列名载人机动车	37 941	105.8	7 343.8	72.8
	小计	282 368	84.5	186 098.8	68.9
商用车	载货车	232 081	30.4	318 382.1	25.0
	客车（>9座）	36 517	57.0	103 656.8	62.4
	专用汽车	8 710	-2.3	81 577.3	2.7
	汽车底盘	6 977	0.8	8 698.3	-20.8
	小计	284 285	31.0	512 314.6	25.3
合计		566 653	53.1	698 413.3	34.6

出口整车产品中，居前三位的产品依次为载货车、轿车和小客车（9座及以下），三种车型合计占出口整车总数的79.9%。2010年中国汽车整车出口构成见表3。

表3 2010年中国汽车整车出口构成 辆

车型	数量	同比增长，%	所占比例，%
汽车整车出口	566 653	53.1	100.0
载货车	232 081	30.4	41.0
轿车	179 940	75.7	31.8
客车（9座及以下）	39 918	123.4	7.1
未列名载人机动车	37 941	105.8	6.7
客车（10座及以上）	36 517	57.0	6.4
四驱越野车	22 502	83.2	4.0
专用汽车	8 710	-2.3	1.5
汽车底盘	6 977	0.8	1.2
其他载人机动车	2 067	4.3	0.3

1.2 分车型出口

1.2.1 乘用车出口

2010年，乘用车出口增幅迅猛，出口量同比增长84.5%，高于商用车增幅31.4个百分点。从出口量看，乘用车虽然仍落后于商用车，但差距已缩小至2 000辆以内，而这一差距在2009年为6.4万辆，这说明一直以来商用车占据出口主导地位正在发生转变。2010年乘用车各车型出口情况见表4。

表4 2010年中国乘用车各车型出口情况 辆，万美元

车型	数量			金额		
	2010	2009年	同比增长，%	2010	2009年	同比增长，%
轿车	179 940	102 432	75.7	127 631.7	80 379.1	58.8
四驱越野汽车	22 502	12 280	83.2	19 362.0	11 005.7	75.9
小客车	39 918	17 872	123.4	29 436.8	12 746.6	130.9
其他载人机动车	2 067	1 982	4.3	2 324.5	1 817.1	27.9
未列名载人机动车	37 941	18 439	105.8	7 343.8	4 250.1	72.8
合计	282 368	153 005	84.5	186 098.8	110 198.6	68.9

中国乘用车出口以轿车为主，轿车出口量占乘用车出口量比例由2001年21.3%升至2008年的75.7%；受金融危机的影响，轿车出口减速，2010年轿车占乘用车的出口比例为31.8%。乘用车占整车出口量的比例每年都在变化，出口量少时所占比例不足20%，出口量多时所占比例又超过50%。从乘用车出口量上看，总体态势与整车出口有所不同。2003～2005年，乘用车出口有降有升；2006～2008年，乘用车出口稳步上升；2009年，受国际大环境及金融危机影响，出口量同比下降；2010年，随着金融危机影响的减弱及出口市场的回暖，乘用车出口增长由2009年的负增长转为高速增长，出口量同比增长超过80%，出口金额同比增长接近70%。

■轿车出口

从统计数据看，在整车出口中轿车仍是中国主要出口车型品种。随着海外出口环境的好转，中国轿车出口呈现恢复性增长态势。自主品牌轿车一直是轿车出口的主力，虽然近两年受国际金融危机影响汽车出口减速，但总体来说出口业绩还是不错的。奇瑞、长城、比亚迪、吉利等企业积极寻求海外市场区域的转变，如将原有出口区域转变为以中东、东南亚、非洲市场为主；2009 年国内自主品牌产品在俄罗斯的出口市场出现下滑后，不少企业将出口市场转到南美、亚洲及拉美等地。在企业的共同努力下，2010 年中国轿车出口增长迅猛，由 2009 年的负增长，变为增长 75.7%，轿车出口量占整车出口的比例提高 4.1 个百分点。

2010 年，从轿车分排量出口情况看，1 ～ 1.5L 轿车出口 116 210 辆，出口额 83 170.1 万美元，居第一位；1.5 ～ 2.5L 轿车出口 49 967 辆，出口额 37 464.2 万美元，居第二位；1.0L 以下轿车出口 12 158 辆，出口额 4 999.1 万美元，居第三位。从轿车月度出口情况看，1 ～ 6 月呈逐步上升态势，从 1 ～ 2 月出口 0.9 万辆，至 6 月增至 1.85 万辆；此后 7 ～ 10 月，月均出口量在 1.6 万辆左右徘徊；11 ～ 12 月出口量达到全年的高峰，月均出口量达到 2.17 万辆。

■SUV 出口

2010 年，四驱越野车出口 22 502 辆，同比增长 83.2%；出口额 19 362.0 万美元，同比增长 75.9%。国内四驱越野车的出口车型仍较单一，基本都是 1.5 ～ 2.5L 的车型。2010 年第一季度，四驱越野车月均出口 1 586 辆，较 2009 年同期提高 164.3%；2010 年第二季度月均出口 1 560 辆，较 2009 年同期提高 95.0%；2010 年第三季度月均出口 2 095 辆，较 2009 年同期提高 74.6%；2010 年第四季度月均出口 2 257 辆，较 2009 年同期提高 50.5%。虽然与 2007 年第四季度月出口 3 000 辆的峰值还略有差距，但从 2010 年第四季度四驱越野车月出口情况看，其差距已经明显缩小了。

柴油四驱越野车的出口仍处于较低水平。虽然各方都在宣传柴油化，而且欧洲柴油化也很明显，但自主品牌出口的地区对油耗一般不限制，自主品牌的乘用车柴油化缺乏动力，因此柴油四驱越野车在国内市场和海外市场发展空间都不大。

■ 乘用车出口主要市场

●轿车出口主要市场

2010 年，轿车出口前五名国家分别为俄罗斯、德国、智利、伊拉克和伊朗，而 2009 年出口前五名的分别为德国、埃及、伊拉克、俄罗斯和叙利亚。俄罗斯由 2009 年的第四位上升至第一位，智利由 2009 年第十二位上升至第三位，伊朗由 2009 年第七位上升至第五位，而德国和伊拉克轿车出口量排名较 2009 年分别下降一位。轿车出口量增幅较大的有智利（增长 383.7%）、俄罗斯（286.0%）、伊朗（184.8%）、秘鲁（160.1%）及意大利（76.8%）。2009 年在轿车出口排名中位于第十一位的巴西、位于第十七位的乌拉圭，2010 年分别上升至轿车出口的第九位和第十位。2008 ～ 2010 年中国轿车分国别出口情况见表 5。

●SUV 出口主要市场

2010 年，SUV 出口前五名国家为俄罗斯、埃及、巴西、乌拉圭和南非，分别占 SUV 出口市场的 20.6%、20.1%、10.2%、11.3% 和 5.4%，出口量前五名国家出口量共占 SUV 出口市场的 67.6%。出口前五名国家中增幅最大的是南非，出口量同比增长 194.0%。2009 年 SUV 出口市场前五名企业中只有埃及和乌拉圭仍在出口前五名行列中，意大利下降至第七位，智利下降至第九位，而安哥拉下降至第十六位。在 SUV 出口前十名国家中，俄罗斯、巴西和阿根廷在 2009 年没有出口 SUV 产品，而 2010 年出口数量之大使他们

表 5　2008 ～ 2010 年中国轿车分国别出口情况

辆，万美元

出口目标国	出口量			出口额			出口量增幅，%	
	2010	2009	2008	2010	2009	2008 年	2010	2009
轿车合计出口	179 940	102 432	241 316	127 631.7	80 379.1	179 500.5	75.7	-57.6
德国	10 412	15 106	16 218	13 816.7	19 795.3	20 575.4	-31.1	-6.9
埃及	14 372	11 741	16 658	6 835.7	6 190.9	9 867.7	22.4	-29.5
伊拉克	14 144	8 399	1 084	8 428.5	4 723.4	705.6	68.4	674.8
俄罗斯联邦	23 726	6 146	57 119	15 433.7	4 350.1	44 933.9	286.0	-89.2
叙利亚	8 412	5 962	11 112	5 972.4	4 032.3	7 441.9	41.1	-46.4
乌克兰	4 695	5 050	54 122	2 633.6	2 925.9	36 515.6	-7.0	-90.7
伊朗	13 967	4 905	6 172	8 389.4	2 192.2	4 029.7	184.8	-20.5
意大利	7 145	4 042	10 184	6 279.9	4 186.6	12 213.9	76.8	-60.3
土耳其	2 775	3 183	4 146	2 681.6	2 116.6	3 627.5	-12.8	-23.2
阿尔及利亚	3 132	3 094	13 868	1 902.1	1 841.6	7 953.6	1.2	-77.7
古巴	1 650	3 062	1 674	1 224.1	2 269.0	1 489.3	-46.1	82.9
智利	14 730	3 045	12 930	8 575.9	1 885.1	7 727.7	383.7	-76.5
瑞士	2 252	2 009	1 076	2 971.3	2 659.2	1 315.5	12.1	86.7
法国	1 715	1 721	1 356	2 266.4	2 309.9	1 708.7	-0.3	26.9
秘鲁	4 283	1 647	4 693	2 358.4	846.8	3 110.6	160.1	-64.9

位居第一、第三和第八位。此外，在SUV出口前十名国家中出口量与出口额增长幅度最大的是澳大利亚（出口量增长11 633.3%，出口额增长14 370.8%），其次是缅甸（出口量增长7 475.0%，出口额增长3 880.0%），伊朗、秘鲁及南非的出口增长幅度也较大。2009～2010年中国SUV主要出口市场情况见表6。

表6　2009～2010年中国SUV主要出口市场情况　辆，万美元

出口目标国	出口量			出口额		
	2010	2009	增幅，%	2010	2009	增幅，%
越野车合计出口	22 502	12 280	83.2	19 362.0	11 005.7	75.9
俄罗斯联邦	4 625	0	0.0	3 886.9	0	0.0
埃及	4 526	3 553	27.4	2 456.0	2 072.1	18.5
巴西	2 297	0	0.0	2 382.5	0	0.0
乌拉圭	2 535	2 469	2.7	1 760.2	1 686.2	4.4
南非	1 223	416	194.0	1 150.6	370.5	210.6
伊朗	908	50	1 716.0	867.1	48.9	1 673.2
意大利	775	1 849	-58.1	771.7	1 849.0	-58.3
阿根廷	710	0	0.0	693.1	0	0.0
智利	730	619	17.9	624.3	541.7	15.2
叙利亚	532	94	466.0	527.4	104.7	403.7
缅甸	303	4	7 475.0	497.5	12.5	3 880.0
朝鲜	405	337	20.2	411.7	315.2	30.6
澳大利亚	352	3	11 633.3	347.3	2.4	14 370.8
古巴	343	0	0.0	325.8	0	0.0
秘鲁	320	94	240.4	270.1	78.4	244.5

1.2.2　商用车出口

在各商用汽车车型中，载货车和客车是商用汽车出口的主力军。特别是载货车，其出口数量一直占商用汽车出口量80%左右的份额，2010年载货车产品出口量占商用汽车出口量达到81.6%，载货车出口金额占商用汽车出口金额的62.1%。2005年以后，随着中国客车制造整体水平的不断提升，客车产品出口呈快速增长之势，至2007年其出口量占商用汽车出口量的12%以上；受全球性金融危机的影响，2008～2009年其出口量趋缓，但仍占商用汽车出口量10%左右的份额；2010年客车产品出口量占商用汽车出口量达到12.8%。在出口金额方面，2004～2006年，客车出口金额占商用汽车出口金额的比例基本呈上升态势；2007～2009年有所下滑，大约占商用汽车出口金额的15%左右；2010年客车出口占商用车出口比例又有所回升，客车产品出口额占商用汽车出口额达到20.2%。专用汽车出口数量所占商用汽车出口数量的比例虽然不大，但其出口金额占商用汽车出口金额的比例自2004年以后基本呈上升之势，2008年这一比例超过20%，2009年达到近20%，2010年专用汽车出口金额占商用汽车出口金额的15.9%。

2010年，商用车累计出口284 285辆，同比增长31.0%；出口额512 314.6万美元，同比增长25.3%。详见表7。

表7　2010年中国商用车各车型出口情况　辆，万美元

车型	数量			金额		
	2010年	2009年	同比增长，%	2010年	2009年	同比增长，%
合计	284 285	217 025	31.0	512 314.6	408 837.8	25.3
载货车	232 081	177 926	30.4	318 382.1	254 607.1	25.0
客车（>9座）	36 517	23 264	57.0	103 656.8	63 811.8	62.4
专用汽车	8 710	8 912	-2.3	81 577.4	79 432.0	2.7
汽车底盘	6 977	6 923	0.8	8 698.3	10 986.9	-20.8

■载货车出口

2010年载货车出口总计232 081辆，同比增长30.4%；出口金额318 382.1万美元，同比增长25.0%。从出口量与出口额看，载货车仍然位居中国汽车出口的第一位。

1）出口市场走势：近年来，载货车出口取得快速发展，从2004年的7.23万辆一直增长到2008年的28.77万辆，增长将近3倍，平均每年增长131.4%。尤其是2008年，虽然金融危机对中国载货车出口冲击很大，但仍实现同比4.3%的增长，达到历史最高的28.77万辆。2009年，由于金融危机对海外市场的影响进一步深入，需求量进一步萎缩，载货车出口量177 926辆，同比下降38.2%。2010年，随着国际市场需求逐步恢复，汽车出口市场环境渐趋好转，载货车出口由负增长转变为增长，出口量同比增长30.4%，出口金额同比增长25.0%。

2）分车型出口情况：2010年，载货车各细分车型中，除总质量＞8t的汽油载货车及总质量＞20t柴油载货车出口量同比下降外，其余各车型出口量同比均呈增长态势，与2009年出口量同比大部分呈下滑态势形成鲜明对比。载货车出口量同比增幅最大的是5t＜车总质量≤8 t汽油载货车，出口量同比增长260.0%；其次是半挂车专用的公路牵引车，出口量同比增长70.0%；第三是14t＜车总质量≤20 t柴油载货车，出口量同比增长52.1%。此外，车总质量≤5 t汽油载货车、车总质量≤5 t柴油载货车，出口量同比增长均超过30%；5t＜车总质量≤14t柴油载货车和其他类载货车出口量同比增长也超过20%。

从载货车月度出口金额看，出口金额的变化波动较小，除2月出口低于2亿美元外，其他月份的出口金额均在2.5亿美元左右，4月、11月及12月，载货车出口额超过3亿美元。

■客车出口

1）客车出口总体情况：2008～2009年，受金融危机的影响，海外市场需求量大幅度下滑，客车产品的出口也受到很大影响。2008年中国客车出口33 928辆，同比减少19.0%；2009年客车出口量进一步下降到23 264辆，同比减少31.4%；2010年，客车出口增幅迅猛，出口量达到36 517辆，同比增长57.0%。

从2010年客车月度出口情况来看，出口数量和金额均高于2009年同期，这主要是受海外市场需求增

长及出口环境改善影响。除8月客车出口数量较小、不足2 000辆外，其他月份客车出口均在2 500辆以上，5月、6月、7月、11月和12月，客车出口均超过3 000辆，7月、12月客车出口量接近4 000辆。出口量增幅最大的是11月，增幅达46.2%；其他增幅较大的月份还有5月和9月，出口量增幅达41.7%和26.5%。

出口金额方面，6月、11月和12月客车出口金额均超过1亿美元，出口金额增幅6月达到24.9%，11月和12月均超过45%；其他月份客车月均出口接近8 000辆，出口金额增幅除2月、5月、8月和12月有不同程度下降外，其他月份出口金额均呈增长态势。

2）分车型出口情况：①座位≥ 30柴油客车出口9 021辆，同比增长52.9%，出口金额62 216.5万美元，同比下降62.0%；② 20 ≤座位< 30柴油客车出口4 872辆，同比增长58.1%，出口金额11 165.3万美元，同比增长50.2%；③ 10 ≤座位< 20柴油客车出口6 414辆，同比增长66.8%，出口金额7 248.6万美元，同比增长49.7%；④座位≥ 30其他客车出口861辆，同比增长113.6%，出口金额6 290.4万美元，同比增长154.7%；⑤ 20 ≤座位< 30其他客车出口581辆，同比增长492.9%，出口金额1 726.9万美元，同比增长324.9%；⑥ 10 ≤座位< 20其他客车出口14 757辆，同比增长48.7%，出口金额14 825.9万美元，同比增长48.3%；⑦机坪客车出口11辆，同比下降21.4%，出口金额183.2万美元，同比下降27.3%。

■专用汽车及底盘出口

2010年专用汽车出口总计8 710辆，同比下降2.3%；出口金额81 577.4万美元，同比增长2.7%。从各专用汽车品种来看，起重汽车和混凝土搅拌运输车成为专用汽车出口的主力，共计出口4 354辆，出口额47 256.6万美元。

国产汽车底盘在国际汽车市场上具有一定的价格竞争优势，近年来出口呈大幅增长之势。但2008年暴发的国际金融危机，导致汽车底盘国际市场需求萎缩；2009年其出口量与出口额下滑严重；2010年汽车底盘出口下滑局面有所改观，虽然出口金额上还是呈下降态势，但出口量同比略有增长，尽管增长幅度微小，但已看出汽车底盘出口已逐渐走出低谷。出口底盘主要集中在总质量< 14t的载货车底盘和30座以上客车底盘及其他专用车辆底盘，其中，总质量< 14t的载货车底盘出口350辆， 同比下降53.2%；出口金额335.9万美元，同比下降55.4%；30座以上客车底盘出口1 578辆， 同比下降33.9%；出口金额4 620.2万美元，同比下降32.0%；其他专用车辆底盘（含非公路用自卸汽车底盘）出口4 931辆，同比增长39.8%；出口额3 326.7万美元，同比增长28.6%。

■商用车主要出口市场

1）载货车出口的主要分布。2010年载货车出口集中在亚洲（主要是中东、中亚、东亚）、非洲、拉丁美洲。以往出口量较多的欧洲市场近年来受贸易保护等影响，出口量减少。企业在2010年对拉丁美洲市场开拓的较为成功，出口量及出口额提升较快。在亚洲及非洲，经济耐用、性价比较高的载货车在这些国家和地区很受欢迎。无论从数量还是金额看，都位居前两名，以下分别为拉丁美洲、欧洲、大洋洲和北美洲。2010年载货车和客车分洲别出口情况见表8。

表8　2010年中国客车和载货车分洲别出口情况　辆，万美元

分洲别	数量	金额	客车		载货车	
			数量	金额	数量	金额
合计	284 285	512 314.6	36 517	103 656.8	232 081	318 382.1
亚洲	131 379	245 043.5	12 754	42 648.1	109 426	161 956.4
非洲	83 212	159 734.1	16 186	31 734.4	62 311	95 345.4
拉丁美洲	56 723	79 186.5	6 107	16 978.1	49 531	48 058.4
欧洲	7 098	16 103.2	950	6 649.7	5 572	7 340.4
大洋洲	5 705	11 591.9	502	5 340.4	5 112	5 537.0
北美洲	168	655.5	18	306.2	129	144.5

2）载货车出口的国家集中度相对较高。在载货车出口国家中，阿尔及利亚名列第一（37 769辆），之后依次为越南（29 300辆）、叙利亚（20 778辆）、伊朗（13 728辆）、巴西（12 365辆）、智利（10 233辆）、秘鲁（7 662辆）、伊拉克（7 513辆）、乌拉圭（4 899辆）、朝鲜（4 021辆）。载货车出口金额最高的国家为阿尔及利亚，为4.33亿美元；之后依次为伊朗（3.40亿美元）、越南（3.07亿美元）、蒙古（1.31亿美元）、缅甸（1.15亿美元）、秘鲁（1.03亿美元）、哈萨克斯坦（0.98亿美元）、智利（0.92亿美元）、朝鲜（0.88亿美元）、安哥拉（0.80亿美元）。载货车出口区域不断扩大但分布不均衡，载货车出口传统市场主要分布在中东、东南亚、非洲、中亚、拉丁美洲等地区，但对那些环保法规更为严格的欧美国家市场，载货车依然竞争不过国际重型汽车巨头。

3）客车出口市场特点：①出口金额集中度同比上升。2009年出口金额超过2 000万美元的仅有10个国家，占客车出口总额的50.6%；2010年出口金额超过2 000万美元的仅有21个国家，占客车出口总额的74.2%。2009年客车出口金额超过3 000万美元的有5个国家，占客车出口总额的30.4%；2010年客车出口金额超过3 000万美元的有9个国家，占客车出口总额的45.1%；②客车出口国家与以往相比变化较大。客车出口数量的前五名的次序与2009年同期相比变化较大，唯有阿尔及利亚仍位于第一名，其余都更换了不同的国家，秘鲁由2009年的第八名上升至第二名；南非由2009年的第六名上升至第三名；中国香港由2009年的第二十四名上升至第四名；叙利亚由2009年的第

九名上升至第五名。

4）专用汽车出口市场：2010年，出口数量位于前三名国家分别为阿尔及利亚、越南和巴西，出口额位于前三名的国家为巴西、阿尔及利亚和哈萨克斯坦。从区域分布来看，专用汽车出口重点市场与2009年基本相同。2010年专用汽车出口量前10名国家见表9，汽车底盘出口前10名国家见表10。

1.3 从贸易方式及企业性质看汽车整车出口

2010年，从贸易方式出口看，一般贸易出口占首位，占整车出口量与出口额的81.1%和76.3%，同比分别增长47.7%和33.7%；进料加工贸易居次席，占整车出口量与出口额的16.8%和15.6%，同比分别增长94.4%和52.6%；其他贸易方式位于第三位，占整车出口量与出口额的1.5%和6.6%，同比分别增长7.7%和5.3%。详见表11。

2010年，从汽车产品出口按企业性质分的构成看，无论是出口量还是出口额，国有企业都是居首位，分别占出口量与出口额的40.0%和45.6%，同比分别增长44.5%和22.8%；中外合资企业占出口量与出口额的29.8%和23.8%，同比分别增长54.6%和41.8%，居第二位；私人企业占出口量与出口额的26.7%和24.5%，同比分别增长71.7%和52.0%，居第三位。详见表12。

1.4 分地区出口情况

从表13看出，2010年汽车出口量居前10名的省市分别为：安徽省、重庆市、河北省、北京市、江苏省、黑龙江省、广东省、上海市、山东省和湖北省，出口量总计440 334辆，占全年出口总量的77.7%；出口额总计481 283.9万美元，占全年出口总额的68.9%。出口量居前10名的省市中，有6个省、市有国家汽车及零部件出口基地或本身是出口基地，其中，出口量增长幅度最大的是海南省，同比增长470.2%；其次是四川省，同比增长246.1%；位于第三位的是江苏省，同比增长114.1%；其他省、市出口同比增长较大的还有河南省（111.2%）、重庆市（100.8%）、山东省（94.7%）、

表9 2010年中国专用汽车出口量前10名国家 辆，万美元

国家（地区）	出口数量			出口金额		
	2010年	2009年	同比增长，%	2010年	2009年	同比增长，%
合计	8 710	8 912	-2.3	81 577	79 432	2.7
阿尔及利亚	1 031	849	21.4	5 776	5 872	-1.6
越南	641	597	7.4	3 614	3 522	2.6
巴西	458	312	46.8	10 080	7 039	43.2
尼日利亚	441	476	-7.4	2 493	2 820	-11.6
哈萨克斯坦	390	305	27.9	4 287	3 764	13.9
利比亚	365	384	-4.9	3 105	4 043	-23.2
苏丹	282	151	86.8	2 697	1 469	83.6
沙特阿拉伯	278	500	-44.4	2 011	3 287	-38.8
缅甸	257	103	149.5	2 011	980	105.2
蒙古	231	293	-21.2	2 399	2 543	-5.7

表10 2010年中国汽车底盘出口前10名国家 辆，万美元

国家（地区）	出口数量			出口金额		
	2010年	2009年	同比增长，%	2010年	2009年	同比增长，%
合计	6 977	6 923	0.8	8 698	10 987	-20.8
马来西亚	3 629	2 503	45.0	2 631	1 505	74.8
越南	581	973	-40.3	661	1 370	-51.8
印度尼西亚	499	272	83.5	161	97	66.0
印度	441	814	-45.8	1 018	1 808	-43.7
埃及	394	515	-23.5	674	1 186	-43.2
摩洛哥	264	120	120.0	906	363	149.6
俄罗斯联邦	161	400	-59.8	93	205	-54.6
秘鲁	153	521	-70.6	232	2 154	-89.2
泰国	138	11	1 154.5	455	12	3 691.7
波兰	128	24	433.3	120	16	650.0

表11 2010年中国汽车整车产品出口分贸易方式构成

贸易方式	出口量 辆	占比例 %	出口额 万美元	占比例 %	其中1：乘用车				其中2：商用车			
					出口量 辆	占比例 %	出口额 万美元	占比例 %	出口量 辆	占比例 %	出口额 万美元	占比例 %
合计	566 653	100.0	698 413.3	100.0	282 368	100.0	186 098.8	100.0	284 285	100.0	512 314.6	100.0
一般贸易	459 797	81.1	532 895.3	76.3	192 067	68.0	115 818.2	62.2	267 730	94.2	417 077.2	81.4
进料加工贸易	95 007	16.8	108 876.8	15.6	89 583	31.7	68 539.8	36.8	5 424	1.9	40 337.0	7.9
边境小额贸易	3 230	0.6	10 360.6	1.5	119	0.1	97.6	0.1	3 111	1.1	10 263.0	2.0
其他方式	8 619	1.5	46 280.6	6.6	599	0.2	1 643.2	0.9	8 020	2.8	44 637.4	8.7

注：表11及表12乘用车及商用车一栏中的占比，指占乘用车或商用车出口量及出口额的比例。

表12 2010年中国汽车整车产品出口按企业性质分的构成

贸易方式	出口量 辆	占比例 %	出口额 万美元	占比例 %	其中1：乘用车				其中2：商用车			
					出口量 辆	占比例 %	出口额 万美元	占比例 %	出口量 辆	占比例 %	出口额 万美元	占比例 %
合计	566 653	100.0	698 413.3	100.0	282 368	100.0	186 098.8	100.0	284 285	100.0	512 314.6	100.0
国有企业	226 897	40.0	318 776.0	45.6	125 787	44.6	78 070.0	42.0	101 110	35.6	240 706.0	47.0
中外合资企业	168 723	29.8	166 498.8	23.8	78 241	27.7	72 701.0	39.1	90 482	31.8	93 797.8	18.3
外商独资企业	9 634	1.7	30 756.2	4.4	1 415	0.5	616.8	0.3	8 219	2.9	30 139.4	5.9
集体企业	9 670	1.7	10 855.9	1.6	2 227	0.8	1 326.8	0.7	7 443	2.6	9 529.0	1.9
私人企业	151 334	26.7	171 375.5	24.5	74 367	26.3	33 335.4	17.9	76 967	27.1	138 040.1	26.9
个体工商户	322	0.1	27.6	0.0	322	0.1	27.6	0.0	0	0.0	0	0.0
其他企业	73	0.0	123.4	0.1	9	0.0	21.1	0.0	64	0.0	102.3	0.0

福建省（94.6%）、内蒙古自治区（89.7%）、安徽省（77.7%）和黑龙江省（63.6%）。2010年各省、市汽车出口量中下降幅度最大的是贵州省，出口量同比下降77.5%；其次是甘肃省，出口量同比下降72.0%；位于第三位的是山西省，出口量同比下降52.0%。

表13　2010年分地区汽车整车出口情况

地区	出口量，辆	同比增长，%	出口额，万美元	同比增长，%
合计	566 653	53.1	698 413.3	34.6
安徽省	114 880	77.7	82 015.5	73.2
重庆市	56 468	100.8	31 656.9	87.7
河北省	51 089	48.2	43 726.7	51.1
北京市	37 912	41.3	98 101.0	32.6
江苏省	37 179	114.1	50 050.9	33.2
黑龙江省	36 097	63.6	16 220.8	67.9
广东省	33 486	-4.2	43 122.4	1.4
上海市	30 841	15.6	26 359.1	12.1
山东省	24 321	94.7	59 575.5	82.7
湖北省	18 061	29.5	30 455.1	30.1
陕西省	17 432	34.9	29 271.6	-28.3
辽宁省	16 599	19.8	21 659.6	32
江西省	16 574	44.8	15 941.8	35.8
广西壮族自治区	12 124	43	14 949.5	12.7
湖南省	12 073	17.4	21 078.1	10.6
浙江省	11 053	52.3	8 151.2	20.2
福建省	8 817	94.6	21 846.6	45.2
吉林省	8 258	15	11 579.0	-7.3
河南省	7 541	111.2	24 088.7	74.9
新疆维吾尔族自治区	5 946	47	20 582.6	41.5
内蒙古自治区	3 381	89.7	16 763.6	86.2
海南省	2 777	470.2	2 203.2	401.3
四川省	1 651	246.1	2 227.1	4.5
云南省	1 084	46.5	1 839.5	63.3
天津市	931	-19.2	4 652.1	-9.5
山西省	47	-52	150.1	-55.2
贵州省	23	-77.5	118.9	-63.7
甘肃省	7	-72	24.4	-76.6
青海省	1	–	2.1	–

注：由于四舍五入的关系，出口额分项相加与出口额总计略有出入。

1.5　主要出口企业情况

从表14看出，2010年汽车整车出口1万辆以上企业有16家，合计出口汽车514 860辆，占全年出口总量的90.8%。其出口特点：①自主品牌产品仍为出口主力军。奇瑞、长安、长城、华晨、广汽等生产的自主品牌汽车，在2010年出口市场取得较好的业绩；自主品牌产品出口中既有具有高附加值的轿车，也有具备越野功能的SUV和价廉实用的皮卡；②大型企业集团与民营企业各领风骚。汽车整车出口1万辆以上企业中既有奇瑞、长城、吉利等民营企业，更有像一汽、东风、北汽、中国重汽及江淮等行业大型企业集团的合力支撑。大型企业集团出口的产品种类较丰富，有中重型载货车、大客车、轿车等产品出口，也有更符合环保要求的天然气汽车出口；③产品出口地除原有的东南亚、非洲、欧洲外，2010年部分企业已将产品打入南美洲市场。综观企业产品出口地，近年来多集中在东南亚的一些国家，如越南、泰国、新加坡等；非洲的部分国家更是中国产品的热销市场，如埃及、刚果、利比亚等。2009年中国汽车产品由于受贸易保护等影响出口一度受挫，2010年随着国际市场对汽车需求的增加及出口环境的逐渐改观，中国汽车产品对欧洲的出口有所恢复，如对俄罗斯、乌克兰的出口较去年2009年有较大程度增加。

2　汽车发动机出口

2.1　总体概况

2001～2007年，中国汽车发动机出口高速增长；受国际金融危机影响，2008年发动机出口出现下滑；2009年汽车发动机出口进一步下滑。2010年，汽车发动机出口形势好转，出口量与出口额由2009年的负增长转变为增长。2010年共出口汽车发动机351 294台（不包含摩托车发动机，出口额亦同），出口金额达到61 960万美元，出口均价为1 763美元/台。

从表15和16看出，在2010年中国汽车发动机出口中，无论从数量上还是从金额上来看，1 000mL＜排量≤3 000mL汽油机所占比例最大，功率＜132.39kW柴油机次之。

2010年，发动机及零部件出口以一般贸易为主，占发动机出口总量的84.7%；其次是进料加工贸易，占发动机出口总量的14.7%，详见表17。

从发动机出口量上看，私人企业居第一位，占发动机出口总量的79.7%；其次是中外合资企业，占发动机出口总量的13.2%；国有企业位于第三位，占发动机出口总量的6.5%。详见表18。

表14　2010年中国汽车整车出口量在1万辆以上企业　　辆

企业名称	2010年出口量	2009年出口量	同比增长%	企业名称	2010年出口量	2009年出口量	同比增长%
奇瑞汽车股份有限公司	91 986	47 734	92.7	重庆力帆乘用车有限公司	22 686	9 959	127.8
中国长安汽车集团股份有限公司	65 492	40 747	60.7	安徽江淮汽车集团有限公司	21 722	12 123	79.2
长城汽车股份有限公司	55 415	35 109	57.8	浙江吉利控股集团有限公司	21 499	18 904	13.7
东风汽车集团	47 964	22 781	110.5	上海汽车工业（集团）总公司	18 775	8 192	129.2
北京汽车集团有限公司	37 253	27 455	35.7	河北中兴汽车制造有限公司	15 985	13 984	14.3
华晨汽车集团控股有限公司	30 725	20 373	50.8	中国重型汽车集团有限公司	13 351	8 077	65.3
广州汽车工业集团有限公司	25 134	28 449	-11.7	郴州吉奥南燕驰峰汽车有限公司	12 404	10 363	19.7
湖南江南汽车制造有限公司	23 186	0	0.0	中国第一汽车集团公司	11 283	7 631	47.9

表 15　2002 ~ 2010 年中国汽车发动机出口数量　　台

类型	2002 年	2003 年	2004 年	2005 年	2006 年	2007 年	2008 年	2009 年	2010 年
250mL ＜排量≤ 1 000mL 汽油机	2 215	853	381	1 124	6934	6 678	5 855	3 727	21 881
1 000mL ＜排量≤ 3 000mL 汽油机	523	1 373	1 218	14 814	162 535	328 421	293 809	198 048	284 269
排量＞ 3 000mL 汽油机	100	743	139 217	201 931	175 272	132 681	111 192	3 934	1 731
功率≥ 132.39kW 柴油机	101	239	161	443	2 257	3 156	10 310	4 529	9 649
功率＜ 132.39kW 柴油机	1 045	2 942	2 817	4 600	7 571	41 417	10 768	11 527	33 764
合计	3 984	6 150	143 794	222 912	354 569	512 353	431 934	221 765	351 294

注：表 15 及表 16 中发动机出口数据仅为汽车发动机数据，不包含摩托车发动机出口数量。

表 16　2002 ~ 2010 年中国汽车发动机出口金额　　万美元

类型	2002 年	2003 年	2004 年	2005 年	2006 年	2007 年	2008 年	2009 年	2010 年
250mL ＜排量≤ 1 000mL 汽油机	54	39	47	76	399	149	556	309	1 948
1 000mL ＜排量≤ 3 000mL 汽油机	50	51	122	2 013	22 214	44 510	42 508	31 337	42 747
排量＞ 3 000mL 汽油机	84	228	25 002	34 868	29 555	22 905	18 731	1 250	378
功率≥ 132.39kW 柴油机	19	143	96	276	1 064	1 907	7 929	3 421	7 164
功率＜ 132.39kW 柴油机	75	177	448	785	1 115	5 667	2 487	1 985	9 723
合计	282	639	25 715	38 017	54 347	75 139	72 212	38 302	61 960

表 17　2010 年中国发动机及零部件出口分贸易方式构成

贸易方式	发动机出口量 台	占比例 %	出口金额 万美元	占比例 %
合计	3 326 450	100.0	98 487.6	100.0
一般贸易	2 818 492	84.7	55 541.2	56.4
进料加工贸易	489 548	14.7	37 660.3	38.2
其他方式	18 410	0.6	5 286.1	5.4

注：表中发动机出口数量及发动机和零部件出口金额包含摩托车发动机及零部件的相关数据。

表 18　2010 年中国发动机及零部件出口按企业经济性质分的构成

企业经济性质	发动机出口量 台	占比例 %	出口金额 万美元	占比例 %
合计	3 326 450	100.0	98 487.6	100.0
国有企业	215 493	6.5	11 926.3	12.1
中外合作企业	1	0.0	1.6	0.0
中外合资企业	437 283	13.2	51 199.2	52.0
外商独资企业	13 738	0.4	1 792.3	1.8
集体企业	8 574	0.2	157.2	0.2
私人企业	2 651 358	79.7	33 410.4	33.9
个体工商户	3	0.0	0.6	0.0

注：表中发动机出口数量及发动机和零部件出口金额包含摩托车发动机及零部件的相关数据。

2.2　各类发动机出口情况

近年来，中国发动机出口增长速度较快，主要是由于国外汽车企业利用中国的人工、原材料低廉的优势在中国合资建立发动机厂，生产的发动机在满足国内需求的同时，再返销其本土。2008 年下半年以来暴发的国际金融危机，致使发动机出口全面下滑，2009 年发动机出口下滑尤其严重。2010 年，在出口大环境影响下，中国发动机出口无论是出口量还是出口额均呈增长态势。

从分排量出口情况看，250 ~ 1 000mL 汽油机的出口一直处于较低水平；3 000mL 以上汽油机的大量出口是从 2004 年开始的，到 2005 年达到高峰，出口发动机数量超过 20 万台，2006 ~ 2010 年逐年递减，2010 年出口量减少到 1 731 台；功率≥ 132.39kW 柴油机，2008 年出口 1 万多台，2009 年回落至 4 529 台，2010 年出口量回升至今 9 649 台；功率＜ 132.39kW 柴油机，从 2003 年开始出口数量逐年递增，2006 年出口数量近 8 000 台，2007 年出口数量猛增，超过 4 万台，2008 年，受国际金融危机影响，出口数量又大幅回落到 10 768 台；2009 年出口 11 527 台，同比略有回升；2010 年该排量发动机出口 33 764 台，同比增长达到 192.9%。2010 年汽车发动机整机出口情况见表 19。

表 19　2010 年中国汽车发动机整机出口情况

发动机分类		出口量 台	同比增长 %	出口金额 万美元	同比增长 %
汽油机	250mL ＜排量≤ 1 000mL	21 881	487.1	1 947.5	529.7
	1 000mL ＜排量≤ 3 000mL	284 269	43.5	42 746.9	36.4
	排量＞ 3 000mL	1 731	-56.0	377.6	-69.8
柴油机	功率≥ 132.39kW	9 649	113.0	7 164.0	109.4
	功率＜ 132.39kW	33 764	192.9	9 723.4	389.9

2.3　发动机出口地

从表 20、表 21 可以看出，居发动机出口额前五名国家分别为：日本、伊朗、俄罗斯联邦、巴基斯坦和美国，占出口总金额的 62.8%；从出口量看，向日本出口量虽不是最大的，但出口额居首位，说明出口的产品以发动机零部件为主，车用发动机次之；向伊朗、巴基斯坦等国出口的发动机数量虽大，但出口额却不是最高的，说明出口的产品以摩托车发动机为主。从发动机出口洲别看，亚洲位于第一位，占发动出口总量的 81.3%；拉丁美洲位于第二位，占发动出口总量的 7.2%；非洲位于第三位，占发动出口总量的 5.3%。

3　汽车零部件出口

3.1　总体出口形势

2010 年，中国汽车零部件（不包含摩托车零部件）共计出口 4 136 440.3 万美元，同比增长 42.7%；出口的产品品种有 10 类：行驶系统、汽车电子电器、车身附件及其零部件、发动机零部件、制动系统、未列名零部件、传动系统、挂车及半挂车零部件、其他系统零部件及转向系统。从 2010 年中国汽车零部件产品出口情况看，各主要汽车零部件出口均取得较大幅

表 20　2010 年中国发动机及零部件出口额 1 000 万美元以上的国家及比例

国别	发动机出口量 台	占比例 %	出口金额 万美元	占比例 %
合计	3 326 450	100.0	98 487.6	100.0
日本	181 572	5.5	24 909.0	25.3
伊朗	848 075	25.5	16 855.0	17.1
俄罗斯联邦	32 466	1.0	7 442.0	7.6
巴基斯坦	826 903	24.9	6 796.0	6.9
美国	50 608	1.5	5 803.9	5.9
韩国	40 010	1.2	4 620.5	4.7
土耳其	91 735	2.8	3 576.0	3.6
越南	397 956	12.0	3 540.6	3.6
古巴	8 737	0.3	3 421.6	3.5
意大利	85 419	2.6	2 866.3	2.9
印度	42 956	1.3	2 559.8	2.6
德国	10 159	0.3	2 104.1	2.1
巴西	42 599	1.3	1 264.4	1.3
尼日利亚	75 706	2.3	1 098.9	1.1
巴拉圭	78 995	2.4	1 029.1	1.0
秘鲁	67 763	2.0	1 024.7	1.0
16 个国家合计	2 881 659	86.9	88 911.9	90.2

注：表 20、表 21 发动机出口数量中含摩托车发动机，出口金额由汽车发动机、摩托车发动机及发动机零部件出口金额构成。

表 21　2010 年中国发动机及零部件出口分洲别构成

洲别	发动机出口量 台	占比例 %	出口金额 万美元	占比例 %
合计	3 326 450	100.0	98 487.6	100.0
亚洲	2 705 350	81.3	68 893.2	70.0
拉丁美洲	241 042	7.2	7 486.6	7.6
非洲	174 754	5.3	3 281.5	3.3
欧洲	153 395	4.6	12 934.5	13.1
北美洲	50 886	1.5	5 823.7	5.9
大洋洲	1 023	0.0	68.1	0.1

度增长，其中行驶系统仍是出口份额最大的汽车零部件产品，占零部件出口额的 39.6%；增长最快的是传动系统，出口金额 19.66 亿美元，同比增长 59.5%；增长较为迅速的还有发动机零部件，出口金额 36.66 亿美元，同比增长 49.5%；车身附件及其零部件出口金额 46.64 亿美元，同比增长 44.3%。2010 年汽车零部件出口情况见表 22。

表 22　2010 年中国汽车零部件产品出口情况

产品类型	出口金额 万美元	出口量增长 %	占比例 %
零部件出口合计	4 136 440.3	42.7	100.0
1. 行驶系统	1 399 640.4	39.8	33.8
2. 汽车电子电器	735 122.4	48.3	17.8
3. 车身附件及其零部件	466 377.7	44.3	11.3
4. 发动机零部件	366 628.7	49.5	8.9
5. 制动系统	299 651.6	38.6	7.2
6. 未列名零部件	291 551.8	33.4	7.1
7. 传动系统	196 579.3	59.5	4.8
8. 挂车及半挂车零部件	136 436.3	32.3	3.3
9. 其他	76 019.4	46.8	1.8
10. 转向系统	69 945.2	46.3	1.7

3.2　从贸易方式及企业性质看汽车零部件出口

2010 年汽车零部件出口贸易中，出口金额最多的贸易方式为一般贸易，出口额 1 989 357.0 万美元，占汽车零部件出口额的 48.1%；其次为进料加工贸易，出口金额 1 905 189.2 万美元，占汽车零部件出口额的 46.1%；其他贸易方式所占出口比例较小，几种贸易方式加起来共占汽车零部件出口额的 5.9%。具体见表 23。

表 23　2010 年中国汽车零部件出口按贸易方式分的构成

贸易方式	出口金额 万美元	占汽车零部件 出口额比例，%
合计	4 136 440.3	100.0
一般贸易	1 989 357.0	48.1
进料加工贸易	1 905 189.2	46.1
来料加工装配贸易	111 156.6	2.7
边境小额贸易	50 861.8	1.2
保税区仓储转口货物	40 747.8	1.0
保税仓库进出境货物	16 525.0	0.4
其他	11 418.3	0.3
对外承包工程出口货物	10 777.6	0.2
出料加工贸易	248.2	0.0
租赁贸易	109.7	0.0
国家间、国际组织无偿援助和赠送的物资	48.6	0.0
寄售代销贸易	0.5	0.0

注：表 23 及表 24 中零部件出口合计金额含有半挂车及发动机零部件出口额。

2010 年汽车零部件出口贸易中，外商独资企业出口金额位列第一，出口 1 480 817.9 万美元，占汽车零部件总出口金额的 35.7%；其次为私人企业，出口 1 016 153.6 万美元，占汽车零部件总出口金额的 24.5%；中外合资企业位于第三位，出口 994 993.1 万美元，占汽车零部件总出口金额的 24.1%。2010 年汽车零部件出口企业性质详见表 24。

表 24　2010 年中国汽车零部件出口按企业性质分的构成

企业经济性质	出口金额 万美元	占汽车零部件 出口额比例，%
合计	4 136 440.3	100.0
外商独资企业	1 480 817.9	35.7
私人企业	1 016 153.6	24.5
中外合资企业	994 993.1	24.1
国有企业	503 235.9	12.2
集体企业	126 259.1	3.1
中外合作企业	12 991.3	0.3
个体工商户	1 981.9	0.1
其他企业	7.5	0.0

3.3　汽车零部件出口国家及地区

从表 25 可以看出，汽车零部件出口主要以发达国家为主，前 10 个国家的出口额占各细分品种的比例均在 50% 以上，10 个国家的零部件合计出口占出口额的 59.1%；汽车零部件向日本出口最多，达 40 多亿美元，占零部件总出口额的 12.2%，其次是韩国和英国。向这 3 个国家的合计汽车零部件出口额超过 70 亿美元，占当年汽车零部件总出口额的 20.7%。

从表 26 可以看出，汽车零部件向亚洲出口最多，占汽车零部件出口额的 37.2%，向亚洲出口以日本、韩国为主，东南亚一些国家也有一部分。2010 年，向北美洲出口零部件占出口额的 28.2%，主要国家以加拿大最多，其次是美国。汽车零部件出口总额居第三位的是欧洲，出口汽车零部件占零部件出口总额的 18.7%。

表 25　2010 年中国汽车零部件分类向主要国家的出口金额及构成　亿美元

国别	传动系统	车身及其附件、零件	行驶系统	制动系统	转向系统	汽车电子电器	半挂车及零件	小计	占比，%
日本	1.49	10.64	5.80	1.63	1.32	19.27	1.21	41.36	12.2
韩国	1.30	3.82	3.02	0.88	0.72	8.53	0.37	18.64	5.5
英国	0.36	1.62	4.89	1.16	0.08	1.09	1.04	10.24	3.0
德国	1.35	1.60	3.91	1.20	0.17	2.03	1.06	11.32	3.3
法国	0.24	0.31	1.24	0.23	0.04	1.25	0.54	3.85	1.1
意大利	0.41	0.41	1.93	0.97	0.10	0.36	0.25	4.43	1.3
俄罗斯联邦	0.42	0.61	3.41	0.29	0.08	1.06	0.44	6.31	1.9
加拿大	0.15	1.19	3.56	1.24	0.06	1.40	0.46	8.06	2.4
美国	4.92	10.92	35.88	12.01	1.06	16.73	5.88	87.4	25.9
澳大利亚	0.28	1.05	4.74	0.40	0.04	0.74	1.13	8.38	2.5
小计	10.92	32.17	68.38	20.01	3.67	52.46	12.38	199.99	59.1
合计	19.66	46.64	139.96	29.97	6.99	73.51	21.25	337.98	100.0
占比例	55.5	69.0	48.9	66.8	52.5	71.4	58.3	59.2	59.1

注：1）此表汽车零部件出口金额为 337.98 亿美元中，其中不含发动机及零件、摩托车零部件出口金额；
2）此表下行占比例是分类小计占合计的比例；此表右侧占比例是国别小计占合计的比例。

表 26　2010 年中国汽车零部件分类出口额分洲别构成　亿美元

洲别	传动系统	车身系统	行驶系统	制动系统	转向系统	汽车电子电器	半挂车及零件	小计	占比，%
合计	19.66	46.64	139.96	29.97	6.99	73.51	21.25	337.98	100.0
亚洲	7.73	22.85	40.93	7.13	3.99	38.24	4.96	125.83	37.2
北美洲	5.07	12.12	39.44	13.25	1.12	18.13	6.33	95.46	28.2
大洋洲	0.30	1.14	5.40	0.46	0.04	0.78	1.24	9.36	2.8
非洲	0.99	1.17	11.20	1.05	0.14	1.13	1.81	17.49	5.2
拉丁美洲	1.54	2.19	15.92	1.45	0.86	3.41	1.37	26.74	7.9
欧洲	4.04	7.16	27.08	6.63	0.84	11.82	5.53	63.1	18.7

4　摩托车出口

4.1　总体情况

中国摩托车产量及消费量自 1993 年以来，已连续十几年位居世界第一的位置。中国摩托车产量已连续多年占世界摩托车产量的一半以上。2009 年，受金融危机的影响摩托车出口量明显下滑。2010 年，中国摩托车出口 904.05 万辆，同比增长 45.3%；出口额达 39.97 亿美元，同比增长 41.4%。2001 ~ 2010 年中国摩托车出口情况见表 27，2010 年中国摩托车出口分贸易方式构成见表 28，2010 年中国摩托车出口按企业性质分的构成见表 29。

从表 28 可以看出，摩托车出口以一般贸易方式为主，出口金额占总出口金额的 96.6%；进料加工贸易占总出口金额的 3.4%。

从表 29 可以看出，摩托车出口以私营企业为主，占总出口金额的 66.0%；其次是国有企业和中外合资企业，分别占总出口金额的 14.4% 和 12.7%；以下依次为集体企业（占总出口金额的 4.7%）和外商独资企业（占总出口金额的 2.1%）。

表 27　2001 ~ 2010 年中国摩托车出口情况

年份	出口量 万辆	同比增长 %	出口量占产量的比例，%	出口金额，亿美元				出口平均单价 美元
				整车	同比增长，%	摩托车零部件	合计金额	
2001	254.2	30.8	20.6	7.17	-3.1	2.40	9.57	282
2002	156.1	-38.6	12.1	5.46	-23.4	3.44	8.90	350
2003	302.2	93.6	20.5	10.62	94.5	4.99	15.61	351
2004	389.5	28.9	22.7	14.32	34.8	5.65	19.97	368
2005	722.4	85.5	40.7	22.47	56.9	6.82	29.29	311
2006	857.8	18.7	40.0	30.44	35.5	8.86	39.30	355
2007	945.9	10.3	37.2	36.57	20.1	11.90	48.47	387
2008	1 029.6	8.8	37.4	45.57	24.6	15.25	60.82	443
2009	622.21	-39.6	24.5	28.27	-38.0	13.49	41.76	454
2010	904.05	45.3	33.9	39.97	41.4	17.94	57.91	442

表 28　2010 年中国摩托车出口分贸易方式构成

贸易方式	出口量 万辆	占比例 %	出口金额 亿美元	占比例 %
合计	904.05	100.0	39.97	100.0
一般贸易	872.97	96.6	37.32	93.4
进料加工贸易	30.30	3.4	2.60	6.5
其他贸易	0.28	0.0	0.01	0.0

表 29　2010 年中国摩托车出口按企业性质分的构成

企业经济性质	出口量 万辆	占比例 %	出口金额 亿美元	占比例 %
合计	904.05	100.0	39.97	100.0
私人企业	597.06	66.0	24.44	61.2
国有企业	130.35	14.4	5.61	14.0
中外合资企业	115.08	12.7	6.43	16.1
集体企业	42.48	4.7	2.05	5.1
外商独资企业	19.08	2.1	1.44	3.6

4.2 摩托车分车型出口

在摩托车出口品种中，100mL <排量≤ 125mL 系列所占比例最大，为 48.9%，出口 442.29 万辆，同比增长 49.9%；其他排量占比较大的依次为：125mL <排量≤ 150mL 系列（占比 20.2%）、排量≤ 50mL 系列（占比 13.3%）、50mL <排量≤ 100mL 系列（占比 12.2%）。2010 年，200mL <排量≤ 250mL 系列增势明显，出口 7.64 万辆，同比增长 82.3%；150mL <排量≤ 200mL 产品出口 39.93 万辆，同比增长 81.8%；125mL <排量≤ 150mL 产品出口 182.86 万辆，同比增长 70.0%；在各排量产品出口全面增长情况下，只有 400mL <排量≤ 500mL、500mL <排量≤ 800mL 及排量> 800mL 三种排量摩托车出口同比呈下降态势。2010 年摩托车整车分排量车型出口详情见表 30。

4.3 摩托车出口地

中国摩托车的出口国家和地区达到 200 余个，既有发达国家和地区，也有发展中国家和地区，基本覆盖了全世界。2010 年中国摩托车出口金额前 10 名国家的出口情况见表 31。

从表 31 看出，2010 年出口额前 10 名国家中增长最多的是巴拉圭，增长 126.6%；其次是阿根廷，增长 122.0%；居第三位的是伊朗，增长 98.4%；其他国家如缅甸、墨西哥、巴西、埃及、菲律宾及尼日利亚出口额增长幅度均超过 50%。2010 年摩托车出口仍以尼日利亚最多，出口 102.78 万辆；其次是缅甸，出口 65.14 万辆；位于第三位的是阿根廷，出口 59.05 万辆。2010 年中国摩托车出口分洲别构成见表 32。

从表 32 看出，中国摩托车出口仍以发展中国家为主。出口量及出口额最大的是非洲，占出口量及出口额的比例分别为 30.8% 和 28.8%；其次是拉丁美洲，占出口量及出口额的比例分别为 29.3% 和 31.2%；位于第三位的是亚洲，占出口量及出口额的比例分别为 27.5% 和 26.2%。

中国摩托车出口原产地主要有重庆、广东、浙江及江苏 4 个省市，2010 年摩托车出口量分别为 364.95 万辆、283.08 万辆、83.79 万辆和 75.94 万辆，4 个省市合计共出口摩托车 807.72 万辆，占总出口量的

表 30 2010 年中国摩托车整车分排量出口量及金额

产品类型	出口数量，辆	同比增长，%	出口金额，万美元	同比增长，%	占总出口量比例，%	占总出口金额比例，%
排量≤ 50mL	1 206 352	5.3	50 992.8	0.6	13.3	12.8
50mL <排量≤ 100mL	1 100 979	40.8	36 064.5	38.9	12.2	9.0
100mL <排量≤ 125mL	4 422 942	49.9	190 804.7	46.9	48.9	47.7
125mL <排量≤ 150mL	1 828 553	70.0	87 664.7	66.6	20.2	21.9
150mL <排量≤ 200mL	399 294	81.8	26 561.1	87.6	4.4	6.7
200mL <排量≤ 250mL	76 418	82.3	6 697.1	71.8	0.9	1.7
250mL <排量≤ 400mL	5 376	10.2	690.9	-2.8	0.1	0.2
400mL <排量≤ 500mL	3	-96.7	0.5	-97.8	0.0	0.0
500mL <排量≤ 800mL	574	-34.0	166.0	4.4	0.0	0.0
排量> 800mL	34	-17.1	18.2	-36.5	0.0	0.0
合计	9 040 525	45.3	399 660.5	41.4	100.0	100.0

表 31 2010 年中国摩托车出口金额前 10 名国家的出口情况

国别	出口量，万辆	数量同比增长，%	占出口量比例，%	出口金额，亿美元	金额同比增长，%	占出口额比例，%
尼日利亚	102.78	46.5	11.4	3.96	51.4	9.9
缅甸	65.14	72.4	7.2	2.31	72.9	5.8
阿根廷	59.05	130.0	6.5	2.60	122.0	6.5
伊朗	44.42	112.7	4.9	1.81	98.4	4.5
多哥	33.25	21.0	3.7	1.41	19.4	3.5
墨西哥	30.91	58.81	3.4	1.38	72.3	3.5
巴拉圭	27.20	135.8	3.0	1.10	126.6	2.8
菲律宾	26.66	62.6	3.0	1.05	56.3	2.6
埃及	26.20	54.6	2.9	1.16	62.6	2.9
巴西	26.04	116.5	2.9	1.15	67.8	2.9
摩托车出口合计	904.05	45.3	100.0	39.97	41.4	100.0

表 32 2010 年中国摩托车出口分洲别构成

洲别	出口量，万辆	同比增长，%	占比例，%	出口金额，亿美元	同比增长，%	占比例，%
合计	904.05	45.3	100.0	39.97	41.4	100.0
非洲	278.79	38.2	30.8	11.50	39.2	28.8
拉丁美洲	264.53	94.9	29.3	12.49	92.2	31.2
亚洲	249.02	48.2	27.5	10.49	38.5	26.2
欧洲	91.72	-3.2	10.2	4.83	-3.4	12.1
北美洲	15.91	-10.9	1.7	0.47	-38.0	1.2
大洋洲	4.08	-1.0	0.5	0.19	5.0	0.5

89.3%；出口摩托车万辆以上的还有上海市、河南省、福建省、山东省、安徽省、湖南省和吉林省；其他省市摩托车出口量较少。

5 汽车产品出口发展分析

5.1 影响汽车产品出口的因素

2010年，汽车产品出口较2009年有所回升，出口量与出口额同比均呈增长态势。但综合各种因素分析中国汽车产品出口现状，仍存在一些影响出口发展的制约因素，下面从内外两方面因素进行分析。

从外部因素来看：①国际贸易保护主义开始抬头。2008年爆发的国际金融危机使世界不少国家贸易保护主义抬头，竭力保护本国汽车产品市场，如采取加大税率、加大技术壁垒，阻止中国汽车产品进口。例如，近年来对中国汽车零部件开展反倾销调查的有美国、欧盟、巴西、印度、哥伦比亚、秘鲁、加拿大、阿根廷、俄罗斯和澳大利亚等，产品涉及铝轮毂、轮胎、紧固件、玻璃及轴承等主要出口产品；②人民币升值对中国汽车产品出口产生不利影响。目前，人民币对美元比价在6.5 ∶ 1，而前几年为6.8 ∶ 1，人民币升值使中国汽车产品出口价格升高，有利于中国汽车产品进口，但不利于中国汽车产品出口，降低了中国汽车产品在国际市场的竞争力。

从内部因素来看：①出口产品多以劳动力、材料密集型及高耗能产品为主，附加值较低。如，2010年中国进口自动变速器、发动机的量远远超过出口数量，要改变这种状况，提升企业实力至关重要；②国内部分出口企业存在低价竞争、售后服务不足等现象，影响产品信誉；③国内劳动力成本上升、能源成本上涨削弱了汽车出口产品的竞争力；④部分出口企业对目标市场了解还不够深入和透彻，进入某些市场具有一定的盲目性。

5.2 汽车产品出口发展趋势

5.2.1 国内市场的降温会一定程度地推动产品出口

中国在连续两年的产销高增长之后，业内专家预计2011年国内车市有可能降温，可能出现负增长现象。汽车出口业务对企业的销量增长将起到更加重要作用，企业要达到其销量目标会更加注重产品出口渠道的建设及海外市场的拓展。

5.2.2 出口环境好转会推动汽车产品出口

自2010年起全球金融危机的影响逐渐减弱，世界汽车市场呈现恢复性增长；国内市场需求由于优惠政策的撤销而减弱，国内企业欲寻求发展即需要开拓国外市场。虽然国内劳动力、原材料成本上升，但中国汽车及零部件价格优势依然存在，在第三世界国家仍有一定优势。上述利好因素将推动中国汽车产品的出口进程。

6 对汽车产品出口的建议

6.1 认真评估每个出口市场

中国的汽车生产商应认真评估每一个出口市场，比如说如果美国的汽车行业相对不景气，汽车价格下降，如果其汽车产量在削减，那么这是不是中国汽车行业企业打入美国市场的好时机呢？这是决策者首先要考虑的。只有事先评估准确，才有把握使产品进入国际市场能有销路。

6.2 循序渐进打入国际市场

企业产品要逐渐地打入、渐进地打入国际市场，同时价格应该根据当地的市场情况设计，而不是说大幅度的削减或者说大减价去获得市场的份额。

6.3 中国的汽车企业应该和当地的汽车行业合作

中国汽车企业要顺利进入国际市场，应与当地汽车行业企业进行合作，创造双赢的机会。在与国外行业企业合作中了解对方企业的需求，如能在互助互利基础上进行合作，会对企业产品出口有帮助。

6.4 学习外国企业在中国设厂的经验以开拓海外市场

近年来，国外大的厂商基本都在中国投资设厂，这其中有成功有范例与经验，中国企业要开拓国际市场，可借鉴这些企业的经验，如了解当地政策、法律法规、文化习俗等，以便顺利在海外设厂。

中国汽车技术研究中心　孙秀洁

《中国汽车工业年鉴》期刊社
CHINA AUTOMOTIVE INDUSTRY YEARBOOK HOUSE

政策法规

Policies & Regulations

海关总署公告 2010 年第 18 号
关于进出口货物征税计征汇率适用日期问题

为进一步明确进出口货物征税计征汇率的适用日期，现对有关问题明确如下：

海关总署 2005 年第 53 号公告规定，海关每月使用的计征汇率为上一个月第三个星期三（第三个星期三为法定节假日的，顺延采用第四个星期三）中国银行公布的外汇折算价。上述所称　法定节假日　是指国务院《全国年节及纪念日放假办法》第二条规定的　全体公民放假的节日　，具体包括：（一）新年（1 月 1 日），（二）春节（农历除夕、正月初一、初二），（三）清明节（农历清明当日），（四）劳动节（5 月 1 日），（五）端午节（农历端午当日），（六）中秋节（农历中秋当日），（七）国庆节（10 月 1 日、2 日、3 日），不含调休日。

特此公告。

二〇一〇年三月十七日

中国人民银行、财政部、商务部、海关总署、国家税务总局、银监会
关于扩大跨境贸易人民币结算试点有关问题的通知

人民银行上海总部，天津、沈阳、南京、济南、武汉、广州、成都分行，总行营业管理部、重庆营业管理部，呼和浩特、长春、哈尔滨、杭州、福州、南宁、海口、昆明、拉萨、乌鲁木齐中心支行，各副省级城市中心支行；北京市、天津市、内蒙古自治区、辽宁省、吉林省、黑龙江省、上海市、江苏省、浙江省、福建省、山东省、湖北省、广东省、广西壮族自治区、海南省、重庆市、四川省、云南省、西藏自治区、新疆维吾尔族自治区财政厅、商务厅、国家税务局、银监局；海关总署广东分署、天津、上海特派办、各直属海关：

自 2009 年 7 月开展跨境贸易人民币结算试点工作以来，人民币资金结算、清算渠道便捷、顺畅，人民币出口退（免）税及进出口报关政策清晰明确、操作流程便利，受到了试点企业的普遍欢迎。为满足企业对跨境贸易人民币结算的实际需求，进一步发挥人民币结算对贸易和投资便利化的促进作用，经国务院批准，现就扩大跨境贸易人民币结算试点工作的有关问题通知如下：

一、跨境贸易人民币结算的境外地域由港澳、东盟地区扩展到所有国家和地区。

二、增加北京、天津、内蒙古、辽宁、吉林、黑龙江、江苏、浙江、福建、山东、湖北、广西、海南、重庆、四川、云南、西藏、新疆等 18 个省（自治区、直辖市）为试点地区。

三、广东省的试点范围由 4 个城市扩大到全省，增加上海市和广东省的出口货物贸易人民币结算试点企业数量。

四、试点省（自治区、直辖市）的企业，可以按照《跨境贸易人民币结算试点管理办法》（中国人民银行财政部 商务部 海关总署 国家税务总局 中国银行业监督管理委员会公告〔2009〕第 10 号，以下简称《试点管理办法》）以人民币进行进口货物贸易、跨境服务贸易和其他经常项目结算。

五、北京、天津、内蒙古、辽宁、上海、江苏、浙江、福建、山东、湖北、广东、广西、海南、重庆、四川、云南等 16 个省（自治区、直辖市）出口货物贸易人民币结算实行试点企业管理制度。请各省（自治区、直辖市）、计划单列市人民政府协调当地有关部门按照《试点管理办法》第四条有关规定推荐出口货物贸易人民币结算试点企业，人民银行、财政部、商务部、海关总署、税务总局、银监会将在总量控制的前提下，审定试点企业名单。经审定后的试点企业使用人民币结算的出口货物贸易按照有关规定办理出口报关手续，享受出口货物退（免）税政策。

六、内蒙古、辽宁、吉林、黑龙江、广西、云南、西藏、新疆等 8 个边境省（自治区）具有进出口经营资格的企业，可以在指定口岸与毗邻国家的一般贸易和边境小额贸易出口货物按照《试点管理办法》开展人民币结算试点。其中，内蒙古、辽宁、广西、云南等四省（自治区）按照《试点管理办法》选择的试点企业按本通知第五条规定办理出口报关及退（免）税手续；8 个边境省（自治区）的其他企业在指定口岸与毗邻国家的一般贸易和边境小额贸易使用人民币结算的，出口报关及退（免）税手续按照《财政部国家税务总局关于边境地区一般贸易和边境小额贸易出口货物以人民币结算准予退（免）税试点的通知》（财税〔2010〕26 号）办理。

七、请开展跨境贸易人民币结算试点所在省（自治区、直辖市）的相关部门按照《试点管理办法》等有关文件积极做好试点工作，保证跨境贸易人民币结算试点工作顺利进行。

中国人民银行　财政部　商务部
海关总署　税务总局　银监会
二〇一〇年六月十七日

关于发布《出口货物税收函调管理办法》的公告

为加强出口退税管理，有效防范和打击骗取出口退税，国家税务总局根据骗取出口退税活动的新特点，制定了《出口货物税收函调管理办法》，现予以发布，自2010年9月1日开始施行。

特此公告。

附件：1. 外贸企业出口业务自查表（略）

2. 生产企业出口业务自查表（略）

3. 供货企业自查表（略）

4. 填表说明（略）

国家税务总局

二〇一〇年八月三十日

出口货物税收函调管理办法

第一章 总则

第一条 为正确贯彻国家出口退税政策，加强出口退税管理，促进征退税工作衔接，防范和打击骗取出口退税违法行为，制定本办法。

第二条 各地对出口企业出口货物的函调发函工作，由主管税务机关的退税部门（以下简称退税部门）负责，对出口货物供货企业（以下简称供货企业）的函调复函工作由供货企业所在地的县以上税务机关（以下简称复函地税务机关）的税源管理部门或相关部门负责。

第三条 税务机关内部负责函调工作的职能部门应指定专职或兼职人员负责管理，应对函调工作分别设置相应的起草、复核、签发岗位和权限，并建立岗位监督制约机制。函调中发现涉嫌骗取出口退税的，应将函调中取得的相关资料报请主管局长核签后，移交同级稽查部门查处。稽查部门在接收时应做好审核、签收、登记工作。

第四条 出口货物税收函调工作一律使用出口货物税收函调系统（以下简称函调系统）进行。调查函、复函、延期复函说明等函件，应使用函调系统进行起草、签发和传送，可不邮寄纸质函件。发函地税务机关要求邮寄纸质函件的，复函地税务机关应及时邮寄。

第二章 核查和发函规程

第五条 主管出口退税的税务机关（以下简称退税机关），对出口企业申报的出口退（免）税有下列情形之一的，应要求出口企业填报《外贸企业出口业务自查表》（附件1）或《生产企业出口业务自查表》（附件2），并分析有关内容。

（一）出口业务涉及国家税务总局预警信息，包括国家税务总局预警出口企业、国家税务总局预警供货企业、国家税务总局预警出口商品等。

（二）税务系统内部提供涉嫌骗取出口退税线索的。

（三）税务系统以外部门提供涉嫌骗取出口退税线索的。

（四）出口企业及供货企业均属关注企业，且出口关注商品的。

（五）关注企业首次出口关注商品的。

（六）出口企业首次从关注企业购进关注商品出口的。

（七）有下列情形，且出口企业盖有公章的书面理由不充分的：

1. 出口货物换汇成本高于合理上限的。

2. 出口关注商品，且关注商品出口数量月度增幅超过20%或出口单价与上次申报相比超过10%。

3. 出口关注商品，且关注商品进货单价与上次申报相比超过10%。

4. 跨境贸易人民币结算业务经分析异常的。

（八）退税机关认为需要调查的其他情况，比如发现供货企业所在地、货物启运地、报关口岸、离境口岸、出口国别、运输方式等内容两项或多项之间明显有悖常理，首次出口非传统商品且属跨大类商品出口企业无充分的盖有公章的书面理由的等。

第六条 退税机关经对《外贸企业出口业务自查表》或《生产企业出口业务自查表》分析核查后未发现明显疑点的，可根据审核、审批程序办理出口退税；核查后不能排除明显疑点的，应通过函调系统向出口货物供货企业所在地县以上税务机关发函调查，并依据复函情况按规定进行处理。未收到复函前，对于尚未办理的出口退税，暂不办理。

第七条 对需要函调的业务，由出口企业所在地县以上税务机关主管局长审批后进行发函调查。

第八条 对下列情况可以不按本办法第五条规定核查，也可不发函调查：

（一）函调未发现问题，回函一年内从同一供货企业购进同类商品的出口业务。

（二）出口企业从同一供货企业购货，月出口申报退税额不超过10万元的。但出口企业从多家供货企业购进出口业务有第五条所列疑点的除外。

（三）出口到香港、澳门、台湾、东南亚国家、陆路毗邻国家以及海关特殊监管区域以外的国家和地区（不包括通过上述国家和地区转口），且出口商品不属于价值较高、退税率高、体积较小或重量较轻的商品，也没有将不退税或低退税率货物申报为高退税率货物商品代码疑点的。

（四）使用税务机关代开的发票申报出口退税的。

（五）进料加工出口业务。

（六）核查过程中出口企业自愿放弃并自愿收回出口退（免）税申报的。

税务机关在核查过程中疑点特别异常的不受上述条件限制。

第九条　负责发函的税务部门应及时通过函调系统查阅复函情况，收到复函后应及时处理，1个月内仍未收到复函或延期复函说明的，可逐级向省国税局反映。省国税局经协调、督促仍未复函的，将有关情况向国家税务总局如实反映。

第三章　复函规程

第十条　复函地税务机关应及时通过函调系统查阅待复函情况，在收到出口货物税收函调的调查函后，要求供货企业填报《供货企业自查表》(附件3)，对《供货企业自查表》内容及综合征管系统中该企业的有关情况分析，并派2位以上税务人员对供货企业进行实地核查。

复函地税务机关在对供货企业进行核查时，出口货物属供货企业外购或委托加工的，如认为其外购业务或委托加工业务的真实性存在疑点的，也可通过函调系统向其上游企业发函调查。对上游供货企业函调的复函格式、复函时间等要求应依照本规程第十二条、第十三条规定执行。

第十一条　供货企业拒绝、逃避或者以其他方式导致税务机关无法正常核查的，复函地税务机关可按照税收管理及发票管理规定处理。核查中发现重大税收违法行为的，应将取得相关线索资料报请主管局长核签后，移交同级稽查部门查处。稽查部门在接收时应做好审核、签收、登记工作。

第十二条　复函地税务机关应在收到调查函后1个月内，根据对供货企业的核查情况，经复函地县以上税务机关分管局领导审批后按照函调系统中的内容及格式复函。如因特殊情况不能按时复函的，应在1个月内向发函单位说明原因及复函的具体时间，延期复函时间一般不得超过3个月。

如供货企业核查时正被国家有关部门进行增值税调查，复函地税务机关应在有关部门调查完毕后核查并及时复函。

第十三条　复函地税务机关应根据复函具体内容和情况，对应函调系统中规定的复函类型进行复函。

第十四条　对复函类型为　经调查有疑点尚未核查完毕　的，待核查完毕后，必须再次复函，将处理情况及时函告发函机关。复函后发现有与原复函内容不一致的新情况的，也应及时再次函告发函单位。复函以最后一次内容为准。

第四章　复函处理规程

第十五条　退税部门收到复函后，经退税机关负责人审批后按照以下方式进行处理：

（一）复函确认供货企业存在下列情况之一的，不得办理出口退税，对已办理出口退税的，应将出口退税款追回。按规定需要征税的，应予征税。需要立案查处的，退税部门应及时按照有关规定，将有关资料移交稽查部门立案查处。

1. 供货企业销售该批货物开出的增值税专用发票为虚开发票。

2. 供货企业销售货物属自行生产的，其生产设备、工具不能生产该种货物，或该企业不具备该批货物产能的。

3. 供货企业销售该批非自产货物的购进业务不真实。

4. 供货企业销售该批货物为委托加工产品，其委托加工业务不真实。

5. 供货企业被注销或被认定为非正常户后开出增值税专用发票的。

6. 供货企业实际销售的货物与增值税专用发票所列货物不一致的，或出口企业从供货企业采购的货物与其实际出口货物不一致的。

7. 其他按规定不予办理出口退税的情况。

（二）复函确认供货企业存在下列疑点之一的，暂缓办理出口退税，对已办理出口退税的，应按照该复函所涉及退税额暂扣该企业其他已审核通过的应退税款，无其他应退税款或应退税款小于该复函所涉及退税额，可由出口企业提供差额部分的担保。待复函税务机关再次复函排除相应疑点后，方可办理出口退税。

1. 供货企业销售该批货物开出的增值税专用发票为涉嫌虚开发票。

2. 供货企业销售该批自产货物，复函的具体情况说明中提出其生产能力存在疑点的。

3. 供货企业销售该批非自产货物，复函的具体情况说明中提出其购进业务存在疑点的。

4. 供货企业销售的货物为委托加工产品，复函的具体情况说明中提出其委托加工业务存在疑点的。

5. 其他按规定或复函机关认为需要进一步核查的情况。

（三）根据复函，结合退税部门对出口企业核查的情况仍存在下列疑点之一的，暂缓办理出口退税，已办理退税的，应按照该复函所涉及退税额暂扣该企业其他已审核通过的应退税款，无其他应退税款或应退税款小于该复函所涉及退税额，可由出口企业提供差额部分的担保。待排除相应疑点后，方可办理出口退税。

1. 存在或涉嫌存在《国家税务总局 商务部关于进一步规范外贸出口经营秩序切实加强出口货物退（免）税管理的通知》（国税发〔2006〕24 号）第二条规定的七种不予办理出口退税情况之一的。

2. 供货企业存在将货物发往非购货方地址或非该批出口业务出口口岸，且无盖有公章的书面合理原因的。

3. 有关国内进货、出口收汇、付款、国内外运输费用凭证及相关合同不齐全无合理理由或内容及逻辑存在明显疑点的情况。

4. 该批出口货物已收汇，但供货企业实际收到货款及税款与应收货款及税款比率低于 85% 且无盖有公章的书面合理原因的。

5. 出口货物非购买方付款占应收款比率 15% 以上且无盖有公章的书面合理原因的。

6. 存在其他暂时无法排除的明显疑点的情况。

（四）复函确认供货企业存在下列疑点之一，退税部门对出口企业核查也存在明显疑点的，暂缓办理出口退税，待复函税务机关再次复函排除相应疑点后，方可办理出口退税。

1. 供货企业被认定为非正常户，至复函日止仍欠缴增值税的，或被调查商品为消费税应税货物仍欠消费税税款的，且欠缴税款大于等于应退税款。

2. 经税务机关实地核查，供货企业查无下落，导致复函税务机关无法核实有关情况。

3. 供货企业被认定为非正常户之前 3 个月内开具增值税专用发票但该企业未接受核查。

（五）不存在上述第一、二、三、四项所述情况，为正常业务复函。退税机关应根据出口退税审核、审批相关规定办理出口退税。

第十六条　复函内容存在本办法第十五条第一项情况之一的，退税机关应将该出口企业 1 年内从同一供货企业购进货物，以及从其他供货企业购进同类商品的其他尚未函调的出口业务作为有疑点的业务进行函调。未收到复函前，对于尚未办理出口退税的，暂不办理；已办理退税的，应按照该复函所涉及退税额暂扣该企业其他已审核通过的应退税款，无其他应退税款或应退税款小于该复函所涉及退税额，可由出口企业提供差额部分的担保。收到复函后，按照本办法第十五条规定进行处理。

复函内容存在本办法第十五条第二、三、四项情况之一的，退税机关应将该出口企业 1 年内从同一供货企业购进货物，以及从其他供货企业购进同类商品的其他尚未函调的出口业务作为有疑点的业务进行函调。未收到复函前，对于尚未办理的出口退税，暂不办理。收到复函后，按照本办法第十五条规定进行处理。

第五章　附则

第十七条　国家税务总局根据函调等情况对国家税务总局预警信息、国家税务总局关注信息、出口业务需核查情形以及不需核查和函调情形实行动态管理。

第十八条　为提高出口货物税收函调工作效率，各地税务机关应严格按照发函标准和复函时限进行发函、复函。国家税务总局将根据情况向逾期未复函的税务机关发出催办函，并定期通报发函、逾期未复函以及回函质量等情况。

第十九条　各地税务机关应成立出口退税函调工作协调领导小组，建立退税部门与税源管理部门、稽查部门的协调机制。

第二十条　税务机关不得对出口企业尚未上报的出口退（免）税进行核查和发函调查。

第二十一条　发函地税务机关应将出口货物核查审批、核查结果处理等资料保存归档；负责复函的税务机关应将企业报送的供货企业调查表及附送资料、核查记录等保存归档。保存期限按照《税收征收管理法》有关规定执行。

第二十二条　本办法从 2010 年 9 月 1 日起开始执行。《国家税务总局关于印发〈出口货物税收函调办法〉的通知》（国税发〔2006〕165 号）同时废止。

表1-1 2011年度符合申领汽车出口许可证条件企业名单

商务部、工业和信息化部、海关总署、质检总局、国家认监委2010年第112号公告

根据《关于规范汽车出口秩序的通知》（商产发【2006】629号），现公布2011年度符合申领汽车出口许可证条件企业名单。本公告自2011年1月1日起执行。

省份	汽车生产企业	
	名称	类别
北京市	北京北电科林电子有限公司	载货车
	北京北方华德尼奥普兰客车股份有限公司	大中型客车
	北京奔驰汽车有限公司	乘用车
	北京和田汽车改装有限公司	载货车
	北京华林特装车有限公司	载货车
	北京环达汽车装配有限公司	载货车
	北京京城重工机械有限责任公司	载货车
	北京汽车制造厂有限公司	乘用车（不含轿车）、载货车
	北京市清洁机械厂	载货车
	北起多田野（北京）起重机有限公司	载货车
	北汽福田汽车股份有限公司	乘用车（不含轿车）、大中型客车、载货车、低速汽车
	北京三兴汽车有限公司	乘用车（不含轿车）、载货车
	四维-约翰逊实业股份有限公司	载货车
	北京北铃专用汽车有限公司	载货车
	北京现代汽车有限公司	轿车
天津市	天津天汽集团美亚汽车制造有限公司	乘用车（不含轿车）、大中型客车、载货车
	天津一汽夏利汽车股份有限公司	乘用车
	天津一汽丰田汽车有限公司	乘用车
	中天高科特种车辆有限公司	载货车
	中国石油集团渤海石油装备制造有限公司	载货车
河北省	长城汽车股份有限公司	乘用车、大中型客车、载货车
	保定北奥石油物探特种车辆制造有限公司	载货车
	新凯汽车集团有限公司	乘用车（不含轿车）、载货车
	河北中兴汽车制造有限公司	乘用车（不含轿车）、载货车
	河北长安汽车有限公司	乘用车（不含轿车）、大中型客车、载货车
	大迪汽车集团有限公司	乘用车（不含轿车）、载货车
	河北昌骅专用汽车有限公司	载货车
	河北宏泰专用汽车有限公司	载货车
	河北宇康农用机械股份有限公司	低速汽车
	邯郸宇康集团有限公司	载货车
	河北利达特种车辆有限公司	载货车
	中国重型汽车集团邯郸市路神专用汽车有限公司	载货车
	石家庄双环汽车股份有限公司	乘用车（不含轿车）
	河北宏昌天马专用车有限公司	载货车
	石家庄煤矿机械有限责任公司	载货车
	唐山市鸿达汽车改装有限公司	载货车
	唐山亚特专用汽车有限公司	载货车
河北省	河北长征汽车制造有限公司	载货车
	河北红星汽车制造有限公司	乘用车（不含轿车）
	中国重型汽车集团邢台华通专用汽车有限公司	载货车
	昌黎县川港专用汽车制造有限公司	载货车
	秦皇岛金程汽车制造有限公司	乘用车（不含轿车）、大中型客车、载货车
	河北华北石油油田专用车改装厂	载货车
	三河市新宏昌专用车有限公司	载货车
山西省	山西卓里集团有限公司	低速汽车
	山西汽车工业集团卓里克劳耐商用车厢制造有限公司	载货车
	长治清华机械厂	载货车
	山西大运汽车制造有限公司	载货车
	太原长安重型汽车有限公司	载货车
内蒙古自治区	包头北奔重型汽车有限公司	大中型客车、载货车
	包头北方创业专用汽车有限责任公司	载货车
	内蒙古北方重工业集团有限公司	载货车
辽宁省	华晨宝马汽车有限公司	轿车
	丹东黄海汽车有限责任公司	乘用车、大中型客车、载货车
	丹东黄海特种专用车有限责任公司	载货车
	沈阳华晨金杯汽车有限公司	乘用车、大中型客车
	华晨汽车集团控股有限公司	轿车
	广汽日野（沈阳）汽车有限公司	大中型客车
	沈阳广成重工有限公司	载货车
	沈阳金杯车辆制造有限公司	乘用车（不含轿车）、载货车
	沈阳铭辰汽车有限公司	载货车
	锦州奥捷专用车制造有限公司	载货车
	营口宝迪专用汽车制造有限公司	载货车
	营口奥捷专用汽车制造有限公司	载货车
	沈阳北方交通工程公司	载货车
大连市	一汽客车大连客车厂	大中型客车
吉林省	公主岭市名奇专用汽车改装有限公司	载货车
	长春万荣汽车改装有限公司	载货车
	长春一汽四环长拖农用车有限公司	低速汽车
	长春金马特种车有限公司	载货车
	长春市神骏专用车制造有限公司	载货车
	公主岭市金优专用汽车改装有限公司	载货车
	一汽四平专用汽车有限公司	载货车

续表

省份	汽车生产企业	
	名称	类别
吉林省	四平市吉平改装车有限公司	载货车
	四平市长江客车有限公司	大中型客车
	一汽吉林汽车有限公司	乘用车（不含轿车）
	四平市奋进专用汽车有限公司	载货车
	长春双龙专用汽车制造有限公司	载货车
	长春汽车改装有限责任公司	载货车
	中国第一汽车集团公司	乘用车、大中型客车、载货车
	一汽-大众汽车有限公司	乘用车
黑龙江省	中国第一汽车集团哈尔滨轻型车厂	乘用车（不含轿车）、载货车
	哈飞汽车股份有限公司	乘用车、载货车
	大庆汽车改装厂	载货车
	哈尔滨建成北方专用车有限公司	载货车
上海市	上海申龙客车有限公司	大中型客车
	上海万象汽车制造有限公司	大中型客车
	上海大众汽车有限公司（包括产地：南京分公司）	乘用车
	上海鑫百勤专用车辆有限公司	载货车
	上海华普汽车有限公司（包括产地：兰州分公司）	轿车
江苏省	南京汽车集团有限公司	乘用车、大中型客车、载货车
	江苏中意汽车有限公司	载货车
	南京金长江交通设施有限公司	载货车
	南京客车制造厂	大中型客车、载货车
	南京徐工汽车制造有限公司	载货车
	南京特种汽车制配厂	载货车
	航天晨光股份有限公司	载货车
	南京长安汽车有限公司	乘用车（不含轿车）
	南京中大金陵双层客车制造有限公司	大中型客车
	南京天印专用汽车有限公司	载货车
	江苏九龙汽车制造有限公司	乘用车（不含轿车）、大中型客车、载货车
	江苏卡威专用汽车制造有限公司	载货车
	镇江康飞机器制造有限公司	载货车
	镇江飞驰汽车集团有限责任公司	载货车
	精功镇江汽车制造有限公司	大中型客车、载货车
	江苏跃进农用车有限公司	低速汽车
	江苏友谊汽车有限公司	大中型客车
	张家港市沙洲车辆有限公司	载货车
	张家港市江南汽车制造有限公司	大中型客车
	张家港中集圣达因低温装备有限公司	载货车
江苏省	金龙联合汽车工业（苏州）有限公司	大中型客车
	苏州江南航天机电工业公司	大中型客车、载货车
	常州英田汽车有限公司	载货车
	常州黄海汽车有限公司	大中型客车
	查特中汽深冷特种车（常州）有限公司	载货车
	徐州工程机械集团有限公司	载货车
	徐州天地重型机械制造有限公司	载货车
	淮安市专用汽车制造有限公司	载货车
	江苏悦达专用车有限公司	载货车
	东风悦达起亚汽车有限公司	乘用车
	盐城中威客车有限公司	大中型客车
	无锡交通汽车股份有限公司	大中型客车、载货车
	一汽客车（无锡）有限公司	大中型客车
浙江省	杭州杭挂机电有限公司	低速汽车
	杭州专用汽车有限公司	载货车
	衢州市华夏专用汽车有限公司	载货车
	金华青年汽车制造有限公司（包括产地：卡车分公司）	大中型客车、载货车
	浙江康迪车业有限公司	载货车
	浙江飞碟汽车制造有限公司（包括产地：三门分公司、五征分公司）	乘用车（不含轿车）、大中型客车、载货车
	浙江豪情汽车制造有限公司（包括产地：湘潭分公司、济南分公司）	轿车
	东风杭州汽车有限公司	大中型客车、载货车
	温岭市吉瑞车辆制造有限公司	低速汽车
宁波市	浙江吉利汽车有限公司	乘用车
	宁波吉江汽车制造有限责任公司	大中型客车
安徽省	奇瑞汽车股份有限公司	乘用车、载货车
	安徽江淮汽车集团有限公司	乘用车（不含轿车）、大中型客车、载货车
	安徽江淮汽车股份有限公司	乘用车、大中型客车、载货车
	安徽江淮客车有限公司	大中型客车
	安徽安凯汽车股份有限公司	大中型客车
	安徽长丰扬子汽车制造有限责任公司	乘用车（不含轿车）、大中型客车、载货车
	安徽江淮扬天汽车股份有限公司	载货车
	安徽华菱汽车股份有限公司	载货车
	安徽星马汽车股份有限公司	载货车
	芜湖中集瑞江汽车有限公司	载货车
	安徽开乐专用车辆股份有限公司	载货车
	安徽华阳汽车制造有限公司	乘用车（不含轿车）、载货车
	合肥昌河汽车有限责任公司	乘用车（不含轿车）、载货车

续表

省份	汽车生产企业	
	名称	类别
安徽省	滁州兴扬汽车有限公司	载货车
	安徽省广通汽车制造有限公司	大中型客车
	安徽安凯车辆制造有限公司	大中型客车
福建省	东南（福建）汽车工业有限公司	乘用车、大中型客车
	福建新龙马汽车股份有限公司	大中型客车、载货车
	福建新福达汽车工业有限公司	大中型客车、载货车
	福建福环专用汽车制造有限公司	载货车
	福建戴姆勒汽车工业有限公司	乘用车（不含轿车）
厦门市	厦门金龙联合汽车工业有限公司（包括产地：绍兴分公司）	大中型客车
	厦门金龙旅行车有限公司	乘用车（不含轿车）、大中型客车
江西省	江西昌河铃木汽车有限责任公司	乘用车、载货车
	安源客车制造有限公司	大中型客车
	江西博能上饶客车有限公司	大中型客车
	江铃汽车集团公司	大中型客车、载货车
	江铃汽车股份有限公司	乘用车（不含轿车）、大中型客车、载货车
	江铃控股有限公司	乘用车、载货车
	江铃五十铃汽车有限公司	大中型客车、载货车
	江西江铃汽车集团改装车有限公司	乘用车（不含轿车）、大中型客车、载货车
	江西江铃专用车辆厂	载货车
	江西凯马百路佳客车有限公司	大中型客车
山东省	山东荣昊专用汽车有限公司	载货车
	福田雷沃国际重工股份有限公司	低速汽车
	山东凯马汽车制造有限公司	载货车
	潍坊宝利汽车有限公司	载货车
	山东唐骏欧铃汽车制造有限公司	载货车、低速汽车
	淄博颜山专用汽车有限公司	载货车
	山东昊宇车辆有限公司	载货车、低速汽车
	山东东岳专用汽车制造有限公司	载货车
	中国重型汽车集团梁山四通专用汽车有限公司	载货车
	山东梁山通亚汽车制造有限公司	载货车
	梁山中集东岳车辆有限公司	载货车
	梁山永固挂车制造有限公司	载货车
	山东梁山华宇集团汽车制造有限公司	载货车
	梁山盛鑫集团专用车有限公司	载货车
	梁山飞驰挂车制造有限公司	载货车
	梁山远东交通设备制造有限公司	载货车
	山东大力专用汽车制造有限公司	载货车
山东省	梁山宇通专用汽车制造有限公司	载货车
	山东万事达专用汽车制造有限公司	载货车
	山东五征集团有限公司	低速汽车
	荣成华泰汽车有限公司	乘用车
	山东迅力特种汽车有限公司	载货车
	中通客车控股股份有限公司	大中型客车
	中通汽车工业集团有限责任公司	载货车
	山东时风商用车有限公司	载货车、低速汽车
	山东蓬翔汽车有限公司	载货车
	烟台舒驰客车有限责任公司	大中型客车
	山东汽车制造有限公司	载货车
	上海通用东岳汽车有限公司	轿车
	济南中鲁特种汽车有限公司	载货车
	山东万格汽车改装有限公司	载货车
	中国重型汽车集团有限公司	乘用车（不含轿车）、载货车
	中国重汽集团济南卡车股份有限公司	载货车
	中国重汽集团济南商用车有限公司	载货车、低速汽车
	中国重汽集团济南客车有限公司	大中型客车
	中国重汽集团济南专用车有限公司	载货车
	济南豪瑞通专用汽车有限公司	载货车
	中集车辆（山东）有限公司	载货车
	山东鲁峰专用汽车有限责任公司	载货车
	中国重汽集团泰安五岳专用汽车有限公司	载货车
	山东正泰希尔专用汽车有限公司	载货车
	山东乾龙专用汽车有限公司	载货车
	中国重型汽车集团山东世运专用汽车有限公司	载货车
青岛市	重汽集团专用汽车公司	载货车
	青岛东风汽车改装有限公司	载货车
	一汽解放青岛汽车厂	载货车
	青岛中集专用车有限公司	载货车
	青岛中汽特种汽车有限公司	载货车
	青岛中集环境保护设备有限公司	载货车
河南省	郑州宇通客车股份有限公司	大中型客车
	郑州日产汽车有限公司	乘用车（不含轿车）、载货车
	中国一拖集团有限公司	载货车、低速汽车
	河南少林汽车股份有限公司	大中型客车、载货车
	洛阳中集凌宇汽车有限公司	大中型客车、载货车

续表

省份	汽车生产企业	
	名称	类别
河南省	驻马店中集华骏车辆有限公司	载货车
	郑州红宇专用汽车有限责任公司	载货车
	河南骏通车辆有限公司	载货车
	河南新飞专用汽车有限责任公司	载货车
	新乡市新飞专用汽车有限公司	载货车
	河南冰熊冷藏汽车有限公司	载货车
	河南奔马股份有限公司	低速汽车
	中原特种车辆有限公司	载货车
	长葛市世英机械有限公司	低速汽车
	海马商务汽车有限公司	乘用车（不含轿车）
	海马（郑州）汽车有限公司	轿车
湖北省	东风随州专用汽车有限公司	载货车
	湖北楚胜专用汽车有限公司	载货车
	湖北成龙威专用汽车有限公司	载货车
	湖北航天双龙专用汽车有限公司	载货车
	湖北程力专用汽车有限公司	载货车
	湖北大力专用汽车制造有限公司	载货车
	中国重汽集团湖北华威专用汽车有限公司	载货车
	湖北合力专用汽车制造有限公司	载货车
	湖北江南专用特种汽车有限公司	载货车
	湖北新中绿专用汽车有限公司	载货车
	随州市力神专用汽车有限公司	载货车
	湖北新楚风汽车股份有限公司	大中型客车、载货车
	随州市东特汽车有限公司	载货车
	随州市东正专用汽车有限公司	载货车
	湖北宏宇专用汽车有限公司	载货车
	湖北万力车辆制造有限公司	载货车
	荆门宏图特种飞行器制造有限公司	载货车
	武汉斯贝卡专用汽车有限公司	载货车
	东风扬子江汽车（武汉）有限责任公司	大中型客车
	武汉客车厂	大中型客车、载货车
	武汉市政环卫机械有限公司	载货车
	武汉枭龙汽车技术有限公司	载货车
	湖北江山专用汽车有限公司	载货车
	湖北福田专用汽车有限公司	载货车
	湖北精功科技有限公司	载货车
	襄樊新中昌专用汽车有限公司	载货车
	湖北三江航天万山特种车辆有限公司	乘用车（不含轿车）、大中型客车、载货车
湖北省	武汉新光机械改装车有限公司	载货车
	湖北三环专用汽车有限公司	载货车
	十堰市驰田汽车有限公司	载货车
	湖北神鹰汽车有限责任公司	载货车
	湖北力神车辆制造有限公司	低速汽车
	湖北神河汽车改装（集团）有限公司	载货车
	湖北神河联达车辆制造有限公司	低速汽车
	湖北世纪中远车辆有限公司	载货车
	湖北丹江特种汽车有限公司	载货车
	东风汽车公司	乘用车、大中型客车、载货车
	东风汽车有限公司	乘用车、大中型客车、载货车
	东风汽车股份有限公司	大中型客车、载货车
	神龙汽车有限公司	轿车
	东风本田汽车有限公司	乘用车
	东风神宇车辆有限公司	载货车、低速汽车
	东风专用汽车有限公司	载货车
	东风日产柴汽车有限公司	大中型客车、载货车
	东风（十堰）特种商用车有限公司	载货车
	东风实业（十堰）车辆有限公司	载货车
	东风征梦（十堰）专用车有限公司	载货车
	东风特种汽车有限公司	大中型客车、载货车
湖南省	湖南江南汽车制造有限公司 （包括产地：永康、杭州、长沙、湘潭）	乘用车
	湖南衡山汽车制造有限公司	大中型客车
	湖南省金华车辆有限公司	载货车、低速汽车
	郴州吉奥南燕驰峰汽车有限公司 （包括产地，路桥制造分公司、萧山制造分公司、浙江吉奥汽车有限公司）	乘用车（不含轿车）、大中型客车、载货车
	湖南桔洲农用车制造有限公司	低速汽车
	湖南中联重科车桥有限公司	大中型客车
	湖南飞涛专用汽车制造有限公司	载货车
	长沙梅花汽车制造有限公司	大中型客车、载货车
	长沙中联重工科技发展股份有限公司	载货车
	湖南宝龙专用汽车有限公司	载货车
广东省	广汽丰田汽车有限公司	乘用车
	广汽本田汽车有限公司	乘用车
	广汽日野汽车有限公司	载货车
	广州汽车集团客车有限公司	大中型客车
	广东明威专用汽车有限公司	载货车
	广州番禺超人运输设备实业有限公司	载货车
	广东福迪汽车有限公司	乘用车（不含轿车）、载货车

续表

省份	汽车生产企业	
	名称	类别
广东省	佛山市飞驰汽车制造有限公司	大中型客车
	广东粤海汽车有限公司	载货车
	广东银龙汽车工业有限公司	大中型客车
	珠海市广通汽车有限公司	大中型客车
	广州广日专用汽车有限公司	载货车
	广东信源物流设备有限公司	载货车
	韶关市起重机厂有限责任公司	载货车
	东莞市永强汽车制造有限公司	载货车
	广东力士通机械股份有限公司	载货车
深圳市	深圳市五洲龙汽车有限公司	大中型客车
	深圳东风汽车有限公司	载货车
	深圳中集专用车有限公司	载货车
广西自治区	广西玉柴专用汽车有限公司	载货车
	柳州众力车辆有限公司	低速汽车
	柳州延龙汽车有限公司	载货车
	上汽通用五菱汽车股份有限公司	乘用车、载货车
	桂林大宇客车有限公司	大中型客车
	中国重汽集团柳州运力专用汽车有限公司	载货车
	柳州五菱专用汽车制造有限公司	载货车
	广西钦州力顺机械有限公司	低速汽车
	桂林客车工业集团有限公司	大中型客车
	中国第一汽车集团柳州特种汽车厂	载货车
	东风柳州汽车有限公司	乘用车（不含轿车）、载货车
	柳州乘龙专用车有限公司	载货车
	广西五菱福达车辆有限公司	低速汽车
	广西福达汽车有限公司	载货车
海南省	一汽海马汽车有限公司	乘用车
四川省	资阳市南骏汽车有限责任公司	载货车、低速汽车
	一汽（四川）专用汽车有限公司	载货车
	四川一汽丰田汽车有限公司	乘用车、大中型客车
	遂宁市东乘车辆有限公司	低速汽车
	成都大运汽车集团有限公司	载货车
	东风南充汽车有限公司	载货车
	四川坤鼎车业有限公司	大中型客车
	四川汽车工业集团有限公司	乘用车（不含轿车）、大中型客车
	云内动力达州汽车有限公司	载货车、低速汽车
	四川省宜宾岷江专用汽车有限责任公司	载货车
	四川华勋畜牧机械有限责任公司	载货车
	成都新大地汽车有限责任公司	乘用车（不含轿车）、大中型客车、载货车
	成都王牌汽车集团股份有限公司	载货车、低速汽车
重庆市	重庆长安汽车股份有限公司	乘用车、载货车
	长安福特马自达汽车有限公司	轿车
	重庆长安铃木汽车有限公司	轿车
	庆铃汽车股份有限公司	乘用车（不含轿车）、 载货车
	上汽依维柯红岩商用车有限公司	载货车
	重庆力帆汽车有限公司	乘用车（不含轿车）、大中型客车、载货车
	重庆力帆乘用车有限公司	乘用车
	重庆铁马工业集团有限公司	载货车
	重庆北奔汽车有限公司	载货车
	重庆恒通客车有限公司	大中型客车
	重庆市川江车辆制造有限公司	大中型客车、载货车
	重庆迪马工业有限责任公司	载货车
	重庆瑞驰汽车实业有限公司	乘用车（不含轿车）、载货车
	重庆凯瑞特种车有限公司	载货车
	重庆金冠汽车制造股份有限公司	载货车
贵州省	贵州航天成功汽车制造有限公司	乘用车（不含轿车）
	贵州云马飞机制造厂	大中型客车、载货车
	贵州万达客车股份有限公司	大中型客车
	贵航青年莲花汽车有限公司	轿车
云南省	云南力帆骏马车辆有限公司	载货车、低速汽车
	东风云南汽车有限公司	大中型客车、载货车
陕西省	陕西汽车集团有限责任公司	大中型客车、载货车
	比亚迪汽车有限公司（包括产地：深圳分公司）	轿车
	陕西通家汽车有限责任公司	乘用车（不含轿车）
	中车集团西安骊山汽车制造厂	大中型客车
	陕西通力专用汽车有限责任公司	载货车
	西安西沃客车有限公司	大中型客车
	陕西重汽专用汽车有限公司	载货车
	宝鸡华山工程车辆有限责任公司	低速汽车
甘肃省	兰州通用机器制造有限公司	载货车
	甘肃中集华骏车辆有限公司	载货车
新疆自治区	新疆天山汽车制造有限公司	载货车
	新疆福田广汇专用车有限责任公司	载货车
	新疆中通客车有限公司	大中型客车
	东风新疆汽车有限公司	载货车

《中国汽车工业年鉴》期刊社
CHINA AUTOMOTIVE INDUSTRY YEARBOOK HOUSE

大事记
Major Events

2010年汽车产品出口大事记

1月

（13日）一汽轻型汽车有限公司的214辆自由风MPV经新沙海关出口，运往伊朗，总货值189.4万欧元。

（15日）吉利汽车控股有限公司在俄联邦卡拉恰耶夫　切尔克斯共和国首府切尔克斯克市为MK车型CKD组装生产举行下线仪式。

（　）包头北奔重型汽车有限公司的106辆重型载货车出口到沙特阿拉伯。

（　）石家庄双环汽车有限公司与美国WHEEGO公司联合开发的小贵族电动车通过加州清洁空气委员会标准认证（CARB）并许可在全美销售。

（　）浙江中大集团股份有限公司举行汽车批量出口格鲁吉亚的发车仪式。

2月

（7日）东风扬子江汽车（武汉）有限责任公司为出口孟加拉国的100辆精彩WG6110NQC型纯天然气公交客车举行交接仪式。

（　）安徽省合肥市安凯福田曙光车桥有限公司50台套153型客车车桥搭载在欧V客车上批量出口叙利亚。

3月

（　）安徽江淮汽车股份有限公司收到国家税务总局《关于生产企业出口外购视同自产应税消费品消费税退税问题的批复》。该批复同意安徽江淮汽车股份有限公司收购成员企业汽车出口缴纳的消费税可以办理消费税退税手续。

（　）哈尔滨东安汽车动力股份有限公司首批供应意大利比亚乔公司的DA471QLRP发动机及DAT13R变速器正式下线。

（　）中国重型汽车集团有限公司联合华越商业有限公司与委内瑞拉国家石油公司签订750套油罐半挂车及牵引车底盘出口合同，总金额1.05亿美元。

（　）喀麦隆TIGERMOTORS公司获得中国安徽江淮汽车股份有限公司、河北中兴汽车制造有限公司和奇瑞汽车股份公司在喀麦隆的专营权。

4月

（　）包头北奔重型汽车有限公司的10辆2641K型货运木材车出口到新加坡，货值85万美元。

（2日）江西鑫新实业股份有限公司上饶客车厂为7辆豪华客车出口阿联酋举行发车仪式，该批车价值1 000万元。

（　）浙江中大集团股份有限公司与S.J.C国际投资集团及Jicama公司在南非首都开普敦签订正式协议，自2010年5月起一年内分批出口总量为7 800辆的客车到南非市场，协议总额达1.69亿美元（13.18亿元）。

（27日）中国重型汽车集团有限公司为出口委内瑞拉生产的500辆HOWO A7牵引车在青岛港该集团码头装船运往委内瑞拉卡贝洛港口。

5月

（　）安徽省江阴市汽车改装厂的3辆警用指挥车出口到缅甸。

（　）张家港市江南汽车制造有限公司的20辆中型客车出口到缅甸。

（　）一汽解放汽车有限公司的10辆宽体自卸汽车从新疆出口到吉尔吉斯坦。

（　）安徽华菱汽车股份有限公司完成向秘鲁出口100辆重型载货车的订单任务。

（　）以色列交通运输部批准从中国进口长城汽车的皮卡车型，以色列HAMIZRACH公司获得进口长城皮卡的许可证。

（30日）奇瑞汽车股份有限公司的风云2在2010年乌克兰基辅国际汽车展上亮相。该车型在车展现场成交33辆，签订订单100余份。

6月

（1日）华晨汽车集团控股有限公司举行向南非出口600辆金杯海狮右舵车型发车仪式。

（3日）长安汽车股份有限公司的悦翔在第十七届开罗国际汽车展上，举行埃及上市仪式。

（3日）奇瑞汽车股份公司向俄罗斯出口的240辆成套汽车散件发货。

（　）长城汽车有限公司300多辆凌傲出口至叙利亚、阿尔及利亚等地区，600辆炫丽出口至阿尔及尼亚、南非等非洲国家。

（7日）中国消防企业集团有限公司西南消防产业基地　四川森田消防装备制造有限公司为苏丹政府内务部生产的30辆大吨位消防车通过苏丹政府内务部官员验收。

（12日）中国第一汽车集团公司的60辆6　6越野车在大连港装船，向安哥拉出口。

（17日）张家港市江南汽车制造有限公司为出口阿尔及利亚生产的100辆汽车起运。

（17日）金龙联合汽车工业（苏州）有限公司与清华大学联合研发的海格氢燃料电池城市客车在苏州举行出口至新加坡的发车仪式。

（19日）澳洲BCI巴士公司、漳州金龙客车有限公司、福建新福达汽车工业有限公司举行联合生产出口豪华商用汽车项目签约仪式。

（ ）中国第一汽车集团公司的325辆中重型载货车经山东省龙口港向非洲出口。

（ ）南京徐工汽车制造有限公司与哈萨克斯坦客商签署50辆NXG3258自卸汽车出口合同。同时，与南美洲客商签订NXG3251D3KC自卸汽车和NXG5160CSY3载货车出口合同。

7月

（1日）安徽安凯汽车股份有限公司的11辆HFF6120GS-3双层敞篷车经上海港向美国出口，该批车每辆价值超过200万元。

（ ）重庆市博奥镁业公司通过欧洲江森集团产品配套评审，为沃尔沃轿车供应大型镁材汽车零部件。

（ ）长城汽车有限公司300辆哈弗M1装船起运出海，出口至非洲马里。

（16日）江苏常隆客车有限公司与意大利RAMA公司、上海雷博新能源汽车技术有限公司在上海签订《电动车合作框架协议》。根据协议，意大利RAMA公司与常隆客车有限公司建立合作关系，购买常隆纯电动客车。

（ ）山东宝雅新能源汽车股份有限公司向墨西哥出口19辆具有自主知识产权的低速电动汽车。

8月

（ ）张家港市沙洲车辆有限公司生产的2辆轻型载货车向萨拉利昂出口。

（ ）江苏奥新新能源汽车有限公司与美国签订3万辆微型电动载货车出口协议。

（31日）江淮汽车股份有限公司与巴西SHC公司正式签署《独家经销协议》与《价格协议》。根据协议，江淮汽车股份有限公司自2010年11月～2020年，向巴西市场出售共62万辆各类汽车。

9月

（17日）奇瑞汽车股份公司从连云港出口俄罗斯840辆轿车。

10月

（ ）上海汽车集团股份有限公司制造的160辆荣威550轿车出口到以色列。

（14日）东风汽车公司在常州启动微型汽车生产出口基地项目。

（20日）吉利汽车控股有限公司在第十一届智利圣地亚哥车展上展出包括全新吉利熊猫和吉利帝豪在内的旗下6款在产车型。

（21日）上海通用汽车有限公司出口的第一批雪佛兰新赛欧从烟台港装船。这是上海通用汽车有限公司雪佛兰新赛欧获得的首批万辆订单中交付的第一批，分别出口到智利、利比亚等国家。

（28日）吉利汽车控股有限公司在第十三届伊斯坦布尔国际车展上，展出包括帝豪EMGRAND EC7系列车型的7款车型。

11月

（3日）中国政府援助吉尔吉斯斯坦的161辆亚星客车发车仪式在亚星客车股份有限公司举行。

（17日）济南吉利汽车有限公司30辆吉利EC820型轿车出口古巴，货值54万美元。

（22日）标致雪铁龙集团马来西亚工厂T33车型正式下线并投放市场。该项目年产能1.8万辆，神龙汽车有限公司直接供应60%以上的零部件，出口零部件包括车轮、车灯、车身总成、前后桥等200多种。

（24日）天津一汽夏利汽车股份有限公司17辆夏利N5轿车出口朝鲜。

（ ）海马（郑州）汽车有限公司生产的8辆海马王子轿车经上海港起运出口至乌拉圭。

12月

（ ）一汽海马汽车有限公司在俄罗斯CHERKESSK组装厂内生产的第一批汽车下线。

（14日）中国汽车出口服务网正式开通。该网是作为中国汽车出口服务平台的官方网站，涵盖国外市场、政策、技术标准法规、产品认证管理制度资料库等。该平台为国内汽车出口企业提供市场及政策、标准与法规、认证与试验、工厂审核等一站式服务。

（15日） 厦门金龙联合汽车工业有限公司与塞内加尔SENBUS公司签订第二期援塞项目协议，根据协议，厦门金龙将采用CKD形式向塞内加尔出口673辆XMQ6798G公交客车，项目合同金额超过1 680万欧元。

（17日）吉利汽车控股有限公司英伦品牌30辆TX4出租车出口埃及。

（28日）安徽江淮汽车股份有限公司举行出口巴西62万辆汽车首发仪式，首批500辆同悦轿车正式装船发运。

《中国汽车工业年鉴》期刊社
CHINA AUTOMOTIVE INDUSTRY YEARBOOK HOUSE

主要地区汽车产品出口情况

Auto Products Export of Main Provinces and Municipalities

2010年北京市汽车产品出口情况

2010年，北京汽车行业完成工业总产值1 958亿元，同比增长30.3%，各类汽车产销152.45万辆和152.07万辆，同比分别增长18.3%和20.8%。北京市汽车产品出口金额13.5亿美元，同比增长16.4%，增幅高于全市外贸1.7个百分点。其中，整车（含成套散件）出口数量31 876辆，金额7.1亿美元，同比增长20.5%；零部件出口金额6.4亿美元，同比增长10.9%。

1 北京市汽车出口的主要特点

1.1 汽车出口在全国排名居前

汽车产品出口金额全国排名第七位，其中，整车出口排名第二，零部件出口排名第九。整体看，汽车产品出口情况在全国较为突出。

1.2 对外承包工程出口比重较高

从贸易方式看，一般贸易方式出口金额5亿美元，占出口总金额的70.4%，其中，对外承包工程出口2亿美元，占出口总金额的28.2%，比2009年提高了13.5个百分点。

1.3 商用车出口占比高

全年商用车出口数量占出口总量的87.5%。高于全国商用车出口比重39.4个百分点。

1.4 整车出口均价远高于全国均价

北京市整车出口均价2.2万美元，比全国平均单价高出1万美元。

1.5 整车出口主要面向新兴市场和欠发达国家地区，零部件出口主要面向发达国家地区

北京市整车出口主要集中在非洲和亚洲，前5个国家地区分别是伊朗、安哥拉、利比亚、阿尔及利亚和尼日利亚，占出口总额的31%。零部件出口前5个国家地区分别是美国、日本、韩国、英国和泰国，占出口总额的48.4%。

1.6 关键部件出口偏低

北京市零部件出口主要是行驶系统、车身附件、制动系统等，占出口总额的64.8%。而发动机、转向系统、传动系统及汽车电子等关键部件出口比重比较低。

2 促进汽车出口措施

紧紧围绕把北京建设成为世界城市和国际商贸中心城市目标，做好汽车出口工作顶层设计，编制 十二五 汽车出口规划，加强汽车出口基地建设，完善公共服务平台，提升产业聚集度和品牌美誉度，进一步提升北京汽车产业国际竞争力。

2.1 着力打造汽车出口基地，提升公共服务平台建设水平

推动汽车制造业集聚区形成出口规模，不断丰富汽车出口企业集中度，打造国家级汽车和零部件出口基地，逐步树立 北京品牌 良好形象。支持出口基地内有实力、有潜力企业及相关机构建设境外营销网络和售后服务网点、检验检测、国际认证注册、物流等公共服务平台，不断提高商务服务完善度，增强企业开拓国际市场能力。

2.2 着眼全球市场，在巩固传统市场的基础上着力开拓新兴市场

重点培育北汽福田公司、北汽有限公司等企业进一步提升自主创新能力，支持其通过研发和技术改造，提升产品排放、安全等级，开发适应国外市场需求的高附加值产品，提高轻型载货车、中重型载货车、轻客、SUV等产品的竞争力。

支持北京汽车企业在境外投资建厂和建设散件组装工厂，生产高端轻型载货车、皮卡、SUV、中重型载货车等产品。

2.3 大力支持 双自主 产品开拓国际市场，进一步增强国际竞争力

强化质量建设，塑造北京汽车出口品牌。支持企业加强技术和市场研究，开展引进消化吸收再创新，开发具有一定国际竞争力的拥有自主知识产权和自主品牌的产品；支持企业通过海外建厂、境外收购等方式多渠道 走出去 ，不断提升 北京创造 高品质形象和国际市场美誉度。

2.4 加快电动汽车产业化，抢占海外市场先机

充分利用本市电动汽车产业基础和示范运行效应，调动国际汽车产业资源，研发、生产适应海外需求的电动汽车产品，并以邮政、出租、公交等领域为突破点，重点拓展欧美、新兴发达国家及新加坡、台湾等国家和地区市场，推动建设国际电动汽车研发制造中心和关键零部件制造基地。

北京市机电产品进出口办公室

2010年河北省汽车产品出口情况

2010年，受外部环境回暖及国内汽车产业政策推进影响，河北省汽车产品出口得到有效恢复，实现快速增长。主要特点主要有：汽车产销保持高位运行，汽车生产基本处于满负荷状态；汽车产品出口快速复苏，出口增势良好。全年汽车（包括整套散件）出口4.36亿美元，同比增长51.5%；汽车零件出口6.74亿

美元，同比增长 58.7%。

1 2010 年河北省汽车出口分析

1.1 出口车型分析

2010 年，河北省整车出口车型主要包括自主品牌的皮卡（轻型货车）、小客车（9 座以下）和小轿车，小客车和小轿车的出口增幅显著，实现了快速增长，长城、中兴汽车等自主品牌在国内外已经逐渐享有一定知名度。2010 年，河北省载货车出口 31 166 辆，同比增长 11.7%，出口金额 2.52 亿美元，同比增长 15.7%。其中，皮卡出口 2 亿美元，占比 80%；小客车出口 10 698 辆，同比增长 296.8%，出口金额 11 888 万美元，同比增长 280.6%；小轿车出口 8 110 辆，同比增长 258.4%，出口金额 5 128 万美元，同比增长 261.2 万美元；四轮驱动轻型越野车出口金额达 304 万美元，比去年下降 43.8%。

河北省出口汽车零件主要包括汽车轮毂、皮卡零件、制动器和车身及其附件等。2010 年，河北省出口汽车轮毂 2.87 亿美元，占汽车零件出口总额的 52.2%，同比增长 48%；皮卡零件出口 4 775 万美元，同比增长 284.8%；制动器出口 4 608 万美元，同比增加 21.45 万美元；车身及其附件出口 2 431 万美元，同比增长 57.6%。在出口企业中，秦皇岛戴卡轮毂是河北省轮毂出口重点企业，在国际上具有很高的品牌知名度。

1.2 出口企业分析

2010 年，从出口企业类型看，三资企业是河北省汽车及零部件出口的主力军，全年三资企业出口 10.1 亿美元，同比增长 60.5%，占全部汽车及零部件出口总额的 90.89%；民营企业出口 6 838 万美元，同比增长 31.1%，占比 6.15%；国营企业出口 3 164 万美元，同比下降 2.3%，占比 2.85%。

1.3 出口市场分析

分析 2010 年重点出口目标市场，河北省汽车产品出口市场在巩固传统亚洲、非洲市场的同时，积极开拓拉丁美洲、大洋洲等地区市场。

2010 年河北省汽车及零部件出口到 161 个国家及地区。其中，汽车出口的主要市场是亚洲和非洲，2010 年对亚洲出口 10 804 万美元，占全省汽车出口总额的 24.78%；对非洲出口 10 215 万美元，占全省汽车出口总额的 23.43%。汽车出口额前三位的国家是：对澳大利亚出口 7 205 万美元，比去年增长 122.8%；对智利出口 4 950 万美元，比去年增长 257.2%；对伊拉克出口 4 748 万美元，比去年下降 22.5%。

1.4 汽车出口产品贸易方式分析

从贸易方式看，2010 年河北省汽车及零部件以一般贸易方式出口占主导地位。全年以一般贸易方式出口 10.57 亿美元，比去年增长 64.7%，占河北省汽车及零部件全部出口总额的 95.09%；以加工贸易方式出口 3 700 万美元，比去年下降 30.4%，占河北省汽车及零部件全部出口总额的 3.33%。

1.5 保定市国家汽车及零部件出口基地发展情况

保定市国家汽车及零部件出口基地是河北省汽车及零部件出口的重要聚集区。2010 年，保定汽车出口基地共有汽车及零部件企业 300 余家。其中汽车制造和改装企业 7 家，汽车生产能力已达 80 万辆，主导车型为皮卡、SUV、微型载货车、微型客车、轿车等。汽车零部件企业 300 余家，主导产品有发动机、蓄电池、汽车轮毂、转向机总成、车架、变速器、底盘、车灯等。

目前，保定国家汽车及零部件出口基地已成为全国最大的皮卡、微客、微货、SUV 汽车生产和出口基地，品种和数量居全国市场首位，出口国际市场逐年递增。2010 年，生产汽车整车 72.47 万辆，同比增长 33.2%。出口整车 6.79 万辆，同比增长 37.5%。据海关统计，2010 年保定市汽车工业完成出口金额 6.38 亿美元（包括自营出口和代理出口），同比增长 77.6%，其中整车完成出口金额 4.31 亿美元，同比增长 57.2%，汽车零部件完成出口金额 2.07 亿美元，同比增长 143.1%。根据中国汽车工业协会统计，2010 年，河北长城汽车在全国出口排名前十家汽车生产企业排名位列第三（前两名为奇瑞、长安）。

2 河北省汽车产品出口存在的主要问题

分析河北省汽车产品出口现存的问题，主要表现在以下几方面：①整车档次偏低，单车出口平均价格仅为 8 564 美元；②整车出口品种单一，主要车型为皮卡、小客车（9 座以下）和运动型多功用途车（SUV），其他车型较少；③研发能力不强；④境外营销网络不健全；⑤出口市场集中，覆盖面小。

3 2011 年河北省加快汽车产业发展的主要措施

1）结合河北省汽车产业发展实际，进一步细化落实《关于促进我国汽车产品出口持续健康发展的意见》的配套措施，继续培育和支持具有国际竞争力的汽车生产企业。

2）鼓励企业实施国际化经营，进一步开拓和巩固海外市场，建立完善的销售和售后服务网络，提升本土品牌在海外市场影响力和竞争力。

3）加大对汽车出口企业出口信用保险的支持力度，满足企业拓展新市场的需要。

4）扶持政策进一步向拥有自主品牌的企业倾斜，鼓励企业在研制新能源汽车核心部件及技术突破上加大研发力度。

5）在走出去的基础上，提升河北省品牌的形象和影响力，提升竞争优势，对汽车及零部件出口基地、出口聚集区和重点出口企业进行重点扶持。

河北省机电办

2010年辽宁省汽车产品出口情况

2010年，辽宁省汽车工业出口15.40亿美元，排在全国第8位；出口同比增长44.7%；高出全国平均增幅3.3个百分点。

1 整车出口情况

全年共计出口汽车16 599辆，同比增长19.8%；出口金额2.17亿美元，同比增长32.0%，具体车型出口如下：

1）乘用车出口3 724辆，出口金额3 651.74万美元。其中，小轿车出口1 228辆，出口金额1 182.62万美元；越野车出口24辆，出口金额32.57万美元；小客车出口1 011辆，出口金额1 059.79万美元；其他载人机动车出口1 445辆，金额1 365.04万美元；未列名载人机动车出口16辆，出口金额11.73万美元。

2）商用车出口12 875辆，出口金额18 007.84万美元。其中，客车出口6 076辆，出口金额6 041.27万美元；货车出口6 450辆，出口金额10 581.63万美元；特种车出口172辆，出口金额1 233.06万美元；汽车底盘出口177辆，出口金额151.88万美元。

2 零部件出口情况

全年共计出口零部件132 375.65万美元，同比增长47.1%，高出全国平均增幅4.35个百分点。主要产品中，发动机出口789.62万美元，同比下降19.2%；发动机零部件出口14 758.46万美元，同比增长90.1%；传动系统出口1 691.06万美元，同比增长91.2%；车身及其附件、零件出口12 122.60万美元，同比增长7.4%；行驶系统出口23 974.68万美元，同比增长27.7%；制动系统出口19 950.23万美元，同比增长45.1%；汽车电子电器出口46 877.98万美元，同比增长67.9%；汽车用其它零件7 198.33万美元，同比增长41.5%。

3 辽宁省汽车产品出口特点

从中长期看，辽宁省汽车产品出口逐年上升，虽然2008年增幅有所回落，但仍然有较强的发展潜力，并向好的方向发展。从出口类别看，辽宁省在汽车零部件出口方面要强于整车出口。具体特点如下：

3.1 汽车出口以中、低档汽车为主，主要出口发展中国家市场，利润空间不大

辽宁省汽车出口均价为13 049美元，全部为中、低档汽车，出口均价略高于全国平均水平。辽宁省出口市场主要是亚洲、非洲和拉丁美洲，据沈阳海关统计，2010年前8个月，辽宁省汽车出口至亚洲0.6万台，增长6.8%，贸易额0.9亿美元，增长34.8%；出口非洲0.3万台，增长18.9%，贸易额0.3亿美元，增长18.5%；出口拉丁美洲0.2万台，增长2.5倍，贸易额0.2亿美元，增长2.6倍。由于出口汽车多以欧元和美元结算，在人民币持续升值的压力下，出口汽车的利润，特别是占据主要出口品种的中低档汽车的利润，被进一步压缩。

3.2 汽车零部件出口主要集中在劳动密集型和资源密集型产品上，科技含量不高

尽管辽宁省汽车零部件出口平稳增长，但辽宁省汽车零部件的出口主要集中在劳动密集型的汽车电子电器以及资源密集型的车身附件及其零件、行驶系统、制动系统、发动机零部件等产品上，且同比有大幅增长，而发动机整机的出口仅占零部件出口金额的0.6%，且出口金额同比下降19.2%。

3.3 汽车零部件出口企业规模较小，自主开发能力有待提高

辽宁省汽车零部件出口企业生产规模与国外大企业相比规模较小，与国内的其他企业相比也处在规模劣势，难以体现出规模效益。同时，汽车零部件企业自主开发能力不足，在技术上多数依赖整车企业及国外技术，严重制约了辽宁省汽车零部件出口的发展。

3.4 汽车产业集中度较高，但产业集群效应不明显

辽宁省汽车产业主要集中在大连、沈阳、丹东、营口、朝阳和锦州，以上6个市出口汽车产品占全省汽车产品出口的98%以上，集中度相当高。汽车整车生产主要集中在沈阳和丹东，具有形成产业集群效应的基础，但还没有形成产业集群效应。据汽车生产企业反映，辽宁省汽车整车生产企业的零部件采购很多还都在省外进行，省内的大部分汽车零部件生产企业还都不是本省汽车生产企业的供货商，省内汽车产业的链条还没有形成，可以说，辽宁省具有汽车产业的集群的基础条件，但产业集群效应还没有显现。

4 展望

2010年，辽宁省汽车整车和零部件发展都取得了可喜的成绩。整车方面，全年汽车产量超过70万辆，增幅超过38%；轿车产量达到41.7万辆，同比增长60.1%。华晨宝马新工厂也已开工建设，近年内将会向东南亚市场出口宝马3系、5系汽车，这将填补辽宁省汽车出口无高端车的空白。汽车零部件方面，辽宁新风企业集团有限公司40万套高压共轨燃油喷射系统投产，预计2013年三期建成后，每年可生产200万套高压共轨系统，公司将成为我国最大的高压共轨产品生产基地，也是辽宁省产业升级和产品结构调整中的新亮点，将极大促进辽宁省汽车零部件出口的发展。

辽宁省机电办

2010年黑龙江省汽车产品出口情况

2010年，随着国际经济的复苏，国内经济也呈现出较强的活跃态势，机电产品进出口额有了明显回升，作为机电产业主导行业的汽车产业也开始了企稳向好的趋势。2010年，在商务部的大力支持下，在黑龙江省委省政府关于 八大经济区 十大产业 建设的政策引导下，在政府部门的积极扶持下，经过业界的勤奋努力和不懈开拓，汽车产品进出口有了较快增长。

1 2010年黑龙江省汽车产品出口情况概述

2010年，黑龙江省汽车行业增长迅速，自主品牌出口创历史新高。2010年，黑龙江省出口汽车4.25万辆，同比增长90.8%，创汇1.61亿美元，同比增长67.0%。汽车零部件出口1.27亿美元，同比增长127.0%。汽车销售的快速发展也为上下游产业提供了主导产业链，拉动了地方经济增长。

2 2010年黑龙江省汽车产品出口的特点及优势

2.1 2010年黑龙江省汽车产品出口的国家和地区

黑龙江省汽车销售主要面向南美及亚非市场。以哈飞公司为例，2010年出口汽车及汽车底盘35 414台套，创汇12 058.4万美元。出口的主要国家是巴西、叙利亚、阿尔及利亚、越南等国家，尤其是对巴西等南美国家增长迅速。

2.2 出口产品结构特点及优势

黑龙江省汽车出口主要以小排量微型客车为主，占90%以上。小型车油耗低，轻便灵活，节省空间，价格相对较低，有竞争优势。近年来，黑龙江省汽车厂家加大技术改造，严把质量关，使出口汽车质量稳定，取得了较好的口碑，为逐步扩大国际市场奠定了基础。

3 2010年黑龙江省出口经验介绍

为促进汽车产业快速发展，2010年，黑龙江省政府和企业做了大量工作，对内加强企业自身管理，对外加大宣传力度，政府积极搭建平台，为进一步开拓海外市场创造了良好氛围。企业自身通过实施一系列销售措施，较好地开拓了国际市场。以哈飞公司为例，2010年实施了几项行之有效的措施：

1）加强出口管理，优化内部资源，为出口提升做好基础。

2）加大巴西等增长较快市场的广告投入，加强品牌建设，使之成为微车高品质品牌。

3）加快各种认证的统筹，为之后应对技术壁垒做好准备。

4）加快海外网络建设，转变销售模式，由简单的代理销售，向投资建厂方向发展。

5）加强海外市场的管理，保证哈飞汽车在各市场的长远发展。

6）加强售后服务体系建设，由被动应对向主动服务方向转变。

7）加大市场调研，熟悉各市场发展方向，加快制定长远规划。

这些措施为提升了企业在国际上的竞争力，为出口产品赢得了长期立足和发展的空间。

4 2011年汽车出口发展规划及措施

2011年，作为 十二五计划 的开局之年，黑龙江省汽车行业积极开拓海外市场，力争取得新的突破。政府也加大了扶持力度，制定了有针对性的发展规划，为黑龙江省企业更快更稳地走向国际市场保驾护航。

4.1 加大新产品研发工作力度，提高产品竞争力

一是尽快对现有产品提档升级，保证市场占有量；二是加大力度进行新产品的培育和研发，加快创新步伐，争取扩大市场空间。加快推进以哈飞汽车股份公司等企业为主体的汽车制造出口基地建设，通过推进企业关键领域重点技术攻关，提高技术标准，增加附加值等途径，不断促进出口产品的转型升级和品牌塑造，形成新的创造力和竞争力。

4.2 增加投入，努力开拓市场

1）加大资金投入。一方面，政府拟投入一部分资金支持企业发展，计划投入800万元专项资金用于企业创新研发；另一方面，鼓励企业增加资金投入，加大海外市场开拓力度。

2）大力开拓国际市场。一方面积极研究在海外市场的网点布局，做好以点带面，使产品适应当地经济发展和文化、心理、消费习惯的需求，扩大影响和知名度。另一方面在保持现有市场份额的同时，也要切实搞好国际市场的应对调整。要在不断巩固发展东南亚和欧美传统出口市场的基础上，把市场开拓的着力点放到中东、南美等市场开发潜力大的地区。根据国际知名汽车展会的性质和特点，以及与黑龙江省企业市场开拓贴近程度，积极组织企业参加 法国巴黎国际工业配件展 、 美国拉斯维加斯国际汽车零部件及售后服务展 、 意大利国际机床展 、 巴西国际汽车及配件展 、 埃及国际工业博览会 等国际知名的大型展览会，整合省内重点产品和优势品牌，积极探讨多种拓展市场的有效方式，同时，认真做好合作项目的跟踪、协调和服务工作，确保取得实实在在的效果。使黑龙江省汽车生产更好地满足国际需要，推动国际市场开拓不断走向深入。

2011年，在商务部的大力支持下，在省委省政府

的政策引导下，通过企业和政府相关部门的通力合作，紧密配合，黑龙江省汽车产业在国际上的知名度和市场份额将会呈现更为广阔的前景。

黑龙江省机电产品进出口办公室

2010年江苏省汽车产品出口情况

2010年江苏省汽车及零部件出口较2009年有了较大幅度的增长，累计出口44.3亿美元，同比增长59.0%。其中整车出口5.3亿美元，同比增长30.3%，占汽车及零部件出口的12%。江苏省汽车及零部件出口主要有以下特点：

1 整车出口保持较好的增长势头

1.1 整车出口数量增长近七成

2010年，江苏省汽车出口了54 912辆，同比增长69.4%。除了其他非公路货运机动自卸车出口稍有下降外，其他车型出口都保持较好增长，其中增长幅度最大的是其他发动机型客车，出口24 451辆，同比增长192.7%；出口数量最多的是特种用途车，共出口29 911辆，比去年同期增长26.4%。

1.2 整车出口金额增长逾三成

2010年，整车出口5.3亿美元，同比增长30.3%。除载货车出口额下降18.3%、特种用途车出口额下降2.1%，其他车型出口额都保持较快增长；增长幅度最大的是9座以下小客车，出口同比增长207.8%；出口金额最大的是机动大、中型客车，出口2.5亿美元，同比增长68.1%。

2 汽车及零部件出口苏南占八成

全省13个省辖市2010年都有汽车及零部件出口，但主要集中在苏南。2010年苏南五市（南京、无锡、常州、苏州、镇江）汽车及零部件出口36.3亿美元，占全省汽车及零部件出口的81.4%，仅苏州市的出口就达19.3亿美元，占全省汽车及零部件出口的43.6%；苏中三市（扬州、泰州、南通）2010年汽车及零部件出口3.9亿美元，占全省汽车及零部件出口的9.6%；苏北出口4.2亿美元，占全省汽车及零部件出口的9%。

3 对亚洲、美国、欧盟的出口稳定增长，继续保持前三

2010年，江苏省汽车及零部件共出口到184个国家和地区。亚洲仍是第大一市场，出口16.5亿美元，占全省汽车及零部件出口的37.3%，同比增长58.6%；美国是江苏省汽车及零部件出口的第二大市场，2010年出口11.8亿美元，同比增长达70.5%，占全省汽车及零部件出口的26.6%；欧盟排行第三，2010年江苏省汽车零部件对欧盟出口7.3亿美元，同比增长50.6%，占全省汽车及零部件出口的16.6%；对日本出口5.3亿美元，同比增长55.3%，占江苏省汽车及零部件出口的11.9%。

4 一般贸易是江苏省汽车及零部件出口主要方式

2010年江苏省汽车及零部件一般贸易出口29.9亿美元，占全省汽车及零部件产品出口的67.3%，同比增长59.4%；加工贸易出口14.2亿美元，同比增长58.8%，占出口总额的32.1%。

5 外资企业是汽车及零部件出口的主要力量

2010年江苏省外资企业汽车及零部件出口28.5亿美元，同比增长69.8%，占全省汽车及零部件出口的64.3%。内资企业出口15.8亿美元，同比增长42.7%，占全省汽车及零部件出口的35.7%。其中，国营企业出口5.3亿美元，同比增长26.1%，占汽车及零部件出口的11.9%；私营企业出口10.1亿美元，同比增长54.7%，占汽车及零部件出口22.8%；集体企业出口4 703万美元，同比增长25.3%，占总额1.1%。

江苏省商务厅产业处

2010年浙江省汽车产品出口情况

1 基本情况

2010年，浙江省具有汽车出口资质的企业合计出口整车约5.7万辆，比2009年增长近一倍，金额超4.6亿美元，同比增长1倍，其中在浙江省海关统计范围内出口金额为7 222万美元，增长14.5%。

2010年浙江省出口汽车零部件54.2亿美元，同比增长39.9%，高出全省外贸出口增幅4.2个百分点，占全省总出口的3.0%，占全国汽车零部件出口额的22.5%。是全国重要的汽车零部件出口基地之一。

2 具体分析

2.1 整车出口

2.1.1 出口特点

轿车、客车、皮卡是浙江省汽车出口的三大主要车型。浙江省汽车主要销往东盟、拉美、中东、东欧、非洲等发展中国家和地区，主要市场有智利、阿尔及利亚、俄罗斯、南非、叙利亚和阿联酋等。

浙江省整车出口平均价为0.8万美元，比全国整车出口均价（1.2万美元）低0.4万美元，与去年同期大致持平。

2.1.2　部分重点企业情况

吉利集团作为浙江省汽车出口的龙头企业，2010年出口额达1.6亿美元，同比增长约30%。出口额攀升的同时，海外并购取得重大突破，海外生产、营销体系建设初具成效；2010年8月初，吉利与福特公司正式交割沃尔沃轿车公司，获得其100%股权；2009年12月16日，吉利汽车集团在印尼雅加达工厂区举行印尼公司CKD生产线建成投产仪式，吉利印尼公司CKD生产线是吉利在海外的第一个CKD项目基地，完全实现自主运营，预计年轿车产能可达1万辆，对吉利布局东南亚市场的整体战略具有重要意义；2010年1月15日，吉利MK车型CKD组装生产下线仪式在俄联邦卡拉恰耶夫　切尔克斯共和国首府切尔克斯克市举行，标志着吉利控股集团海外营销进入了一个新的历史阶段，为实现吉利3年内出口俄罗斯10万套/年和快速迈进百万辆的战略目标奠定了良好基础。

青年汽车是一家生产、销售客车、重型载货车、轿车及汽车零部件的综合性汽车企业，产品出口美国、欧洲、俄罗斯、韩国、新加坡和中东等众多国家和地区。2010年，青年汽车出口持续保持高速增长，总计出口153辆，增长54.5%，其中客车111辆，载货车42辆。2010年，企业在稳固以上传统海外市场的同时，着力加大对南美市场的开拓力度。2010年初，根据南美市场道路运输状况而开发的新车型JNP6126A青年客车首进南美厄瓜多尔，随着青年汽车在南美市场的深入，巴西、智利、秘鲁和阿根廷的客户也与青年汽车达成了合作购买意向，南美市场的潜力将进一步得到开发。

吉奥汽车是目前全国规模最大的皮卡车专业生产基地。2010年底，吉奥汽车与广汽集团签约成立广汽吉奥汽车有限公司，合资公司成立以后将在对原有整车资产和业务进行整合的基础上，逐步形成50万辆整车生产能力，累计投资将达60亿元人民币。新公司的成立创造了国企民企合作的典范，开创了国内汽车产业重组的新模式。

众泰于2010年初便先后获得印度、阿尔及利亚、叙利亚和埃及等国的大批订单。全年整车出口达2.3万辆，实现出口额1.73亿美元，较2009年都有一定程度增长。

2010年9月，东风汽车与台湾裕隆企业集团签署合资合同，双方计划投资34亿元，在杭州建立东风裕隆汽车有限公司。据估计，公司年产销规模将达到50万辆。这是ECFA（海峡两岸经济合作框架协议）签订后两岸合作的首个大型经济项目。

2.2　汽车零部件出口

浙江是汽车及零部件生产大省，全省共有7 000余家汽车零部件生产企业，在企业数量、产值规模和就业人数上均居全国先列。但这7 000余家企业中，规模以上企业只有2 200家，2010年有汽车零部件出口实绩的企业3 900多家。

2.2.1　出口特点

1）产品结构。车轮及零件、其他汽车用零部件、汽车发动机及零件是浙江省汽车零部件出口的主要大类，分别出口9.3亿美元、6.5亿美元和5.5亿美元，同比增长40.3%、35.2%和38.3%。从具体产品看，高技术含量，高附加值的产品都有较快增长，如：悬架减振器4.6亿美元，增长54.6%；制动器及零件3.5亿美元，增长47.5%；离合器及零件1.4亿美元，增长43.5%；变速器总成0.7亿美元，增长130.0%等。浙江省加快汽车零部件产业转型升级，推动出口产品结构调整成效显现。

2）贸易方式。一般贸易是浙江省汽车零部件产品出口的主要方式。2010年累计出口41.3亿美元，同比增长42.7%，占全省汽车零部件出口的76.3%；加工贸易出口12.8亿美元，同比增长31.3%。

3）企业类型。民营企业为浙江省汽车零部件产品出口主力军。2010年民营企业累计出口汽车零部件27.4亿美元，占比为50.9%，同比增长38.3%。其中出口超过5 000万美元的民营企业主要有浙江万丰奥威汽轮股份有限公司（1.2亿美元）、万向集团进出口有限公司（1.1亿美元）、温州市冠盛汽车零部件集团有限公司（6 500万美元）等。外资企业累计出口22.8亿美元，占比为42.3%，同比增长43.9%，高于平均值4.7个百分点。

4）市场分布。在传统市场运行稳定的同时，浙江省汽车零部件产品对新兴市场出口增长迅猛。2010年对美国、欧盟主要汽车制造国出口汽车零部件产品分别为14.1亿美元、10.6亿美元，合计占总额的45.6%。随着浙江省企业对新兴市场开拓力度进一步加大，东盟（出口额3.3亿美元）已经超越日本成为浙江省汽车零部件出口的第三大市场。对印度（1.7亿美元）、俄罗斯（1.7亿美元）、伊朗（1.6亿美元）、巴西（1.6亿美元）等发展中国家出口均成倍增长。

2.2.2　重点企业情况

万向集团通过引进DELPHI轮毂单元产品，掌握了该产品核心技术并致力于再研发，从第一代轮毂单元至今，万向已经成功开发出三代产品。第三代轮毂轴承单元（带ABS电子速度传感器）产品被列入国家级重点新产品，填补了国内空白，在国际上也处于领先地位，不但为通用汽车配套，还成为国内首家进入大众全球配套体系的中国汽车轮毂轴承单元产品供货商。目前，汽车轮毂轴承单元产品生产能力为1 000万套/年，计划到2014年扩能到2 000万套/年的生产能力。

万向电动汽车公司聘请英国著名汽车专家奥利弗，协助开发电动汽车。目前，该项目申请并获得授权专利150余项，其中发明专利30项，以奥利弗为首的研发团队承担了7个国家863计划新能源汽车重大项目课题。2010上海世博会上的150辆混合动力公交车的电池和动力总成系统全部由万向独家供货，世博会120辆纯电动公交车的电池和动力总成的一半由万向提供，广州亚运会全部电动公交车的电池和动力总成也由万向独家供货。

浙江银轮机械股份有限公司抓住金融危机导致德国、美国、加拿大等发达国家汽车产业严重受挫，行业内一些龙头企业为控制生产经营成本而降低薪酬待遇的机遇，高薪聘请了4名在国际冷却器领域内具有极高知名度的高级研发、管理人员，并委以副总经理等重任。通过引进先进人才和高端技术设备的最好时机，将大大缩短国内企业与全球技术水平的距离。

宁波华翔集团以超过1 500万英镑的价格收购了英国捷豹路虎真木件制造中心，成功获得了为捷豹、路虎等欧洲豪华车配套生产年产值3亿元真木内饰件的巨额订单，同时，进一步确立了在该细分领域的竞争优势，跻身汽车真木饰件行业的全球三甲。

民营企业是浙江省汽车产业的主要力量，起步较晚，但近几年发展较快，特别是抓住金融危机后国际汽车产业结构化调整的契机，通过提高自主创新能力、加快转型升级步伐、建设海外生产、营销体系，在走出去、引进来的国际化进程中，寻找到了适合自身发展的途径，出口额和出口产品质量逐年提高。

浙江政府通过引导和扶持政策，对浙江汽车及零部件企业的国际化发展起到了很好的助推作用。一是通过鼓励加大研发投入，引进先进技术设备，帮助企业提高自主创新能力，优化出口产品结构；二是通过培育和打造汽车及零部件出口基地和公共服务平台，提升了优势产业集群国际竞争力；三是加大支持力度帮助企业参加国内外汽车工业行业知名展览，全面展示浙江省汽车和零部件产业整体形象，提高了国际影响力。相信在政府与企业之间良性互动的共同推进下，浙江汽车产品出口将持续健康发展。

浙江省机电产品进出口办公室

2010年安徽省汽车产品出口情况

2010年，随着国际市场需求逐步恢复，汽车出口总体摆脱上年低迷走势，呈快速回升。国内汽车需求超预期增长，汽车商品进出口总额也首次超过千亿美元，达1 085.31亿美元，同比增长55.2%。

在这样大背景下，安徽汽车产业呈现良好发展态势，以奇瑞汽车股份公司、江淮汽车集团公司为代表的安徽汽车出口较上年均呈较快增长。主要表现是产销同步较快增长，增幅高于全国，自主品牌汽车市场份额提高，全行业盈利能力改善，出口回升明显，企业 走出去 步伐加快。国家节能与新能源汽车示范推广政策开始影响骨干企业发展规划，但全年产销增长主要体现在传统能源产品。

1 汽车及零部件出口概况

2010年，全国出口整车及底盘56.67万辆，同比增长53.1%；出口额69.84亿美元，同比增长34.6%。汽车零部件出口量也明显增长，出口额405.84亿美元，同比增长41.9%。2010年，中国汽车产品出口主要国家有：阿尔及利亚、叙利亚、越南、俄罗斯联邦、智利、伊朗、埃及、巴西、孟加拉国和伊拉克等。

2010年，安徽省共出口整车及底盘11.29万辆，同比增长74.5%，占全国出口总量的19.9%；出口额7.80亿美元，同比增长75.3%，占全国出口总额的11.2%。

2010年，奇瑞汽车出口90 140辆，同比增长113.6%，占全国出口总量的11.8%；出口额5.34亿美元，同比增长135.9%，占全国出口总额的4.5%；江淮汽车出口16 981辆，同比增长104.7%，占全国出口总量的2.2%；出口额1.55亿美元，同比增长83.9%，占全国出口总额的1.70%。

2010年，安徽省汽车整车分别出口到141个国家和地区，其中，年度出口额较大的国家依次为俄罗斯、伊朗、埃及、巴西、伊拉克、智利、秘鲁、乌拉圭、意大利和阿尔及利亚；年度出口额增幅超过100%的主要国家和地区有：巴西、乌克兰、阿根廷、俄罗斯、塞尔维亚、澳大利亚、澳门地区、苏里南、洪都拉斯和危地马拉。

零部件出口方面，2010年安徽汽车零部件出口量明显增长，全年出口额2.94亿美元，同比增长54.7%，显著高于全国平均水平。其中合肥市出口额0.21亿美元，同比增长33.6%；芜湖市出口额1.14亿美元，同比增长81.5%；宣城市出口额1.12亿美元，同比增长58.5%；蚌埠市出口额0.09亿美元，同比下降80.1%；安庆市出口额0.09亿美元，同比下降45.9%；黄山市出口额0.02亿美元，同比增长39.7%；马鞍山市出口额0.02亿美元，同比增长286.6%。全年出口零部件超500万美元的企业有8家，出口额合计1.26亿美元，占全省零部件出口总额的42.9%；出口200万美元～500万美元的汽车零部件生产型企业8家，出口额合计为0.20亿美元，占全省零部件出口总额的6.80%。此外，安徽省汽车轮胎出口约3.43亿美元，同比增长31.8%。

表 3-1　主要汽车零部件生产企业出口情况表　　万美元

序号	名称企业	2010 年出口总额	2009 年出口总额	增幅 %
1	安徽中鼎密封件股份有限公司	6 268.00	3 539.51	77.1
2	亚新科零部件（安徽）有限公司	1 950.27	1 274.76	53.0
3	安徽广德中鼎汽车工具有限公司	989.42	733.12	35.0
4	芜湖禾丰离合器有限公司	812.10	515.99	57.4
5	安徽昊方汽车空调电磁离合器有限公司	679.26	395.60	71.7
6	芜湖聚达汽车零部件有限公司	666.35	437.32	52.4
7	芜湖黄燕实业有限公司	634.32	307.13	106.5
8	芜湖禾田汽车工业有限公司	621.56	316.69	96.3
9	芜湖锐可德汽车工业有限公司	287.63	71.94	299.8
10	安庆帝伯格茨活塞环有限公司	285.52	268.72	6.3
11	黄山市汽车电器有限公司	267.03	196.69	35.8
12	安庆帝伯粉末冶金有限公司	254.12	166.68	52.5
13	西门子威迪欧汽车电子有限公司	226.41	244.11	-7.3
14	芜湖众绅机械制造有限公司	226.18	90.05	151.2
15	宁国飞鹰汽车零部件股份有限公司	212.73	210.11	1.3
16	芜湖大捷汽车工业有限公司	207.67	156.60	32.6
17	安徽安簧机械股份有限公司	184.42	5.27	3 397.0
18	安徽中鼎橡塑制品有限公司	175.83	44.75	292.9
19	安徽爱德夏汽车零部件有限公司	104.93	185.63	-43.5
20	芜湖伯特利汽车安全系统有限公司	98.86	19.95	395.6
	合　计	15 152.61	9 180.62	65.1

2　安徽汽车产品出口的特点与分析

安徽拥有合肥、芜湖两个汽车产品出口基地。2010 年，在国家和省市政府的关心和支持下，合肥以江淮汽车为核心、芜湖以奇瑞汽车为核心的安徽汽车产业跨入新的发展阶段。安徽汽车产业发展迅猛，经济总量持续增加，在自主品牌建设、自主创新和新能源汽车研发能力、市场拓展速率等各方面均得以迅速提升，产品结构进一步优化，汽车出口业绩突出，重点企业发展和产业集群发展迅猛，基地建设和发展成效显著。

而影响我国汽车产品出口竞争力的不利因素也有一些。主要包括以下几个方面：

1）客户支付能力下降严重影响企业出口。一些欧盟国家仍未走出金融危机阴影，与投资相关性较大的商用车出口受影响尤其明显。

2）其次是技术性贸易壁垒。产品认证标准、程序透明度低。汽车认证项目种类繁多，变更频繁，在实际操作中任意选用新旧规则；还有一些国家参照欧盟技术标准，但又未建立规范的认证程序，都使得认证的不确定性和成本大大增加。

3）限制进口措施，一些国家提高汽车进口关税，实行整车进口配额制度。

4）汇率波动。人民币对美元升值，韩币对美元贬值的形势使中国汽车产品竞争力受到明显的冲击。

5）成本上升、竞争无序。原材料、人力成本迅速上升，以及国内企业在海外市场的无序竞争。

2011 年，安徽汽车及零部件产业基地以提升自主创新能力和产业竞争力为目标，围绕节能与新能源汽车的发展方向，三个层面推进，构建六大创新平台，主攻六大关键技术，实现增长目标。支持汽车及零部件企业科技创新和自主品牌的建设；鼓励补助企业扩大产能的固定资产投资；吸引大型汽车零部件企业落户合肥；促进汽车整车生产企业扩大产能；支持企业开拓国际市场，进行境外营销网络和体系建设。加快实施汽车企业　走出去　发展战略，推动汽车企业到国外设立销售基地或投资办厂，进一步拓展海外市场，扩大汽车产品出口。

安徽省汽车行业协会

2010 年山东省汽车产品出口情况

1　概述

2010 年，山东省汽车行业规模以上企业有 1 150 家，从业人员 26 万人，完成工业总产值 3 466.10 亿元，同比增长 45.7%；工业增加值 667.85 亿元，同比增长 48.9%，主营业务收入 3 610.20 亿元，同比增长 42.2%；利润 254.43 亿元，同比增长 62.9%；利税 355.53 亿元，同比增长 52.3%；出口交货值 162.09 亿元，同比增长 26.9%。

2010 年，山东省汽车产销分别共完成 181.39 万辆和 181.70 万辆，同比分别增长 31.7% 和 32.0%，占全国总产销量的 9.9% 和 10.1%。其中，商用车产销分别为 107.84 万辆和 108.23 万辆，同比增长 29.1% 和 29.9%，占全国总产销的 24.7% 和 25.2%；乘用车产销 73.55 万辆和 73.47 万辆，同比增长 35.3% 和 64.7%，占全国总产销的 5.29% 和 5.34%。

2010 年山东省汽车及零部件出口过千万美元的企业共有 57 家，其中过亿美元的有 4 家，详细情况如表 3-2。

2010 年，山东省汽车及零部件出口突破 34 亿美元，出口增幅为 47.7%；同期汽车及零部件进口额为 4.6 亿美元，进口增幅为 51%；山东省汽车及零部件进出口顺差为 29.4 美元。2010 年整车出口实现 5.9 亿美元，同比增幅为 88.8%；同期整车进口为 3 773 万美元，顺差为 5.5 亿美元。整车出口中，小轿车全年实现出口额 3 516 万美元，同比增幅为 94.4%；大中型客车全年实现出口 5 177 万美元，增幅为 208%；其他型客车实现出口 77 万美元，增幅为 86%。载货车（不包括非公路自卸车）实现出口 2.2 亿美元，增幅为 58%；特种车全年实现出口 2.4 亿美元，增幅为 53%。

表 3-2　2010 年出口过千万美元企业名单

美元

序号	企业名称	2010 年出口	2009 年出口	增幅，%
1	中国重汽集团山东进出口有限公司	290 630 592	183 696 787	58.2
2	烟台胜达汽车零部件制造有限公司	166 606 833	156 759 176	6.3
3	威亚汽车发动机（山东）有限公司	146 277 113	50 433 800	190.0
4	龙口海盟机械有限公司	119 417 547	92 388 117	29.3
5	一汽 - 大宇（烟台）汽车发动机有限	78 452 281	4 161 368	1 785.0
6	乐陵金麒麟汽车零部件有限责任公司	75 920 959	48 017 657	58.1
7	青岛华天车辆有限公司	69 249 261	60 258 394	14.9
8	莱州三力汽车配件有限公司	56 542 649	58 168 108	-2.8
9	中通客车控股股份有限公司	53 022 464	17 755 688	198.6
10	青岛泰发集团公司	48 980 130	45 162 517	8.5
11	龙口渤海机械有限公司	47 870 127	40 151 713	19.2
12	龙口星宇汽车配件有限公司	46 244 041	29 101 076	58.9
13	烟台胜地汽车水泵制造有限公司	44 949 420	15 987 470	181.2
14	莱州华汽机械有限公司	39 467 511	28 118 808	40.4
15	山东龙口兴民车轮有限公司	35 777 622	22 121 998	61.7
16	上海通用东岳汽车有限公司	35 270 751	37 224	94 652.7
17	东营信誉汽车配件有限公司	34 189 571	21 081 244	62.1
18	威海艾迪姆汽车配件公司	32 719 273	22 877 673	43.0
19	辉门汽车零件公司	31 671 129	30 137 004	5.1
20	青岛东和铸造有限公司	29 545 852	13 842 937	113.4
21	泰安航天特种车有限公司	29 351 340	0	–
22	茌平信发铝制品有限公司	27 689 159	15 611 395	77.4
23	山东集鑫汽车销售有限公司	27 430 548	0	–
24	微美电子（烟台）有限公司	27 371 622	13 980 615	95.8
25	烟台美丰机械有限公司	27 138 456	22 234 762	22.1
26	三立（烟台）车灯有限公司	26 551 907	13 979 856	89.9
27	龙口奇正汽车配件制造有限公司	26 391 110	23 475 480	12.4
28	济宁世纪车轮制造有限公司	24 729 404	13 356 229	85.2
29	龙口金正机械有限公司	24 422 629	21 621 366	13.0
30	重汽集团专用汽车公司（二名青岛）	21 601 663	32 638 220	-33.8
31	茌平鲁环汽车散热器有限公司	20 517 227	15 978 349	28.4
32	青岛大同体系汽车配件有限公司	19 238 916	11 724 303	64.1
33	济南考格尔特种汽车有限公司	16 829 317	8 069 317	108.6
34	龙口隆基制动毂有限公司	16 688 118	14 376 496	16.1
35	莱州诚远汽车配件有限公司	16 105 652	12 060 802	33.5
36	潍坊浩信康迈机械制件有限公司	15 623 168	5 437 484	187.3
37	山东双连制动材料有限公司	14 575 326	11 897 545	22.5
38	山东威明汽车产品有限公司	14 362 001	10 684 736	34.4
39	威伯科汽车控制系统（中国）有限公司	13 658 574	9 740 299	40.2
40	伊顿液压系统（济宁）有限公司	13 045 743	7 637 637	70.8
41	山东鲁达轿车配件股份有限公司	12 816 993	16 182 072	-20.8
42	青岛华氏工业品制造有限公司	12 753 805	8 460 068	50.8
43	山东潍柴进出口有限公司	12 743 357	12 731 553	0.1
44	山东三维商贸有限公司	12 308 955	1 332 838	823.5
45	济南凯飞尔车业有限公司	12 111 779	2 956 698	309.6
46	山东联诚汽车锻造有限公司	11 658 487	8 745 719	33.3
47	泰安鲁美汽车散热器有限公司	11 657 227	6 136 518	89.9
48	莱州金凤凰汽车零部件有限公司	11 643 719	7 635 728	52.5
49	青岛东方工业品制造有限公司	11 600 356	11 254 850	3.1
50	莱州双力机械有限公司	11 206 827	4 692 129	138.8
51	威海久映汽车配件有限公司	10 936 748	8 578 087	27.0
52	淄博贝尼托金属制品有限公司	10 830 755	10 663 885	1.6
53	莱州华鲁汽车配件有限公司	10 652 906	2 888 476	268.8
54	荣成宇南电器有限公司	10 650 461	9 278 934	14.8
55	青岛信义元汽车配件有限公司	10 434 902	8 327 445	25.3
56	济南安达刹车片有限公司	10 313 991	109 248	9 340.0
57	威海友邦汽车零部件制造有限公司	10 218 732	0	–

2010 年，山东省汽车零部件出口实现 6.1 亿美元，其中汽车关键件实现出口 3.4 亿美元，增幅为 178.5%，同期进口 1.9 亿美元，增幅为 79%，实现顺差 1.5 亿美元。在关键件中，汽车车身（包括驾驶室）全年实现出口 577.5 万美元，增幅为 52.9%；汽车发动机实现出口 1.48 亿美元，增幅为 191.7%，同期进口为 2 927 万美元，增幅为 59%，进出口顺差为 1.19 亿美元；汽车驱动桥（带差速器）实现出口 2 666 万美元，增幅为 124%，同期进口 1 535 万美元，增幅为 48%，进出口顺差 1 131 万美元；汽车底盘实现出口 1 484 万美元，比上一年下降 6%，同期进口 84 万美元，实现顺差 1 400 万美元。2010 年，山东省汽车零部件（包括附件）实现出口 2.7 亿美元，同期相比下降 73%，2010 年进口 1.2 亿美元，进出口顺差为 1.5 亿美元。

表 3-2　2010 年山东省汽车零部件出口分类情况

汽车产品	2009 年出口总额，美元	2010 年出口总额，美元	增幅，%
汽车及其关键件、零附件	2 327 315 095	3 406 872 254	47.7
汽车（包括成套散件）	309 995 544	585 276 348	86.0
小轿车	37224	35 161 536	94 359.0
旅行小客车（九座及以下）	–	–	–
机动大、中型客车	16 792 920	51 766 501	208.0
其他发动机型客车	8 890	774 331	86.1
载重车(非公路自卸车除外)	138 677 413	219 192 494	58.0
特种用途车及非公路自卸车	154 479 097	236 425 288	53.0
汽车关键件	1 007 737 071	337 143 605	66.5
汽车车身（包括驾驶室）	3 776 896	5 775 369	52.9
汽车底盘	15 823 769	14 836 547	-6.2
汽车发动机	50 908 065	148 483 436	191.6
汽车驱动桥（装有差速器）	11 899 909	26 658 727	124.0
汽车空调及压缩机	3 412 507	4 864 795	42.5
变速器	21 411 830	111 896 815	4 226.0
转向系统及制动系统	900 504 095	24 627 916	-97.0
汽车零部件	1 009 582 480	273 435 691	-73.0

注：2010 年制动系统出口为 0，因此转向系统及制动系统出口增幅为负数。

2　出口市场分布

2010 年，山东省汽车及零部件出口量在六大洲全面攀升。在亚洲，山东汽车及零部件出口国别达 40 个，出口总额达到了 9.2 亿美元，增幅为 56.0%，同期进口 2.68 亿美元，增幅为 32.0%，进出口顺差为 6.5 亿美元；在欧洲，山东省汽车及零部件出口欧洲 40 个国家，出口总额 6.9 亿美元，增幅 56.0%，同期进口 1.16 亿美元，增幅 66.0%，进出口顺差 5.8 亿美元；在非洲，2010 年山东省汽车及零部件出口非洲共有 51 个国家，出口总额 3.1 亿美元，增幅 18.0%，同期进口 23.8 万美元，贸易顺差为 3.06 亿美元；出口北美为 11.8 亿美元，增幅为 42.8%，同期进口 7 370 万美元，增幅为 114.9%，贸易顺差为 11 亿美元；出口拉丁美洲共计 36 个国家，出口总额为 2.28 亿美元，增幅为 77.5%，同期进口 712 万美元，贸易顺差为 2.2 亿美元；在大洋洲，共出口 10 个国家，出口总额为 7 886 万美元，增幅为 25%，同期进口 24 万美元，贸易顺差为 7 862 万美元。2010 年山东省汽车及零部件出口国家达到了 179 个国家。

表 3-3　山东省汽车及零部件出口各大洲情况

地区	国家个数	2009 年出口总额美元	2010 年出口总额美元	增幅%
合计	**179**	**2 327 315 095**	**3 406 872 254**	**47.7**
亚洲	40	588 061 632	919 504 195	56.4
欧洲	40	444 028 727	693 138 592	56.0
非洲	51	260 101 232	307 103 393	18.0
北美	2	826 492 080	1 180 044 408	42.8
拉丁美洲	36	128 544 775	228 220 940	77.5
大洋洲	10	59 504 381	78 860 726	32.5

3　主要特点

山东省汽车及零部件出口近几年发展比较快，出现了以下三个特点。

3.1　市场结构发生显著变化

十五期间，山东省汽车及零部件出口最多的地区为亚洲，其次是非洲，北美和欧洲并列第三，然后按照顺序分别是拉丁美洲第四，大洋洲第五。2010 年，出口最大的市场仍然是亚洲，第二名变成了北美洲，第三名也由北美和欧洲并列变为欧洲；非洲由排名第二下滑为第四，大洋洲由末位变成了第五，拉丁美洲排名第六名。按出口增幅大小排序，增幅最大的是大洋洲，达到 512.0%；其次是非洲，达到 348.0%，然后是亚洲，增幅为 214.0%，第四名为欧洲，增幅为 136.0%，第五名为拉丁美洲，增幅为 46.0%，唯一负增长的是北美洲，增幅为 -33.0%。

3.2　产品结构进一步优化

随着汽车工业的技术进步，山东省汽车及零部件产品的档次和水平与十五期间相比有了很大的提高。因此，出口产品结构也随之大幅度提高。主要表现在以下两个方面。一是整车出口在汽车及零部件出口中所占的比例提高，2005 年整车出口所占比重为 14.0%，2010 年比重为 17.0%，提高了 3 个百分点；二是汽车关键件出口所占比重提高，增幅达到 66.5%，而普通备件大幅度下降，达到了 73.0%，2005 年汽车关键件出口在汽车及零部件出口总额中所占的比重为 8.0%，2010 年，所占比重上升了 1.8 个百分点。

3.3　自主研发、自主品牌培育取得突破

山东盛瑞传动股份有限公司自主研发的国内首款 8AT 变速器，采用了世界领先的前置前驱技术，顺利通过了欧洲实验室检测，达到国际先进水平，并开始搭载江铃陆风、海马等汽车，迈出了向产业化推进的坚实步伐。山东东岳汽车有限公司在本土研发、拥有完整知识产权的国际品牌家庭轿车　新赛欧已实现批量出口智利和利比亚，开创了中国汽车业国际品牌本土研发的先河。

3.4　出口规模大幅度提高

2005年，山东省汽车及零部件出口为9.97亿美元，2010年，出口规模扩大到34亿美元，年均增长29.0%。

4　主要问题

受全球汽车行业不景气、人民币升值、零部件国际争端、市场竞争加剧等影响，中国汽车零配件出口面临着重大挑战。主要问题有：

1）中国汽车零部件产品附加值低的现实并没有根本改变，主要出口产品仍然是刹车片、制动器、水箱、轮毂、电线束、凸轮轴、曲轴、气缸体、气缸盖和铸锻毛坯等；

2）中国汽车零部件出口贸易国际环境在恶化。中国零部件企业受到进口国反倾销调查案件开始增多；

3）原材料涨价，职工工资提高，使汽车及零部件生产企业的生产成本较大幅度地提高。特别是中小型企业，有的已经陷入停产或半停产的困难境地。今年以来出现的融资难，使中小企业雪上加霜，苦不堪言；

4）人民币升值，增大了汇兑损失；同时，由于汇率不稳定，升值周期很难预测，所以在成本核算、报价、签合同时，企业感觉出口形势难测，不敢接大单、长单，只能接一两个月内的订单，致使在手合同大幅度减少。

山东省机电产品进出口办公室

2010年河南省汽车产品出口情况

1　汽车及零部件出口概况

2010年，河南省车辆及零部件出口53 909万美元，同比增长54.0%，其中整车出口23 798万美元，同比增长74.8%；车辆零部件出口19 958万美元，同比增长46.1%；摩托车、拖拉机及零部件出口10 153万美元，同比增长31.4%。

河南省主要汽车出口企业集中在郑州、南阳、商丘等市，主要出口企业为郑州宇通、郑州日产、少林汽车等企业，主要出口车型有大中型客车，皮卡，钻探车、冷藏车、专用车等改装车。汽车零部件出口企业主要集中在焦作、南阳、新乡、洛阳、郑州、安阳和许昌等地，其中直接出口型企业主要集中在焦作、新乡、洛阳和南阳等地。

2010年，宇通客车实现营业收入134.78亿元人民币，同比增长53.5%，实现销售41 169辆，同比增长46.1%，全年客车出口2 982辆，出口额14.8亿元人民币，同比增长123.6%；郑州日产汽车全年实现销售3 783辆，实现2010～2012年连续三年海外一般市场销量翻番的初步目标，出口额四千多万美元；少林客车全年出口客车200多辆。

2　汽车整车主要出口市场情况、出口产品特点及优势

宇通客车出口车型涵盖6～18m的公路客车、旅游客车、校车等，销售区域覆盖古巴、委内瑞拉、沙特、伊朗、苏丹、加纳、俄罗斯、菲律宾以及港澳台等30多个国家和地区。与2009年相比，整体市场表现优于同行业和竞争对手。

2010年，郑州日产汽车主要出口国家情况为：安哥拉663辆，土耳其920辆，埃塞俄比亚284辆，新喀里多尼亚236辆，苏丹319辆，智利234辆。出口产品除传统东风品牌皮卡车外，新产品帅客MPV的销量得到大幅提升，全年实现出口754辆。

2010年，少林客车主要出口市场为中亚、俄罗斯、西北非、拉美以及东南亚和朝鲜等国家和地区，产品在这些区域拥有良好的口碑。主要有大中轻型公路客车、城市客车、旅游专车、乡村专车、团体专车、专用车系列等多种商用车。产品优势主要有大客车代表星际大客SLG6127C3BR，混合动力新能源车代表SLG6120HEV混合动力城市客车，轻客代表城乡公交SLG6600C3GE。出口国外的产品也将以其主打产品为主，必要时可能会开发适应国外客户独特自然环境和特殊发展需求的产品。

3　主要整车出口企业有关经验

目前，宇通客车出口产品的结构特点主要是产品平台化及适应性强。产品平台化是指目前海外市场常规销售产品基本都是以在国内市场经过广泛验证，并证实为可靠的产品平台为基础向海外市场推广。在推广过程中，充分重视不同区域的需求差异性及当地政策、法规的相关规定，通过对基础车型进行产品结构调整，保证产品在海外不同区域的适应性。产品平台化，让宇通与同行业和竞争对手相比，具有了得天独厚的优势。一是产品平台化策略能够最大限度利用现有的产品平台资源，保障出口产品的性能及可靠性，同时为市场后续服务、配件供给提供了便利；二是基于宇通目前成熟的QM质量反馈、改进机制的产品适应性改进，在效率上超过国际及国内同行业竞争对手，是宇通能够在海外不同区域不断扩大市场份额的重要保证。

郑州日产汽车不断以海外代理网络建设为依托，在全球范围内不断寻找新的合作伙伴，稳定提升海外代理网络管理、销售能力，拓展右舵车市场和较发达国家汽车市场销量，截止2010年底，已经在全球20个国家和地区建立了代理销售、服务网络。

少林客车在国际营销上注重在重点市场寻求突破，并做出了相应营销模式的策划和组织。另外，在产品是否能顺利适应国外市场客户的需求和不同气候条件下的使用等方面，少林客车也有成熟的经验可循。早在20世纪90年代初，在国内汽车市场还处于供不应求状态时，少林客车首次就以边贸的形式出口朝鲜，率先敲开了国际市场的大门。在2002年，又有近百辆整车出口尼泊尔。2004年5月又与哈萨克斯坦签订了千台订单，成为中国客车行业出口的 第一大单 。对于非洲市场，少林客车也进行了充分的市场调研，了解到非洲既有资源丰富、地域辽阔和人口众多的先天自然条件，也有不甚发达而刚刚起步的经济状况，这些都为客车市场提供了一个广阔的空间。

4 主要汽车企业2011年发展规划及措施

2011年，宇通客车坚决贯彻 一个中心、两条主线、四项能力 为纲领的管理举措，促进销售目标的达成。具体来讲，就是以我为主、以终端客户为主的全面市场管理，搭建海外商务运营平台，全面支持、监控、管理市场业务工作；按照相同的客户满意度标准，根据销售需要和客户需求，针对不同市场采用差异化的方法和策略组合，调动资源，实现目标，进而不断提高客户关系管理能力、项目管理能力、渠道掌控能力和服务支持能力，以此为宇通客车走向世界、开拓国际市场保驾护航。

郑州日产制定了2011～2015年中期规划。一是继续以海外代理网络建设为依托，在全球范围内不断寻找新的合作伙伴，稳定提升海外代理网络管理、销售能力，在实现2010～2012年一般海外市场销量连续三年翻番的基础上，拓展右舵车市场和较发达国家汽车市场销量，在2015年实现出口中期规划销量15 000辆；二是继续推进以代理网络为渠道的销售及服务提升，力争在2015年前完成主要目标市场国家的网络建设，再新增24家网络。

少林客车在发展规划方面，一是把逐步占领海外市场提高到了战略高度，并制定了完善的国际化战略框架，在该框架的指引下，少林将把海外市场作为企业新的增长点和重要的利润来源；二是建立了一套完善的海外市场营销策略，对海外市场进行规划和细分，主动地、分步骤、分层次地做市场开发，不断加强品牌建设，确定正确的产品市场定位，不断完善售后服务体系。

5 关于促进汽车及零部件产业发展和出口的几点建议

1）按照规模化、系统化、集群化、外向化的原则，发挥比较优势，加快产业整合，坚持整车发展与零部件产品升级并举，逐步形成布局合理、结构优化的汽车产业新格局。

2）以郑州为中心，依托宇通、日产的产业优势建设汽车整车出口基地。设立专项科研经费、认证补贴费用和海外网点建设补贴费用，鼓励生产企业进入国际市场，抢占市场份额。建立产业联盟，促进基地内企业的合作，在共赢的条件下共享各自的海外销售和售后服务网络，尽快的开拓国际市场。支持引导新能源汽车发展，推动新能源汽车早日进入国际市场。

3）以郑州、焦作、新乡、洛阳和南阳为中心建立起汽车零部件出口基地。引导零部件生产企业积极介入整车企业的车型开发和产品改造，鼓励基地内零部件企业与整车企业同步开发、同步技改、同步发展，适应全球采购、全球供应的需要。鼓励省内整车企业在同等质量、同等价格下优先采购省内零部件产品，提高省内综合配套率。

河南省商务厅机电和科技产业处

2010年广东省汽车产品出口情况

2010年，广东省汽车及零部件出口26.6亿美元，同比增长23.1%。其中汽车整车出口4.3亿美元，同比增长1.2%；汽车零部件出口22.3亿美元，同比增长28.5%。

1 2010年广东省汽车出口国家地区、出口产品结构特点

1.1 美国、日本和欧盟是广东省汽车零件出口的三大市场，对俄罗斯、印度和巴西出口大幅增长

2010年，广东省对美国出口汽车零件5.1亿美元，增长43.8%；对日本出口3.3亿美元，增长47.2%；对欧盟出口3.1亿美元，增长54.1%；上述三者合计占同期广东汽车零件出口总值的51.4%。同期，对新兴市场俄罗斯、印度和巴西分别出口汽车零件4 159万美元、3 271万美元和2 656万美元，同比分别增长68.5%、59.3%和1.2倍。

1.2 对欧美汽车出口下降，对拉丁美洲和中东汽车出口迅猛增长

2010年，广东对欧盟出口汽车2.2万辆，同比下降8%，占同期广东汽车出口总量的66.7%。此外，对拉丁美洲和中东分别出口汽车2 593辆和1 851辆，分别增长1.4倍和45.1%；对美国出口1 360辆，下降58.7%。

1.3 中小排量轿车为出口主要品种，小排量轿车出口倍增

2010年，广东出口汽油小轿车（1 000ml＜排量≤1 500ml）2.5万辆，下降7.4%，占同期广东汽车出口总量的75.8%。同期，出口汽油小轿车（排量

≤ 1 000ml）3 401 辆，增长 1.5 倍，占 10.3%。

1.4 以出口车辆用零部件、车轮及其零部件、车身零部件零件为主且增长较快

2010 年，广东出口车辆用零件附件 2.9 亿美元，增长 45.6%，占同期广东汽车零件出口总额的 13.2%；出口车轮及其零件附件 2.6 亿美元，增长 28.8%，占 11.8%；出口车身（包括驾驶室）的零件附件 2.6 亿美元，增长 41.9%，占 11.7%。技术含量较高的汽车零件出口值仍不高，如自动变速器出口仅 3 407 万美元。

2 2010 年广东汽车企业出口的经验介绍

2.1 继续加强汽车零部件公共平台建设

依托国家汽车配件质量监督检验中心、机械工业汽车零部件产品质量监督检测中心、中国电器科学研究院汽车零部件平台、广东省汽车工程重点实验室技术支撑公共服务平台，整合省内其他相关资源，完善广东省汽车零部件检测评价技术服务体系，打造具有国内知名度、权威、专业的汽车零部件检测评价技术服务机构。提升广东省汽车零部件检测评价能力，满足广东省汽车零部件产业检测评价需求，并推动零部件产品标准的实施和监督工作。检测评价技术服务机构应积极争取各种认证机构的相关检测授权，实现本地化检测和认证，积极参与国内相关检测评价标准的制订，提升国内影响。

2.2 加强领导管理机制和政策扶持措施

广东省政府和广州市政府及相关职能管理部门，高度重视汽车产业的发展，广州市政府成立了由分管副市长为组长、外经贸局、发展改革委、经贸委、科技和信息化局、财政局、质监局、以及海关和检验检疫局等中央及省属驻穗单位组成的市汽车出口基地建设工作领导小组。领导小组定期召开工作会议，提出促进汽车出口基地发展的工作措施，及时解决汽车出口基地企业在生产和经营中遇到的问题，确保汽车出口基地的快速发展。

2.3 帮扶企业积极开拓国际市场

认真贯彻执行商务部和国家发展改革委等有关部委《关于促进我国汽车产品出口持续健康发展的意见》和《国家汽车及零部件出口基地管理办法（试行）》的精神，广东省每年积极组织企业参加世界知名的国际汽车及零部件、售后服务等专业性展览会，参加商务部组织的各项汽车及零部件出口基地促进活动。每年从开拓国际市场专项资金中给予展位费的资助，有力地推动广东汽车企业参与国际市场竞争的积极性和政府扶持产业导向的作用。广州市还每年从市级和区（县级市）级财政合计大于 1 亿元用于扶持汽车出口基地的项目。对企业申报的汽车及零部件项目，经市统一评审通过给予市级财政资金支持的同时，项目所在地的区级财政再按 1 ：2.5 的配套比例给予资金支持，使企业得到最大限度的资金扶持。

借助国际汽车展等促进活动扩大出口基地国际影响力，按海关统计，2010 年，广州汽车及零部件产品累计出口 17.34 亿美元，列全国汽车及零部件出口基地城市第二位；其中汽车出口 3.40 亿美元，降幅收窄至 -6.8%，出口整车 2.59 万辆；发动机出口 2.38 亿美元，同比增长 6.5%。

出口产品整车主要有小轿车（3.35 亿美元）、客车（245.56 万美元）和货车（133.30 万美元）；零部件主要有轮胎（3.03 亿美元）、发动机（2.38 亿美元）、车身（1.08 亿美元）、车轮（7 976 万美元）、制动器（5 356 万美元）、安全气囊及其零件（3 867 万美元）和悬挂系统及零件（2 663 万美元）等 7 大类产品。

其中出口超亿美元企业有本田（中国）汽车（3.34 亿美元）、广州万力轮胎商贸有限公司（2.39 亿美元）和广汽丰田发动机（2.38 亿美元）3 家，出口超 100 万美元企业有广汽集团客车有限公司和广州番禺奥迪威电子。

3 2011 年广东的发展规划及措施

3.1 整合优化广东省内部资源

以广州汽车工业集团、东风乘用车公司为基础，推动行业战略性重组，培育 2 ～ 3 家主业突出、核心能力强、拥有自主知识产权、具有较强竞争力的大型企业集团，成为在竞争、开放条件下自主发展广东汽车产业的中坚。

3.2 重点发展乘用车，加快推动商用车产业发展

扶持专用车企业做专做强，重点发展高技术、高附加值、功能强的环卫车、消防车和清障车等特种车型，改变高技术、功能强的专用车大部分依赖进口的现状，鼓励汽车产业发展新能源汽车，重点发展电动客车。

3.3 推动汽车产业向价值链高端延伸

围绕广州现有或正在筹建的整车生产，重点支持促进在广州的整车企业、发动机企业、研发中心等现有的汽车核心企业增资扩产和做大做强，继续积极吸纳跨国汽车企业到广州设立区域营运中心、生产基地、研发中心和金融公司，培植骨干核心企业。

3.4 鼓励发展汽车零部件产业

从资金、信息、土地、政策等方面支持企业的发展，继续吸纳国内外汽车零部件企业落户发展，扶持和发展一批技术含量高的零部件企业进行规模化生产，培育形成一批具有自主知识产权的汽车零部件企业和产品，鼓励汽车零部件企业进行跨地区兼并、联合、重组，形成面向国内外两个市场的大型零部件企业集团。

广东省机电产品进出口办公室

《中国汽车工业年鉴》期刊社
CHINA AUTOMOTIVE INDUSTRY YEARBOOK HOUSE

乘用车出口
Export of Passenger Cars

2010年轿车出口发展综述

1　出口情况及特点

2010年，随着国际金融危机逐渐消退，消费者信心逐渐提升，世界各国汽车业复苏，中国轿车出口市场形势出现好转。同时，相关部门陆续出台和落实相关政策，营造公平规范的市场环境，推动企业增强自主创新能力，提升企业的国际竞争力。中国汽车行业振兴规划明确提出促进经济型轿车出口，但由于诸多因素影响，短期内乘用车出口难以出现爆发式增长，发展小排量轿车仍是抢占新兴市场的重要突破点。

2006年，中国轿车出口出现较大幅度增长，并呈现逐年上升态势。但是2008年下半年，金融危机横扫全球，中国轿车出口增幅随之明显收紧。2009年，中国轿车出口已大幅下跌，并呈现直线下滑态势，与2006年出口水平相近。2009年，轿车产品出口共计10.24万辆，同比下降57.6%，占乘用车出口总量67.0%，占汽车整车产品出口总量27.7%；出口金额共计8.04亿美元，同比下降55.2%，占乘用车出口总金额72.9%，占汽车整车产品出口总金额15.5%，降幅均超过50%。2010年，轿车出口呈现恢复性增长，实现出口17.99万辆，同比增长75.7%；出口金额共计12.76亿美元，同比增长58.8%。详情见图4-1。

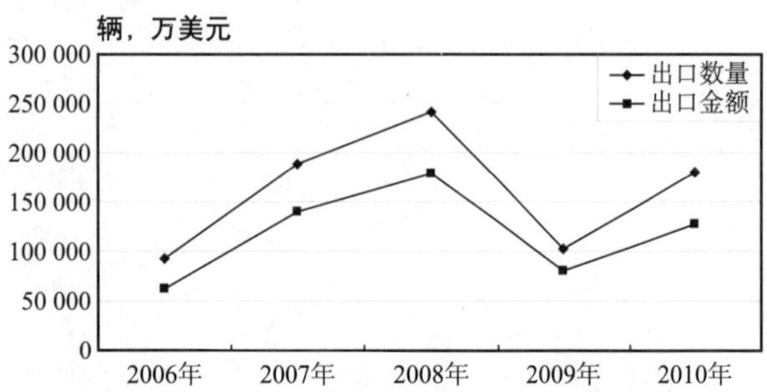

图4-1　2006～2010年中国轿车产品出口情况

2010年1～12月，每月轿车出口数量和金额整体均呈上升态势。其中，1～5月增幅相对缓慢；6～9月，轿车出口呈上升态势，10月开始又是一个增幅放缓期，但比2010年前五个月每月均增长约7 000辆；9～10月，出口有所下滑；自10月起，轿车出口再次大幅回升，出口情况有所好转。详情见图4-2。

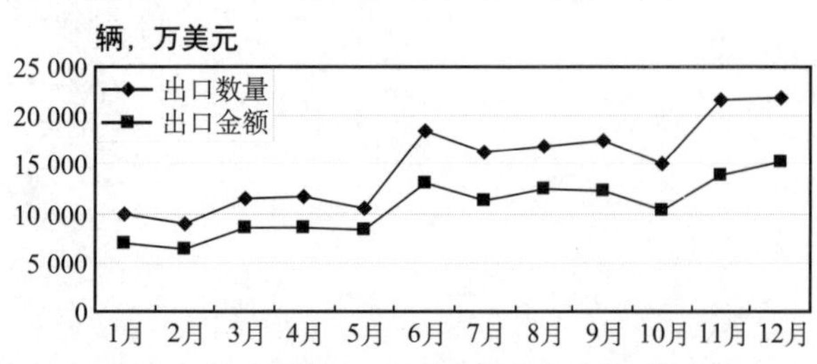

图4-2　2010年1～12月中国轿车产品出口情况

1.1　分排量出口情况

2010年，中国出口轿车共17.99万辆，出口金额12.76亿美元。其中，1.0～2.0L排量的轿车占轿车出口总量9成以上，成为中国整车出口的主要车型。2010年，各排量轿车的出口回升速度分布不均，1.0～1.5L的轿车出口量占据全部乘用车出口量64.6%，达到11.62万辆，同比增长68.9%；该排量范围的轿车出口金额达8.32亿美元，同比增长43.4%，占全部乘用车出口金额65.2%；1.5～2.0L排量的轿车出口增幅最大，同比增长95.9%。详情见表4-1。

表4-1　2010年中国轿车产品出口情况

轿车		数量，辆		金额，万美元	
		2010年	同比增长，%	2010年	同比增长，%
汽油	排量≤1 000mL	12 158	58.1	4 999	60.9
	1 000mL＜排量≤1 500mL	116 210	68.9	83 170	43.4
	1 500mL＜排量≤2 000mL	49 540	95.9	36 488	105.2
	2 000mL＜排量≤2 500mL	427	31.4	976	47.8
	2 500mL＜排量≤3 000mL	93	40.9	502	67.4
	3 000mL＜排量≤4 000mL	18	-18.2	121	73.7
	排量＞4 000mL	0	-100.0	0	-100.0
柴油	1 000mL＜排量≤1 500mL	245	120.7	145	115.1
	1 500mL＜排量≤2 000mL	4	-42.9	4	-48.0
	2 000mL＜排量≤2 500mL	1 245	1 011.6	1 227	468.4
	2 500mL＜排量≤3 000mL	0	-100.0	0	-100.0
轿车小计		179 940	75.7	127 632	58.8
乘用车合计		282 368	84.6	186 099	68.9
汽车总计		566 653	53.1	698 413	34.6

1.2　分省市出口情况

2010年，中国轿车出口前10位省市为安徽、广东、上海、重庆、陕西、河北、山东、海南、吉林和辽宁，在前10位出口省市中，除辽宁和吉林跌幅超过50%外，其余省市均呈增长态势。其中，安徽省仍以出口7.26万辆和出口金额39 507万美元位居榜首，广东省出口情况与2009年持平；重庆、陕西、河北、山东、海南的轿车出口量和出口金额均翻倍增长。详情见表4-2。

表4-2　2010年中国轿车产品出口前10位省市

排序	发货地	出口数量，辆			出口金额，万美元		
		2010年	2009年	同比增长，%	2010年	2009年	同比增长，%
全国合计		179 940	102 432	75.7	127 632	80 379	58.8
1	安徽省	72 649	33 092	119.5	39 507	15 968	147.4
2	广东省	29 901	29 569	1.1	36 347	37 128	-2.1
3	上海市	22 797	19 757	15.4	16 080	12 430	29.4
4	重庆市	21 744	7 894	175.4	12 917	4 836	167.1
5	陕西省	10 965	2 304	375.9	6 994	1 591	339.5
6	河北省	8 110	2 263	258.4	5 128	1 420	261.2
7	山东省	5 669	4	141 625.0	3 516	4	94 359.3
8	海南省	2 352	388	506.2	1 968	339	481.0
9	吉林省	923	2 253	-59.0	1 367	2 083	-34.4
10	辽宁省	1 228	2 524	-51.3	1 183	2 474	-52.2

1.3 主要出口目的国

从出口地区分布看，2010年中国轿车已出口到135个国家和地区，其中，向俄罗斯、智利、伊朗及巴西的出口增幅较大。中国轿车出口以自主品牌为主，出口目的国一般为政策法规要求相对偏低的发展中国家。但受金融危机影响，新兴国家出口不断增多，中国出口较大的传统市场丢失。受此影响，2010年中国自主品牌出口增速缓慢且波动加大，而合资品牌的出口出现回升迹象。

2010年，中国轿车出口到目的国前10位国家出口量占全部出口量70.0%，但各轿车企业的出口目的国差异较大。其中，力帆和海马对俄罗斯的出口量较大，占企业全部出口量的比例超过40.0%；奇瑞和比亚迪出口俄罗斯的出口量占企业全部出口量的16.0%。中国轿车产品对伊拉克出口的主要是奇瑞和海马，比亚迪对埃及出口轿车数量较大，奇瑞和上海汽车主要出口伊朗。总体来看，奇瑞和力帆的出口分布较广泛，吉利出口差异性最强，长城汽车海外业务主要分布在中东、亚洲、亚太、南美、欧洲等地区，并形成了稳固的销售网络。详情见表4-3。

表4-3　2010年中国轿车产品分国别出口情况

排名	2010年			2009年		
	出口目的国家	出口数量，辆	出口金额万美元	出口目的国家	出口数量，辆	出口金额万美元
1	俄罗斯	23 726	15 434	德国	15 106	19 795
2	德国	10 412	13 817	埃及	11 741	6 191
3	智利	14 730	8 576	伊拉克	8 399	4 723
4	伊拉克	14 144	8 428	俄罗斯	6 146	4 350
5	伊朗	13 967	8 389	意大利	4 042	4 187
6	埃及	14 372	6 836	叙利亚	5 962	4 032
7	意大利	7 145	6 280	乌克兰	5 050	2 926
8	叙利亚	8 412	5 972	瑞士	2 009	2 659
9	巴西	6 558	4 474	法国	1 721	2 310
10	乌拉圭	9 245	4 423	古巴	3 062	2 269

1.4 主要出口洲别

2010年，中国轿车产品出口的洲别中，欧洲、亚洲仍占据第一、第二的位置，并取得较大突破和增长，出口量分别为58 974辆和49 512辆，同比均增长约50%；出口金额分别为54 025万美元和33 217万美元，同比分别增长26.4%和73.7%。中国轿车出口的各洲中，拉丁美洲取得大幅增长，从2009年的第4位上升至第3位，出口数量和金额实现飞跃，同比分别增长242.0%和133.4%。而对北美洲的出口有所下滑。详情见表4-4。

表4-4　2010年中国轿车产品分洲别出口情况

序号	2010年					2009年		
	洲别	出口数量辆	同比增长%	出口金额万美元	同比增长%	洲别	出口数量辆	出口金额万美元
1	欧洲	58 974	49.7	54 025	26.4	欧洲	39 400	42 733
2	亚洲	49 512	59.3	33 217	73.7	亚洲	31 075	19 124
3	拉丁美洲	43 200	242.0	24 506	133.4	非洲	19 038	10 501
4	非洲	27 924	46.7	15 404	46.7	拉丁美洲	12 630	7 633
5	大洋洲	279	58.5	277	140.9	北美洲	113	274
6	北美洲	51	-54.9	203	-25.9	大洋洲	176	115

1.5 企业性质

2010年，中国轿车出口企业主要以国有企业和中外合资企业为主。这两类企业出口轿车的出口量占轿车出口总量81.6%，出口金额占轿车出口总金额83.9%。由表4-5可以看出，中外合资企业和国有企业对轿车产品的出口起主导作用，各企业轿车出口的金额和数量同比均有较大增长。详情见表4-5。

表4-5　2010年中国轿车产品分企业性质出口情况

企业性质	2010年		2009年	
	出口数量辆	出口金额万美元	出口数量辆	出口金额万美元
国有企业	94 592	55 830	54 156	29 394
中外合资企业	52 151	51 199	36 244	43 255
私人企业	31 759	19 383	11 627	7 351
集体企业	1 399	1 151	388	339
外商独资企业	37	64	17	41
其他企业	2	4	0	0

1.6 按贸易方式分出口情况

2010年，中国轿车出口主要以一般贸易和进料加工贸易为主，出口轿车数量共计179 510辆，占轿车产品出口总数量99.8%；出口金额共计126 454万美元，占轿车产品出口总金额99.1%。中国以各种贸易方式出口的轿车出口金额和数量同比均有较大幅度增长。详情见表4-6。

表4-6　2010年中国轿车产品分贸易方式出口情况

贸易方式	2010年		2009年	
	出口数量辆	出口金额万美元	出口数量辆	出口金额万美元
一般贸易	112 087	70 391	65 472	39 198
进料加工贸易	67 423	56 063	36 704	40 553
国家间、国际组织无偿援助和赠送的物资	181	709	21	107
其他	215	393	173	307
边境小额贸易	22	50	27	65
对外承包工程出口货物	3	14	6	4
保税区仓储转口货物	9	13	29	145

2 企业出口情况

2010年，全球经济在缓慢复苏，但受经济危机影响，许多地区的商业市场面临重新洗牌，为自主品牌走向海外提供商机。2010年出口量排名前五位的轿车生产企业依次是：奇瑞、本田（中国）、力帆、吉利、比亚迪，分别出口66 338辆、25 009辆、22 686辆、21 499辆和9 826辆；同比分别增长101.4%、-11.6%、127.8%、13.7%、648.4%。

其中，奇瑞汽车始终保持国内出口轿车的龙头位置。截止2010年12月31日，在奇瑞众多品牌中，旗云系列产品已累计出口149 670辆，其中2010年共计出口 24 407 辆，占 2010 年奇瑞出口总量 36.8%。2010 年，旗云品牌全新整合，给旗云的出口带来了新机遇。

同时，力帆也表现不俗，出口量占自主品牌汽车出口总量约 15% 份额。已初步在全球 40 多个国家建立起拥有 300 多个网点的销售和服务网络，并以 青年远征军 的方式，召集国内过硬的技术维修人员开展相关培训，然后分配到国外担任售后服务工作，此举成为力帆在海外市场的有力保障。力帆在俄罗斯工厂已正式投产，旗下 520、620、320 三大产品系列全部实现在俄生产。

3 促进轿车出口措施及展望

2010 年，江淮、长城等自主品牌已经在渐渐恢复出口渠道，并开发新的出口国家。但在轿车出口领域，金融危机带来的影响仍没有完全消退。目前，中国很多汽车出口企业没有明确的出口战略，海外销售服务体系不完善，导致汽车出口批量小，没有形成规模，在售后服务网络建设方面过分依赖当地经销商。而且，有关国家的法律政策环境、进口汽车管理程序、认证标准等国外贸易壁垒影响了中国汽车出口。因此，中国企业在走出去之前还需要对出口国当地市场进行细致调研，要对当地法律法规、政策环境、经济环境等因素进行分析，遵循出口规则，研发与目的国相适应的轿车产品，以满足海外市场需求。

2011 年，中国国内市场处于调整阶段，虽然面临人民币升值、海外市场低迷等压力，但轿车出口仍是很多乘用车企业的重要任务。虽然国内需求减弱在一定程度上成为刺激出口的主要动力，但国际市场存在诸多不确定因素，会对出口产生不利影响。随着人民币汇率升值，对中国企业出口造成很大的成本压力，削弱了中国汽车产品的价格竞争力。中国汽车轿车产品要扩大国际市场份额，就要大力提升中国汽车自主品牌形象；不断学习和积累国际经营经验，向跨国公司的国际经营水平看齐；制定长远的出口战略，深入研究对方的市场结构、政策法规、经济文化等等；要建海外营销体系，在体系化过程中，坚持脚踏实地、不盲目冒进，只有这样，才能使中国汽车出口发生质的转变。

中国汽车技术研究中心　黄　倩

2010 年 SUV 出口发展综述

1 概况

2010 年，中国汽车出口在经历 2008 年金融危机及 2009 年沉寂和调整之后开始逐步回暖，销量实现增长。据中国海关统计，共出口整车（含成套散件）及各类底盘 56.67 万辆，同比增长 53.1%，出口金额 69.84 亿美元，同比增长 34.6%。根据出口数量，汽车出口尚未恢复到金融危机以前的最高水平，但已经扭转 2009 年出口的下滑趋势，增幅由负变正，增长幅度恢复较快。

从出口的主要车型上看，载货车和轿车依然是中国汽车出口的主力，两种车型总出口数量 41.2 万辆，占中国汽车出口总数的 72.7%，出口金额 44.6 亿美元，占总出口金额 63.9%。其他主要出口车型依次是未列明载人机动车、客车、SUV 及 9 座以下小型客车，出口数量 13.68 万辆，占出口总量 24.2%，出口金额 15.98 亿美元，占出口总金额 22.9%。

2010 年，中国 SUV 出口 32 616 辆，占中国汽车出口总量 5.8%，乘用车出口总量 11.6%，同比增长 83.2%。SUV 出口金额共计 3.05 亿美元，占中国汽车出口总金额 4.4%，乘用车出口总金额 16.4%，同比增长 75.9%。出口数量和金额的增速超过中国汽车出口数量和金额的增速，成为中国汽车出口增速较快的车型之一。2010 年中国汽车分车型出口详情见表 4-7。

表 4-7　2010 年中国汽车出口分车型结构分布

项目	产品类型	轿车	SUV	9 座及以下小客车	其他载人机动车	未列名载人机动车	客车	载货车	特种汽车	汽车底盘
出口数量	出口量，辆	179 940	32 616	29 804	2 067	37 941	36 517	232 081	8 710	6 977
	占总出口量比例，%	31.8	5.8	5.3	0.4	6.7	6.4	41.0	1.5	1.2
出口金额	出口金额，万美元	127 632	30 530	18 269	2 324	7 344	103 657	318 382	81 577	8 698
	占总出口量比例，%	18.3	4.4	2.6	0.3	1.1	14.8	45.6	11.7	1.3

2 出口情况

近年，中国 SUV 出口总量不多，远低于其在中国市场占有率和销售数量，SUV 在出口领域没有占据主导位置，且 SUV 出口主要以自主品牌为主，出口企业比较集中，车型排量也比较集中，主要出口区域集中，向单一国家出口的数量有限，没有在区域市场形成竞争能力。从长远来看，中国 SUV 出口还需要积聚力量，着眼未来，做好进入高端市场和同日韩品牌竞争的准备。

2.1 出口市场

根据出口目的国家，中国 SUV 出口主要集中在埃及、俄罗斯、澳大利亚、意大利、乌拉圭、巴西及南

* 注：数据来源于中国汽车工业协会《中国汽车工业产销快讯》。

非等市场。从出口市场前二十位看，最高出口量4 772辆，最低出口量141辆，出口市场前二十位的出口量占中国SUV出口总量93.4%，市场集中度高，总体规模不大，分布不均衡，出口形式以KD组装和整车出口为主。近几年，KD出口数量逐年提高，出口主要市场也向标准较高的澳大利亚、巴西、俄罗斯及意大利等市场扩大。长城汽车股份有限公司（长城汽车）成为第一个进入澳大利亚进行销售的企业，销量在短时间内迅速提升，2010年12月进入当地SUV销售前五名。长城汽车和奇瑞汽车股份有限公司（奇瑞汽车）向意大利市场出口数量保持稳定，并占有一席之地。中国SUV产品品质逐步得到市场认可，正在逐步树立自己的形象。2010年中国SUV出口目的国市场前二十位情况见图4-3。

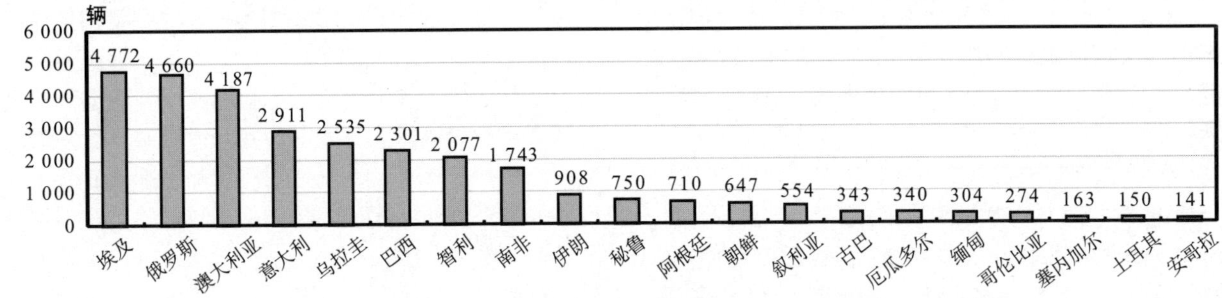

图4-3 2010年中国SUV出口目的国前二十位市场排名

2.2 出口车型

2010年，根据中国SUV出口排量分布，1 500mL＜排量≤2 000mL的SUV产品出口21 597辆，其中1 500mL＜排量≤2 000mL汽油型SUV出口21 587辆，占SUV出口总量66.2%；2 000mL＜排量≤2 500mL汽油型SUV出口数量9 630辆，占总出口量29.5%，以上两类汽油车型占总出口量95.7%，成为中国SUV出口的绝对主力产品。柴油车型产品出口数量较少，总出口量1 215辆，占中国SUV出口总量3.7%。柴油车型在海外市场需求量较大，但中国柴油发动机的排放水平只达到欧Ⅲ排放标准，而多数国际市场对柴油车型产品的要求是欧Ⅳ排放标准，使大部分中国SUV柴油车型产品被拒之门外。2010年中国SUV分排量出口情况见图4-4和图4-5。

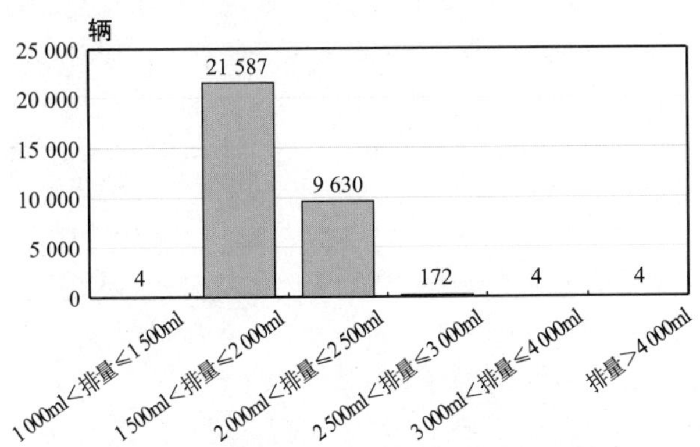

图4-4 2010年中国SUV汽油车型分排量出口情况

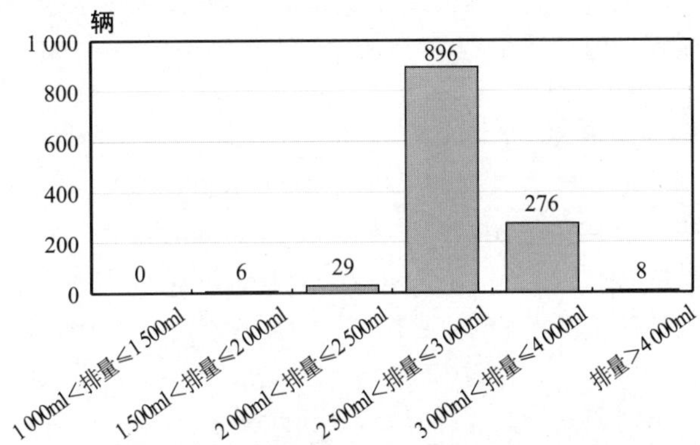

图4-5 2010年中国SUV柴油车型分排量出口情况

2.3 主要出口企业

2010年，中国主要SUV出口企业集中在奇瑞汽车和长城汽车，两家企业共计出口30 099辆，占总出口量92.3%。奇瑞汽车出口产品主要是以瑞虎为主，其排量主要集中在1 500mL＜排量≤2 000mL汽油车型，出口主要市场为俄罗斯、埃及、乌拉圭及巴西等市场。长城汽车出口主要以2 000mL＜排量≤2 500mL哈弗汽油车型为主，2 500mL＜排量≤3 000mL哈弗柴油车型为辅，出口主要市场为俄罗斯、澳大利亚、智利、南非及意大利等国家。其他企业出口数量较少，出口数量不多，所占市场份额较小。2010年中国SUV出口前十位企业见表4-8。

表4-8 2010年SUV出口前十位企业排名

企业	出口数量，辆	占SUV出口比例，%
奇瑞汽车股份有限公司	19 968	61.2
长城汽车股份有限公司	10 131	31.1
北京汽车制造厂有限公司	632	1.9
安徽江淮汽车股份有限公司	518	1.6
郑州日产汽车有限公司	225	0.7
河北中兴汽车制造有限公司	165	0.5
江西江铃进出口有限责任公司	70	0.2
浙江吉奥进出口有限公司	48	0.2
湖南长丰国际贸易有限公司	36	0.1
新凯汽车集团有限公司	26	0.1
合计	31 819	97.6

3 存在的问题

3.1 出口品种少

中国SUV出口还处于出口发展的初级阶段，既没有数量规模也没有区域规模，出口企业相对集中，出口产品也相对单一，集中在4.6m以下的紧凑型或小型SUV。中国SUV出口的产品同日韩品牌相比，无论是在动力、性能及产品符合性等方面还有较大差距，产品系列还不够丰富，中型和大型SUV产品在市场上没有投放，高端柴油发动机和自动变速器等产品的应用还比较少，企业存在关键技术短板。

3.2 自主品牌竞争激烈

近年，随着中国汽车市场爆发式增长，中国SUV市场得到快速发展，2010年，中国SUV销量达158万辆，同比增长78%，其中国内销售SUV数量120.6万辆，进口37.4万辆。中国SUV市场迅速发展使各SUV企业加大在中国市场的布局，自主品牌也纷纷加入SUV的竞争大军，掀起SUV热潮。合资品牌和自主品牌纷纷上马SUV产品，SUV市场出现群雄割据局面。合资品牌在中高端市场上占据主导位置，自主品牌在中低端市场占据主导位置，随着更多自主品牌加入，市场竞争进一步加剧，势必影响到SUV出口市场的变化。

3.3 未进入主流市场

2010年，全球SUV产品销售约800万辆，其中美国、加拿大和墨西哥三个国家销售428万辆，占总销量50%，欧盟、中国、日本、韩国、巴西、澳大利亚、土耳其和沙特等国家和地区，占剩余市场份额80%以上。2010年，中国SUV出口区域有限，在主流SUV市场销量不大，且在部分高端市场受到产品和法规等限制，还没有进入。中国SUV要想取得长足发展必须克服自身问题，进入SUV销售主流市场。

3.4 产品技术含量及售后服务不足

中国SUV产品出口主要车型集中在4.6m以下紧凑型产品，且以2.5L以下排量的汽油车型为主，产品系列不全，缺乏高端柴油车型、高端汽油发动机及高端自动变速器，已经成为制约中国SUV发展的瓶颈。根据外形、内饰及整体的匹配，中国产品与日韩品牌相比还有差距。近年，在安全碰撞方面中国SUV产品星级普遍低于日韩品牌。在售后服务方面，保修里程、配件供应、服务及时性和服务评价等方面还存在不足。如韩国现代汽车近年来在国际市场上不断取得成绩，一方面来自于其产品的更新换代和技术升级，另一方面韩国现代产品在售后服务方面表现优秀是其增长的一个重要法宝，除超长的保修里程外，韩国现代产品在J.D.POWER的CSI排名上升速度非常快，在美国市场已经成为销售和售后服务评价的第一名，超越日系、美系及德系产品。

3.5 缺失品牌效应

SUV产品已经逐步形成一种潮流和文化特征，它代表了一种自由、勇敢和进取的精神内涵，而如何把这种内涵传播出去，并且还要很好结合自身品牌和产品定位显得非常关键。逐步形成一定品牌影响力，进而产生品牌溢价能力，不再单纯依靠产品本身的性价比优势。日韩品牌在此方面投入了大量资源进行系统的品牌传播，如通过系列体育赛事赞助、环保系列活动及文化公益活动等方式进行传播，塑造自身产品的文化特质和品牌特征。中国SUV在海外的整体品牌形象和传播还缺少系统的策划和推进，主要还是以国内品牌宣传为主。中国SUV品牌已经开始在国际舞台有较好表现，如参加达喀尔拉力赛、赞助当地体育赛事、组织媒体试乘试驾活动和开展穿越恶劣区域的体验活动等，这些活动增加了品牌知名度和影响力。但整体上还缺乏系统性，传播途径和范围还较小。中国SUV产品要想实现品牌溢价能力提升，还需要很长的路要走，需要慢慢积累。

中国SUV产品属于后起之秀，随着中国市场竞争激烈，中国大部分自主品牌都有生产和制造SUV计划，部分企业产品已经在国内上市。未来几年中国SUV的竞争格局将会发生变化，竞争将更加激烈，也预示着中国SUV出口将成为争夺重点。中国SUV需要在产品、技术、渠道、服务及品牌等各方面进行系统推进，并形成自己的核心竞争力，逐步克服技术和品质缺陷，进行有序的市场竞争，以较好的产品定位和品牌形象进行业务的拓展，形成梯次发展。

4 相关建议

4.1 重视产品开发和完善产品系列

中国SUV产品还比较单一，产品系列有待丰富，要改变现有产品价格、尺寸及技术布局，发展中型和大型SUV产品，并在未来产品规划中应用新技术（如高端发动机及自动变速器等），提升外部造型和内饰质量、增加产品操控平稳性及驾驶舒适性，应对市场竞争还需要提升产品安全性，如提升碰撞星级和环保性。在燃料消耗值及排放标准方面也要进行必要改进以应对能源紧张和环保要求。在新产品开发过程中应该考虑不同市场的使用环境及驾驶习惯等方面的需求，更重要的是做好产品前期开发的各项调研工作。只有这样才能逐步摆脱目前的产品现状，提升品牌溢价能力，同日韩品牌竞争。

做好上述工作，不能只喊口号，而要付诸于实际行动。当然以目前国内的研发水平和技术储备显然有点牵强，但是也要想方设法进行技术尝试和创新，有研发实力的企业加大研发力度，可以通过对外合作、收购及联合开发等形式进行产品和技术路线升级。只有做好相应的技术储备和提升研发实力，才能做出过硬的产品参与到市场竞争中去。市场竞争最终以产品和质量为根本，产品的适应性决定消费者的接受程度，产品质量决定市场份额和消费者口碑，而这两者又是做好品牌的基础。

当然以上所述是一个长期过程，需要时间和技术积累，在做好产品的同时还要注重现在的工作如何开展，如何做好。

4.2 代理商及售后服务

SUV 作为一个细分市场的车型，它有自己独特的消费群体和文化特质，不同国家对于 SUV 的用途和使用环境及传播途径的认知不同。目前，大部分企业的市场运作方式是依托代理进行相应的市场运作，而代理的推广、资金实力及公关等能力对产品销量提升和品牌传播至关重要，所以选择合适的代理商已经成为中国汽车出口过程的关键成功要素，代理商由于自身原因，没能够切实从企业和品牌的角度出发去做企业希望的工作，并且已经有太多来自代理商的抱怨，如产品适应性不足及质量问题等，而这些问题背后就是出口价格博弈，往往是价格没上涨，销量没提升、问题没解决，而抱怨一大堆。除了做好代理商考察工作外，产品定位也是非常关键的，产品到底要和谁去竞争？消费群体是什么？他们具有什么样的消费特征？他们对产品和服务的要求是什么？一系列的问题非常重要，答案要从实际出发，制定相应价格、建立完善的网络、建立传播的途径和方式、及时了解消费需求并能做到及时响应等。这些工作也需要对代理商进行引导，甚至要以协议或备忘录的形式加以确定，通过相应的商务政策进行引导，不是一味在价格上做文章，政策和后续产品进行有序调整，才能保证业务长久发展和品牌形象积累。

同时一定要重视售后服务工作。在配件供应、保修里程、保养里程及技术培训与指导等方面，逐步缩小同日韩品牌的差距，针对消费群体和使用环境的特质开展必要的售后服务活动，提升客户满意度，在硬件和软件实力上进行系统提升、建立良好的口碑应该是中国品牌的软肋。中国企业可以查阅到国外大品牌的做法：在产品未上市之前，已将售后的备件、技术培训及维修工具等售后产品进行储备，一旦市场出现问题，能够及时处理，代理商和消费者的满意度相应较高，对品牌的认知度也随之提高，这一点是非常值得中国企业学习和借鉴。

4.3 品牌建设

考虑到消费群体不同，好传播方案和品牌提升计划尤为重要，而在这一点上，中国品牌的策划能力、应对能力及系统传播能力显然不足。主要还是依靠代理商，代理商做的好坏，直接关系到产品销售数量和市场份额。让代理商做相应的活动是因为中国企业还不具备相应能力。但是中国企业要通过一些政策和策划活动引导代理商，将产品上市、推广、销量提升及品牌形象提升等活动进行串联，在不同阶段可以提供不同策略，在产品价格、结构及政策导向等方面进行相互搭配，目的是提升知名度的同时弥补中国企业在市场竞争和消费者需求方面的短板，进而提升整体的传播质量和途径。同时，结合一些行之有效的市场传播手段进行品牌形象塑造，如媒体试乘试驾活动、上市仪式及体育赛事的赞助和参与等方式，以提升产品的知名度和影响力。

总之，中国汽车海外发展之路还需要进一步夯实，作为 SUV 产品更加需要时间、技术积累和市场的不断验证。依托中国 SUV 市场的蓬勃发展，借助于世界 SUV 竞争格局的变化，通过不断提升自身质量、技术标准、行之有效的市场推广和提升传播手段，相信中国 SUV 产品一定能够在国际市场站得稳且走得远。

长城汽车股份有限公司　张庚申

2010 年微型客车出口发展综述

1 出口概况

微型客车具有价格便宜、省油、空间大及客货两用等优点，广受第三世界欢迎，是中国出口量较大的品种之一。2010 年中国共出口微型客车 17 726 辆，同比增长 83.5%；出口金额 8 905 万美元，同比增长 76.2%，出口数量占中国汽车产品出口总量 566 653 辆的 3.1%。占比同比增加 0.5 个百分点。2009 年由于受全球金融危机影响，微型客车出口同比下降。2010 年全球金融危机影响减弱，微型客车出口呈恢复性增长。由于 2009 年汽车下乡补贴政策使国内微型客车销量大增，透支了 2010 年市场需求，使微型客车企业之间竞争更为激烈，各个企业都加大了汽车出口力度，微型客车出口量同比也有所回升。

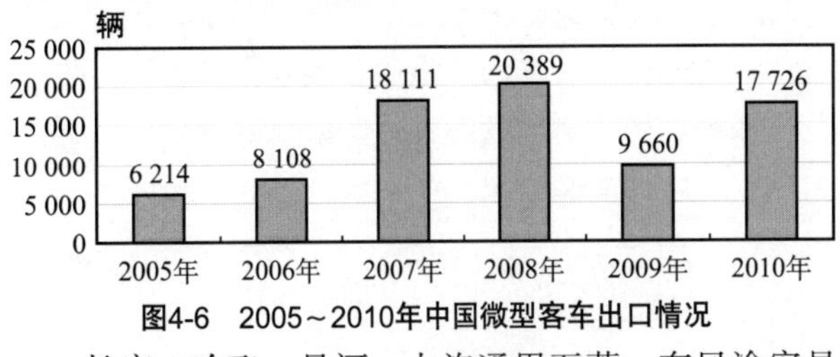

图4-6　2005～2010年中国微型客车出口情况

长安、哈飞、昌河、上汽通用五菱、东风渝安是中国微型客车生产大企业，同时也是微型客车出口大户。陕汽、奇瑞、力帆、广汽吉奥、金杯是新兴的微型客车生产企业，它们的产品，如金杯海星、陕汽通家、力帆微型客车也有一定批量出口，特别是重庆力帆借

表 4-9　2010 年中国微型客车主要出口企业情况

序号	企业名称	2010 年产量 A	2010 年出口量 B	B/A %	出口主要国家、地区
1	上汽通用五菱汽车股份有限公司	1 074 851	6 438	0.6	尼加拉瓜、黎巴嫩、摩洛哥、伊拉克
2	哈飞汽车股份有限公司	133 913	5 779	4.3	中东、南美、南亚
3	东风汽车公司	226 957	2 436	1.1	阿尔及利亚、乌拉圭、朝鲜、叙利亚
4	江西昌河汽车有限责任公司	60 015	1 549	2.6	叙利亚、越南、埃及、厄瓜多尔、菲律宾、阿尔及利亚、秘鲁
5	金杯汽车股份有限公司	37 262	1 024	2.7	－

助原有的摩托车出口渠道，将微型客车出口至亚、非、拉美市场。2010 年中国微型客车主要出口企业情况见表 4-9。

2　出口特点

1）全球金融危机对中国微型客车出口影响减弱，出口量呈恢复性增长，同比增长 83.5%。

2）微型客车出口总量较少，市场有待进一步开拓，2010 年微型客车出口量占中国汽车总出口量的 3.1%，出口金额仅占中国汽车整车出口金额的 1.3%。

3）出口附加值低，以价廉取胜，2010 年出口均价 5 024 美元 / 辆，利润微薄，致使企业在国外资金投入不足。

4）2010 年均价有所上升，2010 年出口均价 5 024 美元 / 辆，较 2009 年的 4 900 美元 / 辆，上升 124 美元 / 辆。

5）微型客车新企业加入出口阵营，如重庆力帆、陕汽通家、广汽吉奥、金杯海星等，长安、哈飞及上汽通用五菱等老企业出口也增长较快，但出口总数未达到 2008 年出口最高值。

6）出口目的国仍以亚洲、非洲、拉丁美洲为主，对欧美市场也有少量出口。

7）出口车型技术含量和技术水平有所上升，如原来满足国Ⅱ排放限值标准，2010 年出口车型大多达国Ⅲ排放标准，有的达国Ⅳ排放标准。有的车型装有 ABS 制动防抱死系统及 EBD 制动力分配系统等。另外，纯电动微型客车（多数装铅酸蓄电池）出口到欧美数量逐年增多，以价廉和环保占领欧美社区用车市场。

3　存在的问题

1）出口批量小，出口渠道多，国外代理商多，使一些出口微型客车在国外售后和维修服务差，配件供应不足，影响了中国微型客车产品在国外声誉。因为那些出口量极少的企业，若加大在国外服务力度，成本过高，企业又难以承受。

2）中国出口企业在国外存在相互压价竞争现象，使企业利润下降，难有大笔资金投入售后服务领域。

3）人民币对美元不断升值，使中国微型客车产品在国际市场上价格不断上升，降低了企业产品竞争力与企业利润。

4）出口微型客车附加值低（每辆仅 0.5 万美元），企业利润低，缺乏资金支撑产品升级改进和在国外加强售后服务。

5）国内一些微型客车企业对国外一些检测标准、政策、法律法规了解不够透彻，不利于进一步开拓国外市场。

6）2008 年以前，不少国内微型客车企业把主要人力、财力放在研发轿车新产品上，对微型客车投入不足，使国内微型客车产品同质化严重，缺乏特色与亮点，大多数为在原日本铃木、大发产品基础上改进，缺乏全新产品。

4　发展前景

微型客车具有价廉、省油、空间大、客货两用等优势，特别适合第三世界国家使用，前景广阔。随着中国微型客车技术水平不断提升，其车身加长，动力加大，承载量扩大，排放降低，更有广阔出口前景。虽然中国劳动力、原材料成本上升，但几年内中国微型客车价廉优势仍然存在。在 2012 年全球金融危机过后，中国微型客车出口量还将进一步回升，力帆、奇瑞、广汽吉奥、陕汽、金杯、海马郑州等新的微型客车企业加入，使国内微型客车市场竞争更为激烈，使广大微型客车企业更加重视开拓国际市场。

中国汽车技术研究中心　王祖德

《中国汽车工业年鉴》期刊社
CHINA AUTOMOTIVE INDUSTRY YEARBOOK HOUSE

1 2 3 4 5 6 7 8 9 10

商用车出口
Export of Commercial Vehicles

2010 年中重型载货车出口发展综述

随着全球经济全面回暖，世界汽车产业呈现明显复苏迹象。2010 年，世界汽车产量为 7 761 万辆，同比增长 25.8%，市场份额最大的乘用车产量 5 826 万辆，同比增长 21.5%；商用车生产 1 935 万辆，同比增长 38.0%。从国家和地区来看，中国继续巩固全球汽车生产第一大国的地位，2010 年生产汽车 1 826 万辆，同比增长 32.4%。日本、美国分别位居第二和第三位，分别生产汽车 963 万辆和 776 万辆，同比分别增长 21.3% 和 35.4%。在产量排名前 10 位的国家中，墨西哥增速明显，同比增长 50.2%，德国、西班牙和法国等欧洲国家汽车产量增速明显低于中国、印度和巴西等新兴汽车市场。详情见表 5-1 和图 5-1。

表 5-1　2010 年全球汽车产量排名前 10 位国家

序号	国家	乘用车，辆	商用车，辆	合计，辆	同比增长，%
1	中国	13 897 083	4 367 584	18 264 667	32.4
2	日本	8 307 382	1 318 558	9 625 940	21.3
3	美国	2 731 105	5 030 338	7 761 443	35.4
4	德国	5 552 409	353 576	5 905 985	13.4
5	韩国	3 866 206	405 735	4 271 941	21.6
6	巴西	2 828 273	820 085	3 648 358	14.6
7	印度	2 814 584	722 199	3 536 783	33.9
8	西班牙	1 913 513	474 387	2 387 900	10.0
9	墨西哥	1 390 163	954 961	2 345 124	50.2
10	法国	1 922 339	305 403	2 227 742	8.8
总计		58 264 344	19 345 557	77 609 901	25.8

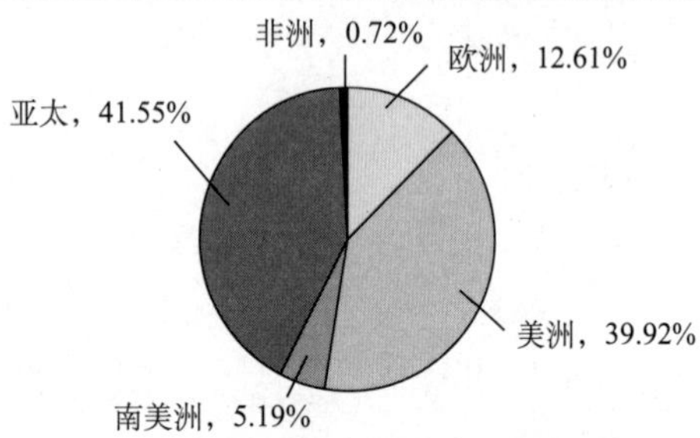

图5-1　2010年全球商用车分地区产量占比情况

1　概况

2001 ～ 2008 年，中国汽车产品出口连续 8 年快速增长，出口规模不断扩大。汽车整车出口从 1.9 万辆增长至 69.1 万辆；汽车整车产品出口总额从 26.6 亿美元增长至 302.3 亿美元。整车年均出口增幅高达 77.4%，汽车产品出口额年均增幅也达 41.5%。

2009 年，金融危机对中国汽车产品出口造成严重冲击。汽车产品成为下滑幅度最大的产品之一，整车出口一度出现连续 15 个月负增长。2010 年，中国汽车及零部件出口 310.5 亿美元，同比增长 43.1%，超过 2008 年出口 302.3 亿美元的历史最高水平。详情见图 5-2、图 5-3 和表 5-2。

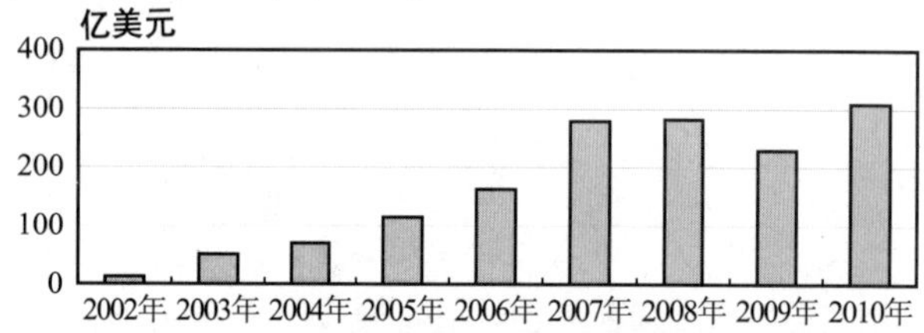

图5-2　2002～2010年中国汽车及零部件出口金额

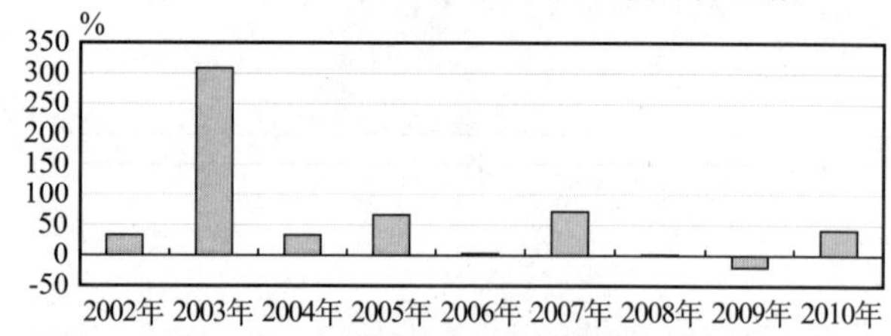

图5-3　2002～2010年中国汽车及零部件出口金额同比增长率

商用车生产资料属性决定其需求和 GDP 增长、固定资产投资等有很强的相关性。近年，随着 GDP 平稳增长、国家固定投资增加，尤其是金融危机下国家通过 4 万亿元投资拉动内需，其中与汽车制造业相关的有加快建设保障性安居工程，加快铁路、公路和机场等重大基础设施建设，加快地震灾区灾后重建等各项工作。重型载货车主要用于货物运输、配套工程施

表 5-2　2010 年中国汽车产品出口情况

商品名称	单位	出口情况					
		数量，辆	同比增长，%	金额，万美元	同比增长，%	整车单价，美元	同比增长，%
汽车及汽车零部件	–	–	–	3 104 657	43.1	–	–
汽车整车	辆	565 949	52.9	698 322	34.6	12 339	-12.0
轿车	辆	179 938	75.6	127 640	58.8	7 094	-9.6
越野车	辆	22 487	83.7	19 354	76.9	8 607	-3.7
旅行小客车	辆	40 471	120.7	30 367	129.5	7 503	4.0
机动大中型客车	辆	36 507	57.0	103 521	62.9	28 357	3.7
其他发动机型客车	辆	37 278	102.2	7 311	72.0	1 961	-14.9
特种用途车	辆	27 078	37.3	151 926	26.6	56 107	-7.8
载货车	辆	208 989	28.0	229 854	14.1	10 998	-10.8
非公路自卸车	辆	4 788	25.8	18 375	45.0	38 378	15.2
汽车零部件	–	–	–	2 406 335	45.8	–	–

工及专用汽车制造，与固定资产投资关系较为密切。据国家统计数据，固定资产投资额中约有1%用于购置与工程施工直接相关的运输车辆，而基础建设施工车辆主要以重型载货车为主，所以固定资产投资快速增长，奠定了重型载货车行业增长的基础，促使2010年重型载货车销售迎来高增长。2010年，商用车出口量增长稳定，共出口34.3万辆，占出口总量57.1%，其中载货车出口20.9万辆，增长28.0%。

2 出口的特点及分布

2.1 整车出口主要以新兴市场和欠发达地区为主

中国中重型载货车的出口市场大部分是在发展中国家和地区，对发达国家或地区的汽车出口刚刚起步，尚未形成长期稳定的汽车贸易关系。2010年中国载货车出口目的国排名前5位的国家是阿尔及利亚、越南、叙利亚、伊朗和巴西。

表5-3 2010年中国商用车出口情况表

序号	国家	客车 辆	载货车 辆	特种汽车 辆	底盘 辆	合计 辆
1	阿尔及利亚	3 144	37 769	1 031	1	41 945
2	越南	338	29 300	641	581	30 860
3	叙利亚	1 366	20 778	105	1	22 250
4	伊朗	1 216	13 728	90	56	15 090
5	巴西	462	12 365	458	1	13 286
6	智利	1 129	10 233	47	4	11 413
7	秘鲁	2 800	7 662	56	153	10 671
8	南非	5 649	3 196	99	30	8 974
9	伊拉克	977	7 513	124	0	8 614
10	埃及	3 132	3 396	70	394	6 992
合计		36 517	232 081	8 710	6 977	284 285

2.2 受央企等海外工程拉动明显

2010年，随着中央直属企业进入海外国际市场，海外基础建设以及能源开采项目日益增多，中重型载货车企业从中收益颇丰，尤其在非洲和南美更是如此，这也是中国走出去策略的体现。2008年以来金融危机加剧，汽车工业出口受到极大抑制。但随着中国海外政策主要是基础建设及能源开发绝大部分在非洲，使中国载货车出口较为稳定，受到的影响不大。虽然在非洲取得较好业绩，但是在中东和俄罗斯一些传统载货车出口国的表现却有些差强人意。

2.3 服务和配件仍是限制载货车企业走出去的最大障碍

长期以来，影响中国汽车产品出口的最大问题就是品牌形象，造成中国汽车产品在国外是质量差强人意和价格低廉。2010年，这个问题迟迟未得到解决，原因在于载货车企业十分重视销量的规模。售后服务的对品牌形象的影响很重要，但要树立一个好品牌，企业不能浮躁，需要耐心，持之以恒、坚韧不拔及循序渐进，但目前销量的压力使企业忙于收益，采取短平快的方法解决问题，只能是杀鸡取卵。由于出口企业以降价为手段，企业出口利润低，使企业没有能力去搭建服务体系，造成国外消费者对中国汽车产品有所排斥。中重型载货车作为中国汽车行业出口最具优势的品种，需要汽车行业踏踏实实把他做成百年品种。成也服务、败也服务，值得汽车出口企业深思。

2.4 出口品种单一、专用汽车等高附加值品种缺失

从品种结构上不难看出，中国载货车出口品种主要集中在自卸汽车和少量半挂牵引车，而如罐式运输车辆及危险品运输车辆等高附加值专用汽车品种缺失。

提高产品附加值、配置人性化及提升安全性都是中国能够现在就去做的，也是必须要做的。专用汽车具有高附加值、高科技含量及应用领域广泛等特点，也是中国载货车出口企业发挥聪明才智、创立自主知识产权、提升企业收益、开拓国际市场、树立品牌形象、与国际品牌抗争的最好产品，是中国载货车出口企业打开国际市场的一条途径。

2.5 只突出性价比，而使品牌缺失

中国载货车产品在国外的名称不容易被记住，没有考虑当地的风俗习惯，名称没有特色，不利于建立品牌效应。在CI方面国外竞争对手是最好的老师，这几年，中国载货车出口企业通过模仿和测绘，制造出了一些外观不输于竞争对手的产品。但这样只能使消费者认为中国载货车产品只是简单的模仿国际品牌，仅仅是廉价产品，得不到消费者认可，同样也建立不起品牌效应。

2.6 载货车出口需要更专业的国际型人才

以前出口工作人员只是懂点英语的企业人员，但是目前中国载货车出口已经是企业拓展销路、扩大企业收益的重要组成部分，需要更专业的国际型人才，需要真正的欧洲通、非洲通和美洲通。要熟悉各个国家和地区的政策法规、汇率及风俗。十年树木、百年树人，对于进入国际市场不是很长的中国汽车企业人才难得，可通过更高成本引入外援，借以打造中国载货车出口企业的品牌形象。

缺乏国际化经营人才。企业目前最需要的是营销人才、国际经营管理和法律人才，长远来讲最需要的是汽车技术研发人才、知识产权运作人才、汽车金融人才和国际物流人才。企业应着力抓好通晓国际惯例的高级人才队伍建设，大力培养和用好创新人才。在全球范围内发现和招揽具有世界领先水平的科技人才和管理人才为我所用。

2.7 国家保障政策及辅导政策缺失

国家对于机电产品出口十分重视，出台了一些政策进行扶持，但实行效果一般。企业对于潜在风险包括政治风险缺少应对手段，需要行业管理者给出指导性意见，减少企业的盲目性。

3 机遇与挑战

3.1 自由贸易区政策为企业出口提供了巨大商机

随着国家调整出口政策，已与多个国家建立了互

惠互谅的经济平台，为载货车行业走出去铺平道路。目前，中国正在与31个自由贸易伙伴建设14个自由贸易区。其中，已签署自由贸易协定的有9个。自由贸易区为中国企业出口提供了大量商机，有效降低关税和投资门槛，使中国汽车及零部件产品在更广泛的市场范围内更具竞争优势。

3.2 世界经济形势利于中国汽车出口

中国通过对金融危机处理，在世界上树立了较好形象，对世界经济走出低谷功不可没。金融危机导致一些国际知名汽车及零部件企业经营陷入困境，为中国企业实施海外并购、引进高端人才和先进技术提供了难得的机遇。中国汽车市场在金融危机中的坚挺表现吸引了更多跨国公司向中国实行产业转移，将有利于带动中国汽车产业整体竞争力的提升。

3.3 国家政策不变，加大对出口扶持

2000年，让企业走出去被国家正式确定为新时期的一项战略。2007年，十七大报告更是明确指出：支持企业在研发、生产、销售等方面开展国际化经营，加快培育中国的跨国公司和国际知名品牌。同时，汽车及关键零部件产品的出口退税率一直是17%，保持不变。2006年和2007年国家商务部和发改委联合认定了2批共12个国家汽车及零部件出口基地以及160家国家汽车及零部件出口基地企业。积极搭建出口公共服务平台，包括信息平台、共性技术研发平台、试验检测平台、物流平台、认证平台和培训平台。2009年商务部等六部委联合发布了《关于促进中国汽车产品出口持续健康发展的意见》。

3.4 新技术应用对载货车行业提出严峻挑战

当前，以高新技术为核心的国际竞争日趋激烈，世界主要国家都把发展低碳经济和开发节能环保等高新技术作为促进经济增长和提升国家竞争力的发展战略重点，消费结构升级带动产业升级所形成的压力，将使中国以低成本竞争为主的汽车及零部件企业面临严峻的技术挑战。

3.5 人民币升值等金融政策对成本压力提出挑战

人民币升值和美元贬值都会带来成本上升，企业支出增加，使竞争力下降。

3.6 贸易壁垒对载货车出口提出挑战

在金融危机冲击下，各国相继出台救市政策，贸易保护主义开始抬头。2009年1月，俄罗斯提高进口汽车关税，对进口汽车加征15%～30%关税；10月，俄罗斯政府决定将这一政策再延长9个月；2010年7月，俄罗斯汽车工业发展战略提出为促进国内汽车行业发展，应将限制性关税实施期尽量延长。2010年1月7日，乌拉圭将载货车（包括皮卡、轻型载货车和重型载货车）进口关税由此前的7%～8%调高到23%。2010年4月2日，乌兹别克斯坦总统签署法令，自2010年4月1日起提高进口汽车关税。2010年5月，巴西政府决定在6个月内取消40%的汽车零部件进口关税优惠政策。2011年3月，阿根廷出台一系列措施加强对汽车进口限制。技术贸易壁垒日益加剧，各国关于车辆排放限值和车辆安全性等方面的准入要求也日趋严格。

4 中重型载货车出口展望

中重型载货车出口的未来是光明的，因为中国汽车销量已成为全球之最。但作为最具代表性的品种问题也比较多，需要稳扎稳打。中国中重型载货车企业正在开始真正意义上走出去，不满足于产品直接出口，已经开始实施海外建厂和海外并购的国际化发展战略。通过跨国并购，可以突破企业发展中遇到的瓶颈，提升中国企业的国际经营能力，培养国际经营人才，提升企业的研发能力，完善品牌体系，走出去、高起点、国际化的发展道路，使企业形成可持续发展的国际竞争力。

加强营销网络建设，加强服务能力，提高配件保障能力。加强对海外市场调研，制定切实可行的海外战略是载货车出口企业当务之急。载货车的出口任重而道远，需要几代人的共同努力。

陕西汽车集团有限责任公司　王　建

2010年轻型载货车出口发展综述

1 现状

2010年中国轻型载货车海外销量61 096辆，同比增长35.7%。其中上半年销量30 568辆，同比增长43.8%；下半年销量30 528辆，同比增长28.5%，下半年与上半年相比增长有所放缓。2010年只有2月份轻型载货车海外销量同比负增长，其余月份同比均为正增长，详见表5-4、图5-4、图5-5和图5-6。

表5-4　2009～2010年轻型载货车海外市场销量统计

年份	全年		上半年		下半年	
	销量，辆	同比增长，%	销量，辆	同比增长，%	销量，辆	同比增长，%
2009年	45 016	-49.6	21 250	-65.1	23 766	-15.9
2010年	61 096	35.7	30 568	43.8	30 528	28.5

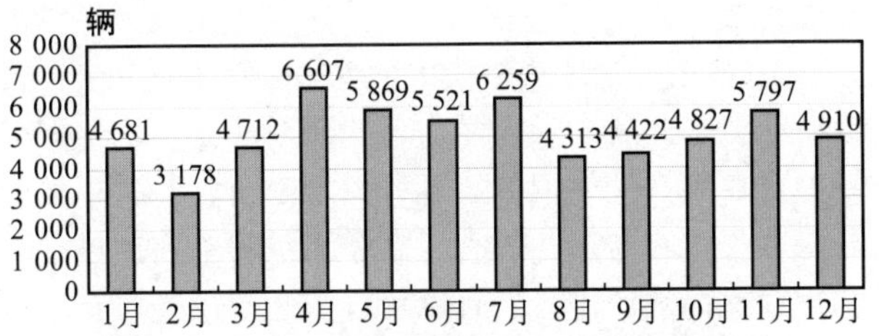

图5-4 2010年中国轻型载货车海外市场月度销量

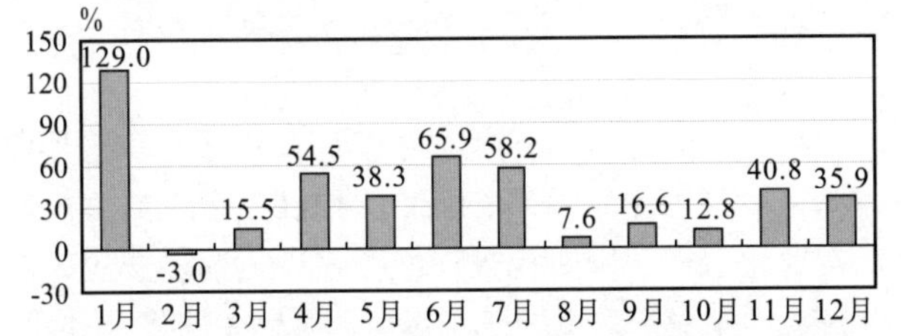

图5-5 2010年中国轻型载货车分月海外市场销量同比增长率

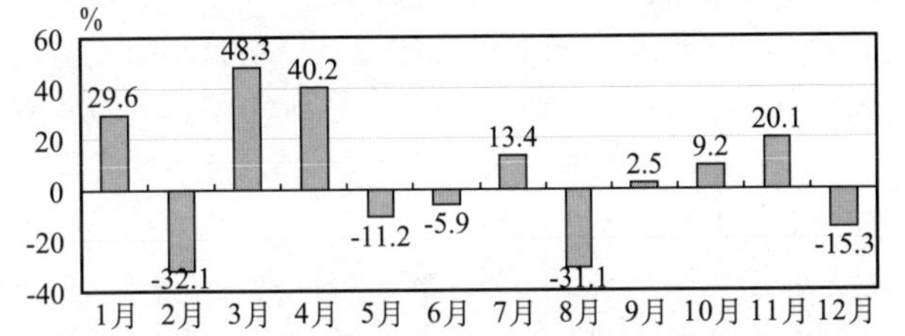

图5-6 2010年中国轻型载货车分月海外市场销量环比增长率

2 出口特点

1）2010年随着国际市场需求逐步恢复，中国轻型载货车出口摆脱2009年低迷走势，呈快速回升态势，但总量仍低于2008年和2007年。

2）市场结构仍以经济落后和技术壁垒低的不发达市场为主；产品品质有所提升，已着手考虑在高关税国家建KD工厂。在KD建厂方面主要方式有非产权KD和产权KD两种方式。

3）2010年中国轻型载货车出口市场结构变化不大，仍主要集中在亚太区、西亚北非区和中南美区。

3 出口地区的分布及分析

2010年，中国轻型载货车出口主要集中在亚太、西亚北非和中南美区域。其中亚太、西亚北非和中南美3个区域的销量占总销量91.8%。独联体市场呈现恢复性增长，由于西欧对技术法规和产品品质的要求高，中国对其出口量较少。

表5-5数据显示，亚太区季度占有率保持领先趋势，全年占有率达41.2%；西亚北非区季度占有率呈平稳趋势，全年占有率达到32%，仍是中国汽车出口的传统区域。

表5-6 2009～2010年中国轻型载货车在主要出口国家情况

出口国家	2009年			2010年		
	销量 辆	所占比例 %	同比增长 %	销量 辆	所占比例 %	同比增长 %
越南	13 662	30.3	-39.7	17 534	28.7	28.3
阿尔及利亚	5 446	12.1	-46.4	8 750	14.3	60.7
伊朗	3 171	7.0	-36.4	5 394	8.8	70.1
秘鲁	2 417	5.4	28.6	3 945	6.5	63.2
埃及	958	2.1	-25.8	1 796	2.9	87.5
哥伦比亚	871	1.9	-46.1	1 638	2.7	88.1
智利	801	1.8	-27.2	1 540	2.5	92.3
缅甸	1 242	2.8	142.1	1 473	2.4	18.6
沙特	548	1.2	-50.9	1 439	2.4	162.6
乌拉圭	1 055	2.3	-9.8	1 097	1.8	4.0
菲律宾	533	1.2	5.3	1 005	1.6	88.6
印尼	303	0.7	–	911	1.5	200.7
斯里兰卡	466	1.0	-75.7	849	1.4	82.2
巴基斯坦	512	1.1	-47.3	768	1.3	50.0
孟加拉	243	0.5	–	749	1.2	208.2
安哥拉	1 210	2.7	-47.9	741	1.2	-38.8
朝鲜	195	0.4	–	733	1.2	275.9
厄瓜多尔	572	1.3	-24.5	595	1.0	4.0
哈萨克斯坦	466	1.0	-55.3	544	0.9	16.7
阿联酋	259	0.6	–	490	0.8	89.2
尼日利亚	1 220	2.7	-9.5	485	0.8	-60.2
玻利维亚	96	0.2	–	434	0.7	352.1
俄罗斯	104	0.2	–	406	0.7	290.4
其他	8 666	19.3	-66.4	7 780	12.7	-10.2
合计	45 016	100.0	-49.6	61 096	100.0	35.7

表5-6数据显示，2010年轻型载货车出口市场结构以越南、阿尔及利亚、伊朗及秘鲁等市场为主，传统出口市场如俄罗斯及尼日利亚等市场销量贡献较小，其中俄罗斯市场2010年呈恢复增长势头，详情见表5-7。

表5-7 2010年中国轻型载货车出口市场分析

区域	相对稳定市场	增长市场	下滑市场
亚太区	越南、缅甸	菲律宾、印尼	印度
西亚北非区	阿尔及利亚	伊朗、埃及、沙特	叙利亚、摩洛哥、科威特
美洲区	乌拉圭	秘鲁、哥伦比亚	–
中南非	马达加斯加	–	安哥拉、尼日利亚

4 出口企业情况

表5-8数据显示，中国轻型载货车出口企业主要为福田、东风、江淮、江铃，占中国轻型载货车出口总

表5-5 2010年中国轻型载货车出口区域分布情况

区域	一季度		二季度		三季度		四季度		2010年	
	销量，辆	所占比例，%	销量，辆	所占比例，%	销量，辆	所占比例，%	销量，辆	所占比例，%	销量，辆	所占比例，%
亚太区	5 655	45.0	8 083	44.9	4 808	32.1	6 653	42.8	25 199	41.2
西亚北非区	3 741	29.8	5 903	32.8	5 621	37.5	4 279	27.5	19 544	32.0
中南美区	2 282	18.2	2 619	14.6	3 381	22.5	3 111	20.0	11 393	18.6
中南非区	744	5.9	1 070	5.9	674	4.5	846	5.4	3 334	5.5
独联体区	64	0.5	292	1.6	451	3.0	564	3.6	1 371	2.2
欧洲区	22	0.2	11	0.1	37	0.2	43	0.3	113	0.2
其他	63	0.5	19	0.1	22	0.1	38	0.2	142	0.2
总计	12 571	100.0	17 997	100.0	14 994	100.0	15 534	100.0	61 096	100.0

表 5-8　2008 ~ 2010 年中国主要轻型载货车企业出口量　辆

企业	2008 年	2009 年	2010 年
福田	21 567	14 715	20 602
东风	12 000	6 070	10 515
江淮	16 114	7 712	9 877
江铃	8 793	5 414	6 400
金杯	7 528	2 717	3 300
跃进	6 051	2 048	1 868
北汽制造	4 610	1 041	653
一汽	6 581	498	275
其他	5 988	4 801	7 606
总计	**89 232**	**45 016**	**61 096**

量的 77.6%。其中占有率上升的品牌为：福田、东风、江淮、江铃、金杯；占有率下降的品牌为：跃进、北汽制造。

5　存在的问题

2010 年，随着金融危机过去，国际经济开始复苏，中国轻型载货车出口量呈现大幅增长，预计未来 5 年中国轻型载货车出口数量将继续保持 10% 以上的速度增长。虽然出口形势一片大好，但是还是无法掩盖其中的问题。

1）中国轻型载货车出口市场单一，虽然出口量大，但目前出口的区域仍然是集中在中东、非洲和拉美地区。因为这些地区用户的购买力不强，对产品品质要求不高，中国轻型载货车企业可以凭借良好的价格优势抢占市场，但随着全球经济化的发展，以及印度、越南及印尼等发展中国家的崛起，使得原有具备成本优势的中国企业，优势越来越弱。

2）部分进口国的准入标准也大幅提高，与之相对的是中国轻型载货车的质量未能及时提高，就目前的情况来看，制动系统、排放及噪声问题还十分明显和普遍。轻型载货车行业虽是中国汽车行业中举足轻重的部分和自主发展的重要载体，基础雄厚，前景广阔，但目前企业产品的技术含量和竞争力还不充分，需要更明确的市场分析和对应的技术开发。

6　发展趋势及建议

预计　十二五　期间，中国可能对轻型载货车实施国Ⅳ以上的排放标准，这对轻型载货车生产企业来说，将大幅提高生产成本。部分生产技术落后的企业很可能被兼并或淘汰。一系列政策的出台，中国轻型载货车企业必须注重产品质量，走创新研发的发展道路。

1）目前，全球轻型载货车市场出现了一个明显的消费趋势：一类市场全部为高档轻型载货车，二类市场消费也向高档轻型载货车靠拢。中国轻型载货车行业发展多元与复杂，既有与国际同步的省油、舒适及低排放的高端产品，也有以超载、低速、高耗能为特征的中低端产品，但市场消费也将向高档轻型载货车靠拢。预计 2011 年全年中国轻型载货车出口增幅约 40%。

2）中国轻型载货车要想在国外市场占有一席之地，在高关税国家必须以 KD 组装厂和投资建厂的方式进行本地化生产，同时积极探索营销模式的多样化，加大与经销商合作力度，提高与经销商合作的运营效率，最终实现海外业务模式的战略转变。

3）中国轻型载货车产品的出口平均价格有上升趋势，其主要原因是排放法规升级导致发动机升级和换代成本上升，高端轻型载货车市场扩容带动的平均价格上升。从价格等级来看，8 ~ 11 万元的中高端轻型载货车和 10 万元以上的高端轻型载货车市场容量有进一步上升的趋势。3 ~ 4 万元的低端轻型载货车市场容量会有所下滑。排放法规升级和低利润将导致部分轻型载货车企业的产品价格向上延伸。

4）伴随世界经济的复苏，预计海外轻型载货车市场需求呈现稳定增长趋势。其中：发达国家呈现缓慢恢复性的增长，　十二五　期间市场规模保持在约 40 万辆。发展中国家快速恢复，预计在 2012 或 2013 年市场基本恢复至 2008 年市场水平。

发达国家：中高端市场比例略有增长，但仍主要以高端为主，比例在 90% 以上；产品平台以 1.5 ~ 2t 产品为主，比例在 50% 左右。

发展中国家：需求仍主要以中高档和中档产品为主，比例占 90% 以上。其中：中高端：市场需求主要以 3 ~ 4t 平台产品为主，比例占 60% 左右；中端：1.5 ~ 2t 需求比例占 50% ~ 60%，3 ~ 4t 平台产品需求快速增长；低端：仍主要以 1.5 ~ 2t 产品为主，占 80% 以上。

北汽福田汽车股份有限公司　海外事业部

2010 年客车出口发展综述

1　现状

1.1　出口现状

近几年，中国客车（本文指座位≥ 10 座）出口量较大，2007 年达到最高峰，出口 57 391 辆，比 2000 年的 1 053 辆增长 53.3 倍，特别是 2005 ~ 2007 年，中国客车出口呈井喷式增长。2008 年全球金融危机爆发，2008 ~ 2009 年中国客车出口连续两年下降；2010 年全球经济有所恢复，中国客车出口呈恢复性增长，出口 36 517 辆，同比增长 57.0%；2010 年中国客车进口也呈较大幅度增长，进口 5 092 辆，同比增长 220.3%，2000 ~ 2010 年中国客车进出口情况见表 5-9 和图 5-7。

表 5-9　2000～2010 年中国客车进出口情况　　辆

年份	2000 年	2001 年	2002 年	2003 年	2004 年	2005 年	2006 年	2007 年	2008 年	2009 年	2010 年
进口	3 700	4 056	3 356	4 600	2 493	1 336	1 840	2 725	2 311	1 902	5 092
出口	1 053	1 091	2 706	2 550	4 784	6 439	12 917	57 391	33 928	23 264	36 517

注：客车指≥ 10 座客车，资料来源于海关总署统计年报，后表同。

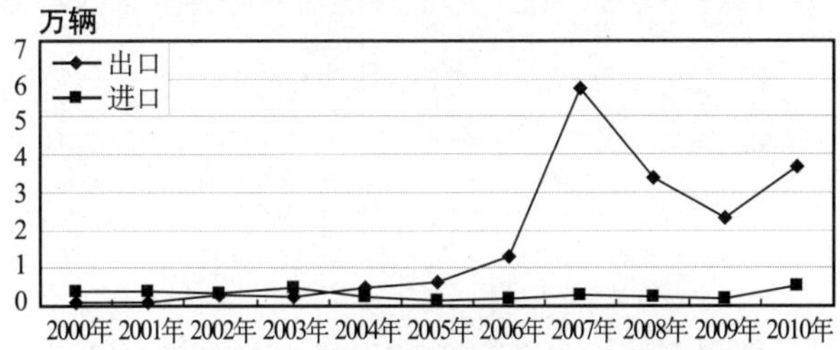

图5-7　2000～2010年中国客车进出口量发展趋势图

2010 年中国客车出口 36 517 辆，出口创汇 103 357 万美元，同比分别增长 57.0% 和 62.4%。出口量最大的品种仍然是 10 座≤座位＜ 20 座汽油轻型客车，出口数量 14 757 辆，出口金额 14 826 万美元，同比分别增长 48.7% 和 48.3%。中国轻型客车以价格低廉占据一些第三世界国家市场，大金龙、金旅、金杯公司、福田等海狮系列轻型客车，装国产 491Q 汽油机，价格仅 6 ～ 8 万元，以价廉成为轻型客车出口主力。2010 年位居出口量第二的品种是座位≥ 30 座柴油大中型客车，由于价格低廉，性价比高，成为第三世界公交和旅游用车首选，一些企业如宇通客车，产品还少量打入欧洲市场（宇通出口马耳他）。2010 年座位≥ 30 座的柴油客车出口 9 021 辆，出口金额 62 217 万美元，同比分别增长 52.9% 和 62.0%。由于全球油价上升，中国 CNG 大中型客车出口量也较大，深受天然气产量丰富的东南亚和海湾国家欢迎。最可喜的是中国混合动力大中型客车和纯电动（包括超级电容）客车也有少量出口，北汽福田、金龙集团、宇通、恒通、中通都有电动客车产品出口国外。

2010 年中国客车出口增幅最大的是 20 ～ 30 座汽油或 CNG 客车，大多为轻型客车，出口 581 辆，出口金额 1 727 万美元，同比分别增长 492.9% 和 324.9%，主要原因是 2009 年出口量少、基数低。此外机坪客车和座位≥ 30 座客车底盘出口呈负增长，出口数量同比分别下降 21.4% 和 33.9%。机坪客车在国际市场大多为外商奔驰、VOLOV、雷诺等高端产品占据；大中型客车底盘中，外商高端空气悬架底盘占比也较大，中方占有较小市场，2009 ～ 2010 年客车分品种出口情况详见表 5-10 和图 5-11。

表 5-10　2009～2010 年客车分品种出口数量

车型分类	2010 年		2009 年		同比增长，%	
	数量 辆	金额 万美元	数量 辆	金额 万美元	数量	金额
1 客车总计	36 517	103 657	23 264	63 812	57.0	62.4
座位≥ 30（柴油）	9 021	62 217	5 900	38 411	52.9	62.0
20 座≤座位＜ 30 座（柴油）	4 872	11 165	3 081	7 436	58.1	50.2
10 座≤座位＜ 20 座（柴油）	6 414	7 249	3 846	4 841	66.8	49.7
座位≥ 30 座（其他）	861	6 290	403	2 470	113.6	154.7
20 座位≤座位＜ 30 座位（其他）	581	1 727	98	406	492.9	324.9
10 座≤座位＜ 20 座（其他）	14 757	14 826	9 922	9 996	48.7	48.3
机坪客车	11	183	14	252	-21.4	-27.3
2 ＞ 30 座客车底盘	1 578	4 620	2 388	6 798	-33.9	-32.0

注：资料来源于海关总署统计年报，其他指汽油和 CNG 客车。

1.2　主要客车生产企业出口

2010 年，全球金融危机减弱，中国汽车出口呈恢复性增长，国内客车生产企业更加重视客车出口市场。广大客车企业加强了国外售后服务网点建设与维修配件供应，制定长期出口规划，批量小和服务不到位的企业，宁可先不出口。厦门金龙（大金龙）、金旅、苏州金龙产品获得欧盟产品认证；浙江青年高端客车开始打入欧美市场；重庆恒通和宇通客车的 CNG 客车广受欢迎；北汽福田混合动力客车小批量出口

中国客车以质优价廉，高性价比努力开拓全球市场。

2　2010 年中国客车出口市场特点

2.1　2010 年客车出口呈恢复性增长

2010 年在 2008、2009 年两年连续下滑后，呈恢复性增长，同比增长 57.0%，金融危机影响减弱，国外对中国客车需求增加。

2.2　石油价格上升，CNG 客车出口增加

2010 年全球油价上升，一些燃用 CNG 客车更受欢迎，如重庆恒通 CNG 客车出口增加。

2.3　客车出口以中低档为主，以价廉取胜

2007 年中国客车出口价格平均每辆 2.84 万美元，同比增长 3.7%，但进口客车价格平均每辆 4.55 万美元，是出口车价的 1.5 倍。2009 ～ 2010 年中国客车出口产品平均价格见表 5-12。

表 5-12　2009～2010 年客车出口产品平均价格

车型分类	平均价格，万美元 / 辆		
	2009 年	2010 年	同比增长，%
1 客车总平均	2.74	2.84	3.65
座位≥ 30（柴油）	6.51	6.90	6.15
20 ≤座位＜ 30（柴油）	2.41	2.29	-4.98
10 ≤座位＜ 20（柴油）	1.26	1.13	-10.32
座位≥ 30（其他）	6.13	7.31	19.25
20 ≤座位＜ 30（其他）	4.14	2.97	-28.26
10 ≤座位＜ 20（其他）	1.01	1.00	-0.01
机坪客车	18.00	16.64	-7.56
2 ≥ 30 座可彻底盘	2.85	2.93	2.81

表 5-11　2009～2010 年中国客车分月出口情况　　辆

	1 月	2 月	3 月	4 月	5 月	6 月	7 月	8 月	9 月	10 月	11 月	12 月
2009 年	1 403	1 528	2 231	1 655	1 841	1 563	2 186	2 024	1 801	2 138	2 428	2 466
2010 年	2 701	2 531	2 925	2 967	3 740	3 469	3 997	1 810	2 565	2 430	3 552	3 831

注：资料来源于海关总署统计月报。

2.4 中国客车以亚、非、拉为主，但对欧洲出口已有所突破

从表 5-13 中可以看出，2010 年中国客车出口主要是亚、非、拉第三世界国家，但有少量向欧洲出口，如宇通客车出口马耳他。

表 5-13 2009～2010 年中国客车出口量居前十位的国家（地区）

国家(地区)	2010 年		国家(地区)	2009 年	
	数量 辆	金额 万美元		数量 辆	金额 万美元
南非	5 649	6 214	阿尔及利亚	2 342	6 123
阿尔及利亚	3 144	8 331	尼日利亚	2 195	2 263
埃及	3 132	2 775	阿联酋	2 032	2 528
秘鲁	2 800	7 149	科威特	1 759	3 882
尼日利亚	1 940	2 291	埃及	1 697	1 746
叙利亚	1 366	4 872	南非	1 619	1 724
约旦	1 299	2 476	约旦	1 102	1 148
阿联酋	1 294	3 350	秘鲁	1 020	1 692
伊朗	1 216	2 912	叙利亚	952	2 685
智利	1 129	3 204	伊拉克	889	838

2.5 出口客车技术水平和价格有所上升

2010 年中国出口客车技术水平有所上升，柴油车大多为国Ⅲ排放标准，有的达到国Ⅳ排放标准，汽油车大多为国Ⅲ、国Ⅳ排放标准。具有 ABS、ASR、车载记录仪和 GPS 的车型有所增加，安全性、节能性及平顺性均有所提升。2010 年客车出口均价 2.84 万美元 / 辆，同比提高 3.7%，主要是座位≥ 30 座大中型客车价格增幅大。

2.6 绝大多数客车出口大于进口

中国客车技术水平逐年提升，替代了进口产品，2010 年出口量是进口量的 7.2 倍，几乎所有品种出口量都大于进口量。

3 中国客车出口存在的问题

2010 年中国客车出口虽然增幅较大，但也存在一些问题，亟待解决。

1）中国出口客车在技术水平上与先进国家产品相比，尚有一定差距，如与奔驰、曼、VOLOV、日本五十铃和法国雷诺等相比，在车内噪声、平顺性、无大修路程、排放（欧洲已达欧Ⅴ排放标准）上有一定差距。一些高档客车的底盘、低地板门式桥及空气悬架还需进口；一些液力缓速器、AT 及电动车动力系统也还有些进口，如进口美国伊顿混合动力系统、福伊特 AT 等。

2）中国出口客车附加值较低，同质化严重；中国出口客车价格比进口车低很多，进口车均价是出口的 1.6 倍，进口 10～20 座柴油轻型客车均价是出口的 6.2 倍，2010 年中国客车进出口平均价格情况见表 5-14。

表 5-14 2010 年中国客车进出口平均价格比较

车型分类	平均价格，万美元 / 辆		A/B，倍
	进口（A）	出口（B）	
1 客车总平均	4.55	2.84	1.60
座位≥ 30（柴油）	5.51	6.90	0.80
20 ≤座位＜ 30（柴油）	4.69	2.29	2.05
10 ≤座位＜ 20（柴油）	6.98	1.13	6.18
座位≥ 30（其他）	5.29	7.31	0.72
20 ≤座位＜ 30（其他）	5.36	2.97	1.80
10 ≤座位＜ 20（其他）	4.34	1.00	4.34
机坪客车	40.36	16.64	2.49
2 ≥ 30 座客车底盘	5.65	2.93	1.93

3）中国客车在国外售后服务还有待进一步提高。部分企业仅出口几辆（例如以边境易货贸易方式出口），售后全权委托给国外销售商，配件供应也无保障，一些车型出现故障不能及时维修，长时间停驶，影响了中国客车在国外声誉，丢失了部分市场。

4）中国客车出口存在相互压价竞争现象，既减少了企业利润，又不利市场健康发展。

5）中国国内客车企业对国外有关客车进口的政策、法规、检测标准及税率等研究不够，了解不多，影响产品出口，也影响市场进一步扩大，如欧盟要求客车侧翻试验，一些中方企业产品未做这方面试验。

6）人民币对美元升值影响企业产品竞争力。由于美国 2010 年宽松货币政策，使美元贬值，人民币升值，客车出口价格上扬，企业产品竞争力下降。致使企业不提价，企业利润下降，影响客车出口。

4 政策建议

1）鼓励自主开发，不断提高客车技术水平，产、学、研、用结合，注重知识产权，创中国客车名牌产品。

2）建议国家加强客车出口管理，对于没有售后网络、小批量的出口予以制止。

3）建议国家有关部门牵头，构建客车出口信息平台，收集、整理、研究世界各国汽车进口政策、法规、标准，服务全行业。

4）加强对进口中国客车国家的驾驶和维修人员培训，以利于中国客车出口。

5）国家在出口企业信贷、出口退税方面应予以优惠。

6）大力推广中国客车在国外联合服务、产品互保，对大总成统一维修（如出口客车都使用玉柴柴油机、綦齿变速器），变竞争对手为合作伙伴，一致对外，扩大出口。

中国汽车技术研究中心　王祖德

2010 年专用汽车出口发展综述

1 概况

2010 年，中国专用汽车出口在数量和金额上还没有恢复到金融危机之前的水平，但出口下滑趋势已经得到有效抑制。2010 年中国共出口专用汽车 8 710 辆，同比下降 2.3%；出口金额 8.16 亿美元，同比增长 2.7%。

2 专用汽车行业出口特点

2.1 出口月度走势分析

2010 年，专用汽车出口数量和出口金额呈现震荡

起伏的发展态势。国外专用汽车市场受金融危机影响，需求环境仍然没有得到明显改善，专用汽车出口订单偶然性依然突出。

表 5-15 2009 ~ 2010 年专用汽车月度出口情况一览表

月份	2010 年		2009 年		同比增长，%	
	出口数量 辆	出口金额 万美元	出口数量 辆	出口金额 万美元	出口数量	出口金额
1	483	5 251	711	7 981	-32.1	-34.2
2	430	4 787	313	2 870	37.4	66.8
3	546	5 193	702	6 290	-22.2	-17.4
4	835	7 140	646	5 817	29.3	22.8
5	464	4 512	732	5 974	-36.6	-24.5
6	917	8 486	773	7 347	18.6	15.5
7	761	7 019	854	6 832	-10.9	2.7
8	816	8 793	761	7 152	7.2	23.0
9	816	6 558	995	7 249	-18.0	-9.5
10	1 010	7 262	618	5 399	63.4	34.5
11	781	6 910	753	5 532	3.7	24.9
12	862	9 643	1 046	10 874	-17.6	-11.3

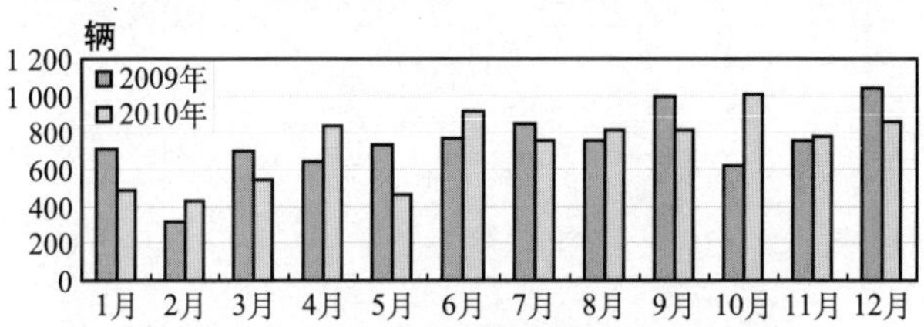

图5-8 2009～2010年专用汽车月度出口数量

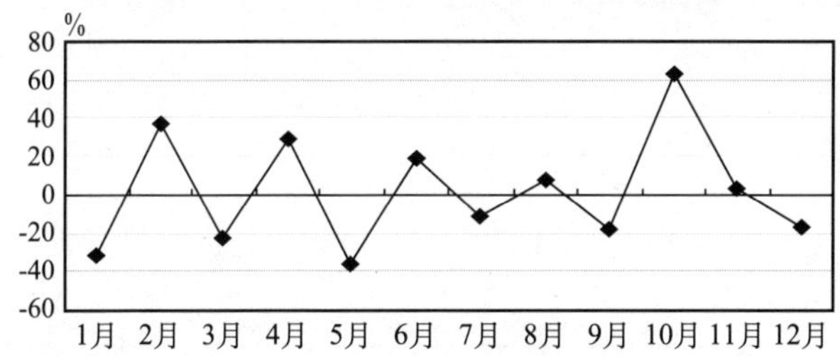

图5-9 2009～2010年专用汽车月度出口同比增长情况

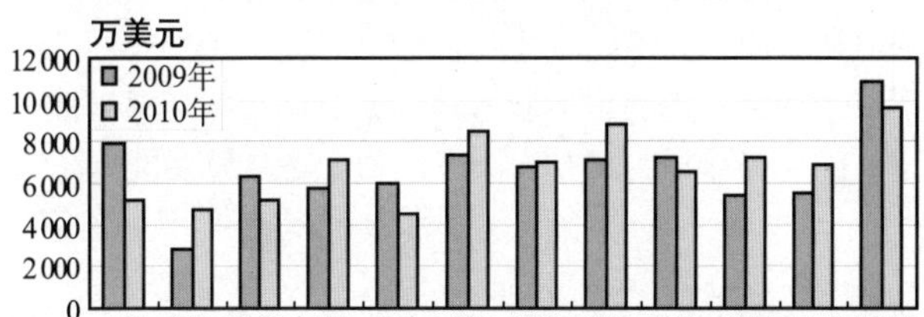

图5-10 2009～2010年专用汽车月度出口金额

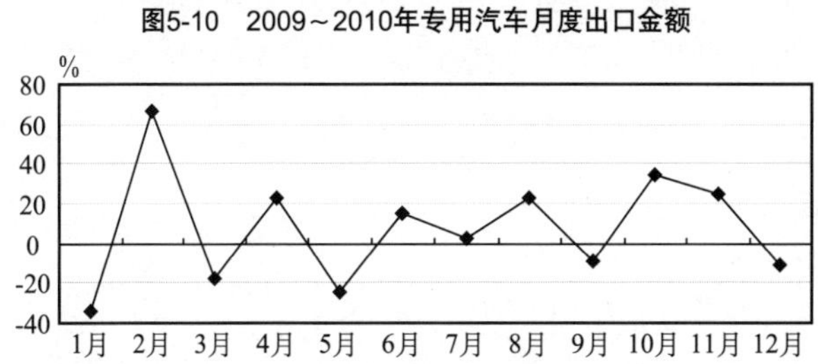

图5-11 2009～2010年专用汽车月度出口金额同比增长情况

2.2 出口车型特点分析

2010 年，专用汽车出口产品更加偏重高附加值、高技术含量。单价相对较高的钻探车及医疗车等实现数量和金额的大幅增长；放射线检查车、环境监测车和道路扫雪车与 2009 年相比实现了零的突破；电源车和石油专用车在出口数量减少的情况下，出口金额不降反增；起重车、机场专用车出口数量波动较小。

表 5-16 2009 ~ 2010 年专用汽车分车型出口情况一览表

类别	2010 年		2009 年		同比增长，%	
	出口数量 辆	出口金额 万美元	出口数量 辆	出口金额 万美元	出口数量	出口金额
起重汽车	2 470	3 513	2 512	36 174	-1.7	-1.3
救火车	142	1 445	176	1 599	-19.3	-9.7
电源车	136	1 115	198	583	-31.3	91.3
钻探车	113	1 317	62	512	82.3	157.4
混凝土搅拌车	1 884	10 507	1 667	9 719	13.0	8.1
无线电通讯车	34	154	1	25	3 300.0	522.5
放射线检查车	9	474	–	–	100.0	100.0
环境监测车	6	73	–	–	100.0	100.0
医疗车	194	2 337	127	446	52.8	424.2
飞机加油车、调温车、除冰车	15	250	15	197	0	27.0
道路（包括跑道）扫雪车	1	39	–	–	100.0	100.0
石油测井车、压裂车、混沙车	56	2 944	77	2 691	-27.3	9.4
其他	3 650	24 173	4 077	27 487	-10.5	-12.1
合计	**8 710**	**81 577**	**8 912**	**79 432**	**-2.3**	**2.7**

2.3 出口流向分析

2010 年，中国专用汽车出口流向与 2009 年相比整体变化不大。以阿尔及利亚、尼日利亚为主的非洲和以越南、哈萨克斯坦为代表的亚洲依然主要的出口洲际，但是出口亚洲的数量逐渐逼近出口非洲的数量。2009 年出口量位居第二的非洲国家 安哥拉在 2010 年没有排在前十名之列，2010 年，中国向安哥拉出口专用汽车 216 辆，同比下降 67.7%，出口创汇 1 594.24 万美元，同比下降 59.3%；另外，2010 年中国对缅甸出口专用汽车的数量跃居前十名之列，共计出口 257 辆，同比增长 149.5%，出口创汇 1 759.76 万美元，同比增长 79.6%。

表 5-17 2009 ~ 2010 年专用汽车出口分国别数量前十名情况一览表

国家或地区	数量，辆			金额，万美元		
	2010 年	2009 年	同比增长，%	2010 年	2009 年	同比增长，%
阿尔及利亚	1 031	849	21.4	57 760 902	58 714 616	-1.62
越南	641	597	7.4	36 144 080	35 224 061	2.61
巴西	458	312	46.8	100 803 332	70 387 602	43.21
尼日利亚	441	476	-7.4	24 928 811	28 204 028	-11.61
哈萨克斯坦	390	305	27.9	4 288	3 764	13.9
利比亚	365	384	-5.0	3 105	4 043	-23.2
苏丹	282	151	86.8	2 697	1 469	83.6
沙特阿拉伯	278	500	-44.4	2 011	3 287	-38.8
缅甸	257	103	149.5	1 760	980	79.6
蒙古	231	293	-21.2	2 399	2 543	-5.6
其他	4 336	4 942	-12.3	43 353	44 093	-1.7
合计	**8 710**	**8 912**	**-2.3**	**81 577**	**79 432**	**2.7**

2.4 出口发货地分析

2010 年，共有 29 个省市实现专用汽车出口。出口数量位居前 5 位的省市是北京市、湖南省、山东省、江苏省和湖北省，数量分别为 1 773 辆、995 辆、968 辆、927 辆和 652 辆，出口数量均超过 500 辆。前五个省份的出口集中度达到 61%。

表 5-18　2010 年专用汽车出口发货地出口情况

地区	数量 辆	金额 万美元	地区	数量 辆	金额 万美元
北京市	1 773	19 902	河南省	168	1 219
湖南省	995	13 048	广东省	156	577
山东省	968	5 723	天津市	128	1 913
江苏省	927	14 618	福建省	106	598
湖北省	652	3 403	重庆市	99	685
新疆	443	3 087	云南省	96	571
广西	371	1 783	四川省	78	1 016
上海市	346	2 523	吉林省	74	803
安徽省	192	1 589	河北省	48	606
内蒙古	185	1 109	贵州省	9	63
浙江省	185	992	山西省	7	35
江西省	182	492	海南省	2	13
陕西省	176	1 338	甘肃省	2	10
辽宁省	172	1 233	青海省	1	2
黑龙江省	169	2 627			

3　专用汽车企业出口特点

2010 年，中国专用汽车企业出口基本保持稳定。尽管出口市场仍然没有较大改观，但是中国专用汽车企业仍然努力开拓国际市场，加强自主研发能力，并取得较好的经营业绩。据统计，2010 年中国专用汽车企业共计完成批量出口达到 15 批，专用汽车出口单车均价逐渐提升，专用汽车出口品种更加丰富，已经从自卸汽车、半挂牵引车产品扩展到垃圾车、混凝土搅拌车、起重汽车、医疗车等附加值更高的产品。此外，专用汽车出口更加突出精耕细作，世界各个国家的国情不同，对专用汽车产品也提出了个性化需求。中国专用汽车企业深入开展市场调研，积极开发适应其本土化需求的产品，较好地满足了当地市场的个性化需求。

表 5-19　2010 年中国专用汽车企业批量出口概况

序号	时间	企业名称	出口国家或地区	出口产品和数量
1	2010.1.11	安徽华菱汽车股份有限公司	埃及	散装水泥半挂车 14 辆
2	2010.3.6	陕西汽车集团有限责任公司	马来西亚	自卸汽车 200 辆
3	2010.3.9	中国重汽集团有限公司	委内瑞拉	罐式半挂车 750 辆
4	2010.3.22	广东建成机械设备有限公司	泰国	液化气运输车 70 辆
5	2010.4.6	河南新飞专用汽车有限责任公司	刚果金	混凝土搅拌运输车 20 辆
6	2010.5.10	中联重工科技发展股份有限公司	阿尔及利亚	汽车起重机 3 辆
7	2010.6.1	东风专用汽车有限公司	越南	自卸汽车 435 辆（东风大力神 233 辆、东风天锦 202 辆）
8	2010.7.28	安徽江淮汽车股份有限公司	乌克兰	医疗用车 7 000 多辆
9	2010.7.30	中通汽车工业集团有限公司	尼日利亚	专用自卸车 150 辆
10	2010.9.8	青岛特种汽车集团有限公司	非洲	侧挂式垃圾车 70 辆；压缩式垃圾车 30 辆；垃圾车 400 辆
11	2010.10.20	中联重工科技发展股份有限公司	沙特阿拉伯	环卫车辆 110 辆
12	2010.10.29	徐工集团南京徐工汽车制造有限公司	–	混凝土搅拌运输车
13	2010.11.8	东风专用汽车有限公司	东盟	啤酒专用运输车 75 辆
14	2010.12.13	内蒙古北方重工业集团有限公司	赞比亚	TR100 矿用拖板车 5 辆
15	2010.12.23	湖北航天双龙专用汽车有限公司	西非	自卸汽车、油罐车、干砂浆车等 150 辆

4　总结

受国际金融危机的影响，中国专用汽车出口受到一定冲击，一些专用汽车外贸代理公司遭到淘汰，有专用汽车出口记录的企业数量明显减少，这对专用汽车行业来说是一次痛苦的洗礼，但同时也有利于专用汽车规范调整出口秩序。尽管 2010 年专用汽车出口呈现诸多亮点，但是海外市场认知度不高，企业技术实力不强，缺乏完善的售后服务体系，难以形成持续发展的竞争优势仍然是中国专用汽车出口中亟待解决的难题。

中国汽车技术研究中心　张　超

注：本文除表 5-19 外专用汽车均不含自卸汽车。

《中国汽车工业年鉴》期刊社
CHINA AUTOMOTIVE INDUSTRY YEARBOOK HOUSE

1 2 3 4 5 6 7 8 9 10

汽车零部件出口
Export of Auto Parts

2010 年汽车发动机出口发展综述

1 出口概况

2010 年中国共出口汽车发动机 32.94 万台，同比增长 51.1%；出口创汇 6.01 亿美元，同比增长 58.2%，较 2009 年呈恢复性增长，其中：汽油机出口 28.60 万台，同比增长 41.6%；柴油机出口 4.34 万台，同比增长 70.4%，柴油机出口增幅高于汽油机。

表 6-1 2009 ~ 2010 年中国发动机出口情况 台，万美元

产品分类		2010 年		2009 年		同比增长，%	
		数量	金额	数量	金额	数量	金额
汽油机	排量 1.0L ~ 3.0L	284 269	42 747	198 048	31 337	43.5	36.4
	排量 3.0L 以上	1 731	378	3 934	1 250	-56.0	-69.8
柴油机	输出功率 132.39kW 以上	9 649	7 164	4 529	3 421	113.0	109.4
	输出功率 132.39kW 以下	33 764	9 723	11 527	1 985	192.9	389.8
合计		329 413	60 012	218 038	37 993	51.1	58.0

注：数据来源于海关总署统计年报。

虽然 2010 年中国汽车发动机出口呈恢复性增长，但出口数量和金额都未达到金融危机前的水平。金融危机的影响依然存在，汽车工业发达国家由于整车产量恢复性增长，国内合资企业发动机返销国外的数量有所回升；发展中国家受金融危机影响，其国内企业资金紧缺，购买中国出口的发动机数量有所下降。但随着金融危机的影响逐步散去，加之国内产品技术水平的提高，发动机出口从长远来看仍将有快速发展的趋势。

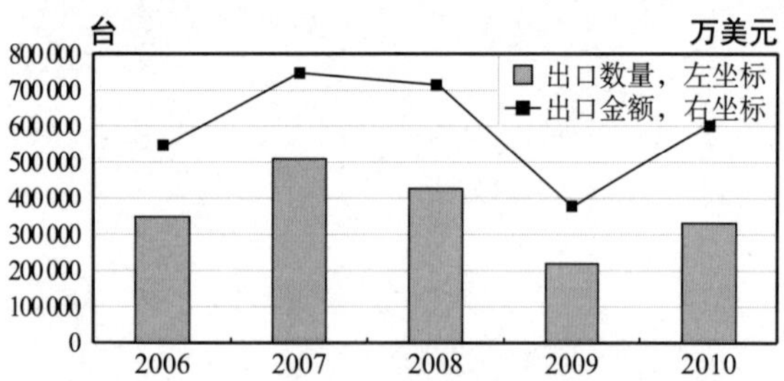

图6-1 2006～2010年中国汽车发动机出口走势

表 6-2 2006 ~ 2010 年中国汽车发动机出口情况

年份	出口数量，台	出口金额，万美元
2006	347 635	53 948
2007	505 675	74 989
2008	426 079	71 656
2009	218 038	37 993
2010	329 413	60 112

2 出口主要国家和地区及出口特点

2.1 出口主要国家和地区

中国出口的汽油机产品主要为一些三资企业产品返销国外，还有部分自主品牌机型销往第三世界国家和地区，主要出口目的国有日本、土耳其、韩国、墨西哥和美国等。三资企业返销国外的产品主要供给当地供应商 OEM（如广汽集团生产的丰田 VZ 系列 2.4L 汽油机），主要原因仍是国内的能源、原材料与劳动力的成本较其本土低。

2010 年柴油机出口也有较大幅度的增长，出口机型以功率小于 132.4kW 的产品为主，主要出口至伊朗、俄罗斯、越南、朝鲜和马来西亚等汽车工业较不发达的国家和地区。玉柴和潍柴由于产品质量稳定，出口数量较大，大多出口至东南亚和欧美地区。

发动机整机出口量不大，但一些附加值较低、劳动密集型的发动机配件出口量较大。2010 年发动机零配件出口金额达到 36.7 亿美元，同比增长 49.5%，主要产品有气缸套、曲轴、发电机、三滤、电喷油泵、活塞、散热器等。

2.2 出口特点

1）出口呈恢复性增长，增幅较大但总量仍未恢复到金融危机前的水平；

2）汽油机以出口汽车工业发达国家为主，柴油机以出口第三世界国家为主；

3）柴油机出口增幅高于汽油机出口增幅；

4）发动机出口均价呈上升趋势，由 2009 年的 1 742 美元 / 台增长到 2010 年的 1 825 美元 / 台，同比增长 4.8%。

表 6-3 2006 ~ 2010 年中国汽车发动机出口平均价格

年份	2006	2007	2008	2009	2010
平均价格，美元 / 台	1 552	1 483	1 682	1 742	1 825

5）自主品牌柴油机出口前景看好，出口企业以玉柴、潍柴、云内等为主。2010 年柴油机出口数量同比增长 70.4%，出口金额同比增长 214.2%。

6）发动机零部件出口增幅较大，对整机出口有一定促进作用。发动机零部件除部分供给国外 OEM 市场，还有部分用于国内出口整机产品的后续维修，因此对整机出口有一定带动作用。

3 存在的问题

1）发动机出口产品技术含量依然较低，核心技术依旧为外方掌控。目前出口的主要机型仅能达到欧Ⅲ排放标准，少部分可以达到欧Ⅳ排放标准，但欧美等汽车工业发达地区已经实行欧Ⅴ或相同水准的排放标准，因此国内产品很难进入这一市场。

2）国内的外资企业在国外已经形成固定的市场，

因此合资企业对于发动机产品出口很少投入精力，发动机扩大出口量依然要靠自主品牌企业。

3）发动机出口均价较进口均价依然偏低，前者为 1 825 美元 / 台，而后者达到 2 576 美元 / 台，是前者的 1.4 倍。

4）出口企业在国外售后服务水平有待提升，部分出口量较小的地区甚至没有形成售后服务体系，造成售后维修成本高、部件供应不上，影响了国内产品的国际声誉，破坏了企业的国际形象。

5）人民币持续升值使得出口压力逐步加大，同时原材料、能源和劳动力成本也在逐年上升，使得出口产品的成本优势逐步削弱，竞争力有所下降。

6）人才的欠缺依然是困扰企业的重要因素，直接导致企业研发实力薄弱，产品技术水平提升困难。短期内的人才引进是必要的途径，但自主培养是一条长远的、可持续发展的道路，可以采用联合培养的方式，利用外方的优质资源培养出研发能力强的科研型人才。

4 2011 年出口前景展望

2011 年金融危机的影响进一步减弱，欧美日等汽车发达国家和地区市场逐步回升，第三世界国家经济形势好转，对中国的汽车产品需求将有所增加；同时国内企业海外建厂的步伐也在积极迈进，对 CKD 用发动机的需求量也将逐步增加；一些规模较大的企业，如玉柴、潍柴和锡柴等企业相继推出国Ⅳ机型和 CNG、LNG 新燃料机型，产品技术含量不断提升。以上诸多积极因素必将促进发动机产品出口继续增长，预计 2011 年全年发动机出口数量将保持 20% 增长速度。

中国汽车技术研究中心　王祖德

2010 年汽车变速器出口发展综述

1 变速器出口概况

2010 年，中国汽车变速器出口金额为 3.21 亿美元，同比增长 1.1 倍。

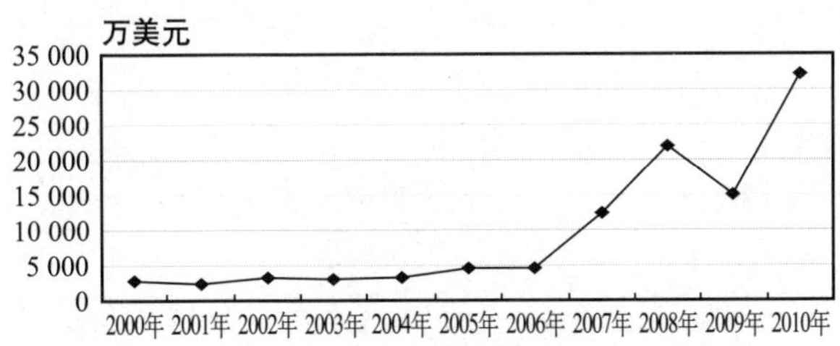

图6-2 2000～2010年中国汽车变速器出口金额走势

据统计，2000 年中国出口汽车变速器金额为 0.29 亿美元，2006 年国家为促进汽车产品出口和规范汽车产品出口秩序，确定首批 8 个汽车及零部件出口基地和 116 家汽车零部件出口企业，对这些企业进行相应的政策支持。2008 年出口汽车变速器金额一度达到 2.2 亿美元，2009 年受国际金融危机影响，出口金额下滑至 1.5 亿美元，同比下降 46.7%。2009 年 9 月，国家通过采取稳定出口退税、加大融资支持等多项举措，缓解国内汽车零部件业的出口危机，同时全球汽车市场需求出现复苏迹象，众多跨国公司纷纷采购廉价汽车零部件以降低生产成本，促使 2010 年中国汽车变速器出口呈现显著上升态势，全年出口额超过 3.2 亿美元，超过金融危机前最高水平。

2 变速器出口市场分析

2.1 分类型出口情况

2010 年大部分类型的变速器出口金额同比有所下降，仅有牵引车、拖拉机用变速器、轿车用自动变速器和其他机动车辆用变速器实现增长。其中，出口金额最高的是其他机动车辆用变速器，为 9 815.97 万美元，所占比例为 30.56%，同比增长近 2 倍；其次是轿车用自动换档变速器，为 9 058.57 万美元，所占比例为 28.20%，同比增长超 6 倍；排在第三位的是牵引车、拖拉机用变速器，为 9 010.93 万美元，所占比例为 28.05%，同比增长 64.2%。详见表 6-4。

注：图 6-2 数据来源于中国海关总署。

表 6-4　2009 ～ 2010 年汽车变速器出口情况　　万美元

类型	2009 年		2010 年		同比增长，%
	金额	占比，%	金额	占比，%	
牵引车、拖拉机用	5 487.56	36.69	9 010.93	28.05	64.2
30 座及以上机动客车用	1 223.02	8.18	730.11	2.27	-40.3
非公路用自卸车用	123.94	0.83	100.98	0.31	-18.5
车辆总重 <14t 柴油货车及车辆总重 <8t 汽油货车用	1 154.39	7.72	1 064.53	3.31	-7.8
车辆总重≥ 14t 柴油货车及车辆总重≥ 8t 汽油货车用	1 566.82	10.48	1 534.82	4.78	-2.0
特种车辆用	839.17	5.61	808.96	2.52	-3.6
小轿车用自动换档变速器(AT)	1 249.34	8.35	9 058.57	28.20	625.1
其他机动车辆用	3 312.84	22.15	9 815.97	30.56	196.3
合计	14 957.08	100.00	32 124.87	100.00	114.8

2.2 分国别出口情况

从近两年的数据来看，中国汽车变速器出口目的地主要集中在传统的汽车市场如美国、德国等地。从出口金额上来看，出口的汽车变速器中约 25% 出口到美国；出口德国的出口份额增长较快，由 2009 年的 7% 上升至 2010 年的 22%，跃居首位。2010 年中国各类汽车变速器出口额前五位国家分别是德国、美国、波兰、韩国及伊朗，共出口 26 596.76 万美元，占变速器出口总额的 82.79%。详见表 6-5。

表 6-5　2009 ~ 2010 年中国汽车变速器出口额前 10 位国家　万美元

排名	2009 年 国家	出口金额	比例，%	排名	2010 年 国家	出口金额	比例，%
1	美国	4 480.53	29.96	1	德国	7 223.96	22.49
2	墨西哥	1 201.01	8.03	2	美国	6 736.02	20.97
3	伊朗	1 192.23	7.97	3	波兰	2 744.41	8.54
4	德国	1 012.41	6.77	4	韩国	2 504.40	7.80
5	韩国	906.78	6.06	5	伊朗	1 520.32	4.73
6	台湾省	596.90	3.99	6	印度	1 481.15	4.61
7	意大利	525.20	3.51	7	墨西哥	1 355.19	4.22
8	日本	495.45	3.31	8	日本	1 081.43	3.37
9	越南	374.46	2.50	9	英国	1 053.06	3.28
10	南非	326.23	2.18	10	缅甸	896.84	2.79
以上小计		11 111.20	74.29	以上小计		26 596.76	82.79
总计		14 957.08	100.00	总计		32 124.87	100.00

2.3　分企业性质出口情况

2010 年，从出口企业性质来看，中外合资企业居首位，占汽车变速器出口总金额的 40.13%，同比提高 5 倍多；其次是外商独资企业，所占比例为 35.81%，同比提高 65%；排在第三位的是国有企业，所占比例为 12.24%，同比提高 63%。详见表 6-6。

表 6-6　2009 ~ 2010 年汽车变速器分企业性质出口情况　万美元

企业性质	2009 年 出口金额	2009 年 比例，%	2010 年 出口金额	2010 年 比例，%
外商独资企业	6 974.57	46.63	11 504.79	35.81
私人企业	3 529.38	23.60	3 748.58	11.67
国有企业	2 413.18	16.13	3 932.87	12.24
中外合资企业	1 998.13	13.36	12 892.74	40.13
集体企业	36.77	0.25	26.35	0.08
中外合作企业	4.14	0.03	18.99	0.06
个体工商户	0.89	0.01	0.56	0.00
合计	14 957.10	100.00	32 124.90	100.00

2.4　变速器产品按发货地分出口情况

2010 年，从出口发货地的统计分析来看，汽车变速器出口已经形成以山东省、天津市、江西省、上海市和江苏省为骨干的重要出口基地。在出口总金额上，上述 5 个省市差距较小，各自所占比例在 9% ~ 25% 之间，远高于其他出口省市。详见表 6-7。

表 6-7　2009 ~ 2010 年汽车变速器按发货地分出口情况　万美元

排名	2009 年 省份	出口金额	比例，%	排名	2010 年 省份	出口金额	比例，%
1	天津市	4 297.30	28.73	1	山东省	8 137.52	25.33
2	上海市	3 126.95	20.91	2	天津市	6 385.67	19.88
3	重庆市	993.63	6.64	3	江西省	3 983.48	12.40
4	浙江省	920.47	6.15	4	上海市	3 059.34	9.52
5	北京市	812.41	5.43	5	江苏省	2 826.79	8.80
以上小计		10 150.75	67.87	以上小计		24 392.81	75.93
合计		14 957.08	100.00	合计		32 124.87	100.00

3　主要企业出口情况

目前，国内从事变速器出口的企业主要有陕西法士特汽车传动集团有限责任公司、大众汽车变速器（上海）有限公司、上海汽车变速器有限公司、上海通用东岳动力总成有限公司、綦江齿轮传动有限公司、东风汽车变速箱有限公司和唐山爱信齿轮有限责任公司等，这些企业主要出口主要集中在南非、中东、马来西亚、德国、墨西哥等国家。

国内重卡变速器龙头企业法士特集团公司，2010 年实现销售收入 126.2 亿元，完成工业总产值 131 亿元，同比增长均超过 67%；出口汽车变速器 2 017 台，价值 450 万美元，主要销往北美、东南亚等地。2011 年，法士特提出出口创汇 2 000 万美元的目标。在转型发展方面，法士特公司将在 AMT、AT 混合动力系统上实现新突破，进一步巩固和扩大企业市场主导地位和领先优势。

上海汽车变速器有限公司产品覆盖各类轿车、轻型客车、皮卡车、越野车、微型车和重型卡车领域，为国内外 30 家著名整车企业数十种车型的变速器 OEM 供应企业，已经形成各类手动纵置变速器、横置变速器及自动变速器的系列化产品生产能力，部分产品远销国际市场。2010 年出口汽车变速器 34 897 台，价值 1 309 万美元，产品主要销往墨西哥。

上海通用东岳动力总成有限公司 2008 年开始投产变速器，初期年产能为 30 万台，计划最终达到 60 万台。主要产品 6 速手自一体变速器首先配置在别克品牌 08 款君越轿车上，部分出口欧美。2010 年出口汽车变速器 56 522 台，价值 8 379 万美元。

大众汽车变速器（上海）有限公司作为大众集团在国内的第一家合资零部件生产企业，于 2001 年 10 月 29 日正式成立，2002 年底正式投产。2005 年 12 月，公司的产品开始出口到欧洲。2010 年 1 月 7 日，第 100 万台变速器下线，全年出口变速器 2 528 台，价值 144 万美元，主要销往德国、波兰等地。

唐山爱信齿轮有限责任公司 1996 年成立，主要生产轻型汽车、轿车用手动变速器，年生产能力 30 万台。2009 年累计生产 300 万台变速器，2011 年计划生产 400 万台变速器。2010 年出口变速器 1 万台，价值 382 万美元，主要销往中国台湾。

2010 年 3 月，哈尔滨东安汽车动力股份有限公司首批供应意大利比亚乔公司的 DA471QLRP 发动机及 DAT13R 变速器正式下线，也是该企业生产的发动机及变速器产品首次走出国门。

在汽车生产全球化的情况下，为了保证整车质量和降低成本，许多汽车厂家开展零部件全球采购。国内汽车零部件企业在不断提高自身的研发、生产能力，积极参与国际质量和行业标准认证，提高生产和加工工艺水平、供货及时性和服务水平等，争取获得更多的市场份额。

4　出口遇到的问题

4.1　企业研发投入少，自主研发能力比较薄弱

由于国内出口的变速器产品附加值较低，大部分内资生产企业的市场份额主要集中在供应国外维修市场的低端产品，造成国际市场份额和利润率低下。主要缘于国内变速器企业创新能力不足，产品技术开发力

量薄弱，目前国内企业研发费用一般仅占销售收入的1% ~ 2%，而国外变速器供应商普遍在5% ~ 7%。

4.2　出口企业的结构不均衡

目前变速器出口企业中，外商独资企业和中外合资企业占据大半份额，并且呈稳步提升的态势。国内企业应进一步提高自主研发制造能力、提升核心竞争能力，积极拓展海外市场。

4.3　产品质量问题

产品质量不过关是制约中国汽车变速器产品出口的一个重要因素，虽然一些变速器产品在国际市场上具有一定价格优势，但在产品质量上与世界先进水平相比仍有差距。由于产品质量控制能力不足，产品开发能力不足，缺乏批量生产的经验，导致出口产品质量不高，品质不稳定。

4.4　售后服务存在缺位

售后服务方面的问题主要表现为：一是大部分出口企业未建立售后服务网点和售后体系，部分企业甚至无心开展售后服务；二是出口量较大的企业在国外的售后体系还不能达到方便、快捷、多网点、高标准的要求。

5　未来展望

2010年，中国汽车变速器出口尽管呈现大幅回升，但形势依然严峻。当前，国内不少变速器生产企业利润率较低，微利企业占很大比例；再加上钢材等原材料的价格上涨、人民币升值带来换汇成本增加，致使汽车变速器出口将面临更大的压力。

另一方面，全球经济总体上呈现逐步回升的趋势，世界汽车市场对变速器的需求量将继续增加。国内企业应积极实施出口战略，进一步提升自身的竞争力，在海外建厂或开展合资合作。不但要巩固美国、德国等经济发达国家原有市场，还要积极开拓潜在市场，如东盟、越南等地区。

总之，在当前全球经济逐步向好的形势下，中国汽车变速器产品的传统优势仍在，预计2011年汽车变速器出口仍将继续保持增长态势。

中国汽车技术研究中心　杨　艳　王　静

2010年等速万向节出口发展综述

中国出口的万向节产品主要是用于轿车的球笼式等速万向节、三球销式等速万向节以及由两个等速万向节、一根半轴杆装配而成的等速万向节传动轴总成。

万向节是中国具有传统优势的出口汽车零部件产品。近年来，随着全球轿车保有量持续上升，等速万向节需求稳步增加，使国内不少企业纷纷投入等速万向节生产。据统计，全国约有60家企业专业或部分从事等速万向节或等速万向节传动轴总成的制造与销售，年均出口量在1亿只左右，出口额约7亿美元，出口国家遍布全球130多个国家和地区，占据全球售后维修市场约50%的份额。

1　等速万向节产品出口概况

目前国际市场维修市场等速万向节分成两大类：第一类由OEM厂商（主要有GKN、NTN、Delphi等厂家）生产，专供给4S店等；第二类由未进入OEM市场的企业提供，专供维修店、汽配超市等。国内多数企业的等速万向节出口产品属于第二类。

出口产品主要以两种形式出现：一是单纯的等速万向节出口，主要出口到地西欧、东欧等轿车保有量较大以及中东、东南亚、俄罗斯、澳大利亚、巴西等轿车增长量较快的国家和地区。除俄罗斯和部分东欧国家主要以LADA车系为主外，其他市场车型普遍较多，并且随着近年来车型上市速度加快，国际采购订单将长期以小批量、多品种的形式出现。

另一种是以等速万向节传动轴总成的形式出口，主要出口到美国、加拿大、英国等劳动力成本较高的发达国家和地区。值得注意的是在全球最大的等速万向节产品售后市场北美地区，由于近几年来大量的中国廉价等速万向节传动轴总成产品进入，美国汽车零部件翻新厂纷纷缩减或暂停传动轴的翻新业务。使中国对该市场产品的出口也由原来的单一万向节转变为整套传动轴总成的形式。

2　主要企业的出口情况

从20世纪90年代初起，等速万向节售后制造商经历了由德国、意大利转移到台湾，再到中国大陆的产业转移过程。21世纪初期，随着加工设备升级，等速万向节产品在生产技术上日趋成熟。浙江、江苏东南沿海等地的等速万向节制造商不断从欧洲、日本、台湾等国家和地区的GLO、GKN、Metelli、NKN、URW、HDK、GCK、YAC等制造商手中抢占份额。目前中国大陆制造商在售后市场竞争力已经远超过欧洲、日本及台湾企业。

作为中国乃至全球最大的等速万向节产品出口基地　浙江玉环县，2010年下半年以来受到节能减排限电停产影响尤为严重。许多中小型万向节企业由于拉闸限电，不能按期交付订单，导致关闭或转向生产其他产品。国内等速万向节出口企业数量大幅减少，产业进一步向规模和优势企业集中。

目前国内从事等速万向节国际售后市场排名前几位的出口企业主要有温州冠盛、台州宏利、凯迪、佳先、和日、宁波万航、东营信义汇丰等公司，除冠盛年出口额超过 1 亿美元外，其他各公司年均出口额多在 2 000 万美元左右。温州冠盛集团是国内最大的售后等速万向节产品制造商与销售商，等速万向节产销量、出口量连续多年位居行业第一，已形成年产 750 万只等速万向节，240 万套传动轴总成的生产能力，产品销往全球 136 个国家和地区。2010 年该公司自营出口等速万向节及传动轴总成产品出口超过 1 亿美元，同比增长 35%。

表 6-8　2010 年等速万向节及传动轴总成产品主要区域出口额　万美元

序号	区域	2009 年	2010 年	同比增长，%
1	北美	2 566.20	3 405.62	32.7
2	南美	1 449.33	2 025.26	39.7
3	东欧	732.91	1 290.25	76.0
4	西欧	1 005.51	1 391.99	38.4
5	中东非洲	1 174.92	1 405.31	19.6
6	东南亚	719.94	767.21	6.6
合计		7 877.19	10 631.66	35.0

3　出口中遇到的相关问题

3.1　缺乏服务网络和自主品牌

中国的部分汽车零部件制造商缺乏品牌意识，等速万向节行业也不例外。受前几年市场需求旺盛、出口产品价格较高、利润丰厚的诱惑，国内有很多中小企业开始投入到万向节行业中，以品种多样化，价格低廉做为生存之本。这其中的大部分企业普遍缺乏长远战略，在售后服务网络建设、产品质量维修服务等方面的建设相对滞后，绝大部分产品靠贴牌出口；企业经营模式接近于代工，靠廉价的劳动力获得利润，导致整个售后行业的核心竞争力较弱。

政府和外贸主管部门对出口型企业的扶持政策倾向于做大做强，对出口量大的企业给予一定的优惠，但忽视了对企业实施　走出去　战略、建立国际营销市场网络和创建出口品牌的扶持。只有拥有自己的营销网络、自主品牌，企业才能在产业价值链中获得更大收益。

3.2　出口产品单价较低

受国际维修市场对产品质量要求较低以及对价格敏感等因素的影响，国内大多数出口企业的技术开发积极性不高，在研究开发方面投入不足，技术上以模仿为主，把精力集中在降低成本上。部分企业以打价格战来争夺市场份额，尤其是在中东市场，部分产品单价甚至不足 5 美元。价格战的最终受害者仍是国内企业。

3.3　对外贸易事物经验不足

目前出口等速万向节的企业成立时间偏短，营销人员普遍都比较年轻，面对国外采购商（尤其是欧洲客户，大部分都是从事万向节销售几十年的采购商）时，在谈判和交流方面经验明显不足，主要是靠压低报价来获取订单。与此同时，国内的营销人员在国际市场分析以及价格判断方面差距更大。这种经验不对等的采购谈判，间接地导致国内等速万向节产品的出口单价越来越低。

4　出口市场前景展望

1）市场需求稳增长

2010 年全球汽车已经恢复到金融危机前的水平，全球汽车保有量也突破 10 亿辆。可以预见，在较长的时间内，售后市场对汽车零部件的需求将持续稳步增长，市场前景看好。

2）加大对新兴市场开发将是重点

2010 年，包括中国在内的如印度、巴西等新兴汽车市场的销售猛增，占全球销量的比例首次突破 50%。这些国家对包括等速万向节产品在内的汽车零部件的需求将大幅增加，加大对这些市场的开拓，将是未来国内汽车零部件企业国际营销的重点。

温州冠盛汽车零部件集团股份有限公司　许　炎

2010 年汽车摩擦片出口发展综述

1　2010 年中国摩擦材料出口状况

1.1　国内市场和行业概况

摩擦片产品的市场需求与汽车工业的发展息息相关，汽车产量和保有量决定摩擦片的产量，两者之间存在很强的正相关关系，汽车工业的快速发展将直接带动摩擦片生产企业的同步发展。中国目前汽车制造企业达 100 多家，改装车企业 600 多家，全国每年摩擦片需求达 3 亿套左右。2010 年国内摩擦与密封材料的产量、产值和销售收入均实现快速增长，总产量（不包括半成品材料）为 87.56 万吨，同比增长 20.7%；总产值 166 亿元，同比增长 28.4%；销售收入 160 亿元，同比增长 30.3%。据统计，目前国内摩擦材料生产企业有 470 多家，其中包括 40 多家中外合资企业和外商独资企业。统计数据显示，2010 年国内年产摩擦材料制品 42.6 万吨，总产值 85.3 亿元，出口创汇 31.8 亿元，其中汽车用摩擦材料占总量的 80% 左右。摩擦材料行业整体生产技术水平有了大幅提升，部分领军企业产品已经达到国际先进水平。

行业 2010 年产值增长速度达到 16%，山东金麒麟集团、东营信义汽车零部件公司等企业的全年出口额的增长速度超过35%。受2009年的全球金融危机影响，国外摩擦材料经销商急于消化库存、回笼资金。经过一段时期的调整，库存基本消化完毕，而且资金也基本回笼到位，急需进货。在这种背景下，2010年国内摩擦材料出口猛增，行业出口总额由2009年的3.72亿美元增加到4.31亿美元。

青岛海关发布的统计数据显示，2010年山东出口摩擦片，同比增长约40%。近50%的汽车零件出口至美国、日本和欧盟，对印度和巴西等新兴市场的出口倍增。与此同时，国内的汽车零部件品质获得大众汽车认可，进入其国际采购体系。

综合分析各种因素，取得这些成绩的原因，主要有以下几个方面：

1）努力摆脱原料涨价因素的影响，加快了行业整合的步伐

生产摩擦密封材料要用到黏结剂、增强纤维、填料及其他辅助材料。其中用作黏结剂的酚醛树脂、天然橡胶、合成橡胶、胶粘剂、树脂漆及有机溶剂等，全部是石油化工产品，销售价格与石油价格密切相关。全球石油价格的不断飚升迫使上述原料价格节节蹿高，其他主要原料包括钢纤维、玻璃纤维、铜丝（屑）、丁腈橡胶粉、钢板等，价格也都有大幅度的提高。

按照摩擦密封材料的基本生产配方，这些原料在产品成本结构中所占比例大约在50%左右，因其大幅度涨价导致产品综合成本上升20%左右。据中国摩擦密封材料协会问卷调查反馈的信息显示，原料涨价首先打击的是小型企业。这些企业绝大多数技术力量薄弱，设备简陋，工艺落后，长期以低端产品一味在市场上打价格战，当原料涨价时，生产成本已高出销售价，又无力及时开发高附加值的新产品以自保，不得不停产或退出市场。而实力较强的企业，由于产品主要销往国外或为国内主机厂配套，产品的附加值较高，规模成本较低，抵御风险的能力较强，虽然流动资金占用量普遍加大，财务成本上升，但仍保有一定的利润空间，并随即填补小型企业放弃的市场份额。因此行业在总体上呈现旺盛发展的态势，激烈的市场竞争促使行业进一步整合，向产能集中度更高的方向发展。经过原材料涨价的洗礼，行业的集中度更高，市场上流通的产品更好，参与国际竞争的能力更强，为将来的快速健康发展打下坚实基础。

2）投资趋于理性，产品结构得到优化

几年前，摩擦密封材料行业出现过一拥而上的局面，但是诸多企业投资心态、生产规模和定位差别很大。随着市场的优胜劣汰机制及日新月异的行业形势，绝大多数投资者逐渐趋于采取高起点、大规模的投资模式。近几年新介入摩擦密封材料行业的投资者，更多的是选择高档次产品和瞄准国际市场的运作方式，既扩充了行业的经济规模，又为提升行业的技术水平增添了有生力量。

产品结构方面，由于市场调节作用和企业的主观努力，也发生许多积极的变化。例如，售后市场用摩擦材料供大于求、库存大量积压的情形得到扭转，以低档产品主打价格战的势头受到抑制；用于给主机厂配套及出口的摩擦材料，在总产量中所占的比例越来越大，这些优质优价的产品拉动了行业总产值、利税总额的显著增长，在国际市场上形成较强的竞争力。

3）加快技术进步，推行名牌战略

摩擦片是技术含量较高的产品，具有安全、节能、环保的功能属性，中国将其纳入实行生产许可证管理的范畴，在国际市场上有着更严格的质量性能要求。在新时期全球经济一体化趋势日益加强，一方面国内企业要面对国内国外两个市场，另一方面还要迎接外商大量涌入的挑战。最核心的竞争就是技术水平的竞争与企业品牌的竞争。近几年摩擦片行业加大了与国际技术接轨的力度，除严格执行国家标准外，有志于开拓国际市场的企业还纷纷采用国际标准及世界先进标准，产品已从最初销往东南亚、中东等地区发展到进军北美、欧洲等地区，既有贴牌生产的产品，又有自主研发服务于售后市场的产品，值得注意的是出现了自主知识产权的为国外原装配套的产品。行业知名度的提高，有力地推动出口贸易的发展。

2 2010年中国摩擦材料出口市场特点

1）出口产品市场从传统中东市场，慢慢向北美、欧盟等高端市场，以及巴西、俄罗斯等新兴市场转移。

2）汽车保有量持续增加，带来摩擦片市场的快速增长，尤其是后市场的迅猛增长。根据世界汽车制造商协会（OICA）统计数据，全球汽车保有量近9亿辆，并还在以每年3 000万辆的速度递增。预计到2020年，全球的汽车保有量将达到12亿辆。据国际能源机构（IEA）估计，到2020年，国际汽车摩擦片市场的需求量将超过150亿美元。随着汽车工业及汽车零部件制造业的快速发展，中国将正在成为国际加工中心和国际采购地，国内的汽车刹车片生产企业将在国际上赢得更多市场。

3 2010年世界刹车片主要市场国家运行分析

1）美国

2010年美国市场的汽车产量保持2009年的高速增长，达773万辆。美国汽车市场的逐渐回暖，推动了汽车零部件配套的市场规模，相关数据显示，2010年美国汽车摩擦片销售收入达65亿美元，同比增长21%。

表 6-9　中国出口用摩擦片主流技术及市场

No	类型（材料）	制动器	应 用	运用特性	历史和使用区域
1	石棉摩擦材料	盘 / 鼓 (F/R)	轿车、轻卡	1. 欧洲北美等已禁用	1. 中国 AM 市场仍在使用（50%）。
2	半金属摩擦材料	盘 (F)	轿车、轻卡、皮卡、火车、商用车、运动型车辆	1. 使用中普遍存在一些问题，改进型材料在一些范围内使用，经济性，合适的性价比。 2. 盘片高寿命，抗热性，耐久性。 3. 重负荷车辆和苛刻条件。	1. 有代表性区域在北美，主要在 AM。 2. 在 OE 车型上已逐步被替代，但改进型的材料仍使用在重负荷和要求特别苛刻的条件。 3. 通用型在中国 AM 市场仍在大量使用。
3	少金属摩擦材料	盘 / 盘 / 鼓 (F/R/R)	轿车、轻卡、商用车	1. 发展中的材料，广泛运用。 2. 高的性价比，优良的性能，卓越的解决抗衰退和高速性能的运用。 3. 舒适的脚踏感。	1. 欧洲风格的典型运用在 AM 和 OE 市场。特别在满足 OE 高档车型上的应用，如奥迪、奔驰、宝马。 2. 同样运用在福特，通用在欧洲的车型。
4	有机摩擦材料（NAO）	盘 / 盘 / 鼓 (F/R/R)	轿车、轻卡	1. 发展中的材料，广泛的使用。 2. 少的积尘，盘 / 片长的寿命，优化的性能，特别适用于解决 NVH 噪音方案。	1. 日本材料的典型风格和运用，但在欧洲和北美突出解决 NVH 问题和摩擦副粘附性问题。
5	粉末冶金摩擦材料	叠盘 / 盘 (F/R)	赛车、飞机、火车、坦克、军车、船舶、工程机械	1. 制动和传动的高速高温的稳定性，速度大于 250km/h，温度高于 600℃的条件和高的寿命	1. 铜基粉末冶金及陶瓷已替代铁基。运用在高性能制动器。 2. 中国引进铜基粉末冶金运用在时速 250km/h 以上高速列车上，在世界范围内广泛使用。
6	C-C 摩擦材料	叠盘 / 盘 (F/R)	赛车、飞机	1. 高模量和强度，卓越的热传导和比热，高的孔隙率。 2. 高速高温的稳定性，低温在 800 ℃，高温在 1 000 ℃以上的摩擦稳定性。	1. 在 90 年代末已运用在高性能制动器，在世界范围内广泛运用于飞机，赛车。 如美国：MD-11、Boeing767、777、F-22；法国：Airbus 等。
7	陶瓷摩擦材料 金属陶瓷摩擦材料 C- 陶瓷摩擦材料	盘 / 盘 (F/R)	赛车、重型车辆、飞机、坦克	1. 高速高温苛刻条件下的摩擦稳定性，使用温度在 800 ~ 1 000 ℃以上。 2. 特定的摩擦副和吸收高的热能。 3. 高的气孔率。	1. 新一代材料已运用在高性能制动器，欧美主要运用在航天军事，如大重型运输机，新型战斗机等。 2. C- 陶材料将优于 C-C 材料的未来发展。

2）日本

日本汽车是全球十大汽车零部件配套市场之一，由于拥有先进的汽车配套加工技术及国内外旺盛的市场需求，2010 年日本汽车摩擦片销售收入达到 41 亿美元，同比增长 13%，其主要产品供出口配套使用。

3）德国

2010 年德国汽车市场运行乐观，汽车产量同比上升 18% 至 41.35 万辆，汽车配套市场趋于成熟。德国汽车摩擦片技术领域已十分发达，国内实现产销两旺的局面，2010 年汽车刹车片实现销售收入 32 亿美元，同比增长 8%。

4　2010 年中国摩擦材料出口遇到的问题

1）原料涨价引起的企业利润下降

随着劳动力成本增加、原材料价格上涨、以及美元兑人民币汇率的变化，出口利润日益下滑，导致国内一些规模较小的摩擦片生产企业破产倒闭，而像金麒麟集团这样的规模较大的企业，利润率较往年下降了 30% 左右。汽车行业大打价格战，将成本风险转嫁给汽车零部件行业，使摩擦密封材料行业处于原料涨价与采购商压价的夹击之下，导致价格传导的迟滞及行业经济效益增幅的回落。

2）标准制定工作滞后

目前国际沿用的摩擦片标准是美国、欧洲和日本的标准，中国目前的行业标准虽然比 1998 年的旧标准有所提高，但还是得不到主流汽车企业的认可，在为主机厂供货时陷入尴尬的境地　中国的摩擦片企业出口必须满足国外的标准。

3）电力紧张对行业主产区带来的开工不足问题

2010 年，华东、华南地区曾经出现延续数月的电力严重短缺问题。摩擦片行业大约有 40% 的生产能力集中在山东、江浙、上海、广东、福建等沿海省市。由于工业用电紧缺的突然性，虽然企业赶紧添置柴油发电机组以应急，但仍对出口定单的履行造成较大的影响。况且柴油发电比电网用电成本高约两倍，使本已捉襟见肘的企业效益雪上加霜。

4）外资大量涌入对行业的压力

中国加入 WTO 以后，既为摩擦密封材料行业提供了机遇，又带来了挑战。许多企业抓住机遇，努力开拓国际市场，行业出口交货值连年大幅度增长；同时中国根据入世承诺，为外商来华投资敞开大门。国外企业看好中国的摩擦密封材料市场，从事原料供应、制品生产、质量检测的知名公司纷纷抢滩中国市场，利用资金优势、技术优势和品牌优势，占据高端产品市场较大份额和相当一部分出口市场，已对国内企业形成一定的压力。

5　对中国摩擦片出口企业的建议

1）加快技术进步，追赶世界先进水平

技术进步是行业发展的主要推动力。通过近几年的努力，摩擦密封材料行业的技术水平有了显著提高，与世界先进水平的差距进一步缩小，主要表现在生产原料逐步趋于多品种化、精细化；新产品、新工艺自主研发能力大大增强，能够满足国内外市场发展的需要；企业的生产装备普遍得到更新换代，生产效率大幅提升，生产规模快速扩张。然而中国在产品的标准化方面还与欧美国家有较大的差距，另外美国的陶瓷摩擦材料已经进入工业化应用阶段，而国内的研究刚刚起步等，都是行业亟待解决的问题。

2）继续加大开拓国际市场的力度

目前摩擦片的出口交货值是1998年的20倍，成为拉动行业经济持续增长的主要动力。有鉴于此，今年行业将进一步加大开拓国际市场的力度，实现行业出口交货值的更快增长。

3）加强行业自律，规范市场行为

行业形势大好，投资商增多，市场竞争更激烈，加强行业自律、规范市场行为显得尤为重要。为促进行业健康发展，维护行业整体利益，特别要强调企业诚信经营的重要性。第一，要引导企业开发新产品，提高产品附加值，向技术进步要效益，开展有序的市场竞争；第二，有关行业协会应尊重广大企业的正当要求，加大市场整顿的力度，抬高准入门槛，曝光违规企业，配合政府有关部门查处违法行为，净化市场环境，为上游行业向摩擦密封材料行业的价格传导创造条件，使行业的经济规模与经济效益同步增长。

山东金麒麟集团有限公司　高书峰

2010年汽车车轮出口发展综述

1　出口概况

中国车轮与汽车工业同步发展，自2005年开始已经连续6年保持出口量世界第一，占世界车轮出口总量的比例逐年提高，直至2010年占全球车轮出口总量的25%以上。2010年车轮出口金额达到34.6亿美元，是进口金额的22倍，中国已经成为名副其实的世界车轮制造大国和出口大国。

表6-10　2005～2010年中国及世界车轮出口情况　亿美元

年份	中国出口	世界出口	中国占世界比例，%
2005	15.7	113.4	13.97
2006	22.6	127.2	17.76
2007	30.4	150.0	20.27
2008	32.7	152.1	21.50
2009	23.6	100.0	23.60
2010	34.6	134.5	25.73

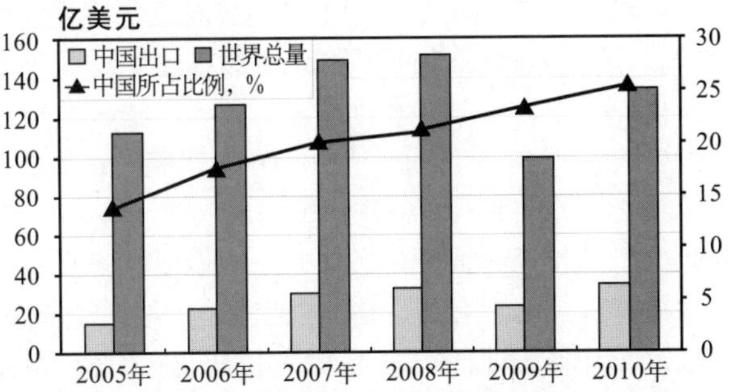

图6-3　2005~2010年中国车轮出口走势及占世界出口总量的比例

2　2010年车轮分企业、分品种出口分析

2010年全国前200家企业车轮出口总金额达31.68亿美元，占全部的91.7%，其中铝制车轮出口金额接近25亿美元，占出口总金额70%以上，出口至全球近90个国家和地区。

铝车轮出口有OEM和售后零售之分，从企业的角度来看，OEM出口数量最大的企业是中信戴卡，售后零售出口量最大的企业是宁波宝迪，而钢制车轮出口量最大的企业是正兴车轮。出口金额前5位的企业都是供给国外整车OEM配套。其中中信戴卡出口金额排在首位，占中国车轮出口总金额的10%，同时是美国通用汽车公司全球82个零部件供应商中唯一的铝车轮制造企业。

表6-11　2010年出口金额居前十位的企业　亿美元

序号	企业名称	出口金额
1	中信戴卡轮毂制造股份有限公司	3.44
2	六和轻合金（昆山）有限公司	1.39
3	浙江万丰奥威汽轮股份有限公司	1.16
4	盛旺汽车零部件（昆山）有限公司	1.13
5	连云港启创铝制品制造有限公司	1.03
6	宁波宝迪轮毂制造有限公司	0.93
7	正兴车轮集团有限公司	0.89
8	浙江跃岭股份有限公司	0.86
9	上海明岐铝业有限公司	0.71
10	台山国际交通器材配件有限公司	0.61

车轮按照材质不同分为钢制车轮和铝制车轮，而海关出口产品目录下车轮分类中，没有区分钢制车轮和铝制车轮，统计单位全部采用重量。由于钢材价格与铝材价格差异较大，车轮出口比例又有差别，为此，单位价格也仅能作为参考。海关设定的编码，没有考虑到材质的差距。

表6-12　2010年车轮类产品出口数据　kg，万美元

项目	出口数量	同比增长，%	出口金额	同比增长，%
牵引车拖拉机用车轮	98 757 242	39.9	144 893 884	35.8
30座及以上客车用车轮	12 988 765	67.2	17 610 300	62.5
非公路自卸车用车轮	13 119 376	105.8	32 220 866	136.7
轻型柴油及汽油货车用车轮	65 519 491	20.9	76 148 604	4.0
重型柴油货车用车轮	196 457 072	149.5	210 649 709	138.7
特种车辆用车轮	7 815 637	71.1	15 420 757	28.0
其他机动车车轮（乘用车）	743 906 677	39.2	2 958 446 553	44.0
合计	1 138 564 260	50.5	3 455 390 673	46.5

由出口数据表可以看出，其他机动车车轮中包括钢制车轮和铝制车轮，其中铝制车轮为主，这部分产品出口金额已经占出口总金额的85.6%，但依然被归为 其他 类车轮产品，对数据的整理和分析造成困难，为此需要海关重新理顺编码，将钢制车轮和铝制车轮分开，使统计数据更具有实际指导意义。

3 对中国车轮产品出口的建议

2010年海关统计车轮进口单价为7 220美元/t，出口单价为3 030美元/t；由此看出进口产品价格依然远高于出口产品价格。为此中国企业还需要在提升产品档次和品牌知名度方面下功夫，变中国制造为中国创造，逐步减少为国外企业售后市场贴牌代工的数量，致力于建立自主品牌，提升中国车轮产品的国际形象和知名度。

车轮产品是重要的安全件，同时铝制车轮还属于外观件，因此车轮制造过程的生产一致性和工艺的稳定性非常重要。车轮制造企业应该在制造过程中严格按照质量体系要求组织生产。OEM配套企业在这方面非常重视，整车企业例行的过程评审也在无形中推进了各车轮制造企业工艺流程的改进。近年来海外市场发展中存在的无序性、无目的性与恶意竞争对中国车轮出口的形象造成负面影响，引发国际上针对中国车轮产品的反倾销投诉。企业应注重产品质量的提升，靠过硬的产品提升品牌知名度和美誉度，保持在市场竞争中的优势地位，同时应坚决抵制盲目发展、低质低价、恶性竞争等行为。

中国汽车工业协会车轮委员会　王孝东

2010年汽车电子电器出口发展综述

1 出口情况概述

2010年，中国汽车零部件出口继续维持增长态势，其中出口金额最高的产品是行驶系统零部件，其次为电子电器零部件。从2009年1月～2010年6月，这两类零部件的出口额之和已占中国汽车零部件总出口额约60%，其中，行驶系统零部件平均占39.15%，电子电器零部件平均占19.77%。

2010年中国出口汽车电子电器零部件产品累计金额73.51亿美元，同比增长48.3%。出口贸易额排名前5位的国家和地区分别为日本、美国、韩国、荷兰、香港，累计出口金额达到51.53亿美元，占总金额的比例达到70%。电子电器出口增长最快的国家为英国、哈萨克斯坦、巴西和俄罗斯，同比增长均超过100%；阿联酋由于受主权债务危机的影响，市场需求萎缩，出现负增长。

表6-13　2010年汽车电子电器产品分国别出口情况　美元

国家（地区）	合计		国家（地区）	合计	
	金额	同比增长，%		金额	同比增长，%
日本	1 927 258 812	51.4	台湾省	89 112 734	33.3
美国	1 673 369 899	54.1	哈萨克斯坦	76 011 510	175.0
韩国	852 771 305	37.8	澳大利亚	73 544 378	14.9
荷兰	376 875 845	19.0	墨西哥	71 537 897	33.3
香港	323 283 361	59.3	阿拉伯联合酋长国	66 077 019	-4.3
德国	202 604 976	46.6	泰国	64 624 576	98.8
加拿大	139 632 855	41.5	伊朗	64 238 094	63.6
法国	124 738 143	42.9	印度	58 379 430	26.0
巴西	111 262 860	127.6	巴拿马	50 625 547	68.1
英国	109 308 587	190.6	合计	7 351 223 656	48.3
俄罗斯联邦	106 184 268	102.0			

注：数据来源于海关统计。

在全球经济复苏的刺激下，汽车出口呈持续上升态势，与此相对应，中国汽车零部件出口同样在下半年增长迅猛。主要是由于以欧、美、日为代表的国外汽车市场在全球经济危机复苏过程中消费需求回升，因此对国外汽车零部件的需求也呈上升态势。

但是，中国汽车电子电器的核心技术和核心产品仍为外资所控制，2010年，中国十大汽车电子品牌中，除航盛电子为本土企业外，其他均为外资企业。与国际汽车电子巨头相比，本土企业缺乏核心技术，以发动机控制电子为代表的高端汽车电子产品基本由外资企业占据，在技术相对成熟的汽车电子影音娱乐系统中，本土企业依靠成本优势占据一席之地。产业空心化问题是值得所有中国汽车电子企业共同研究解决的重大问题。

在各类汽车电子产品中，以车载CD、DVD、GPS、数字电视等为代表的车载信息娱乐系统，是汽车电子市场增长的引擎，近几年一直保持高速发展。此类产品技术成熟、市场广阔，国内有众多企业涉足、竞争激烈，在中低端产品市场中，国内企业的成本优势明显，而外资企业仍然在高端车载信息娱乐系统中占据主导地位。

中国各大类汽车电子产品出口中，车载信息娱乐系统仍然占据重要地位。在广大亚非拉国家和地区，中国此类产品已经占据一席之地并保持迅猛发展势头，同时在欧美市场也有所建树。以航盛电子为例，作为中国汽车电子行业的领军企业，其从2000年开始在海关注册，短短几年内出口额从几十万美元，增长到2010年的3 000万美元，每年都有几百万美元的增长。从出口地区看，该公司主要出口市场为俄罗斯、伊朗、埃及、马来西亚等国家。

2 汽车电子出口保持高速增长的原因

1）中国汽车产业的繁荣带动汽车电子产业的迅速崛起。2010年，国内汽车产销量延续了大幅增长。下游应用市场的快速增长也对汽车电子产业的发展起到巨大的推动作用。

2）技术进步为中国汽车电子电器产业的快速发展打下坚实基础。随着中国电子信息产业的繁荣，已经发展起来的半导体、软件、计算机、互联网、和正在兴起的云计算、车联网等产业造就了一大批工程师和技术开发人员，为汽车电子电器产业的发展提供了有利的技术支持。经过近年来 863 计划 电动汽车重大专项的实施和汽车电控系统科研攻关的兴起，一批整车企业和科研院所拥有了汽车电子设备和电子控制单元的自主研发能力。此外，通过技术引进和技术合作等方式，中国电子产业对国际先进技术和解决方案进行引进消化和再次创新，加之上游供应商如半导体供应商的积极推动，中国汽车电子产业的技术水平得到迅速提升。

3）市场需求的迅速释放推动汽车电子市场的增长。中国汽车产品的电子设备配备率一直未达到国际先进水平。近几年来消费者对汽车安全性、舒适性和娱乐性的要求不断提高，引发了整车装备电子设备的热潮。自诊断系统、电子稳定系统 (ESP)、导航设备 (GPS)、胎压监测（TPMS）、车身控制系统（ECU）、自适应巡航、并线警示等一大批电子控制设备成为高端汽车的标准配置，并逐步向中低端车辆渗透。随着整车的科技含量逐渐提升，单车装备的电子产品不断增多，汽车电子在汽车成本中所占比例也有较大提升。

4）随着全球汽车和零部件制造业向中国转移，众多国际领先的汽车电子企业纷纷布局中国，如博世 (Bosch)、德国大陆 (Continental AG)、德尔福 (Delphi)、伟世通（Veston）等国际巨头已经在中国拥有数量众多的生产基地，而且在不断地根据市场需求扩大生产规模和增加产品种类，并在中国设立研发中心。同时，本土汽车电子企业依靠成本优势和灵活的市场策略快速成长，在信息娱乐系统、音响系统等产品方面取得长足发展，并配合本土汽车企业，开发车身电子、动力总成等高附加值产品。国内外汽车电子厂商的迅速发展共同促进了中国汽车电子产业的繁荣。

3 汽车电子出口存在的问题与应对建议

1）人民币升值、原材料价格、劳动力成本上涨等因素削弱了中国汽车电子产品的成本优势，给出口带来不利影响。如果人民币汇率持续提升，企业不得不通过涨价来平衡成本，就将丧失原本的价格优势，减弱竞争力。人民币对美元汇率目前已达到 6.8 左右，对汽车电子电器出口的影响已经显现。

从企业角度看，多渠道化解人民币升值的经营压力势在必行。一是积极调整竞争策略，进行产品结构升级和产业升级，不断提升产品技术含量和附加值，增强自主创新能力和实施品牌战略，不断提高产品的非价格竞争力；二是加快企业 走出去 的步伐。一批有实力的企业利用全球汽车工业资源整合的有利时机，应该积极 走出去 ，开展跨国经营，在境外建立工厂转移过剩的生产能力，有效发挥 两个市场、两种资源 的作用，缓解成本压力，规避贸易风险，提高竞争力；三是采取多种方式规避汇率风险。增强企业规避汇率风险的意识和能力，综合运用外汇避险工具和结算方式。在生产经营方面，企业应通过加强成本控制、改善供应链管理、提高产品定价能力、扩大进口业务来转移汇率风险。

2）要对日益激烈和复杂的贸易摩擦和纠纷给予足够重视。国内汽车电子电器行业自主研发能力薄弱，出口产品以技术含量低、附加值低的品种为主，引发低端产品重复投资、出口秩序混乱、不正当竞争等不良现象，致使国产汽车电子电器出口容易遭遇反倾销投诉和知识产权保护贸易壁垒，影响国内汽车电子电器行业可持续发展。要改变这种状况，国内汽车电子电器行业应从三个方面着手：一是加大科研投入，全面提高自主技术创新能力，在关键汽车电子电器领域逐步形成系统开发能力，同时保持传统零部件领域的产品优势；二是适应国际产业发展趋势，努力进入国际汽车零部件采购体系；三是加强行业自律，整顿出口秩序。

3）中国汽车电子电器出口要严把质量关。产品质量的提升非一朝一夕之功，国内汽车电子电器出口企业要踏踏实实把好质量关。随着人民币的持续升值，俄罗斯、印度、泰国等国产品出口的不断增长，中国汽车电子电器产品在国际市场的竞争优势不断削弱。在这种情况下，只有不断提升质量，才能保住甚至提升中国汽车电子电器产品的国际竞争力。

4 出口展望

未来几年，由于消费者对于汽车安全性和舒适性的要求日益提升，信息娱乐系统会继续保持快速增长态势；由于普及率较高，动力控制等电子控制系统增长较为平缓，但在节能和减少排放的政策推动下，混合动力汽车和电动汽车将逐渐进入产品导入期，相应的汽车电力动力系统将出现大幅增长。

随着金融危机的影响逐渐消退，世界经济环境逐渐转好，全球各国的振兴计划尤其是针对汽车行业的振兴措施也逐渐显现出作用，国际汽车消费市场越来越活跃。整车厂商、汽车电子厂商和半导体厂商的合作将进一步深入，同时同领域间企业的竞争也将更加激烈。在此次金融危机中抓住机遇，兼并重组壮大的新汽车电子电器企业将抢占未来的中国市场和全球市场。抓住增长较快的后装市场和 GPS、NAVI 等新兴产品市场，抓住新能源汽车产业项目，将会令企业获得巨大的发展。中国将成为全球汽车电子生产强国，汽车电子产业的潜力巨大，产品出口形势依然非常乐观。

深圳航盛电子股份有限公司 皮宇宝

2010 年汽车轮胎出口发展综述

1 2010 年出口概况

在连续两年的低迷之后，受国内政策及世界经济恢复等因素带动，2010 年中国共生产汽车轮胎外胎 4.2 亿条，同比增长 10.5%。轮胎出口大幅增加，其中汽车轮胎（指海关统计中的机动小客车用新的充气橡胶轮胎、客运机动车或货车用新的充气橡胶轮胎）出口 1.87 亿条，同比增长 21.6%，实现恢复性增长。与此同时，出口量在国内产量中的比例也有所回升，由 2009 年的 40.5% 提高到 44.5%。

2010 年，国产轮胎出口到全球 201 个国家或地区，其中欧洲、北美洲和亚洲是出口的主要地区，分别占轮胎出口总量的 27.1%、25.9% 和 21.7%。

在汽车轮胎外胎出口中，小客车轮胎出口量为 1.38 亿条，客货车轮胎出口量为 4 931 万条，同比分别增长 19.1% 和 29.1%，分别占出口总量的 73.6% 和 26.4%。在过去几年中，小客车轮胎出口比例不断提高，但 2010 年受出口美国小客车轮胎减少及经济进一步恢复拉动国内客货车轮胎需求增加影响，小客车轮胎出口比例有所下降，同比减少了 1.6 个百分点。

从出口金额看，2010 年共创汇 91 亿美元，同比增加 34.4%。其中小客车轮胎和客货车胎出口额分别为 40.5 亿美元和 35.2 亿美元，分别占出口总金额的 47.6% 和 52.4%，同比分别增长 26.4% 和 28.8%。

从出口单价来看，2010 年我国小客车胎和客货车胎出口单价分别为 32 美元 / 条和 116 美元 / 条，同比分别增长 18.8% 和 23.3%。

2 2010 年出口的主要特点

2.1 美国仍是我国汽车轮胎最主要的出口国家，出口量及比例继续下降

2009 年 9 月以后，出口到美国的汽车轮胎受到特保案的影响，数量有所下降。2010 年出口美国汽车轮胎 4 347 万条，同比减少 614 万条，占国内出口总量的比例也由 32.3% 降到 23.3%，较 2008 年 37.1% 的历史最高水平下降了 13.8 个百分点，但仍高于其他国家或地区。

其中出口美国小客车轮胎继续受到特保案的影响，2010 年出口总量为 3 082 万条，占小客车胎出口总量的 22.4%，同比减少 928 万条，在轮胎出口总量中的比例同比下降 12.3 个百分点。

客货车轮胎则由于国际经济进一步恢复，出口量有所增加。2010 年出口美国客货车胎数量为 1 265 万条，占此种轮胎出口总量的 25.7%，同比增加 314 万条。

2.2 欧洲成为出口的最主要地区

2010 年，中国共向欧洲出口轮胎 5 057 万条，占出口总量的 27.1%，超过北美洲（25.9%）成为轮胎出口的最主要地区。

出口产品以小客车胎为主，2010 年小客车胎的出口量为 4 489 万条，占总出口量的 88.8%；出口单价为 29 美元 / 条，低于出口小客车轮胎的平均价格。同时，客货车轮胎出口单价为 102 美元 / 条，也低于平均价格。英国是汽车轮胎出口欧洲的最大市场，2010 年出口量为 1 360 万条，占总量的 7.3%；面向荷兰和德国的出口量分别为 775 万条和 637 万条，所占比例分别占出口总量的 4.1% 和 3.4%。

2.3 亚洲是轮胎出口的第三大地区，其中出口中东较多

2010 年出口亚洲地区的轮胎数量为 4 052 万条，占出口总量的 21.7%，同比上升 1.5 个百分点。出口亚洲的小客车胎数量为 2 603 万条，占出口亚洲总量的 64.2%，出口平均价格为 28 美元 / 条；同期，客货车胎的平均价格为 120 美元 / 条。

其中阿联酋是国产轮胎在亚洲地区的最大市场，2010 年出口量为 708 万条，占出口总量的 3.8%。其中小客车胎和客货车胎的比例分别为 66.7% 和 33.3%。

出口排在前几位的亚洲国家或地区还有：沙特、印度、韩国和伊朗等，2010 年出口量都在 300 ～ 360 万条左右。

2.4 轮胎出口以进料加工贸易方式为主，其他贸易方式出口较少

2010 年，汽车轮胎主要以进料加工贸易方式出口，出口量为 1.82 亿条，占总量的 97.5%；一般贸易仅占 1.8%；其他贸易方式极少。

其中小客车胎出口中进料加工贸易占 98.1%；客货车胎出口占 95.8%。

2.5 汽车轮胎出口主要以山东、江苏、浙江等轮胎生产大省为主

2010 年全国共有 29 个省市均有轮胎产品出口。其中山东、江苏、浙江、福建、广东等轮胎生产大省是汽车轮胎出口的主要省份。2010 年，山东省轮胎出口量为 7 962 万条，占出口总量的 42.6%；江苏省和浙江省分别为 3 156 万条和 2 083 万条，分别占 16.9% 和 11.1%；福建省和广东省的出口量分别为 1 171 万条和 1 026 万条，均占 6% 左右。

出口较多的还有天津市（780 万条）、安徽省（718 万条）、河南省（283 万条）、北京市（267 万条）和辽宁省（242 万条）。

从轮胎种类看，2010年小客车胎出口前5位的省市是山东省（42%）、江苏省（21.5%）、浙江省（11%）、福建省（7.2%）和广东省（6.8%）。其中山东省的出口量增加较快，由2008年的248万条增加到2010年的578万条，超过江苏省成为国内最大的出口省市。

江苏省和浙江省涉外轮胎企业较多，轮胎特保案后这些企业为规避高额税率，利用其跨国生产的条件从全球角度调整生产及出口，减少在中国的生产企业的轮胎出口数量，从而使得轮胎出口量同比有所减少。2010年江苏省和浙江省的小客车轮胎出口量分别为2 960万条和1 508万条，分别占我国出口总量的21.5%和11.0%。

2010年客货车轮胎出口量前5位的省市分别是山东省（44.1%）、安徽省（14.6%）、浙江省（11.6%）、河南省（5.3%）和江苏省（4.0%）。

山东省近年来一直是客货车轮胎的第一出口大省，2010年出口量为2 177万条，占出口总量的44.1%；排在第二位的是安徽省，出口量为718万条，占14.6%；浙江省出口量为574万条，占11.6%，成为排名第三位的出口大省；江苏省的出口量则呈减少趋势，由2008年的369万条下降到2010年的197万条，仅占总出口量的4.0%。

从出口海关来看，青岛、上海、南京是轮胎出口的前三甲口岸，分别占全国轮胎出口总量的43.8%、21.8%和10.9%。除此之外，天津（6.5%）、广州（4.7%）、福州（3.5%）、厦门（2.8%）和大连（1.9%）也是出口相对较多的口岸。

3 出口遇到的问题

3.1 成本大幅增加，轮胎企业利润受到挤压

由于货币流动性较充裕，国际大宗商品价格不断上涨，橡胶等轮胎原料价格大幅攀升，但为了保持产品竞争力，轮胎价格上涨幅度则相对较小，企业利润同比大幅下降。除此之外，劳动力成本的不断增加，也对轮胎企业造成一定压力。

3.2 轮胎产业面临投资过热、产业过剩的困境

2010年以来，国内轮胎产业投资势头异常迅猛，不仅国外企业加大投资，国内企业也在快速扩张，国内外轮胎新项目达50项左右，很大一部分新建和扩建产能属于低水平重复建设。据中国橡胶工业协会统计，仅2010年上半年纳入统计范围的44家轮胎生产企业轮胎库存同比增长57.7%，其中子午胎库存同比增长64.7%，全钢子午胎库存同比增长73.5%。库存增幅明显高于产量、产值增幅，且呈上升趋势，轮胎产业面临产能过剩、产品结构性过剩的困境。

3.3 反倾销等贸易保护主义加剧，出口压力逐渐增大

国产汽车轮胎出口仍以中低档产品为主，出口平均单价大大低于进口轮胎。2010年我国小客车轮胎与客货车轮胎出口平均单价分别为32美元/条和116美元/条，虽然较上年有所增长，但仍大大低于进口平均价格。2010年两种轮胎的进口平均价格分别为58美元/条和204美元/条。

由于出口单价较低且出口量快速增加，国产轮胎频繁遭受国外反倾销等贸易制裁。继2009年9月美国对从中国进口的所有小轿车和轻型卡车轮胎征收为期三年的惩罚性关税后，巴西、印度、阿根廷等国家也相继对中国轮胎提出反倾销调查。

2009年6月18日和9月9日，巴西先后决定对原产于中国的客货车轮胎和小客车轮胎征收为期5年的反倾销税。

2010年1月，印度商工部反倾销局对原产于中国和泰国的商用客货车用子午线轮胎反倾销案做出终裁，裁定征收为期5年的25.0%到88.3%不等的从量反倾销税。其中包括青岛双星轮胎、杭州中策橡胶、风神轮胎和三角轮胎等国内轮胎企业，也包括固铂成山和米其林等跨国公司的在华生产企业。

2011年5月30日，阿根廷工业部通告对原产于中国的轮胎的反倾销调查取证已结束，案件进入最后阶段。此次反倾销调查的对象包括原产于中国的轿车、客车、载货车和农用、林业车辆的轮胎。

3.4 人民币进入上升通道，轮胎出口风险加大

人民币不断升值，汇率风险加大，也使得轮胎出口受到不利影响。据相关统计，人民币每升值1%，出口利润将减少1%。

2010年人民币对美元汇率同比上升3%、对欧元汇率上升10.2%。出口企业利润不断受到挤压。

4 对国家有关出口政策的建议

未来世界汽车工业还将快速发展，美欧仍是重要的轮胎出口市场，但其自身所生产的多为高档产品，所需求的中低档轮胎仍需进口。因此，经过多年发展的中国轮胎工业在未来的出口贸易中仍将发挥重要作用。

建议国家相关部门从技术、税收和融资等方面对轮胎企业给予优惠，鼓励企业做大做强。同时加强监管，避免个别企业偷工减料、大打价格战等恶性竞争行为发生，减少轮胎本身存在问题对出口的影响。

《轮胎产业政策》于2010年9月15日正式颁布，进一步明确目标、产品调整、技术进步、行业准入、配套建设、投资与进出口管理等规定，顺应了行业发展的迫切需要。轮胎行业应认真落实产业政策，提高轮胎产品的档次及在国际市场上的竞争力，以质量好、高性能与高附加值的轮胎改变依靠大量的低价轮胎出口占领市场的现状。

中国石化集团经济技术研究院　杨秀霞

2010年汽车玻璃出口发展综述

1 概况

汽车玻璃属于高能耗、劳动密集型的产品，同时属于易损件，在售后市场有巨大的需求，因此一直是中国重要的出口产品之一。中国出口到国外的汽车玻璃由于劳动力、原材料成本较低，凭借价格优势占领市场，出口量总体上呈上升趋势。

根据海关总署统计，2010年中国共出口汽车玻璃31.66万t，出口金额5.89亿美元，同比分别增长27.1%和24.5%，其中钢化玻璃出口7.71万t，出口金额1.38亿美元，同比分别增长25.3%和20.5%。随着全球金融危机影响减弱，中国汽车玻璃出口逐步回暖。

中国出口的汽车玻璃主要供给欧美日韩等汽车发达国家和地区，除部分供给OEM原厂配套外，大部分产品流向国外售后市场。中国出口的产品虽遭受到部分国家的反倾销投诉，但由于中方积极应诉并积极扩大新兴市场，出口在2009年的低迷过后实现恢复性增长。

2010年，中国汽车玻璃进口5 920.18t，金额6 025.62万美元，同比分别增长95.3%和75.8%，以中高档轿车玻璃为主，平均价格为10 178元/t，远高于出口均价1 860元/t，出口产品以劳动力密集型为主、附加值低的状况没有发生改变。

表6-14 2010年中国汽车玻璃出口情况表 kg，美元

产品分类	数量	同比增长，%	金额	同比增长，%
钢化安全玻璃	77 071 203	33.1	137 760 491	39.9
层压安全玻璃	239 556 230	25.3	451 450 047	20.5
小计	316 627 433	27.1	589 210 538	24.5

2 主要出口企业

由于汽车玻璃为高能耗、劳动密集型的产业，许多汽车跨国集团为降低成本，将部分玻璃供应企业设在中国，其产品主要给国外整车企业OEM配套，如长春皮尔金顿、桂林皮尔金顿、日本旭硝子。福耀集团是国内出口量最大的民营企业，相继在中国香港、美国、韩国、日本、德国设立子公司，其产品进入奥迪、宾利、丰田、本田、戴姆勒、宝马、现代、日产、沃尔沃、大众、通用、福特等企业的全球采购体系。2010年福耀集团北美地区实现销售收入8.39亿元，同比增长12.3%，出口亚太地区实现销售收入15.22亿元，同比增长66.4%。此外长春皮尔金顿、桂林皮尔金顿、深圳信义、秦皇岛旭硝子等企业玻璃出口量同比均有所增长。

3 汽车玻璃出口特点

1）全球金融危机对中国出口影响减弱，2010年汽车玻璃出口呈正增长；

2）出口集中度高，几家大企业占出口数量和出口金额的主要份额；

3）主要出口至欧洲、美国、日本等汽车工业发达国家和地区；

4）在华三资企业出口量呈逐年上升趋势；

5）出口均价呈下降趋势，从2009年1 946美元/t下降至2010年的1 861美元/t。

4 存在的问题

1）中国汽车玻璃产品品牌优势不明显，虽然性价比较高且技术水平已接近或达到世界先进水平，但仍得不到一些高端轿车生产企业的认可；

2）人民币不断升值，且仍有升值预期，使中国汽车玻璃产品在国家上的价格优势逐步减弱，竞争力有所下降；

3）反倾销的阴霾依旧笼罩在中国出口产品上，虽然中方积极应诉并曾取得胜诉，但事件对中国出口产品的声誉产生了不良影响，致使部分国家加大了对中国产品的反倾销调查力度；

4）在兼顾产品价格的前提下，国内企业必须面对原材料、能源、劳动力等成本不断上升的压力，同时来自东南亚其他国家的出口产品依靠廉价优势对中国产品发起冲击。利润水平的逐步降低使国内企业生存环境愈加严峻；

5）国内对于高耗能产品的出口采取逐步限制的策略，对于企业的环保要求也愈加严格，因此汽车玻璃的出口退税率未来将有可能降低。

5 出口发展前景

未来若干年，汽车玻璃仍将是中国汽车产品出口的主要品种之一，国内产品低成本的相对优势短期内依然存在；世界汽车保有量逐年上升，售后市场对于玻璃的需求量仍有较大的增长空间；由于市场竞争激烈，加上各国致力于本国经济与产业的复苏，针对国外产品的反倾销调查和贸易壁垒将有所增加；随着知名度进一步提升，中国汽车玻璃将出口到更多的国家和地区，出口前景依然看好。与此同时，国内企业仍然要积极做好信息搜集与企业间的合作，积极应对可能发生的贸易摩擦，致力于提升产品质量，这一过程仍将任重而道远。

中国汽车技术研究中心 王祖德

《中国汽车工业年鉴》期刊社
CHINA AUTOMOTIVE INDUSTRY YEARBOOK HOUSE

1 2 3 4 5 6 7 8 9 10

汽车产品出口统计数据

Statistics of Auto Products Export

表7-1 2010年汽车产品分贸易方式出口金额
Table7-1 Value of Exported Chinese Auto Products in 2010 (by Trade Mode)

美元
US Dollar

贸易方式 Trade Mode	出口金额 Value	同比增长，% Growth, %
合计 Total	**48 348 536 033**	**41.5**
一般贸易 General Trade	25 222 523 440	44.6
国家间、国际组织无偿援助和赠送的物资 Inter-governmental and International Organizational and Given Gratis	23 424 127	-5.7
其他境外捐赠物资 Other International Bene Ficences	742 716	407.1
来料加工装配贸易 Assembled with Imported Materials	1 126 173 424	28.5
进料加工贸易 Manufactured with Imported Materials	20 140 659 558	38.7
寄售代销贸易 Consignment Trade	4 592	-94.3
边境小额贸易 Border Trade in Small Value	612 223 566	63.1
对外承包工程出口货物 Exported Products via International Projects	489 252 549	7.4
租赁贸易 Leasing Trade	4 515 552	-5.4
出料加工贸易 Recalairing Trade	2 482 415	327.7
易货贸易 Barter Trade	–	–
保税仓库进出境货物 Entry and Exit Goods in Bonded Warehouse	167 720 085	50.6
保税区仓储转口货物 Sailing Goods in Bonded Zone	439 589 472	62.4
其他 Others	119 224 537	42.5

注：本表金额不包含摩托车及其主要零部件数据，包含摩托车发动机及少量零部件数据。
Note: The value does not include the amount of data on motorcycles and it's major components, includes motorcycle engines and parts with a small amount of data.

表7-2 2010年汽车产品分地区出口金额
Table7-2 Value of Exported Chinese Auto Products in 2010 (by Province)

美元
US Dollar

地区 Province	出口金额 Value	同比增长，% Growth, %	地区 Province	出口金额 Value	同比增长，% Growth, %	地区 Province	出口金额 Value	同比增长，% Growth, %
合 计 Total	**48 348 536 033**	**41.5**	江 苏 Jiangsu	6 593 730 353	-47.2	重 庆 Chongqing	845 088 251	48.5
			浙 江 Zhejiang	5 517 310 297	39.8	四 川 Sichuan	320 717 457	74.6
北 京 Beijing	1 976 864 882	28.7	安 徽 Anhui	1 496 523 217	56.1	贵 州 Guizhou	110 834 571	35.9
天 津 Tianjin	1 213 255 150	33.9	福 建 Fujian	2 054 608 429	38.6	云 南 Yunnan	110 767 778	28.9
河 北 Hebei	1 220 491 061	55.0	江 西 Jiangxi	368 115 167	24.7	西 藏 Tibet	5 162 453	190.7
山 西 Shanxi	77 619 268	65.7	山 东 Shandong	8 712 634 459	47.6			
内蒙古 Inner Mongolia	219 456 039	117.0						
			河 南 Henan	922 925 008	61.0	陕 西 Shaanxi	377 035 877	-20.1
辽 宁 Liaoning	1 540 352 348	44.7	湖 北 Hubei	836 491 319	43.0	甘 肃 Gansu	16 387 619	90.5
吉 林 Jilin	406 673 273	40.0	湖 南 Hunan	378 348 018	25.6	青 海 Qinghai	8 854 330	84.8
黑龙江 Heilongjiang	468 271 575	87.8	广 东 Guangdong	6 345 418 087	27.9	宁 夏 Ningxia	4 040 705	-14.2
			广 西 Guangxi	291 860 210	15.5			
上 海 Shanghai	5 235 701 531	45.9	海 南 Hainan	35 033 426	121.0	新 疆 Xinjiang	637 963 875	45.8

注：本表金额不包含摩托车及其主要零部件数据，包含摩托车发动机及少量零部件数据。
Note: The value does not include the amount of data on motorcycles and it's major components, includes motorcycle engines and parts with a small amount of data.

表7-3 2003～2010年汽车整车产品出口量及金额
Table7-3 Volume and Value of Exported Complete Vehicle in 2003 through 2010

辆，美元
Unit，US Dollar

产品类型 Category			年份 Year	2010		2009		2008		2007		2006		2005		2004		2003	
				数量 Volume	金额 Value	数量 Volume	金额 Value	数量 Volume	金额 Value	数量 Volume	金额 Value	数量 Volume	金额 Value	数量 Volume	金额 Value	数量 Volume	金额 Value	数量 Volume	金额 Value
乘用车 Passenger Car	小轿车 Sedan	汽油 Petrol	排量≤1 000mL Displacement≤1 000mL	12 158	49 991 092	7 688	31 067 435	12 211	48 488 205	12 566	50 178 131	11 006	42 296 698	5 256	19 608 872	3 067	12 410 141	681	2 604 527
			1 000mL＜排量≤1 500mL 1 000mL＜Displacement≤1 500mL	116 210	831 701 193	68 793	580 033 982	144 516	1 111 880 773	86 420	700 304 381	54 922	389 270 896	20 347	181 901 299	3 134	15 527 248	532	2 685 787
			1 500mL＜排量≤2 500mL 1 500mL＜Displacement≤2 500mL	49 967	374 642 242	25 611	184 449 245	84 174	616 785 556	89 258	639 023 734	27 300	193 770 130	4 978	41 734 824	2 625	27 072 110	1 461	16 423 692
			2 500mL＜排量≤3 000mL 2 500mL＜Displacement≤3 000mL	93	5 015 393	66	2 996 495	114	6 900 190	28	1 293 333	53	1 842 174	198	6 421 841	91	3 375 920	120	4 498 207
			排量＞3 000mL Displacement＞3 000mL	18	1 205 235	38	2 243 117	214	9 512 902	93	7 061 235	25	3 123 016	242	20 255 664	327	25 150 172	46	4 503 570
		柴油 Diesel	排量≤1 500mL Displacement≤1 500mL	245	1 450 325	111	674 385	–	–	9	78 062	0	0	–	–	75	306 000	0	0
			1 500mL＜排量≤2 500mL 1 500mL＜Displacement≤2 500mL	1 249	12 311 745	119	2 237 667	6	168 762	4	41 929	1	14 000	46	261 319	16	128 346	9	140 652
			排量＞2 500mL Displacement＞2 500mL	0	0	6	89 546	81	1 268 749	260	3 855 818	8	62 900	57	394 319	0	0	0	0
		小计 Sub-total		179 940	1 276 317 225	102 432	803 791 872	241 316	1 795 005 137	188 638	1 401 836 623	93 315	630 379 814	31 124	270 578 138	9 335	83 969 937	2 849	30 856 435
	四驱越野车 4-wheel Drive Off-road Vehicle	汽油 Petrol	1 000mL＜排量≤1 500mL 1 000mL＜Displacement≤1 500mL	4	92 967	0	0	–	–	2	29 462	12	20 477	53	382 796	2	3 000	9	86 370
			1 500mL＜排量≤2 500mL 1 500mL＜Displacement≤2 500mL	21 491	178 536 000	11 351	90 520 523	22 785	234 764 765	23 380	236 789 488	6 284	64 372 014	1 140	11 392 973	323	3 877 619	183	2 433 381
			2 500ml＜排量≤3 000mL 2 500mL＜Displacement≤3 000mL	172	2 299 822	20	360 915	45	679 846	125	2 005 598	81	1 570 425	151	2 865 185	65	1 651 321	106	2 991 356
			排量＞3 000mL Displacement＞3 000mL	8	546 397	12	789 388	28	1 297 932	27	1 124 766	213	4 983 252	40	1 827 660	187	6 823 484	193	6 593 496
		柴油 Diesel	1 000mL＜排量≤1 500mL 1 000mL＜Displacement≤1 500mL	0	0	0	0	–	–	50	366 902	4	60 000	1	9 100	0	0	0	0
			1 500mL＜排量≤2 500mL 1 500mL＜Displacement≤2 500mL	34	739 037	88	4 035 569	10	289 649	48	416 051	1 003	23 820 050	28	682 761	3	37 002	0	0
			排量＞2 500mL Displacement＞2 500mL	793	11 405 721	809	14 351 059	1 570	20 230 391	2 039	31 207 830	387	4 993 062	431	5 260 647	199	2 185 849	157	1 655 985
		小计 Sub-total		22 502	193 619 944	12 280	110 057 454	24 438	257 262 583	25 671	271 940 097	7 984	99 819 280	1 844	22 421 122	779	14 578 275	648	13 760 588
	9座及以下小客车 Small Bus with no more than 9 seats	汽油 Petrol	排量≤1 500mL Displacement≤1 500mL	21 744	104 681 824	12 019	59 406 477	19 633	92 008 547	16 123	72 288 009	6 410	25 771 820	4 068	15 432 083	2 303	8 443 646	687	2 868 111
			1 500mL＜排量≤2 500mL 1 500mL＜Displacement≤2 500mL	15 381	156 997 802	4 345	47 773 605	17 476	186 686 578	24 258	246 481 699	7 004	75 941 753	1 472	13 140 639	334	4 768 431	35	575 286
			2 500mL＜排量≤3 000mL 2 500mL＜Displacement≤3 000mL	18	485 914	10	318 301	9	207 458	29	641 356	11	189 761	25	300 000	93	924 173	3	91 532
			排量＞3 000mL Displacement＞3 000mL	2	135 175	0	0	–	–	1	28 960	6	112 000	16	448 236	20	619 480	8	29 572

续表 Continued

产品类型 Category			年份 Year	2010		2009		2008		2007		2006		2005		2004		2003	
				数量 Volume	金额 Value	数量 Volume	金额 Value	数量 Volume	金额 Value	数量 Volume	金额 Value	数量 Volume	金额 Value	数量 Volume	金额 Value	数量 Volume	金额 Value	数量 Volume	金额 Value
乘用车 Passenger Car	9座及以下小客车 Small Bus with no more than 9 seats	柴油 Diesel	排量≤1 500mL Displacement≤1 500mL	0	0	0	0	1	4 969	7	33 152	14	55 320	14	122 001	0	0	2	20 981
			1 500mL＜排量≤2 500mL 1 500mL＜Displacement≤2 500mL	1 254	15 702 091	621	8 108 120	268	2 637 443	252	2 606 528	193	1 619 108	27	236 794	7	64 835	10	91 210
			排量＞2 500mL Displacement＞2 500mL	1 519	16 365 004	877	11 859 904	3 136	38 739 551	2 540	30 992 997	530	5 458 784	222	2 169 994	83	812 440	0	0
		小计 Sub-total		39 918	294 367 810	17 872	127 466 407	40 523	320 284 546	43 210	353 072 701	14 168	109 148 546	5 844	31 849 747	2 840	15 633 005	745	3 676 692
	其他载人机动车 Other Passenger Vehicle	汽油 Petrol	排量≤1 000mL Displacement≤1 000mL	0	0	0	0	0	0	0	0	0	0	0	0	57 975	42 712 094	2 283	3 184 942
			1 000mL＜排量≤1 500mL 1 000mL＜Displacement≤1 500mL	285	1 498 758	276	1 539 335	752	4 327 750	1 262	6 229 187	1 677	8 047 645	2 132	11 945 081	413	1 916 296	322	1 537 369
			1 500mL＜排量≤2 500mL 1 500mL＜Displacement≤2 500mL	1 414	13 345 591	1 537	14 392 080	5 714	59 247 922	4 439	38 795 277	5 724	54 161 962	2 191	21 993 127	788	6 608 176	764	6 391 920
			2 500mL＜排量≤3 000mL 2 500mL＜Displacement≤3 000mL	3	132 454	4	128 836	9	245 173	15	431 665	31	622 529	106	1 754 022	61	594 447	37	443 750
			排量＞3 000mL Displacement＞3 000mL	0	0	3	111 888	4	155 309	69	1 759 381	28	518 322	32	276 514	0	0	12	171 000
		柴油 Diesel	排量≤1 500mL Displacement≤1 500mL	0	0	12	86 721	4	34 200	–	–	118	702 284	54	490 917	140	417 675	1	2 600
			1 500mL＜排量≤2 500mL 1 500mL＜Displacement≤2 500mL	86	1 209 108	83	801 382	89	868 784	253	2 153 843	64	576 806	20	170 257	47	415 016	5	19 450
			排量＞2 500mL Displacement＞2 500mL	279	7 058 776	67	1 110 229	491	5 350 311	218	5 701 537	136	1 574 719	83	1 361 094	17	235 347	55	844 177
		小计 Sub-total		2 067	23 244 687	1 982	18 170 471	7 063	70 229 449	6 256	55 070 890	7 778	66 204 267	4 618	37 991 012	59 441	52 899 051	3 479	12 595 208
	未列名载人机动车 Untitled Passenger Vehicle			37 941	73 437 981	18 439	42 500 629	5 253	16 392 248	726	4 250 627	3 099	31 100 978	3 755	33 253 123	818	5 061 630	74	283 411
	乘用车合计 Sub-total of Passenger Car			282 368	1 860 987 647	153 005	1 101 986 833	318 593	2 459 173 963	264 501	2 086 170 938	126 344	936 652 885	47 185	396 093 142	73 213	172 141 898	7 795	61 172 334
商用车 Commercial Vehicle	客车 Bus and Coach	柴油 Diesel	座位≥30 Seat≥30	9 021	622 164 564	5 900	384 108 742	12 100	757 454 875	9 581	511 341 930	6 377	321 753 954	2 829	151 259 765	897	34 261 196	355	13 801 713
			20≤座位＜30 20≤Seat＜30	4 872	111 652 732	3 081	74 360 741	4 091	105 215 499	4 867	99 773 086	3 199	54 329 534	1 975	25 017 079	1 827	21 354 193	807	11 234 071
			10≤座位＜20 10≤Seat＜20	6 414	72 486 157	3 846	48 409 205	4 669	57 595 536	4 959	52 826 314	2 243	22 435 260	744	7 947 832	1 162	11 441 229	412	4 061 902
		非柴油 Non-diesel	座位≥30 Seat≥30	861	62 903 998	403	24 694 925	490	29 247 339	340	18 732 900	209	6 617 578	190	4 730 881	261	6 073 287	65	1 496 279
			20≤座位＜30 20≤Seat＜30	581	17 269 410	98	4 064 300	210	3 748 794	243	1 413 753	164	2 737 135	53	1 179 279	40	587 089	44	413 815
			10≤座位＜20 10≤Seat＜20	14 757	148 259 113	9 922	99 960 142	12 333	121 912 357	21 884	213 129 409	723	8 028 873	638	6 347 237	595	6 979 047	867	12 029 514

续表 Continued

产品类型 Category				年份 Year	2010 数量 Volume	2010 金额 Value	2009 数量 Volume	2009 金额 Value	2008 数量 Volume	2008 金额 Value	2007 数量 Volume	2007 金额 Value	2006 数量 Volume	2006 金额 Value	2005 数量 Volume	2005 金额 Value	2004 数量 Volume	2004 金额 Value	2003 数量 Volume	2003 金额 Value
商用车 Commercial Vehicle	客车 Bus and Coach	机坪客车 Airport Apron Bus			11	1 832 226	14	2 519 799	35	6 579 479	22	3 761 436	2	286 658	6	142 474	2	330 000	0	0
		小计 Sub-total			36 517	1 036 568 200	23 264	638 117 854	33 928	1 081 753 879	41 896	900 978 828	12 917	416 188 992	6 435	196 624 547	4 784	81 026 041	2 550	43 037 294
	载货车 Truck	柴油 Diesel	车总质量≤5t GVW≤5t		50 656	390 555 781	37 208	292 025 815	100 981	743 922 587	93 315	596 066 677	52 524	316 827 220	42 765	239 269 940	20 409	105 772 905	7 810	36 142 834
			5t<车总质量≤14t 5t<GVW≤14t		36 919	419 552 833	29 869	326 715 542	38 048	440 800 592	26 498	295 080 480	9 265	120 822 171	4 553	64 046 316	1 633	20 776 508	1 845	17 581 500
			14t<车总质量≤20t 14t<GVW≤20t		3 114	86 056 075	2 047	59 860 926	4 172	137 834 217	1 581	41 917 742	837	16 547 790	1 293	29 356 650	602	12 629 036	390	7 720 752
			车总质量>20t GVW>20t		24 053	969 539 305	24 691	987 760 913	36 165	1 482 794 920	25 242	936 610 393	5 341	175 019 680	2 475	87 931 812	420	12 355 509	271	7 272 908
		汽油 Petrol	车总质量≤5t GVW≤5t		93 871	428 598 049	68 804	343 174 291	78 149	366 951 932	99 391	428 461 640	86 634	357 923 693	44 529	188 162 392	27 108	94 068 120	14 437	65 246 745
			5t<车总质量≤8t 5t<GVW≤8t		18	167 477	5	55 048	15	182 126	190	392 826	373	702 403	238	438 250	236	854 262	76	153 186
			车总质量>8t GVW>8t		311	2 677 010	658	5 512 138	272	1 429 444	1 446	6 349 268	388	1 872 233	538	2 456 917	854	3 159 226	485	2 169 804
		非公路自卸车 Non-road Dumping Vehicle	电动轮货运自卸车 Electric Dumping Vehicle		814	4 745 868	560	7 173 757	636	3 840 985	96	503 561	29	134 720	80	475 274	649	19 518 925	41	189 176
			其他 Others		3 942	179 104 257	3 246	120 469 703	12 170	533 095 891	12 552	428 724 182	7 673	192 130 116	3 650	70 243 487	85	1 674 226	753	22 111 639
		半挂车专用的公路牵引车 Towing Vehicle for Semi-trailer			18 346	702 242 173	10 790	402 065 543	17 012	602 099 597	15 436	522 898 404	6 575	208 635 440	3 833	133 156 275	32	253 236	103	7 315 348
		其他货运机动车辆 Other Goods Vehicle			37	581 918	48	1 256 938	100	2 841 012	59	607 323	273	3 486 655	152	4 871 672	1 502	25 136 918	34	596 400
		小计 Sub-total			232 081	3 183 820 746	177 926	2 546 070 614	287 720	4 315 793 303	275 806	3 257 612 496	169 912	1 394 102 121	104 106	820 408 985	53 530	296 198 871	26 245	166 500 292
	专用汽车 Special Vehicle	起重机 Crane	全路面起重车 All Road Crane	最大起重量≤50t Max. Lifting Capacity≤50t	384	40 881 338	525	52 238 191	927	99 121 702	588	55 237 399	235	21 926 150	82	5 260 707	53	3 139 918	68	4 426 346
				50t<最大起重量≤100t 50t<Max. Lifting Capacity≤100t	67	14 262 849	71	11 788 894	100	15 661 259	38	8 055 688	19	6 399 114	5	515 061	0	0	0	0
				最大起重量>100t Max. Lifting Capacity>100t	7	7 144 017	18	15 905 780	7	6 676 385	7	6 634 682	1	10 375	1	3 856	0	0	0	0
			非全路面起重车 Crane Used on Special Road	最大起重量≤50t Max. Lifting Capacity≤50t	1 574	190 817 154	1 502	168 204 307	3 862	507 521 371	2 686	329 237 086	924	101 295 441	240	18 419 182	91	6 379 470	53	5 549 599
				50t<最大起重量≤100t 50t<Max. Lifting Capacity≤100t	423	104 027 070	364	99 242 782	1 147	315 414 822	651	148 252 047	185	38 739 673	49	11 126 959	8	577 558	4	854 175
				最大起重量>100t Max. Lifting Capacity>100t	15	10 368 720	32	14 358 590	45	20 103 668	18	8 868 705	5	1 662 983	1	53 019	0	0	0	0

续表 Continued

产品类型 Category \ 年份 Year	2010		2009		2008		2007		2006		2005		2004		2003	
	数量 Volume	金额 Value	数量 Volume	金额 Value	数量 Volume	金额 Value	数量 Volume	金额 Value	数量 Volume	金额 Value	数量 Volume	金额 Value	数量 Volume	金额 Value	数量 Volume	金额 Value
商用车 Commercial Vehicle — 专用汽车 Special Vehicle — 救火车 Fire-fighting Vehicle — 装有云梯的救火车 with Scaling Ladder	0	0	2	628 358	3	982 218	1	117 000	0	0	3	450 432	8	1 254 940	5	120 000
其他 Others	142	14 445 335	174	15 360 515	138	14 809 908	118	16 971 852	26	3 859 858	14	785 498	25	1 601 774	16	694 597
电源车 Power Vehicle — 航空电源车 Aircraft Power Vehicle	104	4 850 604	60	2 151 221	129	4 847 725	122	4 508 288	66	2 281 739	10	350 197	18	750 825	7	292 250
其他 Others	32	6 300 681	138	3 678 649	61	3 361 380	2 071	1 661 662	2	73 653	32	711 371	20	1 900	15	2 558 137
钻探车 Wagon Drill Truck	113	13 174 585	62	5 118 172	91	23 280 762	106	17 594 113	35	5 255 190	42	6 974 525	72	4 090 345	33	1 442 400
混凝土搅拌车 Concrete Mixing Truck	1 884	105 065 310	1 667	97 186 660	3 263	188 416 929	2 677	137 184 900	603	31 471 166	263	13 201 219	186	12 282 590	230	14 455 772
无线电通讯车 Telecommunication Vehicle	34	1 540 722	1	247 519	32	1 185 972	18	368 200	3	3 009 068	0	0	0	0	0	0
放射线检查车 Radioactivity Testing Vehicle	9	4 736 431	0	0	–	–	1	1 200 000	–	–	–	–	0	0	0	0
环境监测车 Mobile Enviroment Monitor Vehicle	6	727 469	0	0	3	125 514	–	–	1	43 400	1	4 532	9	98 036	0	0
医疗车 Medical Vehicle	194	23 371 904	127	4 458 285	251	3 234 587	65	1 056 709	105	2 709 078	183	2 178 507	18	324 384	4	177 196
飞机加油车、调温车、除冰车 Aircraft Refueller, Air Conditioner, Deicer	15	2 504 041	15	1 971 575	101	5 073 889	7	554 030	0	0	5	61 679	5	506 203	0	0
道路（包括跑道）扫雪车 Snow Sweeper Vehicle	1	385 350	0	0	1	3 900	–	–	0	0	1	43 437	4	559 644	1	54 348
石油测井车、压裂车、混沙车 Well Logging Truck, Radioactivity Testing Truck, Fracturing Truck	56	29 442 834	77	26 913 977	22	8 156 071	33	11 002 084	33	12 929 921	31	6 756 629	26	7 550 669	14	2 840 556
其他 Others	3 650	241 727 766	4 077	274 866 338	4 181	384 351 580	3 054	206 535 147	2 236	100 704 906	702	52 893 413	714	45 396 079	391	45 938 267
小计 Sub-total	8 710	815 774 180	8 912	794 319 813	14 364	1 602 329 642	12 261	955 039 592	4 479	332 371 715	1 665	119 790 223	1 257	84 514 335	841	79 403 643
汽车底盘 Chassis — 载货车底盘 Truck Chassis — 车总质量≥14t GVW≥14t	118	4 155 153	251	8 506 845	231	7 454 679	150	4 802 515	14	380 980	613	1 606 096	61	1 914 463	23	560 980
车总质量＜14t GVW＜14t	350	3 358 520	748	7 522 973	5 042	27 893 393	5 991	32 869 948	3 241	15 252 675	2 539	13 945 944	114	765 731	308	1 487 928
30座以上客车底盘 Bus Chasssis of at least 30 seats	1 578	46 202 360	2 388	67 975 075	2 121	37 556 428	2 285	31 323 966	973	17 290 257	1 736	20 791 167	1 224	14 147 325	1 554	16 603 880
汽车起重机底盘 Crane Chassis	0	0	10	947	12	975 299	6	1 512 000	3	202 013	–	–	0	0	0	0
非公路用自卸车底盘 Non-road Dumping Vehicle Chassis	319	10 315 230	177	6 093 273	490	18 839 531	246	5 671 526	43	297 754	73	2 481 647	3	81 468	91	143 965
其他 Others	4 612	22 951 454	3 349	19 770 226	18 507	78 136 165	11 270	29 696 443	25 453	21 907 282	9 851	12 846 034	2 072	3 942 769	6 370	2 996 707
小计 Sub-total	6 977	86 982 717	6 923	109 869 339	26 403	170 855 495	19 948	105 876 398	29 727	55 330 961	14 812	51 670 888	3 474	20 851 756	8 346	21 793 460
商用车合计 Sub-total of Commercial Vehicle	284 285	5 123 145 843	217 025	4 088 377 620	362 415	7 170 732 319	349 911	5 219 507 314	217 035	2 197 993 789	127 018	1 188 494 643	63 045	482 591 003	37 982	310 734 689
汽车总计 Total of Automobile	566 653	6 984 133 490	370 030	5 190 364 453	681 008	9 629 906 282	614 412	7 305 678 252	343 379	3 134 646 674	174 203	1 584 587 785	136 258	654 732 901	45 777	371 907 023

表7-4 2010年汽车整车产品分贸易方式出口量及金额

Table7-4 Volume and Value of Exported Complete Vehicle in 2010 (by Trade Mode)

辆，美元
Unit, US Dollar

贸易方式 Trade Mode	汽车总计 Total of Automobile		乘用车 Passenger Car									
			乘用车合计 Sub-total of Passenger Car		小轿车 Sedan		越野车 Off-road Vehicle		小客车 Small Bus		其他载人机动车 Other Passenger Vehicle	
	数量 Volume	金额 Value	数量 Volume	金额 Value	数量 Volume	金额 Value	数量 Volume	金额 Value	数量 Volume	金额 Value	数量 Volume	金额 Value
合计 Total	**566 653**	**6 984 133 490**	**282 368**	**1 860 987 647**	**179 940**	**1 276 317 225**	**22 502**	**193 619 944**	**39 918**	**294 367 810**	**2 067**	**23 244 687**
一般贸易 General Trade	459 797	5 328 953 611	192 067	1 158 181 881	112 087	703 908 432	12 966	113 598 778	38 858	283 778 215	2 007	21 627 231
国家间、国际组织无偿援助和赠送的物资 Inter-governmental and International Organization and Given Gratis	727	22 938 202	201	7 773 859	181	7 087 766	14	389 958	4	258 326	1	9 959
其他境外捐赠物资 Other International Bene Ficences	10	742 716	0	0	0	0	0	0	0	0	0	0
来料加工装配贸易 Assembled with Imported Materials	114	14 606 926	24	1 021 668	0	0	0	0	8	303 039	14	649 702
进料加工贸易 Manufactured with Imported Materials	95 007	1 088 767 661	89 583	685 397 892	67 423	560 625 443	9 474	77 678 327	937	9 297 137	0	0
边境小额贸易 Border Trade in Small Value	3 230	103 605 647	119	976 080	22	500 930	0	0	86	403 100	9	56 600
对外承包工程出口货物 Exported Products via International Projects	6 717	381 476 228	65	2 469 842	3	138 593	25	1 289 997	8	222 277	29	818 975
租赁贸易 Leasing Trade	23	3 418 207	0	0	0	0	0	0	0	0	0	0
保税仓库进出境货物 Entry and Exit Goods in Bonded Warehouse	51	2 470 301	1	8 620	0	0	0	0	0	0	0	0
保税区仓储转口货物 Sailing Goods in Bonded Zone	706	32 111 920	66	946 147	9	126 433	20	560 990	1	32 800	0	0
其他 Others	271	5 042 071	242	4 211 658	215	3 929 628	3	101 894	16	72 916	7	82 220

续表 Continued

贸易方式 Trade Mode	乘用车 Passenger Car		商用车 Commercial Vehicle									
	未列名载人机动车 Untitled Passenger Vehicle		商用车合计 Sub-total of Commercial Vehicle		客车 Bus and Coach		载货车 Truck		专用汽车 Special Vehicle		汽车底盘 Chassis	
	数量 Volume	金额 Value	数量 Volume	金额 Value	数量 Volume	金额 Value	数量 Volume	金额 Value	数量 Volume	金额 Value	数量 Volume	金额 Value
合计 Total	**37 941**	**73 437 981**	**284 285**	**5 123 145 843**	**36 517**	**1 036 568 200**	**232 081**	**3 183 820 746**	**8 710**	**815 774 180**	**6 977**	**86 982 717**
一般贸易 General Trade	26 149	35 269 225	267 730	4 170 771 730	32 855	693 334 576	221 989	2 859 989 683	6 143	545 137 754	6 743	72 309 717
国家间、国际组织无偿援助和赠送的物资 Inter-governmental and International Organization and Given Gratis	1	27 850	526	15 164 343	226	8 612 337	160	2 559 785	140	3 992 221	0	0
其他境外捐赠物资 Other International Bene Ficences	0	0	10	742 716	0	0	5	170 650	5	572 066	0	0
来料加工装配贸易 Assembled with Imported Materials	2	68 927	90	13 585 258	76	12 937 145	12	497 513	2	150 600	0	0
进料加工贸易 Manufactured with Imported Materials	11 749	37 796 985	5 424	403 369 769	3 265	317 022 942	1 706	37 154 237	265	37 039 976	188	12 152 614
边境小额贸易 Border Trade in Small Value	2	15 450	3 111	102 629 567	21	961 632	2 820	82 191 984	266	19 438 101	4	37 850
对外承包工程出口货物 Exported Products via International Projects	0	0	6 652	379 006 386	70	3 553 685	4 728	179 008 226	1 848	196 245 306	6	199 169
租赁贸易 Leasing Trade	0	0	23	3 418 207	0	0	0	0	23	3 418 207	0	0
保税仓库进出境货物 Entry and Exit Goods in Bonded Warehouse	1	8 620	50	2 461 681	0	0	13	63 184	1	115 130	36	2 283 367
保税区仓储转口货物 Sailing Goods in Bonded Zone	36	225 924	640	31 165 773	0	0	623	21 500 954	17	9 664 819	0	0
其他 Others	1	25 000	29	830 413	4	145 883	25	684 530	0	0	0	0

表7-5 2010年汽车整车产品分地区出口量及金额
Table7-5 Volume and Value of Exported Complete Vehicle in 2010 (by Province)

辆，美元
Unit, US Dollar

地区 Province	汽车总计 Total of Automobile		乘用车 Passenger Car									
			乘用车合计 Sub-total of Passenger Car		小轿车 Sedan		越野车 Off-road Vehicle		小客车 Small Bus		其他载人机动车 Other Passenger Vehicle	
	数量 Volume	金额 Value	数量 Volume	金额 Value	数量 Volume	金额 Value	数量 Volume	金额 Value	数量 Volume	金额 Value	数量 Volume	金额 Value
合 计 Total	566 653	6 984 133 490	282 368	1 860 987 647	179 940	1 276 317 225	22 502	193 619 944	39 918	294 367 810	2 067	23 244 687
北 京 Beijing	37 912	981 009 930	4 746	45 111 187	145	2 856 955	988	10 660 704	3 165	28 979 598	139	1 468 194
天 津 Tianjin	931	46 520 565	253	6 146 438	74	1 608 823	33	908 827	3	71 199	45	2 716 389
河 北 Hebei	51 089	437 266 649	19 325	174 492 915	8 110	51 280 750	211	3 043 228	10 698	118 880 996	101	1 004 114
山 西 Shanxi	47	1 500 760	0	0	0	0	0	0	0	0	0	0
内蒙古 Inner Mongolia	3 381	167 636 332	10	285 064	0	0	0	0	10	285 064	0	0
辽 宁 Liaoning	16 599	216 595 853	3 724	36 517 444	1 228	11 826 152	24	325 684	1 011	10 597 927	1 445	13 650 355
吉 林 Jilin	8 258	115 789 457	1 182	14 826 664	923	13 671 309	0	0	258	1 150 305	1	5 050
黑龙江 Heilongjiang	36 097	162 208 344	5 711	23 235 971	627	2 702 726	0	0	5 055	19 949 668	2	100 000
上 海 Shanghai	30 841	263 590 545	28 898	168 850 399	22 797	160 803 619	0	0	4	160 000	1	18 750
江 苏 Jiangsu	37 179	500 508 756	24 870	57 892 809	295	4 019 907	35	1 155 636	89	761 888	0	0
浙 江 Zhejiang	11 053	81 511 581	8 950	39 482 611	1 397	8 381 069	48	563 276	4 266	27 016 103	0	0
安 徽 Anhui	114 880	820 155 200	95 085	572 393 933	72 649	395 070 562	20 801	170 195 611	604	5 635 812	52	614 746
福 建 Fujian	8 817	218 465 906	413	3 506 678	109	892 795	0	0	8	82 687	78	2 360 852
江 西 Jiangxi	16 574	159 418 419	2 837	12 730 894	862	3 935 886	75	1 033 529	1 663	7 545 783	1	8 800
山 东 Shandong	24 321	595 755 416	5 805	35 993 467	5 669	35 161 536	3	57 600	0	0	0	0
河 南 Henan	7 541	240 886 626	1 459	15 767 554	8	32 960	221	3 935 322	1 130	11 575 282	10	181 000
湖 北 Hubei	18 061	304 550 813	182	1 972 170	84	1 806 432	1	91 288	0	0	0	0
湖 南 Hunan	12 073	210 781 320	37	636 010	0	0	36	623 010	1	13 000	0	0
广 东 Guangdong	33 486	431 223 504	31 593	368 370 434	29 901	363 470 974	9	364 419	28	255 406	2	76 809
广 西 Guangxi	12 124	149 495 002	7 162	37 556 810	0	0	1	42 654	7 152	37 448 286	1	16 810
海 南 Hainan	2 777	22 031 836	2 775	21 900 696	2 352	19 678 210	0	0	420	2 191 584	3	30 902
重 庆 Chongqing	56 468	316 568 556	26 121	150 891 363	21 744	129 171 631	1	21 750	4 255	21 239 923	61	253 580
四 川 Sichuan	1 651	22 271 105	110	691 968	0	0	3	200 980	11	125 252	96	365 736
贵 州 Guizhou	23	1 189 205	0	0	0	0	0	0	0	0	0	0
云 南 Yunnan	1 084	18 395 154	3	90 859	0	0	3	90 859	0	0	0	0
西 藏 Tibet	0	0	0	0	0	0	0	0	0	0	0	0
陕 西 Shaanxi	17 432	292 715 727	11 011	70 871 395	10 965	69 937 229	0	0	0	0	20	316 000
甘 肃 Gansu	7	244 006	0	0	0	0	0	0	0	0	0	0
青 海 Qinghai	1	20 672	0	0	0	0	0	0	0	0	0	0
宁 夏 Ningxia	0	0	0	0	0	0	0	0	0	0	0	0
新 疆 Xinjiang	5 946	205 826 251	106	771 914	1	7 700	9	305 567	87	402 047	9	56 600

续表 Continued

地区 Province	乘用车 Passenger Car		商用车 Commercial Vehicle									
	未列名载人机动车 Untitled Passenger Vehicle		商用车合计 Sub-total of Commercial Vehicle		客车 Bus and Coach		载货车 Truck		专用汽车 Special Vehicle		汽车底盘 Chassis	
	数量 Volume	金额 Value	数量 Volume	金额 Value	数量 Volume	金额 Value	数量 Volume	金额 Value	数量 Volume	金额 Value	数量 Volume	金额 Value
合计 Total	37 941	73 437 981	284 285	5 123 145 843	36 517	1 036 568 200	232 081	3 183 820 746	8 710	815 774 180	6 977	86 982 717
北京 Beijing	309	1 145 736	33 166	935 898 743	4 904	81 033 715	26 013	639 971 757	1 773	199 021 359	476	15 871 912
天津 Tianjin	98	841 200	678	40 374 127	22	1 383 067	528	19 865 742	128	19 125 318	0	0
河北 Hebei	205	283 827	31 764	262 773 734	365	3 560 362	31 173	252 157 820	48	6 061 590	178	993 962
山西 Shanxi	0	0	47	1 500 760	0	0	40	1 154 287	7	346 473	0	0
内蒙古 Inner Mongolia	0	0	3 371	167 351 268	0	0	3 179	155 950 155	185	11 088 340	7	312 773
辽宁 Liaoning	16	117 326	12 875	180 078 409	6 076	60 412 657	6 450	105 816 344	172	12 330 645	177	1 518 763
吉林 Jilin	0	0	7 076	100 962 793	860	11 831 334	5 850	76 958 240	74	8 028 156	292	4 145 063
黑龙江 Heilongjiang	27	483 577	30 386	138 972 373	6	245 664	30 198	112 013 361	169	26 270 348	13	443 000
上海 Shanghai	6 096	7 868 030	1 943	94 740 146	634	36 057 120	907	32 188 615	346	25 227 204	56	1 267 207
江苏 Jiangsu	24 451	51 955 378	12 309	442 615 947	7 229	248 056 402	3 955	44 921 514	927	146 184 724	198	3 453 307
浙江 Zhejiang	3 239	3 522 163	2 103	42 028 970	181	15 470 784	1 737	16 642 050	185	9 916 136	0	0
安徽 Anhui	979	877 202	19 795	247 761 267	1 813	36 011 124	13 782	174 576 456	192	15 890 453	4 008	21 283 234
福建 Fujian	218	170 344	8 404	214 959 228	7 974	195 875 596	162	5 283 855	106	5 978 601	162	7 821 176
江西 Jiangxi	236	206 896	13 737	146 687 525	527	44 212 080	13 012	96 687 490	182	4 916 632	16	871 323
山东 Shandong	133	774 331	18 516	559 761 949	901	51 956 501	16 144	435 741 826	968	57 227 075	503	14 836 547
河南 Henan	90	42 990	6 082	225 119 072	2 988	168 343 553	2 679	42 179 001	168	12 193 297	247	2 403 221
湖北 Hubei	97	74 450	17 879	302 578 643	276	6 653 158	16 514	254 612 989	652	34 031 411	437	7 281 085
湖南 Hunan	0	0	12 036	210 145 310	2	65 668	11 039	79 599 995	995	130 479 647	0	0
广东 Guangdong	1 653	4 202 826	1 893	62 853 070	362	46 160 939	1 359	10 854 025	156	5 771 156	16	66 950
广西 Guangxi	8	49 060	4 962	111 938 192	99	4 312 102	4 363	88 578 474	371	17 834 119	129	1 213 497
海南 Hainan	0	0	2	131 140	0	0	0	0	2	131 140	0	0
重庆 Chongqing	60	204 479	30 347	165 677 193	1 116	21 521 925	29 128	137 260 494	99	6 846 174	4	48 600
四川 Sichuan	0	0	1 541	21 579 137	3	250 724	1 460	11 171 706	78	10 156 707	0	0
贵州 Guizhou	0	0	23	1 189 205	0	0	14	563 585	9	625 620	0	0
云南 Yunnan	0	0	1 081	18 304 295	1	17 432	984	12 572 737	96	5 714 126	0	0
西藏 Tibet	0	0	0	0	0	0	0	0	0	0	0	0
陕西 Shaanxi	26	618 166	6 421	221 844 332	20	474 334	6 172	204 917 757	176	13 382 994	53	3 069 247
甘肃 Gansu	0	0	7	244 006	0	0	5	142 600	2	101 406	0	0
青海 Qinghai	0	0	1	20 672	0	0	0	0	1	20 672	0	0
宁夏 Ningxia	0	0	0	0	0	0	0	0	0	0	0	0
新疆 Xinjiang	0	0	5 840	205 054 337	158	2 661 959	5 234	171 437 871	443	30 872 657	5	81 850

表7-6 2010年汽车整车产品分国别出口量及金额
Table7-6 Volume and Value of Exported Complete Vehicle in 2010 (by Country)

辆，美元
Unit, US Dollar

国家和地区 Country & Region	汽车总计 Total of Automobile		乘用车 Passenger Car									
			乘用车合计 Sub-total of Passenger Car		小轿车 Sedan		越野车 Off-road Vehicle		小客车 Small Bus		其他载人机动车 Other Passenger Vehicle	
	数量 Volume	金额 Value	数量 Volume	金额 Value	数量 Volume	金额 Value	数量 Volume	金额 Value	数量 Volume	金额 Value	数量 Volume	金额 Value
合计 Total	566 653	6 984 133 490	282 368	1 860 987 647	179 940	1 276 317 225	22 502	193 619 944	39 918	294 367 810	2 067	23 244 687
阿尔及利亚 Algeria	47 237	606 775 402	5 292	32 430 077	3 132	19 020 594	60	579 588	2 100	12 829 895	0	0
伊朗 Iran	29 996	481 399 019	14 906	92 917 466	13 967	83 893 855	908	8 671 144	1	9 700	8	237 770
越南 Vietnam	31 347	355 148 029	487	2 511 529	239	1 269 641	1	12 993	52	364 773	161	662 580
俄罗斯联邦 Russia	31 209	277 370 709	28 403	193 736 032	23 726	154 336 991	4 625	38 868 737	42	467 199	0	0
智利 Chile	30 642	249 875 580	19 229	120 087 487	14 730	85 758 639	730	6 242 874	3 654	27 028 282	98	872 820
巴西 Brazil	25 322	248 782 114	12 036	81 954 923	6 558	44 739 155	2 297	23 824 619	3 104	12 764 759	57	507 810
秘鲁 Peru	18 749	227 556 542	8 078	47 021 988	4 283	23 584 327	320	2 701 376	3 382	19 843 440	30	305 205
叙利亚 Syria	32 803	219 832 350	10 553	73 587 671	8 412	59 723 937	532	5 274 050	1 593	8 555 124	0	0
埃及 Egypt	28 886	182 734 834	21 894	109 945 158	14 372	68 356 789	4 526	24 559 502	2 904	16 526 523	50	351 890
伊拉克 Iraq	22 905	180 401 074	14 291	85 634 673	14 144	84 284 542	111	1 032 975	29	270 559	0	0
南非 South Africa	17 027	158 515 687	8 053	54 750 304	5 186	28 099 659	1 223	11 506 180	1 438	13 736 792	11	180 796
蒙古 Mongolia	3 255	157 002 651	76	1 499 211	21	129 953	12	593 469	29	423 594	14	352 195
缅甸 Myanmar	4 801	151 133 004	769	10 649 949	6	116 200	303	4 974 545	387	4 721 207	70	826 947
哈萨克斯坦 Kazakhstan	3 789	149 007 652	63	693 462	10	87 762	1	36 465	51	548 000	1	21 235
德国 Germany	10 587	142 243 746	10 479	138 817 826	10 412	138 166 453	0	0	45	267 448	1	8 800
朝鲜 North Korea	8 256	141 261 236	3 169	31 305 772	1 224	11 401 188	405	4 116 519	1 128	12 382 929	366	3 029 810
意大利 Italy	12 989	126 499 569	10 345	98 569 427	7 145	62 799 196	775	7 716 522	2 278	27 529 167	0	0
澳大利亚 Australia	8 673	124 199 021	4 415	45 765 092	116	901 657	352	3 473 375	3 835	40 951 637	1	26 000
尼日利亚 Nigeria	6 131	119 194 796	1 236	9 285 964	867	6 088 605	13	196 175	343	2 871 951	8	78 353
安哥拉 Angola	4 393	117 157 832	662	7 866 052	293	2 196 071	136	2 270 624	229	3 381 977	0	0
乌拉圭 Uruguay	17 868	108 620 130	12 812	67 245 073	9 245	44 230 050	2 535	17 602 225	926	4 714 348	106	698 450
沙特阿拉伯 Saudi Arabia	5 421	104 625 897	1 032	7 281 325	804	5 468 966	30	376 430	23	222 361	67	600 696
马来西亚 Malaysia	6 088	83 773 231	933	7 829 380	18	91 136	46	361 889	48	116 120	732	7 046 232
哥伦比亚 Columbia	12 077	81 460 819	7 947	42 901 902	2 753	13 622 681	163	1 509 463	5 019	27 685 071	2	22 082
苏丹 Sudan	1 939	80 587 657	209	1 675 040	154	871 387	33	562 936	22	240 717	0	0
利比亚 Libya	2 604	75 870 611	1 013	6 369 933	1 012	6 360 433	1	9 500	0	0	0	0
委内瑞拉 Venezuela	1 096	67 362 913	22	152 934	12	94 272	0	0	10	58 662	0	0
泰国 Thailand	3 615	67 097 371	1 171	5 854 806	463	1 709 827	120	617 220	360	2 300 957	0	0
菲律宾 Philippines	3 758	66 356 655	1 148	12 892 832	164	1 126 797	0	0	910	9 870 064	48	1 790 820
古巴 Cuba	3 058	65 326 027	2 066	16 348 810	1 650	12 241 393	343	3 257 517	53	579 106	20	270 794
中国香港 China Hongkong	489	64 523 725	48	748 942	19	384 876	6	158 534	1	32 800	0	0
印度尼西亚 Indonesia	3 068	61 517 485	1 088	5 839 438	1 076	5 745 685	0	0	8	77 680	0	0
土库曼斯坦 Turkmenistan	1 247	55 107 828	2	130 663	1	126 471	0	0	1	4 192	0	0
加纳 Ghana	1 880	52 786 930	294	2 819 904	201	1 776 334	2	26 340	91	1 017 230	0	0
阿拉伯联合酋长国 United Arab Emirates	2 373	51 445 805	221	1 787 953	135	1 216 112	0	0	14	163 864	0	0
美国 U.S.A.	13 273	49 864 718	13 116	44 246 240	51	2 031 512	0	0	21	285 783	10	76 392
埃塞俄比亚 Ethiopia	2 346	47 305 186	1 044	6 511 712	818	4 642 289	48	595 886	168	1 161 537	10	112 000

续表 Continued

国家和地区 Country & Region	乘用车 Passenger Car		商用车 Commercial Vehicle									
	未列名载人机动车 Untitled Passenger Vehicle		商用车合计 Sub-total of Commercial Vehicle		客车 Bus and Coach		载货车 Truck		专用汽车 Special Vehicle		汽车底盘 Chassis	
	数量 Volume	金额 Value	数量 Volume	金额 Value	数量 Volume	金额 Value	数量 Volume	金额 Value	数量 Volume	金额 Value	数量 Volume	金额 Value
合计 Total	37 941	73 437 981	284 285	5 123 145 843	36 517	1 036 568 200	232 081	3 183 820 746	8 710	815 774 180	6 977	86 982 717
阿尔及利亚 Algeria	0	0	41 945	574 345 325	3 144	83 310 639	37 769	433 240 060	1 031	57 760 902	1	33 724
伊朗 Iran	22	104 997	15 090	388 481 553	1 216	29 116 614	13 728	340 307 091	90	18 313 048	56	744 800
越南 Vietnam	34	201 542	30 860	352 636 500	338	3 323 000	29 300	306 561 749	641	36 144 080	581	6 607 671
俄罗斯联邦 Russia	10	63 105	2 806	83 634 677	623	36 075 586	1 934	36 108 637	88	10 523 994	161	926 460
智利 Chile	17	184 872	11 413	129 788 093	1 129	32 041 063	10 233	92 445 600	47	5 189 745	4	111 685
巴西 Brazil	20	118 580	13 286	166 827 191	462	4 096 475	12 365	61 923 784	458	100 803 332	1	3 600
秘鲁 Peru	63	587 640	10 671	180 534 554	2 800	71 488 143	7 662	103 153 404	56	3 571 719	153	2 321 288
叙利亚 Syria	16	34 560	22 250	146 244 679	1 366	48 722 351	20 778	79 092 300	105	18 429 058	1	970
埃及 Egypt	42	150 454	6 992	72 789 676	3 132	27 747 937	3 396	30 603 486	70	7 696 260	394	6 741 993
伊拉克 Iraq	7	46 597	8 614	94 766 401	977	10 544 796	7 513	52 773 718	124	31 447 887	0	0
南非 South Africa	195	1 226 877	8 974	103 765 383	5 649	62 138 985	3 196	31 216 544	99	10 076 659	30	333 195
蒙古 Mongolia	0	0	3 179	155 503 440	13	723 096	2 935	130 785 973	231	23 994 371	0	0
缅甸 Myanmar	3	11 050	4 032	140 483 055	399	7 464 521	3 375	115 393 304	257	17 597 630	1	27 600
哈萨克斯坦 Kazakhstan	0	0	3 726	148 314 190	227	7 374 885	3 100	98 025 024	390	42 874 159	9	40 122
德国 Germany	21	375 125	108	3 425 920	6	994 899	95	671 672	7	1 759 349	0	0
朝鲜 North Korea	46	375 326	5 087	109 955 464	934	12 474 290	4 021	88 490 695	126	8 649 972	6	340 507
意大利 Italy	147	524 542	2 644	27 930 142	79	8 766 864	2 557	19 123 555	0	0	8	39 723
澳大利亚 Australia	111	412 423	4 258	78 433 929	329	39 943 374	3 915	36 825 392	13	1 621 207	1	43 956
尼日利亚 Nigeria	5	50 880	4 895	109 908 832	1 940	22 905 199	2 438	61 060 746	441	24 928 811	76	1 014 076
安哥拉 Angola	4	17 380	3 731	109 291 780	214	12 968 516	3 301	80 380 859	216	15 942 405	0	0
乌拉圭 Uruguay	0	0	5 056	41 375 057	138	3 678 126	4 899	36 813 073	19	883 858	0	0
沙特阿拉伯 Saudi Arabia	108	612 872	4 389	97 344 572	479	21 677 355	3 624	55 379 322	278	20 110 423	8	177 472
马来西亚 Malaysia	89	214 003	5 155	75 943 851	502	16 645 901	992	29 026 859	32	3 960 397	3 629	26 310 694
哥伦比亚 Columbia	10	62 605	4 130	38 558 917	255	6 140 706	3 848	31 685 240	3	312 731	24	420 240
苏丹 Sudan	0	0	1 730	78 912 617	503	29 797 426	945	22 142 626	282	26 972 565	0	0
利比亚 Libya	0	0	1 591	69 500 678	7	378 796	1 217	37 952 249	365	31 048 643	2	120 990
委内瑞拉 Venezuela	0	0	1 074	67 209 979	12	671 917	970	58 494 163	92	8 043 899	0	0
泰国 Thailand	228	1 226 802	2 444	61 242 565	430	24 861 598	1 842	27 586 349	34	4 247 723	138	4 546 895
菲律宾 Philippines	26	105 151	2 610	53 463 823	559	25 570 227	1 955	19 409 152	71	8 203 722	25	280 722
古巴 Cuba	0	0	992	48 977 217	543	26 435 847	341	10 239 202	108	12 302 168	0	0
中国香港 China Hongkong	22	172 732	441	63 774 783	382	60 499 270	25	871 191	16	1 393 224	18	1 011 098
印度尼西亚 Indonesia	4	16 073	1 980	55 678 047	61	636 508	1 340	41 145 508	80	12 285 780	499	1 610 251
土库曼斯坦 Turkmenistan	0	0	1 245	54 977 165	14	902 260	1 109	40 477 887	122	13 597 018	0	0
加纳 Ghana	0	0	1 586	49 967 026	622	24 916 377	841	19 012 444	123	6 038 205	0	0
阿拉伯联合酋长国 United Arab Emirates	72	407 977	2 152	49 657 852	1 294	33 501 312	764	6 376 012	69	9 566 122	25	214 406
美国 U.S.A.	13 034	41 852 553	157	5 618 478	18	3 062 003	120	545 012	19	2 011 463	0	0
埃塞俄比亚 Ethiopia	0	0	1 302	40 793 474	116	4 429 240	1 114	31 109 722	72	5 254 512	0	0

续表 Continued

国家和地区 Country & Region	汽车总计 Total of Automobile		乘用车 Passenger Car									
			乘用车合计 Sub-total of Passenger Car		小轿车 Sedan		越野车 Off-road Vehicle		小客车 Small Bus		其他载人机动车 Other Passenger Vehicle	
	数量 Volume	金额 Value	数量 Volume	金额 Value	数量 Volume	金额 Value	数量 Volume	金额 Value	数量 Volume	金额 Value	数量 Volume	金额 Value
厄瓜多尔 Ecuador	5 427	45 345 162	3 285	18 265 734	1 217	5 975 464	71	635 500	1 972	11 600 251	0	0
土耳其 Turkey	5 476	43 989 715	3 634	33 737 466	2 775	26 816 225	150	1 595 250	702	5 278 000	0	0
摩洛哥 Morocco	1 453	43 134 250	465	2 657 679	276	1 377 123	15	158 650	174	1 121 906	0	0
乌兹别克斯坦 Uzbekistan	997	42 621 212	10	475 695	1	8 151	2	136 310	1	13 871	2	283 663
赞比亚 Zambia	425	42 076 738	54	2 801 591	0	0	5	35 620	1	13 132	48	2 752 839
孟加拉国 Bangladesh	24 169	39 568 026	22 447	19 177 934	15	69 795	0	0	24	242 866	0	0
新加坡 Singapore	607	37 711 408	87	592 746	39	324 322	0	0	33	201 310	0	0
坦桑尼亚 Tanzania	955	35 534 151	16	187 738	0	0	8	119 572	8	68 166	0	0
科威特 Kuwait	1 769	31 944 883	470	4 256 235	449	4 059 446	4	39 025	6	54 412	10	92 900
瑞士 Switzerland	2 335	30 217 279	2 285	29 929 139	2 252	29 712 744	0	0	32	205 520	0	0
塔吉克斯坦 Tajikistan	1 055	29 146 049	100	500 788	5	40 588	0	0	86	403 600	9	56 600
肯尼亚 Kenya	752	29 095 569	25	238 037	0	0	21	217 417	2	10 500	0	0
乌克兰 Ukraine	4 877	28 901 278	4 850	27 821 182	4 695	26 335 812	98	1 009 010	50	404 700	1	31 100
老挝 Laos	2 212	28 882 206	1 453	10 077 440	1 307	8 319 927	83	944 584	43	496 929	20	316 000
法国 France	1 988	28 571 809	1 914	23 444 837	1 715	22 664 293	0	0	0	0	0	0
约旦 Jordan	1 755	28 457 534	225	1 575 053	195	1 318 579	0	0	30	256 474	0	0
卡塔尔 Qatar	823	27 078 535	92	721 567	87	682 913	0	0	0	0	4	37 599
民主刚果 D.R.Congo	675	26 884 578	23	269 456	5	31 606	8	107 056	10	130 794	0	0
中国台湾省 Taiwan Province of China	2 301	26 242 781	2 169	13 236 964	2 165	13 219 718	0	0	1	3 954	0	0
巴基斯坦 Pakistan	1 717	25 906 172	62	178 298	0	0	0	0	59	167 152	0	0
塞内加尔 Senegal	1 534	25 584 270	697	6 653 376	502	4 240 454	37	402 450	158	2 010 472	0	0
吉尔吉斯斯坦 Kyrgyzstan	723	24 134 836	10	200 110	1	3 971	7	169 257	0	0	2	26 882
印度 India	1 341	23 387 961	113	516 644	2	29 848	3	42 273	26	164 434	0	0
比利时 Belgium	1 245	20 705 642	1 050	10 924 207	938	9 942 128	75	739 350	10	120 674	0	0
刚果 Congo	448	19 537 223	18	396 189	0	0	15	357 675	3	38 514	0	0
吉布提 Djibouti	546	19 051 308	2	17 200	0	0	0	0	2	17 200	0	0
新喀里多尼亚 Caledonia	887	19 036 728	217	2 156 513	84	601 730	0	0	133	1 554 783	0	0
多米尼加共和国 Dominica	2 045	18 818 395	728	4 958 932	402	3 130 024	0	0	299	1 604 014	21	194 700
斯里兰卡 Sri Lanka	1 570	17 612 699	474	2 276 191	375	1 893 323	0	0	96	361 751	2	20 200
玻利维亚 Bolivia	1 238	16 852 565	317	2 163 140	187	1 046 063	8	88 253	119	1 004 434	3	24 390
毛里塔尼亚 Mauritania	235	16 462 546	50	1 788 447	50	1 788 447	0	0	0	0	0	0
葡萄牙 Portugal	1 269	15 997 007	1 269	15 997 007	1 267	15 983 757	0	0	0	0	0	0
喀麦隆 Cameroon	549	15 739 650	47	550 006	19	160 587	6	77 524	21	284 045	0	0
日本 Japan	396	15 315 428	309	8 462 250	245	6 138 988	10	555 674	33	919 931	16	726 511
巴拉圭 Paraguay	1 807	14 400 563	368	2 243 524	169	1 073 094	0	0	199	1 170 430	0	0
加蓬 Gabon	558	13 908 683	119	1 537 520	6	47 314	71	935 660	42	554 546	0	0
莫桑比克 Mozambique	363	13 324 216	2	26 787	0	0	2	26 787	0	0	0	0
乌干达 Uganda	160	13 095 428	3	37 200	0	0	2	27 000	0	0	0	0
阿根廷 Argentina	1 978	12 600 345	1 970	11 787 187	1 253	4 824 343	710	6 930 606	0	0	0	0
墨西哥 Mexico	1 843	12 322 145	144	687 106	20	107 374	0	0	61	278 661	0	0

续表 Continued

国家和地区 Country & Region	乘用车 Passenger Car		商用车 Commercial Vehicle									
	未列名载人机动车 Untitled Passenger Vehicle		商用车合计 Sub-total of Commercial Vehicle		客车 Bus and Coach		载货车 Truck		专用汽车 Special Vehicle		汽车底盘 Chassis	
	数量 Volume	金额 Value	数量 Volume	金额 Value	数量 Volume	金额 Value	数量 Volume	金额 Value	数量 Volume	金额 Value	数量 Volume	金额 Value
厄瓜多尔 Ecuador	25	54 519	2 142	27 079 428	136	4 195 404	1 956	20 230 614	43	2 372 610	7	280 800
土耳其 Turkey	7	47 991	1 842	10 252 249	0	0	1 802	8 514 324	16	1 320 115	24	417 810
摩洛哥 Morocco	0	0	988	40 476 571	172	20 019 576	496	5 739 302	56	5 658 755	264	9 058 938
乌兹别克斯坦 Uzbekistan	4	33 700	987	42 145 517	22	1 561 250	873	32 935 581	92	7 648 686	0	0
赞比亚 Zambia	0	0	371	39 275 147	37	2 515 774	217	7 231 848	115	29 526 513	2	1 012
孟加拉国 Bangladesh	22 408	18 865 273	1 722	20 390 092	101	3 606 700	1 579	12 907 656	42	3 875 736	0	0
新加坡 Singapore	15	67 114	520	37 118 662	330	23 689 489	160	9 101 249	29	4 285 524	1	42 400
坦桑尼亚 Tanzania	0	0	939	35 346 413	88	4 804 013	676	20 804 518	172	9 637 151	3	100 731
科威特 Kuwait	1	10 452	1 299	27 688 648	663	15 404 884	587	5 988 083	37	5 887 681	12	408 000
瑞　士 Switzerland	1	10 875	50	288 140	0	0	50	288 140	0	0	0	0
塔吉克斯坦 Tajikistan	0	0	955	28 645 261	17	293 752	867	24 477 720	71	3 873 789	0	0
肯尼亚 Kenya	2	10 120	727	28 857 532	35	2 149 935	617	17 245 880	75	9 461 717	0	0
乌克兰 Ukraine	6	40 560	27	1 080 096	18	1 020 331	9	59 765	0	0	0	0
老　挝 Laos	0	0	759	18 804 766	47	917 383	660	13 455 465	52	4 431 918	0	0
法　国 France	199	780 544	74	5 126 972	42	4 527 504	0	0	32	599 468	0	0
约　旦 Jordan	0	0	1 530	26 882 481	1 299	24 763 612	221	1 659 241	10	459 628	0	0
卡塔尔 Qatar	1	1 055	731	26 356 968	326	17 063 565	371	5 831 843	34	3 461 560	0	0
民主刚果 D.R.Congo	0	0	652	26 615 122	9	200 020	456	16 958 046	187	9 457 056	0	0
中国台湾省 Taiwan Province of China	3	13 292	132	13 005 817	57	5 535 354	8	132 788	7	836 675	60	6 501 000
巴基斯坦 Pakistan	3	11 146	1 655	25 727 874	27	264 446	1 508	19 845 898	117	5 605 322	3	12 208
塞内加尔 Senegal	0	0	837	18 930 894	147	6 294 391	667	10 216 571	23	2 419 932	0	0
吉尔吉斯斯坦 Kyrgyzstan	0	0	713	23 934 726	170	5 634 305	473	15 193 585	65	3 024 986	5	81 850
印　度 India	82	280 089	1 228	22 871 317	1	63 142	679	2 026 418	107	10 597 539	441	10 184 218
比利时 Belgium	27	122 055	195	9 781 435	33	5 117 251	161	4 054 184	1	610 000	0	0
刚　果 Congo	0	0	430	19 141 034	5	165 973	367	14 994 663	58	3 980 398	0	0
吉布提 Djibouti	0	0	544	19 034 108	0	0	474	14 818 360	70	4 215 748	0	0
新喀里多尼亚 Caledonia	0	0	670	16 880 215	96	8 182 100	566	6 928 679	8	1 769 436	0	0
多米尼加共和国 Dominica	6	30 194	1 317	13 859 463	315	6 429 061	1 001	7 417 107	1	13 295	0	0
斯里兰卡 Sri Lanka	1	917	1 096	15 336 508	29	1 279 414	1 028	8 917 614	29	5 064 480	10	75 000
玻利维亚 Bolivia	0	0	921	14 689 425	60	773 181	847	11 764 552	14	2 151 692	0	0
毛里塔尼亚 Mauritania	0	0	185	14 674 099	6	865 590	139	9 900 167	40	3 908 342	0	0
葡萄牙 Portugal	2	13 250	0	0	0	0	0	0	0	0	0	0
喀麦隆 Cameroon	1	27 850	502	15 189 644	115	1 589 113	342	11 352 806	45	2 247 725	0	0
日　本 Japan	5	121 146	87	6 853 178	30	1 454 535	45	3 921 621	12	1 477 022	0	0
巴拉圭 Paraguay	0	0	1 439	12 157 039	12	218 211	1 427	11 938 828	0	0	0	0
加　蓬 Gabon	0	0	439	12 371 163	4	58 599	392	9 154 322	30	2 583 972	13	574 270
莫桑比克 Mozambique	0	0	361	13 297 429	29	1 259 670	295	5 739 337	37	6 298 422	0	0
乌干达 Uganda	1	10 200	157	13 058 228	4	188 181	94	3 341 971	59	9 528 076	0	0
阿根廷 Argentina	7	32 238	8	813 158	2	203 950	3	47 100	3	562 108	0	0
墨西哥 Mexico	63	301 071	1 699	11 635 039	8	837 415	1 679	10 523 934	2	88 000	10	185 690

续表 Continued

国家和地区 Country & Region	汽车总计 Total of Automobile		乘用车 Passenger Car									
			乘用车合计 Sub-total of Passenger Car		小轿车 Sedan		越野车 Off-road Vehicle		小客车 Small Bus		其他载人机动车 Other Passenger Vehicle	
	数量 Volume	金额 Value	数量 Volume	金额 Value	数量 Volume	金额 Value	数量 Volume	金额 Value	数量 Volume	金额 Value	数量 Volume	金额 Value
柬埔寨 Cambodia	416	12 239 326	28	273 265	21	153 921	3	81 000	4	38 344	0	0
英国 U.K.	1 248	11 103 251	1 192	8 766 480	1 069	8 399 859	0	0	19	125 320	0	0
乍得 Chad	223	11 094 924	7	182 514	7	182 514	0	0	0	0	0	0
马里 Mali	673	10 919 963	435	5 202 230	422	5 019 855	1	15 100	12	167 275	0	0
希腊 Greece	924	10 911 111	806	10 204 651	763	10 003 809	0	0	22	127 845	0	0
阿塞拜疆 Azerbaijan	414	10 131 021	139	995 734	127	902 603	6	65 531	6	27 600	0	0
波兰 Poland	795	9 981 168	663	8 464 768	634	8 272 282	0	0	0	0	0	0
荷兰 Netherlands	781	9 744 605	743	9 514 762	678	8 671 734	18	453 420	0	0	0	0
赤道几内亚 Equatorial Guinea	233	9 185 354	2	16 700	0	0	0	0	1	8 200	1	8 500
哥斯达黎加 Costa Rica	682	8 944 375	344	2 206 264	325	2 014 544	0	0	5	63 245	0	0
塞浦路斯 Cyprus	70	8 860 344	0	0	0	0	0	0	0	0	0	0
科特迪瓦共和国 Republic of Côte d'Ivoire	649	8 851 355	274	2 037 787	167	1 109 541	1	16 960	100	840 186	6	71 100
巴布亚新几内亚 Papua New Guinea	232	8 775 499	17	42 725	0	0	0	0	5	39 375	0	0
新西兰 New Zealand	481	8 262 540	185	1 682 592	59	363 570	0	0	120	1 275 049	0	0
马达加斯加 Madagascar	670	7 908 443	314	2 354 910	200	1 173 767	38	669 092	67	375 701	9	136 350
特立尼达和多巴哥 Trinidad and Tobago	247	7 644 152	0	0	0	0	0	0	0	0	0	0
多哥 Togo	211	7 143 304	19	202 097	3	20 874	0	0	16	181 223	0	0
博茨瓦那 Botswana	166	7 127 190	4	23 050	0	0	0	0	0	0	0	0
布基纳法索 Burkina Faso	148	7 070 565	6	47 521	5	33 634	0	0	1	13 887	0	0
奥地利 Austria	556	6 960 922	528	6 803 681	498	6 647 379	0	0	0	0	0	0
瑞典 Sweden	333	6 383 784	291	3 822 397	277	3 785 501	0	0	0	0	0	0
芬兰 Finland	352	6 286 706	341	4 461 420	316	4 215 990	0	0	0	0	0	0
韩国 South Korea	938	6 180 384	285	3 040 952	82	1 847 852	14	351 602	2	39 444	8	92 600
阿富汗 Afghanistan	281	6 059 225	32	255 104	24	164 640	0	0	8	90 464	0	0
澳门 Macau	104	5 966 687	4	22 000	0	0	0	0	4	22 000	0	0
尼泊尔 Nepal	444	5 876 824	278	3 407 607	73	447 984	109	2 023 930	96	935 693	0	0
尼日尔 Niger	92	5 799 076	0	0	0	0	0	0	0	0	0	0
也门共和国 Yemen	486	5 585 824	125	786 015	34	238 647	6	82 878	81	429 879	2	24 074
黎巴嫩 Lebanon	664	5 585 810	462	3 599 715	333	2 570 395	20	231 838	80	554 782	23	195 567
挪威 Norway	426	5 571 132	426	5 571 132	423	5 540 669	0	0	0	0	0	0
西班牙 Spain	442	5 528 082	429	5 448 541	396	5 196 545	0	0	2	13 020	0	0
以色列 Israel	408	5 494 515	400	5 433 626	360	5 272 200	0	0	0	0	0	0
海地 Haiti	456	5 459 912	119	1 201 376	36	232 769	21	340 200	62	628 407	0	0
巴拿马 Panama	643	5 180 883	267	1 305 858	116	675 298	0	0	148	600 660	0	0
毛里求斯 Mauritius	558	5 158 280	175	1 102 018	162	1 000 672	6	58 380	5	35 966	0	0
阿曼 Oman	413	4 921 868	144	1 170 437	133	1 085 287	0	0	6	45 683	5	39 467
几内亚 Guinea	137	4 913 438	10	48 000	10	48 000	0	0	0	0	0	0
丹麦 Denmark	372	4 653 347	359	4 589 136	349	4 525 290	0	0	0	0	0	0
格鲁吉亚 Georgia	165	4 557 336	12	93 700	12	93 700	0	0	0	0	0	0
津巴布韦 Zimbabwe	212	4 490 240	19	144 153	10	63 783	3	30 510	4	37 000	0	0

续表 Continued

国家和地区 Country & Region	乘用车 Passenger Car		商用车 Commercial Vehicle									
	未列名载人机动车 Untitled Passenger Vehicle		商用车合计 Sub-total of Commercial Vehicle		客车 Bus and Coach		载货车 Truck		专用汽车 Special Vehicle		汽车底盘 Chassis	
	数量 Volume	金额 Value	数量 Volume	金额 Value	数量 Volume	金额 Value	数量 Volume	金额 Value	数量 Volume	金额 Value	数量 Volume	金额 Value
柬埔寨 Cambodia	0	0	388	11 966 061	6	181 276	346	9 365 327	36	2 419 458	0	0
英国 U.K.	104	241 301	56	2 336 771	17	1 994 131	38	202 879	1	139 761	0	0
乍得 Chad	0	0	216	10 912 410	13	513 052	176	6 635 096	27	3 764 262	0	0
马里 Mali	0	0	238	5 717 733	0	0	221	4 648 496	17	1 069 237	0	0
希腊 Greece	21	72 997	118	706 460	0	0	115	527 970	3	178 490	0	0
阿塞拜疆 Azerbaijan	0	0	275	9 135 287	24	1 002 790	242	7 651 897	9	480 600	0	0
波兰 Poland	29	192 486	132	1 516 400	0	0	1	16 661	3	300 300	128	1 199 439
荷兰 Netherlands	47	389 608	38	229 843	0	0	38	229 843	0	0	0	0
赤道几内亚 Equatorial Guinea	0	0	231	9 168 654	3	77 967	207	6 179 903	21	2 910 784	0	0
哥斯达黎加 Costa Rica	14	128 475	338	6 738 111	62	3 843 946	275	2 736 601	1	157 564	0	0
塞浦路斯 Cyprus	0	0	70	8 860 344	70	8 860 344	0	0	0	0	0	0
科特迪瓦共和国 Republic of Côte d'Ivoire	0	0	375	6 813 568	29	1 870 227	332	4 265 857	5	407 015	9	270 469
巴布亚新几内亚 Papua New Guinea	12	3 350	215	8 732 774	1	22 941	161	5 553 958	46	2 731 675	7	424 200
新西兰 New Zealand	6	43 973	296	6 579 948	49	4 427 104	247	2 152 844	0	0	0	0
马达加斯加 Madagascar	0	0	356	5 553 533	17	231 686	325	4 034 203	12	1 208 094	2	79 550
特立尼达和多巴哥 Trinidad and Tobago	0	0	247	7 644 152	87	5 883 958	160	1 760 194	0	0	0	0
多哥 Togo	0	0	192	6 941 207	15	655 236	155	4 882 058	22	1 403 913	0	0
博茨瓦那 Botswana	4	23 050	162	7 104 140	1	42 000	125	3 929 668	36	3 132 472	0	0
布基纳法索 Burkina Faso	0	0	142	7 023 044	22	1 728 508	101	4 423 426	19	871 110	0	0
奥地利 Austria	30	156 302	28	157 241	0	0	28	157 241	0	0	0	0
瑞典 Sweden	14	36 896	42	2 561 387	2	211 395	4	66 625	0	0	36	2 283 367
芬兰 Finland	25	245 430	11	1 825 286	11	1 825 286	0	0	0	0	0	0
韩国 South Korea	179	709 454	653	3 139 432	10	1 694 956	612	943 863	27	458 913	4	41 700
阿富汗 Afghanistan	0	0	249	5 804 121	3	66 000	215	2 228 406	31	3 509 715	0	0
澳门 Macau	0	0	100	5 944 687	74	5 672 645	24	179 997	2	92 045	0	0
尼泊尔 Nepal	0	0	166	2 469 217	3	146 790	53	566 493	110	1 755 934	0	0
尼日尔 Niger	0	0	92	5 799 076	10	633 183	70	2 553 917	12	2 611 976	0	0
也门共和国 Yemen	2	10 537	361	4 799 809	76	758 711	260	2 107 697	25	1 933 401	0	0
黎巴嫩 Lebanon	6	47 133	202	1 986 095	57	810 868	142	1 131 027	3	44 200	0	0
挪威 Norway	3	30 463	0	0	0	0	0	0	0	0	0	0
西班牙 Spain	31	238 976	13	79 541	2	25 930	11	53 611	0	0	0	0
以色列 Israel	40	161 426	8	60 889	0	0	8	60 889	0	0	0	0
海地 Haiti	0	0	337	4 258 536	8	112 626	328	4 117 598	1	28 312	0	0
巴拿马 Panama	3	29 900	376	3 875 025	18	318 490	349	3 286 595	9	269 940	0	0
毛里求斯 Mauritius	2	7 000	383	4 056 262	20	450 689	358	3 356 681	5	248 892	0	0
阿曼 Oman	0	0	269	3 751 431	53	915 744	210	2 182 808	6	652 879	0	0
几内亚 Guinea	0	0	127	4 865 438	10	312 175	94	2 314 591	23	2 238 672	0	0
丹麦 Denmark	10	63 846	13	64 211	0	0	13	64 211	0	0	0	0
格鲁吉亚 Georgia	0	0	153	4 463 636	48	1 245 170	90	2 327 268	15	891 198	0	0
津巴布韦 Zimbabwe	2	12 860	193	4 346 087	10	484 980	171	3 325 990	10	521 798	2	13 319

表7-7　2010年汽车整车产品分洲别出口量及金额
Table7-7　Volume and Value of Exported Complete Vehicle in 2010 (by Continent)

辆，美元
Unit, US Dollar

洲别 Continent	汽车总计 Total of Automobile		乘用车 Passenger Car									
			乘用车合计 Sub-total of Passenger Car		小轿车 Sedan		越野车 Off-road Vehicle		小客车 Small Bus		其他载人机动车 Other Passenger Vehicle	
	数量 Volume	金额 Value	数量 Volume	金额 Value	数量 Volume	金额 Value	数量 Volume	金额 Value	数量 Volume	金额 Value	数量 Volume	金额 Value
合计 Total	566 653	6 984 133 490	282 368	1 860 987 647	179 940	1 276 317 225	22 502	193 619 944	39 918	294 367 810	2 067	23 244 687
亚洲 Asia	214 908	2 907 016 662	83 529	456 581 813	49 512	332 169 493	2 900	32 627 464	6 107	51 347 969	1 574	16 514 316
北美洲 North America	13 376	51 089 652	13 208	44 534 449	51	2 031 512	0	0	21	285 783	10	76 392
大洋洲 Oceania	10 609	166 918 876	4 904	51 000 297	279	2 766 373	381	3 756 576	4 108	43 963 070	1	26 000
非洲 Africa	125 836	1 859 016 834	42 624	261 676 305	27 924	154 037 453	6 310	44 002 392	7 983	58 368 341	143	3 691 828
拉丁美洲 Latin America	126 814	1 214 847 396	70 091	422 982 867	43 200	245 057 623	7 213	63 325 069	19 113	110 173 830	337	2 896 251
欧洲 Europe	75 110	785 244 070	68 012	624 211 916	58 974	540 254 771	5 698	49 908 443	2 586	30 228 817	2	39 900
其他 Others	0	0	0	0	0	0	0	0	0	0	0	0

续表 Continued

洲别 Continent	乘用车 Passenger Car		商用车 Commercial Vehicle									
	未列名载人机动车 Untitled Passenger Vehicle		商用车合计 Sub-total of Commercial Vehicle		客车 Bus and Coach		载货车 Truck		专用汽车 Special Vehicle		汽车底盘 Chassis	
	数量 Volume	金额 Value	数量 Volume	金额 Value	数量 Volume	金额 Value	数量 Volume	金额 Value	数量 Volume	金额 Value	数量 Volume	金额 Value
合计 Total	37 941	73 437 981	284 285	5 123 145 843	36 517	1 036 568 200	232 081	3 183 820 746	8 710	815 774 180	6 977	86 982 717
亚洲 Asia	23 436	23 922 571	131 379	2 450 434 849	12 754	426 481 177	109 426	1 619 563 903	3 643	344 712 375	5 556	59 677 394
北美洲 North America	13 126	42 140 762	168	6 555 203	18	3 062 003	129	1 445 337	21	2 047 863	0	0
大洋洲 Oceania	135	488 278	5 705	115 918 579	502	53 403 909	5 112	55 369 562	79	6 568 592	12	576 516
非洲 Africa	264	1 576 291	83 212	1 597 340 529	16 186	317 343 729	62 311	953 454 351	3 915	308 135 468	800	18 406 981
拉丁美洲 Latin America	228	1 530 094	56 723	791 864 529	6 107	169 780 793	49 531	480 583 929	886	138 176 504	199	3 323 303
欧洲 Europe	752	3 779 985	7 098	161 032 154	950	66 496 589	5 572	73 403 664	166	16 133 378	410	4 998 523
其他 Others	0	0	0	0	0	0	0	0	0	0	0	0

表7-8 2006～2010年汽车零部件分产品出口量及金额
Table7-8 Volume and Value of Exported Auto Parts in 2006 through 2010 (by Category)

美元
US Dollar

年份 Year / 产品类型 Category	2010		2009		2008		2007		2006	
	数量 Volume	金额 Value	数量 Volume	金额 Value	数量 Volume	金额 Value	数量 Volume	金额 Value	数量 Volume	金额 Value
汽车零部件合计 Total of Auto Parts	—	41 364 402 543	—	28 985 502 426	—	31 290 599 732	—	28 512 174 217	—	21 071 684 968
发动机零部件 Engine Parts	—	3 666 286 581	—	2 453 140 297	—	2 910 742 896	—	2 107 817 950	—	1 412 988 844
汽车轮胎，条/ kg Tyre, piece/ kg	—	9 302 214 687	—	6 895 768 870	—	4 049 063 053	—	6 182 590 162	—	4 519 171 130
汽车玻璃，kg Glass, kg	316 627 433	589 210 538	249 104 740	473 266 694	272 402 089	529 961 608	247 425 954	454 046 412	160 059 782	293 667 147
汽车空调器，台 Air Conditioner, set	289 224	103 609 927	199 824	69 306 985	124 888	48 708 955	214 077	43 534 242	91 247	25 139 006
汽车照明及信号装置 Lighting and Signaling Device	—	1 809 444 339	—	1 188 343 940	—	1 297 947 443	—	700 014 592	—	444 760 566
汽车电子电器及仪表 Electric and Electronic Device and Instrument	—	5 541 779 317	—	3 767 381 742	—	5 266 882 101	—	4 790 961 356	—	3 628 122 492
车身，台 Vehicle Body, set	56 985	90 398 492	43 143	80 292 148	69 322	230 512 800	78 435	91 879 320	33 726	27 985 570
车身附件及零部件 Vehicle Body Accessories and Parts	—	4 663 777 419	—	3 232 958 039	—	3 302 762 370	—	2 546 753 992	—	1 665 165 798
制动器及其零件，kg Brake and Brake Parts, kg	1 409 067 273	2 925 190 977	1 080 073 618	2 114 087 919	1 124 334 282	2 342 902 903	1 173 255 290	1 920 286 605	889 711 486	1 393 884 416
装在拖车底盘上的空气压缩机，台 Air Compressor to be installed on Chassis of Towing Vehicle, unit	35 875	46 544 116	32 901	30 543 329	12 145	40 537 916	26 725	28 025 118	19 876	6 751 573
变速器及其零件，台/ kg Transmission Assembly and Transmission Patrs, unit/ kg	—	762 482 710	—	393 027 333	—	494 587 933	—	261 526 302	—	81 453 639
离合器及其零件，kg Clutch and Clutch Parts, kg	97 785 113	502 374 580	71 553 636	349 507 006	86 412 239	425 173 200	77 786 531	335 230 273	59 353 846	245 794 756
车辆用传动轴，kg Driving Shaft, kg	38 757 437	131 914 409	27 745 177	90 760 532	33 220 512	111 453 134	29 282 600	85 280 677	—	—
驱动桥及其零件，台/ kg Drive Axle and Axle Parts, unit/ kg	—	342 843 691	—	208 848 706	—	229 890 863	—	121 763 339	—	45 282 041
非驱动桥及零件，kg Non-drive Axle and Axle Parts, kg	111 760 951	226 177 910	99 018 874	190 448 237	127 051 674	279 980 502	107 750 604	210 964 630	98 546 007	196 624 382
车轮及零件，kg Wheel and Wheel Parts, kg	1 138 564 260	3 455 390 673	756 563 803	2 359 062 829	984 930 560	3 271 330 712	901 964 008	3 042 133 989	670 901 260	2 260 998 115
悬架系统及零件，kg Suspension System and Suspension Parts, kg	367 586 919	1 210 739 110	243 379 358	737 330 796	247 521 204	693 565 165	169 060 958	393 406 441	55 521 733	190 371 551
转向系统及其零件，kg Steering System and Parts, kg	101 311 650	699 451 578	73 463 564	478 205 605	76 004 735	431 471 455	48 140 208	244 836 473	30 480 804	144 517 602
车架，kg Vehicle Frame, kg	12 163 836	28 058 988	9 122 568	22 012 278	11 786 197	27 131 332	8 773 447	16 800 510	—	—
未列名零部件，kg Untitled Parts, kg	701 203 927	2 915 516 383	538 783 529	2 186 125 377	971 048 421	3 423 292 877	1 005 019 839	3 340 357 076	738 914 558	2 858 041 766
挂车、半挂车，辆 Trailer and Semi-trailer, unit	46 715 073	1 364 363 206	38 535 411	1 031 328 225	32 685 697	1 184 989 306	35 651 923	1 011 462 585	482 227 567	699 596 921
挂车及半挂车或其他非机械驱动车辆的零件，kg Trailer, Semi-trailer and their Parts, kg	403 772 662	760 193 507	281 119 500	517 701 384	369 294 010	677 390 188	373 102 892	582 502 173	519 026 712	1 630 964 574

表7-9　2006～2010年汽车发动机及其零部件出口量及金额
Table7-9　Volume and Value of Exported Engine and Engine Parts in 2006 through 2010

台，美元
Unit, US Dollar

产品类型 Category			2010		2009		2008		2007		2006	
		年份 Year	数量 Volume	金额 Value	数量 Volume	金额 Value	数量 Volume	金额 Value	数量 Volume	金额 Value	数量 Volume	金额 Value
发动机整机 Complete Engine	汽油发动机 Petrol Engine	排量≤50mL Displacement≤50mL	129 583	23 463 482	116 539	23 466 000	162 520	32 433 931	121 291	23 450 788	89 702	15 959 082
		50mL＜排量≤250mL 50mL＜Displacement≤250mL	2 845 573	341 818 640	2 444 676	315 333 576	4 257 678	563 153 606	3 478 997	407 758 991	1 932 733	213 998 446
		250mL＜排量≤1 000mL 250mL＜Displacement≤1 000mL	21 881	19 475 169	3 727	3 092 869	5 855	5 564 995	6 678	4 080 837	6 934	3 986 992
		1 000mL＜排量≤3 000mL 1 000mL＜Displacement≤3 000mL	284 269	427 469 001	198 048	313 373 910	293 809	425 083 753	328 421	445 103 880	162 535	222 139 809
		排量＞3 000mL Displacement＞3 000mL	1 731	3 776 080	3 934	12 497 048	111 192	187 314 084	132 681	229 051 816	175 272	295 553 896
	柴油发动机 Diesel Engine	输出功率≥132.39kW（180hp） P≥132.39kW（180hp）	9 649	71 640 100	4 529	34 208 494	10 310	79 286 885	3 156	19 073 704	2 257	10 639 801
		输出功率＜132.39kW（180hp） P＜132.39kW（180hp）	33 764	97 233 528	11 527	19 848 048	10 768	24 872 521	41 417	56 668 526	7 571	11 149 184
	合计 Total		3 326 450	984 876 000	2 782 980	721 819 945	4 852 132	1 317 709 775	4 112 641	1 185 188 542	2 377 004	773 427 210
发动机零部件 Engine Parts	电控燃油喷射装置，kg/套 Electric Fuel Injector, kg/set		–	41 013 097	–	31 250 649	–	44 023 822	–	47 696 887	–	45 491 654
	其他点燃式活塞内燃发动机用，kg for other Positive Piston Internal Combustion Engine, kg		154 661 350	1 168 192 642	107 833 094	808 921 658	120 828 601	891 146 894	94 515 007	654 805 265	72 380 713	443 876 804
	输出功率在132.39kW（180hp）及以上发动机用，kg for Engine with Output Power more than 132.39kW (180hp), kg		113 900 019	481 835 181	74 766 415	322 483 636	138 046 037	560 173 808	142 352 780	461 107 037	108 609 903	348 154 546
	输出功率在132.39kW（180hp）以下发动机用，kg for Engine with Output Power less than 132.39kW (180hp), kg		182 069 191	764 154 447	129 873 315	492 666 082	126 413 485	471 251 801	102 031 308	297 436 541	75 817 759	182 820 182
	散热器（水箱）及其零件，台/kg Radiator (Water Tank) and their Parts, unit/kg		–	609 093 254	–	418 050 697	–	489 523 409	–	337 222 058	–	213 861 257
	机油冷却器，台/kg Oil Cooler, unit/kg		–	84 280 538	–	46 101 157	–	–	–	–	–	–
	消声器及排气管及其零件，kg Muffler & Exhaust Pipe and their Parts, kg		54 094 930	371 079 445	43 030 878	263 657 391	58 044 305	341 893 946	50 490 950	249 407 028	37 861 428	158 782 192
	发动机增压器，台 Engine Supercharger, unit		759 644	146 637 977	364 335	70 009 027	549 177	112 729 216	328 680	60 143 134	111 556	20 002 209
	合计 Total		–	3 666 286 581	–	2 453 140 297	–	2 910 742 896	–	2 107 817 950	–	1 412 988 844

注：表中数据含有摩托车发动机及零部件。
Note: The statistics include those of motorcycle engines and parts.

表7-10 2010年汽车发动机及其零部件分贸易方式出口量及金额
Table7-10 Volume and Value of Exoprted Engine and Engine Parts in 2010 (by Trade Mode)

台，美元
Unit, US Dollar

贸易方式 Trade Mode	总计 Total	发动机合计 Sub-total of Engine		发动机零部件合计 Sub-total of Engine Parts
	金额 Value	数量 Volume	金额 Value	金额 Value
合计 Total	4 651 162 581	3 326 450	984 876 000	3 666 286 581
一般贸易 General Trade	3 582 611 800	2 818 492	555 412 089	3 027 199 711
国家间、国际组织无偿援助和赠送的物资 Inter-governmental and International Organizational and Given Gratis	135 366	20	117 423	17 943
来料加工装配贸易 Assembled with Imported Materials	28 815 841	0	0	28 815 841
进料加工贸易 Manufactured with Imported Materials	852 073 664	489 548	376 602 550	475 471 114
寄售代销贸易 Consignment Trade	4 592	0	0	4 592
边境小额贸易 Border Trade in Small Value	80 476 474	3 514	3 668 627	76 807 847
对外承包工程出口货物 Exported Products via International Projects	34 726 511	8 225	32 298 445	2 428 066
租赁贸易 Leasing Trade	158 230	4	157 486	744
出料加工贸易 Recalairing Trade	1 621 655	0	0	1 621 655
保税仓库进出境货物 Entry and Exit Goods in Bonded Warehouse	30 123 305	6 303	16 004 047	14 119 258
保税区仓储转口货物 Sailing Goods in Bonded Zone	34 409 490	76	173 396	34 236 094
其他 Others	6 005 653	268	441 937	5 563 716

表7-11 2010年汽车发动机及其零部件分地区出口量及金额
Table7-11 Volume and Value of Exported Engine and Engine Parts in 2010 (by Province)

台，美元
Unit, US Dollar

地区 Province	总计 Total	发动机合计 Sub-total of Engine		发动机零部件合计 Sub-total of Engine Parts
	金额 Value	数量 Volume	金额 Value	金额 Value
合 计 Total	4 651 162 581	3 326 450	984 876 000	3 666 286 581
北 京 Beijing	129 240 724	14 254	50 409 569	78 831 155
天 津 Tianjin	138 883 624	74	208 210	138 675 414
河 北 Hebei	47 608 496	5 873	5 435 445	42 173 051
山 西 Shanxi	5 065 719	0	0	5 065 719
内蒙古 Inner Mongolia	843 418	43	349 520	493 898
辽 宁 Liaoning	155 480 784	8 175	7 896 215	147 584 569
吉 林 Jilin	64 291 837	13 886	49 516 874	14 774 963
黑龙江 Heilongjiang	47 195 294	7 855	9 495 173	37 700 121
上 海 Shanghai	543 283 671	21 054	14 378 631	528 905 040
江 苏 Jiangsu	786 735 882	63 240	13 919 430	772 816 452
浙 江 Zhejiang	547 552 343	56 100	10 706 809	536 845 534
安 徽 Anhui	93 994 139	121 076	28 680 745	65 313 394
福 建 Fujian	137 184 441	10 703	2 387 545	134 796 896
江 西 Jiangxi	12 438 385	34	77 334	12 361 051
山 东 Shandong	423 679 408	150 631	153 635 251	270 044 157
河 南 Henan	76 041 299	27 718	4 498 822	71 542 477
湖 北 Hubei	133 595 212	8 751	58 418 003	75 177 209
湖 南 Hunan	33 853 501	22 002	4 042 402	29 811 099
广 东 Guangdong	751 394 293	771 041	333 936 936	417 457 357
广 西 Guangxi	33 593 846	286	1 402 526	32 191 320
海 南 Hainan	803 865	2	2 098	801 767
重 庆 Chongqing	340 203 311	2 019 766	231 646 354	108 556 957
四 川 Sichuan	56 989 163	311	299 631	56 689 532
贵 州 Guizhou	8 054 559	0	0	8 054 559
云 南 Yunnan	47 010 204	3 239	1 814 395	45 195 809
西 藏 Tibet	86 343	114	20 870	65 473
陕 西 Shaanxi	5 910 766	74	169 650	5 741 116
甘 肃 Gansu	160 154	0	0	160 154
青 海 Qinghai	136 572	0	0	136 572
宁 夏 Ningxia	757 526	0	0	757 526
新 疆 Xinjiang	29 093 802	148	1 527 562	27 566 240

表7-12　2010年汽车发动机及其零部件分国别出口量及金额
Table7-12　Volume and Value of Exported Auto Engine and Engine Parts in 2010 (by Country)

台，美元
Unit, US Dollar

国家和地区 Country & Region	总计 Total	发动机合计 Sub-total of Engine		汽油发动机 Petrol Engine										柴油发动机 Diesel Engine			
				排量≤50mL Displacement≤50mL		50mL＜排量≤250mL 50mL＜Displacement≤250mL		250mL＜排量≤1 000mL 250mL＜Displacement≤1 000mL		1 000mL＜排量≤3 000mL 1 000mL＜Displacement≤3 000mL		排量＞3 000mL Displacement＞3 000mL		输出功率≥132.39kW（180hp） Output Power≥132.39kW（180hp）		输出功率＜132.39kW（180hp） Output Power＜132.39kW（180hp）	
	金额 Value	数量 Volume	金额 Value	数量 Volume	金额 Value	数量 Volume	金额 Value	数量 Volume	金额 Value	数量 Volume	金额 Value	数量 Volume	金额 Value	数量 Volume	金额 Value	数量 Volume	金额 Value
合计 Total	4 651 162 581	3 326 450	984 876 000	129 583	23 463 482	2 845 573	341 818 640	21 881	19 475 169	284 269	427 469 001	1 731	3 776 080	9 649	71 640 100	33 764	97 233 528
美国 U.S.A.	932 543 292	50 608	58 038 668	578	71 267	13 173	4 090 327	10 763	9 667 691	24 479	40 764 249	1 487	2 015 878	100	1 268 514	28	160 742
日本 Japan	533 237 754	181 572	249 089 674	35 400	8 656 118	9 039	1 954 700	0	0	137 101	238 212 805	2	29 619	12	153 719	18	82 713
伊朗 Iran	228 749 036	848 075	168 549 920	1 000	57 204	833 307	114 241 529	6	5 925	42	129 524	5	60 000	2 426	16 879 602	11 289	37 176 136
德国 Germany	211 644 242	10 159	21 040 687	831	115 758	2 363	274 175	3 218	3 079 620	3 169	14 873 682	1	2 462	572	2 688 366	5	6 624
韩国 South Korea	192 488 226	40 010	46 204 998	2	300	548	119 703	2	600	39 413	45 656 519	0	0	34	366 451	11	61 425
越南 Vietnam	166 381 689	397 956	35 406 228	24 410	1 358 134	370 547	29 919 632	350	291 740	334	332 706	0	0	5	50 443	2 310	3 453 573
巴基斯坦 Pakistan	148 088 877	826 903	67 960 173	0	0	826 902	67 954 965	0	0	0	0	0	0	1	5 208	0	0
英国 U.K.	144 120 644	1 499	397 671	36	4 908	1 310	192 964	0	0	148	170 115	0	0	0	0	5	29 684
俄罗斯联邦 Russia	132 432 534	32 466	74 419 952	822	104 166	450	80 700	3 681	2 960 217	18 378	19 980 685	0	0	5 434	38 889 041	3 701	12 405 143
印度 India	130 662 893	42 956	25 598 183	0	0	23 061	2 674 121	6	4 140	19 855	22 840 044	0	0	2	34 498	32	45 380
意大利 Italy	109 009 965	85 419	28 663 377	32 668	8 931 806	50 164	16 048 646	31	21 274	2 421	3 159 095	0	0	0	0	135	502 556
巴西 Brazil	105 092 566	42 599	12 643 658	12 955	1 473 097	26 557	5 365 224	2 032	2 293 248	12	18 013	0	0	1	1 464	1 042	3 492 612
加拿大 Canada	86 596 831	278	197 873	10	820	159	30 889	21	26 581	3	1 403	85	138 180	0	0	0	0
印度尼西亚 Indonesia	83 482 550	50 859	7 155 576	3	740	47 379	6 088 582	2	2 800	0	0	20	149 929	59	432 335	3 396	481 190
泰国 Thailand	81 593 551	35 279	7 726 975	11	1 400	34 260	4 719 945	1	1 077	874	1 614 159	89	1 190 783	22	149 414	22	50 197
中国台湾省 Taiwan Province of China	81 232 768	27 050	13 215 853	3	390	21 726	7 226 452	844	339 392	4 468	5 566 508	0	0	6	53 341	3	29 770
阿拉伯联合酋长国 United Arab Emirates	79 434 273	47 224	7 104 957	0	0	46 343	6 387 493	50	22 500	798	557 662	11	39 645	21	94 720	1	2 937
尼日利亚 Nigeria	71 375 360	75 706	10 989 454	0	0	75 531	10 638 592	0	0	134	194 811	0	0	7	60 699	34	95 352
马来西亚 Malaysia	69 648 468	19 529	6 973 901	5	1 425	18 884	2 947 542	2	3 092	354	247 031	9	24 150	237	3 636 911	38	113 750
墨西哥 Mexico	68 321 519	14 244	2 408 791	0	0	14 172	2 250 909	5	4 368	1	1 345	0	0	0	0	66	152 169
孟加拉国 Bangladesh	67 604 489	7 979	1 267 401	0	0	7 440	782 399	0	0	0	0	6	34 731	0	0	533	450 271
缅甸 Myanmar	66 882 701	7 662	4 034 501	0	0	6 126	783 246	0	0	0	0	0	0	43	349 688	1 493	2 901 567
土耳其 Turkey	65 470 785	91 735	35 760 175	1 000	115 000	66 003	7 937 439	1	540	24 679	27 306 576	0	0	46	366 028	6	34 592
法国 France	50 600 967	3 704	950 094	2 351	683 868	1 331	235 545	8	4 579	12	10 112	0	0	0	0	2	15 990

续表 Continued

国家和地区 Country & Region	发动机零部件 Engine Parts																				
	合计 Total	电控燃油喷射装置，kg/套 Electric Control Fuel Injector, kg/set		其他点燃式活塞内燃发动机用，kg for other Positive Piston Internal Combustion Engine, kg		输出功率≥132.39kW（180hp）的车用柴油机用，kg for Diesel Engine with Output Power≥132.39kW（180hp），kg		输出功率<132.39kW（180hp）的车用柴油机用，kg for Diesel Engine with Output Power<132.39kW（180hp），kg		散热器（水箱），台/kg Radiator (Water Tank) unit/kg		机油冷却器，台/kg Oil Cooler, unit/kg		散热器其他零件，kg Radiator（Water Tank）Parts, kg		消声器及排气管及其零件，kg Muffler & Exhaust Pipe and their Parts, kg		发动机用增压器，台 Engine Supercharger, unit	
	金额 Volume	数量 Volume	金额 Value	数量 Volume	金额 Value	数量 Volume	金额 Value	数量 Volume	金额 Value	数量 Volume	金额 Value	数量 Volume	金额 Value	数量 Volume	金额 Value	数量 Volume	金额 Value	数量 Volume	金额 Value
合计 Total	3 666 286 581	1 468 088	41 013 097	154 661 350	1 168 192 642	113 900 019	481 835 181	182 069 191	764 154 447	12 476 333	354 960 258	6 348 938	84 280 538	3 500 864	254 132 996	54 094 930	371 079 445	759 644	146 637 977
美国 U.S.A.	874 504 624	285 313	7 493 732	33 971 785	265 056 137	35 838 759	146 938 187	15 067 338	90 434 809	3 086 452	116 564 751	2 919 232	33 805 991	954 118	70 230 284	23 408 864	130 749 213	70 880	13 231 520
日本 Japan	284 148 080	41 112	1 728 578	17 291 472	143 575 643	7 375 309	26 187 378	12 387 895	38 880 141	125 235	9 575 509	60 753	918 939	162 002	17 641 166	3 016 119	27 127 373	98 433	18 513 353
伊朗 Iran	60 199 116	44 853	864 449	2 045 074	16 449 571	3 190 265	13 794 718	2 496 753	17 547 992	154 409	5 135 528	9 473	212 252	68 566	3 227 949	157 700	827 729	12 441	2 138 928
德国 Germany	190 603 555	62 464	1 697 932	8 117 863	59 661 023	10 121 885	21 394 586	2 253 471	28 406 596	323 649	5 207 616	318 312	5 710 737	204 379	14 854 670	2 537 094	35 651 600	75 795	18 018 795
韩国 South Korea	146 283 228	140 375	11 052 814	4 823 871	48 617 664	9 805 166	37 694 371	2 280 288	18 103 376	91 415	2 518 379	173 402	3 249 072	136 685	15 274 849	763 727	5 378 498	26 227	4 394 205
越南 Vietnam	130 975 461	1 079	15 361	3 054 658	31 830 842	2 048 603	7 674 195	30 801 758	84 956 514	64 089	2 120 448	95	66 799	5 675	610 356	72 285	426 023	9 141	3 274 923
巴基斯坦 Pakistan	80 128 704	24 042	342 383	5 043 201	25 894 388	1 247 380	4 754 328	20 362 620	45 553 822	41 438	1 372 860	6 112	141 140	2 699	451 051	75 802	258 066	3 314	1 360 666
英国 U.K.	143 722 973	8 279	381 167	1 778 570	14 992 458	5 391 002	25 107 425	5 048 183	16 029 217	165 202	6 555 154	330 849	10 657 903	69 967	7 870 576	2 298 171	22 686 072	194 907	39 443 001
俄罗斯联邦 Russia	58 012 582	27 462	961 692	1 008 433	9 039 162	3 833 379	17 546 072	957 731	7 209 602	1 046 952	16 509 983	3 901	85 675	65 165	2 361 969	375 066	2 132 497	25 215	2 165 930
印度 India	105 064 710	25 374	515 529	8 827 719	48 418 144	2 722 378	14 413 682	6 052 767	25 775 583	99 212	2 219 332	99 482	4 304 192	209 433	7 344 768	308 672	1 669 374	1 774	404 106
意大利 Italy	80 346 588	49 844	1 016 789	12 936 897	38 195 035	772 774	4 247 230	2 372 009	11 443 116	255 358	4 772 186	21 464	330 242	164 304	12 714 354	1 011 376	7 288 909	1 834	338 727
巴西 Brazil	92 448 908	39 897	1 164 618	4 158 046	37 518 510	5 652 288	23 130 295	1 433 403	11 963 772	133 796	3 830 387	128 981	1 828 439	44 677	4 948 650	468 608	3 690 679	17 382	4 373 558
加拿大 Canada	86 398 958	10 177	149 041	227 875	2 270 755	561 644	7 562 488	549 347	4 559 144	1 153 919	41 986 099	371 570	4 061 964	54 449	10 335 148	2 679 240	13 270 496	12 709	2 203 823
印度尼西亚 Indonesia	76 326 974	11 856	98 366	3 953 027	23 866 991	2 211 820	7 717 006	17 605 232	41 448 213	27 046	1 022 340	68 011	906 275	4 822	678 794	175 821	444 578	1 024	144 411
泰国 Thailand	73 866 576	20 282	536 031	4 268 302	54 213 721	373 126	2 263 937	1 130 045	7 746 687	143 748	1 376 531	124 013	785 742	9 222	2 273 727	296 012	3 687 596	6 515	982 604
中国台湾省 Taiwan Province of China	68 016 915	66 263	1 123 969	5 079 919	42 230 138	220 660	1 847 675	1 621 648	9 357 044	77 750	2 221 663	343 747	3 001 200	44 775	6 164 487	114 634	1 834 450	762	236 289
阿拉伯联合酋长国 United Arab Emirates	72 329 316	63 378	1 770 998	2 185 051	26 504 038	4 483 692	15 566 649	1 462 816	12 429 129	246 779	7 304 876	37 280	691 498	42 804	2 373 512	528 287	2 543 937	21 784	3 144 679
尼日利亚 Nigeria	60 385 906	9 401	147 502	6 706 763	32 227 203	843 492	4 203 432	5 099 513	18 089 960	88 943	2 084 704	0	0	316	946 500	428 379	1 787 724	5 989	898 881
马来西亚 Malaysia	62 674 567	50 758	670 888	5 863 068	34 660 507	922 166	5 979 358	3 413 621	12 528 235	185 935	3 927 902	2 978	167 403	10 487	2 274 815	507 322	1 646 266	5 622	819 193
墨西哥 Mexico	65 912 728	173 491	3 215 916	1 710 336	18 763 977	2 511 582	10 477 398	2 086 061	11 077 018	333 645	7 948 279	134 368	1 323 724	70 718	8 129 369	209 090	4 874 326	613	102 721
孟加拉国 Bangladesh	66 337 088	32 110	567 079	1 374 425	6 161 427	4 455 776	15 504 084	11 327 681	42 517 359	12 163	306 116	904	23 086	3	376 528	148 593	451 893	663	429 516
缅甸 Myanmar	62 848 200	18 000	142 914	951 857	5 263 855	214 211	953 160	9 530 582	55 626 268	9 047	347 140	0	0	2 303	128 838	131 590	314 428	257	71 597
土耳其 Turkey	29 710 610	15 165	371 056	989 492	6 615 623	321 930	3 258 947	813 714	7 213 044	264 629	4 620 851	28 670	1 100 618	40 761	1 898 935	183 610	1 331 559	29 526	3 299 977
法国 France	49 650 873	60	960	211 982	5 497 646	1 162 795	4 840 350	4 821 395	24 062 297	53 518	1 566 375	40 758	433 059	26 193	1 862 483	330 747	2 261 594	41 250	9 126 109

续表 Continued

国家和地区 Country & Region	总计 Total	发动机合计 Sub-total of Engine		汽油发动机 Petrol Engine										柴油发动机 Diesel Engine			
				排量≤50mL Displacement≤50mL		50mL<排量≤250mL 50mL<Displacement≤250mL		250mL<排量≤1 000mL 250mL<Displacement≤1 000mL		1 000mL<排量≤3 000mL 1 000mL<Displacement≤3 000mL		排量>3 000mL Displacement>3 000mL		输出功率≥132.39kW（180hp） Output Power≥132.39kW（180hp）		输出功率<132.39kW（180hp） Output Power<132.39kW（180hp）	
	金额 Value	数量 Volume	金额 Value	数量 Volume	金额 Value	数量 Volume	金额 Value	数量 Volume	金额 Value	数量 Volume	金额 Value	数量 Volume	金额 Value	数量 Volume	金额 Value	数量 Volume	金额 Value
澳大利亚 Australia	50 361 337	916	492 399	16	1 646	814	178 990	7	8 108	67	116 502	0	0	8	162 885	4	24 268
南非 South Africa	44 669 036	6 279	4 073 517	0	0	34	5 542	1	1 350	6 220	3 953 102	0	0	13	75 065	11	38 458
中国香港 China Hongkong	43 373 402	3 932	744 037	0	0	3 893	587 972	0	0	6	12 478	0	0	5	35 799	28	107 788
古巴 Cuba	37 737 629	8 737	34 216 197	0	0	0	0	6	8 930	44	88 300	0	0	19	247 973	8 668	33 870 994
丹麦 Denmark	32 417 997	121	54 758	63	9 925	54	9 221	2	1 585	0	0	0	0	1	29 906	1	4 121
西班牙 Spain	29 766 689	2 756	659 470	20	3 637	2 715	589 635	7	5 051	6	17 827	0	0	1	7 055	7	36 265
荷兰 Netherlands	28 000 298	1 392	233 879	985	167 588	402	61 252	4	2 839	0	0	0	0	0	0	1	2 200
波兰 Poland	25 631 295	2 101	320 481	1 803	265 323	298	55 158	0	0	0	0	0	0	0	0	0	0
哈萨克斯坦 Kazakhstan	24 095 662	115	430 544	81	11 978	0	0	0	0	0	0	0	0	32	406 658	2	11 908
菲律宾 Philippines	20 262 190	20 248	2 908 322	150	9 750	20 035	2 556 281	0	0	0	0	0	0	45	256 581	18	85 710
阿根廷 Argentina	19 219 875	13 589	1 998 970	0	0	13 560	1 901 601	3	1 500	4	5 711	3	36 526	0	0	19	53 632
新加坡 Singapore	19 110 115	14	69 690	0	0	6	3 000	1	2 000	2	4 642	0	0	3	38 345	2	21 703
比利时 Belgium	18 830 467	1 076	207 353	201	30 622	857	164 106	17	11 125	1	1 500	0	0	0	0	0	0
匈牙利 Hungary	18 144 443	1	432	0	0	0	0	0	0	1	432	0	0	0	0	0	0
秘鲁 Peru	17 014 707	67 763	10 247 244	0	0	67 732	10 145 992	4	4 084	6	8 919	0	0	6	30 735	15	57 514
埃及 Egypt	15 345 624	10 368	2 558 353	0	0	9 914	1 665 862	5	2 500	395	787 825	2	7 883	8	67 232	44	27 051
捷克 Czech Republic	14 504 914	43	12 320	14	1 221	28	10 208	0	0	1	891	0	0	0	0	0	0
沙特阿拉伯 Saudi Arabia	13 619 078	2 780	639 461	0	0	2 743	428 220	0	0	24	18 594	0	0	13	192 647	0	0
巴拉圭 Paraguay	13 192 601	78 995	10 290 809	0	0	78 984	10 271 812	6	3 306	2	3 664	0	0	0	0	3	12 027
阿尔及利亚 Algeria	12 371 630	369	762 645	160	13 600	158	21 603	0	0	2	3 798	0	0	28	654 536	21	69 108
瑞典 Sweden	11 998 324	1 019	239 783	480	57 736	501	116 084	38	65 963	0	0	0	0	0	0	0	0
委内瑞拉 Venezuela	9 800 229	1 338	266 371	0	0	1 317	235 124	1	7 781	5	5 748	0	0	0	0	15	17 718
乌克兰 Ukraine	9 205 456	879	456 562	55	4 560	316	25 747	501	414 013	6	9 832	0	0	0	0	1	2 410
伊拉克 Iraq	8 993 497	6 467	921 814	50	4 000	6 412	911 280	0	0	5	6 534	0	0	0	0	0	0
葡萄牙 Portugal	8 976 146	512	156 851	10	1 354	502	155 497	0	0	0	0	0	0	0	0	0	0
哥伦比亚 Columbia	8 449 383	3 916	966 198	0	0	3 893	906 685	4	4 378	12	21 560	0	0	0	0	7	33 575

续表 Continued

国家和地区 Country & Region	合计 Total	发动机零部件 Engine Parts																	
		电控燃油喷射装置，kg/套 Electric Control Fuel Injector, kg/set		其他点燃式活塞内燃发动机用，kg for other Positive Piston Internal Combustion Engine, kg		输出功率≥132.39kW（180hp）的车用柴油机用，kg for Diesel Engine with Output Power≥132.39kW（180hp），kg		输出功率<132.39kW（180hp）的车用柴油机用，kg for Diesel Engine with Output Power<132.39kW（180hp），kg		散热器（水箱），台/kg Radiator (Water Tank) unit/kg		机油冷却器，台/kg Oil Cooler, unit/kg		散热器其他零件，kg Radiator (Water Tank) Parts, kg		消声器及排气管及其零件，kg Muffler & Exhaust Pipe and their Parts, kg		发动机用增压器，台 Engine Supercharger, unit	
	金额 Volume	数量 Volume	金额 Value	数量 Volume	金额 Value	数量 Volume	金额 Value	数量 Volume	金额 Value	数量 Volume	金额 Value	数量 Volume	金额 Value	数量 Volume	金额 Value	数量 Volume	金额 Value	数量 Volume	金额 Value
澳大利亚 Australia	49 868 938	33 688	720 890	519 158	12 078 567	388 020	6 925 307	809 876	4 837 711	222 248	9 226 554	123 731	1 197 114	24 886	1 739 468	2 560 972	12 848 301	2 324	295 026
南非 South Africa	40 595 519	17 571	208 418	1 570 794	15 686 427	705 785	7 377 116	605 943	5 540 204	256 612	6 973 759	19 382	234 142	26 846	1 382 997	341 661	2 173 266	6 712	1 019 190
中国香港 China Hongkong	42 629 365	4 853	82 087	1 113 053	16 466 872	140 446	4 319 301	744 380	16 896 774	20 195	673 507	238	82 675	2 596	420 851	618 192	2 801 505	927	885 793
古巴 Cuba	3 521 432	0	0	27 069	964 308	538	14 817	82 031	1 035 292	8 039	1 417 012	0	0	476	37 832	1 897	23 950	69	28 221
丹麦 Denmark	32 363 239	5 037	40 967	77 604	567 743	22 761	304 988	10 789	107 992	12 698	316 180	7 284	67 297	456 998	11 596 782	1 628 610	18 512 568	6 096	848 722
西班牙 Spain	29 107 219	2 688	151 402	1 005 811	11 683 502	214 897	1 097 958	530 661	4 342 673	20 741	579 804	19 165	157 492	10 886	3 863 575	679 464	6 276 095	3 372	954 718
荷兰 Netherlands	27 766 419	1 321	24 023	185 857	2 837 182	883 184	4 929 331	167 004	1 670 765	298 839	5 880 178	3 370	69 534	33 616	1 896 374	771 099	10 405 565	122	53 467
波兰 Poland	25 310 814	29 903	770 922	296 137	5 189 201	669 037	1 762 808	182 656	2 843 517	284 507	4 154 281	757 073	4 812 603	17 644	3 478 817	295 995	1 738 724	3 094	559 941
哈萨克斯坦 Kazakhstan	23 665 118	0	0	87 855	720 033	74 728	649 951	1 382 868	4 692 723	209 417	6 395 139	200	3 800	2 356	33 130	1 916 567	10 967 650	1 123	202 692
菲律宾 Philippines	17 353 868	3 020	22 757	1 339 850	8 623 124	274 105	1 300 456	657 339	3 384 600	18 993	492 995	1 148	14 107	1 869	799 748	308 907	2 597 284	1 144	118 797
阿根廷 Argentina	17 220 905	17 743	316 965	494 079	4 529 508	235 290	2 352 573	423 541	3 821 159	194 412	3 900 988	228	6 606	75 967	1 751 867	10 727	73 414	3 630	467 825
新加坡 Singapore	19 040 425	8 814	126 381	420 242	3 305 517	506 789	4 790 425	1 551 648	4 523 452	31 996	1 185 670	35 280	1 651 976	41 242	2 156 883	168 827	434 361	2 320	865 760
比利时 Belgium	18 623 114	20	1 796	25 945	297 959	107 428	898 094	255 489	2 099 253	179 910	3 515 792	3 656	220 499	74 320	2 859 397	821 010	8 575 658	632	154 666
匈牙利 Hungary	18 144 011	372	6 600	1 122 111	12 733 169	88 191	659 883	45 935	420 270	19 836	343 540	80	2 460	7 096	265 104	45 601	512 288	11 894	3 200 697
秘鲁 Peru	6 767 463	3 528	82 125	325 852	2 566 975	84 563	728 913	556 361	2 292 909	22 402	585 146	252	14 031	1 479	65 506	59 946	267 293	935	164 565
埃及 Egypt	12 787 271	12 677	213 300	739 155	3 721 356	226 979	1 199 447	327 306	2 019 676	118 216	3 609 431	828	11 689	11 560	755 194	285 773	925 950	3 826	331 228
捷克 Czech Republic	14 492 594	519	12 757	178 624	1 998 814	73 904	209 480	389 593	1 061 712	23 338	454 155	536	10 123	6 010	6 875 622	482 623	3 779 888	228	90 043
沙特阿拉伯 Saudi Arabia	12 979 617	3 111	37 067	168 034	1 497 743	82 766	757 179	309 108	2 103 777	200 989	5 863 248	15 182	136 006	7 761	1 617 166	122 959	464 127	4 653	503 304
巴拉圭 Paraguay	2 901 792	1 310	10 745	299 319	1 903 305	4 630	87 745	133 193	734 383	132	7 367	0	0	2 746	73 590	11 133	67 382	102	17 275
阿尔及利亚 Algeria	11 608 985	1 327	31 980	498 166	3 651 513	414 321	2 385 867	351 518	2 470 628	98 223	1 475 017	1 020	45 625	5 575	807 111	80 982	329 524	3 081	411 720
瑞典 Sweden	11 758 541	1 395	146 137	188 189	2 786 015	18 304	221 942	980 702	3 873 468	6 929	306 996	596	28 379	12 487	2 316 440	144 632	1 583 604	2 668	495 560
委内瑞拉 Venezuela	9 533 858	7 365	118 439	419 427	3 890 969	66 435	405 641	221 746	2 018 744	54 446	1 436 080	57 547	429 907	11 316	831 603	57 454	295 564	525	106 911
乌克兰 Ukraine	8 748 894	1 813	28 400	428 822	2 194 237	52 315	335 069	470 658	3 282 650	145 184	1 682 601	235	5 505	12 245	678 088	87 147	449 691	533	92 653
伊拉克 Iraq	8 071 683	6 954	99 059	352 405	1 688 540	61 492	310 270	300 645	1 879 120	83 803	2 350 953	1 813	172 588	6 334	551 977	121 857	477 302	4 934	541 874
葡萄牙 Portugal	8 819 295	90	466	129 734	7 419 392	3 530	22 101	19 011	126 827	33 301	616 298	815	12 884	16 727	348 540	43 501	271 612	7	1 175
哥伦比亚 Columbia	7 483 185	12 217	207 090	265 111	2 365 941	83 448	669 365	189 971	1 685 497	48 036	955 996	16 314	120 933	19 049	606 244	79 968	424 242	8 116	447 877

续表 Continued

国家和地区 Country & Region	总计 Total	发动机合计 Sub-total of Engine		汽油发动机 Petrol Engine 排量≤50mL Displacement≤50mL		50mL<排量≤250mL 50mL<Displacement≤250mL		250mL<排量≤1 000mL 250mL<Displacement≤1 000mL		1 000mL<排量≤3 000mL 1 000mL<Displacement≤3 000mL		排量>3 000mL Displacement>3 000mL		柴油发动机 Diesel Engine 输出功率≥132.39kW（180hp） Output Power≥132.39kW（180hp）		输出功率<132.39kW（180hp） Output Power<132.39kW（180hp）	
	金额 Value	数量 Volume	金额 Value	数量 Volume	金额 Value	数量 Volume	金额 Value	数量 Volume	金额 Value	数量 Volume	金额 Value	数量 Volume	金额 Value	数量 Volume	金额 Value	数量 Volume	金额 Value
智利 Chile	8 063 043	4 806	830 705	0	0	4 774	724 669	0	0	21	22 334	0	0	5	50 768	6	32 934
多哥 Togo	6 973 866	28 794	4 640 361	0	0	28 793	4 637 061	0	0	0	0	0	0	0	0	1	3 300
斯洛伐克 Slovakia	6 214 230	0	0	0	0	0	0	0	0	0	0	0	0	0	0	0	0
苏丹 Sudan	6 172 212	351	510 378	0	0	105	18 900	0	0	0	0	0	0	45	401 429	201	90 049
以色列 Israel	6 129 364	3	18 452	0	0	1	262	0	0	1	4 190	0	0	1	14 000	0	0
巴拿马 Panama	6 080 586	177	21 837	1	103	176	21 734	0	0	0	0	0	0	0	0	0	0
芬兰 Finland	5 999 010	354	64 423	91	11 052	258	36 224	1	1 620	0	0	0	0	0	0	4	15 527
约旦 Jordan	5 253 011	90	20 930	0	0	89	19 630	1	1 300	0	0	0	0	0	0	0	0
叙利亚 Syria	5 236 832	3 600	538 495	0	0	3 580	487 790	0	0	18	38 722	0	0	2	11 983	0	0
安哥拉 Angola	5 209 412	917	987 361	17	1 796	800	118 502	0	0	5	9 166	0	0	51	596 594	44	261 303
厄瓜多尔 Ecuador	4 848 040	1 651	285 351	0	0	1 640	267 987	1	867	6	8 052	0	0	0	0	4	8 445
也门共和国 Yemen	4 819 994	1 774	280 627	0	0	1 759	244 627	0	0	0	0	0	0	15	36 000	0	0
利比亚 Libya	4 751 669	15	98 643	0	0	0	0	0	0	0	0	0	0	7	91 504	8	7 139
澳门 Macau	4 675 552	0	0	0	0	0	0	0	0	0	0	0	0	0	0	0	0
柬埔寨 Cambodia	4 552 528	0	0	0	0	0	0	0	0	0	0	0	0	0	0	0	0
摩洛哥 Morocco	4 465 721	8 206	820 317	7 272	696 792	925	108 736	0	0	5	10 241	0	0	0	0	4	4 548
乌兹别克斯坦 Uzbekistan	4 242 676	0	0	0	0	0	0	0	0	0	0	0	0	0	0	0	0
黎巴嫩 Lebanon	4 132 408	34	157 141	0	0	5	700	1	1 150	17	12 053	0	0	10	142 100	1	1 138
坦桑尼亚 Tanzania	4 127 162	1 856	524 395	0	0	1 835	293 391	0	0	0	0	0	0	21	231 004	0	0
新西兰 New Zealand	4 092 518	84	43 075	0	0	81	17 975	1	1 350	0	0	0	0	2	23 750	0	0
喀麦隆 Cameroon	4 054 860	23 640	3 482 296	0	0	23 428	3 378 948	0	0	0	0	0	0	4	45 274	208	58 074
科威特 Kuwait	4 020 062	7	1 961	1	100	5	685	0	0	1	1 176	0	0	0	0	0	0
老挝 Laos	3 950 101	38 558	3 644 225	0	0	38 483	3 623 221	0	0	0	0	0	0	0	0	75	21 004
立陶宛 Lithuania	3 707 929	25	2 325	25	2 325	0	0	0	0	0	0	0	0	0	0	0	0
希腊 Greece	3 540 411	6 863	805 461	7	805	6 852	802 566	2	1 830	0	0	0	0	0	0	2	260
罗马尼亚 Romania	3 189 568	0	0	0	0	0	0	0	0	0	0	0	0	0	0	0	0

续表 Continued

国家和地区 Country & Region	发动机零部件 Engine Parts																		
	合计 Total	电控燃油喷射装置，kg/套 Electric Control Fuel Injector, kg/set		其他点燃式活塞内燃发动机用，kg for other Positive Piston Internal Combustion Engine, kg		输出功率≥132.39kW（180hp）的车用柴油机用，kg for Diesel Engine with Output Power≥132.39kW（180hp），kg		输出功率<132.39kW（180hp）的车用柴油机用，kg for Diesel Engine with Output Power<132.39kW（180hp），kg		散热器（水箱），台/kg Radiator (Water Tank) unit/kg		机油冷却器，台/kg Oil Cooler, unit/kg		散热器其他零件，kg Radiator (Water Tank) Parts, kg		消声器及排气管及其零件，kg Muffler & Exhaust Pipe and their Parts, kg		发动机用增压器，台 Engine Supercharger, unit	
	金额 Volume	数量 Volume	金额 Value	数量 Volume	金额 Value	数量 Volume	金额 Value	数量 Volume	金额 Value	数量 Volume	金额 Value	数量 Volume	金额 Value	数量 Volume	金额 Value	数量 Volume	金额 Value	数量 Volume	金额 Value
智利 Chile	7 232 338	1 608	109 889	174 757	1 250 098	83 626	728 660	208 938	1 521 924	132 286	2 440 519	483	13 011	9 557	433 399	76 515	524 817	1 147	210 021
多哥 Togo	2 333 505	119	5 357	223 765	1 287 828	14 210	18 492	25 246	90 708	36 291	883 630	0	0	0	0	9 122	29 501	195	17 989
斯洛伐克 Slovakia	6 214 230	500	5 850	1 049 474	3 990 996	3 970	11 323	833 905	1 770 254	1 909	16 371	0	0	0	27 221	70 384	392 215	0	0
苏丹 Sudan	5 661 834	2 439	133 360	168 881	1 084 934	51 005	331 670	803 189	3 005 989	20 818	773 642	0	0	2 200	143 362	29 865	65 053	289	123 824
以色列 Israel	6 110 912	347	8 696	50 428	496 960	21 004	171 293	164 096	1 060 780	121 476	3 252 394	4 162	92 474	13 241	545 424	41 296	262 998	1 606	219 893
巴拿马 Panama	6 058 749	7 062	72 326	223 331	2 245 552	32 019	502 489	160 267	1 124 383	42 202	990 249	0	0	38 273	650 592	89 191	396 259	404	76 899
芬兰 Finland	5 934 587	2 178	58 966	90 726	866 340	171 746	702 356	207 440	1 403 296	101 928	1 406 847	118	4 395	7 684	650 457	114 573	736 358	805	105 572
约旦 Jordan	5 232 081	299	6 339	47 229	549 508	15 060	75 364	42 821	508 826	89 866	2 548 236	27 183	257 721	18 911	1 095 281	20 624	103 822	611	86 984
叙利亚 Syria	4 698 337	1 151	13 827	289 385	1 662 718	121 989	691 302	185 820	1 460 490	28 309	386 304	65	3 871	5 124	243 555	34 620	155 715	480	80 555
安哥拉 Angola	4 222 051	40	400	49 066	247 474	37 952	493 999	160 879	1 782 601	50 304	1 408 704	426	26 560	126	25 476	35 073	112 918	252	123 919
厄瓜多尔 Ecuador	4 562 689	10 725	172 201	162 655	1 213 750	79 669	689 125	266 066	1 175 580	28 197	621 173	0	0	3 793	94 518	38 915	255 296	2 587	341 046
也门共和国 Yemen	4 539 367	0	0	309 644	1 422 693	59 227	346 596	552 419	2 042 424	16 311	432 984	2 200	23 300	0	121 660	35 244	113 880	342	35 830
利比亚 Libya	4 653 026	7 543	91 437	160 097	1 218 184	21 467	228 822	68 166	391 153	69 211	1 861 875	5	995	15 722	612 140	44 736	181 385	376	67 035
澳门 Macau	4 675 552	0	0	107 380	4 609 319	0	0	0	0	12	418	0	0	0	257	9 777	65 558	0	0
柬埔寨 Cambodia	4 552 528	0	0	16 687	116 670	184 752	1 003 821	1 589 142	3 116 011	1 855	61 341	0	0	0	137 755	29 177	98 171	40	18 759
摩洛哥 Morocco	3 645 404	3 721	24 179	186 215	1 157 393	60 420	668 517	90 381	449 025	36 886	894 061	0	0	8 005	239 495	12 793	84 824	787	127 910
乌兹别克斯坦 Uzbekistan	4 242 676	0	0	5 154	55 835	14 971	177 356	301	4 250	149 397	3 543 811	20	500	2 350	22 532	35 052	438 392	0	0
黎巴嫩 Lebanon	3 975 267	1 501	37 080	124 542	560 512	14 999	288 998	46 946	341 026	69 200	2 044 344	1 467	16 985	4 215	276 260	71 679	395 940	62	14 122
坦桑尼亚 Tanzania	3 602 767	1 302	35 938	63 923	465 009	34 796	441 327	660 313	2 268 657	1 565	131 519	3	216	0	181 947	13 779	42 621	431	35 533
新西兰 New Zealand	4 049 443	554	6 555	6 698	116 191	63 000	329 547	309 555	722 352	35 483	1 341 889	186	9 515	1 356	318 893	179 073	1 076 001	715	128 500
喀麦隆 Cameroon	572 564	0	0	14 757	95 458	10 023	88 573	52 094	356 784	130	8 583	10	213	1	444	578	2 678	92	19 831
科威特 Kuwait	4 018 101	4 983	77 566	39 229	197 459	8 375	63 547	41 195	115 755	118 389	2 944 266	7 691	69 132	7 829	410 316	26 039	104 244	552	35 816
老挝 Laos	305 876	0	0	7 050	38 198	89	1 218	99 240	263 083	2	96	0	0	29	2 259	9	37	3	985
立陶宛 Lithuania	3 705 604	412	27 294	14 118	160 370	144 178	320 778	92 654	457 121	93 856	1 690 033	5	1 636	16 461	457 738	123 786	535 242	517	55 392
希腊 Greece	2 734 950	1 147	24 052	49 315	326 135	32 551	229 613	34 309	369 330	33 210	946 887	141	2 351	9 153	221 851	24 288	153 793	78	460 938
罗马尼亚 Romania	3 189 568	7 336	97 225	34 976	371 519	138 069	604 841	205 208	1 229 243	10 149	119 100	0	0	3 535	556 461	18 346	107 284	974	103 895

表7-13 2010年汽车发动机及其零部件分洲别出口量及金额
Table7-13 Volume and Value of Exported Engine and Engine Parts in 2010 (by Continent)

美元 US Dollar

洲别 Continent	总计 Total	发动机合计 Sub-total of Engine		汽油发动机 Petrol Engine										柴油发动机 Diesel Engine			
				排量≤50mL Displacement≤50mL		50mL<排量≤250mL 50mL<Displacement≤250mL		250mL<排量≤1 000mL 250mL<Displacement≤1 000mL		1 000mL<排量≤3 000mL 1 000mL<Displacement≤3 000mL		排量>3 000mL Displacement>3 000mL		输出功率≥132.39kW（180hp） Output Power≥132.39kW（180hp）		输出功率<132.39kW（180hp） Output Power<132.39kW（180hp）	
	金额 Value	数量 Volume	金额 Value	数量 Volume	金额 Value	数量 Volume	金额 Value	数量 Volume	金额 Value	数量 Volume	金额 Value	数量 Volume	金额 Value	数量 Volume	金额 Value	数量 Volume	金额 Value
合计 Total	4 651 162 581	3 326 450	984 876 000	129 583	23 463 482	2 845 573	341 818 640	21 881	19 475 169	284 269	427 469 001	1 731	3 776 080	9 649	71 640 100	33 764	97 233 528
亚洲 Asia	2 186 288 824	2 705 350	688 932 109	62 216	10 226 021	2 391 025	263 006 556	1 268	678 716	228 093	342 784 758	150	1 541 793	3 237	25 325 090	19 361	45 369 175
北美洲 North America	1 019 140 827	50 886	58 236 541	588	72 087	13 332	4 121 216	10 784	9 694 272	24 482	40 765 652	1 572	2 154 058	100	1 268 514	28	160 742
大洋洲 Oceania	54 885 647	1 023	681 175	16	1 646	898	197 486	8	9 458	67	116 502	0	0	24	298 495	10	57 588
非洲 Africa	197 575 701	174 754	32 814 477	12 883	1 235 902	153 757	22 750 780	16	10 198	7 227	5 266 947	5	41 241	242	2 740 044	624	769 365
拉丁美洲 Latin America	311 610 750	241 042	74 866 432	12 972	1 475 865	215 862	32 572 559	2 064	2 330 475	249	306 607	3	36 526	37	391 589	9 855	37 752 811
欧洲 Europe	881 660 832	153 395	129 345 266	40 908	10 451 961	70 699	19 170 043	7 741	6 752 050	24 151	38 228 535	1	2 462	6 009	41 616 368	3 886	13 123 847
其他 Others	0	0	0	0	0	0	0	0	0	0	0	0	0	0	0	0	0

续表 Continued

洲别 Continent	发动机零部件 Engine Parts																		
	合计 Total	电控燃油喷射装置，kg/套 Electric Control Fuel Injector, kg/set		其他点燃式活塞内燃发动机用，kg for other Positive Piston Internal Combustion Engine, kg		输出功率≥132.39kW（180hp）的车用柴油机用，kg for Diesel Engine with Output Power≥132.39kW（180hp），kg		输出功率<132.39kW（180hp）的车用柴油机用，kg for Diesel Engine with Output Power<132.39kW（180hp），kg		散热器（水箱），台/kg Radiator (Water Tank) unit/kg		机油冷却器，台/kg Oil Cooler, unit/kg		散热器其他零件，kg Radiator（Water Tank）Parts, kg		消声器及排气管及其零件，kg Muffler & Exhaust Pipe and their Parts, kg		发动机用增压器，台 Engine Supercharger, unit	
	金额 Volume	数量 Volume	金额 Value	数量 Volume	金额 Value	数量 Volume	金额 Value	数量 Volume	金额 Value	数量 Volume	金额 Value	数量 Volume	金额 Value	数量 Volume	金额 Value	数量 Volume	金额 Value	数量 Volume	金额 Value
合计 Total	3 666 286 581	1 468 088	41 013 097	154 661 350	1 168 192 642	113 900 019	481 835 181	182 069 191	764 154 447	12 476 333	354 960 258	6 348 938	84 280 538	3 500 864	254 132 996	54 094 930	371 079 445	759 644	146 637 977
亚洲 Asia	1 497 356 715	591 324	20 533 236	70 515 642	558 375 318	41 257 120	173 583 061	129 691 061	465 638 754	2 773 954	78 250 348	1 051 717	18 249 694	860 706	69 927 668	10 367 578	69 340 823	238 238	43 457 813
北美洲 North America	960 904 286	295 490	7 642 773	34 199 684	267 327 596	36 400 403	154 500 675	15 616 685	94 993 953	4 240 371	158 550 850	3 290 802	37 867 955	1 008 567	80 565 432	26 088 104	144 019 709	83 589	15 435 343
大洋洲 Oceania	54 204 472	34 242	727 445	532 466	12 264 587	453 607	7 295 028	1 125 330	5 628 125	258 555	10 598 847	123 920	1 207 378	26 573	2 083 274	2 753 671	13 968 684	3 079	431 104
非洲 Africa	164 761 224	59 282	950 231	11 289 318	65 866 089	2 689 104	19 491 539	9 304 230	41 786 349	802 689	20 936 107	23 401	372 742	72 440	5 549 119	1 374 469	5 987 452	24 521	3 821 596
拉丁美洲 Latin America	236 744 318	279 304	5 558 766	8 881 984	81 480 207	8 944 549	40 707 868	6 106 088	41 584 137	1 087 845	27 076 659	338 404	3 746 675	288 999	18 109 474	1 302 604	11 664 357	38 119	6 816 175
欧洲 Europe	752 315 566	208 446	5 600 646	29 242 256	182 878 845	24 155 236	86 257 010	20 225 797	114 523 129	3 312 919	59 547 447	1 520 694	22 836 094	1 243 579	77 898 029	12 208 504	126 098 420	372 098	76 675 946
其他 Others	0	0	0	0	0	0	0	0	0	0	0	0	0	0	0	0	0	0	0

表7-14 2010年汽车传动系统零部件产品分国别出口量及金额
Table7-14 Volume and Value of Exported Transmission System Parts in 2010 (by Country)

美元
US Dollar

国家和地区 Country & Region	合计 Total	离合器及其零部件，kg Clutch and Clutch Parts, kg		变速器及其零件，台/kg Transmission Assembly and Transmission Parts, unit/kg		车辆用传动轴，kg Driving Shaft, kg		驱动桥及其零件，个/kg Drive Axle and Axle Parts, unit/kg		非驱动车桥及零件，kg Non-drive Axle and Axle Parts, kg	
	金额 Value	数量 Volume	金额 Value	数量 Volume	金额 Value	数量 Volume	金额 Value	数量 Volume	金额 Value	数量 Volume	金额 Value
合计 Total	1 965 793 300	97 785 113	502 374 580	1 469 391	762 482 710	38 757 437	131 914 409	737 038	342 843 691	111 760 951	226 177 910
美国 U.S.A.	492 100 220	13 685 843	76 334 540	370 938	232 348 515	17 906 065	61 059 442	522 925	98 724 371	11 205 739	23 633 352
日本 Japan	148 852 452	5 351 378	52 144 866	535 773	85 799 617	173 463	507 910	189	2 984 222	2 531 174	7 415 837
德国 Germany	135 187 503	3 350 674	23 943 630	36 631	89 318 316	328 950	1 242 335	18 241	13 709 833	1 977 075	6 973 389
韩国 South Korea	124 922 543	5 848 273	40 580 301	2 750	59 307 182	2 967 931	11 523 347	5 626	9 747 213	1 874 966	3 764 500
印度 India	77 692 812	2 485 723	13 317 547	9 670	18 501 252	377 618	1 275 722	13 154	27 274 992	8 731 235	17 323 299
墨西哥 Mexico	77 555 306	2 519 511	19 562 857	33 270	47 638 950	68 319	223 606	3 659	9 058 463	355 795	1 071 430
伊朗 Iran	76 911 075	6 606 495	28 526 178	26 514	17 837 919	818 313	2 988 108	20 654	24 305 925	1 572 995	3 252 945
俄罗斯联邦 Russia	41 910 909	3 098 405	11 636 227	7 844	8 038 440	1 173 944	5 806 535	4 290	10 151 282	3 119 795	6 278 425
意大利 Italy	40 634 053	1 503 018	5 950 021	21 959	12 659 475	414 914	1 500 085	627	16 427 117	1 400 507	4 097 355
巴西 Brazil	40 354 763	1 277 820	9 491 473	11 771	5 861 002	2 259 083	5 929 319	670	14 776 772	1 927 397	4 296 197
泰国 Thailand	39 524 065	2 324 762	13 208 649	7 872	4 742 968	404 054	1 065 100	2 989	10 954 538	5 484 507	9 552 810
马来西亚 Malaysia	38 290 172	3 042 734	11 638 361	9 150	3 824 359	1 995 475	6 506 666	5 302	6 211 730	5 074 135	10 109 056
波兰 Poland	37 671 372	723 429	3 340 360	20 706	27 565 906	508 152	1 803 206	12	3 397 876	426 158	1 564 024
英国 U.K.	36 199 318	4 044 804	17 881 798	10 610	13 080 731	739 955	2 710 215	7 523	1 585 162	288 460	941 412
阿拉伯联合酋长国 United Arab Emirates	34 346 136	4 878 577	17 690 161	12 195	3 164 855	365 001	1 270 876	1 667	4 344 483	4 191 679	7 875 761
南非 South Africa	31 222 479	3 451 382	14 171 191	23 403	6 266 689	71 698	241 568	663	6 018 974	2 057 731	4 524 057
越南 Vietnam	29 623 009	2 205 334	12 114 405	23 218	5 663 200	390 692	1 033 794	13 884	8 915 380	998 426	1 896 230
澳大利亚 Australia	27 964 654	434 952	1 807 142	1 085	6 092 695	598 042	1 981 677	16 044	7 320 988	4 620 772	10 762 152
菲律宾 Philippines	25 650 390	1 222 671	3 686 068	2 502	19 503 419	67 517	111 033	1 279	610 047	815 774	1 739 823
法国 France	23 841 434	357 436	2 022 893	17 368	15 603 277	425 481	1 577 016	82	944 962	1 547 554	3 693 286
印度尼西亚 Indonesia	22 422 006	1 974 474	6 691 989	5 533	1 508 494	423 543	1 072 840	5 308	4 736 323	4 970 676	8 412 360
土耳其 Turkey	21 889 563	1 315 617	6 485 472	1 072	3 694 049	899 206	3 330 238	1 642	7 330 443	419 663	1 049 361
沙特阿拉伯 Saudi Arabia	20 476 673	773 706	3 253 325	7 765	1 340 786	533 983	1 519 740	1 064	2 416 775	8 076 012	11 946 047
中国台湾省 Taiwan Province of China	19 509 631	604 688	2 416 731	17 276	6 805 559	80 732	559 660	301	3 410 242	1 830 285	6 317 439
新加坡 Singapore	18 002 659	799 099	4 190 746	2 805	3 201 943	112 908	244 076	2 983	1 257 029	5 244 125	9 108 865

续表 Continued

国家和地区 Country & Region	合计 Total	离合器及其零部件，kg Clutch and Clutch Parts, kg		变速器及其零件，台/kg Transmission Assembly and Transmission Parts, unit/kg		车辆用传动轴，kg Driving Shaft, kg		驱动桥及其零件，个/kg Drive Axle and Axle Parts, unit/kg		非驱动车桥及零件，kg Non-drive Axle and Axle Parts, kg	
	金额 Value	数量 Volume	金额 Value	数量 Volume	金额 Value	数量 Volume	金额 Value	数量 Volume	金额 Value	数量 Volume	金额 Value
尼日利亚 Nigeria	17 905 702	3 815 757	13 295 775	10 158	1 269 180	340 582	575 639	8 125	1 674 663	701 266	1 090 445
中国香港 China Hongkong	14 764 162	315 686	2 049 525	200	2 502 515	38 221	100 396	526	272 466	6 044 262	9 839 260
加拿大 Canada	14 588 003	313 565	1 440 509	6 161	9 326 970	295 718	1 164 839	10	904 239	826 440	1 751 446
缅 甸 Myanmar	13 556 746	343 992	777 902	23 729	9 807 097	51 684	123 941	23 743	1 830 299	331 838	1 017 507
荷 兰 Netherlands	11 890 841	1 120 769	5 106 961	27	685 216	545 493	1 491 479	35 344	2 900 529	435 036	1 706 656
阿尔及利亚 Algeria	10 728 324	1 016 723	3 474 757	2 907	1 063 505	555 345	1 658 974	1 732	2 225 198	1 557 172	2 305 890
埃 及 Egypt	9 364 819	757 989	2 810 155	8 284	2 454 047	71 311	167 447	441	1 225 922	1 833 028	2 707 248
匈牙利 Hungary	9 298 262	569 056	4 037 056	17	1 178 193	28 833	84 500	0	261 402	1 189 606	3 737 111
西班牙 Spain	8 547 572	333 612	1 846 735	3 898	2 131 741	160 252	600 859	0	1 233 209	1 205 393	2 735 028

表7-15 2010年汽车传动系统零部件产品分洲别出口量及金额

Table7-15 Volume and Value of Exported Transmission System Parts in 2010 (by Continent)

美元
US Dollar

洲别 Continent	合计 Total	离合器及其零部件，kg Clutch and Clutch Parts, kg		变速器及其零件，台/kg Transmission Assembly and Transmission Parts, unit/kg		车辆用传动轴，kg Driving Shaft, kg		驱动桥及其零件，个/kg Drive Axle and Axle Parts, unit/kg		非驱动车桥及零件，kg Non-drive Axle and Axle Parts, kg	
	金额 Value	数量 Volume	金额 Value	数量 Volume	金额 Value	数量 Volume	金额 Value	数量 Volume	金额 Value	数量 Volume	金额 Value
合 计 Total	1 965 793 300	97 785 113	502 374 580	1 469 391	762 482 710	38 757 437	131 914 409	737 038	342 843 691	111 760 951	226 177 910
亚 洲 Asia	772 522 969	45 045 199	241 991 937	701 543	252 212 774	10 318 336	35 373 835	105 618	123 416 012	63 083 668	119 528 411
北美洲 North America	506 688 820	13 999 409	77 775 376	377 099	241 675 755	18 201 783	62 224 281	522 935	99 628 610	12 032 179	25 384 798
大洋洲 Oceania	29 534 130	543 568	2 185 782	1 189	6 743 815	610 158	2 017 329	16 081	7 549 411	4 737 149	11 037 793
非 洲 Africa	98 895 065	12 180 980	47 287 031	48 025	14 408 948	1 425 971	4 053 987	13 033	14 634 125	10 676 726	18 510 974
拉丁美洲 Latin America	154 342 938	6 785 996	41 512 447	48 850	56 580 405	2 766 259	7 753 565	5 269	36 309 752	6 049 223	12 186 769
欧 洲 Europe	403 809 378	19 229 961	91 622 007	292 685	190 861 013	5 434 930	20 491 412	74 102	61 305 781	15 182 006	39 529 165
其 他 Others	0	0	0	0	0	0	0	0	0	0	0

表7-16 2010年汽车车身及其附件、零部件产品分国别出口量及金额

Table7-16 Volume and Value of Exported Vehicle Body, Body Accessories and Parts in 2010 (by Country)

美元 US Dollar

国家和地区 Country & Region	合计 Total	车身，台 Vehicle Body, set		车身附件、零部件 Vehicle Body Accessories and Parts									
				车辆后视镜，kg Rear-view Mirror, kg		机动车辆用中央控制门锁，kg/套 Central Control Lock, kg/set		机动车辆用其他锁，kg Other Locking Device, kg		车辆用的贱金属附件及架座，kg Metal Accessories and Bracket, kg		车辆风挡刮水器、除霜器及去雾器，台 Windscreen Wiper, Defroster and Defogger, unit	
	金额 Value	数量 Volume	金额 Value	数量 Volume	金额 Value	数量 Volume	金额 Value	数量 Volume	金额 Value	数量 Volume	金额 Value	数量 Volume	金额 Value
合 计 Total	**4 663 777 419**	**56 985**	**90 398 492**	**28 781 660**	**126 048 832**	**18 156 562**	**236 735 330**	**13 816 038**	**70 597 216**	**12 837 679**	**47 645 586**	**145 237 377**	**156 974 481**
美 国 U.S.A.	1 092 805 276	1 991	4 091 755	1 029 693	6 482 901	2 292 075	30 583 376	2 458 888	11 188 117	3 445 044	12 914 620	40 831 418	41 535 544
日 本 Japan	1 063 965 924	66	769 989	1 809 122	25 026 522	7 979 736	101 897 930	270 748	3 227 474	366 791	3 593 536	3 938 328	17 675 141
韩 国 South Korea	381 964 177	54	208 475	483 330	3 322 540	1 102 355	18 424 762	155 219	1 619 668	86 178	449 871	1 269 218	2 554 628
英 国 U.K.	161 600 966	34	145 511	530 253	7 009 091	386 245	9 327 974	536 245	1 904 818	649 302	2 836 057	3 588 053	5 556 320
德 国 Germany	159 620 370	24	118 452	650 261	3 738 014	183 324	2 652 616	337 226	2 493 405	1 094 101	5 524 323	6 630 811	6 922 741
中国香港 China Hongkong	136 023 735	242	1 238 648	2 188 288	1 332 800	208 150	1 437 415	267 101	1 264 266	272 607	710 977	3 963 398	3 150 833
加拿大 Canada	119 006 002	1 790	38 431	64 892	253 802	918 560	16 051 488	99 880	553 170	185 769	678 437	2 809 546	4 381 827
澳大利亚 Australia	105 058 520	783	2 011 286	309 504	2 020 206	162 170	3 816 400	156 912	756 910	360 089	1 939 447	545 241	1 925 376
印 度 India	91 356 772	12 522	28 483 585	1 024 350	3 860 681	224 245	4 073 398	176 377	1 212 403	195 912	2 951 843	1 100 591	1 427 242
马来西亚 Malaysia	81 589 625	120	170 738	2 812 991	9 016 411	209 383	1 058 569	778 174	2 728 262	258 453	335 062	3 586 035	3 238 796
泰 国 Thailand	77 779 815	239	726 408	359 930	1 471 680	479 168	7 707 836	232 612	2 588 028	118 579	1 912 751	1 245 182	1 161 786
墨西哥 Mexico	77 246 602	3	2 344	348 058	1 543 708	307 009	5 125 829	268 115	848 685	79 777	329 065	8 178 428	4 078 263
中国台湾省 Taiwan Province of China	69 060 591	58	980 134	324 570	945 372	106 646	1 807 719	253 888	1 762 265	151 535	671 456	1 332 490	2 026 191
伊 朗 Iran	65 234 085	5 984	22 354 945	1 337 646	5 296 277	166 676	1 077 922	1 436 553	4 355 895	67 213	173 936	3 344 603	2 451 399
巴 西 Brazil	63 107 115	2 710	2 440 518	591 224	1 659 613	545 226	5 569 891	415 014	2 747 926	54 541	351 831	3 990 732	2 145 118
俄罗斯联邦 Russia	60 961 206	443	1 474 608	499 818	3 169 766	194 006	1 013 869	133 400	730 472	73 811	443 631	2 150 798	3 826 960
哈萨克斯坦 Kazakhstan	48 560 241	115	424 232	109 455	807 102	5 320	48 800	54 032	440 717	336	1 260	2 524 474	8 796 236
土耳其 Turkey	47 195 095	3	7 259	313 848	1 249 209	190 836	1 132 955	74 491	368 285	34 682	98 000	6 562 499	4 322 890
西班牙 Spain	46 801 667	7	36 086	764 039	6 393 685	42 184	1 288 821	268 479	1 436 928	196 162	282 956	1 344 711	1 814 330

续表 Continued

国家和地区 Country & Region	车身附件、零部件 Vehicle Body Accessories and Parts													
	缓冲器（保险杠）及其零部件，kg Bumper and Bumper Parts, kg		座椅安全带，kg Safety Belt, kg		安全气囊及其零件，套 Safety Airbag and Airbag Parts, set		侧围，kg Side Wall, kg		车门，只/kg Door, unit/kg		发动机罩盖，kg Engine Hood, kg		前围，kg Front Wall, kg	
	数量 Volume	金额 Value	数量 Volume	金额 Value	数量 Volume	金额 Value	数量 Volume	金额 Value	数量 Volume	金额 Value	数量 Volume	金额 Value	数量 Volume	金额 Value
合　计 Total	**53 649 006**	**209 639 589**	**7 326 102**	**62 928 166**	**23 342 110**	**412 416 738**	**871 140**	**3 371 673**	**98 856**	**9 116 148**	**5 494 954**	**20 852 615**	**2 314 842**	**6 198 972**
美　国 U.S.A.	16 472 490	58 668 886	1 727 974	13 879 346	4 215 254	43 610 708	58 994	234 965	4 947	409 904	605 915	4 175 136	46 940	264 761
日　本 Japan	1 110 619	8 401 552	1 604 992	18 442 687	10 240 908	166 901 403	20 009	105 892	625	53 102	1 411 539	2 706 801	40 169	173 633
韩　国 South Korea	2 515 220	14 409 679	147 346	776 871	5 074 931	117 629 094	87 557	131 131	3 107	389 158	113 171	1 592 897	1 518 991	1 414 362
英　国 U.K.	959 794	4 792 573	587 725	7 124 762	516 174	16 798 187	67 177	130 002	571	49 064	18 453	62 628	59 817	128 706
德　国 Germany	2 609 802	5 685 538	22 831	193 193	783 499	9 220 253	1 903	24 434	491	39 896	53 557	329 453	10 159	48 557
中国香港 China Hongkong	99 638	206 779	774 107	6 666 363	37 371	1 176 595	15 540	44 234	291	20 141	9 521	315 002	3 807	23 487
加拿大 Canada	799 833	3 387 505	2 458	25 487	137 606	5 580 524	9 265	57 228	5 445	651 885	7 393	18 365	12 415	88 597
澳大利亚 Australia	1 611 249	5 640 523	27 189	203 452	370 990	5 559 683	56 866	309 845	68	16 658	11 694	163 078	17 635	151 110
印　度 India	233 322	837 004	158 806	708 279	211 359	3 888 788	180	243	4 503	1 586 772	4 495	11 442	11 227	144 831
马来西亚 Malaysia	569 733	1 710 814	52 838	270 898	106 514	3 308 732	135 662	726 428	890	79 722	22 536	122 070	2 972	32 565
泰　国 Thailand	364 647	1 560 523	32 216	262 841	375 163	6 310 656	21 669	47 405	3 803	169 147	36 413	98 926	15 034	76 534
墨西哥 Mexico	165 328	620 397	5 817	42 039	318 411	8 991 459	0	0	703	58 521	348 773	698 893	658	3 031
中国台湾省 Taiwan Province of China	505 802	1 358 201	46 788	506 914	116 842	3 000 631	30 490	60 711	8 292	550 637	280 797	805 650	9 294	74 481
伊　朗 Iran	790 172	3 313 416	39 039	217 206	13 456	659 935	15 672	94 410	8 658	716 551	34 332	142 386	20 322	117 452
巴　西 Brazil	5 095 538	5 696 916	227 541	1 868 383	29 590	646 171	9 523	105 146	1 639	288 295	296 816	988 357	14 903	123 492
俄罗斯联邦 Russia	516 228	3 183 290	476 528	3 159 414	4 736	92 827	5 857	40 258	3 075	268 690	105 652	352 023	13 306	66 959
哈萨克斯坦 Kazakhstan	3 057 812	28 862 427	134 706	498 752	10 070	54 172	0	0	39	8 293	7 630	40 670	2 130	9 681
土耳其 Turkey	265 982	1 377 355	95 577	594 231	15 920	122 021	15 465	77 063	1 733	121 724	68 411	223 943	187 563	1 764 934
西班牙 Spain	74 210	501 346	44 326	241 704	42 919	2 209 869	0	0	35	8 836	86 377	835 139	2 984	13 012

续表 Continued

国家和地区 Country & Region	车身附件、零部件 Vehicle Body Accessories and Parts													
	行李箱盖或背门，kg Trunk Cover or Back Door, kg		后围，kg Back Wall, kg		翼子板或叶子板，kg Fender, kg		其他车身覆盖件，kg Other Body Covering Parts, kg		车窗玻璃升降器，kg Window Lifter, kg		电动天窗，套/kg Electric Sunroof, set/kg		手动天窗，套/kg Mannual Sunroof, set/kg	
	数量 Volume	金额 Value	数量 Volume	金额 Value	数量 Volume	金额 Value	数量 Volume	金额 Value	数量 Volume	金额 Value	数量 Volume	金额 Value	数量 Volume	金额 Value
合　计 Total	986 042	6 740 173	570 847	1 616 747	2 003 106	8 448 451	7 524 542	52 281 961	8 241 018	72 531 097	67 382	11 827 847	28 385	1 384 555
美　国 U.S.A.	541 496	3 420 033	23 912	179 213	24 743	149 888	2 299 614	21 551 734	1 408 357	10 298 331	59	9 249	5	1 148
日　本 Japan	1 904	48 217	32 490	74 768	22 764	264 738	234 498	2 920 178	1 034 319	15 860 114	353	70 960	0	0
韩　国 South Korea	113 364	606 847	393 143	726 526	22 406	211 301	113 890	538 777	103 598	2 563 987	53 299	10 329 009	713	30 825
英　国 U.K.	24 234	486 260	4 700	26 206	15 727	109 059	137 108	994 525	38 106	351 303	0	0	316	11 806
德　国 Germany	375	2 653	123	689	66 944	218 812	220 028	948 864	480 265	2 871 205	1 605	20 471	10	1 556
中国香港 China Hongkong	65 243	204 488	2 829	9 615	3 403	17 920	12 244	119 742	85 774	361 418	0	0	10	178
加拿大 Canada	20 827	104 989	15 621	108 915	604	1 634	51 248	465 583	26 791	173 875	0	0	0	0
澳大利亚 Australia	479	5 461	5 303	45 968	2 310	24 271	153 187	1 038 388	356 757	4 716 791	6	797	1 616	192 723
印　度 India	133	1 063	1 040	2 806	47 236	197 112	59 518	879 142	39 411	145 119	4 682	730 883	549	19 924
马来西亚 Malaysia	17 178	102 680	15 911	86 052	58 327	274 251	105 099	599 406	377 372	1 455 030	590	26 955	1 883	81 086
泰　国 Thailand	2 118	42 785	13 784	41 329	22 591	103 168	8 968	58 299	80 180	834 842	1 992	350 971	1 230	47 224
墨西哥 Mexico	0	0	3 100	1 595	130 100	380 457	49 107	460 853	171 971	1 156 623	0	0	3 954	257 365
中国台湾省 Taiwan Province of China	135 813	1 098 089	327	2 868	110 165	318 750	988 942	5 984 002	513 483	3 270 679	600	59 749	1 054	32 632
伊　朗 Iran	5 445	32 626	333	2 914	84 983	301 237	506 401	1 823 075	707 006	5 299 707	14	2 210	1 711	38 398
巴　西 Brazil	5 048	86 755	1 693	29 643	113 135	632 975	121 385	519 318	621 628	4 153 062	1	3 265	389	6 745
俄罗斯联邦 Russia	6 414	51 382	1 290	9 491	62 407	312 146	75 057	442 784	155 588	1 627 568	1	92	3 084	206 795
哈萨克斯坦 Kazakhstan	0	0	0	0	38 058	140 102	2 787	25 595	5 203	26 476	0	0	0	0
土耳其 Turkey	528	6 044	105	1 016	25 894	147 945	417 662	1 189 252	209 018	1 345 511	381	59 955	0	0
西班牙 Spain	108	1 352	432	4 043	15 288	20 781	8 673	54 995	75 342	3 971 394	0	0	43	937

续表 Continued

国家和地区 Country & Region	车身附件、零部件 Vehicle Body Accessories and Parts								汽车玻璃，kg Glass, kg		汽车空调器，台 Air Conditioner, unit	
	其他未列名车身零部件, kg Other Untitled Body Parts, kg		机动车辆用座具，个 Seat Device, unit		机动车辆用座椅调角器，套/kg Seat Adjuster, set/kg		其他车辆用座具零部件, kg Other Parts of Seating Device, kg					
	数量 Volume	金额 Value	数量 Volume	金额 Value	数量 Volume	金额 Value	数量 Volume	金额 Value	数量 Volume	金额 Value	数量 Volume	金额 Value
合 计 Total	196 509 103	1 529 085 742	2 323 773	93 344 687	8 925 601	45 099 792	77 532 483	695 672 064	316 627 433	589 210 538	289 224	103 609 927
美 国 U.S.A.	71 919 321	484 484 052	530 370	17 062 978	1 656 227	7 525 652	17 423 693	99 845 455	104 065 767	190 213 910	146 811	30 023 614
日 本 Japan	18 408 119	267 407 489	210 350	14 361 814	1 237 203	8 331 650	26 606 548	368 081 440	14 821 402	33 918 552	54 234	3 650 342
韩 国 South Korea	12 965 349	108 512 793	116 926	7 294 487	947 842	6 146 943	2 428 948	31 227 328	24 302 907	42 193 531	687	8 658 687
英 国 U.K.	4 704 894	42 104 792	50 029	2 140 377	253 587	1 805 460	2 765 885	23 671 915	12 552 052	28 324 251	2 429	5 709 319
德 国 Germany	8 867 498	69 924 795	116 520	4 477 257	230 216	1 431 825	3 785 338	14 385 131	13 402 614	27 999 780	1 655	346 457
中国香港 China Hongkong	4 433 730	64 133 617	17 065	1 045 856	340	510	669 251	33 313 217	8 202 275	13 264 441	1 479	5 965 193
加拿大 Canada	7 694 796	43 400 932	19 653	898 971	103 730	122 045	3 368 234	27 283 937	8 784 929	14 637 302	30	41 073
澳大利亚 Australia	3 769 780	23 948 134	30 891	1 420 207	2 120	4 797	1 515 288	7 562 675	17 446 286	31 845 638	9 633	9 738 696
印 度 India	1 450 798	8 789 420	3 353	145 281	2 075 075	4 500 763	4 388 801	13 653 117	5 593 878	9 221 820	12 424	3 883 811
马来西亚 Malaysia	3 606 522	44 391 669	28 696	1 436 235	202 261	1 836 971	114 373	571 840	2 159 115	3 598 364	820	4 330 019
泰 国 Thailand	2 765 312	32 787 363	19 765	631 169	470 538	2 579 911	1 887 086	13 630 454	681 503	2 037 776	159	540 003
墨西哥 Mexico	5 042 491	38 895 762	6 955	358 128	492 810	2 989 794	1 091 887	4 796 750	2 733 178	5 122 668	161	484 373
中国台湾省 Taiwan Province of China	4 718 329	33 453 670	17 130	1 289 607	272 327	1 249 184	1 359 847	7 202 582	123 202	268 877	270	279 540
伊 朗 Iran	1 252 748	8 991 337	17 866	571 468	871	3 793	56 007	528 512	1 872 072	3 438 325	4 014	3 228 753
巴 西 Brazil	1 786 371	16 885 834	71 993	1 358 342	25 669	177 230	141 935	1 145 843	4 096 937	7 879 454	1 353	5 596 992
俄罗斯联邦 Russia	3 824 074	16 744 253	113 277	2 811 075	8	72	304 986	3 027 398	9 986 689	17 782 334	204	123 049
哈萨克斯坦 Kazakhstan	135 462	666 500	31 673	686 860	0	0	35 140	175 430	2 510 242	6 845 314	2	1 622
土耳其 Turkey	4 818 364	26 146 694	35 732	796 747	66 628	433 074	297 685	1 186 674	1 030 968	2 549 144	1 319	1 873 170
西班牙 Spain	1 165 648	11 175 445	96 953	2 682 545	20	90	2 477 485	9 690 335	1 352 012	2 494 557	789	1 642 481

续表 Continued

国家和地区 Country & Region	合计 Total	车身，台 Vehicle Body, set		车身附件、零部件 Vehicle Body Accessories and Parts									
				车辆后视镜，kg Rear-view Mirror, kg		机动车辆用中央控制门锁，kg/套 Central Control Lock, kg/set		机动车辆用其他锁，kg Other Locking Device, kg		车辆用的贱金属附件及架座，kg Metal Accessories and Bracket, kg		车辆风挡刮水器、除霜器及去雾器，台 Windscreen Wiper, Defroster and Defogger, unit	
	金额 Value	数量 Volume	金额 Value	数量 Volume	金额 Value	数量 Volume	金额 Value	数量 Volume	金额 Value	数量 Volume	金额 Value	数量 Volume	金额 Value
捷克 Czech Republic	44 126 167	0	0	2 518	11 440	316 255	4 316 381	2 282	8 735	5 942	46 927	371 036	472 565
意大利 Italy	41 008 716	6 076	330 624	324 315	2 336 672	1 949	7 587	198 262	902 134	579 129	1 047 058	4 948 502	3 697 822
印度尼西亚 Indonesia	39 001 535	213	1 829 174	1 598 818	4 503 182	184 636	2 124 677	384 733	1 561 563	139 468	594 983	1 719 062	1 945 101
荷兰 Netherlands	35 189 952	17	19 908	60 616	280 131	14 510	150 534	587 550	1 912 396	511 376	1 153 127	973 596	1 437 678
越南 Vietnam	30 999 502	2 179	4 020 500	984 171	4 206 718	19 873	65 148	601 384	10 941 651	38 470	114 097	362 926	768 706
法国 France	30 611 929	497	1 598 627	179 260	1 466 990	859	8 587	191 364	1 230 202	588 148	608 188	477 696	433 173
阿拉伯联合酋长国 United Arab Emirates	30 046 987	76	262 793	885 003	2 523 024	271 581	1 666 751	678 668	1 933 476	266 974	499 589	4 905 350	3 210 064
波兰 Poland	26 963 471	4	9 280	90 950	644 937	38 096	186 755	20 338	107 238	47 442	425 046	667 350	611 085
南非 South Africa	26 956 495	35	299 397	115 514	354 054	118 915	1 363 076	128 905	551 499	48 956	208 801	1 828 304	1 050 683
比利时 Belgium	26 826 129	6	21 460	7 569	77 114	28 704	387 506	111 320	381 620	1 326 059	2 330 879	466 209	513 648
埃及 Egypt	23 376 829	86	206 994	1 137 701	2 900 223	79 405	400 571	115 736	362 128	61 132	82 384	952 139	769 821
尼日利亚 Nigeria	17 888 225	24	106 649	676 944	1 479 581	12 236	38 732	415 973	1 213 308	69 024	223 400	1 356 646	955 105
菲律宾 Philippines	17 005 243	38	203 785	787 157	1 650 999	52 234	539 814	87 417	366 947	120 075	162 838	500 757	438 580
阿根廷 Argentina	16 751 972	1	2 200	249 941	706 816	243 685	3 599 121	244 438	854 392	33 533	38 629	1 122 160	731 905
沙特阿拉伯 Saudi Arabia	16 633 088	2	16 493	458 713	1 332 246	40 198	225 677	51 884	132 065	189 398	434 706	838 274	601 491
阿尔及利亚 Algeria	12 181 068	239	2 000 931	307 572	680 923	38 393	137 971	84 166	270 714	36 291	130 358	1 143 002	782 133
瑞典 Sweden	11 710 344	4	3 660	16 104	61 657	40 838	927 712	22 875	133 929	68 382	241 386	72 647	126 858
巴基斯坦 Pakistan	11 337 686	0	0	353 927	877 161	101 637	413 674	233 166	709 173	37 117	61 784	507 902	300 920
罗马尼亚 Romania	10 630 979	62	61 208	106 378	279 128	17 607	218 605	12 357	54 469	1 360	4 749	866 321	725 772
巴拿马 Panama	10 203 288	22	94 134	83 319	220 129	132 022	2 013 183	42 719	153 122	15 395	61 615	2 039 466	1 436 992

续表 Continued

国家和地区 Country & Region	车身附件、零部件 Vehicle Body Accessories and Parts													
	缓冲器（保险杠）及其零部件，kg Bumper and Bumper Parts, kg		座椅安全带，kg Safety Belt, kg		安全气囊及其零件，套 Safety Airbag and Airbag Parts, set		侧围，kg Side Wall, kg		车门，只/kg Door, unit/kg		发动机罩盖，kg Engine Hood, kg		前围，kg Front Wall, kg	
	数量 Volume	金额 Value	数量 Volume	金额 Value	数量 Volume	金额 Value	数量 Volume	金额 Value	数量 Volume	金额 Value	数量 Volume	金额 Value	数量 Volume	金额 Value
捷克 Czech Republic	49 367	202 883	520	4 984	60 621	2 780 637	218	1 754	95	6 747	1 624	19 025	0	0
意大利 Italy	239 094	1 543 664	7 319	59 748	290 086	6 833 286	25 946	108 001	2 325	187 661	406 647	1 961 721	59 841	142 070
印度尼西亚 Indonesia	695 933	2 360 305	16 286	61 392	21 319	524 402	624	1 512	896	56 488	11 528	70 163	722	24 115
荷兰 Netherlands	424 080	955 929	19 517	168 680	25	46	1 475	14 832	165	15 673	37 910	180 394	1 691	7 647
越南 Vietnam	830 190	2 192 029	29 706	388 887	3 162	63 675	12 963	23 082	2 171	212 516	6 926	34 991	9 302	62 431
法国 France	101 754	447 152	3 653	31 387	14 599	310 464	16 740	19 213	41	2 970	276 441	1 387 686	2 745	9 158
阿拉伯联合酋长国 United Arab Emirates	1 517 653	6 150 703	171 322	726 209	35	780	2 217	18 128	1 171	132 791	14 967	88 992	10 191	50 140
波兰 Poland	84 885	459 361	2 399	23 280	93 977	2 234 853	836	8 628	337	16 764	78 226	253 175	4 564	19 427
南非 South Africa	514 109	1 833 577	48 123	326 981	3 862	124 876	3 593	58 796	5 369	280 185	192 367	439 538	6 347	41 846
比利时 Belgium	715 312	950 696	5 863	46 256	110	1 230	8	150	71	43 861	0	0	1 120	15 160
埃及 Egypt	789 020	2 939 711	26 410	130 518	424	19 103	17 392	96 236	4 137	244 538	204 578	398 154	56 285	268 998
尼日利亚 Nigeria	1 029 943	3 536 991	9 572	26 802	15	1 476	3 148	12 854	1 389	55 869	2 969	7 961	180	882
菲律宾 Philippines	195 549	537 843	21 796	45 521	23 903	674 842	10 880	17 494	137	23 767	19 168	109 520	26 733	114 547
阿根廷 Argentina	42 937	453 101	126 593	749 519	10 047	419 456	506	3 521	859	55 581	148 952	424 987	9 532	102 625
沙特阿拉伯 Saudi Arabia	1 375 900	4 418 986	11 728	41 514	0	0	8 665	67 278	5 091	167 206	24 927	135 465	14 695	57 801
阿尔及利亚 Algeria	378 771	1 273 056	5 582	13 268	124	10 051	3 919	32 376	1 307	122 580	10 316	43 568	19 343	117 107
瑞典 Sweden	56 226	426 637	712	8 116	3 167	56 718	290	1 450	10	1 470	88	750	840	3 965
巴基斯坦 Pakistan	193 395	357 472	51 799	484 988	0	0	0	0	622	19 388	34 194	106 629	294	1 375
罗马尼亚 Romania	355 580	1 345 365	15 142	118 725	116 240	605 916	0	0	258	21 563	9 824	18 579	8	15
巴拿马 Panama	145 915	768 507	40 830	146 077	5	154	690	383	44	5 956	934	3 364	1 641	16 086

续表 Continued

国家和地区 Country & Region	车身附件、零部件 Vehicle Body Accessories and Parts													
	行李箱盖或背门，kg Trunk Cover or Back Door, kg		后围，kg Back Wall, kg		翼子板或叶子板，kg Fender, kg		其他车身覆盖件，kg Other Body Covering Parts, kg		车窗玻璃升降器，kg Window Lifter, kg		电动天窗，套/kg Electric Sunroof, set/kg		手动天窗，套/kg Mannual Sunroof, set/kg	
	数量 Volume	金额 Value	数量 Volume	金额 Value	数量 Volume	金额 Value	数量 Volume	金额 Value	数量 Volume	金额 Value	数量 Volume	金额 Value	数量 Volume	金额 Value
捷克 Czech Republic	0	0	0	0	52	385	47 341	427 382	9 573	53 963	0	0	0	0
意大利 Italy	68	934	0	0	71 906	296 102	48 951	321 263	161 179	2 253 601	20	2 543	0	0
印度尼西亚 Indonesia	408	1 038	0	0	22 197	115 711	2 859	23 866	276 803	2 722 958	2 770	107 416	2 342	90 820
荷兰 Netherlands	37	205	11	120	29 558	198 078	29 113	204 606	23 730	104 033	2	292	2 450	144 851
越南 Vietnam	0	0	281	721	9 262	21 627	59 085	330 295	27 869	311 439	265	16 087	1 555	31 970
法国 France	495	2 972	0	0	1 696	11 437	86 301	495 834	52 416	431 378	16	2 336	0	0
阿拉伯联合酋长国 United Arab Emirates	1 830	12 763	77	650	54 029	185 482	314 237	1 054 625	160 541	751 037	0	0	0	0
波兰 Poland	0	0	21	122	77 921	299 288	33 478	177 465	37 185	199 314	0	0	0	0
南非 South Africa	2 251	22 906	88	530	92 596	348 167	56 582	288 270	97 856	497 669	235	4 427	150	15 750
比利时 Belgium	2 664	176 799	654	17 334	361	11 400	20 611	124 552	9 997	38 832	0	0	5	3 095
埃及 Egypt	2 793	11 413	189	814	114 920	343 585	88 558	466 071	195 721	447 915	4	813	50	4 280
尼日利亚 Nigeria	64	514	0	0	7 077	7 842	24 914	262 149	30 345	55 401	0	0	0	0
菲律宾 Philippines	8 198	52 934	33 741	168 353	13 761	63 728	22 612	110 430	11 053	46 344	0	0	46	3 797
阿根廷 Argentina	1 908	489	6 000	8 225	87 954	651 057	156 076	741 294	27 854	431 959	0	0	0	0
沙特阿拉伯 Saudi Arabia	25	885	0	0	25 420	83 620	57 109	241 333	24 393	109 334	0	0	0	0
阿尔及利亚 Algeria	334	2 564	0	0	18 621	88 877	111 668	538 941	64 140	207 299	0	0	20	1 351
瑞典 Sweden	0	0	180	680	514	3 870	1 686	13 949	2	50	0	0	0	0
巴基斯坦 Pakistan	0	0	23	50	10 243	68 540	30 856	621 885	35 730	95 758	160	5 583	1 994	69 608
罗马尼亚 Romania	2 350	8 982	0	0	7 134	38 299	201	886	20 733	84 221	0	0	0	0
巴拿马 Panama	0	0	0	0	1 732	31 668	7 801	78 421	83 880	990 515	0	0	0	0

续表 Continued

国家和地区 Country & Region	车身附件、零部件 Vehicle Body Accessories and Parts								汽车玻璃，kg Glass, kg		汽车空调器，台 Air Conditioner, unit	
	其他未列名车身零部件, kg Other Untitled Body Parts, kg		机动车辆用座具，个 Seat Device, unit		机动车辆用座椅调角器，套/kg Seat Adjuster, set/kg		其他车辆用座具零部件, kg Other Parts of Seating Device, kg					
	数量 Volume	金额 Value	数量 Volume	金额 Value	数量 Volume	金额 Value	数量 Volume	金额 Value	数量 Volume	金额 Value	数量 Volume	金额 Value
捷克 Czech Republic	2 507 176	29 425 234	1 935	64 018	0	0	1 462 891	3 422 841	762 360	2 854 391	16	5 875
意大利 Italy	2 516 554	9 405 064	76 544	2 782 302	1 881	16 232	261 101	1 282 714	2 106 184	3 995 510	5 113	1 494 403
印度尼西亚 Indonesia	1 363 047	6 891 098	6 098	269 247	9 755	62 293	1 334 560	11 670 863	117 958	180 573	366	1 208 595
荷兰 Netherlands	1 157 683	23 574 650	70 225	2 391 462	12 298	80 554	217 855	1 380 144	458 996	788 416	277	25 566
越南 Vietnam	1 000 049	4 969 737	15 526	854 897	5 987	52 709	47 899	431 990	271 333	756 796	897	126 803
法国 France	2 956 965	15 391 660	49 618	1 759 022	66	1 568	122 134	636 081	2 250 867	4 163 174	14	162 670
阿拉伯联合酋长国 United Arab Emirates	1 285 927	6 425 001	29 041	667 663	1	287	26 837	248 181	1 177 485	1 898 692	518	1 539 166
波兰 Poland	1 310 658	9 090 016	59 482	2 094 613	375 812	2 643 212	684 708	3 397 200	1 986 061	3 976 775	85	85 637
南非 South Africa	700 911	5 253 575	13 612	480 850	2 718	14 114	296 555	1 889 887	5 849 053	10 288 432	356	918 609
比利时 Belgium	2 569 596	9 896 188	40 564	2 855 853	198 205	985 402	7 513	64 109	3 587 304	7 871 322	925	11 663
埃及 Egypt	696 661	3 139 693	80 309	5 255 741	34 342	180 226	229 452	701 680	895 985	1 329 764	5 431	2 675 455
尼日利亚 Nigeria	741 739	1 636 845	7 029	52 276	0	0	17	58	5 122 146	8 213 530	0	0
菲律宾 Philippines	753 568	5 476 281	20 514	1 183 357	15 996	103 586	199 757	629 064	1 602 400	2 034 274	2 084	2 246 598
阿根廷 Argentina	565 319	3 353 324	10 110	101 536	156 600	1 397 108	119 778	876 765	335 633	568 630	905	479 732
沙特阿拉伯 Saudi Arabia	899 371	3 030 891	4 799	93 369	6	141	37 036	32 689	3 598 621	5 399 578	4	10 320
阿尔及利亚 Algeria	261 548	986 163	4 538	74 912	0	0	631	6 394	2 652 507	4 659 356	6	175
瑞典 Sweden	1 131 657	5 496 300	16 871	593 109	836	3 775	123 253	803 223	1 346 631	2 789 381	256	11 699
巴基斯坦 Pakistan	698 495	3 190 117	4 652	71 790	4 160	28 181	29 001	289 719	2 293 699	3 562 847	3	1 044
罗马尼亚 Romania	1 065 367	5 345 211	5 395	164 403	0	0	44 307	61 848	755 448	1 461 371	1 022	11 664
巴拿马 Panama	335 431	1 100 725	5 752	198 300	0	0	4 793	855	1 639 571	2 883 102	0	0

表7-17 2010年汽车车身及其附件、零部件产品分洲别出口量及金额
Table7-17 Volume and Value of Exported Vehicle Body, Body Accessories and Parts in 2010 (by Continent)

美元 US Dollar

洲别 Continent	合计 Total	车身，台 Vehicle Body, set		车身附件、零部件 Vehicle Body Accessories and Parts: 车辆后视镜，kg Rear-view Mirror, kg		机动车辆用中央控制门锁，kg/套 Central Control Lock, kg/set		机动车辆用其他锁，kg Other Locking Device, kg		车辆用的贱金属附件及架座，kg Metal Accessories and Bracket, kg		车辆风挡刮水器、除霜器及去雾器，台 Windscreen Wiper, Defroster and Defogger, unit	
	金额 Value	数量 Volume	金额 Value	数量 Volume	金额 Value	数量 Volume	金额 Value	数量 Volume	金额 Value	数量 Volume	金额 Value	数量 Volume	金额 Value
合计 Total	4 663 777 419	56 985	90 398 492	28 781 660	126 048 832	18 156 562	236 735 330	13 816 038	70 597 216	12 837 679	47 645 586	145 237 377	156 974 481
亚洲 Asia	2 285 401 056	35 966	71 030 304	17 825 802	72 601 584	11 617 428	145 065 557	6 075 500	36 424 496	2 648 152	13 270 657	44 359 118	59 593 505
北美洲 North America	1 211 812 774	3 781	4 130 186	1 094 728	6 738 125	3 210 635	46 634 864	2 558 768	11 741 291	3 630 813	13 593 057	43 640 964	45 917 371
大洋洲 Oceania	114 041 766	798	2 137 697	345 156	2 127 038	164 998	3 836 175	183 563	865 337	525 225	2 842 051	669 638	2 078 643
非洲 Africa	116 673 740	1 221	5 239 058	3 320 428	8 119 378	335 376	2 680 641	952 110	3 135 805	346 888	859 623	7 129 714	4 854 926
拉丁美洲 Latin America	219 453 357	7 579	3 759 031	2 469 140	9 233 593	1 404 007	17 054 886	1 399 736	6 169 569	291 342	1 136 147	19 553 982	11 694 026
欧洲 Europe	716 394 726	7 640	4 102 216	3 726 406	27 229 114	1 424 118	21 463 207	2 646 361	12 260 718	5 395 259	15 944 051	29 883 961	32 836 010
其他 Others	0	0	0	0	0	0	0	0	0	0	0	0	0

续表 Continued

洲别 Continent	车身附件、零部件 Vehicle Body Accessories and Parts: 缓冲器（保险杠），kg Bumper and Bumper Parts, kg		座椅安全带，kg Safety Belt, kg		安全气囊及其零件，套 Safety Airbag and Airbag Parts, set		侧围，kg Side Wall, kg		车门，只/kg Door, unit/kg		发动机罩盖，kg Engine Hood, kg		前围，kg Front Wall, kg	
	数量 Volume	金额 Value	数量 Volume	金额 Value	数量 Volume	金额 Value	数量 Volume	金额 Value	数量 Volume	金额 Value	数量 Volume	金额 Value	数量 Volume	金额 Value
合计 Total	53 649 006	209 639 589	7 326 102	62 928 166	23 342 110	412 416 738	871 140	3 371 673	98 856	9 116 148	5 494 954	20 852 615	2 314 842	6 198 972
亚洲 Asia	17 312 769	91 001 211	3 589 777	32 491 900	16 278 149	305 223 509	398 792	1 528 612	51 372	4 882 608	2 177 733	6 861 333	1 916 770	4 267 521
北美洲 North America	17 272 325	62 056 422	1 730 432	13 904 833	4 352 860	49 191 232	68 259	292 193	10 392	1 061 789	613 308	4 193 501	59 355	353 358
大洋洲 Oceania	1 711 550	5 911 145	31 877	239 873	371 009	5 560 334	164 253	648 080	105	21 394	12 347	168 196	25 825	183 388
非洲 Africa	3 903 878	14 887 022	125 491	792 249	7 497	175 597	43 782	271 819	15 515	1 040 466	451 701	1 033 492	97 196	516 746
拉丁美洲 Latin America	6 582 700	12 757 026	574 852	3 656 498	358 541	10 076 447	17 779	163 778	10 598	1 133 221	1 000 833	2 699 150	39 915	330 535
欧洲 Europe	6 865 784	23 026 763	1 273 673	11 842 813	1 974 054	42 189 619	178 275	467 191	10 874	976 670	1 239 032	5 896 943	175 781	547 424
其他 Others	0	0	0	0	0	0	0	0	0	0	0	0	0	0

续表 Continued

洲别 Continent	车身附件、零部件 Vehicle Body Accessories and Parts													
	行李箱盖或背门，kg Trunk Cover or Back Door, kg		后围，kg Back Wall, kg		翼子板或叶子板，kg Fender, kg		其他车身覆盖件，kg Other Body Covering Parts, kg		车窗玻璃升降器，kg Window Lifter, kg		电动天窗，套/kg Electric Sunroof, set/kg		手动天窗，套/kg Mannual Sunroof, set/kg	
	数量 Volume	金额 Value	数量 Volume	金额 Value	数量 Volume	金额 Value	数量 Volume	金额 Value	数量 Volume	金额 Value	数量 Volume	金额 Value	数量 Volume	金额 Value
合计 Total	986 042	6 740 173	570 847	1 616 747	2 003 106	8 448 451	7 524 542	52 281 961	8 241 018	72 531 097	67 382	11 827 847	28 385	1 384 555
亚洲 Asia	360 884	2 275 805	497 868	1 145 360	688 763	2 816 664	3 360 879	20 042 186	3 763 532	35 616 113	65 137	11 768 528	13 271	456 655
北美洲 North America	562 323	3 525 022	39 533	288 128	25 349	151 556	2 350 862	22 017 317	1 435 148	10 472 206	59	9 249	5	1 148
大洋洲 Oceania	588	6 664	5 482	47 497	2 468	25 266	157 120	1 054 532	358 894	4 732 168	6	797	1 617	192 828
非洲 Africa	8 058	47 475	2 744	20 460	336 902	1 122 874	343 772	2 041 121	455 974	1 417 723	239	5 240	1 174	41 326
拉丁美洲 Latin America	10 475	122 074	11 541	45 315	448 897	2 219 685	462 580	2 407 901	1 026 860	7 570 218	295	17 798	6 410	323 558
欧洲 Europe	43 714	763 133	13 679	69 987	500 727	2 112 406	849 329	4 718 904	1 200 610	12 722 669	1 646	26 235	5 908	369 040
其他 Others	0	0	0	0	0	0	0	0	0	0	0	0	0	0

续表 Continued

洲别 Continent	车身附件、零部件 Vehicle Body Accessories and Parts								汽车玻璃，kg Glass, kg		汽车空调器，台 Air Conditioner, unit	
	其他未列名车身零部件，kg Other Untitled Bnody Parts, kg		机动车辆用座具，个 Seat Device, unit		机动车辆用座椅调角器，套/kg Seat Adjuster, set/kg		其他车辆用座具零部件，kg Other Parts of Seating Device, kg					
	数量 Volume	金额 Value	数量 Volume	金额 Value	数量 Volume	金额 Value	数量 Volume	金额 Value	数量 Volume	金额 Value	数量 Volume	金额 Value
合计 Total	196 509 103	1 529 085 742	2 323 773	93 344 687	8 925 601	45 099 792	77 532 483	695 672 064	316 627 433	589 210 538	289 224	103 609 927
亚洲 Asia	63 533 326	634 637 542	632 211	33 215 311	5 312 018	25 357 675	39 677 552	483 983 211	79 899 022	147 608 665	108 010	42 234 544
北美洲 North America	79 614 117	527 884 989	550 023	17 961 949	1 759 957	7 647 697	20 791 927	127 129 392	112 850 696	204 851 212	146 841	30 064 687
大洋洲 Oceania	4 373 779	24 741 581	42 768	1 963 453	2 120	4 797	1 516 561	7 565 725	20 452 817	37 225 353	9 659	9 861 754
非洲 Africa	3 765 195	16 799 489	118 090	6 327 519	37 060	194 340	743 633	3 132 584	22 752 715	38 229 596	5 901	3 687 171
拉丁美洲 Latin America	8 956 873	65 255 376	180 932	5 501 493	680 315	4 598 752	2 107 490	9 080 551	19 438 492	34 935 309	2 937	7 511 420
欧洲 Europe	36 265 813	259 766 765	799 749	28 374 962	1 134 131	7 296 531	12 695 320	64 780 601	61 233 691	126 360 403	15 876	10 250 351
其他 Others	0	0	0	0	0	0	0	0	0	0	0	0

表7-18 2010年汽车行驶系统零部件产品分国别出口量及金额

Table7-18 Volume and Value of Exported Running System Parts in 2010 (by Country)

美元 US Dollar

国家和地区 Country & Region	合计 Total	汽车轮胎，条/kg Tyre, piece/kg	车轮及其零部件，kg Wheel and Wheel Parts, kg							
			牵引车、拖拉机用 for Towing Vehicle and Tractor		30座及以上大型客车用 for Large Bus with at least 30 seats		非公路自卸车用 for Non-road Dumping Vehicle		车辆总质量<14t柴油载货车及车辆总质量<8t汽油载货车用 for Diesel Truck with GVW<14t and for Petrol Truck with GVW<8t	
	金额 Value	金额 Value	数量 Volume	金额 Value	数量 Volume	金额 Value	数量 Volume	金额 Value	数量 Volume	金额 Value
合计 Total	13 996 403 458	9 302 214 687	98 757 242	144 893 884	12 988 765	17 610 300	13 119 376	32 220 866	65 519 491	76 148 604
美国 U.S.A.	3 587 942 374	1 962 656 608	59 489 007	89 077 628	218 368	941 362	1 844 902	5 415 924	21 329 625	24 662 977
阿拉伯联合酋长国 United Arab Emirates	605 833 513	501 338 830	506 951	633 816	626	469	189 006	759 104	626 208	626 341
日本 Japan	580 232 575	87 130 301	1 042 053	1 790 044	320	24 167	20 976	59 758	265 524	601 185
英国 U.K.	488 525 671	417 616 994	1 307 251	1 635 247	20 434	22 504	38 877	86 982	392 705	561 422
澳大利亚 Australia	473 467 398	373 616 588	1 433 831	2 670 508	300	4 400	1 713 663	5 339 229	885 532	1 566 338
德国 Germany	391 163 919	208 409 958	2 091 488	2 860 443	44 507	70 436	9 049	46 996	378 723	561 949
加拿大 Canada	355 923 785	215 242 983	5 139 923	8 036 678	9 730	38 975	6 041 931	10 641 577	1 891 569	2 430 455
印度 India	340 590 950	242 581 250	1 495 498	2 424 585	1 644	3 599	874	1 854	2 427 273	2 165 841
俄罗斯联邦 Russia	340 568 388	217 853 043	416 005	767 795	109 324	168 947	1 752 730	4 804 079	1 782 445	1 908 012
荷兰 Netherlands	321 467 608	268 706 904	90 292	163 987	406	547	1 012	4 755	407 391	591 797
墨西哥 Mexico	309 198 393	244 651 539	1 233 676	1 246 037	0	0	0	0	555 374	677 143
韩国 South Korea	301 590 987	86 512 963	624 786	805 996	538	5 585	1 970	10 588	1 633 081	1 686 547
沙特阿拉伯 Saudi Arabia	277 773 552	237 849 531	413 454	453 211	120 502	133 991	0	0	266 572	294 241
巴西 Brazil	255 817 053	185 445 473	1 604 559	1 802 748	4 488 784	5 936 814	0	0	4 234 489	4 495 121
伊朗 Iran	236 941 335	147 636 004	293 552	329 576	176 833	513 477	6 100	31 770	3 589 864	3 478 730
比利时 Belgium	228 755 642	163 293 551	2 173 975	2 673 641	180	976	0	0	329 192	586 417
尼日利亚 Nigeria	225 784 384	191 428 517	25	95	47 252	57 656	617	1 279	250 453	265 593
意大利 Italy	192 966 436	118 737 326	2 085 433	3 674 179	0	0	5 886	126 731	238 708	409 134
南非 South Africa	190 466 087	136 669 723	1 237 945	1 631 654	1 135 460	1 229 035	258 144	676 878	1 611 271	1 740 527
马来西亚 Malaysia	187 622 978	104 921 563	1 135 621	1 782 810	118 551	114 245	33 620	90 306	1 445 353	1 622 985
智利 Chile	167 772 038	141 132 959	948 644	909 733	774 444	994 524	234 338	662 376	615 619	738 038
巴基斯坦 Pakistan	153 306 908	147 378 155	49 660	231 005	39 634	63 402	1 438	5 999	171 640	168 603
西班牙 Spain	145 067 036	110 323 044	90 172	150 822	18 680	26 100	0	0	270 013	507 802
菲律宾 Philippines	132 326 965	111 179 084	215 382	376 432	24 584	22 645	0	0	1 129 443	1 061 694
巴拉圭 Paraguay	131 890 704	125 570 209	18 768	21 689	0	0	0	0	847 842	1 105 955
哥伦比亚 Columbia	128 466 808	114 115 510	135 136	124 114	23 070	28 516	0	0	297 769	293 963
法国 France	123 848 854	78 176 404	1 477 176	1 598 326	2	40	0	0	1 040 021	1 222 177
阿尔及利亚 Algeria	115 423 246	103 097 021	61 273	70 912	4 700	12 052	0	0	576 903	550 880
新加坡 Singapore	110 047 868	87 349 040	340 312	459 179	71 065	58 664	126 979	369 988	374 906	354 884
泰国 Thailand	108 352 363	65 126 215	2 104 986	2 917 662	178 951	188 143	0	0	987 063	1 052 313
巴拿马 Panama	104 736 308	87 791 179	245 440	247 433	0	0	0	0	53 599	225 683
哈萨克斯坦 Kazakhstan	102 912 120	31 833 392	3 323	3 558	0	0	13 850	31 450	100 552	172 309
印度尼西亚 Indonesia	101 758 257	68 003 472	432 109	599 752	178 609	237 570	6 180	14 849	1 346 007	1 272 725

续表 Continued

国家和地区 Country & Region	车轮及其零部件，kg Wheel and Wheel Parts, kg						悬架系统及零件，kg Suspenssion System and Suspenssion Parts, kg			
	车辆总质量≥14t柴油载货车及车辆总质量≥8t汽油载货车用 for Diesel Truck with GVW≥14t and for Petrol Truck with GVW≥8t		专用汽车用 for Special Vehicle		其他机动车辆用 for Other Motor Vehicle		载人机动小客车用（含减振器） for Small Bus (including Shock Absorber)		其他机动车辆用（含减振器） for Other Motor Vehicle (including Shock Absorber)	
	数量 Volume	金额 Value	数量 Volume	金额 Value	数量 Volume	金额 Value	数量 Volume	金额 Value	数量 Volume	金额 Value
合 计 Total	**196 457 072**	**210 649 709**	**7 815 637**	**15 420 757**	**743 906 677**	**2 958 446 553**	**172 644 316**	**711 247 587**	**155 416 932**	**448 065 858**
美 国 U.S.A.	10 749 516	17 160 562	2 010 422	4 080 459	266 529 134	1 245 043 598	37 509 774	153 332 212	21 464 068	70 259 179
阿拉伯联合酋长国 United Arab Emirates	6 834 904	7 409 358	790	5 457	14 094 671	56 704 842	5 205 474	16 667 229	7 547 019	20 245 420
日 本 Japan	805 707	1 177 566	2 171 881	4 327 397	92 892 781	419 711 480	4 922 702	30 627 253	4 295 240	31 558 470
英 国 U.K.	718 551	860 595	16 420	43 216	9 891 232	39 007 881	5 386 046	18 377 831	2 812 652	9 695 863
澳大利亚 Australia	3 417 003	5 469 871	435 765	1 508 269	13 641 131	50 868 007	3 566 605	12 946 522	5 830 226	13 983 410
德 国 Germany	2 032 959	2 565 240	65 475	279 969	26 751 219	99 867 519	8 586 115	40 521 575	9 315 460	34 054 304
加拿大 Canada	1 503 358	2 045 082	90 021	215 088	32 305 379	87 493 457	4 273 992	13 862 667	4 625 905	14 587 212
印 度 India	37 596 121	31 504 678	251 260	299 608	30 735 711	49 092 731	1 739 183	8 343 360	1 404 343	3 271 940
俄罗斯联邦 Russia	3 340 632	3 670 840	2 407	17 695	25 936 286	91 629 302	1 652 781	7 465 972	3 520 683	9 353 461
荷 兰 Netherlands	1 539 534	2 102 821	27 180	44 885	10 258 904	42 052 364	1 070 126	5 419 098	484 778	1 876 644
墨西哥 Mexico	2 043 809	2 580 053	191 678	350 797	11 069 521	38 959 443	3 762 157	13 926 035	1 874 754	6 524 256
韩 国 South Korea	5 521 422	6 804 256	1 351 509	1 729 320	54 538 230	147 218 196	5 847 339	36 138 973	4 188 417	17 227 978
沙特阿拉伯 Saudi Arabia	3 097 466	3 004 523	29 230	53 460	5 269 672	14 015 012	1 551 892	4 505 682	12 119 323	17 093 212
巴 西 Brazil	17 397 253	17 975 371	50	720	3 219 082	14 891 375	5 379 751	18 866 009	1 797 122	5 811 981
伊 朗 Iran	9 939 818	9 411 888	59 350	172 242	10 242 863	34 426 177	10 898 444	31 504 552	1 592 766	5 110 423
比利时 Belgium	344 083	494 151	21 731	30 684	11 995 933	55 431 599	644 521	2 837 626	582 247	1 696 669
尼日利亚 Nigeria	959 352	908 326	7 728	9 037	3 436 243	12 327 847	1 768 302	6 720 853	8 997 807	13 953 085
意大利 Italy	338 558	535 879	374 736	615 918	10 367 982	43 794 210	3 410 443	13 500 340	2 480 669	10 588 498
南 非 South Africa	4 435 592	5 386 576	13 758	30 234	8 126 012	29 965 704	2 148 388	6 790 162	2 060 946	5 539 829
马来西亚 Malaysia	12 291 949	13 144 868	43 060	61 061	10 627 242	43 122 616	2 988 074	9 085 108	5 620 088	12 642 763
智 利 Chile	1 063 145	1 121 335	105 425	450 281	2 954 849	10 982 453	2 245 052	7 590 691	997 405	2 477 430
巴基斯坦 Pakistan	1 225 258	1 331 536	205	13 760	1 764 325	3 144 081	164 581	541 289	179 700	429 078
西班牙 Spain	454 906	609 047	76 572	152 536	4 118 157	17 218 523	4 003 309	12 303 032	1 181 705	3 701 718
菲律宾 Philippines	3 971 922	3 304 044	36 398	87 860	2 580 982	7 864 368	890 847	3 119 632	1 723 151	3 380 931
巴拉圭 Paraguay	688 907	704 580	0	0	723 822	3 560 639	199 822	830 680	39 677	96 879
哥伦比亚 Columbia	1 714 895	2 176 356	6 785	42 874	1 503 497	6 160 153	1 424 768	4 475 588	377 604	1 021 732
法 国 France	602 743	714 147	225 673	345 216	5 179 760	21 138 061	850 458	5 464 365	2 288 467	10 310 958
阿尔及利亚 Algeria	3 079 112	3 155 984	3 653	18 058	1 183 194	2 684 231	531 796	1 964 563	1 724 562	3 677 713
新加坡 Singapore	3 520 583	3 374 940	10 425	16 751	1 721 009	6 430 012	1 865 857	5 122 923	2 638 242	5 877 060
泰 国 Thailand	12 316 483	11 301 826	27 288	74 577	6 321 169	19 449 218	904 241	4 036 777	1 242 523	2 339 230
巴拿马 Panama	529 371	531 501	0	0	1 753 690	8 035 009	1 580 050	5 544 365	784 772	2 355 373
哈萨克斯坦 Kazakhstan	813 810	5 123 982	3 610	25 589	640 636	3 524 863	5 643 551	47 690 437	2 414 534	12 327 985
印度尼西亚 Indonesia	7 920 528	7 623 954	20 392	24 696	5 739 383	16 293 014	571 226	2 157 512	2 095 056	5 068 066

续表 Continued

国家和地区 Country & Region	悬架系统及零件，kg Suspension System and Suspension Parts, kg		车架，kg Vehicle Frame, kg									
	汽车用片簧及簧片 Plate Spring and Reed		30座及以上机动客车用 for Bus with at least 30 seats		非公路自卸车用 for Non-road Dumping Vehicle		车辆总质量<14t柴油载货车及车辆总质量<8t汽油载货车用 for Diesel Truck with GVW<14t and for Petrol Truck with GVW<8t		车辆总质量≥14t柴油载货车及车辆总质量≥8t汽油载货车用 for Diesel Truck with GVW≥14t and for Petrol Truck with GVW≥8t		其他机动车辆用 for Other Motor Vehicle	
	数量 Volume	金额 Value	数量 Volume	金额 Value	数量 Volume	金额 Value	数量 Volume	金额 Value	数量 Volume	金额 Value	数量 Volume	金额 Value
合计 Total	39 525 671	51 425 665	917 814	1 924 379	936 552	1 773 231	3 699 663	7 048 935	901 342	1 439 106	5 708 465	15 873 337
美国 U.S.A.	6 154 072	7 179 227	227 236	330 937	0	0	1 380 280	3 179 204	0	0	1 265 069	4 622 497
阿拉伯联合酋长国 United Arab Emirates	1 098 842	1 391 991	0	0	0	0	0	0	2 420	2 056	6 870	48 600
日本 Japan	189 344	3 045 816	14 154	65 490	0	0	142	1 555	0	0	15 493	112 093
英国 U.K.	456 760	546 761	0	0	0	0	0	0	0	0	30 386	70 375
澳大利亚 Australia	2 211 904	3 214 495	0	0	25 000	95 921	1 301	9 749	0	0	830 493	2 174 091
德国 Germany	500 435	975 412	0	0	16 200	29 160	0	0	0	0	316 990	920 958
加拿大 Canada	296 306	330 415	0	0	142 536	549 040	61 357	123 692	0	0	79 800	326 464
印度 India	22 110	217 955	151 360	683 400	0	0	0	0	0	0	500	149
俄罗斯联邦 Russia	1 105 828	1 448 135	680	1 388	0	0	7 959	22 446	1 700	2 550	364 154	1 454 723
荷兰 Netherlands	192 953	210 001	0	0	81 093	212 602	0	0	1 740	6 094	29 760	75 109
墨西哥 Mexico	70 095	103 827	0	0	0	0	0	0	4 500	18 708	28 222	160 555
韩国 South Korea	1 160 405	2 171 575	153 320	247 108	0	0	850	2 010	0	0	326 221	1 029 892
沙特阿拉伯 Saudi Arabia	348 052	370 689	0	0	0	0	0	0	0	0	0	0
巴西 Brazil	271 573	356 925	0	0	0	0	128 708	234 276	0	0	90	240
伊朗 Iran	25 854	32 114	6 240	57 664	0	0	1 828 698	2 896 930	774 900	1 177 927	60 293	161 861
比利时 Belgium	1 834 824	1 709 956	0	0	0	0	0	0	0	0	95	372
尼日利亚 Nigeria	67 218	77 093	0	0	0	0	0	0	0	0	4 975	35 003
意大利 Italy	577 109	818 452	0	0	12 021	28 977	0	0	0	0	65 908	136 792
南非 South Africa	689 061	780 337	0	0	0	0	2 000	10 000	0	0	14 600	15 428
马来西亚 Malaysia	749 523	930 498	2 920	12 231	0	0	0	0	13 250	18 815	30 744	73 109
智利 Chile	734 073	695 646	0	0	0	0	0	0	0	0	1 606	16 572
巴基斯坦 Pakistan	0	0	0	0	0	0	0	0	0	0	0	0
西班牙 Spain	44 562	62 882	0	0	0	0	378	9 886	0	0	405	1 644
菲律宾 Philippines	1 468 651	1 395 673	44 360	31 426	0	0	148 100	302 076	0	0	57 168	201 100
巴拉圭 Paraguay	0	0	0	0	0	0	0	0	0	0	78	73
哥伦比亚 Columbia	21 117	27 704	0	0	0	0	0	0	0	0	80	298
法国 France	1 850 696	2 358 639	0	0	0	0	230	3 920	90 866	186 891	1 517 859	2 329 710
阿尔及利亚 Algeria	142 815	189 635	0	0	0	0	0	0	0	0	669	2 197
新加坡 Singapore	504 174	592 012	0	0	0	0	6 180	8 015	0	0	17 775	34 400
泰国 Thailand	1 743 735	1 823 697	0	0	0	0	0	0	0	0	7 190	42 705
巴拿马 Panama	108	220	0	0	0	0	3 280	5 210	0	0	90	335
哈萨克斯坦 Kazakhstan	501 290	2 175 706	0	0	0	0	0	0	850	2 849	0	0
印度尼西亚 Indonesia	347 491	329 900	0	0	0	0	0	0	0	0	70 923	132 747

续表 Continued

国家和地区 Country & Region	合计 Total	汽车轮胎，条/kg Tyre, piece/kg	车轮及其零部件，kg Wheel and Wheel Parts, kg							
			牵引车、拖拉机用 for Towing Vehicle and Tractor		30座及以上大型客车用 for Large Bus with at least 30 seats		非公路自卸车用 for Non-road Dumping Vehicle		车辆总质量<14t柴油载货车及车辆总质量<8t汽油载货车用 for Diesel Truck with GVW<14t and for Petrol Truck with GVW<8t	
	金额 Value	金额 Value	数量 Volume	金额 Value	数量 Volume	金额 Value	数量 Volume	金额 Value	数量 Volume	金额 Value
波　兰 Poland	83 835 427	29 705 828	487 751	864 434	42 945	52 640	2 156	6 892	378 233	481 373
委内瑞拉 Venezuela	80 303 613	61 711 241	578 250	564 076	20 010	77 785	0	0	237 581	382 585
苏　丹 Sudan	76 624 651	72 764 087	64 298	85 062	0	0	0	0	0	0
厄瓜多尔 Ecuador	72 358 519	63 668 485	24 446	61 340	141 686	181 418	0	0	532 280	530 985
坦桑尼亚 Tanzania	70 307 749	66 108 166	18 853	30 307	170 449	188 997	0	0	239 860	241 390
中国台湾省 Taiwan Province of China	66 870 793	36 628 335	68 603	103 225	57 748	105 239	11 455	43 527	325 039	313 836
缅　甸 Myanmar	64 605 256	50 451 289	1 260 667	2 079 408	0	0	0	0	692 876	821 650
越　南 Vietnam	60 119 240	36 178 039	1 317 177	2 093 500	3 222	4 114	74 503	245 660	1 029 287	3 039 756
利比亚 Libya	56 777 422	49 123 407	7 379	25 533	0	0	11 177	34 592	126 790	121 052
秘　鲁 Peru	56 133 108	47 010 032	484 762	457 628	182 357	239 871	39 023	107 228	1 016 081	1 028 151
也门共和国 Yemen	55 424 316	52 451 615	8 190	8 658	0	0	0	0	62 591	73 806
伊拉克 Iraq	55 182 210	41 603 595	0	0	0	0	0	0	120 116	107 659
乌拉圭 Uruguay	55 135 998	53 075 100	158 888	153 324	0	0	0	0	281 725	457 578
土耳其 Turkey	54 714 986	6 640 236	88 111	150 636	0	0	1 495	4 223	69 905	114 707
以色列 Israel	54 019 469	46 785 450	2 369	7 237	0	0	0	0	29 911	37 927
中国香港 China Hongkong	53 280 889	38 655 366	79 067	209 469	67 608	80 679	53 337	901 309	216 803	185 431
瑞　典 Sweden	50 893 937	29 312 074	150 262	307 562	701 146	964 865	0	0	270 231	462 879
肯尼亚 Kenya	48 694 353	43 645 693	2 028	3 345	579 591	717 721	0	0	399 376	384 768
叙利亚 Syria	47 289 887	42 025 521	0	0	63 718	56 256	0	0	27 591	27 999
乌克兰 Ukraine	45 656 661	25 020 772	0	0	0	0	35 100	96 933	115 497	128 270
新西兰 New Zealand	43 409 394	38 709 890	239 068	407 005	0	0	35 094	85 031	171 055	318 725
阿根廷 Argentina	40 270 924	22 889 953	844 504	782 823	0	0	95	403	195 556	329 532
加　纳 Ghana	36 460 483	34 420 340	12 100	10 920	32 667	39 863	0	0	195 751	236 763
乌兹别克斯坦 Uzbekistan	35 947 763	35 162 919	9 990	86 102	0	0	0	0	0	0
埃　及 Egypt	33 649 302	12 058 146	79 618	104 082	24 001	24 224	0	0	1 721 710	1 522 480
爱尔兰 Ireland	31 250 535	28 918 387	16 640	47 296	0	0	0	0	16 105	18 034
黎巴嫩 Lebanon	29 983 098	22 956 809	88 448	121 361	54 300	45 703	0	0	158 078	138 438
安哥拉 Angola	29 247 923	26 099 799	286	844	58 644	154 690	550	1 718	26 243	24 835
立陶宛 Lithuania	28 854 578	11 949 006	115	197	1 538 498	2 089 091	0	0	41 994	56 819
埃塞俄比亚 Ethiopia	28 188 884	27 841 397	1 336	4 091	0	0	1 600	7 459	79 187	71 258
科特迪瓦共和国 Republic of Côte d'Ivoire	27 826 718	27 393 173	2 345	3 080	0	0	0	0	6	21
葡萄牙 Portugal	27 701 196	25 814 604	120	1 513	0	0	0	0	30 006	53 907
挪威 Norway	27 629 977	17 271 950	0	0	0	0	108 300	224 089	56 458	116 719
孟加拉国 Bangladesh	27 199 198	22 353 388	270 110	605 558	797	2 032	0	0	174 251	205 647

续表 Continued

国家和地区 Country & Region	车轮及其零部件，kg Wheel and Wheel Parts, kg						悬架系统及零件，kg Suspenssion System and Suspenssion Parts, kg			
	车辆总质量≥14t柴油载货车及车辆总质量≥8t汽油载货车用 for Diesel Truck with GVW≥14t and for Petrol Truck with GVW≥8t		专用汽车用 for Special Vehicle		其他机动车辆用 for Other Motor Vehicle		载人机动小客车用（含减振器） for Small Bus (including Shock Absorber)		其他机动车辆用（含减振器） for Other Motor Vehicle (including Shock Absorber)	
	数量 Volume	金额 Value	数量 Volume	金额 Value	数量 Volume	金额 Value	数量 Volume	金额 Value	数量 Volume	金额 Value
波兰 Poland	1 014 044	1 075 483	16 610	28 048	2 885 876	12 674 034	7 161 176	30 310 977	2 074 183	8 416 671
委内瑞拉 Venezuela	1 254 099	1 359 621	50	581	1 637 570	7 382 854	697 685	3 633 304	1 758 756	4 890 015
苏丹 Sudan	139 189	138 445	3 648	3 876	154 845	617 073	506 406	2 019 308	316 655	909 589
厄瓜多尔 Ecuador	1 329 748	1 542 895	0	0	1 161 846	4 301 003	284 074	964 665	490 663	982 659
坦桑尼亚 Tanzania	943 095	873 423	0	0	153 238	299 007	303 685	884 995	555 134	1 570 929
中国台湾省 Taiwan Province of China	2 116 814	2 360 100	85 711	86 170	3 685 789	13 284 415	3 192 359	8 336 727	1 601 689	3 730 294
缅甸 Myanmar	1 747 857	2 235 022	2 374	1 800	1 375 243	3 454 102	8 170	33 083	642 284	1 697 696
越南 Vietnam	4 986 514	4 541 729	4 280	17 422	1 809 387	5 748 667	286 530	899 313	2 250 788	5 206 119
利比亚 Libya	814 817	784 954	3 349	34 158	455 995	1 311 374	477 897	1 563 841	2 358 327	3 750 305
秘鲁 Peru	1 633 525	1 776 826	0	0	747 581	2 178 706	650 618	2 080 529	273 190	728 944
也门共和国 Yemen	198 911	363 491	0	0	361 684	722 894	185 175	612 793	641 692	1 191 059
伊拉克 Iraq	974 768	916 454	0	0	741 179	1 794 729	1 609 210	4 657 028	2 756 663	4 518 815
乌拉圭 Uruguay	190 222	211 403	0	0	292 158	1 030 558	37 815	142 869	18 566	64 119
土耳其 Turkey	152 778	211 596	0	0	5 971 942	26 585 851	3 923 275	12 821 600	2 413 739	8 061 711
以色列 Israel	224 650	229 516	0	0	971 970	4 078 185	547 724	1 929 938	283 481	853 427
中国香港 China Hongkong	3 089 918	3 847 093	494	4 674	566 964	2 876 577	143 418	2 744 171	1 912 743	2 885 522
瑞典 Sweden	391 614	549 728	0	0	3 535 912	16 032 518	125 399	821 601	252 853	2 117 653
肯尼亚 Kenya	826 249	868 399	0	0	433 460	637 187	256 641	1 017 412	602 418	1 272 189
叙利亚 Syria	445 922	451 235	0	0	792 107	2 893 603	171 746	613 508	589 567	918 802
乌克兰 Ukraine	223 322	245 961	0	0	3 372 516	12 249 829	1 362 016	5 513 265	690 770	2 104 901
新西兰 New Zealand	151 518	198 006	0	0	686 587	2 727 695	32 895	325 383	94 232	384 583
阿根廷 Argentina	301 200	299 204	0	0	2 546 268	10 354 968	1 065 098	3 619 678	553 387	1 583 170
加纳 Ghana	105 780	149 980	0	0	236 395	640 103	88 053	254 523	327 340	698 920
乌兹别克斯坦 Uzbekistan	0	0	12	1 422	100 643	414 092	68 694	79 077	4 750	23 750
埃及 Egypt	4 749 249	3 960 908	0	0	1 792 784	5 254 677	1 074 082	4 984 833	2 404 095	4 789 585
爱尔兰 Ireland	129 919	177 532	0	0	178 960	644 914	44 353	188 238	422 856	1 244 147
黎巴嫩 Lebanon	538 502	481 004	0	0	1 027 091	4 032 071	429 594	1 514 672	212 972	633 931
安哥拉 Angola	66 485	63 552	150	1 183	99 458	227 501	448 998	1 539 424	333 013	1 030 240
立陶宛 Lithuania	317 261	316 751	0	0	1 184 107	4 933 181	1 493 350	5 260 767	1 188 867	4 224 955
埃塞俄比亚 Ethiopia	142 450	129 150	0	0	289	588	5 956	28 673	20 761	56 594
科特迪瓦共和国 Republic of Côte d'Ivoire	121 807	110 324	0	0	74 394	75 067	27 567	102 387	89 271	142 666
葡萄牙 Portugal	82 576	90 233	0	0	373 746	1 413 770	34 682	187 119	63 742	137 511
挪威 Norway	263 790	323 403	0	0	2 203 653	9 565 349	4 432	24 516	17 037	103 799
孟加拉国 Bangladesh	344 106	317 376	0	0	961 648	2 955 181	62 128	152 762	180 555	518 079

续表 Continued

国家和地区 Country & Region	悬架系统及零件，kg Suspension System and Suspension Parts, kg		车架，kg Vehicle Frame, kg									
	汽车用片簧及簧片 Plate Spring and Reed		30座及以上机动客车用 for Bus with at least 30 seats		非公路自卸车用 for Non-road Dumping Vehicle		车辆总质量<14t柴油载货车及车辆总质量<8t汽油载货车用 for Diesel Truck with GVW<14t and for Petrol Truck with GVW<8t		车辆总质量≥14t柴油载货车及车辆总质量≥8t汽油载货车用 for Diesel Truck with GVW≥14t and for Petrol Truck with GVW≥8t		其他机动车辆用 for Other Motor Vehicle	
	数量 Volume	金额 Value	数量 Volume	金额 Value	数量 Volume	金额 Value	数量 Volume	金额 Value	数量 Volume	金额 Value	数量 Volume	金额 Value
波　兰 Poland	54 332	52 720	0	0	0	0	5 040	19 080	0	0	65 400	147 247
委内瑞拉 Venezuela	171 618	176 250	0	0	0	0	7 182	48 353	0	0	10 090	76 948
苏　丹 Sudan	77 429	86 892	0	0	0	0	0	0	0	0	129	319
厄瓜多尔 Ecuador	125 988	124 963	0	0	0	0	0	0	0	0	30	106
坦桑尼亚 Tanzania	63 464	104 423	0	0	0	0	3 440	6 112	0	0	0	0
中国台湾省 Taiwan Province of China	1 403 866	1 375 825	268 225	344 988	0	0	202	180	0	0	35 233	157 932
缅　甸 Myanmar	4 268 044	3 773 150	0	0	0	0	250	180	0	0	58 642	57 876
越　南 Vietnam	1 406 808	1 709 304	0	0	242 300	226 162	63 226	82 952	3 880	14 069	35 737	112 434
利比亚 Libya	16 032	28 206	0	0	0	0	0	0	0	0	0	0
秘　鲁 Peru	311 178	321 193	47 124	144 000	0	0	16 800	60 000	0	0	0	0
也门共和国 Yemen	0	0	0	0	0	0	0	0	0	0	0	0
伊拉克 Iraq	1 571 165	1 583 834	0	0	0	0	0	0	0	0	25	96
乌拉圭 Uruguay	58	666	0	0	0	0	0	0	0	0	100	381
土耳其 Turkey	100 818	122 386	0	0	0	0	0	0	0	0	525	2 040
以色列 Israel	90 880	97 789	0	0	0	0	0	0	0	0	0	0
中国香港 China Hongkong	181 090	587 386	0	0	182 444	220 294	15 685	10 233	1 626	838	25 218	71 847
瑞　典 Sweden	8 615	12 642	0	0	192 777	312 415	0	0	0	0	0	0
肯尼亚 Kenya	146 842	135 986	0	0	0	0	17 775	11 653	0	0	0	0
叙利亚 Syria	302 464	302 071	0	0	0	0	0	0	0	0	323	892
乌克兰 Ukraine	184 043	296 730	0	0	0	0	0	0	0	0	0	0
新西兰 New Zealand	128 820	175 754	0	0	20 595	55 539	0	0	0	0	21 180	21 783
阿根廷 Argentina	24 023	40 652	0	0	0	0	0	0	1 900	5 341	67 915	365 200
加　纳 Ghana	15 228	8 585	0	0	0	0	0	0	0	0	166	486
乌兹别克斯坦 Uzbekistan	90 144	162 732	0	0	0	0	0	0	0	0	1 478	17 669
埃　及 Egypt	471 732	582 360	0	0	0	0	0	0	0	0	78 935	368 007
爱尔兰 Ireland	13 532	11 987	0	0	0	0	0	0	0	0	0	0
黎巴嫩 Lebanon	47 972	59 109	0	0	0	0	0	0	0	0	0	0
安哥拉 Angola	88 805	100 193	0	0	0	0	0	0	0	0	3 265	3 944
立陶宛 Lithuania	21 350	23 811	0	0	0	0	0	0	0	0	0	0
埃塞俄比亚 Ethiopia	49 658	49 660	0	0	0	0	0	0	0	0	10	14
科特迪瓦共和国 Republic of Côte d'Ivoire	0	0	0	0	0	0	0	0	0	0	0	0
葡萄牙 Portugal	0	0	0	0	0	0	0	0	0	0	300	2 539
挪威 Norway	0	0	0	0	0	0	0	0	0	0	25	152
孟加拉国 Bangladesh	84 187	88 725	0	0	0	0	0	0	0	0	492	450

表7-19 2010年汽车行驶系统零部件产品分洲别出口量及金额
Table7-19 Volume and Value of Exported Running System Parts in 2010 (by Continent)

美元
US Dollar

洲别 Continent	合计 Total	汽车轮胎，条/kg Tyre, piece/kg	车轮及其零部件，kg Wheel and Wheel Parts, kg													
			牵引车、拖拉机用 for Towing Vehicle and Tractor		30座及以上大型客车用 for Large Bus with at least 30 seats		非公路自卸车用 for Non-road Dumping Vehicle		车辆总质量<14t柴油载货车及车辆总质量<8t汽油载货车用 for Diesel Truck with GVW<14t and for Petrol Truck with GVW<8t		车辆总质量≥14t柴油载货车及车辆总质量≥8t汽油载货车用 for Diesel Truck with GVW≥14t and for Petrol Truck with GVW≥8t		专用汽车用 for Special Vehicle		其他机动车辆用 for Other Motor Vehicle	
	金额 Value	金额 Value	数量 Volume	金额 Value	数量 Volume	金额 Value	数量 Volume	金额 Value	数量 Volume	金额 Value	数量 Volume	金额 Value	数量 Volume	金额 Value	数量 Volume	金额 Value
合计 Total	13 996 403 458	9 302 214 687	98 757 242	144 893 884	12 988 765	17 610 300	13 119 376	32 220 866	65 519 491	76 148 604	196 457 072	210 649 709	7 815 637	15 420 757	743 906 677	2 958 446 553
亚洲 Asia	4 092 563 473	2 543 498 399	12 039 056	18 640 084	1 190 132	1 699 578	631 546	2 806 992	20 430 371	22 688 068	121 578 037	121 558 906	4 105 588	7 053 166	257 520 388	897 802 848
北美洲 North America	3 943 999 943	2 178 032 396	64 628 930	97 114 306	228 098	980 337	7 886 833	16 057 501	23 221 194	27 093 432	12 252 874	19 205 644	2 100 443	4 295 547	298 834 603	1 332 537 991
大洋洲 Oceania	539 937 843	434 893 266	1 702 897	3 117 860	300	4 400	1 748 757	5 424 260	1 106 014	1 935 340	3 579 721	5 683 237	435 911	1 509 526	14 373 758	53 784 969
非洲 Africa	1 120 161 464	956 479 124	1 584 243	2 458 063	3 281 846	3 722 296	273 816	732 952	5 780 013	5 676 078	17 477 084	17 611 355	37 372	134 398	17 381 035	58 677 290
拉丁美洲 Latin America	1 591 755 496	1 317 441 110	6 304 233	6 417 265	5 634 631	7 473 268	273 456	770 007	8 886 847	10 300 045	28 675 680	30 844 074	304 258	845 743	29 660 132	116 893 334
欧洲 Europe	2 707 985 239	1 871 870 392	12 497 883	17 146 306	2 653 758	3 730 421	2 304 968	6 429 154	6 095 052	8 455 641	12 893 676	15 746 493	832 065	1 582 377	126 136 761	498 750 121
其他 Others	0	0	0	0	0	0	0	0	0	0	0	0	0	0	0	0

续表 Continued

洲别 Continent	悬架系统及零件，kg Suspenssion System and Suspenssion Parts, kg						车架，kg Vehicle Frame, kg											
	载人机动小客车用（含减振器） for Small Bus (including Shock Absorber)		其他机动车辆用（含减振器） for Other Motor Vehicle (including Shock Absorber)		汽车用片簧及簧片 Plate Spring and Reed		30座及以上机动客车用 for Bus with at least 30 seats		非公路自卸车用 for Non-road Dumping Vehicle		车辆总质量<14t柴油载货车及车辆总质量<8t汽油载货车用 for Diesel Truck with GVW<14t and for Petrol Truck with GVW<8t		车辆总质量≥14t柴油载货车及车辆总质量≥8t汽油载货车用 for Diesel Truck with GVW≥14t and for Petrol Truck with GVW≥8t		其他机动车辆用 for Other Motor Vehicle	
	数量 Volume	金额 Value	数量 Volume	金额 Value	数量 Volume	金额 Value	数量 Volume	金额 Value	数量 Volume	金额 Value	数量 Volume	金额 Value	数量 Volume	金额 Value	数量 Volume	金额 Value
合计 Total	172 644 316	711 247 587	155 416 932	448 065 858	39 525 671	51 425 665	917 814	1 924 379	936 552	1 773 231	3 699 663	7 048 935	901 342	1 439 106	5 708 465	15 873 337
亚洲 Asia	60 210 474	272 094 251	61 854 648	169 775 424	18 835 049	26 140 692	640 579	1 442 307	433 744	456 276	2 063 933	3 305 354	800 636	1 219 522	837 413	2 381 606
北美洲 North America	41 783 769	167 194 922	26 089 973	84 846 391	6 450 378	7 509 642	227 236	330 937	142 536	549 040	1 441 637	3 302 896	0	0	1 344 869	4 948 961
大洋洲 Oceania	3 638 110	13 395 661	5 942 957	14 435 729	2 342 882	3 396 512	0	0	45 595	151 460	1 301	9 749	0	0	851 673	2 195 874
非洲 Africa	8 336 897	29 995 702	21 860 436	41 264 724	2 511 051	2 923 730	0	0	10 230	31 781	23 215	27 765	0	0	103 039	426 206
拉丁美洲 Latin America	19 240 881	67 919 922	9 953 295	29 478 611	2 067 863	2 199 982	47 124	144 000	0	0	155 970	347 839	6 400	24 049	114 609	656 247
欧洲 Europe	39 434 185	160 647 129	29 715 623	108 264 979	7 318 448	9 255 107	2 875	7 135	304 447	584 674	13 607	55 332	94 306	195 535	2 456 862	5 264 443
其他 Others	0	0	0	0	0	0	0	0	0	0	0	0	0	0	0	0

表7-20 2010年汽车制动系统零部件产品分国别出口量及金额

Table7-20 Volume and Value of Exported Braking System Parts in 2010(by Country)

美元 US Dollar

国家和地区 Country & Region	合计 Total	制动器及其零部件，kg Brake and Brake Parts, kg									
		装在蹄片上的制动摩擦片 Friction Lining Mounted on Brake Shoe		牵引车、拖拉机用 for Towing Vehicle and Tractor		30座及以上机动客车用 for Bus with at least 30 seats		非公路自卸车用 for Non-road Dumping Vehicle		车辆总质量<14t柴油载货车及车辆总质量<8t汽油载货车用 for Diesel Truck with GVW<14t and for Petrol Truck with GVW<8t	
	金额 Value	数量 Volume	金额 Value	数量 Volume	金额 Value	数量 Volume	金额 Value	数量 Volume	金额 Value	数量 Volume	金额 Value
合计 Total	2 996 517 455	179 459 532	515 103 087	23 141 999	71 587 778	25 770 454	64 354 022	1 390 245	5 400 792	26 554 543	75 534 919
美国 U.S.A.	1 200 820 505	45 399 293	141 908 718	4 539 589	16 307 388	2 603 791	15 619 237	173 440	529 541	15 251 032	45 379 160
日本 Japan	163 171 383	3 416 121	23 192 971	728 263	2 349 656	496 597	3 285 354	126 210	174 507	462 848	1 765 846
加拿大 Canada	124 133 223	13 415 226	34 472 540	157 342	516 892	102 595	325 033	7 969	41 980	1 414 900	1 610 959
德国 Germany	120 000 297	2 575 101	9 338 902	3 058 023	10 532 826	970 984	1 817 668	0	0	189 847	467 273
英国 U.K.	115 746 665	2 771 033	9 259 093	1 123 793	2 111 685	5 841 798	7 745 338	1 177	33 029	530 866	993 363
意大利 Italy	96 492 979	8 166 626	23 906 336	2 694 042	4 581 846	814 339	1 510 373	0	0	562 149	1 134 421
韩国 South Korea	88 177 496	637 603	1 923 977	270 932	2 861 205	970 162	10 263 006	165 923	584 191	368 204	613 045
荷兰 Netherlands	62 194 229	1 064 934	3 731 596	31 730	115 828	7 657 273	8 793 997	0	0	2 065	20 333
墨西哥 Mexico	54 598 876	3 208 249	7 724 929	11 005	41 580	2 470	17 715	41	617	2 174 425	7 356 707
中国香港 China Hongkong	52 325 435	710 550	2 594 702	520 195	10 517 663	34 105	361 628	20 570	523 695	16 946	36 367
阿拉伯联合酋长国 United Arab Emirates	48 681 797	8 091 429	21 113 915	180 298	750 455	268 724	346 428	203 226	1 496 916	150 730	278 198
马来西亚 Malaysia	45 855 339	3 970 218	10 051 099	218 756	383 987	191 573	668 025	124 710	96 763	374 982	1 110 314
丹麦 Denmark	44 533 162	195 971	874 963	43	887	0	0	0	0	1 148	12 552
哈萨克斯坦 Kazakhstan	41 407 816	6 007 492	34 984 923	256 770	3 370 860	0	0	18	220	10 922	46 136
澳大利亚 Australia	40 395 051	2 610 459	6 508 814	589 314	1 024 832	384 031	531 848	11 551	243 430	515 069	1 174 982
中国台湾省 Taiwan Province of China	34 166 510	378 457	1 096 337	36 103	37 891	15 221	149 246	20 870	29 646	1 958	18 750
波兰 Poland	34 137 699	1 645 542	5 110 460	2 665 620	4 833 530	508 232	964 648	0	0	173 847	390 018
土耳其 Turkey	31 777 471	2 614 216	6 650 992	139 658	451 785	96 728	188 357	2 709	13 650	16 127	73 284
尼日利亚 Nigeria	29 452 544	10 276 053	20 689 511	397 716	916 733	48 141	46 647	6 395	24 832	112 410	296 761
南非 South Africa	29 295 288	2 949 253	6 587 801	30 808	179 149	413 901	574 008	38 298	45 053	528 896	805 090
俄罗斯联邦 Russia	28 586 955	3 411 127	8 252 341	217 261	504 075	40 512	87 118	78 108	185 118	350 315	777 595
泰国 Thailand	27 077 929	664 299	1 729 088	20 668	43 135	40 534	171 222	30 600	163 153	5 846	33 179
西班牙 Spain	26 602 858	509 312	1 834 036	37 872	104 166	1 454 250	2 145 809	0	0	40 017	80 618
印度 India	25 791 165	1 578 759	4 404 491	19 631	110 052	135 275	1 236 972	794	10 227	36 278	122 270
巴西 Brazil	25 687 780	983 017	2 588 247	286 066	749 266	112 036	1 246 439	5	1 200	63 209	256 610
伊朗 Iran	23 246 098	3 372 589	7 634 439	1 524 217	1 617 521	20 353	219 324	37 330	35 863	164 106	560 009
沙特阿拉伯 Saudi Arabia	22 942 855	1 407 029	3 081 165	119 420	265 261	61 260	135 235	19 240	14 669	118 658	381 472
法国 France	22 927 293	305 104	739 922	1 018 218	1 563 643	250 572	679 551	0	0	231 939	417 524
斯洛伐克 Slovakia	17 219 240	0	0	400	1 515	1 450	7 730	0	0	0	0
捷克 Czech Republic	16 563 814	69 113	233 186	1 503	4 273	9 080	69 913	0	0	523 545	2 255 237
比利时 Belgium	15 917 820	57 781	163 273	491 205	912 775	176 603	192 460	0	0	209 909	696 747
委内瑞拉 Venezuela	15 774 842	3 630 151	8 069 160	1 150	3 876	0	0	0	0	23 882	85 959
越南 Vietnam	12 107 267	2 861 627	7 350 248	193 798	279 149	4 490	15 782	31	2 173	226 523	722 632
匈牙利 Hungary	12 078 500	57 972	137 042	49 846	116 308	20	49	0	0	710	2 600
印度尼西亚 Indonesia	12 070 675	2 758 731	4 903 488	19 158	78 464	42 371	221 835	141	3 098	92 574	323 278
埃及 Egypt	10 813 493	1 786 730	3 210 925	81 154	132 725	2 717	13 850	0	0	323 180	427 805
菲律宾 Philippines	10 758 871	1 891 252	3 568 918	12 376	45 540	33 530	155 975	0	0	51 807	107 663

续表 Continued

国家和地区 Country & Region	制动器及其零部件，kg Brake and Brake Parts, kg						防抱死制动系统，kg ABS, kg				装在拖车底盘上的空气压缩机，台 Air Compresser Mounted on Chassis of Towing Vehicle, set	
	车辆总质量≥4t柴油载货车及车辆总质量≥8t汽油载货车用 for Diesel Truck with GVW≥14t and for Petrol Truck with GVW≥8t		专用汽车用 for Special Vehicle		其他车辆用制动器及其零部件 Brake and Brake Parts of Other Vehicle		牵引车、拖拉机、非公路自卸车用 for Towing Vehicle, Tractor, Non-road Dumping Vehicle		其他车辆用 for Other Vehicle			
	数量 Volume	金额 Value	数量 Volume	金额 Value	数量 Volume	金额 Value	数量 Volume	金额 Value	数量 Volume	金额 Value	数量 Volume	金额 Value
合计 Total	171 967 899	255 755 912	2 279 214	7 198 513	978 503 387	1 930 255 954	137 948	585 430	1 373 470	24 196 932	35 875	46 544 116
美国 U.S.A.	55 903 242	85 837 724	196 629	812 190	545 784 692	891 639 197	8 136	13 415	115 187	2 345 397	165	428 538
日本 Japan	601 115	1 378 503	11 915	63 908	17 604 600	130 751 141	593	3 149	4 130	132 800	11	73 548
加拿大 Canada	9 427 914	14 329 958	8 479	30 987	50 889 594	72 530 602	0	0	49 219	274 272	0	0
德国 Germany	6 404 579	8 356 186	842 952	2 964 475	44 168 837	85 333 769	11 107	38 890	23 362	1 149 908	40	400
英国 U.K.	9 058 153	12 139 915	6 276	65 328	50 800 157	83 208 881	0	0	5 578	185 102	33	4 931
意大利 Italy	8 774 277	10 317 434	278 345	491 738	32 369 438	54 285 241	1 317	9 535	122 560	256 055	0	0
韩国 South Korea	2 641 573	4 030 778	0	0	11 115 787	53 943 616	0	0	262 973	10 987 672	193	2 970 006
荷兰 Netherlands	13 567 833	15 756 553	0	0	16 600 305	33 741 712	0	0	14	60	1	34 150
墨西哥 Mexico	4 677 635	7 603 763	0	0	11 182 116	31 820 834	0	0	268	7 235	534	25 496
中国香港 China Hongkong	1 086 678	1 742 871	399	4 465	1 951 219	26 036 645	0	0	208 948	1 779 732	178	8 727 667
阿拉伯联合酋长国 United Arab Emirates	6 794 574	7 727 646	144	1 947	6 057 292	14 712 481	0	0	265	14 910	6 838	2 238 901
马来西亚 Malaysia	3 147 630	4 410 062	18 093	16 108	8 638 792	26 777 697	622	2 655	30 742	1 479 622	841	859 007
丹麦 Denmark	1 993	8 853	0	0	24 005 926	43 620 037	0	0	429	15 870	0	0
哈萨克斯坦 Kazakhstan	72 099	476 466	12 337	1 066 522	55 824	245 891	0	0	27 000	417 000	363	799 798
澳大利亚 Australia	3 533 199	4 533 674	62 646	184 176	13 599 376	25 318 109	0	0	4 493	44 700	47	830 486
中国台湾省 Taiwan Province of China	538 944	911 412	101 480	120 443	11 611 283	31 210 451	0	0	22 079	448 632	3	143 702
波兰 Poland	3 479 725	4 420 764	0	0	10 007 266	18 353 524	810	8 862	7 945	45 933	204	9 960
土耳其 Turkey	2 009 155	3 464 232	4 081	12 460	8 067 023	20 062 804	60	1 205	31 600	613 040	974	245 662
尼日利亚 Nigeria	500 242	1 113 609	16 634	58 698	2 076 094	5 893 846	0	0	15 492	46 489	1 330	365 418
南非 South Africa	5 127 844	6 787 794	0	0	7 096 835	13 397 692	250	5 114	8 883	16 787	490	896 800
俄罗斯联邦 Russia	2 870 854	5 272 999	7 296	19 837	3 530 580	11 606 302	58 736	126 099	97 573	109 320	585	1 646 151
泰国 Thailand	2 086 751	3 551 786	0	0	4 256 699	20 781 059	0	0	7 814	225 836	1 442	379 471
西班牙 Spain	1 409 178	2 394 759	2 570	3 349	8 912 509	20 031 789	0	0	266	3 582	25	4 750
印度 India	931 855	1 362 726	375 843	348 835	9 518 136	16 653 342	6 947	25 754	39 035	1 144 039	35	372 457
巴西 Brazil	1 782 862	4 235 793	9 373	17 374	7 009 540	15 639 025	0	0	4 616	54 493	422	899 333
伊朗 Iran	611 838	1 098 015	0	0	3 654 331	10 388 901	4 078	8 824	3 087	128 955	5 597	1 554 247
沙特阿拉伯 Saudi Arabia	3 206 100	3 849 585	25 471	23 306	4 280 020	7 111 315	0	0	24	2 189	1 517	8 078 658
法国 France	3 378 188	4 195 828	899	22 144	8 055 458	15 142 839	31	3 881	40 360	161 961	0	0
斯洛伐克 Slovakia	4 430	30 350	0	0	2 226 813	16 167 593	0	0	25 773	1 012 052	0	0
捷克 Czech Republic	31 203	46 296	0	0	2 629 366	13 915 459	10 299	39 450	0	0	0	0
比利时 Belgium	1 254 057	2 357 951	0	0	7 012 837	10 264 035	0	0	0	0	197	1 330 579
委内瑞拉 Venezuela	157 613	306 899	9 112	30 146	2 886 094	7 220 797	0	0	95	300	1 298	57 705
越南 Vietnam	395 217	881 640	810	6 920	650 182	2 548 750	0	0	18 493	113 804	182	186 169
匈牙利 Hungary	260 911	276 298	0	0	594 986	11 537 920	0	0	226	8 283	0	0
印度尼西亚 Indonesia	348 667	872 746	25 636	197 378	1 667 840	5 060 947	1 613	17 396	2 842	31 433	764	360 612
埃及 Egypt	1 609 112	1 967 049	0	0	2 049 165	4 344 316	300	4 593	102 651	636 847	1 289	75 383
菲律宾 Philippines	128 513	510 740	5 524	26 234	1 982 166	5 834 843	0	0	0	0	31	508 958

续表 Continued

国家和地区 Country & Region	合计 Total	制动器及其零部件，kg Brake and Brake Parts, kg									
		装在蹄片上的制动摩擦片 Friction Lining Mounted on Brake Shoe		牵引车、拖拉机用 for Towing Vehicle and Tractor		30座及以上机动客车用 for Bus with at least 30 seats		非公路自卸车用 for Non-road Dumping Vehicle		车辆总质量<14t柴油载货车及车辆总质量<8t汽油载货车用 for Diesel Truck with GVW<14t and for Petrol Truck with GVW<8t	
	金额 Value	数量 Volume	金额 Value	数量 Volume	金额 Value	数量 Volume	金额 Value	数量 Volume	金额 Value	数量 Volume	金额 Value
阿尔及利亚 Algeria	10 032 412	2 209 016	4 176 059	119 630	214 636	192 675	233 109	23	258	80 655	155 249
立陶宛 Lithuania	9 854 768	2 568 169	6 203 279	17 132	40 949	55 304	133 650	2 100	4 700	59 918	150 671
塔吉克斯坦 Tajikistan	8 867 172	1 529 214	8 771 827	0	0	0	0	0	0	0	0
瑞典 Sweden	8 704 434	521 563	1 643 901	12 467	83 513	95 361	851 808	0	0	202 925	1 213 639
新加坡 Singapore	8 239 370	823 359	1 912 653	183 058	440 984	9 612	71 767	6 158	134 678	19 863	38 310
智利 Chile	7 734 233	1 420 709	3 173 893	9 507	15 453	153 967	276 996	28 340	85 351	9 659	27 954
芬兰 Finland	7 730 084	365 979	1 340 184	10 059	31 261	2 375	24 450	0	0	111 917	393 255
伊拉克 Iraq	7 439 928	1 577 437	3 502 189	4 782	9 586	12 500	12 991	19 040	15 858	34 443	54 882
以色列 Israel	7 385 131	581 847	1 514 409	2 126	22 310	209 868	287 260	0	0	45	912
哥伦比亚 Columbia	7 348 016	890 933	2 563 349	371 116	519 061	1 640	2 951	0	0	20 814	86 571
阿根廷 Argentina	7 051 220	112 241	417 953	14 733	60 016	12 227	54 695	340	3 680	39	1 850
乌克兰 Ukraine	6 287 368	827 198	2 233 232	47 158	126 745	44 268	118 613	6 050	12 114	147 819	521 738
缅甸 Myanmar	5 536 180	133 370	240 480	41 395	95 685	780	273	0	0	170 690	622 819
新西兰 New Zealand	5 238 070	896 162	2 414 925	63 086	216 998	39 537	41 966	1 543	20 479	25 073	36 724
巴拿马 Panama	4 672 028	759 437	1 891 887	0	0	150	540	82	1 259	89 360	246 915
科威特 Kuwait	4 654 471	413 338	993 435	0	0	1 522	4 402	0	0	162	869
黎巴嫩 Lebanon	4 520 183	884 923	2 116 946	370	2 120	0	0	0	0	7 850	29 025
巴基斯坦 Pakistan	4 488 232	1 425 203	2 558 384	3 820	23 259	0	0	906	4 214	62	527
约旦 Jordan	4 197 899	835 173	2 055 925	17 816	26 377	817	12 098	0	0	11 385	24 825
利比亚 Libya	3 960 901	569 894	1 185 747	62 180	109 528	894	7 520	52 643	487 393	37 006	135 606
肯尼亚 Kenya	3 670 551	1 464 717	2 912 252	2 431	4 177	17 400	18 749	712	4 547	688	2 381
厄瓜多尔 Ecuador	3 415 838	730 047	1 886 163	0	0	0	0	0	0	3 328	13 150
安哥拉 Angola	3 360 178	475 858	1 024 826	6 111	14 987	92 274	670 994	17 763	30 015	33 343	202 950
拉脱维亚 Latvia	3 356 572	903 809	2 543 581	0	0	0	0	0	0	154	1 570
希腊 Greece	3 166 706	168 905	561 152	213	1 591	25 731	120 050	0	0	223	800
吉尔吉斯斯坦 Kyrgyzstan	3 120 491	455 151	2 782 397	0	0	0	0	0	0	0	0
危地马拉 Guatemala	2 687 129	628 274	1 127 850	0	0	0	0	0	0	3 566	13 882
波多黎各 Puerto Rico	2 533 545	217 154	495 105	0	0	0	0	0	0	0	0
苏丹 Sudan	2 506 007	477 235	1 061 067	4 400	13 432	13 105	34 688	39 560	31 901	9 532	40 935
秘鲁 Peru	2 382 956	274 987	511 918	30 270	42 927	3 549	20 751	64	280	1 482	5 113
也门共和国 Yemen	2 351 445	585 226	1 422 278	4 080	12 116	0	0	0	0	973	3 441
叙利亚 Syria	2 267 558	280 511	553 283	20 856	41 599	494	960	0	0	19 147	82 339
坦桑尼亚 Tanzania	2 101 892	510 838	923 506	21 122	62 262	1 396	6 120	0	0	17 376	50 321
摩洛哥 Morocco	2 100 506	193 924	547 258	1 493	3 691	2 075	10 020	0	0	5 639	31 205
孟加拉国 Bangladesh	2 027 145	763 656	1 356 463	0	0	118	5 272	0	0	332	2 777
哥斯达黎加 Costa Rica	2 014 652	335 634	761 124	0	0	65	1 664	0	0	19 381	52 396

续表 Continued

国家和地区 Country & Region	制动器及其零部件，kg Brake and Brake Parts, kg						防抱死制动系统，kg ABS, kg				装在拖车底盘上的空气压缩机，台 Air Compresser Mounted on Chassis of Towing Vehicle, set	
	车辆总质量≥4t柴油载货车及车辆总质量≥8t汽油载货车用 for Diesel Truck with GVW≥14t and for Petrol Truck with GVW≥8t		专用汽车用 for Special Vehicle		其他车辆用制动器及其零部件 Brake and Brake Parts of Other Vehicle		牵引车、拖拉机、非公路自卸车用 for Towing Vehicle, Tractor, Non-road Dumping Vehicle		其他车辆用 for Other Vehicle			
	数量 Volume	金额 Value	数量 Volume	金额 Value	数量 Volume	金额 Value	数量 Volume	金额 Value	数量 Volume	金额 Value	数量 Volume	金额 Value
阿尔及利亚 Algeria	1 280 419	1 722 834	1 608	3 597	1 041 300	3 161 225	0	0	1 579	9 821	343	355 624
立陶宛 Lithuania	358 440	569 704	65	437	1 420 893	2 732 181	0	0	20	808	332	18 389
塔吉克斯坦 Tajikistan	0	0	0	0	0	0	0	0	0	0	4	95 345
瑞　典 Sweden	385 104	1 093 267	0	0	1 860 916	3 818 306	0	0	0	0	0	0
新加坡 Singapore	1 460 821	2 189 065	57 669	105 234	1 212 336	3 247 450	0	0	1 783	10 716	30	88 513
智　利 Chile	644 879	1 197 635	0	0	1 202 039	2 759 524	188	1 503	8	1 144	123	194 780
芬　兰 Finland	406 320	741 792	0	0	2 821 293	5 199 142	0	0	0	0	0	0
伊拉克 Iraq	432 317	715 646	0	0	1 032 174	2 704 858	0	0	0	0	516	423 918
以色列 Israel	15 121	35 516	0	0	3 960 492	5 522 120	0	0	0	0	65	2 604
哥伦比亚 Columbia	912 571	1 704 444	4 218	55 241	1 062 802	2 391 441	133	807	17 627	24 151	0	0
阿根廷 Argentina	3 103 068	4 483 754	0	0	862 196	1 993 235	0	0	8	1 212	306	34 825
乌克兰 Ukraine	122 444	390 350	0	0	942 058	2 720 193	0	0	930	9 524	3 131	154 859
缅　甸 Myanmar	341 203	3 855 845	0	0	164 340	719 752	949	1 326	0	0	0	0
新西兰 New Zealand	171 228	190 998	0	0	1 157 852	2 301 193	11	110	9 016	14 677	0	0
巴拿马 Panama	302 019	704 344	495	7 861	836 701	1 816 779	0	0	0	0	38	2 443
科威特 Kuwait	224 500	279 669	0	0	499 709	731 585	0	0	130	853	81	2 643 658
黎巴嫩 Lebanon	199 352	289 032	0	0	1 112 965	2 079 771	0	0	2	1 081	37	2 208
巴基斯坦 Pakistan	32 853	227 349	0	0	558 768	1 494 440	0	0	1 265	5 989	32	174 070
约　旦 Jordan	121 048	251 544	0	0	1 014 388	1 805 158	0	0	0	0	483	21 972
利比亚 Libya	111 700	334 226	5 880	46 313	559 981	1 438 331	0	0	6 900	42 823	869	173 414
肯尼亚 Kenya	21 461	76 377	30 888	122 918	253 911	516 465	0	0	3 300	5 727	25	6 958
厄瓜多尔 Ecuador	223 654	330 685	1 104	14 032	498 924	1 166 402	0	0	0	0	70	5 406
安哥拉 Angola	71 409	176 411	1 214	7 557	99 998	266 450	0	0	8 850	34 241	86	931 747
拉脱维亚 Latvia	150 548	157 256	0	0	342 198	642 108	0	0	136	9 077	1	2 980
希　腊 Greece	211 081	257 587	0	0	1 237 365	2 225 526	0	0	0	0	0	0
吉尔吉斯斯坦 Kyrgyzstan	0	0	0	0	4 400	22 000	0	0	0	0	10	316 094
危地马拉 Guatemala	198 271	388 192	0	0	574 436	1 153 235	3 140	3 970	0	0	0	0
波多黎各 Puerto Rico	68 417	86 572	0	0	897 012	1 951 868	0	0	0	0	0	0
苏　丹 Sudan	159 950	138 862	53 024	36 353	274 229	619 277	10 802	46 954	11	3 121	106	479 417
秘　鲁 Peru	400 842	705 094	0	0	522 083	1 066 319	994	15 316	316	2 653	80	12 585
也门共和国 Yemen	9 466	33 569	0	0	437 407	822 446	0	0	0	0	9	57 595
叙利亚 Syria	162 375	329 252	0	0	340 778	1 028 821	73	571	25 690	35 523	1 783	195 210
坦桑尼亚 Tanzania	144 956	186 460	20 950	38 121	194 110	697 087	0	0	0	0	30	138 015
摩洛哥 Morocco	285 841	335 254	0	0	751 553	1 165 108	0	0	48	120	3	7 850
孟加拉国 Bangladesh	10 479	38 977	15	300	169 347	574 495	0	0	0	0	445	48 861
哥斯达黎加 Costa Rica	50 801	133 133	0	0	589 945	1 063 502	0	0	467	2 833	0	0

表7-21 2010年汽车制动系统零部件产品分洲别出口量及金额
Table7-21 Volume and Value of Exported Braking System Parts in 2010 (by Continent)

美元 US Dollar

洲别 Continent	合计 Total	制动器及其零部件，kg Brake and Brake Parts, kg											
		装在蹄片上的制动摩擦片 Friction Lining Mounted on Brake Shoe		牵引车、拖拉机用 for Towing Vehicle and Tractor		30座及以上机动客车用 for Bus with at least 30 seats		非公路自卸车用 for Non-road Dumping Vehicle		车辆总质量<14t柴油载货车及车辆总质量<8t汽油载货车用 for Diesel Truck with GVW<14t and for Petrol Truck with GVW<8t		车辆总质量≥14t柴油载货车及车辆总质量≥8t汽油载货车用 for Diesel Truck with GVW≥14t and for Petrol Truck with GVW≥8t	
	金额 Value	数量 Volume	金额 Value	数量 Volume	金额 Value	数量 Volume	金额 Value	数量 Volume	金额 Value	数量 Volume	金额 Value	数量 Volume	金额 Value
合计 Total	2 996 517 455	179 459 532	515 103 087	23 141 999	71 587 778	25 770 454	64 354 022	1 390 245	5 400 792	26 554 543	75 534 919	171 967 899	255 755 912
亚洲 Asia	712 534 245	51 390 115	166 099 010	4 762 860	24 390 358	2 670 016	18 049 403	783 872	3 335 481	2 382 660	7 136 404	27 672 636	44 658 311
北美洲 North America	1 324 953 858	58 814 519	176 381 258	4 696 931	16 824 280	2 706 386	15 944 270	181 409	571 521	16 665 932	46 990 119	65 331 156	100 167 682
大洋洲 Oceania	45 801 110	3 551 554	9 013 072	655 422	1 271 729	423 568	573 814	13 102	263 995	540 811	1 215 969	3 709 512	4 757 755
非洲 Africa	105 065 574	23 203 056	46 398 591	785 187	1 864 061	809 835	1 671 726	282 936	804 520	1 174 251	2 316 759	9 662 378	13 546 105
拉丁美洲 Latin America	145 090 797	14 798 717	35 047 018	728 448	1 438 013	319 415	1 759 001	28 872	92 387	2 425 435	8 240 985	12 896 741	22 853 498
欧洲 Europe	663 071 871	27 701 571	82 164 138	11 513 151	25 799 337	18 841 234	26 355 808	100 054	332 888	3 365 454	9 634 683	52 695 476	69 772 561
其他 Others	0	0	0	0	0	0	0	0	0	0	0	0	0

续表 Continued

洲别 Continent	制动器及其零部件，kg Brake and Brake Parts, kg				防抱死制动系统，kg ABS, kg				装在拖车底盘上的空气压缩机，台 Air Compresser Mounted on Chassis of Towing Vehicle, set	
	专用汽车用 for Special Vehicle		其他车辆用制动器及其零部件 Brake and Brake Parts of Other Vehicle		牵引车、拖拉机、非公路自卸车用 for Towing Vehicle, Tractor, Non-road Dumping Vehicle		其他车辆用 for Other Vehicle			
	数量 Volume	金额 Value	数量 Volume	金额 Value	数量 Volume	金额 Value	数量 Volume	金额 Value	数量 Volume	金额 Value
合计 Total	2 279 214	7 198 513	978 503 387	1 930 255 954	137 948	585 430	1 373 470	24 196 932	35 875	46 544 116
亚洲 Asia	645 158	2 037 350	101 819 703	393 684 867	15 391	69 069	693 487	17 618 863	22 694	35 455 129
北美洲 North America	205 108	843 177	596 674 296	964 169 929	8 136	13 415	164 406	2 619 669	165	428 538
大洋洲 Oceania	63 535	189 582	14 758 310	27 624 711	11	110	13 609	59 887	47	830 486
非洲 Africa	201 929	386 092	14 999 126	33 189 392	15 389	84 179	149 647	804 197	5 157	3 999 952
拉丁美洲 Latin America	25 081	175 004	29 280 048	72 752 454	7 187	26 576	24 157	94 643	3 057	2 611 218
欧洲 Europe	1 138 403	3 567 308	220 971 904	438 834 601	91 834	392 081	328 164	2 999 673	4 755	3 218 793
其他 Others	0	0	0	0	0	0	0	0	0	0

表7-22 2010年汽车转向系统零部件产品分国别出口量及金额
Table7-22 Volume and Value of Exported Steering System Parts in 2010 (by Country)

美元
US Dollar

国家和地区 Country & Region	合计 Total	转向系统零部件，kg Steering System Parts, kg													
		牵引车、拖拉机用 for Towing Vehicle and Tractor		30座及以上机动客车用 for Bus with at least 30 seats		非公路自卸车用 for Non-road Dumping Vehicle		车辆总质量<14t柴油载货车及车辆总质量<8t汽油载货车用 for Diesel Truck with GVW<14t and for Petrol Truck with GVW<8t		车辆总质量≥14t柴油载货车及车辆总质量≥8t汽油载货车用 for Diesel Truck with GVW≥14t and for Petrol Truck with GVW≥8t		专用汽车用 for Special Vehicle		其他机动车辆用 for Other Motor Vehicle	
	金额 Value	数量 Volume	金额 Value	数量 Volume	金额 Value	数量 Volume	金额 Value	数量 Volume	金额 Value	数量 Volume	金额 Value	数量 Volume	金额 Value	数量 Volume	金额 Value
合 计 Total	**699 451 578**	**3 223 251**	**13 858 293**	**1 566 748**	**8 402 221**	**213 821**	**1 162 429**	**6 545 522**	**31 852 432**	**7 626 896**	**26 773 738**	**1 410 669**	**15 277 774**	**80 724 743**	**602 124 691**
日 本 Japan	132 424 239	39 311	269 004	233 023	411 570	0	0	6 936	33 990	5 924	30 778	477 134	5 576 940	8 735 934	126 101 957
美 国 U.S.A.	106 296 204	488 207	3 603 145	179 241	796 995	5 528	51 329	1 012 503	5 747 919	1 629 615	5 401 699	217 611	2 542 528	12 273 810	88 152 589
韩 国 South Korea	71 960 963	9 758	81 462	0	0	894	3 440	48 059	166 925	195 954	1 183 862	9 211	113 706	7 175 028	70 411 568
墨西哥 Mexico	63 799 113	26	586	0	0	0	0	790 284	1 833 640	939 177	5 142 935	88 333	1 183 852	4 232 290	55 638 100
印 度 India	61 181 183	23 293	226 761	7 997	85 396	340	2 719	416 893	2 757 478	65 176	419 273	206 338	2 404 053	8 819 840	55 285 503
泰 国 Thailand	30 159 500	83 821	177 301	101	2 669	42 802	325 949	92 141	580 742	115 855	170 985	22	714	5 430 095	28 901 140
伊 朗 Iran	25 877 635	50 501	322 997	238 907	3 464 039	0	0	965 710	4 946 906	49 679	510 174	215	2 900	3 076 130	16 630 619
德 国 Germany	16 958 246	28 042	149 335	1 908	30 187	1 523	11 528	91 637	759 694	1 817 013	3 966 019	103 644	1 359 620	1 099 339	10 681 863
中国台湾省 Taiwan Province of China	15 720 842	1 807	20 279	21 215	289 656	0	0	337 341	1 356 173	22 532	89 095	72	798	2 772 581	13 964 841
马来西亚 Malaysia	13 558 347	119 803	557 093	18 379	219 960	4 478	22 935	582 326	1 673 935	276 437	901 199	0	0	1 998 756	10 183 225
土耳其 Turkey	12 886 817	67 591	483 207	3 135	10 762	13 189	56 459	156 929	426 876	420	5 841	2 723	11 455	2 385 278	11 892 217
意大利 Italy	10 281 764	544 573	2 259 138	9 371	28 638	1 113	19 114	143 807	607 676	9 949	53 189	5 635	42 770	1 538 123	7 271 239
俄罗斯联邦 Russia	8 483 546	321 020	476 881	398	5 243	38 970	132 426	63 088	289 139	652 991	1 819 287	153	1 527	1 003 027	5 759 043
西班牙 Spain	7 604 257	7 768	77 093	39 087	146 411	0	0	22 197	71 839	21 654	38 728	0	0	1 422 187	7 270 186
英 国 U.K.	7 502 244	17 539	44 973	3	25	878	55 589	67 714	534 583	2 389	15 893	96 028	1 108 406	522 698	5 742 775
阿拉伯联合酋长国 United Arab Emirates	7 418 464	10 469	44 559	2 571	12 704	41 335	69 211	327 660	2 379 584	37 975	120 463	106	8 994	1 002 936	4 782 949
波 兰 Poland	7 331 051	38 989	317 292	0	0	0	0	11 809	133 657	64 273	514 004	0	0	457 401	6 366 098

续表 Continued

国家和地区 Country & Region	合计 Total	转向系统零部件，kg Steering System Parts, kg													
		牵引车、拖拉机用 for Towing Vehicle and Tractor		30座及以上机动客车用 for Bus with at least 30 seats		非公路自卸车用 for Non-road Dumping Vehicle		车辆总质量<14t柴油载货车及车辆总质量<8t汽油载货车用 for Diesel Truck with GVW<14t and for Petrol Truck with GVW<8t		车辆总质量≥14t柴油载货车及车辆总质量≥8t汽油载货车用 for Diesel Truck with GVW≥14t and for Petrol Truck with GVW≥8t		专用汽车用 for Special Vehicle		其他机动车辆用 for Other Motor Vehicle	
	金额 Value	数量 Volume	金额 Value	数量 Volume	金额 Value	数量 Volume	金额 Value	数量 Volume	金额 Value	数量 Volume	金额 Value	数量 Volume	金额 Value	数量 Volume	金额 Value
巴　西 Brazil	6 846 051	26 970	78 791	144	8 244	9 658	42 079	221 901	978 036	211 318	991 332	33 846	433 725	823 512	4 313 844
加拿大 Canada	5 730 546	330	2 340	0	0	5 095	28 620	11 270	83 954	12 720	51 766	1 526	16 574	870 667	5 547 292
澳大利亚 Australia	4 124 084	2 549	11 425	1 888	2 651	1 012	4 666	3 429	26 826	4 982	41 974	1 719	25 387	381 276	4 011 155
印度尼西亚 Indonesia	4 027 541	56 816	77 852	710	12 512	1 004	8 213	172 544	522 113	361 422	884 974	9	250	548 480	2 521 627
法　国 France	3 935 718	3 214	19 944	0	0	0	0	33 601	108 996	8 628	41 057	1 553	11 510	781 320	3 754 211
捷　克 Czech Republic	3 557 666	36	672	0	0	0	0	0	0	5 568	24 902	216	2 000	117 044	3 530 092
中国香港 China Hongkong	3 557 432	1 342	20 507	34 464	271 589	6	652	36 202	178 392	15 070	66 820	9 804	30 659	195 118	2 988 813
斯洛伐克 Slovakia	3 535 891	0	0	0	0	0	0	0	0	0	0	0	0	2 005 647	3 535 891
南　非 South Africa	3 176 716	8 835	95 944	341	3 230	396	7 479	17 823	182 442	44 998	168 568	785	11 716	564 269	2 707 337
越　南 Vietnam	3 107 581	97 791	291 814	17	110	0	0	241 373	1 581 126	69 054	83 265	300	4 800	293 156	1 146 466
菲律宾 Philippines	2 950 888	1 210	8 719	205	1 785	0	0	24 691	172 737	22 302	105 872	0	0	608 796	2 661 775
比利时 Belgium	2 727 248	7 644	35 361	700 734	2 216 062	0	0	8 902	118 747	0	0	190	1 890	74 110	355 188
尼日利亚 Nigeria	2 701 580	2 451	23 194	0	0	711	8 490	25 541	215 832	7 117	44 152	0	0	499 007	2 409 912
荷　兰 Netherlands	2 688 499	510	5 704	0	0	2	77	3 885	20 996	19	248	2 126	20 009	579 413	2 641 465
缅　甸 Myanmar	2 680 083	462 718	1 207 823	1 371	6 099	0	0	62 735	198 653	177 302	1 219 081	0	0	22 895	48 427
哥伦比亚 Columbia	2 669 005	0	0	3	36	0	0	59 163	494 064	3 543	16 924	0	0	512 996	2 157 981
哈萨克斯坦 Kazakhstan	2 593 204	123 152	776 019	8 800	52 800	0	0	364	10 451	43 251	277 973	0	0	188 444	1 475 961
委内瑞拉 Venezuela	2 568 339	1 560	5 234	0	0	3 731	13 991	5 067	45 329	3 841	16 647	0	0	669 041	2 487 138
阿尔及利亚 Algeria	2 386 684	27 048	95 173	524	5 058	0	0	31 607	181 136	49 528	221 018	13 525	48 320	478 344	1 835 979
阿根廷 Argentina	2 243 128	13 847	146 921	21 892	53 448	5 000	22 440	28 700	177 641	151 618	276 515	0	0	342 513	1 566 163
智　利 Chile	2 154 845	0	0	2 681	20 150	24	120	5 112	48 612	31 151	96 031	0	0	575 745	1 989 932

表7-23　2010年汽车转向系统零部件产品分洲别出口量及金额
Table7-23　Volume and Value of Exported Steering System Parts in 2010 (by Continent)

美元
Us Dollar

洲别 Continent	合计 Total	转向系统零部件，kg Steering System Parts, kg					
		牵引车、拖拉机用 for Towing Vehicle Tractor		30座及以上机动客车用 for Bus with at least 30 seats		非公路自卸车用 for Non-road Dumping Vehicle	
	金额 Value	数量 Volume	金额 Value	数量 Volume	金额 Value	数量 Volume	金额 Value
合计 Total	**699 451 578**	**3 223 251**	**13 858 293**	**1 566 748**	**8 402 221**	**213 821**	**1 162 429**
亚洲 Asia	399 017 634	1 497 092	5 659 663	577 181	4 869 805	109 665	522 765
北美洲 North America	112 026 750	488 537	3 605 485	179 241	796 995	10 623	79 949
大洋洲 Oceania	4 362 735	2 564	11 513	1 888	2 651	4 246	71 950
非洲 Africa	13 975 982	113 252	535 762	10 289	129 201	20 404	143 093
拉丁美洲 Latin America	86 011 423	46 345	267 114	38 570	132 600	19 852	92 189
欧洲 Europe	84 057 054	1 075 461	3 778 756	759 579	2 470 969	49 031	252 483
其他 Others	0	0	0	0	0	0	0

续表 Continued

洲别 Continent	转向系统零部件，kg Steering System Parts, kg							
	车辆总质量<14t柴油载货车及车辆总质量<8t汽油载货车用 for Diesel Truck with GVW<14t and for Petrol Truck with GVW<8t		车辆总质量≥14t柴油载货车及车辆总质量≥8t汽油载货车用 for Diesel Truck with GVW≥14t and for Petrol Truck with GVW≥8t		专用汽车用 for Special Vehicle		其他机动车辆用 for Other Motor Vehicle	
	数量 Volume	金额 Value	数量 Volume	金额 Value	数量 Volume	金额 Value	数量 Volume	金额 Value
合计 Total	**6 545 522**	**31 852 432**	**7 626 896**	**26 773 738**	**1 410 669**	**15 277 774**	**80 724 743**	**602 124 691**
亚洲 Asia	3 640 269	17 862 062	1 571 460	6 427 806	710 333	8 188 077	44 947 907	355 487 456
北美洲 North America	1 023 773	5 831 873	1 642 335	5 453 465	219 137	2 559 102	13 144 477	93 699 881
大洋洲 Oceania	4 066	31 688	9 348	55 655	1 764	25 517	407 800	4 163 761
非洲 Africa	216 545	1 395 101	295 360	1 006 491	42 161	147 975	2 506 185	10 618 359
拉丁美洲 Latin America	1 138 423	3 770 868	1 416 424	6 736 822	138 720	1 675 014	8 421 441	73 336 816
欧洲 Europe	522 446	2 960 840	2 691 969	7 093 499	298 554	2 682 089	11 296 933	64 818 418
其他 Others	0	0	0	0	0	0	0	0

表7-24 2010年汽车电子电器产品分国别出口量及金额

Table7-24 Volume and Value of Exported Vehicle Electric and Electronic Devices in 2010 (by Country)

美元
US Dollar

国家和地区 Country & Region	合计 Total	汽车照明及信号装置 Vehicle Lighting and Signaling Device													
		机动车辆用照明装置，套 Lighting Device for Motor Vehicle, set		机动车辆用视觉信号装置，只 Visual Signaling Device for Motor Vehicle, set		机动车辆用卤钨灯，只 Tungsten Halogen Lamp for Motor Vehicle, unit		机动车辆用其他白炽灯泡，只 Other Filament Bulb for Motor Vehicle, unit		机动车辆用喇叭、蜂鸣器，个 Horn and Buzzer for Motor Vehicle, unit		机动车辆用其他音响信号装置，只 Other Audio Signaling Device for Motor Vehicle, set		电气照明或信号装置、风挡刮水器、除霜器及去雾器的零件，kg Parts for Electric Illumination, Signal Device, Windscreen Wiper, Defroster and Demister, kg	
	金额 Value	数量 Volume	金额 Value	数量 Volume	金额 Value	数量 Volume	金额 Value	数量 Volume	金额 Value	数量 Volume	金额 Value	数量 Volume	金额 Value	数量 Volume	金额 Value
合 计 Total	**7 351 223 656**	**189 447 869**	**731 031 266**	**85 429 671**	**183 123 346**	**824 687 862**	**154 199 039**	**1 185 169 791**	**171 820 575**	**95 332 804**	**134 687 134**	**11 112 197**	**54 981 711**	**44 681 705**	**379 601 268**
日 本 Japan	1 927 258 812	31 190 119	95 748 578	2 843 648	10 000 695	1 829 939	3 213 348	46 517 415	9 410 887	281 567	801 247	16 911	346 355	1 205 719	19 370 197
美 国 U.S.A.	1 673 369 899	24 659 600	141 464 690	12 605 901	47 575 327	93 887 973	9 303 205	70 152 411	32 724 747	2 765 564	7 522 905	1 800 728	9 598 847	11 760 474	101 642 759
韩 国 South Korea	852 771 305	8 348 522	30 514 124	293 524	2 344 272	59 456 741	14 728 345	14 829 240	1 848 443	15 238 320	15 074 977	85 975	448 805	1 762 737	18 871 654
荷 兰 Netherlands	376 875 845	1 268 645	2 359 066	1 570 472	5 305 242	11 264 847	2 773 315	34 696 667	1 863 590	184 548	375 026	44 169	528 770	353 075	1 493 040
中国香港 China Hongkong	323 283 361	4 325 421	7 946 685	2 984 699	4 022 951	24 056 523	15 740 448	32 996 844	2 763 157	2 393 271	1 980 667	328 461	3 918 618	634 146	16 565 384
德 国 Germany	202 604 976	5 232 844	16 102 710	2 264 560	9 754 197	32 678 314	11 569 803	88 187 945	7 499 762	1 000 791	2 362 551	5 527 520	4 468 068	2 620 741	30 831 328
加拿大 Canada	139 632 855	1 053 836	2 929 837	444 617	2 051 766	1 600 378	443 418	2 810 160	2 824 220	697 806	1 766 455	8 234	94 944	338 067	6 665 022
法 国 France	124 738 143	2 967 896	7 866 538	1 360 088	2 440 949	8 886 153	3 834 089	28 272 150	2 830 894	479 652	634 989	109 697	2 743 551	1 731 194	16 034 017
巴 西 Brazil	111 262 860	2 840 970	17 480 106	1 204 202	1 921 817	36 204 386	10 112 114	59 093 612	6 317 646	4 483 978	6 781 456	446 335	5 116 729	1 353 805	8 945 657
英 国 U.K.	109 308 587	4 188 698	25 738 130	1 278 350	6 088 922	11 992 092	3 633 524	37 646 926	5 071 141	282 059	752 205	154 970	2 124 605	1 757 881	12 561 466
俄罗斯联邦 Russia	106 184 268	2 398 614	28 056 638	861 944	3 713 956	12 951 590	3 641 456	14 212 439	2 084 239	1 059 561	2 968 189	275 343	4 625 255	1 169 495	6 929 869
中国台湾省 Taiwan Province of China	89 112 734	3 298 754	7 105 378	591 664	1 241 662	44 114 596	5 039 941	34 027 607	2 310 572	490 304	1 025 317	30 746	502 171	2 365 754	11 378 937
哈萨克斯坦 Kazakhstan	76 011 510	3 598 014	69 551 690	18 886	118 490	902 860	364 237	1 170 500	122 838	437 662	2 631 237	142	2 173	262 367	2 308 160
澳大利亚 Australia	73 544 378	933 755	6 135 654	688 005	3 344 562	878 716	352 159	9 857 033	965 402	127 552	360 391	33 135	765 556	770 864	7 588 568
墨西哥 Mexico	71 537 897	3 370 837	23 580 111	3 891 989	3 629 835	19 671 149	2 856 027	30 498 237	5 576 397	4 259 514	5 978 990	27 622	450 047	2 004 120	13 211 108
阿拉伯联合酋长国 United Arab Emirates	66 077 019	7 989 971	17 775 387	1 961 920	3 807 940	34 931 358	4 668 123	39 905 740	6 138 648	3 175 449	4 658 420	108 254	874 379	791 654	5 233 081
泰 国 Thailand	64 624 576	2 226 853	19 342 558	834 820	2 967 143	6 234 021	874 491	11 861 984	1 237 519	1 630 127	2 283 150	165 087	1 516 604	721 915	3 593 775
伊 朗 Iran	64 238 094	4 584 967	11 218 161	2 902 201	4 443 408	10 405 503	1 891 822	24 198 624	4 756 358	3 305 706	3 724 023	57 458	255 450	1 241 975	6 041 670
印 度 India	58 379 430	4 170 525	5 700 726	420 736	1 025 036	91 551 236	10 113 225	128 697 694	6 834 940	2 802 826	5 067 530	76 427	1 122 039	372 139	2 798 306
巴拿马 Panama	50 625 547	1 282 981	4 893 911	1 704 395	2 916 061	6 556 829	1 164 593	4 988 447	1 237 238	1 359 232	1 680 377	21 180	190 193	84 438	436 758
印度尼西亚 Indonesia	47 706 156	5 492 799	16 238 677	1 696 181	2 339 517	22 790 232	4 115 487	55 259 003	4 189 432	6 485 931	5 259 506	77 101	593 154	720 460	4 119 598

续表 Continued

国家和地区 Country & Region	汽车电子电器及仪表 Vehicle Electric and Electronic Instrument													
	机动车辆用无线电导航设备，台 Radio Navigation Device, set		需外接电源的汽车收录（放）音组合机，台 Receiver and Player Combination Requiring External Energy Source, set		需外接电源的汽车用无线电收音机，台 Radio Receiver Requiring External Energy Source, set		机动车辆用防盗报警器，个 Anti-theft Device for Motor Vehicle, set		机动车辆用点火布线组及其他布线组，kg Ignition Wire Harness and Other Wire Harness for Motor Vehicle, kg		机动车辆用速度计，个 Tacheometer for Motor Vehicle, unit		车载音频转播器或发射器，台 On-board Audio Broadcast Device and Transmitter，set	
	数量 Volume	金额 Value	数量 Volume	金额 Value	数量 Volume	金额 Value	数量 Volume	金额 Value	数量 Volume	金额 Value	数量 Volume	金额 Value	数量 Volume	金额 Value
合计 Total	22 038 814	1 529 011 920	19 587 076	1 333 681 530	939 380	37 236 134	10 143 987	122 595 563	166 810 286	2 379 994 690	10 145 417	88 358 733	11 268 583	50 900 747
日本 Japan	930 338	255 776 941	2 443 764	356 711 404	198 853	5 483 680	52 318	576 154	57 426 673	1 149 029 340	411 625	18 244 500	667 619	2 545 486
美国 U.S.A.	7 050 518	490 741 981	5 275 726	481 272 293	149 734	10 572 446	1 218 410	17 126 441	16 297 177	313 931 356	182 930	1 130 022	2 415 893	8 762 880
韩国 South Korea	37 067	5 605 551	631 792	60 555 974	503	7 550	96 884	1 097 564	81 481 293	700 868 412	12 669	491 118	77 908	314 516
荷兰 Netherlands	6 800 578	344 840 438	323 726	12 420 683	53 300	986 430	19 207	279 993	5 913	114 099	245 383	3 314 607	92 519	221 546
中国香港 China Hongkong	3 350 115	140 429 070	2 965 756	91 257 489	122 019	2 729 825	436 250	7 001 239	83 255	2 895 153	1 511 184	3 222 847	2 155 492	22 809 828
德国 Germany	584 242	40 206 565	742 212	61 264 685	90 416	7 255 180	80 253	786 590	341 690	4 917 332	2 559 749	3 383 358	303 394	2 202 847
加拿大 Canada	8 598	575 494	40 436	1 827 002	0	0	258 338	3 167 402	5 483 272	116 361 076	3 182	120 188	595 218	806 031
法国 France	627 254	67 452 791	241 069	7 103 101	25 451	468 945	88 377	1 282 730	130 405	4 289 376	263 751	7 312 498	62 741	443 675
巴西 Brazil	363 325	27 165 255	809 150	21 965 603	57 805	741 351	149 690	2 079 814	11 427	627 828	335 836	1 982 711	24 788	24 773
英国 U.K.	69 583	5 523 832	201 726	11 161 377	11 216	147 774	28 345	413 823	444 540	8 548 838	367 692	27 112 871	124 931	430 079
俄罗斯联邦 Russia	683 078	37 259 380	268 069	7 903 817	22 210	238 031	450 773	4 968 588	98 641	715 848	37 003	2 345 484	137 039	733 518
中国台湾省 Taiwan Province of China	101 286	5 270 882	142 891	10 681 484	4 331	65 105	145 306	258 912	2 554 657	43 604 808	153 817	574 964	75 559	52 601
哈萨克斯坦 Kazakhstan	7 774	407 387	0	0	0	0	50 635	503 808	240	1 490	0	0	0	0
澳大利亚 Australia	399 410	25 116 486	115 372	24 512 952	530	15 509	71 001	865 939	157 631	2 825 294	20 937	183 004	294 091	512 902
墨西哥 Mexico	8 502	608 602	84 812	4 533 994	1	50	250 225	1 961 416	451 695	7 690 813	102 402	454 747	470 616	1 005 760
阿拉伯联合酋长国 United Arab Emirates	6 318	762 943	231 098	5 902 557	302	6 040	814 429	11 776 518	136 372	908 160	260 644	845 928	824 762	2 718 895
泰国 Thailand	40 379	5 892 339	300 840	18 270 059	33 407	4 118 361	139 954	1 366 530	129 637	2 179 723	43 682	890 444	35 375	91 880
伊朗 Iran	20 167	2 299 174	328 393	11 523 691	1	25	853 119	11 748 817	248 985	2 118 166	903 131	3 607 380	241 522	609 949
印度 India	24 674	1 748 925	346 219	15 635 613	63 356	2 573 104	353 433	2 611 624	74 615	1 831 458	57 594	1 229 662	132 671	87 242
巴拿马 Panama	100	3 569	721 074	33 383 099	0	0	477 694	4 102 035	52 164	378 065	25 701	110 788	70 673	128 860
印度尼西亚 Indonesia	20 191	3 050 718	34 150	1 328 225	2 500	21 075	355 544	3 635 467	48 538	752 457	270 047	1 847 257	39 670	215 586

续表 Continued

国家和地区 Country & Region	合计 Total	汽车照明及信号装置 Vehicle Lighting and Signaling Device													
		机动车辆用照明装置，套 Lighting Device for Motor Vehicle, set		机动车辆用视觉信号装置，只 Visual Signaling Device for Motor Vehicle, set		机动车辆用卤钨灯，只 Tungsten Halogen Lamp for Motor Vehicle, unit		机动车辆用其他白炽灯泡，只 Other Filament Bulb for Motor Vehicle, unit		机动车辆用喇叭、蜂鸣器，个 Horn and Buzzer for Motor Vehicle, unit		机动车辆用其他音响信号装置，只 Other Audio Signaling Device for Motor Vehicle, set		电气照明或信号装置、风挡刮水器、除霜器及去雾器的零件，kg Parts for Electric Illumination, Signal Device, Windscreen Wiper, Defroster and Demister, kg	
	金额 Value	数量 Volume	金额 Value	数量 Volume	金额 Value	数量 Volume	金额 Value	数量 Volume	金额 Value	数量 Volume	金额 Value	数量 Volume	金额 Value	数量 Volume	金额 Value
波兰 Poland	46 614 449	615 948	2 046 688	2 532 288	1 332 390	7 876 285	2 844 903	16 212 783	1 200 299	6 601 449	11 510 511	65 659	467 492	383 538	17 881 407
土耳其 Turkey	45 585 829	2 598 792	10 316 252	3 210 006	5 480 236	13 274 310	1 561 847	15 901 247	2 702 786	918 988	1 422 517	203 764	2 099 107	408 414	2 532 026
马来西亚 Malaysia	44 284 974	5 087 140	11 961 718	3 290 210	4 293 171	14 859 795	1 817 191	38 549 183	3 204 716	3 852 928	5 045 030	58 679	1 125 759	979 152	4 985 145
芬兰 Finland	38 415 559	777 539	4 114 717	378 588	849 915	6 001 076	1 541 744	19 485 092	2 684 671	304 518	863 842	77 933	1 544 611	250 443	1 531 152
意大利 Italy	35 737 488	1 270 815	4 949 730	1 186 672	5 654 651	15 635 924	3 841 989	12 347 728	2 271 297	1 454 146	1 330 427	120 415	1 495 585	755 299	5 519 001
尼日利亚 Nigeria	34 280 142	5 773 287	7 488 011	7 561 418	5 963 308	33 964 167	3 068 214	41 414 770	9 529 039	2 993 403	3 185 619	9 008	97 331	542 119	1 783 152
西班牙 Spain	33 721 823	840 783	5 017 370	653 790	1 963 732	9 857 691	2 902 142	15 326 501	949 496	68 797	206 350	68 062	585 749	1 012 810	16 561 621
埃及 Egypt	27 572 430	3 700 279	6 986 277	2 713 512	2 895 350	14 529 388	578 668	22 536 855	3 896 399	3 195 146	4 383 580	17 442	61 930	452 372	1 477 224
沙特阿拉伯 Saudi Arabia	24 689 029	4 049 071	10 362 445	486 080	1 258 338	1 951 881	626 775	4 247 754	2 019 517	394 367	695 609	63 521	1 020 980	236 866	888 618
越南 Vietnam	24 214 984	2 020 140	11 401 272	3 291 874	3 478 008	4 121 434	707 012	22 000 187	733 558	3 287 745	4 871 918	3 517	31 231	261 298	1 078 762
菲律宾 Philippines	22 395 710	2 892 625	5 550 130	1 496 684	1 315 566	5 372 168	963 422	5 361 506	1 526 679	1 766 183	2 488 789	10 938	77 222	151 326	436 952
比利时 Belgium	21 963 293	651 118	1 124 764	346 875	1 342 053	4 845 161	1 260 961	1 596 406	471 635	33 258	75 293	6 436	81 559	516 485	5 581 138
乌克兰 Ukraine	20 715 237	1 426 634	2 865 149	381 581	515 396	9 133 993	725 521	8 424 520	692 510	388 076	829 777	21 410	404 304	196 891	1 032 625
南非 South Africa	19 333 214	793 036	4 334 472	809 405	2 844 033	3 561 783	1 238 477	5 559 527	3 587 056	511 864	644 363	18 596	334 494	186 142	811 284
巴拉圭 Paraguay	19 125 537	553 768	1 258 240	369 586	318 957	1 559 552	216 375	2 930 052	997 205	259 756	1 478 006	369	9 594	35 218	375 070
巴基斯坦 Pakistan	18 069 355	897 752	3 203 761	873 168	1 016 916	23 584 429	925 932	29 271 823	2 053 779	4 007 384	4 326 955	87 310	96 817	305 008	790 489
新加坡 Singapore	16 020 762	4 118 671	2 867 085	1 634 766	1 911 881	5 064 932	1 769 107	39 319 797	1 307 949	1 070 434	1 014 440	39 244	351 286	528 621	1 562 392
阿根廷 Argentina	15 762 253	1 067 840	1 974 211	1 385 092	754 467	14 404 436	2 543 016	15 392 341	1 886 176	640 898	1 551 213	32 289	146 307	272 470	2 262 299
智利 Chile	15 609 998	1 213 421	4 067 598	576 207	1 223 916	4 575 628	1 040 469	7 855 310	2 231 908	478 813	598 541	7 336	101 430	136 853	582 797
捷克 Czech Republic	14 200 321	258 779	2 326 013	181 147	445 972	1 277 814	309 687	937 223	408 981	9 978	51 789	23 089	277 940	69 821	617 669
哥伦比亚 Columbia	12 777 189	1 298 073	3 107 155	1 218 238	1 004 378	12 953 353	1 320 669	13 885 756	2 620 533	765 391	740 118	27 508	379 466	120 788	606 124
委内瑞拉 Venezuela	11 168 146	1 347 841	5 163 620	642 764	924 858	6 249 110	517 400	11 401 583	1 382 781	214 486	408 908	6 298	129 582	159 872	847 473
秘鲁 Peru	9 179 806	817 477	2 844 388	957 396	1 163 650	6 836 070	836 682	5 926 181	1 503 275	563 157	666 429	1 205	28 728	74 751	290 068

续表 Continued

国家和地区 Country & Region	汽车电子电器及仪表 Vehicle Electric and Electronic Instrument													
	机动车辆用无线电导航设备，台 Radio Navigation Device, set		需外接电源的汽车收录（放）音组合机，台 Receiver and Player Combination Requiring External Energy Source, set		需外接电源的汽车用无线电收音机，台 Radio Receiver Requiring External Energy Source, set		机动车辆用防盗报警器，个 Anti-theft Device for Motor Vehicle, set		机动车辆用点火布线组及其他布线组，kg Ignition Wire Harness and Other Wire Harness for Motor Vehicle, kg		机动车辆用速度计，个 Tacheometer for Motor Vehicle, unit		车载音频转播器或发射器，台 On-board Audio Broadcast Device and Transmitter，set	
	数量 Volume	金额 Value	数量 Volume	金额 Value	数量 Volume	金额 Value	数量 Volume	金额 Value	数量 Volume	金额 Value	数量 Volume	金额 Value	数量 Volume	金额 Value
波　兰 Poland	156 131	6 358 976	75 650	1 955 446	1 000	12 500	71 246	429 056	25 931	371 714	16 982	72 064	65 980	131 003
土耳其 Turkey	115 667	7 405 176	322 139	7 069 425	0	0	345 919	3 057 210	19 811	191 361	64 342	303 302	391 395	1 444 584
马来西亚 Malaysia	55 676	3 801 182	72 404	3 904 637	402	7 402	259 295	2 075 036	64 417	755 039	267 178	1 029 190	190 105	279 758
芬　兰 Finland	56 631	6 589 637	102 284	2 214 231	26 700	404 350	607 622	15 671 104	26 564	246 348	6 174	11 006	27 590	148 231
意大利 Italy	39 058	1 805 294	251 256	6 146 836	10	295	39 992	193 831	48 934	1 658 251	101 569	754 299	22 674	116 002
尼日利亚 Nigeria	7	2 855	52 072	1 733 027	0	0	40 856	513 451	11 202	81 461	248 727	833 174	50	1 500
西班牙 Spain	6 825	946 991	132 784	3 599 395	17 602	217 913	16 987	115 422	7 967	179 432	104 012	252 746	72 957	223 464
埃　及 Egypt	3 349	66 123	132 971	1 612 432	525	14 466	210 345	1 447 267	222 621	2 620 161	121 691	850 723	281 440	681 830
沙特阿拉伯 Saudi Arabia	2 035	197 951	100 830	5 151 596	10 454	540 999	74 454	671 736	4 155	32 215	8 561	42 567	491 345	1 179 683
越　南 Vietnam	963	44 961	201	7 127	108	1 352	7 719	66 469	51 137	780 194	169 279	1 013 120	0	0
菲律宾 Philippines	25 414	5 477 617	29 483	2 373 329	0	0	53 597	542 877	59 574	1 311 703	60 836	277 378	34 771	54 046
比利时 Belgium	25 581	4 526 716	104 869	4 631 180	0	0	3 336	39 269	137 768	2 766 411	462	9 575	20 504	52 739
乌克兰 Ukraine	15 264	1 299 992	466 201	11 111 058	9 700	84 400	45 559	621 848	22 607	169 915	6 247	29 646	80 263	333 096
南　非 South Africa	4 352	979 834	128 192	3 966 583	6 500	64 651	28 396	73 755	34 986	308 355	4 037	35 208	107 426	110 649
巴拉圭 Paraguay	70 875	4 202 043	291 349	9 296 562	0	0	48 061	421 214	3 812	32 984	113 312	488 849	11 611	30 438
巴基斯坦 Pakistan	2 554	789 446	6 425	568 346	0	0	221 387	2 230 625	186 479	1 452 600	317 428	613 658	20	31
新加坡 Singapore	25 227	2 191 938	73 963	2 382 511	7 951	101 974	42 516	254 200	428	56 100	28 688	71 917	160 963	177 982
阿根廷 Argentina	5 812	424 488	113 491	3 065 902	400	8 000	46 550	450 872	15 286	248 527	52 106	356 392	41 429	90 383
智　利 Chile	5 766	283 989	125 176	2 876 064	505	10 100	185 775	2 037 931	18 048	143 184	22 256	141 311	59 931	270 760
捷　克 Czech Republic	102 457	5 325 996	59 360	4 061 662	0	0	26 907	270 643	377	20 840	4 487	17 289	21 311	65 840
哥伦比亚 Columbia	1 092	355 816	4 286	164 051	1	34	249 407	2 038 403	5 347	40 823	75 511	394 819	1 800	4 800
委内瑞拉 Venezuela	8 110	405 656	9 615	302 739	0	0	51 699	562 260	43 247	324 002	39 702	197 267	500	1 600
秘　鲁 Peru	326	44 307	69 104	1 194 096	4	390	32 041	312 504	10 285	88 636	37 897	195 458	6 525	11 195

续表 Continued

国家和地区 Country & Region	合计 Total	汽车照明及信号装置 Vehicle Lighting and Signaling Device													
		机动车辆用照明装置，套 Lighting Device for Motor Vehicle, set		机动车辆用视觉信号装置，只 Visual Signaling Device for Motor Vehicle, set		机动车辆用卤钨灯，只 Tungsten Halogen Lamp for Motor Vehicle, unit		机动车辆用其他白炽灯泡，只 Other Filament Bulb for Motor Vehicle, unit		机动车辆用喇叭、蜂鸣器，个 Horn and Buzzer for Motor Vehicle, unit		机动车辆用其他音响信号装置，只 Other Audio Signaling Device for Motor Vehicle, set		电气照明或信号装置、风挡刮水器、除霜器及去雾器的零件，kg Parts for Electric Illumination, Signal Device, Windscreen Wiper, Defroster and Demister, kg	
	金额 Value	数量 Volume	金额 Value	数量 Volume	金额 Value	数量 Volume	金额 Value	数量 Volume	金额 Value	数量 Volume	金额 Value	数量 Volume	金额 Value	数量 Volume	金额 Value
以色列 Israel	9 141 860	194 814	657 899	328 425	1 365 946	2 220 463	514 287	514 287	365 295	165 248	177 738	89 829	1 087 260	255 909	948 010
阿尔及利亚 Algeria	7 548 442	681 969	2 588 164	208 497	471 162	8 668 670	613 709	613 709	1 031 878	617 472	912 636	800	11 050	156 435	637 719
乌拉圭 Uruguay	7 503 646	185 425	538 765	71 081	134 335	1 192 252	212 526	212 526	275 760	106 159	456 329	576	10 041	12 721	111 897
伊拉克 Iraq	6 930 061	1 694 829	2 835 451	761 127	992 730	301 376	168 335	168 335	643 915	668 920	1 018 878	2 940	29 043	172 929	655 485
叙利亚 Syria	6 873 389	1 082 511	2 167 149	304 064	494 949	2 595 513	275 784	275 784	845 088	722 345	1 003 089	4 949	80 401	81 281	373 996
瑞　典 Sweden	6 107 269	278 134	1 146 750	117 694	782 721	268 140	139 582	139 582	90 104	16 461	75 261	3 297	63 319	87 790	684 304
罗马尼亚 Romania	5 755 419	185 282	1 136 156	128 351	305 615	452 452	195 758	195 758	315 300	190 038	279 309	14 185	259 341	169 864	1 569 207
孟加拉国 Bangladesh	5 599 756	1 054 223	2 517 267	110 453	191 824	9 749 619	545 206	545 206	585 065	1 053 589	1 295 652	10 438	86 424	25 589	66 331
厄瓜多尔 Ecuador	5 310 632	632 329	2 114 435	253 496	326 001	1 847 434	385 319	385 319	1 235 055	199 820	337 925	1 536	29 031	77 228	287 621
葡萄牙 Portugal	5 245 481	107 130	398 174	101 618	311 571	569 846	145 532	145 532	38 527	75 469	152 425	12 919	97 378	50 547	363 132
匈牙利 Hungary	5 010 181	154 537	1 033 047	40 028	95 403	575 681	240 456	240 456	134 596	312 693	148 972	7 844	66 771	53 758	267 523
摩洛哥 Morocco	4 725 753	1 404 209	1 446 775	266 077	686 350	2 455 224	221 560	221 560	486 149	171 077	198 739	12 745	227 858	117 034	576 582
乌兹别克斯坦 Uzbekistan	4 546 710	273 396	3 199 064	21 026	17 934	6 408	32 016	32 016	6 630	15 602	43 711	0	0	26 531	56 260
新西兰 New Zealand	4 383 226	161 430	757 768	18 620	141 849	96 120	34 584	34 584	66 277	111 292	148 614	4 850	215 132	31 749	171 085
斯洛伐克 Slovakia	4 016 021	389 124	1 684 461	40 057	125 087	2 750 614	847 948	847 948	423 647	42 150	298 069	407 147	120 918	80 053	418 415
希　腊 Greece	3 994 768	205 767	1 912 159	66 948	179 730	398 779	107 163	107 163	95 753	27 388	62 110	35 489	402 776	94 345	341 059
多米尼加共和国 Dominica	3 828 534	508 449	1 512 299	416 300	494 977	6 188 815	705 138	705 138	414 836	248 800	301 837	180	3 840	26 333	112 587
利比亚 Libya	3 760 520	216 384	1 134 840	58 711	137 015	1 649 225	175 840	175 840	296 815	370 865	610 232	200	3 400	52 426	175 732
奥地利 Austria	3 626 106	260 099	1 097 211	21 116	99 733	1 157 031	398 104	398 104	819 294	15 264	34 727	0	0	42 192	301 159
黎巴嫩 Lebanon	3 608 627	567 961	1 947 762	52 296	150 703	694 519	129 929	129 929	304 131	239 018	441 916	14 952	132 388	34 663	137 481
肯尼亚 Kenya	3 169 221	683 739	1 345 742	356 431	395 620	4 074 753	207 127	207 127	639 770	180 312	209 977	2 721	32 140	50 107	142 709
斯里兰卡 Sri Lanka	2 992 729	331 872	579 424	120 963	257 920	3 122 045	441 309	441 309	505 507	312 108	428 839	3 040	63 283	16 058	88 709
也门共和国 Yemen	2 957 502	365 657	1 226 353	115 207	304 440	628 027	98 614	98 614	202 593	351 918	403 521	0	0	65 279	262 033

续表 Continued

国家和地区 Country & Region	汽车电子电器及仪表 Vehicle Electric and Electronic Instrument													
	机动车辆用无线电导航设备，台 Radio Navigation Device, set		需外接电源的汽车收录（放）音组合机，台 Receiver and Player Combination Requiring External Energy Source, set		需外接电源的汽车用无线电收音机，台 Radio Receiver Requiring External Energy Source, set		机动车辆用防盗报警器，个 Anti-theft Device for Motor Vehicle, set		机动车辆用点火布线组及其他布线组，kg Ignition Wire Harness and Other Wire Harness for Motor Vehicle, kg		机动车辆用速度计，个 Tacheometer for Motor Vehicle, unit		车载音频转播器或发射器，台 On-board Audio Broadcast Device and Transmitter，set	
	数量 Volume	金额 Value	数量 Volume	金额 Value	数量 Volume	金额 Value	数量 Volume	金额 Value	数量 Volume	金额 Value	数量 Volume	金额 Value	数量 Volume	金额 Value
以色列 Israel	15 714	1 912 505	50 950	1 152 878	2 005	35 100	92 364	826 560	7 481	74 817	562	1 471	10 995	22 094
阿尔及利亚 Algeria	0	0	19 628	528 336	0	0	43 476	522 498	15 036	147 929	1 887	18 504	62 855	64 857
乌拉圭 Uruguay	23 595	2 010 272	86 692	2 216 535	5 400	75 900	34 560	387 043	37 057	664 094	23 810	406 414	1 940	3 735
伊拉克 Iraq	0	0	44 357	427 253	0	0	12 710	69 279	1 446	17 605	45 017	70 115	1 830	1 972
叙利亚 Syria	259	24 285	32 875	778 869	14	1 960	57 638	555 903	4 083	55 971	58 525	161 150	23 600	54 795
瑞　典 Sweden	11 436	1 370 666	39 482	1 565 231	3 500	70 000	200	3 020	611	13 053	3 200	6 365	12 584	96 893
罗马尼亚 Romania	15 435	661 592	17 500	453 758	0	0	35 496	437 644	2 711	21 389	7 046	8 070	42 140	112 280
孟加拉国 Bangladesh	0	0	0	0	0	0	79 343	193 043	401	2 651	35 910	116 293	0	0
厄瓜多尔 Ecuador	33	9 335	4 790	150 309	0	0	31 349	283 299	4 742	28 355	19 188	92 899	6 890	31 048
葡萄牙 Portugal	10 801	3 425 680	7 900	273 505	0	0	1 984	24 096	8	40	1	35	6 000	15 386
匈牙利 Hungary	25 322	1 225 075	42 984	1 666 257	36	2 143	17 667	86 068	3 502	28 611	115	979	9 450	14 280
摩洛哥 Morocco	84	26 680	3 078	138 129	7 500	94 000	35 117	605 547	1 106	8 848	1 579	8 536	0	0
乌兹别克斯坦 Uzbekistan	0	0	200	7 900	0	0	29 310	1 183 195	0	0	0	0	0	0
新西兰 New Zealand	37 036	1 910 974	20 840	722 321	3 126	57 492	7 830	91 996	377	16 111	1 624	8 362	22 978	40 661
斯洛伐克 Slovakia	150	7 500	0	0	0	0	5 656	84 935	0	0	0	0	392	5 041
希　腊 Greece	3 084	163 088	16 476	529 885	0	0	10 636	155 298	274	2 301	12 190	35 256	2 682	8 190
多米尼加共和国 Dominica	0	0	502	8 534	0	0	10 490	118 056	1 412	12 141	34 368	139 868	2 400	4 421
利比亚 Libya	160	24 000	7 188	171 655	0	0	75 544	1 014 824	2 406	13 312	1 000	1 855	200	1 000
奥地利 Austria	494	44 168	22 616	801 235	0	0	0	0	218	6 436	2 118	3 740	3 046	20 299
黎巴嫩 Lebanon	2	151	804	32 641	0	0	59 276	316 666	61	1 513	2 911	13 346	0	0
肯尼亚 Kenya	72	66 880	0	0	0	0	4 802	51 729	496	1 666	28 194	75 861	0	0
斯里兰卡 Sri Lanka	1 250	89 833	11 558	308 814	1	104	11 323	168 481	509	51 695	813	6 051	1 200	2 760
也门共和国 Yemen	0	0	35 240	300 068	0	0	10 292	57 407	2 454	18 346	33 100	77 527	3 500	6 600

表7-25 2010年汽车电子电器产品分洲别出口量及金额

Table7-25 Volume and Value of Exported Vehicle Electric and Electronic Devices in 2010 (by Continent)

美元 US Dollar

洲别 Continent	合计 Total	汽车照明及信号装置 Vehicle Lighting and Signaling Device													
		机动车辆用照明装置，套 Lighting Device for Motor Vehicle, set		机动车辆用视觉信号装置，只 Visual Signaling Device for Motor Vehicle, set		机动车辆用卤钨灯，只 Tungsten Halogen Lamp for Motor Vehicle, unit		机动车辆用其他白炽灯泡，只 Other Filament Bulb for Motor Vehicle, unit		机动车辆用喇叭、蜂鸣器，个 Horn and Buzzer for Motor Vehicle, unit		机动车辆用其他音响信号装置，只 Other Audio Signaling Device for Motor Vehicle, set		电气照明或信号装置、风挡刮水器、除霜器及去雾器的零件，kg Parts for Electric Illumination, Signal Device, Windscreen Wiper, Defroster and Demister, kg	
	金额 Value	数量 Volume	金额 Value	数量 Volume	金额 Value	数量 Volume	金额 Value	数量 Volume	金额 Value	数量 Volume	金额 Value	数量 Volume	金额 Value	数量 Volume	金额 Value
合计 Total	7 351 223 656	189 447 869	731 031 266	85 429 671	183 123 346	824 687 862	154 199 039	1 185 169 791	171 820 575	95 332 804	134 687 134	11 112 197	54 981 711	44 681 705	379 601 268
亚洲 Asia	3 823 566 830	105 211 739	361 260 742	30 923 590	55 791 679	385 571 994	71 717 042	563 720 489	57 065 171	55 901 403	68 655 994	1 608 293	16 120 774	13 844 806	106 110 565
北美洲 North America	1 813 005 076	25 713 543	144 395 598	13 050 518	49 627 093	95 488 351	9 746 623	72 962 871	35 549 433	3 463 420	9 289 431	1 808 962	9 693 791	12 098 551	108 308 144
大洋洲 Oceania	78 112 866	1 107 791	6 939 546	752 162	3 526 462	1 099 328	403 594	10 389 499	1 052 929	262 949	556 465	37 985	980 688	802 918	7 761 345
非洲 Africa	113 202 733	16 419 412	31 548 619	13 131 497	15 426 089	74 325 491	6 855 841	81 120 748	20 460 872	9 090 056	11 440 575	69 232	806 703	1 705 017	6 076 127
拉丁美洲 Latin America	340 971 154	16 042 516	71 448 672	13 185 232	15 293 014	122 618 088	22 685 219	162 294 979	26 765 612	13 763 873	21 337 003	574 816	6 646 356	4 407 417	28 374 407
欧洲 Europe	1 182 364 997	24 952 868	115 438 089	14 386 672	43 459 009	145 584 610	42 790 720	294 681 205	30 926 558	12 851 103	23 407 666	7 012 909	20 733 399	11 822 996	122 970 680
其他 Others	0	0	0	0	0	0	0	0	0	0	0	0	0	0	0

续表 Continued

洲别 Continent	汽车电子电器及仪表 Vehicle Electric and Electromic Instrument													
	机动车辆用无线电导航设备，台 Radio Navigation Device, set		需外接电源的汽车收录（放）音组合机，台 Receiver and Player Combination Requiring External Energy Source, set		需外接电源的汽车用无线电收音机，台 Radio Receiver Requiring External Energy Source, set		机动车辆用防盗报警器，个 Anti-theft Device for Motor Vehicle, set		机动车辆用点火布线组及其他布线组，kg Ignition Wire Harness and Other Wire Harness for Motor Vehicle, kg		机动车辆用速度计，个 Tacheometer for Motor Vehicle, unit		车载音频转播器或发射器，台 On-board Audio Broadcast Device and Transmitter, set	
	数量 Volume	金额 Value	数量 Volume	金额 Value	数量 Volume	金额 Value	数量 Volume	金额 Value	数量 Volume	金额 Value	数量 Volume	金额 Value	数量 Volume	金额 Value
合计 Total	22 038 814	1 529 011 920	19 587 076	1 333 681 530	939 380	37 236 134	10 143 987	122 595 563	166 810 286	2 379 994 690	10 145 417	88 358 733	11 268 583	50 900 747
亚洲 Asia	4 791 492	443 631 764	8 250 504	597 028 776	446 208	15 693 784	4 819 963	53 914 842	142 589 435	1 909 024 018	4 728 780	34 841 464	5 571 521	32 710 215
北美洲 North America	7 059 116	491 317 475	5 316 162	483 099 295	149 734	10 572 446	1 476 748	20 293 843	21 780 450	430 292 446	186 128	1 250 547	3 011 111	9 568 911
大洋洲 Oceania	436 450	27 029 451	136 212	25 235 273	3 656	73 001	79 684	967 491	158 031	2 841 692	22 561	191 366	317 069	553 563
非洲 Africa	9 065	1 277 975	365 852	8 410 185	14 525	173 117	512 719	4 410 490	294 058	3 252 371	522 697	2 184 853	465 073	878 916
拉丁美洲 Latin America	487 926	35 546 102	2 322 334	79 244 572	64 116	835 825	1 626 567	15 650 467	677 189	10 419 958	908 880	5 113 410	700 803	1 610 537
欧洲 Europe	9 254 765	530 209 153	3 196 012	140 663 429	261 141	9 887 961	1 628 306	27 358 430	1 311 123	24 164 205	3 776 371	44 777 093	1 203 006	5 578 605
其他 Others	0	0	0	0	0	0	0	0	0	0	0	0	0	0

表7-26 2010年挂车、半挂车及其零部件和其他汽车用零部件产品分国别出口量及金额
Table7-26 Volume and Value of Exported Trailer, Semi-trailer and their Parts and Parts for Other Vehicle in 2010 (by Country)

美元 US Dollar

国家和地区 Country & Region	挂车、半挂车，辆 Trailer and Semi-trailer, unit		挂车、半挂车或其他非机械驱动车辆零件，kg Trailer, Semi-trailer or Parts for Other Non-mechanically-driven Vehicle		其他汽车用零部件，kg Parts for Other Vehicle, kg 牵引车、拖拉机用 for Towing Vehicle and Tractor		其他汽车用零部件，kg Parts for Other Vehicle, kg 大型客车用 for Large Bus		其他汽车用零部件，kg Parts for Other Vehicle, kg 非公路自卸车用 for Non-road Dumping Vehicle	
	数量 Volume	金额 Value	数量 Volume	金额 Value	数量 Volume	金额 Value	数量 Volume	金额 Value	数量 Volume	金额 Value
合 计 Total	46 715 073	1 364 363 206	403 772 662	760 193 507	137 456 657	254 007 103	2 621 453	20 376 096	7 975 504	24 423 508
美 国 U.S.A.	14 968 173	363 514 810	109 567 048	224 429 987	43 479 908	70 935 612	434 456	2 824 401	704 220	2 764 757
日 本 Japan	3 783 176	95 612 800	11 464 628	25 574 433	11 888 083	13 555 186	56 200	633 702	1 085 031	1 897 594
澳大利亚 Australia	2 127 930	76 725 799	18 458 026	36 404 482	1 290 406	3 565 040	6 378	32 755	151 038	534 578
英 国 U.K.	2 378 159	71 207 443	13 479 398	32 583 706	4 463 999	9 136 580	55 436	328 736	149 514	646 358
委内瑞拉 Venezuela	92 120	57 428 327	1 059 987	1 659 361	35 440	972 597	10 545	90 941	0	0
德 国 Germany	2 224 289	48 100 509	26 628 192	57 357 741	4 542 551	11 033 875	8 827	70 011	125 215	292 318
蒙 古 Mongolia	13 431	46 743 629	174 816	72 539	25 935	39 972	0	0	12 305	573 224
荷 兰 Nehterlands	2 136 248	46 718 210	15 016 550	31 048 895	1 246 094	3 952 279	3 926	26 788	0	0
加拿大 Canada	1 234 260	30 352 254	8 091 655	15 328 669	1 388 247	3 403 078	32 930	314 761	8 126	58 815
法 国 France	1 482 213	29 807 464	12 410 272	23 817 193	1 056 543	2 202 143	5 730	60 417	2 304	4 819
俄罗斯联邦 Russia	1 222 900	28 155 698	10 903 353	15 864 125	2 688 840	7 512 539	102 665	688 945	108 859	560 411
阿尔及利亚 Algeria	138 234	23 576 868	2 255 718	3 269 283	95 522	561 102	16 737	64 576	20 148	198 781
安哥拉 Angola	218 964	23 491 102	280 858	525 841	81 564	668 242	200	600	215 227	910 770
越 南 Vietnam	400 355	22 232 098	996 496	2 023 088	7 503 680	14 733 373	7 082	105 690	0	0
瑞 典 Sweden	642 245	16 728 329	2 745 627	6 225 386	573 713	1 857 155	1 270	3 867	0	0
尼日利亚 Nigeria	59 472	16 573 651	4 168 884	5 661 509	60 328	738 122	262	2 158	71 653	900 475
西班牙 Spain	924 905	14 920 058	5 370 147	9 019 929	514 630	1 449 124	38 901	250 291	580	1 209
坦桑尼亚 Tanzania	42 571	14 803 738	230 967	323 841	95 799	258 390	24 618	141 540	4 801	44 754
马来西亚 Malaysia	959 218	14 697 764	9 231 855	15 011 024	845 758	2 836 488	53 948	174 584	1 962 675	3 854 545
阿拉伯联合酋长国 United Arab Emirates	597 710	14 140 062	4 434 790	7 378 091	244 952	662 210	13 407	99 755	44 720	144 311
意大利 Italy	826 939	13 327 015	6 155 892	11 837 681	9 080 385	15 389 590	96 824	529 272	202 124	741 477
中国香港 China Hongkong	485 121	13 086 626	17 868 671	29 341 941	210 754	1 368 297	6 070	48 140	99 598	665 696
比利时 Belgium	802 546	12 979 799	10 563 135	15 049 339	6 114 992	6 086 544	54	2 764	61 825	104 346
泰 国 Thailand	134 590	12 924 542	2 785 504	6 656 831	1 633 699	3 491 563	43 031	240 377	1 043 218	1 870 426
沙特阿拉伯 Saudi Arabia	410 421	11 302 298	4 205 415	7 264 074	172 264	661 232	20 921	132 786	569	605
韩 国 South Korea	626 687	10 026 023	17 485 564	26 593 178	2 138 935	2 159 093	21 863	123 099	53 178	86 439
南 非 South Africa	520 666	8 869 592	4 890 208	7 425 120	583 867	1 314 559	13 095	47 054	1 331	4 704
哈萨克斯坦 Kazakhstan	89 956	8 735 777	577 223	1 824 859	299 932	1 723 462	0	0	123 131	892 425
中国台湾省 Taiwan Province of China	431 400	8 695 930	7 468 304	11 133 508	106 134	171 936	87 043	605 542	3 780	22 200
智 利 Chile	273 792	8 511 413	2 858 728	4 621 376	113 115	380 781	58 116	98 638	0	0
莫桑比克 Mozambique	42 501	7 719 501	67 792	69 739	5 311	33 600	2 810	26 838	0	0
丹 麦 Denmark	461 157	7 560 739	1 415 430	3 842 754	325 540	1 133 735	4 421	38 004	5 628	20 132
伊拉克 Iraq	353 034	6 905 342	1 073 068	1 575 663	10 651	39 609	0	0	0	0
新西兰 New Zealand	172 481	6 722 603	884 814	1 380 767	217 304	698 034	1 149	9 579	13 150	170 326
新加坡 Singapore	270 940	6 134 406	1 704 566	3 804 904	620 507	1 408 422	4 315	40 014	274	8 147
利比亚 Libya	47 644	6 000 365	1 364 448	2 243 896	25 658	72 486	5 900	27 625	38 751	448 950

续表 Continued

国家和地区 Country & Region	其他汽车用零部件，kg Parts for Other Vehicle, kg							
	车辆总质量<14t 柴油载货车及车辆总质量<8t 汽油载货车用 for Diesel Truck with GVW <14t and for Petrol Truck with GVW<8t		车辆总质量≥14t 柴油载货车及车辆总质量≥8t 汽油载货车用 for Diesel Truck with GVW≥14t and for Petrol Truck with GVW≥8t		专用汽车用 for Special Vehicle		其他机动车辆用 for Other Motor Vehicle	
	数量 Volume	金额 Value	数量 Volume	金额 Value	数量 Volume	金额 Value	数量 Volume	金额 Value
合计 Total	27 966 950	118 696 140	8 340 094	31 060 625	69 168 294	135 751 128	447 674 975	2 331 201 783
美国 U.S.A.	6 598 811	21 676 326	1 798 182	5 520 253	7 079 800	20 480 989	104 738 703	460 132 088
日本 Japan	1 557 264	5 006 548	130 854	386 928	19 645 443	20 486 402	30 051 206	278 917 944
澳大利亚 Australia	254 632	844 530	45 021	139 886	951 585	2 900 880	4 740 293	20 083 294
英国 U.K.	64 373	385 294	23 885	367 360	541 032	1 641 596	11 131 287	45 581 424
委内瑞拉 Venezuela	61 815	199 165	17 554	85 564	54 252	362 279	1 299 983	5 348 036
德国 Germany	371 263	1 131 628	95 906	387 633	10 533 132	14 447 030	25 344 567	188 915 461
蒙古 Mongolia	480	23 552	10 800	5 368	80 713	122 523	27 144	524 653
荷兰 Nehterlands	219 952	587 854	1 107 180	2 591 235	1 647 327	1 824 843	3 842 001	33 081 179
加拿大 Canada	78 390	228 016	401 030	1 580 253	793 210	2 208 773	21 486 533	110 180 730
法国 France	309 809	604 534	160	1 599	1 613 347	2 188 255	15 194 355	112 016 459
俄罗斯联邦 Russia	6 125	86 773	276 218	1 072 358	189 132	919 212	13 242 091	84 179 876
阿尔及利亚 Algeria	12 052	155 309	119 445	448 274	36 582	511 870	2 177 680	9 055 561
安哥拉 Angola	66 213	450 648	56 137	742 098	240 734	839 945	1 002 549	4 931 245
越南 Vietnam	368 729	1 051 682	13 239	23 278	286 161	637 415	3 349 460	10 058 857
瑞典 Sweden	30 275	92 797	158 614	244 453	3 731 513	3 460 211	1 202 756	7 941 248
尼日利亚 Nigeria	10 423	79 124	30 461	212 362	150 293	2 357 790	8 814 382	25 843 271
西班牙 Spain	134 333	314 058	731	20 990	244 859	332 322	4 102 374	24 364 117
坦桑尼亚 Tanzania	480	16 875	43 238	149 303	14 744	139 104	586 126	2 374 207
马来西亚 Malaysia	48 499	183 685	699 342	2 430 325	473 487	1 471 957	8 645 732	31 231 350
阿拉伯联合酋长国 United Arab Emirates	482 691	1 637 924	158 994	517 159	288 611	2 245 162	7 183 799	28 308 885
意大利 Italy	783 216	4 250 343	363 487	1 787 089	1 435 950	4 035 921	6 954 742	28 239 363
中国香港 China Hongkong	38 227	161 037	1 729	66 574	329 267	1 316 674	4 774 359	47 294 338
比利时 Belgium	334 006	685 524	5 488	170 562	28 698	51 733	4 056 547	9 488 265
泰国 Thailand	87 044	332 552	107 073	406 896	61 336	168 747	9 941 360	38 169 310
沙特阿拉伯 Saudi Arabia	32 346	93 348	15 089	96 248	1 319 048	2 333 942	2 135 260	8 117 140
韩国 South Korea	577 789	1 262 395	207 861	345 964	8 453 323	6 893 949	16 029 349	94 049 994
南非 South Africa	149 631	592 284	8 167	64 723	139 133	1 429 920	2 497 452	11 481 914
哈萨克斯坦 Kazakhstan	5 850	40 861	135 238	875 279	22 879	608 927	6 177 048	53 746 676
中国台湾省 Taiwan Province of China	4 318	20 007	80 466	344 264	201 687	1 685 821	6 745 196	25 276 868
智利 Chile	35 701	84 454	276	2 392	77 354	188 015	1 146 429	5 031 439
莫桑比克 Mozambique	1 135	11 525	0	0	37 078	482 432	129 224	488 851
丹麦 Denmark	50 906	176 396	110	1 685	147 454	1 724 809	722 261	2 936 153
伊拉克 Iraq	10 211	95 401	11	2 186	36 291	290 566	1 661 251	3 826 325
新西兰 New Zealand	290	824	167	6 232	5 806	14 277	417 962	997 832
新加坡 Singapore	26 599	130 575	37 935	140 422	1 129 312	2 489 703	3 865 821	13 174 006
利比亚 Libya	42 241	85 641	23 328	64 562	813 667	1 355 678	1 159 139	4 348 933

续表 Continued

国家和地区 Country & Region	挂车、半挂车，辆 Trailer and Semi-trailer, unit		挂车、半挂车或其他非机械驱动车辆零件，kg Trailer, Semi-trailer or Parts for Other Non-mechanically-driven Vehicle		其他汽车用零部件，kg Parts for Other Vehicle, kg 牵引车、拖拉机用 for Towing Vehicle and Tractor		其他汽车用零部件，kg Parts for Other Vehicle, kg 大型客车用 for Large Bus		其他汽车用零部件，kg Parts for Other Vehicle, kg 非公路自卸车用 for Non-road Dumping Vehicle	
	数量 Volume	金额 Value	数量 Volume	金额 Value	数量 Volume	金额 Value	数量 Volume	金额 Value	数量 Volume	金额 Value
伊朗 Iran	129 410	5 627 650	4 158 961	6 738 054	512 611	2 358 870	79 066	538 079	0	0
芬兰 Finland	241 437	5 618 658	2 335 043	3 519 678	803 112	3 397 897	10 554	104 101	848 593	2 354 042
加纳 Ghana	141 993	5 613 511	771 016	1 310 307	22 144	149 850	100 609	942 491	15 907	94 118
印度尼西亚 Indonesia	209 407	5 598 055	4 465 486	9 042 031	2 071 858	3 267 255	29 583	243 665	119 221	316 553
肯尼亚 Kenya	55 754	5 537 696	1 472 352	2 816 180	118 882	1 843 666	5 858	55 795	8 239	42 511
印度 India	112 434	5 010 115	2 295 657	3 738 555	3 680 201	6 752 858	11 585	97 149	5 473	46 208
菲律宾 Philippines	136 191	4 848 104	870 269	1 543 760	613 796	909 906	62 120	609 589	0	0
古巴 Cuba	6 378	4 336 577	85 678	161 700	479	26 889	430 195	5 284 399	0	0
以色列 Israel	193 800	4 269 491	1 418 791	2 934 490	116 277	277 052	144	817	11 478	17 080
埃塞俄比亚 Ethiopia	14 812	3 888 050	556 569	596 273	13 111	112 054	23 755	79 742	8 400	142 077
巴西 Brazil	140 028	3 879 331	7 187 114	11 008 771	1 660 645	2 835 142	98 793	579 942	384	4 260
秘鲁 Peru	75 813	3 830 530	4 006 097	6 953 355	182 971	657 756	30 627	276 890	12 000	86 834
乌克兰 Ukraine	214 479	3 436 158	691 904	1 060 573	160 265	773 193	1 671	55 759	1 716	9 767
刚果 Congo	29 665	3 405 456	15 511	16 177	12 163	116 921	0	0	400	3 440
吉布提 Djibouti	17 638	3 387 062	101 698	147 336	420	3 108	0	0	0	0
苏丹 Sudan	129 069	3 294 094	236 435	305 554	30 961	136 890	43 078	476 643	10 165	215 555
土耳其 Turkey	190 903	3 162 192	2 249 625	3 810 691	327 735	668 121	8 393	60 180	0	0
多哥 Togo	29 551	3 087 482	18 195	19 570	9 708	43 240	694	10 890	119	2 794
挪威 Norway	94 597	2 976 560	139 668	447 584	905 990	2 108 228	44	2 588	325 379	931 068
墨西哥 Mexico	182 588	2 489 143	4 853 497	8 569 246	9 935 065	11 701 199	26 402	157 079	818	6 702
波兰 Poland	116 736	2 474 722	4 316 525	8 691 418	663 912	2 163 642	63 162	509 732	0	0
民主刚果 D.R.Congo	22 371	2 286 590	4 723	14 422	13 576	101 282	0	0	6 231	103 607
埃及 Egypt	50 925	2 184 572	2 588 907	3 320 543	285 379	1 753 083	35 594	261 775	535	2 085
缅甸 Myanmar	1 890	2 174 039	102 185	109 688	6 962 575	12 674 849	0	0	0	0
阿根廷 Argentina	104 357	2 050 047	1 543 827	2 830 203	458 091	975 922	51 336	233 666	0	0
罗马尼亚 Romania	135 123	2 029 704	312 328	460 480	66 756	208 631	5 872	29 221	0	0
喀麦隆 Cameroon	54 476	1 886 382	186 407	330 199	5 192	26 451	455	15 057	13 500	77 399
卡塔尔 Qatar	72 884	1 853 823	839 085	1 499 013	19 671	36 909	922	3 707	0	0
奥地利 Austria	76 526	1 821 345	300 578	645 126	2 530	18 133	47	333	0	0
瑞士 Switzerland	75 214	1 736 642	51 199	169 073	13 612	53 971	0	0	0	0
巴基斯坦 Pakistan	49 627	1 617 649	337 123	554 887	179 268	363 591	5 103	49 748	14 737	285 439
加蓬 Gabon	30 754	1 557 491	2 055	5 265	1 504	1 790	0	0	153	3 892
吉尔吉斯斯坦 Kyrgyzstan	10 178	1 545 597	26 733	101 607	4 000	16 148	0	0	0	0
爱尔兰 Ireland	46 352	1 460 229	1 467 923	3 101 681	29 138	77 426	0	0	0	0
多米尼加共和国 Dominica	20 192	1 416 965	70 296	148 646	2 410	7 450	3 417	34 193	0	0
巴拿马 Panama	101 813	1 406 088	353 996	567 904	34 754	81 062	3 265	20 032	0	0
科威特 Kuwait	53 526	1 376 575	297 731	668 012	51 096	191 960	75 508	407 747	0	0

续表 Continued

国家和地区 Country & Region	其他汽车用零部件，kg Parts for Other Vehicle, kg							
	车辆总质量<14t 柴油载货车及车辆总质量<8t 汽油载货车用 for Diesel Truck with GVW <14t and for Petrol Truck with GVW<8t		车辆总质量≥14t 柴油载货车及车辆总质量≥8t 汽油载货车用 for Diesel Truck with GVW≥14t and for Petrol Truck with GVW≥8t		专用汽车用 for Special Vehicle		其他机动车辆用 for Other Motor Vehicle	
	数量 Volume	金额 Value	数量 Volume	金额 Value	数量 Volume	金额 Value	数量 Volume	金额 Value
伊朗 Iran	9 814 767	47 708 212	633 765	3 663 124	1 479 760	9 877 495	19 004 833	54 549 846
芬兰 Finland	21 020	54 731	373	4 137	508 692	1 858 916	1 384 100	8 475 283
加纳 Ghana	2 624	36 182	1 390	3 971	13 450	119 229	302 610	2 559 505
印度尼西亚 Indonesia	37 555	85 457	456 683	947 009	335 434	943 604	4 733 137	15 283 593
肯尼亚 Kenya	6 274	31 993	28 142	149 705	21 676	176 618	486 617	1 577 551
印度 India	1 199 541	5 388 406	85 650	276 065	1 217 927	4 689 799	8 376 305	41 141 076
菲律宾 Philippines	25 227	69 935	175 284	614 728	45 866	138 463	1 665 189	7 660 920
古巴 Cuba	3 068	35 497	93 407	908 442	8 505	280 467	308 064	6 523 102
以色列 Israel	64 301	124 853	1 200	2 400	14 167	29 175	828 855	4 360 342
埃塞俄比亚 Ethiopia	1 823	11 109	1 357	5 694	92 330	438 393	303 246	4 054 279
巴西 Brazil	550 405	1 652 404	23 903	98 032	123 663	638 468	9 378 294	36 446 607
秘鲁 Peru	54 237	208 876	5 544	21 507	35 205	72 579	647 809	2 840 484
乌克兰 Ukraine	15 061	65 853	745	7 600	20	163	1 224 619	4 122 235
刚果 Congo	1 080	16 522	29 200	161 974	12 640	163 959	404 131	2 268 357
吉布提 Djibouti	15 248	41 414	28 162	88 835	1 173	9 235	159 538	704 382
苏丹 Sudan	373	2 441	23 173	54 083	117 808	1 318 910	705 783	4 767 284
土耳其 Turkey	110 291	537 667	33 838	157 160	349 902	753 729	5 249 451	19 643 980
多哥 Togo	0	0	190	624	386	7 648	68 938	286 531
挪威 Norway	0	0	0	0	3 137	23 322	351 769	3 501 852
墨西哥 Mexico	345 565	525 261	15 926	89 508	47 243	213 680	13 820 817	80 195 691
波兰 Poland	16 138	96 573	4 493	33 123	70 028	133 580	3 960 682	18 963 280
民主刚果 D.R.Congo	0	0	2 600	38 537	13 010	85 580	138 985	717 728
埃及 Egypt	69 361	300 730	3 854	11 280	89 651	343 663	2 658 021	8 066 214
缅甸 Myanmar	1 803 166	15 361 532	148 837	728 634	0	0	845 084	4 095 689
阿根廷 Argentina	800	19 650	1 519	9 237	0	0	1 865 926	7 106 056
罗马尼亚 Romania	0	0	0	0	21 630	18 351	1 236 333	5 712 735
喀麦隆 Cameroon	1 575	16 011	900	14 292	20 287	178 623	179 910	798 015
卡塔尔 Qatar	3 030	18 501	0	0	71 259	335 273	104 685	604 029
奥地利 Austria	392	8 917	0	0	1 290	5 237	105 087	575 119
瑞士 Switzerland	0	0	0	0	15 337	225 321	27 376	82 688
巴基斯坦 Pakistan	31 268	132 473	45 584	109 452	93 339	579 719	2 882 715	8 393 694
加蓬 Gabon	3 954	49 787	67 298	451 917	56 023	486 537	174 420	1 277 461
吉尔吉斯斯坦 Kyrgyzstan	0	0	6 765	77 601	0	0	1 835 719	15 860 615
爱尔兰 Ireland	0	0	166	3 638	1 610	4 438	319 691	1 363 851
多米尼加共和国 Dominica	197	2 218	669	3 780	0	0	227 492	1 004 956
巴拿马 Panama	26 706	153 618	0	0	0	0	835 277	3 225 180
科威特 Kuwait	34 094	53 202	0	0	70 659	450 138	551 405	2 203 133

表7-27　2010年挂车、半挂车及其零部件和其他汽车用零部件产品分洲别出口量及金额

Table7-27　Volume and Value of Exported Trailer, Semi-trailer and their Parts and Parts for Other Vehicle in 2010 (by Continent)

美元
US Dollar

洲别 Continent	挂车、半挂车，辆 Trailer and Semi-trailer, unit		挂车、半挂车或其他非机械驱动车辆零件，kg Trailer, Semi-trailer or Parts for Other Non-mechanically-driven Vehicle		其他汽车用零部件，kg Parts for Other Vehicle, kg					
					牵引车、拖拉机用 for Towing Vehicle Tractor		大型客车用 for Large Bus		非公路自卸车用 for Non-road Dumping Vehicle	
	数量 Volume	金额 Value	数量 Volume	金额 Value	数量 Volume	金额 Value	数量 Volume	金额 Value	数量 Volume	金额 Value
合计 Total	46 715 073	1 364 363 206	403 772 662	760 193 507	137 456 657	254 007 103	2 621 453	20 376 096	7 975 504	24 423 508
亚洲 Asia	10 202 490	321 260 930	99 827 926	174 667 812	42 771 056	76 922 117	623 599	4 611 990	4 594 229	10 973 369
北美洲 North America	16 203 273	393 875 884	117 658 703	239 758 656	44 868 155	74 338 690	467 386	3 139 162	712 346	2 823 572
大洋洲 Oceania	2 332 810	85 611 553	19 455 091	37 946 491	1 528 238	4 353 259	7 527	42 334	166 955	722 349
非洲 Africa	1 988 228	149 266 551	21 180 783	31 529 304	1 730 087	9 343 629	334 461	2 409 694	523 337	3 813 293
拉丁美洲 Latin America	1 316 913	93 187 975	26 761 559	44 062 474	12 882 719	19 077 434	767 419	7 297 367	13 574	105 083
欧洲 Europe	14 671 359	321 160 313	118 888 600	232 228 770	33 676 402	69 971 974	421 061	2 875 549	1 965 063	5 985 842
其他 Others	0	0	0	0	0	0	0	0	0	0

续表 Continued

洲别 Continent	其他汽车用零部件，kg Parts for Other Vehicle, kg							
	车辆总质量<14t柴油载货车及车辆总质量<8t汽油载货车用 for Diesel Truck with GVW <14t and for Petrol Truck with GVW<8t		车辆总质量≥14t柴油载货车及车辆总质量≥8t汽油载货车用 for Diesel Truck with GVW≥14t and for Petrol Truck with GVW≥8t		专用汽车用 for Special Vehicle		其他机动车辆用 for Other Motor Vehicle	
	数量 Volume	金额 Value	数量 Volume	金额 Value	数量 Volume	金额 Value	数量 Volume	金额 Value
合计 Total	27 966 950	118 696 140	8 340 094	31 060 625	69 168 294	135 751 128	447 674 975	2 331 201 783
亚洲 Asia	16 898 793	81 125 474	3 273 157	12 637 678	36 972 214	60 741 118	154 629 713	843 399 232
北美洲 North America	6 677 201	21 904 342	2 199 212	7 100 506	7 873 010	22 689 762	126 225 236	570 312 818
大洋洲 Oceania	257 464	865 710	47 665	167 878	984 861	3 909 451	5 232 074	21 520 781
非洲 Africa	465 326	2 564 442	492 285	2 884 707	2 127 408	12 553 323	24 479 341	100 103 681
拉丁美洲 Latin America	1 262 527	3 486 850	280 273	1 521 019	422 527	2 685 794	32 340 829	160 447 313
欧洲 Europe	2 405 639	8 749 322	2 047 502	6 748 837	20 788 274	33 171 680	104 767 782	635 417 958
其他 Others	0	0	0	0	0	0	0	0

表7-28 2010年摩托车产品进出口情况
Table7-28 Imported and Exported of Motorcycle Products in 2010

辆，美元
Unit, Us Dollar

产品类型 Category		进口 Import		出口 Export	
		数量 Volume	金额 Value	数量 Volume	金额 Value
摩托车整车 Motorcycle	排量≤50mL Displacement≤50mL	22	23 196	1 206 352	509 928 118
	50mL＜排量≤100mL 50mL＜Displacement≤100mL	9	16 260	1 100 979	360 644 672
	100mL＜排量≤125mL 100mL＜Displacement≤125mL	164	322 797	4 422 942	1 908 046 560
	125mL＜排量≤150mL 125mL＜Displacement≤150mL	1 080	916 543	1 828 553	876 647 088
	150mL＜排量≤200mL 150mL＜Displacement≤200mL	352	192 356	399 294	265 611 046
	200mL＜排量≤250mL 200mL＜Displacement≤250mL	344	1 173 744	76 418	66 971 324
	250mL＜排量≤400mL 250mL＜Displacement≤400mL	6	40 723	5 376	6 908 831
	400mL＜排量≤500mL 400mL＜Displacement≤500mL	12	51 381	3	5 020
	500mL＜排量≤800mL 500mL＜Displacement≤800mL	74	528 368	574	1 659 728
	排量＞800mL Displacement＞800mL	703	7 164 980	34	182 205
	合计 Total	2 766	10 430 348	9 040 525	3 996 604 592
摩托车零部件 Motorcycle Parts	摩托车鞍座，只 Motorcycle Saddle, unit	399	17 463	1 410 588	7 619 166
	摩托车用新的充气橡胶轮胎，条 New Rubber Penumatu Tyre, piece	66 140	410 455	53 054 984	133 454 887
	摩托车用滚子链，kg Motorcycle Roller Chair, kg	56 783	937 796	69 722 344	120 879 463
	其他摩托车零件、附件，kg Other Motorcycle Parts Anel Accessories, kg	1 769 914	22 677 210	427 675 153	1 532 179 092
	合计 Total	1 893 236	24 042 924	551 863 069	1 794 132 608

表7-29 2010年摩托车产品分地区出口量及金额
Table7-29 Volume and Value of Exported Motorcycle Products in 2010 (by Province)

辆，美元
Unit, US Dollar

地区 Province	摩托车合计 Motorcycle Total		摩托车整车 Motorcycle					
			排量≤50mL Displacement≤50mL		50mL＜排量≤100mL 50mL＜Displacement≤100mL		100mL＜排量≤125mL 100mL＜Displacement≤125mL	
	数量 Volume	金额 Value	数量 Volume	金额 Value	数量 Volume	金额 Value	数量 Volume	金额 Value
合 计 Total	9 040 525	3 996 604 592	1 206 352	509 928 118	1 100 979	360 644 672	4 422 942	1 908 046 560
北 京 Beijing	1 255	2 052 257	0	0	0	0	589	689 107
天 津 Tianjin	2 379	1 287 381	1 301	152 529	0	0	496	188 453
河 北 Hebei	1 496	1 141 845	0	0	0	0	0	0
山 西 Shanxi	0	0	0	0	0	0	0	0
内蒙古 Inner Mongolia	0	0	0	0	0	0	0	0
辽 宁 Liaoning	15	16 720	0	0	0	0	0	0
吉 林 Jilin	24 299	10 187 465	102	23 582	2 881	1 088 870	5 254	2 419 570
黑龙江 Heilongjiang	65	18 436	64	17 186	0	0	0	0
上 海 Shanghai	326 395	259 277 305	87 024	71 807 128	51 383	29 425 978	176 602	149 830 613
江 苏 Jiangsu	759 362	350 806 932	126 240	58 693 409	307 662	102 463 803	178 740	91 295 903
浙 江 Zhejiang	837 862	351 698 591	442 342	144 025 272	18 328	5 867 739	152 179	66 075 285
安 徽 Anhui	77 566	25 711 827	10	3 400	4 142	1 076 276	20 818	5 501 201
福 建 Fujian	169 333	96 069 531	31 171	20 777 905	0	0	130 290	68 289 412
江 西 Jiangxi	0	0	0	0	0	0	0	0
山 东 Shandong	125 704	85 445 479	63 681	38 523 349	3 647	1 298 038	21 364	12 982 804
河 南 Henan	177 271	66 630 453	6 927	2 775 700	42 579	14 344 042	123 286	46 446 697
湖 北 Hubei	0	0	0	0	0	0	0	0
湖 南 Hunan	42 897	14 839 041	0	0	78	25 367	34 008	11 770 078
广 东 Guangdong	2 830 503	1 315 696 520	128 889	76 837 807	217 786	82 583 112	1 572 794	724 638 719
广 西 Guangxi	85	90 452	0	0	5	2 610	0	0
海 南 Hainan	944	669 147	0	0	545	306 636	399	362 511
重 庆 Chongqing	3 649 478	1 408 897 941	317 994	96 053 041	451 829	122 120 457	2 000 386	725 334 612
四 川 Sichuan	2 660	1 588 110	10	3 750	0	0	1 212	742 840
贵 州 Guizhou	0	0	0	0	0	0	0	0
云 南 Yunnan	2 537	752 492	0	0	0	0	2 537	752 492
西 藏 Tibet	8 365	3 686 707	597	234 060	114	41 744	1 988	726 263
陕 西 Shaanxi	54	39 960	0	0	0	0	0	0
甘 肃 Gansu	0	0	0	0	0	0	0	0
青 海 Qinghai	0	0	0	0	0	0	0	0
宁 夏 Ningxia	0	0	0	0	0	0	0	0
新 疆 Xinjiang	0	0	0	0	0	0	0	0

续表 Continued

地区 Province	摩托车整车 Motorcycle							
	125mL＜排量≤150mL 125mL＜Displacement≤150mL		150mL＜排量≤200mL 150mL＜Displacement≤200mL		200mL＜排量≤250mL 200mL＜Displacement≤250mL		250mL＜排量≤400mL 250mL＜Displacement≤400mL	
	数量 Volume	金额 Value	数量 Volume	金额 Value	数量 Volume	金额 Value	数量 Volume	金额 Value
合计 Total	1 828 553	876 647 088	399 294	265 611 046	76 418	66 971 324	5 376	6 908 831
北京 Beijing	666	1 363 150	0	0	0	0	0	0
天津 Tianjin	0	0	0	0	500	785 319	0	0
河北 Hebei	1 496	1 141 845	0	0	0	0	0	0
山西 Shanxi	0	0	0	0	0	0	0	0
内蒙古 Inner Mongolia	0	0	0	0	0	0	0	0
辽宁 Liaoning	0	0	0	0	0	0	0	0
吉林 Jilin	16 002	6 623 343	60	32 100	0	0	0	0
黑龙江 Heilongjiang	0	0	0	0	0	0	1	1 250
上海 Shanghai	10 777	7 412 952	399	259 722	207	485 886	2	4 600
江苏 Jiangsu	108 267	65 921 398	32 087	27 519 398	6 051	4 307 606	165	258 415
浙江 Zhejiang	163 617	87 835 229	39 560	26 147 698	17 548	16 011 209	4 285	5 734 088
安徽 Anhui	37 529	11 969 399	14 429	6 522 551	638	639 000	0	0
福建 Fujian	7 872	7 002 214	0	0	0	0	0	0
江西 Jiangxi	0	0	0	0	0	0	0	0
山东 Shandong	14 839	10 363 746	20 130	19 438 569	2 016	2 747 795	0	0
河南 Henan	3 819	2 502 823	660	561 191	0	0	0	0
湖北 Hubei	0	0	0	0	0	0	0	0
湖南 Hunan	8 784	2 955 665	0	0	0	0	0	0
广东 Guangdong	835 218	380 530 386	71 815	46 765 286	3 855	4 188 754	125	113 886
广西 Guangxi	13	12 740	67	75 102	0	0	0	0
海南 Hainan	0	0	0	0	0	0	0	0
重庆 Chongqing	616 482	289 618 458	216 340	136 247 259	45 364	37 675 545	798	796 592
四川 Sichuan	420	197 400	1 018	644 120	0	0	0	0
贵州 Guizhou	0	0	0	0	0	0	0	0
云南 Yunnan	0	0	0	0	0	0	0	0
西藏 Tibet	2 698	1 156 380	2 729	1 398 050	239	130 210	0	0
陕西 Shaanxi	54	39 960	0	0	0	0	0	0
甘肃 Gansu	0	0	0	0	0	0	0	0
青海 Qinghai	0	0	0	0	0	0	0	0
宁夏 Ningxia	0	0	0	0	0	0	0	0
新疆 Xinjiang	0	0	0	0	0	0	0	0

续表 Continued

地区 Province	摩托车整车 Motorcycle						摩托车零部件 Motorcycle Parts
	400mL＜排量≤500mL 400mL＜Displacement≤500mL		500mL＜排量≤800mL 500mL＜Displacement≤800mL		排量>800mL Displacement>800mL		
	数量 Volume	金额 Value	数量 Volume	金额 Value	数量 Volume	金额 Value	金额 Value
合　计 Total	3	5 020	574	1 659 728	34	182 205	1 794 132 608
北　京 Beijing	0	0	0	0	0	0	6 043 029
天　津 Tianjin	0	0	76	81 901	6	79 179	14 852 508
河　北 Hebei	0	0	0	0	0	0	7 068 901
山　西 Shanxi	0	0	0	0	0	0	568 958
内蒙古 Inner Mongolia	0	0	0	0	0	0	88 779
辽　宁 Liaoning	2	3 720	0	0	13	13 000	5 961 638
吉　林 Jilin	0	0	0	0	0	0	1 899 790
黑龙江 Heilongjiang	0	0	0	0	0	0	98 106 067
上　海 Shanghai	0	0	0	0	1	50 426	205 688 600
江　苏 Jiangsu	0	0	138	313 400	12	33 600	205 808 851
浙　江 Zhejiang	1	1 300	2	771	0	0	480 974 112
安　徽 Anhui	0	0	0	0	0	0	11 297 604
福　建 Fujian	0	0	0	0	0	0	98 317 150
江　西 Jiangxi	0	0	0	0	0	0	10 012 963
山　东 Shandong	0	0	25	85 178	2	6 000	119 121 760
河　南 Henan	0	0	0	0	0	0	8 249 914
湖　北 Hubei	0	0	0	0	0	0	382 083
湖　南 Hunan	0	0	27	87 931	0	0	2 384 732
广　东 Guangdong	0	0	21	38 570	0	0	243 760 744
广　西 Guangxi	0	0	0	0	0	0	45 380 873
海　南 Hainan	0	0	0	0	0	0	825 719
重　庆 Chongqing	0	0	285	1 051 977	0	0	187 270 341
四　川 Sichuan	0	0	0	0	0	0	24 879 287
贵　州 Guizhou	0	0	0	0	0	0	1 123 746
云　南 Yunnan	0	0	0	0	0	0	7 357 164
西　藏 Tibet	0	0	0	0	0	0	3 847 889
陕　西 Shaanxi	0	0	0	0	0	0	767 238
甘　肃 Gansu	0	0	0	0	0	0	1 437 588
青　海 Qinghai	0	0	0	0	0	0	57 212
宁　夏 Ningxia	0	0	0	0	0	0	0
新　疆 Xinjiang	0	0	0	0	0	0	597 368

表7-30 2010年汽车生产企业出口情况
Table7-30 Export Volume of Manufacturers in 2010

辆
Unit

企业名称 Manufacturer	2010	2009	同比增长，% Growth, %
合计 Total	**544 874**	**332 371**	**63.9**
奇瑞汽车股份有限公司 Chery Automobile Co., Ltd.	91 986	47 734	92.7
中国长安汽车集团股份有限公司 China Changan Automobile Group Co., Ltd.	65 492	40 747	60.7
长城汽车股份有限公司 Great Wall Motor Co., Ltd.	55 415	35 109	57.8
东风汽车集团 Dongfeng Motor Corporation	47 964	22 781	110.5
北京汽车集团有限公司 Beijing Automotive Industry Group Co., Ltd.	37 253	27 455	35.7
华晨汽车集团控股有限公司 Brilliance Auto Group	30 725	20 373	50.8
广州汽车工业集团有限公司 Guangzhou Automobile Industry Group Co., Ltd.	25 134	28 449	-11.7
湖南江南汽车制造有限公司 Hunan Jiangnan Automobile Manufacturing Co., Ltd.	23 186	0	0.0
重庆力帆乘用车有限公司 Chongqing Lifan Passenger Car Co., Ltd.	22 686	9 959	127.8
安徽江淮汽车集团有限公司 Anhui Jianghuai Automotive Group Co., Ltd.	21 722	12 123	79.2
浙江吉利控股集团有限公司 Zhejiang Geely Holding Group Co., Ltd.	21 499	18 904	13.7
上海汽车工业（集团）公司 Shanghai Automotive Industry Corporation (Group)	18 775	8 192	129.2
河北中兴汽车制造有限公司 Hebei Zhongxing Automobile Manufacturing Co., Ltd.	15 985	13 984	14.3
中国重型汽车集团 China National Heavy Duty Truck Group Co., Ltd.	13 351	8 077	65.3
郴州吉奥南燕驰峰汽车有限公司 Chenzhou Gonow Nanyan Chifeng Automobile Co., Ltd.	12 404	10 363	19.7
中国第一汽车集团公司 China FAW Group Corporation	11 283	7 631	47.9
比亚迪汽车有限责任公司 BYD Auto Co., Ltd.	9 826	1 313	648.4
陕西汽车（集团）有限责任公司 Shaanxi Automobile Group Co., Ltd.	6 588	10 445	-36.9
厦门金龙汽车集团股份有限公司 Xiamen King Long Motor Group Co., Ltd.	4 576	2 547	79.7
郑州宇通集团有限责任公司 Zhengzhou Yutong Group Co., Ltd.	2 928	1 010	189.9
丹东黄海汽车有限责任公司 Dandong Huanghai Automobile Co., Ltd.	1 528	1 188	28.6
包头北奔重型汽车有限公司 Baotou Beiben Heavy-Duty Truck Co., Ltd.	1 335	1 020	30.9
安徽华菱汽车股份有限公司 Anhui Hualing Automotive Co., Ltd.	981	1 319	-25.6
中通客车控股股份有限公司 Zhongtong Bus Holding Co., Ltd.	860	200	330.0
湖北三环专用汽车有限公司 Hubei Tri-Ring Special Truck Co., Ltd.	360	109	230.3
海马商务汽车有限公司 Haima Commercial Vehicle Co., Ltd.	351	27	1 200.0
天津天汽集团美亚汽车制造有限公司 Tianjin Tianqi Group Meiya Automobile Manufacture	318	402	-20.9
东南（福建）汽车工业有限公司 South East (Fujian) Motor Industry Corporation Ltd.	168	328	-48.8
江苏亚星客车集团有限公司 Jiangsu Yaxing Coach Group Co., Ltd.	60	57	5.3
海马（郑州）汽车有限公司 Haima (Zhengzhou) Automobile Co., Ltd.	60	0	0.0
庆铃汽车（集团）有限公司 Qingling Motors (Group) Co., Ltd.	41	86	-52.3
金华青年汽车制造有限公司 Jinhua Youngman Automobile-Manufacturing Co., Ltd.	32	0	0.0
重庆恒通客车有限公司 Chongqing Hengtong Coach Co., Ltd.	2	0	0.0
中顺汽车控股有限公司 Zhongshun Automobile Holding Co., Ltd.	0	439	-100.0

注：数据来源于《中国汽车工业产销快讯》。
Source: China Automobile Industry Newsletter of Production & Sales.

《中国汽车工业年鉴》期刊社
CHINA AUTOMOTIVE INDUSTRY YEARBOOK HOUSE

主要出口地区和国家

Major Export Destination

北美汽车市场发展综述

1 北美汽车市场概述

2010年，世界经济复苏，北美汽车市场也呈现稳步回升态势，共生产汽车1 214万辆，同比增长38.7%。

表8-1 2010年北美汽车产量 辆

车型	2010年	2009年	同比增长，%
乘用车	5 084 284	3 960 731	28.4
轻型载货车	6 820 489	4 597 495	48.4
中/重型载货车	243 238	202 739	20.0
总计	**12 148 011**	**8 760 965**	**38.7**

2 美国汽车市场

2.1 市场概述

2010年，在经济复苏的带动下，美国全年汽车生产773.75万辆，同比增长35.5%。其中乘用车全年生产273.11万辆，同比增长24.4%。

表8-2 美国汽车产量 辆

车型	2010年产量	同比增长，%
乘用车	2 731 059	24.4
轻型载货车	4 860 398	43.7
中/重型载货车	146 045	10.4
合计	**7 737 502**	**35.5**

2.2 轻型车市场

2010年，美国轻型车销量总计为1 155.46万辆，同比增长11.1%。美国三大汽车公司中，福特、克莱斯勒销量同比增长13.7%和17.0%，而通用公司同比下降7.1%，轻型车共计销售80.65万辆。日产、现代和大众汽车公司轻型车销量同比增幅较大，分别为14.8%、26.9%和17.9%。

表8-3 2010年美国轻型车销售情况 辆

车型	2010年	2009年	同比增长，%
进口乘用车	1 848 265	1 837 059	0.6
乘用车合计	**5 635 432**	**5 400 890**	**4.3**
国内轻型载货车	5 020 548	4 116 550	22.0
进口轻型载货车	898 596	884 242	1.6
轻型载货车合计	**5 919 144**	**5 000 792**	**18.4**
国内轻型车	8 807 715	7 680 381	14.7
进口轻型车	2 746 861	2 721 301	0.9
轻型车总计	**11 554 576**	**10 401 682**	**11.1**

3 加拿大汽车市场

2010年加拿大汽车产量为206.82万辆，同比增长38.8%。其中轻型载货车的贡献最大，产量为109.56万辆，同比增长66.8%；中重型卡车产量仅有5 624辆，同比下降50.3%。

4 墨西哥汽车市场

受益于北美汽车市场整体复苏，2010年墨西哥汽车产量同比增长超过50%，达234.23万辆。其中通用、福特、克莱斯勒三大汽车公司增幅均超过60%，相比之下，日系的丰田和本田汽车公司则增幅不大。

表8-4 2010年美国乘用车分制造商销量 辆

公司	销量	同比增长，%
丰田	848 958	-9.9
雪佛兰	635 591	16.4
本田	623 415	-2.0
福特	591 210	21.5
日产	517 681	12.9
现代	413 213	26.9
宝马	217 649	6.8
大众	215 210	19.2
道奇	208 585	28.7
起亚	188 164	4.0
马自达	152 540	7.8
戴姆勒	147 862	6.5
梅赛德斯	141 935	14.3
雷克萨斯	113 106	0.3
林肯-水星	105 708	-3.1
别克	99 963	69.1
斯巴鲁	83 120	7.1
克莱斯勒	75 701	13.7
英菲尼迪	72 761	30.7
奥迪	70 135	13.8
凯迪拉克	68 957	9.5
讴歌	68 162	6.0
三菱	37 190	-3.5
吉利	25 173	-29.3
铃木	17 756	-27.7
保时捷	16 977	41.9
塔塔	13 340	11.6
萨博世爵	5 343	-17.3
庞蒂亚克	1 114	-99.3
土星	848	-97.3
国内乘用车	3 787 167	6.3
进口乘用车	1 848 265	0.6
总计	**5 635 432**	**4.3**

表8-5 2009～2010年加拿大汽车产量 辆

车型	2010年	2009年	同比增长，%
乘用车	967 077	822 267	17.6
轻型载货车	1 095 526	656 894	66.8
中/重型载货车	5 624	11 321	-50.3
合计	**2 068 227**	**1 490 482**	**38.8**

5 中国汽车出口北美情况

由于较高的技术标准法规以及严格的惩罚措施，中国汽车产品仍然没有大批量进入北美市场，汽车出口量并不多。但作为全球重要的汽车市场，北美汽车市场受到中国汽车企业高度重视，目前已经有多家国内企业通过多种方式开拓北美汽车市场，但进展缓慢。对于北美这一成熟市场，国内企业不应轻易大规模进入，前期相关工作一定要做好，尤其要研究好北美相关的法律法规，避免出现大的问题。

表 8-6　2009 ~ 2010 年加拿大轻型载货车分品牌销量　辆

公司	2010 年	2009 年	同比增长，%
克莱斯勒 / 吉普	42 533	36 293	17.2
道奇	135 437	93 061	45.5
福特	198 048	168 553	17.5
林肯	5 924	3 077	92.5
别克	4 135	3 854	7.3
凯迪拉克	4 099	1 791	128.9
雪佛兰	84 192	78 301	7.5
悍马	168	494	-66.0
庞蒂亚克 -GMC	71 812	68 045	5.5
土星	9	3 365	-99.7
讴歌	10 020	8 871	13.0
本田	44 364	33 977	30.6
现代	42 149	33 859	24.5
起亚	21 936	18 437	19.0
铃木	22	27	-18.5
马自达	21 115	18 955	11.4
三菱	9 526	9 075	5.0
英菲尼迪	3 275	2 866	14.3
日产	24 870	19 797	25.6
斯巴鲁	15 878	11 296	40.6
铃木	2 997	4 219	-29.0
塔塔	2 547	2 006	27.0
雷克萨斯	8 076	9 281	-13.0
丰田	69 734	68 591	1.7
吉利	3 879	3 954	-1.9
宝马	7 869	6 673	17.9
梅赛德斯	13 135	9 609	36.7
戴姆勒	13 148	9 651	36.2
保时捷	839	718	16.9
萨博世爵	0	58	-
奥迪	4 307	3 088	39.5
大众	7 327	7 444	-1.6
国内轻型载货车	739 108	613 806	20.4
进口轻型载货车	121 127	115 871	4.5
轻型载货车总计	**860 235**	**729 677**	**17.9**

表 8-8　2009 ~ 2010 年墨西哥分公司汽车生产量　辆

制造商	2010 年	2009 年	同比增长，%
克莱斯勒	257 783	158 007	63.1
福特	390 388	231 415	68.7
通用	559 437	350 555	59.6
本田	55 001	47 787	15.1
日产	506 490	355 414	42.5
丰田	54 183	42 785	26.6
大众	435 336	320 701	35.7
其他	83 664	54 388	53.8
面向国内	472 930	337 239	40.2
面向出口	1 869 352	1 223 813	52.7
总计	**2 342 282**	**1 561 052**	**50.0**

表 8-7　2009 ~ 2010 年加拿大乘用车分品牌销量　辆

公司	2010 年	2009 年	同比增长，%
克莱斯勒	7 521	10 069	-25.3
道奇	18 583	22 940	-19.0
福特	58 561	48 021	21.9
林肯 - 水星	2 754	3 223	-14.6
别克	7 134	4 584	55.6
凯迪拉克	3 299	2 933	12.5
雪佛兰	65 102	49 419	31.7
庞蒂亚克	6 728	33 825	-80.1
土星	2	5 394	-100.0
讴歌	7 320	8 217	-10.9
本田	79 366	88 941	-10.8
现代	76 358	69 374	10.1
起亚	31 946	27 681	15.4
马自达	57 547	54 717	5.2
三菱	9 978	10 711	-6.8
英菲尼迪	4 958	4 215	17.6
日产	49 910	52 139	-4.3
斯巴鲁	11 927	11 738	1.6
铃木	6 131	8 084	-24.2
塔塔	755	804	-6.1
雷克萨斯	6 173	6 521	-5.3
丰田	87 989	120 722	-27.1
吉利	2 671	2 588	3.2
宝马	23 834	22 302	6.9
梅赛德斯	16 497	14 667	12.5
戴姆勒	18 516	17 334	6.8
保时捷	1 197	971	23.3
萨博世爵	2	719	-99.7
奥迪	10 026	8 222	21.9
大众	38 061	32 615	16.7
国内乘用车	399 330	427 930	-6.7
进口乘用车	295 019	301 093	-2.0
乘用车总计	694 349	729 023	-4.8

表 8-9　2010 年墨西哥分公司汽车出口量　辆

公司	出口
克莱斯勒	224 078
福特	384 629
通用	460 112
本田	41 121
日产	344 243
丰田	54 278
大众	350 721
总计	**1 859 182**

表 8-10　2010 年中国汽车出口北美国家情况　辆

国家	出口量	同比增长，%
墨西哥	1 843	-34.6
加拿大	101	-2.9
美国	13 273	27.1

中国汽车技术研究中心　李新波

拉美汽车市场发展综述

1　拉美地区经济发展情况

随着全球金融危机阴霾逐渐散去，拉美经济进入复苏时期，2010 年经济发展呈现出三大特点：一是整体增长速度高于美欧等发达国家；二是巴西、阿根廷、巴拉圭等南美国家因自身经济较具活力或受资源出口增长的带动，成为拉美经济快速增长的推动力；三是对北美或旅游业依赖过重的中美洲及加勒比海国家增速缓慢。据联合国权威机构测算，2010 年拉美整体经济增速接近 6%，高于发达经济体的 2% ~ 3% 的增速。

总体来看，2011 年拉美经济增速将继续呈现中部快、南北慢的发展趋势。尽管巴西、阿根廷和墨西哥等主要拉美经济体的GDP增速明显，但经济过热、通胀趋强等经济持续发展方面的问题将对拉美国家形成日益严峻的挑战。经济发展缓慢的中美洲和加勒比海国家，则将面临经济增长减速、贫困人口上升等挑战。

2 2010年拉美汽车市场情况

随着全球经济复苏，拉美汽车市场也进入恢复期。2010年拉美地区生产汽车685.3万辆，同比增长26.6%。作为拉美地区三大汽车生产国，巴西、墨西哥和阿根廷汽车产销均出现明显增长，其中墨西哥汽车产量增幅最大，共生产汽车234.5万辆，同比增长50.2%；阿根廷生产汽车71.7万辆，同比增长39.7%；巴西生产汽车364.8万辆，同比增长14.6%。

表8-11 2010年拉美地区汽车生产情况 辆

序号	国家	乘用车	商用车	合计	同比增长，%
1	巴西	2 828 273	820 085	3 648 358	14.6
2	墨西哥	1 390 163	954 961	2 345 124	50.2
3	阿根廷	508 401	208 139	716 540	39.7
4	委内瑞拉	–	–	104 357	-6.5
5	哥伦比亚	–	–	28 350	0.5
6	厄瓜多尔	–	–	5 950	-61.1
7	智利	–	–	4 700	44.6
合计		–	–	6 853 379	26.6

注：数据来源为根据*OICA*数据整理。

在销售方面，2010年智利汽车销售28.93万辆，同比增长69.2%，成为拉美地区汽车销售增幅最大的市场；阿根廷2010年销售汽车69.8万辆，同比增长43.3%；巴西销售汽车351.5万辆，同比增长11.9%；墨西哥销售汽车85万辆，同比增长9.5%。

2.1 墨西哥汽车产销情况

2010年，墨西哥生产汽车234.7万辆，同比增长50.1%，全球排名第九位，拉美排名第二位。其中乘用车生产146.9万辆，同比增长45.5%；轻型车生产79.2万辆，同比增长59.1%；重型卡车生产8.6万辆，同比增长53.9%。墨西哥汽车工业的恢复得益于2010年以来在墨设厂的世界大型汽车公司纷纷增加投资并扩大产量。此外，美国市场需求复苏也对墨相关工业发展起到明显促进作用。

2010年墨西哥销售汽车86.27万辆，同比增长15.9%，其中乘用车销售51.5万辆，同比增长21.4%，轻型车销售31.9万辆，同比增长6.6%，重型卡车销售2.9万辆，同比增长39.3%。

从企业产销来看，通用、日产是墨西哥产销量排名前两位的生产企业，其中2010年通用在墨西哥生产汽车55.94万辆，同比增长64.1%，占汽车总产量的24.7%；日产生产汽车50.65万辆，同比增长68.0%，占汽车总产量的22.4%。2010年日产在墨西哥销售汽车19.32万辆，同比增长19.1%，占总销量的22.9%；通用销售汽车15.86万辆，同比增长24.0%，占总销量的18.4%。销量排名前10位的品牌，除西亚特出现下滑外，其他品牌均保持较快增长，其中雷诺增幅最快，同比增长达87.1%。

表8-12 2007～2010年墨西哥汽车（分车型）产销情况 万辆

时间		乘用车	轻型车	重型卡车	总计
2007年	生产	141.7	60	8.5	210.2
	销售	62.0	45.1	5.0	112.1
2008年	生产	139.2	71.3	7.7	218.2
	销售	58.3	43.3	4.8	106.5
2009年	生产	101.0	49.8	5.6	156.3
	销售	42.4	29.9	2.1	74.4
2010年	生产	146.9	79.2	8.6	234.7
	销售	51.5	31.9	2.9	86.3
同比(2009)	生产	45.5%	59.1%	53.9%	50.13%
	销售	21.4%	6.6%	39.3%	15.9%

注：资料来源于墨西哥汽车工业协会。

表8-13 2010年墨西哥汽车（分企业）产销情况 万辆

品牌	生产	同比增长，%	销售	同比增长，%
通用	55.94	64.1	15.86	24.0
日产	50.65	68.0	19.32	19.1
大众	43.53	59.6	11.17	9.7
福特	39.36	15.2	8.77	9.3
克莱斯勒	25.78	42.5	7.84	0.8
本田	5.50	-99.8	4.02	24.0
丰田	5.43	27.1	4.99	10.3
总计	234.66	50.1	86.27	15.9

注：资料来源于墨西哥汽车工业协会。

2.2 阿根廷汽车产销情况

2010年，阿根廷生产汽车71.65万辆，同比增长41.2%；销售汽车69.8万辆，同比增长43.4%。其中乘用车是阿根廷市场上的主要车型，2010年产销分别为69.56万辆和66.96万辆，分别占当年汽车产销量的97.1%和95.9%。

表8-14 2010年阿根廷汽车（分车型）产销情况 万辆

车型		产量 2010年	产量 同比增长，%	销量 2010年	销量 同比增长，%
乘用车	小轿车	50.84	33.8	52.45	40.5
	多用途车	18.72	58.0	14.51	49.8
	合计	69.56	39.5	66.96	42.5
商用车	厢式车	1.43	21.8	0.75	43.8
	重型货车	0.43	263.1	1.63	93.7
	客车	0.23	61.6	0.49	41.9
	合计	2.09	45.9	2.87	68.1
总计		71.65	39.7	69.83	43.4

注：资料来源于阿根廷汽车工业协会。

从企业产销来看，阿根廷现有10家汽车生产企业，全部是国外汽车企业在阿根廷设立的组装厂。从2009～2010年的产销情况看，通用、标致-雪铁龙、雷诺是产量较大的企业。大众、通用、雷诺是销量较大的企业。其中通用汽车是阿根廷最大的汽车生产企业，2010年生产汽车13.5万辆，占汽车总产量的18.6%；标致-雪铁龙是销量最大的企业，销售汽车8.5万辆，占总销量的16.6%。

3 中国汽车产品在当地发展情况

3.1 产品出口情况

在金融危机的冲击过后，中国汽车出口拉美市场

表 8-15　2009 年～ 2010 年阿根廷汽车（分企业）生产情况　辆

企业	2010 年	2009 年	同比增长，%
通用	135 301	81 971	65.1
标致 - 雪铁龙	126 968	85 445	48.6
福特	96 454	72 554	32.9
菲亚特	96 059	78 573	22.3
雷诺	91 222	65 470	39.3
大众	87 073	52 034	67.3
丰田	70 032	62 545	12.0
奔驰	16 461	13 021	26.4
依维柯	4 453	1 311	239.7
合计	724 023	512 924	41.2

注：资料来源于阿根廷汽车工业协会。

开始呈现大幅增长态势，以奇瑞和长城为代表的中国汽车企业正在加快进入拉美市场的步伐。2010 年中国对拉美汽车整车出口 126 814 辆，同比增长 177.2%，其中智利、巴西已经成为中国的主要汽车出口国。目前智利是中国在拉美地区最大的汽车出口市场，2010 年对智利出口汽车 3.06 万辆，同比增长 242.4%，很多自主品牌已打入智利市场，如长城、奇瑞、吉利等，同时中国已成为继日本、韩国后智利的第三大汽车进口国。随着巴西汽车市场需求复苏，2010 年中国对巴西出口汽车 2.53 万辆，同比增长 507.1%，呈现井喷式增长。

表 8-16　2010 年中国汽车整车出口拉美市场情况　辆

序号	国家	总计	同比增长，%	乘用车合计	小轿车	越野车	商用车合计	客车	载货车
1	智利	30 642	242.4	19 229	14 730	730	11 413	1 129	10 233
2	巴西	25 322	507.1	12 036	6 558	2 297	13 286	462	12 365
3	秘鲁	18 749	125.9	8 078	4 283	320	10 671	2 800	7 662
4	乌拉圭	17 868	140.2	12 812	9 245	2 535	5 056	138	4 899
5	厄瓜多尔	5 427	233.4	3 285	1 217	71	2 142	136	1 956
6	阿根廷	1 978	—	1 970	1 253	710	8	2	3
7	墨西哥	1 843	-34.6	144	20	0	1 699	8	1 679
8	玻利维亚	1 238	976.5	317	187	8	921	60	847
9	委内瑞拉	1 096	2.1	22	12	0	1 074	12	970
10	哥斯达黎加	682	657.8	344	325	0	338	62	275
合计		126 814	177.2	70 091	43 200	7 213	56 723	6 107	49 531

注：数据来源为根据海关数据整理。

在零部件出口方面，中国零部件出口以供给拉美地区售后市场为主。随着近几年中国整车出口数量急剧增加，在拉美地区的汽车保有量明显提升，带动汽车零部件需求量增加，2010 年中国对拉美市场出口汽车零部件 31.81 亿美元，同比增长 73.4%。墨西哥、巴西和智利是中国在拉美主要的汽车零部件进口国。其中行驶系统是出口金额最高的零部件产品，共计 15.92 亿美元，占中国对拉美市场汽车零部件出口总额 50.0%。

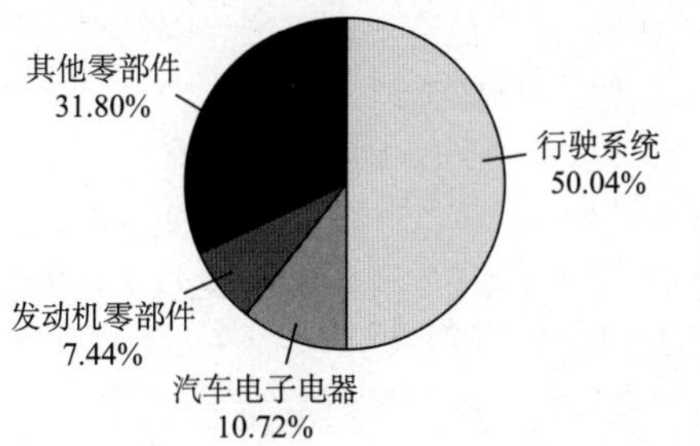

图8-1　2010年中国对拉美汽车零部件分类别出口情况

3.2　*海外投资建厂方面*

2010 年 9 月 17 日，作为第一家在南美建厂的中国汽车企业，奇瑞汽车股份有限公司与巴西圣保罗州政府正式签署投资建厂的框架性协议。奇瑞巴西项目位于圣保罗州雅卡雷伊市，由奇瑞独资建设，规划最终建成占地面积约 100 万 m^2 的奇瑞巴西工业园，总投资 4 亿美元。项目计划分两期实施：一期投资 1.34 亿美元，建成双班 5 万台年产能的工厂，预计于 2013 年完工投产；二期追加投资至 4 亿美元，实现 3 班 15 万辆的年产能。项目首期将引进奇瑞 A1 和风云 2 等系列车型，后期将根据市场的发展情况陆续引入旗下

表 8-17　2010 年中国汽车零部件出口拉美市场情况　美元

序号	国家	合计	同比增长 %	发动机整机	发动机零部件	传动系统	车身及其附件、零件	行驶系统	制动系统	转向系统	汽车电子电器
1	墨西哥	826 205 215	69.75	2 408 791	65 912 728	77 555 306	77 246 602	309 198 393	54 598 876	63 799 113	71 537 897
2	巴西	665 311 145	116.25	12 643 658	92 448 908	40 354 763	63 107 115	255 817 053	25 687 780	6 846 051	111 262 860
3	智利	234 662 981	62.44	830 705	7 232 338	5 162 243	9 248 073	167 772 038	7 734 233	2 154 845	15 609 998
4	巴拿马	186 702 358	61.63	21 837	6 058 749	2 871 963	10 203 288	104 736 308	4 672 028	2 058 754	50 625 547
5	哥伦比亚	180 876 916	96	966 198	7 483 185	2 808 397	6 194 980	128 466 808	7 348 016	2 669 005	12 777 189
6	巴拉圭	167 808 152	122.19	10 290 809	2 901 792	560 412	833 162	131 890 704	321 026	373 403	19 125 537
7	阿根廷	122 560 386	65.5	1 998 970	17 220 905	8 036 233	16 751 972	40 270 924	7 051 220	2 243 128	15 762 253
8	秘鲁	109 002 774	23.99	10 247 244	6 767 463	3 235 146	5 294 867	56 133 108	2 382 956	813 373	9 179 806
9	厄瓜多尔	99 984 461	41.51	285 351	4 562 689	2 546 115	5 971 238	72 358 519	3 415 838	671 093	5 310 632
10	古巴	83 137 763	83.21	34 216 197	3 521 432	717 234	879 220	23 848 058	1 843 996	93 551	461 002
合计		3 181 107 224	73.35	74 866 432	236 744 318	154 342 938	219 453 357	1 591 755 496	145 090 797	86 011 423	340 971 154

注：数据来源为根据海关数据整理。

其他车型。

此外，长城汽车计划在巴西和委内瑞拉建立 KD 工厂，其中委内瑞拉工厂设计年产能 2 万～ 2.5 万辆。江淮汽车和比亚迪汽车也抓紧对巴西市场考察，计划在巴西建厂。

4 2010 年拉美与汽车相关政策变化情况

拉美国家自 20 世纪 60 年代开始，大力推进地区经济一体化进程，先后成立多种形式的经济一体化组织，在成员国内部对汽车产品实施零关税或较低关税，极大地促进了各成员国汽车贸易往来，但由于各个国家汽车产业发展程度不同，有些国家为保护本国汽车产业，对汽车产品进口采取进口配额限制，汽车贸易争端不断，尤其在巴西、阿根廷等汽车工业相对发达的国家。如 2011 年 2 月，为扭转汽车贸易逆差，保证中央银行有足够外汇储备应对汇率波动，阿根廷政府宣布加强对汽车进口限制措施，各汽车企业如果要进口一定数量汽车，必须保证出口与进口额相等的汽车。2011 年 5 月，为保护本国汽车产业，巴西政府宣布将对汽车进口施加非关税贸易壁垒，汽车进口许可由以前的自动获批变成两个月获得许可证。由于阿根廷是巴西最大的汽车进口国，这次进口限制对阿根廷汽车产业造成极大影响。

此外，其他拉美国家也通过提高进口关税来保护本国汽车产业和经济共同体成员国内部利益。2010 年 1 月，乌拉圭政府宣布调整载货车进口关税法令，将卡车（包括皮卡、轻卡和重卡）进口关税由 7% ～ 8% 调高到 23%，轿车进口关税仍为 23%，根据南共市关税规则，成员国相互进口汽车在配额内的关税为零，因此此次调高载货车关税，提高了巴西和阿根廷卡车在乌拉圭市场的竞争力。

总体来看，为保护本国汽车产业和获得更大的经济利益，拉美各国的汽车政策变化很快，其中以控制进口配额和提高关税等非技术贸易壁垒为主，国内企业应该给予高度重视，并采取必要措施避免政策调整对企业出口产生影响。

5 中国汽车产品出口当地市场的问题

1）出口企业过度竞争的现象没有根本改变。由于拉美汽车市场增长迅猛，国内许多企业纷纷将其作为新的开拓市场，但国内出口企业良莠不齐，不少外贸公司开展汽车出口业务只在意销量而不是品牌形象，造成恶性价格竞争，一方面导致汽车出口利润率大幅减少，另一方面会引发针对中国汽车产品的反倾销投诉和贸易壁垒。

2）产品出口低附加值没有发生根本改变。2010 年从出口数量和金额来看，中国对拉美地区汽车出口呈现高速增长，但产品附加值不高，出口单车价格仅为 9 580 美元，同比下降 18.7%，说明汽车出口产品低附加值的现象有继续加大的趋势。由于价格较低，企业的利润增长缓慢，部分企业甚至依靠出口退税才能维持利润。

3）拉美国家间贸易壁垒现象有抬头迹象，对出口造成不利影响。2010 年 5 月中旬，巴西政府决定对阿根廷向巴西出口的汽车整车采取暂停自动进口许可的限制措施，这是针对今年 2 月阿根廷对巴西 600 项出口至阿根廷的产品采取非自动许可措施的报复行为，但两国间的贸易摩擦却伤及中国汽车企业。2010 年 2 月，阿根廷政府出台一系列措施加强对进口产品的限制，造成奇瑞索克马（奇瑞在乌拉圭建立的工厂）无法向阿根廷出口汽车，对公司生产经营造成不利影响。最终奇瑞索克马公司和阿根廷工业部签署的协议，承诺以扩大阿根廷汽车零部件出口，换取阿根廷政府放宽对奇瑞汽车进入阿根廷市场的限制。

6 对中国汽车企业的相关建议

巴西和阿根廷两大拉美经济大国的强强联合，带动拉美汽车行业回暖，也促进了周边国家汽车工业发展。拉美地区受金融危机影响不大，整体投资环境良好，拥有较好的工业基础和较低的劳动力成本。拉美是近年来跨国汽车厂商争相投资的新兴市场之一，旺盛的市场需求给企业带来了高额利润。专家预计，未来几年拉美将成为继中国、北美和欧盟以外第四大汽车消费市场。能在拉美市场立足，对中国自主品牌产品在国际汽车产业链中的地位具有积极作用。目前非洲、拉美和俄罗斯是中国汽车出口的三大市场，拉美也将是自主品牌汽车企业进一步开拓国际市场的重点。企业在开拓新市场的过程中应当注意：

1）加强对拉美汽车产业和市场的了解。拉美汽车工业主要布局在巴西、墨西哥和阿根廷三个国家，伴随拉美工业化和对外开放发展迅猛，整车制造基本为跨国集团垄断，配套体系通过兼并或在出口加工区投资设厂也由外来资本主导，本土企业规模较小，主要集中在售后配件领域。随着当地经济发展，居民消费能力不断提高、市场快速扩展，并随着北美自贸区建立和拉美一体化进程推进，三国成为美洲大陆重要的汽车生产基地。受益于市场扩容和外资的技术溢出效应，三国的本土研发能力大幅提高、配套能力长足进步。对中国汽车企业而言，拉美市场空间较大，作为发展中经济体将在很长一个阶段对经济型轿车有较大需求，同时因其良好的产业基础、有利的自贸区政策、鼓励开放的投资政策，更是投资设厂、规避壁垒进入北美汽车与配件市场的最佳选择。

2）积极实施走出去战略，适时在当地投资建厂。

目前拉美一体化进程正在加快，国内企业要借助这些一体化组织之间的自由贸易协议提供的低关税或零关税，通过进入一个国家再出口到其他国家，其中重要的手段就是在当地投资建厂。目前墨西哥和阿根廷都采取完全开放的汽车产业政策，鼓励国外汽车生产企业在当地投资建厂，并提供各种优惠措施（如墨西哥规定只要在当地投资10亿美元建厂，三年内汽车产能达到5万辆以上，每年将获得产量10%的零关税汽车进口配额）。墨西哥和阿根廷分别是北美自贸区和南方共同市场成员国，通过在当地建厂生产汽车产品可享受零关税出口美国、巴西等国家的待遇。

中国汽车技术研究中心　沈　庆

东南亚汽车市场发展综述

1　东南亚国家宏观经济情况

在经历金融危机之后，东南亚国家2010年经济呈现复苏态势，是世界上经济增长较快的地区之一。但在经济快速发展的同时，通胀也在加剧，成为东南亚国家必须面临的问题。

表8-18　2010年东南亚主要国家经济增长率

国家	经济增长率，%
文莱	4.3
柬埔寨	5.5
印尼	6.1
老挝	5.7
马来西亚	7.2
菲律宾	7.3
新加坡	14.7
泰国	7.8
越南	6.8

2　马来西亚汽车市场

由于国内经济复苏强劲，政府出台多项措施刺激经济，2010年马来西亚汽车市场迅速回暖，全年汽车销量达60.5万辆，创历年新高，其中国产汽车约占65%。

在2008年下半年以后，世界金融危机导致马来西亚经济衰退，当地政府实施报废车以旧换新补贴等刺激政策。2010年虽然该政策已经终止，但受到经济快速回升以及新车大量投放的带动，国内汽车销量大幅增长。其中，乘用车同比增长1.9%，MPV同比大幅增长68.9%，达到10.8万辆。

预计2011年马来西亚经济仍将快速增长，在此带动下，汽车销量有望继续增长。

表8-19　2010年马来西亚汽车产销量　辆

车型	销量		产量	
	2010年	2009年	2010年	2009年
乘用车	543 594	486 342	522 568	447 002
商用车	61 562	50 563	45 147	42 267
合计	605 156	536 905	567 715	489 269

注：数据来源于*MAA*（马来西亚汽车工业协会）。

3　菲律宾汽车市场

根据菲律宾汽车工业协会（CAMPI）的统计，2010年菲律宾全年销售汽车168 490辆，增幅为27.2%，乘用车和商用车分别增长27. 0%和27.4%。

从品牌的角度看，丰田销量达到56 620辆，市场份额高达33.7%，居首位；三菱汽车市场份额为19.2%，位居第二，销售汽车31 993辆；现代汽车共销售18 696辆，市场份额11.1%。

表8-20　马来西亚分车型汽车销量　辆

车型	车型	2009年	2010年	同比增长，%
乘用车	轿车	407 004	414 539	1.9
	MPV	63 757	107 714	68.9
	SUV	10 475	15 416	47.2
	厢式车（乘用）	5 106	5 925	16.0
商用车	厢式货车	3 652	3 636	-0.4
	皮卡	31 216	40 414	29.5
	货车	13 939	15 765	13.1
	牵引车	694	666	-4.0
	客车	1 062	1 081	1.8
	合计	536 905	605 156	12.7

表8-21　马来西亚主要品牌汽车销量　辆

品牌	2009年	2010年
Perodua	166 736	188 641
Proton	148 031	157 274
丰田	81 785	91 559
本田	38 783	44 483
日产	29 683	32 998
三菱	6 981	11 899
Naza	11 119	9 403
铃木	4 994	6 748
五十铃	5 378	6 144
Inokom	5 392	5 573

表8-22　2010年菲律宾汽车销量　辆

车型	2009年	2010年	同比增加，%
乘用车	46 228	58 691	27.0
商用车	86 216	109 799	27.4
其中：AUV	30 262	36 903	21.9
LCV	52 708	69 793	32.4
轻型卡车	2 027	1 996	-1.5
卡车和客车	1 219	1 107	-9.2
合计	132 444	168 490	27.2

注：数据来源于菲律宾汽车工业协会（*CAMPI*）。

表8-23　菲律宾主要品牌汽车销量　辆

品牌	2009年	2010年
丰田	46 021	56 620
三菱	22 521	31 993
现代	11 086	18 696
本田	17 168	16 604
五十铃	9 213	10 695
日产	7 466	8 691
福特	6 142	6 603

4　印度尼西亚

2010年印度尼西亚汽车产销量分别为70.25万辆和76.47万辆，同比增长均超过40%，其中市场上较为畅销的车型依然是排气量低于 1.5L 的非三厢轿车，销量达到 38.97 万辆，同比增长 8.3%。

表 8-24　2010 年印度尼西亚分车型产销量　　辆

车型		产量	销量
三厢轿车	L ≤ 1 500mL	0	18 355
	1 500mL<L ≤ 3 000mL	3 900	14 080
	L>3 000mL	181	693
非三厢（4　2）	L ≤ 1 500mL	358 838	389 712
	1 500mL<L ≤ 2 500mL	100 491	111 874
	2 500mL<L ≤ 3 000mL	17 923	2 801
	L>3 000mL	0	123
非三厢（4　4）	L ≤ 1 500mL	0	0
	1 500mL<L ≤ 3 000mL	13 029	3 070
	L>3 000mL	2 162	767
客车	5t<GVW ≤ 10t	2 076	2 058
	10t<GVW ≤ 24t	2 030	2 119
	GVW>24t	0	0
皮卡 / 卡车	GVW<5t	101 648	104 263
	5t<GVW ≤ 10t	80 809	80 933
	10t<GVW ≤ 24t	6 608	6 632
	GVW>24t	12 813	12 826
双排	GVW<5t	0	14 404
合计		702 508	764 710

注：数据来源于 ***GAIKINDO***。

表 8-25　2010 年印度尼西亚汽车进出口情况　　辆

	出口	进口
CBU	85 796	76 520
CKD	55 624	0
零部件，件	353 950	0

注：数据来源于 ***GAIKINDO***。

5　泰国汽车市场

2010 年泰国经济全面复苏，国内汽车需求量快速增长，再加上汽车出口的拉动，汽车产量创下历史新高，为 164.5 万辆。其中载重量 1 吨以上皮卡的产量超过 106 万辆。

表 8-26　2007 ~ 2010 年泰国汽车产量　　辆

车型		2007 年	2008 年	2009 年	2010 年
乘用车	<1 200mL	0	0	0	59 441
	1 200mL ~ 1 500mL	139 059	170 347	155 403	261 129
	1 500mL ~ 1 800mL	85 031	125 625	92 266	133 234
	1 800mL ~ 2 000mL	40 754	44 750	34 633	51 784
	2 000mL ~ 2 500mL	60 765	49 089	27 864	41 657
	2 500mL ~ 3 000mL	2 111	720	784	4 033
	>3 000mL	1 503	8 904	2 492	2 989
客车	<10t	137	1	33	120
	>10t	441	375	425	472
皮卡	<1t	0	0	0	0
	>1t	948 370	974 502	670 734	1 066 759
卡车	<5t	7 629	4 337	3 814	7 510
	5 ~ 10t	6 105	5 787	3 823	5 206
	>10t	9 244	7 291	7 107	10 970
合计		1 301 149	1 391 728	999 378	1 645 304

注：数据来源于 ***Thai Automotive Industry Association***。

受益于东南亚经济快速复苏，2010 年泰国汽车出口出现大幅增长，实现汽车整车出口 896 065 辆，同比增长 67%，创近年来新高。

表 8-27　2007 ~ 2010 年泰国汽车销量　　辆

车型		2007 年	2008 年	2009 年	2010 年
乘用车	650mL ~ 1 500mL	86 082	107 969	121 588	202 802
	1 500mL ~ 1 800mL	55 714	81 406	74 091	102 137
	1 800mL ~ 2 000mL	23 133	29 378	25 635	37 491
	2 000mL ~ 2 500mL	15 639	18 564	15 799	17 681
	2 500mL ~ 3 000mL	1 765	1 252	1 003	1 862
	>3 000mL	434	421	657	588
厢式车		23 229	22 812	28 005	40 479
客车		17 794	15 732	14 698	23 049
皮卡	<1t	452	670	494	561
	>1t	384 688	318 353	250 130	351 005
卡车	<5t	10 143	7 227	6 674	9 272
	5 ~ 10t	4 443	3 363	3 104	3 404
	>10t	7 735	6 931	6 993	10 026
合计		631 251	614 078	548 871	800 357

注：数据来源于 ***Thai Automotive Industry Association***。

表 8-28　泰国汽车及零部件出口情况　　百万泰铢

年份	整车		发动机	汽车配件	夹具和模具		OEM 零部件		其他
	数量 辆	金额			数量 套	金额	车身部件	组件	
2005	440 705	203 025	7 901	4 101	–	683	6 462	70 329	1 743
2006	538 966	240 714	8 448	5 026	135	571	6 677	80 489	729
2007	690 100	325 080	21 757	8 115	730	652	39 910	72 432	1 357
2008	775 652	351 384	18 029	11 008	106	2 052	71 493	61 320	957
2009	535 596	251 342	13 266	12 531	199	1 063	14 665	86 225	390
2010	896 065	404 659	21 610	14 451	238	1 304	29 808	111 614	561

注：数据来源于 ***Thai Automotive Industry Association***。

6　中国汽车出口东南亚国家情况

2010 年，在世界经济复苏的大背景下，中国汽车对东南亚国家的出口出现大幅增长，合计 56 195 辆，同比增长 23.1%。只有向文莱、新加坡两国的出口量出现下降，其他国家均出现不同程度增长。越南仍是中国在东南亚最大的出口市场，全年实现汽车出口 31 347 辆。

表 8-29　2009 ~ 2010 年中国汽车出口东南亚国家情况　辆，美元

国家	数量		金额	
	2010 年	同比增长，%	2010 年	同比增长，%
文莱	202	-19.8	4 110 325	63.5
缅甸	4 801	112.3	151 133 004	182.4
柬埔寨	416	268.1	12 239 326	271.4
印度尼西亚	3 068	178.7	61 517 485	98.5
老挝	2 212	49.4	28 882 206	3.1
马来西亚	6 088	53.1	83 773 231	92.7
菲律宾	3 758	60.4	66 356 655	67.6
新加坡	607	-12.0	37 711 408	30.9
泰国	3 615	34.6	67 097 371	99.0
越南	31 347	2.0	355 148 029	-4.6
东帝汶	81	237.5	783 673	94.9

注：数据来源为根据海关数据综合整理。

中国汽车技术研究中心　李新波

海湾国家汽车市场发展综述

1 海湾国家2010年基本情况

海湾国家毗邻波斯湾，处于东、西半球间的交通要冲，是十分重要的战略地理位置，北与伊拉克、约旦接壤，南与阿拉伯海相邻，东靠阿拉伯湾，西濒红海，境内绝大部分是沙漠，属热带沙漠气候。七国总面积321万平方公里，人口约6 100万，以阿拉伯人、波斯人为主，信仰宗教主要为伊斯兰教，曾经的海湾六国目前已经变成海湾七国，除原成员国沙特阿拉伯、阿联酋、巴林、阿曼、卡塔尔、科威特，还有一位新加入成员国 也门。这些国家富含石油、天然气资源，目前已探明石油储量占全球的45.3%，经济主要依靠石油外汇收入。凭借得天独厚的石油储量，这些国家不仅因此获得了丰富的外汇收入，也逐渐成为汽车出口市场炙手可热的地区。

海湾七国的主要交通工具是私人汽车，即使在大城市里，也只有少数几条公交线路，供收入较低的劳工乘坐；由于当地持续炎热的气候以及阿拉伯人的生活习惯，基本没有人选择自行车代步，步行者更是极少见到。一般家庭的汽车拥有量是2～3辆，而海湾七国基本没有汽车工业，绝大多数汽车依靠进口。该地区的准入法规体系不甚健全，一些项目可以依据出口国的标准来执行（例如中国的国标）。准入门槛相对较低，使其成为众多汽车企业竞相占领的市场，也是中国汽车企业的重要贸易市场。

以沙特阿拉伯为例，2010年全年，中国出口到沙特的整车为5 421辆，累计金额10 463万美元。其中乘用车1 032辆，累计金额728万美元；商用车4 389辆，累计金额9 735万美元。

2 汽车准入管理制度

2.1 海湾七国统一的准入管理制度

为促进海湾地区贸易和经济一体化的发展，海湾七国组成海湾合作委员会（Gulf Corporation Committee，简称GCC），该委员会的前身 标准化与计量组织 成立于1982年，在统一和协调海湾七国（当时是六国）的标准和法规的制定与实施工作中起到十分重要的作用，其中包括制定统一的汽车产品海湾标准（Gulf Standard, 简称GS），并对汽车产品按照这些标准实施由GCC 标准化与计量组织 制订的认证许可制度。由于汽车产品海湾标准在海湾七国内强制执行，在海湾七国制造、销售和使用的汽车产品必须首先满足海湾标准的要求。

沙特阿拉伯是海湾地区最大的国家，也是最大的汽车产品生产国和消费国，因此海湾汽车标准的制定与沙特汽车标准（SSA）有直接关系。海湾标准以沙特标准为基础，大多数海湾标准起源于沙特标准，其往往首先在沙特国内实施，待成熟后再上升为海湾标准。

为更进一步促进海湾七国共同市场的发展，2003年12月，海湾合作委员会的组织机构又进行了调整和变化，成立标准化组织 海湾合作委员会标准化组织 ，该组织简称为GSO，负责海湾地区统一的技术法规、海湾标准、产品合格评定规程的制定与实施工作。由于沙特在该组织中的核心地位及作用，GSO的总部设在沙特阿拉伯首都利雅得。

目前，GCC对汽车产品建立了比较完善的、统一的市场准入认证制度，在管理上日趋严格，所有汽车产品必须通过GCC认证，获得一致性证书（也作 符合性证书 ）后即可进入海湾七国市场，而且无需再进行单独的认证和批准。

自2005年1月1日起，GCC对机动车辆及轮胎产品实施新的市场准入批准规程，对这类产品统一使用新的GCC一致性证书，且该证书必须经过GSO总部的验证和批准。

2.2 汽车准入认证简介

作为GCC政策法规的制定者和推行者，GSO在2004年10月12日的科威特部长会议上作出决议，自2005年1月1日起，GSO将依照相关的海湾标准对机动车辆及轮胎产品进行检验并颁发GCC认证证书（即GCC符合性证书，该证书在所有GCC成员国内有效）。GCC认证证书类型和有效期见表8-30。

表8-30 GCC认证证书类型和有效期

证书类型	有效期
机动车	自证书签发日起至当年的公历12月底
轮胎（乘用车）	自证书签发日起的一年
轮胎（MPV、大客车、载货车及挂车）	自证书签发日起的一年
轮胎（临时用备胎）	自证书签发日起的一年

3）GCC认证程序

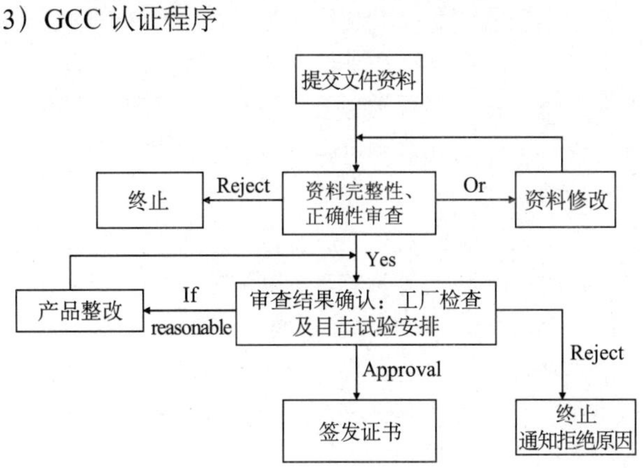

A. 出口到海湾地区的新车型，需依据各条海湾汽车标准的要求（参考当年的测试清单）完成相关的试验，试验应在GSO认可的试验室进行，并出具相关试验报告，由GSO授权认可的工程师签字后盖章，以备提交。需要注意GCC法规要求的报告格式必须严格符合GCC的要求，并用企业自己的信头纸来打印。

B. 企业完成GCC的一致性证书的要求、内容和格式在《GSO 153/1993 机动车辆　多阶段制造车辆的　一致性证书》中有所规定。

C. 企业将完成后的一致性证书原件两份连同试验报告，送交GSO总部，GSO将审查提交文件的完整性、准确性（包括报告格式是否正确、报告内容是否完整等）。同时，在结果的可信度等方面，GSO将对证书和试验文件进行下一步审查，确认批准或拒绝该制造商的机动车辆或轮胎的结果。若是拒绝的结果，GSO一般也会将此次拒绝的原因通知给制造商，该次申请也相应终止。

D. GSO审核后，将给证书分配一个证书编号。如果GSO确信产品符合海湾地区的相关技术法规（标准）的要求，将批准该GCC一致性证书，在证书上签字盖章，两份原件中一份交还给企业，另一份在GSO存档。至此，意味着企业获得了GCC汽车产品市场准入批准，有效期为一年。

如果GSO审核后，认为产品不符合海湾地区的相关技术法规（标准）的要求，则将拒绝对该GCC一致性证书的批准，并将拒绝批准的理由交给企业，但原证书将不予退还。

另外，在整车或轮胎认证证书到期之前，生产企业必须再次向GSO提交有关的符合性证明材料（报告不需要再次提交），进行证书有效性检查。逾期不提交，证书将会作废。

3 汽车标准和技术法规要求

3.1 法规体系和项目

GSO标准主要参考了国际通行的汽车技术法规体系，以欧洲ec/ECE法规体系和美国联邦法规体系为主，少部分参照国际标准化组织的标准（ISO标准），如碰撞标准就融合欧标和美标两大体系的相关规定。海湾标准总体技术要求不是很严格，但针对海湾国家特有的气候、地理环境和道路条件，在某些方面制定了一些特殊要求。整车方面特别关注涉及安全、气候要求、客车乘客空间和行李舱空间等项目，而在排放、车辆外廓尺寸和质量参数等方面要求比国标宽松；零部件方面，安全带、散热器、滤清器、蓄电池、悬架、轮胎等项目，要求与国标不同甚至更严格，以保证车辆能在高温、风沙、路况差、潮湿等恶劣条件下长期运行。

2010 Model Year的GCC认证，需要进行的试验项目约有42项，部分项目尚无GSO标准，可以按其他国际法规或国内的等效法规进行，如发动机冷却、整车可靠性、爬坡性能、驾驶室强度等项目。对于国内的整车生产企业，可以选择中国GB法规来进行试验并出具报告。

3.2 2010年新增项目

与2008、2009 Model Year相比，2010 Model Year增加了一些项目：发动机净功率，依据标准为GSO ISO 1585/2008；防盗装置，依据标准为GSO 1053/2000；前后端防护试验，依据标准为GSO 41/2007；制动测试，依据标准为GSO ECE R13H，将ECE R13H分为制动性能、储能装置、制动力分配、ABS功能等部分。申请2010 Model Year的车型都必须通过这些项目测试。

3.3 标准更新

目前，GSO标准已有7个标准进行换版，修订为2007版，见表8-31。2009年后申请的车型都要按照新版标准进行认证。

表8-31　GSO标准换版情况

GSO No.	项目	旧版本	新版本
34	蓄电池（技术要求）	1984	2007
35	蓄电池（试验方法）	1984	2007
41	前后端防护	1984	2007
51	乘用车轮胎（尺寸、载荷、胎压）	1986	2007
52	乘用车轮胎（一般要求）	1986	2007
53	乘用车轮胎（试验方法）	1986	2007
135	散热器	1991	2007

2010型式年的新申请车型所要求的试验项目清单中，新追加了最小转弯半径的项目，依据标准为海湾GSO 42/2003或国标GB/T12540-1990，说明GSO对于试验资料的审查要求进一步提高。

3.4 目击试验

GCC认证需要进行工厂检查，以实地考察工厂质量体系、生产控制、产品型号等项目，同时在这一过程中，也会要求对一些试验项目进行目击。目击项目一般为乘员碰撞保护、驾驶室强度、前后端防护、正碰、侧碰、后碰、顶部静压、车门强度等安全方面试验。即使已在国内进行过同类试验，也需在GSO认证官目击下重新进行。

企业在试验室选择上，应尽量选择国内经GSO考察认可、具有ISO 17025证书的实力较强的大型检测机构（如天津汽车检测中心等），以获取足够的技术支持，尽快完成试验和结果审查认可。在日期安排上，事先应与GSO预约好目击时间。在正式目击试验前，企业最好先进行摸底试验，避免反复整改的情况发生。预约目击试验前可以与试验室协调试验时间，争取与国内试验或其他e-mark认证试验同时进行，以节省费用。

另外，车门和车顶静压试验方面，应重点关注车门强度，尤其是车门防撞梁的强度和结构设计，部分企业因防撞梁结构为中空导致强度不符合要求而反复整改的情况时有发生。

同时需要注意的是，目击项目与国标的一些差异：

A. 后部碰撞（GSO 37/2005）试验方法 B 碰撞速度为 35~38km/h（国标要求为 50　2km/h），考核指标则需要额外测量最后排座椅到车身不会变形的部件的纵向距离；

B. 侧面静压（GSO 38-A/2005）和顶部静压（GSO 39/2005）则是国内认证中没有的项目，是海湾认证独有的要求，这部分实验无法与其他实验同时进行。

2010 年在进行 GSO 认证目击实验时，海湾地区认证官员开始倾向于目击其碰撞、静压、前后防护外的新项目，如安全带性能试验等。这些从某种程度上反应了海湾地区开始越来越注重对相关汽车检测技术的学习和积累，也会导致将来对于汽车准入的技术要求越来越高。

3.5　乘用车安全装备的新要求

2009 年 6 月，GSO 发布公告，要求进入 GCC 市场的乘用车必须强制配备安全气囊和防抱死制动系统（ABS）。

3.6　ECCS 电子申报系统

2008 年 9 月，GSO 为减少 GCC 证书申请评估时间，降低因通讯和邮递产生的费用，引入 Electronic Conformity Certification Scheme（电子符合性认证系统），简称 ECCS 系统。该系统支持厂家在线注册用户，证书申请表格填写，同时能够将评估审核结果通过网络方式反馈给厂家。

ECCS 系统的具体操作规程和步骤如下：

A. 在 GSO 的网站上进行企业登记注册（须使用 GSO 分配、提供的用户名、密码等相关信息；

B. 将企业加入到 GSO 组织的符合性认证要求（简称 CCR）的服务中；

C. 按照信息项目要求在网页上填报企业的相关信息；并上传至 GSO，GSO 收到这些信息后将为企业专门建立一个公司账号；

D. 完成注册并登陆后，企业可以通过 GSO 的汽车产品电子认证系统申报汽车整车和轮胎认证，企业提交的所有申报及其受理的结果和状态在该电子系统中都能显示和查询。企业提交认证申报的材料中包含认证需要的试验报告及相关资料；

E. 企业对提交汽车和轮胎的 GCC 认证进行网上缴费，GSO 只有在确定企业已经完成交费后才会受理企业的认证要求；

F. GSO 对企业认证的结果，将通过 ECCS 系统显示，企业可以在线查询；

G. 对于通过认证的企业，除在 ECCS 系统中显示外，GSO 还会将书面批准证书（已签署、加盖公章）寄送企业。

海湾七国的汽车产品准入管理上这一变革极大地为企业提供了便利。直接通过计算机网络进行注册、申报和结果查询，可节约大量的时间和人力成本，这也是海湾地区参照世界先进的国家和地区的汽车产品市场准入管理模式和经验进行的变革。此外，国内企业在进入该地区市场时，还需要注意该地区独特的宗教文化特点，保证产品及时顺利的获得海湾的 GCC 认证。

4　海湾国家汽车工业概况

4.1　当地汽车工业发展现状

海湾地区从事汽车工业的企业共 300 多家，总投资约 11 亿美元，从业人员 26 000 人，主要分布于沙特和阿联酋，见表 8-30。海湾国家基本没有自己的汽车制造工业，大都是组装厂和部分零部件企业，主要是组装一些部件，如底盘、拖车、油罐、垃圾车翻斗、冷藏车等为商用车配套。GCC 国家目前已能够生产一部分汽车的零配件，如刹车衬片、空气滤清器、燃油滤清器、蓄电池。这些零配件大部分由沙特、阿曼和科威特生产。此外还有传动皮带、散热器、废气排放设备、汽车玻璃、橡胶和机械防水密封件。这些零配件既可以用于汽车制造，也可以用于售后市场。其他的基本标准件，如燃料喷射器、火花塞、小型电机、分电器、安全带、汽车轮胎等，都不是在 GCC 国家制造的。这些整车组装件基本都依靠进口，成本较高。因此，虽然海湾地区近几年汽车工业不断发展，但和欧美发达国家相比，明显处于劣势。

表 8-32　GCC 汽车企业数量和规模

国家	沙特	阿联酋	科威特	巴林	阿曼	卡塔尔
数量，家	183	78	16	15	8	9
投资，万美元	98 000	670	560	220	140	60

4.2　当地汽车市场对新车和二手车的需求

A. 该地区人均收入普遍较高，使得中高档汽车的市场份额较大。低廉的油价，加之汽车的使用成本（如养路费、过路费、停车费等各种费用）为零或者很低，使许多消费者倾向选择大排量的汽车。海湾地区主要的交通运输方式是道路交通，道路基础设施发达，对汽车产品的质量要求较高，要求汽车能长时间驾驶不发生故障；该地区家庭人口普遍较多，所以对汽车内部空间要求较高，因此 MPV、SUV 的销量一直呈现上升趋势，而一些小排量的车型，如 QQ 等在沙特等国家主要作为快餐店的送货用车；该地区消费者崇尚品牌，消费习惯比较保守，日本、韩国、美国、欧洲的知名品牌仍在该市场占据主要份额。

B. 海湾七国地区还拥有比较完善和庞大的二手车市场，尤其是阿联酋，已成为世界第二大二手车市场，部分二手车用于本国市场，另一部分二手车通过出口贸易转到其他汽车市场（因为阿联酋实施自由的贸易政策，而且关税较低）。

5 中国汽车产品出口海湾国家存在的问题

中国汽车生产企业自 2007 年开始关注海湾地区汽车市场。初次进入该市场的几个企业作为探路者付出了很多努力，也遇到很多困难，在调查了解当地的准入制度、需要进行试验的项目清单、试验机构的考察与选择、报告格式的确定和准备以及符合性证书的准备与提交等诸多方面投入大量人力和物力，为尔后进入该市场的企业提供了大量珍贵资料和值得借鉴的经验教训，为其他企业节约了物质和时间成本。过程中遇到的问题有如下几个方面：

1）对 GCC 认证流程及证书有效期把握得不好。机动车符合性证书的有效期为自证书签发日起至当年的 12 月末。有些整车生产企业对认证流程不熟悉，在认证环节耗费太多时间，造成刚拿到证书就面临换证的局面。

2）产品在最初的设计阶段并非针对该市场，在检测中体现出发动机冷却（50℃环境下）性能表现欠佳，部分产品在排放测试中遇到参数超限等问题。

3）产品配备的零部件难以应对当地恶劣的气候以及地理环境，损坏及更换频率高，但国内生产企业零部件售后服务网络不成熟，不能及时提供配件，让消费者对品牌失去信任。

6 中国汽车产品出口海湾国家的建议

6.1 充分了解海湾认证制度

建议有出口需求的企业在选定出口车型后，与试验机构进行沟通，充分利用试验机构的经验和报告模板等资源，了解和学习 GCC 相关法规、试验、报告准备及目击试验的需求，做到有备而战，以缩短认证周期、减少认证费用。

6.2 设计阶段兼顾多个出口目标国

在产品设计阶段充分考虑将来可能出口的目标国，在配置上适应当地的使用环境，让车型的适用范围更广，满足更多国家的准入要求。

6.3 适当改造

出口到海湾国家的车型可以考虑采购质量更好的关键部件，提高这些部件在恶劣环境下的耐久性，使整车性能更佳。

总体来说，海湾地区是发展潜力较大的汽车消费市场，得到越来越多企业的重视。目前该市场的准入门槛相对较低，但是各种迹象表明其正在朝着越来越正规、成熟并且严格的方向发展，这种趋势会逐渐把实力差、不合规定的小企业淘汰，更好地保护正规企业的利益，同时也保护了 中国制造 这面旗帜。希望各个企业都严肃对待自己的产品，维护好这一具有良好发展潜力的市场。

中国汽车技术研究中心　余　薇

日本汽车市场发展综述

1 日本经济概况

根据国际货币基金组织提供的数据，2010 年日本 GDP 为 5.39 万亿美元，经济增长率约为 3.9%，其 GDP 总值比中国少 4 044 亿美元，排名全球第三。日本经济受到出口下降和消费者需求减少的影响，2010 年第四季度 GDP 出现负增长，已显示出下降的趋势。日本经济收缩的主要原因是，约占 GDP 中 60% 的个人消费减少，尤其是对环保车辆补贴政策的结束给汽车销售带来压力，而新颁布的一项烟草税也打击了烟草销售，此外，日元走强也推动出口下滑。

2 日本汽车产业

2.1 发展概况

2010 年日本汽车业总体发展呈现出先扬后抑的态势。年初尽管受到丰田 召回门 事件的不利影响导致日系品牌的形象受挫，但在国际汽车市场整体回暖，以及日本政府适时公布的对节能环保车型的补贴政策的双重刺激下，日本汽车在国内以及海外的销售均出现大幅增长。

根据日本汽车工业协会（JAMA）的统计数据，2010 年 1 ～ 6 月，日本汽车产量为 484.20 万辆，同比增长 45.8%；汽车出口量为 232.23 万辆，同比增长 62%；共销售新车（不含微型车）172.07 万辆，同比增长 32%，增幅创下自 1969 年以来的记录。

但到 2010 年下半年，随着对节能环保车型补助政策结束，日本国内汽车市场情况出现逆转，销量大幅下跌。JAMA 的统计数据显示，2010 年 10 月日本共生产汽车 75.16 万辆，同比下滑 8.4%，为当年销量首次下滑。其中，小型乘用车作为环保车补助政策的主要对象，产量同比下滑 31%。到 2010 年 11 月，日本国内市场共销售新车（不含微型车）20.3 万辆，同比下降 30.7%；微型车新车销量为 12.04 万辆，同比减少 15.9%。

尽管日本国内汽车销售出现下滑，但汽车出口始终保持良好的势头。2010 年 1 ～ 10 月，日本乘用车共出口 347.76 万辆，同比增长 38.94%；但日元的连续升值对日本汽车企业造成极大影响。以丰田公司为

表 8-33　2010 年日本市场月度汽车产销量　　辆

月份	产量		销量	
	2009 年	2010 年	2009 年	2010 年
1 月	576 471	753 734	301 702	366 668
2 月	481 349	841 769	380 582	458 224
3 月	552 052	945 220	546 093	674 493
4 月	485 379	731 829	284 034	352 465
5 月	542 255	709 113	292 043	356 147
6 月	683 922	862 105	382 284	448 816
7 月	742 247	867 242	430 958	486 604
8 月	571 773	691 649	308 551	424 985
9 月	830 111	925 003	477 819	471 955
10 月	820 861	751 420	396 047	304 328
11 月	859 622	801 969	436 534	323 600
12 月	788 015	747 867	372 609	287 851

例，2010 财年丰田营业利润为 4 682 亿日元，由于日元升值因素所造成的利润损失预计约为 2 900 亿日元。2010 年第三季度，欧美汽车巨头的利润是 2008 年同期的 1.7 ~ 7.6 倍，韩国现代的利润相当于 2008 年同期的 5 倍，日本车企的利润增幅仅在 2 倍左右，由此可见日元升值对日本车企利润所造成的影响巨大。

表 8-34　2010 年日本车企海外产量统计　　辆

地区	2010 年	2009 年	同比增长，%
亚洲	7 114 097	5 145 418	38.3
欧洲	1 356 126	1 228 294	10.4
欧盟	1 250 226	1 136 145	10.0
北美	3 402 948	2 687 527	26.6
美国	2 666 084	2 108 161	26.5
中南美	982 342	790 794	24.2
非洲	206 476	168 651	22.4
大洋洲	119 473	96 836	23.4
合计	13 181 462	10 117 520	30.3

注：数据来源于 *JAMA*。

2.2　未来发展

由于日元升值，以目前日本三大汽车集团严重依赖于本土生产的现状，短期内日本汽车产业的盈利还将受到显著影响。日产也向外公布 2010 年财报的同时也发布了上一财年四季度的利润，相比于丰田四季度盈利缩水 77%、本田盈利缩水 38%，日产是日本三大汽车中唯一盈利增长的集团。这是因为日产通过日本本土出口车辆的比例要小于丰田，只占到日产汽车全球销量的 25%，而丰田则有近半数产能位于日本本土。尽管如此，日产仍因汇率损失利润 1 475 亿日元；而本土产能同样占全球 25% 的本田也因此损失 1 376 亿日元，占其净收入的 26%；而本土产能最大的丰田全年损失更高达 2 900 亿日元，侵蚀掉全年近一半的净利润。

其次是地震所导致的零部件供应紧张问题，丰田汽车原本有约 2.5 个月的全球库存供应，而地震后大约有 150 个关键零部件出现短缺。2011 年 6 月，丰田已恢复其约 70% 的产能，然而诸如芯片、橡胶甚至是油漆添加剂这样的关键材料仍然短缺。虽然在这些零部件上车企都享有多个一级供应商以供采购，但这些一级供应商组装模块所需的零部件来源却十分单一，且这些零部件通常需要供应商有很高的工程制造水准，因此零部件的采购来源可选范围并不是很广。零部件的供应不足将对日本本土汽车产量造成影响，同时对售后市场的供应也将带来压力。

3　中日汽车产品进出口情况

2010 年全年中国从日本进口汽车工业产品共计 185 亿美元，同比增长 48.0%；而中国向日本出口的汽车工业产品总金额为 50 亿美元，同比增长 44.8%。2010 年中国共进口汽车整车产品价值 307.86 亿美元，其中仅从日本进口的整车产品的总金额就达到近 76 亿美元，即进口的整车产品有四分之一来自日本。

表 8-35　2010 年中国与日本进出口汽车零部件产品金额　万美元

产品	出口	进口
发动机及其零部件	53 324	225 065
整车零部件	499 121	1 090 704
传动系统零部件	14 885	447 336
车身及附件	106 397	151 546
行驶系统零部件	58 023	41 830
制动系统零部件	16 317	54 650
转向系统零部件	13 242	43 170
汽车电子电器产品	192 726	37 457
挂车、半挂车及其他汽车用零部件	378	1

中国汽车工业信息网统计数据显示，2010 年中国向日本出口各类汽车零部件产品共计 95.44 亿美元，而从日本进口总金额则达到 209.18 亿美元。

4　问题及建议

日本汽车工业经过几十年的发展，产业链已较为完善，产品覆盖各种车型，技术工艺及质量水平均处于世界领先水平，由于汽车普及较早，消费者对产品品质的要求较为严格。以中国汽车工业发展水平，开拓日本市场还存在较大阻力。

国内整车及零部件企业的研发实力普遍较弱，技术积累同国外大型车企相比较尚存较大差距，制造工艺及装备水平较低等因素，直接导致中国出口到日本的零部件产品多为低技术含量、低附加值产品。

受日元升值和地震影响，日本汽车企业开始加速向海外转移生产线、设立海外研发中心，中国汽车行业可以利用本次机遇与日本车企进行合作，提升技术工艺及制造装备水平。同时要加大对专利及标准法规的关注程度，努力提高自主技术在产品中所占的比例。

中国汽车技术研究中心　周　玮

韩国汽车市场发展综述

1 概况

韩国2010年实际GDP同比增长6.2%，人均国民总收入为20 759美元，同比增加5.5%，继2007年首次突破2万美元后，第二次突破该关口，二者同为2002年以来最高增幅。

2 韩国汽车进出口相关政策

2.1 汽车进出口相关法律

韩国政府重视本国汽车产业的发展，对汽车产品的进出口及外资对汽车行业的投资等方面都制定了相应的法律法规来进行规范管理。进口方面，主要适用的法律有韩国《进出口贸易法》和《关税管理制度》等。政府依靠上述法律可有效保障韩国汽车进出口贸易正常有序进行。对于外商在韩国对汽车行业投资的行为，韩国采取全面自由化的鼓励政策，先后出台《外国人投资促进法》、《外国人投资促进法施行令》、《外国人投资及技术引进规定》、《外国人投资税收特别法》、《外国人投资税收减免规定》等法律法规。

2.2 鼓励环保汽车的发展

韩国知识经济部、环境部、国土海洋部和绿色增长委员会于2010年底联合公布韩国 绿色汽车发展战略 。计划到2015年，生产绿色汽车（环保型汽车）120万辆，出口90万辆，绿色汽车在国内市场占有率达到21%以上。

为实现该目标，韩国政府决定从2012年开始对消费者购买电动汽车产品给予补贴，最多可以补助310万韩元，并要求国内企业在发动机和电池等8大零配件领域实现高端技术的自主开发。此外，到2015年韩国要在全国范围内建设2万个电动车充电桩，为环保汽车的推广普及奠定基础。

韩国政府还计划从2012年末开始，在雷诺-三星的釜山工厂生产电动汽车，并逐渐扩大规模；鼓励通用大宇以Rasetti等原车型为基础开发电动汽车，并为量产进行准备。韩国政府希望通过这些措施使在2006～2010年5年内仅为1.3万亿韩元的韩国电动汽车领域投资规模，在未来5年增至3.1万亿韩元。

韩国政府此前曾发布计划，到2013年以前，总共将投入840亿美元用于节能减排，该金额相当于每年投入韩国GDP的2%。2010年10月，韩国政府发布标题为 汽车的平均能耗效率标准、汽车温室气体排放允许标准及其实施和管理公告 的G/TBT/N/KOR/296号通报，涉及乘用汽车和10座以下的客货两用汽车。韩国争取在2015年使燃效标准提高到17km/L以上，温室气体的排放标准则控制到150g/km的水平。12月，韩国政府宣布将从2012年起开始强制要求实施2%的生物柴油掺混政策。

表8-36 韩国近年来在绿色汽车领域取得的成果

绿色汽车	研究开发	近三年政府投资	成果（目标）
纯电动汽车	纯电动汽车整车研发（2010年至今）	205亿韩元	2010年完成可批量生产的电动汽车 Blue On 的研发（2011年开始在公共事业领域普及）
			预计2012年推出市场普及型经济CUV汽车
插电式混合动力车	零部件国产化（2008年至今）	196亿韩元	2012年完成能源储存、控制系统零部件的研发
			预计2012年推出 Blue-Will
混合动力车	动力系统、零部件国产化（2004年至今）	160亿韩元	2009年推出现代（AVANTE）混合动力车
			2010年出口索纳塔混合动力车（2011年将在韩国推出）
			2011年推出Diesel混合动力汽车
燃料电池电动汽车	系统、零部件研发（2006年至今）	140亿韩元	2010年85%的零部件达到国产化
			预计到2015年一般普及车辆达到批量生产
清洁柴油汽车	摄入量零部件研发（2005年至今）	105亿韩元	2005年推出Euro-4清洁柴油汽车
			2009年推出Euro-5清洁柴油汽车
			（现代途胜ix2.0，现代胜达2.2及起亚狮跑）

注：资料来源于中国贸促会电子信息行业分会。

2.3 发展方向明确

韩国颁布的《2010年产业政策》明确提出韩国汽车产业未来的发展方向，即通过开发高附加值的车辆和环保智能型汽车，发展成为汽车零部件和材料强国，努力成为世界第四大汽车生产和出口国。为实现该目标，韩国将重点鼓励零部件企业向大型化、专业化发展，并鼓励节能环保新车型的研发。同时，韩国将经济增长的方式由过去的资本投入型、外型增长向未来的创新主导型、质的增长转变。

3 汽车产业和市场发展现状

3.1 韩国汽车产销概况

2010年，韩国汽车业从金融危机的阴霾中走出。受新车型的发布以及亚太、拉美以及东欧市场需求强劲增长的影响，韩国汽车的产量大幅提升，1月份产量同比猛增65.3%，达到31.29万辆，月平均增幅度20%以上，全年共生产427.17万辆汽车，创下新的记录。国内汽车销量同比增长5.1%，达到146.54万辆。现代汽车、起亚汽车、雷诺三星汽车生产量均创下历史最高纪录。韩国最大的汽车厂商现代汽车2010年前三季度累计销售汽车127.56万辆，净利润达3.87万亿韩元（约合34亿美元）。此外，小排量车型由于具有燃烧效率高、性能领先、设计美观等特点，在韩国市场销售形势非常好，2010年前11个月共销售14.45万辆，同比增加16.8%。其中起亚汽车的Morning和通用大宇的Matiz Creative分别销售9.28万辆和5.17万辆。

表8-37 2010年韩国月度汽车销量 辆

月报	国内		出口		总销量
	乘用车	商用车	乘用车	商用车	
1	100 844	18 604	166 150	12 428	298 026
2	90 295	16 227	162 103	10 657	279 282
3	102 272	21 425	223 512	12 754	359 963
4	101 408	21 802	235 146	13 019	371 375
5	94 458	21 795	224 956	11 541	352 750
6	100 349	21 197	252 690	13 816	388 052
7	99 305	21 253	240 101	14 427	375 086
8	91 214	19 223	175 944	11 406	297 787
9	100 687	19 779	206 802	11 318	338 586
10	110 171	23 125	238 443	14 882	386 621
11	111 215	21 372	242 822	17 615	393 024
12	115 546	21 865	242 280	17 295	396 986

注：数据来源于韩国汽车制造商协会。

出口方面，伴随着韩国汽车在欧美主要市场上质量、可靠性和品牌印象方面的提升，出口增幅明显，全年共出口汽车277.15万辆，同比增长29%。

3.2 韩国进口汽车情况

据韩国进口汽车协会（KAIDA）统计，2010年韩国新注册的进口车辆总计90 562辆，同比增加48.5%。按汽车品牌计算，宝马（16 798辆）的销量最多，其后分别为梅塞德斯-奔驰（16 115辆）、奥迪（7 920辆）、丰田（6 629辆）、本田（5 812辆）、福特（4 018辆）、大众（1 154辆）等。最畅销车型为奔驰E300，其次为BMW528和丰田凯美瑞。从统计数据可以看出，韩国国内消费的进口车主要集中在高档车型范围，且对进口高档车辆的需求呈快速增长趋势。

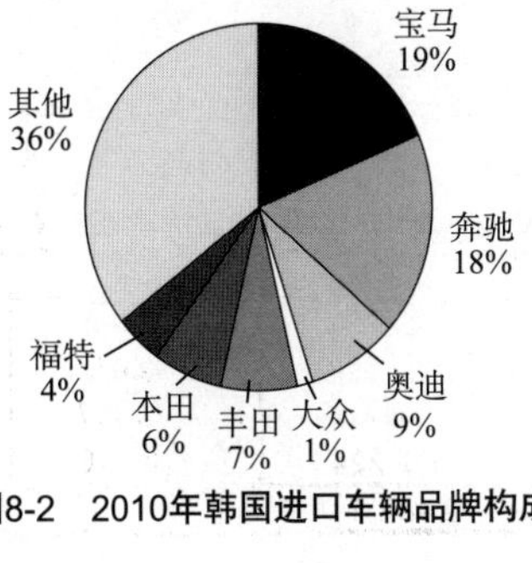

图8-2 2010年韩国进口车辆品牌构成

3.3 双龙汽车被收购

印度汽车巨头马亨德拉公司2010年11月宣布，出资4.6亿美元正式收购韩国双龙汽车，其中以3.7亿美元实际收购双龙70%股份，并将为双龙还清所欠债务。马亨德拉公司是印度最大的运动多功能汽车（SUV）生产商，占据印度全国SUV市场一半左右的份额，并居乘用车市场第4位、商用车第2位。2004年，上汽曾以5亿美元的价格收购双龙48.92%的股权。后来由于受到全球经济危机的影响，韩国汽车市场遭到重创，双龙也陷入经营困境。最终上汽向韩国首尔法庭申请双龙汽车破产保护，由此失去了对双龙的控制权。

4 中国汽车产品出口韩国情况

4.1 现状

2010年，受韩国汽车行业复苏的带动，中国汽车产品对韩出口也显著增长，产品总值达到21.62亿美元，同比上升47.8%。出口产品几乎全部是汽车零部件，整车出口数量仅为938辆。出口零部件中，汽车电子产品的份额最大，占总额的43%，其次是占19%的车身及附件产品。

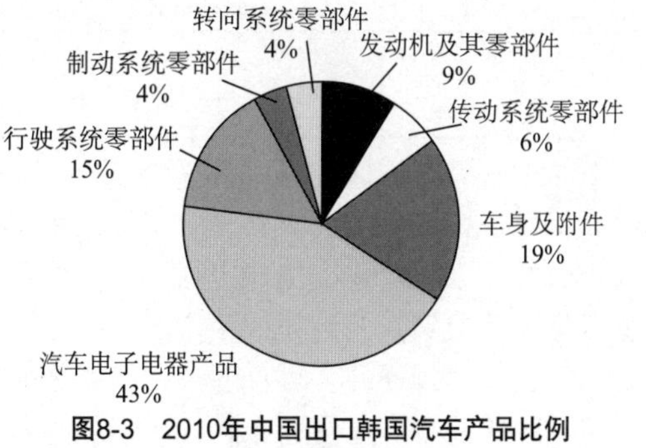

图8-3 2010年中国出口韩国汽车产品比例

表8-38 2007～2009年中国出口韩国汽车产品金额 万美元

汽车产品	2007年	2008年	2009年	2010年
整车	1 218	806	947	618
发动机及其零部件	23 499	24 885	10 612	19 249
传动系统零部件	6 231	13 183	9 631	12 492
车身及附件	25 142	30 813	24 982	38 196
挂车、半挂车及零部件	1 038	1 569	809	1 003
汽车电子电器产品	64 490	70 230	61 904	85 277
行驶系统零部件	15 755	13 431	16 689	30 159
制动系统零部件	3 977	4 786	4 959	8 818
转向系统零部件	2 103	2 690	5 152	7 196
总计	143 453	182 334	146 196	216 160

4.2 问题及建议

尽管今年中国向出口的零部件从数量和金额上实现突破，但出口产品整体技术水平以及质量水平不高，多为价格较低的低端零部件，产品附加值低。由于缺乏相应的高技术含量、高附加价值的零部件产品，国内企业利润较容易受到用工成本和原材料价格波动的影响。近期国际和国内多种原材料的价格均出现不同幅度的上涨，对企业利润造成巨大压力。因此企业要积极提高自身的研发、创新能力，加大研发投入，提高产品的更新换代速度。

韩国政府将节能及新能源汽车技术作为未来汽车产业发展的重点，为此已经出台了一系列政策及标准，对汽车产品的油耗、排放及轻量化等指标提出更高的要求，国内企业在开发新产品时，要重点对相关技术进行深入研究。

受丰田召回事件的影响，韩国等许多国家都制定更加严格的产品质量标准，并对问题产品采取更加严厉的强制召回制度，使得中国零部件产品出口的风险进一步加大。为此企业应努力提高良品率、提升技术工艺水平、严把质量关，避免所生产产品出现严重质量缺陷问题。

国内企业在国外的销售一直都受销售渠道的限制，网点数量少，售后维修不方便，相应的服务机制也不完善，都直接影响整车产品在国外的销售。企业要占领国外市场除了要有过硬的产品质量外，还需要在渠道建设和品牌宣传上加强投入，建立高效、便捷的销售、维修和服务体系。

中国汽车技术研究中心　周　玮

越南汽车市场发展综述

1　2010 年越南宏观经济概述

越南《关于 2010 年经济社会发展补充报告》中的数据（下表）指出，2010 年在世界经济缓慢复苏，欧洲债务危机蔓延，国内自然灾害频发的不利影响下，越南经济依然快速发展，经济增长速度居世界前列。不过越南通货膨胀仍然没有得到有效控制，2010 年通货膨胀率高达 9.2%，高于政府年初制定的 7% 的目标。

表 8-39　2010 年越南主要经济指标

GDP 增长率 %	社会投资总额 万亿越南盾	贫困户比例 %	出口总额 亿美元	通货膨胀率 %
6.8	830	9.5	722	9.2

在道路设施建设方面，越南与广西进一步加强交通基础设施建设合作，加强铁路、公路建设和沿海港口、航空航运业方面合作，构建中国　东盟国际大通道。重点建设便捷高效的高速公路，扩能改造增强铁路运力，开通直达畅通的客货直通车。特别是推进南宁　河内、防城港　下龙高速公路、南宁　河内铁路干线、防城港和百色至越南境内的铁路、北仑河和水口河第二座公路大桥等项目，为扩大经贸合作打好基础。推进中越　两廊一圈　合作的基础设施建设、资源开发、农业、旅游业、跨境经济合作区等具体项目。建立多层次合作机制，扎实推进泛北部湾经济合作。深化大湄公河次区域合作，在海关、检验检疫、贸易物流、商务人员流动等便利化优先领域取得新突破。

2　越南汽车市场情况

越南汽车工业基础薄弱，市场规模小，生产能力弱，但发展速度很快。越南现有 11 家汽车合资企业，总投资 5.74 亿美元，总设计生产能力 14.82 万辆 / 年，主要以进口散件的方式组装生产轿车、越野车、和小型旅游车，国产化比例很低。越南现约有 20 家内资汽车生产组装企业，60 家汽车零件加工企业。大部分内资企业都是从中国、韩国及独联体国家进口底盘，在越南组装，产品以客车、载货车为主。越南汽配行业主要的产品有轮胎、内胎、电池、减振器、车灯、弹簧、座椅、刹车、消声器等产品。由于缺乏资金投入和必要的技术经验积累，越南汽车零配件行业的落后严重阻碍了整车行业深入发展。

表 8-40　越南主要汽车组装企业及其产品

序号	汽车组装企业	主要生产车型及产品
1	和平汽车生产联营公司	宝马、马自达及起亚品牌
2	湄公汽车公司	菲亚特、双龙
3	明星汽车公司	三菱品牌
4	福特（越南）汽车公司	福特汽车
5	梅塞德斯－奔驰（越南）汽车公司	奔驰品牌汽车
6	丰田（越南）汽车公司	丰田品牌汽车
7	大发汽车公司	大发品牌
8	通用大宇汽车公司	大宇品牌
9	五十铃（越南）汽车公司	五十铃卡车和客车
10	铃木（越南）公司	铃木
11	日野（越南）汽车公司	日野卡车和客车

越南是东南亚新兴经济体，经济发展速度较快，汽车使用环境的持续改善促进了越南汽车工业发展。近年来，越南汽车产品需求量快速增长，2009 年汽车销量达到历史新高，全年汽车销量 119 460 辆。2010 年，越南虽保持了较高的经济增长率，但受到通货膨胀率的急剧提高（通胀率超过 11%）影响，对汽车的消费有所减少，全年共销售各类汽车 112 224 辆，同比减少 6%。

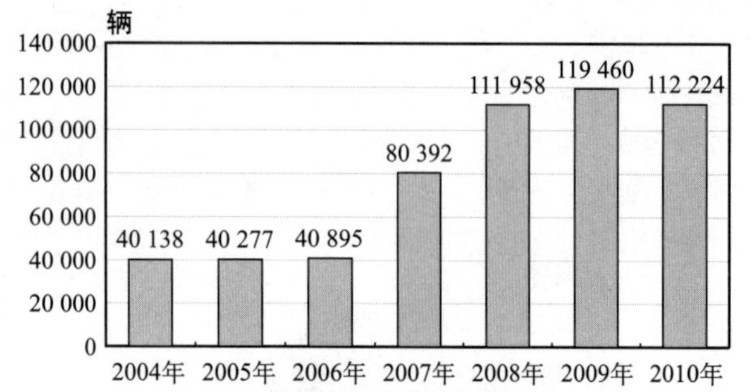

图8-4　2004～2010年越南汽车销量

表 8-41　2010 年越南汽车销量　　辆

车型	2010	2009	同比增长，%
SUV/MPV	24 309	28 067	-13
乘用车	33 469	34 656	-3
商用车	54 446	56 737	-4
合计	**112 224**	**119 460**	**7**

注：数据来源于越南汽车工业协会。

表 8-42　2010 年越南分公司汽车销量　　辆

公司（品牌）	2010 年	2009 年	同比增长，%
Mekong（Fiat, Ssangyong, PMC）	374	616	-39
VMC （BMW, Mazda, Kia）	622	784	-21
GM Daewoo	9 685	14 200	-32
VinaStar （Mitsubishi）	2 492	3 666	-32
Mercedes-Benz Vietnam	2 827	3 399	-17
Visuco （Suzuki）	3 242	2 669	21
Toyota	31 135	30 109	3
Isuzu*	1 978	2 997	-34
Ford	6 475	8 286	-22
Hino*	1 230	2 199	-44
SAMCO	406	482	-16
Truong Hai	26 047	21 617	20
Vinacomin - Vinacoal	234	256	-9
Vinaxuki	9 002	8 680	4
Honda	3 140	4 215	-26
Vinamotor*	12 274	15 284	-20
SANYANG	1 061	–	–
合计	122 244	119 459	-6

注：* 不包括客车底盘。

3　中国汽车在越南发展情况

越南是中国汽车企业的传统出口市场，国内汽车企业除采取整车出口方式外，还有一些企业出口散件在越南组装。比如国内的北汽福田、力帆汽车、金杯汽车、奇瑞汽车等。2010 年国内企业在越南共组装各类汽车 2 609 辆，其中主要车型为自卸车和轻型载货车。国内汽车企业委托的汽车组装厂主要有 Mekong（越南湄公汽车公司），VMC 和 VINAXUXKI 汽车公司。

表 8-43　中国汽车企业在越南委托的生产企业及其主要产品产量　辆

委托生产厂（组装厂）	生产企业及车型	销量
湄公汽车公司（Mekong）	福田 3.3t（GVW）自卸车	25
	福田 3.0t 载货车	4
	轻骑 2.5t 自卸车	50
	轻骑 5.5t 自卸车	4
	轻骑 10.3t 自卸车	2
	力帆 7.7t 自卸车	10
VMC	力帆 520 轿车	7
	奇瑞汽车	147
VINAXUKI	江淮卡车 HFJ1011G	1 819
	金杯卡车 SY1021DMF3	10
	金杯卡车 SY1022DEF	117
	金杯卡车 SY1030DFH3	269
	金杯卡车 SY1030DML3	83
	江淮 5 座微型客车 HFJ7110	62
合计		2 609

注：数据来源于越南汽车工业协会。

4　越南汽车产业相关政策

此外，为进一步规范汽车市场的发展，提振本土汽车工业，越南政府出台了一系列汽车行业相关的法规条例，值得国内企业密切关注。

表 8-44　越南国内主要的汽车产业相关政策

项目	政策内容
汽车牌照费	10 座以下汽车的牌照费由 10% ~ 15% 提高到 15% ~ 20%。其他各类汽车牌照费率仍维持 2% 不变。摩托车牌照费率 2% ~ 5%。其中，直辖市、各省会城市、市镇首次牌照费率为 5%。
国内税收	增值税 10%；特别消费税 50%。
关税	整车关税到 2018 年逐步降到 5% 以内； 自 2011 年 1 月 1 日起，排气量 1.8L 到 2.5L 的 9 座以下汽车进口关税由现行的 83% 下调到 82%；2.5L 以上关税由现行 83% 下调到 77%；双驱动车关税由现行的 77% 下调为 72%。
进口管理	9 座以下车型的进口车经销商须证明已获得国外车企的授权，授权文件必须得到越南外交代表的公证。
投资管理	在各合资企业中，越方以土地使用权作价 30% 参股，外方以技术设备等占 70% 股份。越南近年来鼓励本地 CKD 生产、鼓励零配件国产化，对整车进口通过高额关税进行限制。鼓励小排量节能型轿车、农用车、国家生产必须的特种车（矿山、建筑、垃圾处理等）发展。
《企业生产和组装汽车的标准规定》	① 需要制定可行性研究报告，并根据国家现行规定获得有关部门审批。对于客车，设计生产能力需要达到 3 000 辆 / 年；对于载货车，设计生产能力需达到 5 000 辆（5 吨以下）/ 年、3 000 辆（5 ~ 10 吨）/ 年、1 000 辆（10 吨以上）/ 年；对于小车，设计生产能力需达到 10 000 辆 / 年； ② 生产区域需要有足够的面积和空间，用于安装生产、组装、检测的设备和生产线，以及建设设计、试验、技术研究、产品储存、排污等办公室和仓库。厂方建设需符合当地有关规定； ③ 产品需要配备经有关部门根据国家现行规定审批的设计和部件明细说明。对于产品设计、商标、技术秘诀、资料信息、培训等，需要有技术转让合同，不能侵犯知识产权； ④ 厂房内焊接、上漆、检查等生产环节需符合设计要求。总体工艺流程和具体生产环节都要按规定安排在指定的区域，便于工人操作。厂房地板需涂上防滑漆并设置安全标识； ⑤ 配备充足的设备，满足生产卫生和劳动安全要求，减少噪声、炽热、扬尘等毒害，防止爆炸，及时处理固体、液体、气体废料。 ⑥ 有至少 500m 的产品测试道路，道路设计需符合要求，含有平整、沙石、水淹、上坡、下坡、滑动等路面，以保障产品出厂前的技术和质量检查需要。

中国汽车技术研究中心　李新波

俄罗斯汽车市场发展综述

1　俄罗斯社会经济情况

2010 年，俄罗斯经济发展整体向好，呈现恢复性增长和波动复苏，国内生产总值（GDP）为 44.5 万亿卢布（1 美元约合 29.7 卢布），同比增长 4.0%，工业生产同比增长 8.3%，居民实际工资增长 4.2%，实际可支配收入涨幅为 3.8%，劳动生产率增长 3.1%。2010 年，俄罗斯新创造就业岗位超过 120 万个，失业率降至 6.8%。政府为确保社会经济稳定发展，采取多项刺激政策，主要表现在扩大财政支出以及推进经济增长方式转变等方面，并取得良好效果。2011 年，俄罗斯还将面临抑制通胀、减少赤字、扩大内需等任务，外部经济环境也存在不确定性，俄罗斯总理普京表示，2011 年底至 2012 年初，俄罗斯经济将完全恢复到国际金融危机前的水平。

2 俄罗斯汽车产业和市场情况

2.1 基本情况

2009 年，金融危机对俄罗斯汽车行业造成严重冲击，汽车销量下跌近 50%，随着经济复苏以及政府以旧换新等政策的及时出台，俄罗斯车市迅速回暖。2010 年，俄罗斯生产汽车 140.3 万辆，同比增长 93.8%。其中乘用车生产 120.8 万辆，同比增长 101.8%；载货车生产 15.1 万辆，同比增长 66.5%；客车生产 4.5 万辆，同比增长 28.1%。

2010 年，俄罗斯市场销售汽车 209.5 万辆，同比增长 31.3%。其中乘用车销售 190 万辆，同比增长 29.9%；载货车销售 15 万辆，同比增长 54.6%；客车销售 4.5 万辆，同比增长 25.1%。

2010 年俄罗斯销售国外品牌轻型车 125.8 万辆，占全部轻型车销量的 65.8%。伏尔加汽车公司的 LADA 仍然是市场上最畅销的品牌，全年共销售 51.7 万辆，占本土品牌轻型车销量的 79.2%，占全部乘用车销量的 27.2%。通用汽车公司的雪佛兰是市场上最畅销的国外品牌，全年销售 11.6 万辆，占全部乘用车销量的 6.1%。2010 年前十大品牌在俄罗斯市场的销量占轻型车总销量的 69.5%。高档汽车品牌销量也大幅增长，其中奔驰销量为 2.2 万辆，同比增长 62.6%；宝马销量为 2.1 万辆，同比增长 25.9%；雷克萨斯销量为 1.1 万辆，同比增幅高达 71.6%。中国品牌乘用车在俄罗斯市场上销量为 2.2 万辆，同比增长 15.8%，在全部轻型车品牌销量中的比例为 1.2%。

从单一车型看，俄罗斯 2010 年销售前 10 名的车型中，俄罗斯自主品牌有 5 款，这与中国以合资品牌为主的局面大不相同。福特福克斯是俄罗斯最畅销的外国单一品牌车型，全年销售 6.7 万辆。

俄罗斯本土汽车产业特别是乘用车一直发展缓慢。由于本国汽车产能不足，存在较大供需缺口，俄罗斯每年都需要进口大量汽车来满足国内需求。2010 年，乘用车进口量为 68.7 万辆，同比增长 31.7%，其中进口新车 66.3 万辆，二手车进口量锐减主要是受到高关税政策的影响。载货车进口量为 5.9 万辆，同比增长 1.3 倍；客车进口量为 8 660 辆，同比增长 1.69 倍。俄罗斯进口新车主要来自日本（18.8 万辆）、韩国（9.23 万辆）、乌兹别克斯坦（7.4 万辆）、德国（5.59 万辆）、英国（5 万辆）。

表 8-45　2010 年俄罗斯轻型车销量前 20 位的品牌　　辆

序号	品牌	2010 年	2009 年	同比增长，%
1	拉达	517 147	349 490	48.0
2	雪佛兰	116 233	104 398	11.3
3	起亚	104 235	70 088	48.7
4	雷诺	96 466	72 284	33. 5
5	福特	90 166	82 083	9.9
6	现代	87 081	74 607	16.7
7	日产	79 614	64 221	24.0
8	丰田	79 315	68 728	15.4
9	嘎斯	76 646	58 205	31.7
10	大宇	74 419	51 414	44.7
11	大众	58 989	39 488	49.4
12	乌阿斯	49 043	34 660	41.5
13	斯柯达	45 631	33 002	38.3
14	三菱	45 538	41 354	10.1
15	欧宝	40 875	34 277	19.3
16	标致	35 734	29 748	20.1
17	铃木	28 690	25 335	13.2
18	马自达	24 926	30 643	-18.7
19	菲亚特	21 943	18 100	21.2
20	宝马	20 584	16 350	25.9
总计		1 910 573	1 465 742	30.4

注：数据来源于中国汽车工业协会。

表 8-46　2010 年俄罗斯最畅销的 10 款乘用车销量　　辆

序号	品牌	2010 年，辆	2009 年，辆	同比增长，%
1	拉达 2105/2107	136 006	67 216	102.3
2	拉达 Priora	125 235	99 473	25.9
3	拉达 Kalina	108 989	60 746	79.4
4	拉达 Samara	101 958	90 428	12.8
5	福特 Focus	67 041	52 108	28.7
6	雷诺 Logan	62 862	53 869	16.7
7	拉达 4x4	44 635	26 726	67.0
8	大宇 Nexia	43 943	28 233	55.6
9	雪佛兰 Niva	35 380	24 520	44.3
10	雪佛兰 Lacetti	31 885	29 362	8.6

注：数据来源于盖世汽车网。

2.2 发展特点

2.2.1 汽车市场开始全面复苏

汽车业是俄罗斯发展较快的工业部门之一。2010 年在政府相关政策大力扶持下，汽车行业快速恢复，全年汽车产量增速 93.8%，产能利用率由 2009 年的 30% 恢复至 60% 左右。销量在欧洲国家中列第一位，各品牌销量增速大多恢复到 30% 以上。2009 年亏损严重的俄罗斯本土汽车厂经营状况也开始出现好转。2010 年，伏尔加汽车厂股份公司获净利 21.06 亿卢布，而 2009 年该公司亏损 385 亿卢布；高尔基集团 2010 年获得净利润 21 亿卢布，营业收入同比上涨 47%，至 967 亿卢布。

2.2.2 外国品牌汽车占据主要市场份额，外国品牌乘用车产量首次超过本土品牌

俄罗斯本土乘用车工业发展缓慢，市场的繁荣主要依靠国外品牌支撑。尽管金融危机以及俄罗斯政府所采取的一系列反危机措施，对进口车和国产车销售比例产生了有利于后者的影响，但外资品牌产品仍然是俄罗斯汽车市场的主导产品，占据市场主要份额。

2010 年俄罗斯销售国外品牌轻型车 125.8 万辆，占全部轻型车销量的 65.8%。跨国公司纷纷看好俄罗斯汽车市场，增加了在当地的产能，2010 年俄罗斯外国品牌乘用车产量首次超过了本土品牌，共计生产 62.7 万辆乘用车，占乘用车总产量的 52%。2005 年外国品牌乘用车产量仅占总量的 15%，2008 年为 40%，2009 年则为 47%。

2.2.3　商用车以本土品牌为主

俄罗斯有着较为完备的汽车工业制造体系，能够生产各种商用车和大部分特种车辆。俄罗斯本国生产的商用车基本能够满足市场需求，2010 年生产商用车 19.6 万辆，销售商用车 19.5 万辆，产销基本平衡。其中，载货车产量 15.1 万辆，外国品牌载货车仅为 1.4 万辆。2010 年俄罗斯客车产量为 44 986 辆，其中，外国品牌客车仅为 6 204 辆。

2.2.4　汽车信贷热度逐步回升

在汽车市场增长的同时，俄罗斯贷款汽车销售量也不断上升，2010 年销售量为 64 万辆，接近 2006 年 75 万辆的历史最高水平。俄罗斯汽车市场在很大程度上依赖于汽车生产商提供的贷款方案。作为汽车康采恩（汽车银行）组成部分的金融信贷机构，有时会向汽车消费者提供比国家优惠汽车贷款更划算的贷款方案。截至 2010 年第四季度，共有 4 家汽车银行获得中央银行许可，分别是梅赛德斯奔驰银行、宝马银行、东京 - 三菱银行（欧亚）和丰田银行。2010 年标致 - 雪铁龙银行和大众银行也登陆俄罗斯市场。

2.2.5　跨国公司加大对俄罗斯增资扩能

2010 年，俄罗斯汽车市场快速复苏，呈现较快的增长态势，众多跨国公司纷纷表示在未来三至四年中将加大对俄投资。俄罗斯市场也将成为跨国公司在独联体国家和地区的重要战略市场，现代、沃尔沃、通用、福特、大众、起亚、三菱等跨国公司均表示在俄罗斯市场追加投资、提高生产能力或投资兴建新工厂、引进新产品。此外，通用和日产等跨国公司还表示提高本土化程度，如通用计划将本土化程度提高到 60% 以上。

2.3　发展趋势

2011 年，俄罗斯政府将继续推行新车消费刺激政策，这为汽车市场的继续增长提供了良好的政策环境；同时，俄罗斯有可能加入世界贸易组织，入世后该国汽车市场将会实现更快增长。通过俄罗斯 2010 年的统计结果也可以得出以下结论：俄罗斯汽车工业开始摆脱危机。2011 年俄罗斯无论是汽车产量还是消费需求量都将表现为积极的增长势头。俄罗斯　汽车统计协会　发布的报告称，2011 年俄罗斯轻型车销量将增长 31.5%，达到 250 万辆。轿车销售将约为 230 万辆，其中本土品牌轿车 68 万辆，在俄罗斯组装的外国品牌车 88 万辆，进口轿车约为 75 万辆。波士顿咨询集团在一份声明中表示，俄罗斯汽车市场将以 8% ~ 14% 的速度增长，截至 2013 年将恢复至 2009 年经济危机前水平，实现销量 300 万辆，2020 年将达到 400 万辆。

3　中国汽车企业开拓俄罗斯市场概况

3.1　中国汽车企业开拓俄罗斯市场现状

2003 年以来，由于国内汽车市场竞争日益加剧，我国自主品牌汽车开始拓展海外市场。长城、中兴、北汽福田、江淮汽车、一汽、厦门金旅、郑州宇通、华晨金杯、吉利、奇瑞、比亚迪、哈飞、力帆等国内汽车企业抓住俄罗斯发展汽车工业的机遇，先后进入该市场。2006 年俄罗斯成为中国第一大汽车出口国，2007 年中国对俄罗斯汽车出口达到高峰，2008 年出口量急转直下。2009 年，由于国际金融危机导致俄罗斯国内需求萎缩，俄罗斯政府出台一系列救市政策，贸易保护开始抬头，中国对俄罗斯汽车出口一度面临着全面退出的危险。2010 年，随着俄罗斯汽车市场全面回暖，中国汽车重返俄罗斯市场。2010 年，中国对俄罗斯出口汽车 31 209 辆，同比增长 320.0%，占中国整车出口总量的 5.5%，出口金额 27 737 万美元，同比增长 256.7%，俄罗斯成为中国第 4 大汽车出口市场。中国对俄罗斯出口的车型主要包括轿车、越野车和货车。2010 年，中国对俄罗斯出口乘用车 28 403 辆，其中，轿车 23 726 辆，占 83.5%，越野车 4 625 辆，占 16.3%；出口商用车 2 806 辆，其中以载货车为主。中国对俄罗斯出口分车型情况具体见表 8-47。

表 8-47　2010 年中国汽车产品（分车型）出口俄罗斯情况

辆，万美元

车型		出口数量			出口金额		
		2010 年	2009 年	增长率 %	2010 年	2009 年	增长率 %
乘用车	小轿车	23 726	6 146	286.0	15 434	4 350.1	254.8
	越野车	4 625	0		3 887	0	
	小客车	42	41	2.4	47	25.4	83.9
	其他载人机动车	0	0		0	0	
	未列名载人机动车	10	5	100.0	6	2.8	1.3
	合计	28 403	6 192	358.7	19 374	4 378.3	342.5
商用车	客车	623	120	419.2	3 608	772.7	366.9
	货车	1 934	664	191.3	3 611	1 655.4	118.1
	特种车	88	55	60.0	1 052	764.1	37.7
	汽车底盘	161	400	-59.8	93	205.2	-54.9
	合计	2 806	1 239	126.5	8 363	3 397.4	146.2
总计		31 209	7 431	320.0	27 737	7 775.7	256.7

注：数据来源于海关统计。

2010 年，中国在俄罗斯市场共销售乘用车 2.84 万辆，同比增长 18.7%。其中，奇瑞、力帆、长城汽车在俄罗斯销量增幅明显，吉利和比亚迪销量则大幅下滑。吉利汽车降至 1 944 辆，同比降幅达 75%；比亚迪汽车于 2010 年 7 月在俄罗斯停止销售，目前正处于战略转型期。2010 年 6 月初，比亚迪汽车公司与俄罗斯塔甘罗格汽车厂达成组装比亚迪F3的协议，并打算通过该厂的经销网点进行销售。与此同时，中国品牌乘用车2010年在俄罗斯乘用车市场上的份额由2009年的1.28%降至1.17%，主要原因在于中国汽车产品与当地产品存在冲突，为降低对本土企业的冲击，俄罗斯政府采取限制措施，此外跨国公司加速在俄罗斯市场的拓展在一定程度上也挤占了中国汽车产品的市场份额。

表8-48　中国品牌汽车在俄罗斯市场销售情况　　辆

序号	品牌	2010年	2009年	同比增长，%
1	奇瑞	8 909	4 922	81.0
2	力帆	7 700	2 673	188.1
3	长城	3 637	2 490	46.1
4	吉利	1 944	7 681	-74.7
5	比亚迪	77	1 001	-92.3
总计		22 267	18 767	18.6

注：数据来源于中国汽车工业协会。

由于俄罗斯政府关税壁垒，中国车企向俄罗斯市场出口汽车利润微薄，目前在俄罗斯有业务的中国车企均计划在当地投产，进行战略转型。长城汽车公司拟在莫斯科州投资2 500万美元建立组装厂；一汽集团将与俄罗斯GAZ集团组建合资公司，生产及销售一汽品牌的中重型卡车；一汽海马汽车位于俄罗斯Cherkessk的组装厂已正式投产，生产海马3四门轿车和掀背车；福田汽车计划在2012年前在俄罗斯建成一座年产10万辆的汽车生产基地；吉利汽车将在俄罗斯戴维斯（Derveis）汽车厂投产三款新车型；力帆汽车旗下520、620、320三大产品系已全部实现在俄生产。

3.2　中国汽车企业开拓俄罗斯市场面临的问题

2010年，俄罗斯汽车市场全面复苏，中国汽车产品在该市场的发展也出现一定好转。但企业并不能盲目乐观，还应客观、冷静的认识自身存在的不足以及所面临的市场前景。俄罗斯是一个变化不定的　政策　市场，中国企业的发展不但受到市场的影响，也受到各种政策的制约。由于尚未加入世贸组织，2009年受国际金融危机影响，俄罗斯政府出台一系列贸易保护政策，如提高进口整车产品关税，限制汽车以SKD方式进口，为本国产汽车产品提供优惠贷款补贴等一系列推动本国汽车消费的刺激政策，其中很多政策仍在延续；俄罗斯政府修改了汽车组装优惠政策，设立组装工厂的准入门槛进一步提高；中国还不是日内瓦公约的参加国，而俄罗斯汽车产品认证制度日趋严格。这些因素都阻碍着中国汽车产品进入俄罗斯市场的进程。

中国企业开拓俄罗斯市场前途并不明朗，在很大程度上是由自身存在的硬伤所决定的。中国汽车企业对于开拓俄罗斯市场的艰巨性缺少足够的认识，部分企业缺乏长远规划，急功近利；在选择合作伙伴时，热衷于虚幻的承诺和夸大其词的宏伟计划；业务停留在整车销售和大组件销售上，落地组装项目较少，对市场的应变能力不强；无法做到完整的技术输出，为整车配套的零部件企业也因资本或技术问题无法跟进；产品定位以中低端车型为主，直接与本土同类低价车形成竞争，导致本地厂商对俄罗斯政府施压阻止中国汽车进入；售后服务方面虽已有所改善，但仍无法与其他国际品牌相比；忽视品牌形象建设，在俄罗斯消费者眼中，只有中国制造的概念而没有具体品牌的区分。一些经营不善的企业退出俄罗斯市场，严重影响中国制造的形象。

3.3　相关建议

3.3.1　制定明确的俄罗斯市场拓展战略

中国汽车企业进入俄罗斯市场已有多年，应认真研究该市场的现状及发展趋势，并对其地位的重要性进行评价，如果下定决心在俄罗斯大力拓展汽车市场，就应制定详细、可行的长期发展战略，由简单的产品出口向国际化经营过渡，深入评估自身技术资源、人力资源、产品资源；借助专业咨询力量，在政治、经济、文化、市场、法律、投资、管理等方面进行全系统的调研，以有效规避跨国经营风险；努力适应俄罗斯汽车产业的有关政策，提高当地零部件国产化率，与当地汽车厂商真诚合作，努力实现工业化组装，在获得利润的同时，增加当地税收，为当地工人提供就业岗位，为当地社会创造经济效益和社会效益，从而获得当地政府的认可。

3.3.2　适时由政府出面组织相关零部件企业在俄罗斯建立产业园区

政府在企业走出去方面应加强战略上的指导与支持，促进海外战略升级，帮助中国企业在俄罗斯建立汽车零部件产业园区，通过政府间的协调解决土地、税收、劳工等方面的问题，降低企业海外投资成本，使中国汽车零部件企业在海外市场形成规模，解决整车组装厂零部件配套难题。对于在海外投资的汽车及零部件企业给予一定政策支持。

3.3.3　严把质量关，树立良好的品牌形象

中国汽车企业应以技术为本，加大技术研发和创新投入，不断提升产品技术水平，提高产品核心竞争力，放弃低端、低价的发展战略，严格控制产品质量，提高产品的可靠性，在可接受的范围内寻求质量与价格之间的平衡，消除俄罗斯消费者心中的疑虑。同时，企业还应重视市场策略，丰富营销方式，加大对外宣传力度，树立起中国汽车产品良好的品牌形象。

3.3.4　完善售后服务体系

逐步建立起零部件中心，保证供给充足的售后配件，便于消费者维修；加速技术服务输出，壮大技术服务队伍，及时解决客户问题、认真处理客户投诉，直接与客户联系，定期对客户进行产品质量调查；重视对产品的各项信息反馈，对客户质量反馈及投诉进行分类、分析、总结，作为改进产品及服务的重要参考。

3.3.5　谨慎选择合作伙伴

国内汽车企业在俄罗斯销售和售后服务方面在相当长一段时间内仍将依赖于当地代理，因此，有实力的企业应该积极到当地去发掘合格的合作伙伴，并将政府公关能力作为一项重要标准。通过当地企业与政府开展良好的合作，争取在相关政策方面的优惠。

3.3.6　加强自律，避免无序竞争

产品同质化、目标市场同一化容易导致恶性竞争，同行之间为抢夺市场不惜竞相压价，不仅扰乱了正常的市场秩序，压缩了自身利润空间，还为进口国采取贸易保护措施提供借口。因此，为了保证长远发展，出口企业在加强行业自律的同时，国内主管部门和行业组织应积极发挥职能作用，做好汽车产品的出口监管和企业间的协调工作。

中国汽车技术研究中心　曲　婕

德国汽车市场发展综述

1　经济发展概况

由于经济在很大程度上面向出口，德国对开放的市场非常感兴趣，贸易伙伴主要有法国、美国和英国。自从欧洲联盟东扩以来，除了保持与传统欧盟国家的贸易以外，与东欧的欧盟新成员国之间贸易额的强劲增长也有目共睹，目前总共有10%的出口面向这些国家。近年来，德国与中国和印度等亚洲新兴国家经贸关系也越来越重要，德国在亚洲国家的企业数量在同一时期从1 800家增至3 500家，直接投资额则翻了两番以上。

德国经济在2009年下降4.7%，2010年出现了V形反弹，2010年经济增长约3.7%，为两德统一以来经济增长最快的一年。即便如此，依然未能完全弥补经济衰退造成的损失。

德国联邦政府通过了《2011年德国国家改革纲要》，全面落实欧盟的五大核心指标。根据有关要求，2011年上半年欧盟各成员国政府都要向欧盟委员会提交一个完成欧盟五大核心指标的规划。欧盟2010年中的首脑会议在讨论解决欧洲主权债务危机的同时，还通过了《欧盟2020增长战略》，其中五大核心指标为欧盟推进结构性改革，重新迈上可持续增长的道路和创造就业明确了目标。该战略提出，今后对成员国政府的考核，不再依据GDP的增长，而是依据实现五大核心指标的进展情况。

2　2010年德国汽车市场概况和产业发展特点

2.1　汽车产销统计

根据德国汽车制造工业协会统计数据，2010年，德国汽车总产量达到590.60万辆，同比增长13.4%；其中乘用车550万辆，增幅达10.8%；在海外的汽车产量约为570万辆；德国本土的新车注册量为319.85万辆，同比下降21.0%。

2010年德国汽车销量同比减少23%，至292万辆，创下近20年以来的最低纪录。造成德国本土汽车销量大跌的主要原因，是政府2009年　旧车换新车　补贴政策宣告结束，部分消费者预支了2010年的购车预算，使2009年汽车销量达到了381万辆。

表8-49　2010年德国汽车分车型产量　　辆

车型分类		2010年	2009年	同比增长，%
乘用车		5 551 400	4 964 523	11.8
商用车	小型货车	231 670	167 628	38.2
	大中型货车	115 280	69 920	64.9
	客车	6 900	7 786	-11.4
	合计	354 580	245 334	44.5
总计		5 905 980	5 209 857	13.4

表8-50　2010年德国汽车分车型注册量　　辆

车型		2010年	2009年	同比增长，%
乘用车		2 916 300	3 807 175	-23.4
商用车	小型货车	203 250	175 371	15.9
	大中型货车	73 690	61 201	20.4
	客车	5 220	5 612	-7.0
	合计	282 160	242 184	16.5
总计		3 198 460	4 049 359	-21.0

2.2　主要汽车制造商经营情况

2010年大众、戴姆勒、宝马等汽车巨头销售、盈利和现金流都显著增长。

大众集团总计售新车720.3万辆，同比增长13.7%，其中中国市场销量151万辆，同比增长35.5%；集团实现销售收入1268.75亿欧元，同比增长20.6%，分别实现税前、税后利润89.94亿欧元和72.26亿欧元，而2009年税前、税后利润分别为12.61亿欧元、9.11亿欧元；年末现金总量186.39亿欧元，比2009年增长约75%。2010年是大众公司有史以来财务状况最好的一年，预计2011年大众集团销售收入和利润总额将继续增长。

戴姆勒集团总计汽车销量189.54万辆，同比增长22%；其中对中国市场轿车销量16.00万辆，同比增长 137%。集团实现销售收入 977.61 亿欧元，同比增长 24%；实现息税前利润（EBIT）、净利润分别为 74.74 亿欧元和 46.74 亿欧元，而 2009 年 EBIT、净利润分别为 -15.13 亿欧元和 -26.44 亿欧元。2010 实业投资（包括工厂设备和不动产）36.53 亿欧元，同比增长 51%。

宝马集团总计销售汽车 146.12 万辆，同比增长 13.6%，其中中国市场销量 16.90 万辆，同比增长 86.7%。

3 2010 年中国汽车产品出口德国的现状

表 8-51 中国汽车整车产品出口德国情况 辆，美元

汽车合计				乘用车合计		商用车合计	
数量	同比增长，%	金额	同比增长，%	数量	金额	数量	金额
10 587	-30.6	142 243 746	-28.8	10 479	138 817 826	108	3 425 920

表 8-52 中国汽车发动机及其零部件产品出口德国情况 台，美元

总计		发动机合计				发动机零部件合计	
金额	同比增长，%	数量	同比增长，%	金额	同比增长，%	金额	同比增长，%
211 644 242	117.3	10 159	108.8	21 040 687	255.6	190 603 555	108.4

注：数据来源于中国汽车工业信息网。

德国埃森哲管理咨询公司曾在德国开展民意调查，结果显示 25% 的消费者在购车时有意选择中国汽车。在持有驾照的被调查者中，63% 认为在购买中国汽车时，驾乘安全性是首要考虑因素；48% 的人认为，价格在决定是否购买时起重要作用，这正是中国汽车的优势所在；约 46% 的被调查者认为中国汽车应该更加注重排放问题。

但是，中国汽车产品出口德国的实际情况并不乐观。据统计，2010 年中国向德国出口的汽车整车仅有 10 587 辆，同比下降 30.6%；其中乘用车出口 10 479 辆，商用车仅 108 辆。而出口发动机及其零部件产品增幅明显，2010 年出口总金额达到 2.12 亿美元，同比增长 117.3%。

4 德国汽车市场和汽车产业发展趋势

2009 年由于全球经济不景气，很多购车人选择购买小排量汽车；而 2010 年经济回暖使人们不再仅限于购买小排量车型，德国汽车市场重回正常化轨道。值得注意的是，德国汽车企业非常重视技术研发与人才的储备，即使在经济不景气的情况下，其高科技人才在汽车行业中所占的比例仍然处于增长状态，这些科研人员主要集中在研发领域。

近年来，美、日、德等汽车工业强国先后发布关于推动包括混合动力汽车在内的新能源汽车产业发展国家计划。德国政府也在 2009 年提出未来 10 年普及 100 万辆插电式混合动力汽车和纯电动汽车的计划。动力电池成为各国政府在电动汽车领域支持的重中之重。

在德国，汽车改装也已经形成产业，运行非常规范。德国的汽车改装分为几类。一类是初级汽车改装，比如改变外形、内饰、音响等；另一类是高级改装，比如对汽车发动机系统、涡轮增压系统及配套、供油系统、进气排气系统等进行改装。此外，还有底盘改装、轮胎改装等。

德国汽车工业高度发达，拥有世界上最先进的汽车制造公司。目前德国汽车市场需求稳定，随着世界经济持续好转，德国汽车制造商的盈利有望超过 2010 年。预计 2011 年德国的汽车出口量将增加 5%，达 440 万辆。

5 结论及对中国企业建议

目前，中国整车产品在德国市场的占有率很低，不仅是由于德国本土汽车产业高度发达、产品高度成熟，也是因为德国消费者对汽车产品的要求较高。华晨汽车虽然与德国公司合作开拓市场，但由于种种原因，实际的出口量很少。经验表明，要想开拓以德国为代表的汽车工业高度发达国家的汽车市场，国内汽车企业必须精心准备，在产品质量和服务等方面下足功夫，在各个环节都达到世界先进水平，才能在市场中占有一席之地。

中国汽车技术研究中心 洪 琪

美国汽车市场发展综述

1 经济发展概况

2010 年上半年的一份调查显示，美国总人口为 3.08 亿，而 2000 年时的人口是 2.81 亿，人口增长放缓，重心南移。2008 年，美国的人均年收入（全美国民）为 3.76 万美元，是中国的 36 倍；2009 年，美国的人均年收入为 4.224 万美元，高于 GDP 的增速，因此专家估计美国 2010 年的人均收入为 4.5 ~ 4.7 万美元。

美国是此轮国际金融危机的发源地，经济呈现出 快速下滑 - 快速反弹 的走势。尽管目前美国经济复苏形势良好，但失业率依然居高不下，同时巨额财政赤字也成为阻碍美国经济发展的一大隐患。

2 2010 年美国汽车市场概况和产业发展特点

2.1 汽车产销统计

2010 年美国汽车产量达到 773.45 万辆，同比增

长 35.5%；轻型车销量达到 1 155.46 万辆，同比增长 11.1%。新车的整体销量近 1 160 万辆，同比增长超过 10%，成为自 1984 年以来美国汽车销量增幅最大的一年，汽车制造商预计 2011 年行业复苏的步伐将继续加快。

表 8-53　2010 年美国汽车分车型产量　　辆

车型	2010 年	2009 年	同比增长，%
乘用车	2 732 212	2 195 588	24.4
轻型卡车	4 856 282	3 381 560	43.6
中重型卡车	146 045	132 283	10.4
汽车总计	**7 734 539**	**5 709 431**	**35.5**

表 8-54　2010 年美国轻型车分车型销量　　辆

车型	2010 年	2009 年	同比增长，%
国内乘用车	3 787 167	3 563 831	6.3
进口乘用车	1 848 265	1 837 059	0.6
乘用车小计	5 635 432	5 400 890	4.3
国内轻型卡车	5 020 548	4 116 550	22.0
进口轻型卡车	898 596	884 242	1.6
轻型卡车小计	5 919 144	5 000 792	18.4
国内轻型车小计	8 807 715	7 680 381	14.7
进口轻型车小计	2 746 861	2 721 301	0.9
轻型车总计	**11 554 576**	**10 401 682**	**11.1**

2.2　主要汽车企业发展概况

通用汽车，作为美国最大的汽车制造商，破产后实施国有化改革，迈向新起点。在提高动力总成的燃油效率方面，充分利用 global powertrain engineering development center，使得开发时间比原来缩短，每年削减 2 亿美元成本。

福特汽车，通过向美国和亚洲市场投放 Fiesta、Focus，启动年产 200 万辆的全球 B/C 平台计划。在福特集团内，沃尔沃乘用车和马自达在产品线的量产核心产品平台与发动机的开发方面相互合作，在零部件采购领域也试图实现共享，形成密切的合作关系。

克莱斯勒公司推进动力传动系统的改进，2010 年年初再次公布动力传动系统新战略。计划中表明 2014 年动力传动系统的发展方向，并且正在加速构建与菲亚特的事业合作为核心的新经营体制。

由于 2010 年第四季度市场销售情况明显好转，企业销量排名发生变化。通用汽车以 222 万辆的销售业绩继续位列首位，同比增长 7%，将业务集中在别克、凯迪拉克、雪佛兰和 GMC 四大品牌上，雪佛兰品牌销量达 157 万辆，位居美国品牌销量排行的第二位。福特汽车以 197 万辆的销量紧随通用之后，较 2009 年增长 17%；旗下同名品牌则以 176 万辆的销量成为 2010 年美国最畅销品牌；受到　踏板门　事件影响的丰田汽车公司，还未从重创中恢复过来，在美国市场的销量为 176 万辆，位列第三。

表 8-55　2010 年美国汽车销量分制造商统计　　辆

主要制造商	2010 年	2009 年	同比增长，%
通用	2 211 262	2 063 557	7.2
福特	1 905 372	1 594 286	19.5
丰田	1 763 595	1 770 149	-0.4
本田	1 230 480	1 150 784	6.9
克莱斯勒	1 079 734	927 200	16.5
日产	908 570	770 103	18.0
现代	894 496	735 127	21.7
大众	358 459	296 170	21.0
宝马	265 757	241 727	9.9
斯巴鲁	263 820	216 652	21.8
戴姆勒	231 169	205 401	12.6
马自达	229 566	207 767	10.5

3　中国汽车产品在美国市场的发展情况

根据数据显示，2010 年中国向美国出口的汽车整车产品同比增长 27.1%，但仅为 13 273 辆，其中乘用车 13 116 辆，商用车仅有 157 辆。而发动机及其零部件产品的出口增幅明显，总金额同比增长 57.4%。

调查显示，在美国的新车购买者中，16% 的受访者有意购买中国车。中国的汽车工厂一方面扩大生产满足国内需求，另一方面精心准备出口，并与多家外国汽车商建立合资企业。

1）双环公司与 Wheego 公司联合开发而成的双环电动小贵族轿车，成为首款通过加州清洁空气委员会标准认证（CARB），并许可在全美销售的纯电动汽车。

2）比亚迪与加州、洛杉矶共同宣布比亚迪将在洛杉矶成立北美总部。

3）由美国科迪达公司与天津力神、长安哈飞共同开发的纯电动汽车定于 2011 年下半年出口美国。2009 年科迪达与天津力神合资成立了天津迈尔斯动力电池系统有限公司，负责制造锂离子电池单元，并组装成电池组系统。

表 8-56　2010 年中国汽车整车产品出口美国情况　　辆，美元

汽车合计				乘用车合计		商用车合计	
数量	同比增长，%	金额	同比增长，%	数量	金额	数量	金额
13 273	27.1	49 864 718	3.0	13 116	44 246 240	157	5 618 478

表 8-57　2010 年中国汽车发动机及其零部件产品出口美国情况　　台，美元

总计		发动机合计				发动机零部件合计	
金额	同比增长，%	数量	同比增长，%	金额	同比增长，%	金额	同比增长，%
932 543 292	57.4	50 608	165.5	58 038 668	779.8	874 504 624	49.3

4 汽车市场和汽车产业发展趋势

经历汽车市场迅速萎缩之后，美国利用优惠政策在一定程度上遏制了国内汽车市场急剧下滑，三巨头的衰落，也让美国汽车产业把新技术的研发提上日程：研发节能、环保的汽车产品蔚然成风，全球的整车生产厂家和零部件厂家广泛展开了节能技术和产品的探索。

2010 年 5 月，美国国会提出《电动汽车发展法案》（草案），大范围鼓励电动汽车的发展，规划到 2030 年将电动汽车市场规模扩大到 1 亿辆，相当于每年节省 10 亿桶石油，减少碳排放 3 亿吨。

纵观美国政府密集推出的电动汽车发展法规和法案，主要目的有两个方面：一是以排放标准管制燃油汽车，引导其发展，促其转型；二是以刺激手段推动电动汽车发展，大力扶持，促其成长。新型电动汽车将在政策的大力扶持下，逐步提高性价比，增强市场竞争力，从长远角度看将成为市场的主流。

汽车市场上，由于市场对新车的需求量远远大于其供应，汽车制造商和经销商达成了 15 年来在美国最高的汽车交易价格。基于 2011 年 4 月上旬的销售情况，新车的销售价格均为厂商建议零售价（MSRP）的 87%，达到自 1996 年来最高百分比。汽车需求的上升是导致汽车成交均价提高的最主要因素，汽车生产企业的汽车库存出现告急，经销商处的存货量减少的现象近 15 年来首次在美国市场上出现。

据美国汽车行业调研机构预测，2015 年美国汽车销量将突破 1700 万辆，未来几年美国汽车年销量增长将在百万辆左右。

5 结论及对中国企业的建议

除了在新能源汽车领域面临角力外，美国的汽车制造商们还将面对政府扶持力度减弱、本国失业率居高不下，以及石油每桶价格超过 90 美元的严峻现实。从这个角度来看，2011 年美国汽车行业的发展喜中有忧。

美国作为全球主要的汽车市场，其各项法规和法律非常健全，中国汽车企业目前尚不具备大规模进入的条件。美国属于高消费的国家，人均收入高，对产品的要求也较高，所以国内企业应该更关注出口产品的质量，突出产品的优势。美国经济正在复苏，人口数量也处于增加的阶段，对汽车产品的需求也将有所提升，对中国的对外贸易是一个积极信号。所以，国内汽车企业应该继续提高自身技术水平，在时机成熟时，结合自身优势，通过推出适应美国消费者需求的产品，参与这一市场的竞争。

中国汽车技术研究中心　洪　琪

加拿大汽车市场发展综述

1 汽车产业特点

在发达国家中，加拿大是汽车产业起步较晚的国家，其汽车产业形成独特的发展模式，可以简单总结为自由竞争和完全开放的发展模式，其发展特点主要如下：

1.1 没有自主品牌，以组装和零部件生产为主

在北美汽车市场中，加拿大汽车工业定位于利用自己低成本和区位竞争优势，进行组装和零部件生产，并以此参与全球市场竞争，获取市场份额。尽管加拿大汽车工业非常发达，但都是生产国外公司的汽车产品，没有本国品牌，整车生产企业全部为国外跨国公司投资，其中美国三大公司在加拿大市场份额最大。

1.2 相对较低的成本和较高的生产效率

加拿大汽车工业依靠外资发展起来，世界主要的跨国公司均在加拿大设点生产。美国三大汽车公司发展最早，随后日本及欧洲的汽车企业也进入该市场。加拿大汽车工业集中在邻近美国汽车工业非常发达的地区，能参与到美国汽车市场并借此参与全球竞争。相对低成本是加拿大汽车工业的竞争优势，主要体现在加拿大劳动力相对美国较低廉，政府实施鼓励汽车产业发展的措施，并且大多数的零部件企业都位于整车企业 400 公里范围之内，大大降低了物流成本。另一方面，加拿大汽车总装的生产率高，总装一辆车所需的工人数少于美国，单位时间组装的车辆数高于美国。

1.3 生产体系与组织

北美汽车市场是以美国为中心的地区性统一市场，由于特殊的地理条件和起步较晚等原因，加拿大在这一垂直的生产体系中处于总装和零部件生产的位置，实行大进大出的发展战略，是加拿大汽车工业最突出的特点。加拿大生产的汽车大批量出口到全球，同时国内需大批量从国外进口汽车。加拿大所生产的零部件除供本国使用之外，大部分出口到世界各地。

2 汽车产业布局

汽车工业是加拿大最大的制造业，每年的汽车产量约占北美总产量的 20%，加拿大汽车产业共有约 1 300 家企业，从业人员约 16 万。目前除美国三大公司之外，还吸引了日本、韩国和德国的跨国汽车企业进入。加拿大地广人稀，人口多集中在与美国接壤的地区，其汽车产业的布局也相对集中，主要有两大汽车

产业集群。

1）安大略省

汽车装配和零部件制造是安大略省的支柱产业，该省汽车产量占加拿大总产量90%以上。这里有先进的技术和研发中心，工人效率和生产率水平居于世界领先，超过美国。克莱斯勒、通用、本田、丰田、电装、米其林等跨国汽车零部件企业均在该省设厂，汽车业雇员多达13.5万人，是加拿大的汽车制造业中心。

2）魁北克省

魁北克拥有250多家汽车企业，雇员数量接近2万人，OEM及售后市场同样发达。魁北克省的汽车产业主要集中在蒙特利尔地区，在轻质金属及汽车材料方面有较强实力，拥有世界知名的工业材料研究所、加拿大理工学院聚合物应用研究中心及康考迪亚大学合成中心等科研机构，为汽车工业发展提供技术支持。

3 加拿大汽车市场

2010年北美经济开始复苏，加拿大汽车产销也呈现恢复性增长，共销售汽车158万辆，同比增长6.8%。分车型来看，乘用车的市场需求仍然呈现下降趋势，销量为70.1万辆，同比下降4.2%，而耗油量更大的轻型商用车却增长17.4%，达到85.4万辆，带动了加拿大汽车市场的整体增长。

2010年加拿大汽车产量为206.7万辆，同比增长38.8%，其中轻型商用车增幅最大，达到66.8%。在分品牌的销售数据中，福特位居第一，除了在乘用车领域之外，和F系列、Escape等轻型货车的销量也大幅增长，市场份额达到16.4%。丰田由于受到召回事件影响，市场份额有所下降。

表8-58　2009～2010年加拿大分公司汽车产量　　辆

公司	2009年	2010年	同比增长，%
通用	347 357	529 568	52.5
克莱斯勒	310 625	459696	48.0
丰田	319 547	458 729	43.6
福特	237 952	320 608	34.7
本田	259 796	278 316	7.1
大众	3 879	15 686	400.0
PACCAR	5 818	5 616	-3.5
航星国际	3 892	8	-99.8
Sterling	1 611	–	–
铃木	5	–	–
合计	**1 490 482**	**2 068 227**	**38.8**

表8-59　2009～2010年加拿大汽车销售　　辆

车型	2009年	2010年	同比增长，%
乘用车	731 093	700 750	-4.2
商用车	750 849	882 522	17.5
合计	**1 481 942**	**1 583 272**	**6.8**

4 加拿大最新政策变动

安大略省和不列颠哥伦比亚省自2010年7月开始实施合并销售税（整合了省销售税和联邦货品服务税），实施合并销售税后，安大略省在购买新车时的税金从5%提高到13%，而不列颠哥伦比亚省税金从5%提高到12%，致使购车成本明显增加，可能对未来汽车消费造成一定影响。

表8-60　2009～2010年加拿大主要品牌汽车销量　　辆

排名	品牌	2009年	2010年
1	福特	218 628	259 179
2	丰田	189 313	157 044
3	道奇	116 788	154 901
4	雪佛兰	127 720	149 294
5	本田	122 918	123 730
6	现代	103 233	118 507
7	马自达	73 672	78 662
8	日产	71 936	74 780
9	通用	53 721	72 163
10	起亚	46 118	53 882

5 中国汽车出口加拿大现状及建议

加拿大汽车工业发达，相关法规及惩罚性措施也是世界上最严格的，对于中国汽车企业来说，加拿大市场基本尚未被开拓，只有一些零部件出口到该国，且多数用于售后市场，用于OEM的很少。

表8-61　2010年中国汽车及零部件出口加拿大情况

项目	数量
发动机整机，美元	197 873
发动机零部件，美元	86 398 958
传动系统，美元	14 588 003
车身及附件，美元	119 006 002
行驶系统，美元	355 923 785
制动系统，美元	124 133 223
转向系统，美元	5 730 546
汽车电子电器，美元	139 632 855
半挂车及零部件，美元	45 680 923
其它零部件，美元	117 974 426
汽车整车，辆	101

国内汽车及零部件企业进入加拿大应重点关注如下几个方面。

1）了解加拿大的法律法规

加拿大是北美汽车市场密不可分的一部分，而北美汽车市场是全球较大的汽车市场，更是一个法律法规齐备，对消费者保护非常严格的市场，汽车产品一旦涉及安全或其他触犯法规和消费者权益，将面临严厉惩罚。所以汽车企业在进入加拿大市场之前一定要做好充分准备，在汽车法规方面尤其注意四点：①排放标准；②燃油经济性标准；③协调动议；④安全标准。

目前加拿大采用的排放和安全标准与美国一致，意味着企业如果能进入加拿大市场，进入美国市场也会更加容易。

2）了解市场特点

要进入加拿大市场，除了要达到加拿大法规要求之外，更要深刻了解其市场特点，包括车型需求特点，当地的气候、消费习惯等。

3）重视知识产权保护

知识产权的问题有两层含义：一是国内企业要重

视自身知识产权的保护，防止被他人在当地抢注专利侵害自身权益，国内汽车企业在这方面教训很多；二是不要侵犯当地的知识产权，加拿大作为高度法制化的国家，对知识产权保护非常严密，惩罚措施也非常严格。

中国汽车技术研究中心　李新波

巴西汽车市场发展综述

1　巴西地区2010年经济发展概述

据巴西地理和数据统计协会的报告，巴西经济在2010年的增长率为7.5%，为1986年以来的最高纪录，GDP达到36 750亿雷亚尔（约合2.1万亿美元），人均GDP为19 016雷亚尔（约合10 866美元）。从行业分类来看，农牧业、工业和服务业是巴西经济增长的三大支柱。在G20集团中，巴西经济增长速度居第五位，位于中国、印度、阿根廷和土耳其之后，人均GDP首次超过1万美元。按购买力平价计算，巴西超越法国和英国，成为世界第七大经济体。

2　巴西汽车市场概况

2.1　总体形势

近几年，巴西汽车工业取得突飞猛进的发展，2004年汽车产量首次突破200万辆，同比增长20.8%；2007年销量突破200万辆大关。如图8-5所示，2001～2007年，巴西汽车产量从181万辆上升到297万辆，年均增长8.6%；销量从133万辆上升到248万辆，年均增长10.9%；出口量从38万辆上升到78万辆，年均增长12.7%。

2008年巴西汽车产量达到321万辆，同比增长8.1%，销量达282万辆，同比增长14.5%，双双创历史新高，产量居世界第六位，销量居世界第五位。2010年巴西市场共销售汽车351.51万辆，同比增长11.9%，再创新高。

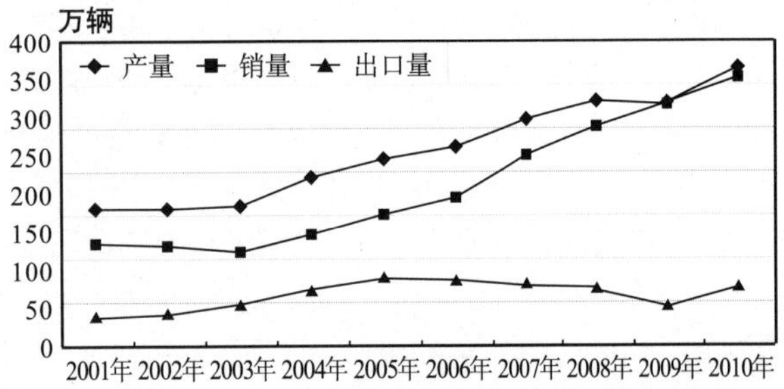

图8-5　巴西历年汽车产量、国内销量和出口量走势图

从月度走势来看，巴西汽车销量自2008年第四季度便开始同比下滑，10月巴西汽车销量同比下降11%，为近9年来的首次下滑，11月和12月的汽车销量也未见回升。受到减免汽车工业税等利好政策的影响，巴西汽车产销量从2009年3月开始逐步回暖。从产销量月平均水平来看，2009年的业绩已逐步接近甚至超过2008年月度平均水平。2010年第二季度受罢工影响销量有所下滑后，巴西市场保持高位运行。

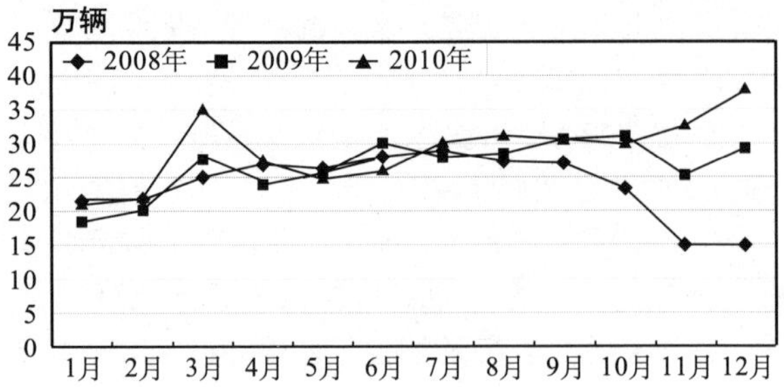

图8-6　2008～2010年巴西汽车销量月度走势图

2.2　细分市场情况

2.2.1　乘用车

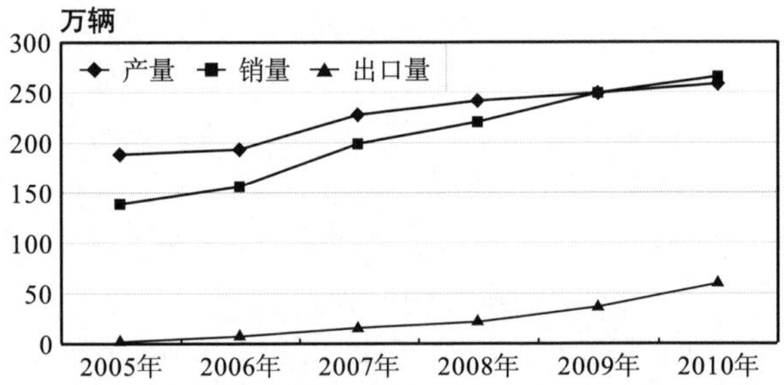

图8-7　巴西历年乘用车产量、国内销量和出口量走势图

2009年，巴西乘用车共销售247.46万辆，同比增速超过10%，2010年共销售乘用车264.47万辆，同比增长6.9%。

2.2.2　商用车

2010年，巴西商用车销量为87.04万辆，实现30.6%的大幅增长，在所有车型中的比例从2009年的21.2%上升至24.8%。

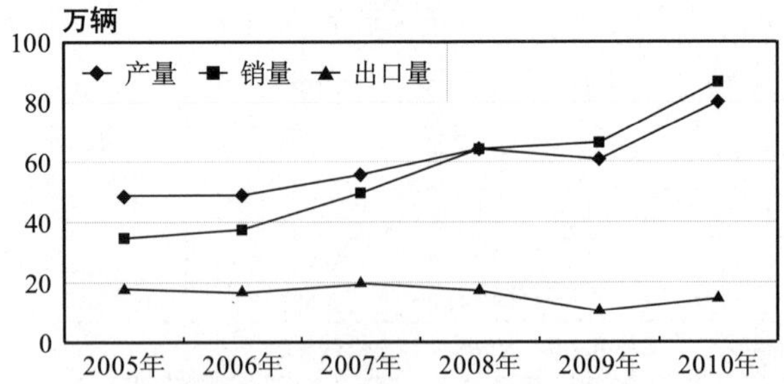

图8-8　巴西历年商用车产量、国内销量和出口量走势

在巴西的商用车产品系列中，主流车型是轻型商用车，客车的比例较小。2010年轻型商用车销量约占商用车总量的78.6%，货车约占18.1%，客车约占3.3%。

2.3　巴西汽车市场发展特点

1）经济紧凑型轿车市场份额较大。巴西是经济型和紧凑型汽车生产和消费大国，主流轿车一般售价

注：图8-5数据来源于巴西汽车制造商协会，下同。

表 8-62 巴西历年商用车分车型销量 辆

车型	2005 年	2006 年	2007 年	2008 年	2009 年	2010 年
轻型商用车	249 765	276 482	369 490	484 601	534 093	684 242
卡车	80 334	78 269	100 812	126 397	109 873	157 696
客车	15 363	18 768	24 295	28 484	22 625	28 422
合计	345 462	373 519	494 597	639 482	666 591	870 360

都在 2 万美元以下，尤其受中产阶级喜爱。

2）清洁能源汽车发展迅速。巴西曾经是世界上二氧化碳排放较多的国家之一，后来为改变居住环境开始发展清洁能源。巴西的加油站主要提供添加乙醇的清洁燃料，这种燃料的动力性与普通汽油相仿，但因低排放和低价位而广受消费者的青睐，也使巴西成为世界上乙醇燃料汽车最多的国家。

3）混合燃料汽车市场份额大。巴西是世界上最大的乙醇生产国和出口国，也是乙醇燃料技术最先进的国家。为摆脱国际油价持续上涨的困扰，巴西充分利用大量种植甘蔗的优势，用甘蔗生产出的乙醇作为燃料，其市场价格是汽油的一半，能同时使用汽油和乙醇燃料的混合燃料汽车受到市场的普遍欢迎。

自 2005 年起，巴西混合燃料汽车销量首次超过汽油车销量后，该车市场占有率一直处于快速增长趋势，2009 年占有率高达 84.5%。2010 年稍有下降，达到 82.5%。

表 8-63 2004 ~ 2010 年巴西分燃料汽车销量 辆

分类	2004 年	2005 年	2006 年	2007 年	2008 年	2009 年	2010 年
总计	1 564 169	1 631 250	1 786 066	2 486 147	2 867 565	3 207 731	3 515 064
汽油车	1 037 987	598 508	256 531	242 474	228 010	221 884	235 476
乙醇车	50 950	28 662	1 050	9	0	0	0
柴油车	146 448	137 291	128 490	211 303	285 031	274 580	380 751
混合燃料车	328 784	866 789	1 399 995	2 032 361	2 354 524	2 711 267	2 898 837
混合燃料车比例，%	21.0	53.1	78.4	81.8	82.1	84.5	82.5

3 中国汽车产品出口巴西情况

3.1 总体情况

自 2003 年以来，中国出口巴西的汽车产品大幅增长，产品以小型车为主，原因在于巴西注重节能减排。在全球金融危机的影响下，中国出口巴西整车的数量不足 5 000 辆，随着 2010 年全球经济回升至 25 000 辆，增速超过 500%，巴西市场也成为中国汽车出口的重要市场。

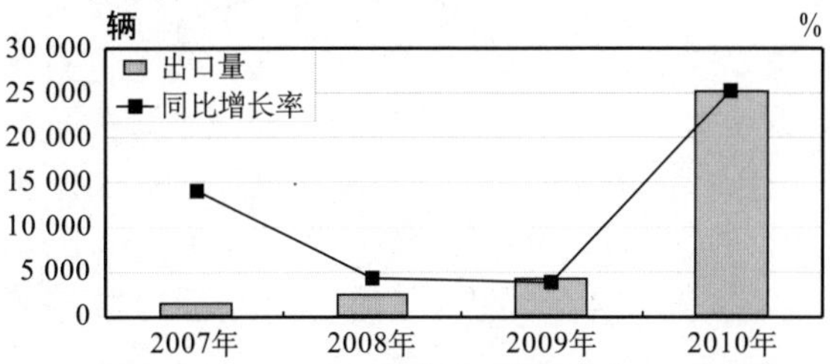

图8-9 2007～2010年中国汽车产品出口巴西走势

3.2 出口车型

2007 ~ 2009 年，中国汽车出口巴西的商用车一直占据市场主导地位，其中以货车为主。然而从 2010 年开始，乘用车与商用车的比例转变成 50:50。出现这一现象的原因是轿车和越野车的热销，这与巴西的市场导向及消费观的转变相关。

3.3 中国汽车企业在巴西市场发展概况

自 2010 年 5 月起，巴西已经超过德国成为世界第四大汽车市场。随着信贷体系放宽，巴西汽车市场正处于高速增长时期。这使得约 16% 的消费者能够买得起新车，此前这一比例仅为 10%。通用汽车、福特、标致 - 雪铁龙、大众、菲亚特、雷诺都已宣布将加大在巴西的投资，同时奇瑞、江淮、力帆等国内整车企业也加快了对巴西市场的开拓。

注：图 8-9、8-10 数据来源于海关总署。

表 8-64 2007 ~ 2010 年中国汽车产品出口巴西情况表（分车型） 辆

车型		2007 年	2008 年	2009 年	2010 年
乘用车	小轿车	202	0	267	6 558
	越野车	2	2	0	2 297
	小客车	329	196	1 010	3 104
	其他载人机动车	62	24	2	57
	未列名载人机动车	2	22	67	20
	小计	597	244	1 346	12 036
商用车	客车	4	181	2	462
	货车	487	1 206	2 511	12 365
	特种车	231	783	312	458
	汽车底盘	0	0	0	1
	小计	722	2 170	2 825	13 286
合计		1 319	2 414	4 171	25 322

注：数据来源于海关总署。

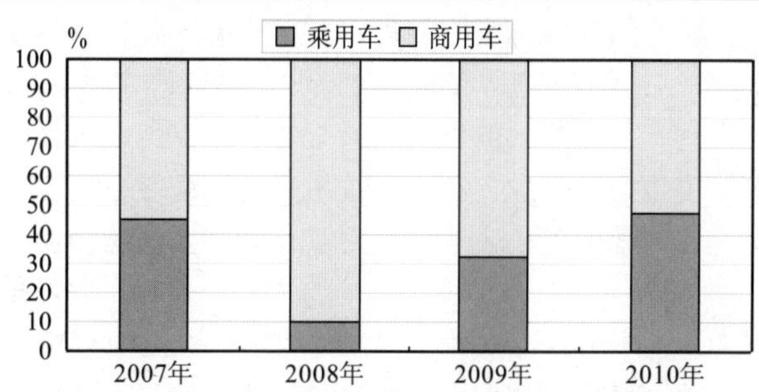

图8-10 2007～2010年中国汽车产品出口巴西分车型市场份额

然而，伴随着市场的进一步发展和中国汽车企业自身的不断壮大，以及 走出去 战略的进一步实施，巴西市场将成为各国汽车企业的必争之地。因此，中国汽车企业应及时提高自身产品技术水平，适应当地市场的发展形势。

4 巴西汽车市场开拓建议

1）重点开发小型车

巴西人口相对较少，汽车的使用率却较高。巴西

表 8-65　中国汽车企业开拓巴西市场动向

企业	时间	事件	车型	具体情况
奇瑞	2010 年 9 月 17 日	投资建厂	奇瑞 A1、风云 2	项目计划分两期实施：一期投资 1.34 亿美元，建成双班 5 万辆 / 年产能的工厂，预计于 2013 年完工投产；二期追加投资至 4 亿美元，实现 3 班 15 万辆 / 年的产能。
江淮	2010 年 8 月 31 日	整车出口	轿车、MPV、SUV 为主，轻型商用车及轻卡为辅	未来 10 年，江淮汽车将向巴西市场出口汽车 62 万辆。根据双方协议的约定，2010 年 11 月实现销售 500 辆，12 月实现销售 1 500 辆，2011 年 1 月开始达到月销量 3 000 辆以上的目标。年度销售目标为：2011 年 4.58 万辆；2012 年 5.03 万辆；2013 年 5.5 万辆；2020 年 7.2 万辆，合计 62 万辆。
力帆	2010 年 8 月	开设销售网点	1.3L 排量的 LF320 款轿车	2010 年 9 月开设 17 家销售网点。2011 年力帆分销点将达到 50 家，销售目标也将上升至 1.5 万辆。

经济相对稳定，社会财富不断累积，金融体系日趋成熟，将激发农村购车者的购买意愿，这些消费者更加青睐紧凑型车型。目前小型车已经成为全球汽车业的发展方向。受油价波动、交通拥堵及全球金融危机等因素影响，车身灵巧、经济省油的小型车成为市场新宠。因此，要想进入巴西市场，中国应该注重小型车的发展。

2）针对当地特点改进完善产品

巴西海拔较高，气候变化大，中国汽车企业应该针对当地特点，对发动机进行相应改进，以免出现动力不足等问题；同时针对消费者追求宽敞舒适的车内空间的特点，对汽车舒适性和动力性进一步完善。

3）加大营销网络建设的力度，加强对经销商的管理

加大对重点地区网络开发和建设投入力度，主动寻找有合作意向的优质经销商，加强对重点区域经销商的培养。规范对该区域经销商的管理，对经销商的销售服务等方面的管理制定统一标准，要求经销商按标准执行，并建立起评估激励机制，对其经营行为进行监督指导并充分调动经销商积极性。

4）加强品牌建设，注重提升品质

树立起良好的品牌形象，企业应加强对产品质量的把关，加大宣传力度，充分利用广告、网络等媒体推介，提升消费者对中国品牌的认知度。

中国汽车技术研究中心　丁　倩

智利汽车市场发展综述

1　经济发展情况

2010 年，智利摆脱了大地震的影响，与　经济合作与发展组织　签署协议，成为该组织继墨西哥之后的第二个拉美成员国。据国际货币基金组织预测，智利人均 GDP 将于 2011 年超过 1.2 万美元，成为率先迈入高收入行列的南美经济体之一。

智利的投资自由度和竞争力在拉美排名较高。根据美国 Heritage 基金和自由发展学院最新制定的 2010 年经济自由指数，智利得分为 77.2，是拉美地区经济自由度最高的国家。这一指数从多方面衡量自由度，智利比较薄弱的一个方面是商业自由，也就是创业的便利条件。另据 IPS-NaC 发布的 2009 ～ 2010 世界竞争力排行榜中，智利排名第 27 位，在拉美国家中居第 1 位，其后是墨西哥（34）、巴西（44）、哥伦比亚（47）、秘鲁（55）、委内瑞拉（60）和阿根廷（62）。

表 8-66　2003 ～ 2007 年智利国内生产总值

	2003 年	2004 年	2005 年	2006 年	2007 年
经济总量 GDP，亿美元	737	950	1 152	1 448	1 640
经济 GDP 增长率，%	3.9	6.0	5.6	4.3	5.1
人均 GDP，美元	4 635	5 901	7 067	8 829	9 975

2　汽车市场情况

2.1　汽车产业和市场情况

智利汽车产业繁荣期出现在 20 世纪 90 年代，随着南美经济整体衰退和智利汽车产业政策调整，1997 ～ 2007 年，汽车产业进入衰退期，原本为数不多的外资品牌汽车制造商纷纷停产和撤资，造成智利汽车产业整体水平迅速衰退。2007 年至今，随着与多国签订自由贸易协定，降低汽车进口关税，扩大汽车进口，智利汽车市场进入快速发展时期。目前智利每年汽车市场零售总额占全国 GDP 的 5.2%。2005 ～ 2008 年，智利的汽车保有量稳步上升。乘用车数量从 146.5 万辆增长到 172.6 万辆，年均增长 4.4%；商用车从 77 万辆增长到 122.4 万辆，年均增长 14.7%。

表 8-67　2005 ～ 2008 年智利汽车保有量　　万辆

年份	乘用车	商用车	总计
2005 年	146.51	77.04	223.55
2006 年	150.50	77.65	228.15
2007 年	159.92	98.45	258.37
2008 年	172.66	122.43	295.09

智利市场有 26 个载货车品牌，50 个乘用车品牌，消费者可以根据自己的喜好选择汽车品牌。智利汽车销售情况良好，自 2001 年的 9.8 万辆到 2008 年接近 24 万辆，汽车销售量稳步提升；但是受全球经济危机的影响，2009 年销量下跌明显，仅为 17.2 万辆；2010 年形势相对较好，全年汽车销量为 28.93 万辆，同比增长 69.3%。

从品牌看，美国通用的雪佛兰品牌在智利市场上

表 8-68　2001 年～ 2010 年智利汽车销售情况　万辆

年份	2001 年	2002 年	2003 年	2004 年	2005 年	2006 年	2007 年	2008 年	2009 年	2010 年
销量	9.83	10.25	11.95	14.87	18.23	19.06	22.77	23.90	17.09	28.93

注：数据来源于智利汽车制造商协会，下表同。

占有绝对优势，多年来占据销量第一的位置，日产和现代分别位居第二和第三位。

2007 ～ 2009 年，中国自主品牌汽车在智利市场中的份额逐步加大，但韩日车型及欧美品牌的汽车仍然占主导地位。中国的品牌数量虽越来越多，但市场占有率不高，一些品牌出现负增长。销量最大的长城汽车在销售排行中排名第十四位，2010 年对智利出口汽车 4 420 辆，同比增长 69.3%，市场占有率仅为 1.53%。

表 8-69　2008 ～ 2010 年智利汽车分品牌销售情况　辆

品牌	2008 年	2009 年	2010 年	同比增长，%
雪佛兰	40 597	29 745	49 483	66.4
日产	20 010	16 426	35 494	116.1
现代	28 821	25 945	34 122	31.5
起亚	16 687	17 184	25 089	46.0
丰田	27 516	12 130	24 908	105.3
铃木	20 634	11 071	18 659	68.5
马自达	9 455	5 362	8 434	57.3
三菱	7 527	5 217	7 677	47.2
福特	6 644	4 720	7 332	55.3
标致	9 004	3 875	7 264	87.5
克莱斯勒	5 546	4 235	7 011	65.6
雷诺三星	2 055	2 823	6 220	120.3
双龙	3 193	2 682	5 011	86.8
长城	3 544	2 342	4 420	88.7
合计	239 022	170 925	289 280	69.3

2.2　零部件市场情况

智利汽车零部件市场的规模约为 4 亿美元。由于当地没有汽车零部件生产企业，所有的汽车零部件均需要进口。智利汽车后市场零部件主要来自于直接进口，约占总量的 75%，还有 25% 来自原厂零部件进口。其中直接零部件进口又分为单一品牌与多品牌进口。直接进口零部件包装上没有原厂标识，可作为原厂零部件的替代品，成本比原厂零部件低 30% 左右。智利拥有 500 多家规模较小的零部件进口商，每月订单在 1 万美元以下，绝大多数位于圣地亚哥市区的零部件集中区上；较大的汽车零部件进口商每月购买量超过 5 万美元。

亚洲是智利最大的零部件进口市场，但是一些技术水平较高或特殊用途零部件，如发动机、转动系统、变速箱和轮轴等，主要是从美国、日本、欧洲、巴西等地进口。

2.3　市场消费特点

智利国内主要销售车型价位约为 10 万元。据智利汽车协会统计，2010 年汽车回升势头较猛，售价在 1 万美元左右的汽车在当地的销售增长较快，售价在 10 万元以内的车型是销量最大的细分市场。随着经济发展和生活水平提高，汽车在智利的普及率正逐年增加，接近发达国家水平。家庭轿车和经济实用的客货两用车占据大部分市场份额，近几年来，小客车也开始在智利汽车市场崭露头角。

3　中国汽车产品出口当地市场情况

目前，智利已经成为中国汽车出口的主要市场，是中国在拉美地区最大的汽车出口目的国，同时是智利第三大汽车进口国（排名前两位国家是日本和韩国）。2010 年中国向智利出口汽车 30 642 辆，占汽车出口总量的 5.4%，其中乘用车出口 19 229 辆，占对智利汽车出口总量的 62.8%。智利汽车工业协会统计显示，目前中国货车占据智利货车市场 14% 的份额，其中轻型货车占有细分市场 40% 的份额。

根据中国与智利签署自贸区协议规定，智利对中国生产的汽车将免征进口关税。目前中国汽车价格比智利其他同档汽车价格低 15% ～ 30%，使中国汽车在智利具有很强的市场竞争力。

2007 年哈弗登陆智利市场，使长城成为第一个进入智利的中国品牌。截至目前，已有奇瑞、力帆、一汽等 13 个中国自主品牌的乘用车在智利市场销售。2010 年 10 月 21 日，由上海通用生产的雪佛兰新赛欧轿车从烟台港装船起运智利，成为首款由中国本土企业打造而出口至海外的国际化品牌。

在零部件出口市场，智利是中国在拉美第三大汽车零部件出口目的国（排名前两位是墨西哥和巴西），2010 年中国对智利汽车零部件出口金额 2.35 亿美元，占拉美地区汽车零部件出口总额的 7.4%，其中行驶系统出口量最大的零部件产品，出口金额 1.68 亿美元，占全部出口额的 71.5%。出口的零部件主要用于智利汽车售后市场。随着中国对智利整车出口增加，零部件出口将继续保持快速增长势头。

表 8-70　2010 年中国对智利汽车零部件出口情况　亿美元

产品类别	金额
行驶系统	1.68
汽车电子电器	0.16
半挂车及零部件	0.13
车身及其附件、零件	0.09
制动系统	0.08
发动机零部件	0.07
汽车用其他零部件	0.06
传动系统	0.05
转向系统	0.02
发动机整机	0.01
合计	2.34

注：数据来源于海关总署。

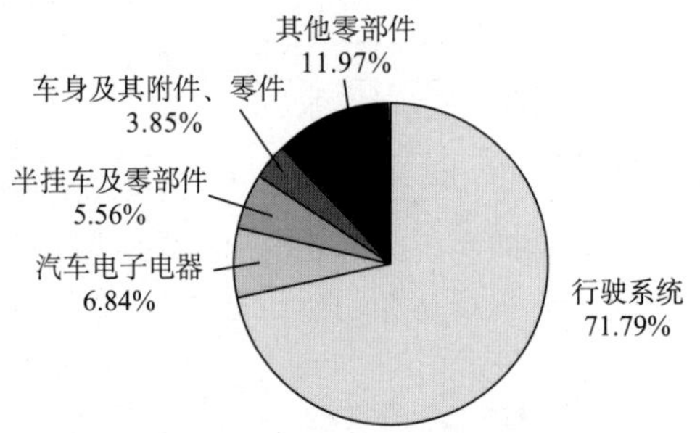

图8-11 2010年中国对智利汽车零部件出口产品结构

4 相关的政策、标准和技术法规情况

4.1 关税情况

智利关税税则采用的是 协调制度 ，征收从价税，一般按进口申报的 CIF 价计征。有些需采用海关估价计征的，根据 WTO 的《海关估价协定》的规定确定计价基础，普通关税税率为 6%。

目前智利和其他国家进行汽车贸易，绝大多数（98% 以上）产品为零关税，仅针对泰国、印度汽车产品（排量 1L 以上汽车）征收关税，因为这些国家政局不稳定，政权更迭造成签署协议很难执行，征税时根据双边国家的协议，不受 WTO 规定的限制。

4.2 自贸区建设情况

智利是 WTO 成员，近年来积极进行自贸协定谈判。截止到 2008 年 7 月，智利与全球 59 个国家签署了 24 个贸易优惠协定；与美国、日本、中国、韩国、加拿大、墨西哥、澳大利亚 17 个国家签署了自由贸易协定；与南美洲 9 国签署了经济互补协议；与欧盟和太平洋 4 国签署了经济合作协议；与印度签署部分贸易优惠协议。

2005 年 11 月，中智两国政府正式签署《中华人民共和国政府和智利共和国政府自由贸易协定》（简称《协定》），并于 2006 年 10 月 1 日开始实施。中智两国的自由贸易协定是历史性的协定，它是中国与西方国家签订的第一个自由贸易协定。《协定》生效后，智利 92% 的出口产品即可零关税进入中国，7% 的产品的降税期为 5 年或 10 年，只有 1% 的产品排除在降税清单之外。中国有 50% 的出口产品以零关税进入智利市场，47% 的产品的减税期在 5 年或 10 年。

4.3 技术标准法规及准入情况

目前智利汽车技术标准法规体系还不完善，主要是参考欧洲、美国的相关法规。智利主要汽车准入管理部门是运输和通信部（MTT）和智利国家委员会，其中 MTT 除负责交通管理和车牌发放外，还负责制定和发布智利汽车技术标准法规，智利国家环境委员会主要是联合 MTT 共同制定汽车污染物排放方面技术法规。智利车辆控制和认证中心（3CV）是 MTT 官方授权的车辆认证检测机构。目前 3CV 的实验室检测能力还很有限，只能进行部分尾气排放和安全性检测。

按照智利汽车准入管理的有关规定，出口到智利的汽车必须通过 3CV 的尾气排放和安全性检测。对于 3CV 不能进行的检测，企业可以委托其他国家检测机构进行测试，但必须执行 3CV 的相关标准，不能按照委托国家相关标准执行。

在尾气检测方面，目前 3CV 可以进行欧Ⅲ和欧Ⅳ排放标准检测，能对乘用车、中型货车、客车进行认证试验，但对重型货车不具备检测能力，只能委托其他国家进行检测。

在安全性检测方面，主要包括安全带、安全玻璃、后视镜、座椅保护、制动系统、溃退式转向柱等检测。目前 3CV 检测能力有限，汽车安全认证主要接受国外相关机构的认证报告，对美国、欧洲、日本、韩国等相关机构的检测报告都予以认可。

5 对中国汽车企业的相关建议

智利是拉美市场最具有市场自由和竞争力的国家，汽车购买力充足，中国企业可以将智利作为进入南美洲的首选市场。智利汽车产品需求较大的细分市场与国内自主品牌的产品定位相吻合，使自主品牌汽车在该市场具备一定优势。随着中国与智利经济贸易往来的进一步加深，汽车贸易也将随之出现较快的增长。

重视汽车质量和选择知名经销商。经销商已有的销售和售后服务网络不但能为中国汽车打开销售渠道，还能让中国企业借助知名经销商的信誉在较短时间内赢得客户的信任。目前在智利市场销售的中国品牌汽车基本都采取通过经销商代理的销售模式，尽管利润可能有所下降，但在短时间内解决了机构和人员派驻、市场探索、广告投放、建立客户群和销售服务网络等一系列问题。

完善售后服务网络。无论是通过经销商建设营销渠道，还是企业自身建设，都要给消费者提供较为便捷的售后服务，只有较为完善的服务，才能发扬产品的竞争优势和弥补产品质量缺陷带来的问题。

重视品牌营销。随着世界经济逐步企稳回升和中智自贸区的正式启动，企业间的贸易往来将越来越频繁，中国企业应充分利用优势，扩大产品宣传，提高知名度和信誉度，了解客户需求，保证产品质量，做好品牌形象的塑造和传播，以便深入开拓智利市场。

中国汽车技术研究中心　沈　庆

澳大利亚汽车市场发展综述

1 澳大利亚汽车市场概况

2010年澳大利亚国内生产总值（GDP）约11 801亿美元，全球排名第13，同比增长2.8%；人均生产总值达到54 869美元，排名世界第6。澳大利亚对国际贸易依赖较大，2009～2010财年外贸总额达5 901亿澳元，同比增长5.3%，贸易顺差为89亿澳元。澳大利亚与130多个国家和地区有贸易关系，主要贸易伙伴依次为中国、日本、美国、英国、韩国、新加坡、新西兰等。

澳大利亚汽车工业诞生于20世纪初，目前已成为澳大利亚最大的单项制造业；国内汽车普及率为87%，人均汽车拥有量较高，全国已登记的汽车及摩托车数量约1 500万辆，汽车市场较为成熟。2010年澳大利亚市场的汽车销量同比增长10.5%，为103.5万辆。澳大利亚联邦汽车工业协会（FCAI）评出的2010年销量最佳十大企业依次为丰田、霍顿、福特、马自达、现代、日产、三菱、本田、斯巴鲁以及大众。澳大利亚现有的主要汽车生产企业为霍顿、丰田以及福特。近年来，中国产汽车也逐步进入澳洲市场，因其较高的性价比极具竞争力，零部件出口但仍以非核心零部件为主。

表8-71　2010年澳大利亚汽车市场分车型销售情况　辆

车型	销量	市场份额，%
轿车	592 122	57.2
SUV	235 285	22.7
轻型商用车	179 553	17.3
重型商用车	28 614	2.8
轿车	592 122	57.2
总计	1 035 574	100.0

表8-72　2011年上半年澳大利亚乘用车销量　辆

月份	1月	2月	3月	4月	5月	6月
轿车	43 539	45 455	50 228	41 565	42 582	54 322
SUV	17 032	18 916	23 066	17 054	17 121	21 518
合计	60 571	64 371	73 294	58 619	59 703	75 840

2 澳大利亚机动车准入制度

2.1 监管部门

澳大利亚机动车监管机构是澳大利亚基础建设和运输部（Department of Infrastructure and Transport），其下属的车辆安全标准部（Vehicle Safety Standards 简称VSS）负责汽车认证的具体业务。

2.2 相关法规

澳大利亚涉及进口汽车的规定主要有三个：《1989年机动车标准法案》（The Motor Vehicle Standards Act 1989，the Act）、《1989年机动车标准管理规定》（The Motor Vehicle Standards Regulation 1989，MVSR）以及《澳大利亚汽车设计规则》（Australian Design Rules，ADR）；它们与澳大利亚交通部发布的机动车通告（Administrator's Circulars）共同构成澳大利亚机动车进口政策体系。

汽车设计规则（ADR）是在法案和规定下的具体国家标准，澳大利亚现行为ADR第三版，于1989年8月开始实行，适用于新旧进口汽车与本地制造的车辆，为强制性型式认证。除现有的ADR认证及A-NCAP（澳大利亚新车评价规程）外，澳大利亚还针对汽车安全不断推出新的规定。从2011年11月1日起，澳大利亚所有新车（适用于乘用车和轻型商用车）都必须装配电子稳定控制系统（ESC electronic stability control），且已有车型也必须在2013年11月之前装配ESC。

因澳大利亚为《1958年协定书》的成员国，故ADR基本上采用ECE法规，同时也有一些特有的项目，如ADR34儿童约束装置固定点、ADR69全正碰乘员保护、ADR82发动机防盗锁止器等。第三版ADR法规与ECE法规等效关系详见表8-75。

ADR认证范围包括：机动车、挂车、拖拉机、自行车和零部件。澳大利亚道路车辆包括机动车和挂车共分为四大类：L类为两轮及三轮车；M类为载客类车；N类为载货类车；T类为挂车和半挂车。ADR车辆分类代号及其与UN/ECE法规的对应关系如下表所示。

表8-73　车辆分类对照

车辆类型	ADR分类代号	UN/ECE分类代号
两轮踏板车	LA	L1
三轮踏板车	LB	L2
摩托车	LC	L3
摩托车和边车	LD	L4
三轮摩托车	LE	L5
乘用车	MA	M1
前控制乘用车	MB	M1
越野乘用车	MC	M1
轻型客车	MD	M2
重型客车	ME	M3
轻型货车	NA	N1
中型货车	NB	N2
重型货车	NC	N3
微型挂车	TA	O1
轻型挂车	TB	O2
中型挂车	TC	O3
重型挂车	TD	O4

2.3 认证流程

制造商需在RVCS（Road Vehicle Certification System）系统进行注册，提供相关信息并指定授权代理人；在检测机构进行测试，以确定是否符合ADR

表 8-74 第三版 ADR 变更情况

3rdE ADR	Items	项目	变更情况
7	Hydraulic Brake Hoses	液压制动软管	2003.12.9 后新车停用；并入 ADR 42
12	Glare Reduction in Field of View	视野眩光减少	2003.12.9 后新车停用
15	Demisting of Windscreen	挡风玻璃除雾	2003.12.9 后新车停用
16	Windscreen Wipers and Washers	雨刮器和洗涤器	2003.12.9 后新车停用；并入 ADR 42
17	Fuel System	燃油系统	2005.8.2 后新车停用
20	Safety Rims	安全轮辋	2003.12.9 后新车停用
24	Tire & Rim Selection	轮胎轮辋选择	2003.12.9 后新车停用；并入 ADR 42
28	External Noise of Motor Vehicles	外部噪声	/00 2006.10.1 后新车停用；/01 2006.10.1 后被 ADR83 取代
30	Smoke Emission Control for Diesel Vehicles	柴油车烟度	2006.10.1 后新车停用
36	Exhaust Emission Control for Heavy Duty Vehicles	重型车辆尾气排放控制	2006.10.1 后被 ADR80 取代
37	Emission Control for Light Vehicles	轻型车排放	2006.10.1 后被 ADR79 取代
39	External Noise of Motor Cycles	电动自行车外部噪声	2006.10.1 后被 ADR83 取代
41	Mandatory Operation on Unleaded Petrol	无铅汽油强制性操作	2001.12.13 后新车停用
56	Moped Noise	轻便摩托车噪声	2006.10.1 后被 ADR83 取代
66	Seat Strength, Seat Anchorage Strength and Padding in Omnibuses	公共汽车座椅强度、座椅固定点强度及衬垫强度	被 ADR 68/ 替代日期：新的 MD3、MD 4 类车：1995 .7.1；新的 ME 类车：1994.7.1
70	Exhaust Emission Control for Diesel Engine Vehicles	柴油车排放	2006.10.1 后被 ADR79（轻型车）取代；2006.10.1 后被 ADR80（重型车）取代
71	Temporary Use Spare Tires	备用轮胎	2003.12.9 后新车停用

表 8-75 ADR 与 ECE 法规的等效关系

NO.	ADR	等效 ECE 法规	Items	项目
1	1/00	R23/00	Reversing Lamps	倒车灯
2	2/01	R11/02	Side Door Latches and Hinges	门锁、门铰链
3	3/03	R17/07	Seats and Seat Anchorages	座椅和座椅固定点
4	4/04	R16/04	Seatbelts	安全带
5	5/05	R14/06	Anchorages for Seatbelts	安全带固定点
6	6/00	R6/00	Direction Indicators	转向指示灯
7	8/01	R43/00	Glazing	玻璃安装
8	10/01	R12/00，R12/01 或 R12/02	Steering Column	转向管柱
9	11/00	R21	Internal Sun Visors	内遮阳板
10	13/00	R48	Installation of Lighting and Light-signaling Devices on other than L-Group Vehicles	照明和灯光信号装置的安装（非 L 类车）
11	14/02	R46/02	Rear Vision Mirrors	后视镜
12	18/03	R39/00	Instrumentation	仪表 车速表
13	21/00	R21	Instrument Panel	仪表板
14	22/00	R17/07/R25/02	Head Restraints	头枕
15	23/02	R30/00	Passenger Car Tires	客车轮胎
16	25/02	R116/01	Anti-Theft Lock	防盗锁
17	29/00		Side Door Strength	侧门强度
18	31/01	R13/09，R13H	Brake Systems for Passenger Cars	乘用车制动系统
19	46/00	R112	Headlamps	前照灯
20	47/00	R3/02	Retro reflectors	回复反射器
21	48/00	R4/00	Devices for Illumination of Rear Registration Plates	后牌照板灯
22	49/00	R7/02	Front and Rear Position (Side) Lamps, Stop Lamps and End-outline Marker Lamps	前后（侧）位置灯、制动灯和示廓灯
23	50/00	R19/01 或 R19/02	Front Fog Lamps	前雾灯
24	51/00	R37/03	Filament Lamps	灯丝灯泡
25	52/00	R38/00	Rear Fog Lamps	后雾灯
26	72/00	R95/02	Dynamic Side Impact Occupant Protection	动态侧面碰撞乘员保护
27	73/00	R94/01	Offset Frontal Impact Occupant Protection	正面偏置碰撞乘员保护
28	79/02	R83/05	Emission Control for Light Vehicles	轻型车排放
29	81/02	R101/00	Fuel Consumption Labeling for Light Vehicles	轻型汽车燃料消耗量标识
30	82/00	R97/01	Engine Immobilizers	发动机防盗锁止器
31	83/00	R51/02	External Noise	外部噪声

要求；向 VSS 提交申请资料及相关证据报告，VSS 审核通过后将签发认证牌照许可。为确保车辆的符合性，澳大利亚 VSS 还会对厂家进行一致性（COP）检查，并对其认可的检测机构进行检查。ADR 认证流程如下图所示：

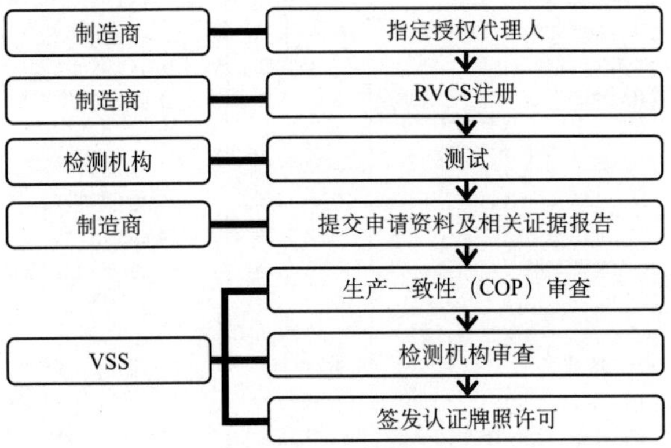

图8-12 ADR认证流程图

3 中国汽车出口澳大利亚现状

近年来，中国产汽车在各方面都有较大提高，特别是价格上极具竞争力。很多国内汽车厂商为自主品牌汽车打入澳洲市场做出不懈努力，取得了很大突破，但也存在很多问题。

小型经济车型及 SUV 车型更受澳洲消费者的青睐，中国产的微小型车及 SUV 的性价比在澳洲市场有很强的竞争力，价格比市场上同类产品低 20% ~ 30%。目前，长城、吉利、奇瑞等都已进入澳大利亚汽车市场；国产电动汽车也将登陆这一市场。2009 年 6 月，长城汽车正式出口澳大利亚，成为第一个登陆澳大利亚市场的中国汽车品牌；2009 年 11 月，哈弗成为中国首款进入澳大利亚市场的 SUV，2010 年月均销量超过 300 辆。长城汽车目前最大的海外市场就是澳大利亚，其中 2010 年在澳销量有一半是 SUV。至少有十余家中国车企计划近两年进军澳洲市场，产品主要集中于微、小型车及轻型卡车的低端市场，低价格仍是主要竞争手段。

2010 年 9 月，风骏和赛铃在 A-NCAP 的碰撞测试中都只获得两星成绩，并且出现多项零分；12 月中旬，登陆澳洲半年不到的长城风骏因安全带失效问题被召回；2011 年，又有 922 辆 2010 年款 X240（哈弗）因液压刹车管存在安全隐患而被召回。可见质量问题仍然是自主品牌汽车亟待解决的问题，各大国产汽车企业需重视全面提升中国汽车质量，打造品牌效应，树立中国汽车在澳洲消费者心中的良好形象。澳大利亚不断推出的新技术规定有可能成为中国汽车未来在澳洲销售的壁垒，跟踪了解澳大利亚政策法规，正确理解认证程序，注重技术提升及自己的专利研发，才能使国内品牌长久在澳洲市场立足。

此外，中国汽车企业还需全方位加强售后服务网络、零配件供应、技术人员培训等，不要让售后成为制约汽车企业走向澳洲的瓶颈。

中国汽车技术研究中心　牟　薇

南非汽车市场发展综述

1 南非基本情况

2008 年受国际金融危机影响，南非经济增速明显放缓，降至 3.1%。为应对金融危机冲击，南非自 2008 年 12 月以来 6 次下调利率，并出台增支减税、刺激投资和消费、加强社会保障等综合性政策，以遏止经济下滑。在政府经济刺激措施和国际经济环境好转的共同作用下，2009 年南非经济逐渐回升向好，四个季度经济增长率分别为 -7.4%、-2.8%、0.9% 和 3.2%。2010 年一季度经济增长 4.6%。

南非拥有非洲最完善的交通运输系统，公路分为国家、省及地方三级，总长度 58 万 km。为迎接 2010 年世界杯，南非政府投资 6.5 亿美元改善道路交通环境。

2 汽车准入管理制度

2.1 南非机动车准入管理制度

为控制进口产品的质量，保护消费者权益，进入南非的车辆产品必须要满足南非 SABS/SANS 法规或者等效果及法规的要求，通过 SABS 认证。

SABS，即南非国家标准局（South African Bureau of Standards），是根据 1945 年颁布的《国家标准法》设立的，隶属于南非贸易工业部。SABS 是南非中立的第三方认证机构，负责南非的体系认证及产品认证。除制定标准的职责外，SABS 还代表国家管理强制性规范标准，对于符合规范的产品，授予标志使用权。

车辆类产品由 NRCS（National Regulator of Compulsory Specification，隶属于 SABS）进行管理，大部分南非标准有等同的 ECE/ec 标准。南非是 ECE 成员国，其序号为 E47，负责管理 UN、ECE、WP.29 的部门也是 NRCS。除了车辆产品以外，NRCS 还负责管理电子、化工、机械、食品等领域的产品。

2.2 南非整车认证流程

要进入南非市场，需要到 SABS 提交申请并进行认证，认证流程如图 8-13 所示，其中的 MIB 注册步骤如下：

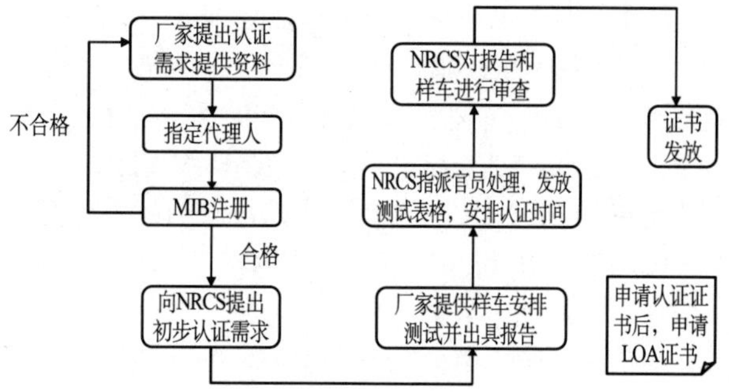

图8-13 南非认证流程图

①在省级政府提交申请；②确认代理人；③缴纳费用；④提交注册纳税证明；⑥提交海关代码。完成上述步骤以后，省级政府会要求NRCS及警方（负责审核代理人是否有犯罪记录）审核申请者，通过审核即完成MIB注册。然后向NRCS提出申请，并提交相关资料，如车型情况、各类证明材料、申请NaTIS代码（National Traffic Information System，即国家交通信息系统）、管理系统证书以及NRCS认可的试验机构出具的测试报告。除此之外，还要提交一辆样车供NRCS检查，并提交进行检查的地点（南非国内或者国外均可）。

所有检查通过后，车型方可获得NaTIS代码，尔后才能够在南非国内销售，同时NRCS也会签发MIB证书，并在产品上市后定期对车型进行监督抽验。

2.3 南非汽车零部件认证流程

除整车外，NRCS对售后市场的零部件也进行监管，其认证程序如下：

①在NRCS注册为进口商；②为产品申请认证；③提交NRCS认可的测试机构出具的试验报告；④提供样件给NRCS进行审查；⑤获得NRCS的符合性证书；⑥获得LOA（Letter of Authority，即授权书），允许进口；⑦归于轮胎类的产品，还需要工业部的进口许可证。

2.4 认证费用

■整车认证涉及的费用：

① MIB注册费用；

②认证费　包含注册车型的所有变型，具体按车型别的费用见表8-76；

③贩售费　每卖出一辆车可缴纳的费用；

■零部件认证涉及的费用：

①符合性证书费　如适用；

②签发LOA的费用　如适用；

③贩售费　卖出零部件可缴纳的费用。

2.5 检测机构要求

提交给NRCS的报告中所涉及的检测机构应符合：

■UN、ECE、WP.29指定的技术服务机构认可的检测机构；

表8-76 南非整车认证费用明细

产品描述	收费项目	认可费用
M1–乘用车	每个车型	24 489.58兰特
M2–客车	每个车型	24 489.58兰特
M3–客车（定制车身）	每个车型	24 489.58兰特
M3–客车	每个车型	24 489.58兰特
M3–客车（定制车身）	每个车型	24 489.58兰特
N1–轻型车辆	每个车型	24 489.58兰特
N2/N3–货车	每个车型	24 489.58兰特
O1–挂车	每个车型	1 800.00兰特
O2–挂车	每个车型	3 367.03兰特
O3–挂车	每个车型	3 367.03兰特
O4–挂车	每个车型	3 367.03兰特
农用拖拉机	每个车型	4 897.92兰特
N1–轻型车辆（定制车身）	每个车型	1 800.00兰特
N2–货车（定制车身）	每个车型	3 367.03兰特
N3–货车（定制车身）	每个车型	3 367.03兰特
M1–乘用车	每项	10.82兰特
M2–客车	每项	176.32兰特
M2-客车（定制车身）	每项	176.32兰特
M3-客车	每项	176.32兰特
M3–客车（定制车身）	每项	176.32兰特
N1–轻型车辆	每项	10.95兰特
N2/N3–货车	每项	159.18兰特
O1–挂车	每项	19.04兰特
O2–挂车	每项	19.04兰特
O3–挂车	每项	69.18兰特
O4–挂车	每项	69.18兰特
农用拖拉机	每项	120.00兰特
N1–轻型车辆（定制车身）	每项	8.20兰特
N2–货车（定制车身）	每项	16.41兰特
N3–货车（定制车身）	每项	22.78兰特

■ILAC或者IAF成员授权符合ISO/IEC 17025的检测机构；

■NRCS认可的等同或高于ISO/IEC 17025的测试机构；

■有让NRCS认可，可以证明符合ISO/IEC 17025的测试机构。

3 南非汽车标准和技术法规要求

3.1 整车法规体系和项目

南非的技术法规框架遵循的五大核心原则是公平透明、防止技术壁垒、提高效率、信息公开和经济性。国家道路交通法令为《Act 93 of 1996》，强制性标准的具体要求为《Act 5 of 2008》。南非交通部（DOT）和南非贸工部（DTI）授权NRCS的机动车部门来管理并维护强制性标准，监督所有产品符合强制性标准的要求，监管生产商、贸易商和运营商（这三者应为为Manufacturer、Importer和Builder，南非将其合称为MIB）。具体的监督及执行方式为：批准、监管、市场抽验和处罚。

关于整车认证的强制性法规，立法部门颁布8条安全方面的法规：

■VC8022：适用于M1类车；

■VC8023：适用于M2及M3类车；

■VC8024：适用于N1类车；

■VC8025：适用于N2及N3类车；

■VC8026：适用于O1及O2类车；

■VC8027：适用于O3及O4类车；

■VC8057：适用于农用拖拉机；

■VC9098：适用于L类车。

强制性法规规定，出口到南非的车辆必须遵循SANS（South African National Standards，即南非国家标准），这些标准是基于UN ECE法规体系来建立的。除了SANS，还可遵循ECE/ec、GTR（Global Technical Regulation，即全球技术法规）或其他等效法规。

以门锁门铰链为例，南非本国标准为1987年颁布的SANS 1443，其他等效法规还有ECE R11.02、70/387/eec，或者GTR 1。

由于NRCS会不定期的增加一些强制实施的项目，每年的测试列表不尽相同。

3.2 整车法规体系和项目

南非除对整车进行监管，同样对售后市场的零部件及各类备件进行管理，依据的法规如下：

■VC 8013：适用于液压制动及离合器液压操纵系统用油；

■VC 8033：适用于儿童座椅；

■VC 8056：适用于乘用车及其挂车的轮胎；

■VC 8059：适用于商用车及其挂车的轮胎；

■VC 8048：适用于白炽灯。

4 南非汽车市场特点

南非经济比较发达，居民收入水平较高，贫富分化明显，消费者购买力强，中高档车市场份额较大，皮卡、小型巴士非常受欢迎；道路交通基础设施发达，消费者重视产品质量、安全性，对汽车产品的耐久性要求较高；拥有丰富的矿产资源，但是富含煤矿却缺少油气资源，造成燃油主要依赖进口，汽油价格较贵，而且还在保持上涨趋势，最受欢迎的车型是排量在1.8～2.0L的汽车；犯罪率较高，气候炎热、阳光强烈，消费者不喜欢带有天窗的车型，青睐颜色较浅的车辆，对空调制冷速度和效果要求较高。南非大部分消费者愿意接受有价格优势且品牌宣传到位的车型，日本车、韩国车在南非的售价较低，非常有竞争力。由于承办2010年世界杯，政府加强道路等基础设施建设，对工程机械及特种车的需求量激增。

南非市场销售排前三名的品牌分别为丰田、大众和福特，其他比较受消费者青睐的品牌有欧宝、日产、奔驰、宝马、奥迪、菲亚特、五十铃、马自达、现代、起亚、塔塔等。南非目前没有自主汽车品牌，国内的汽车生产企业都是外国品牌投资建设，如宝马、梅赛德斯-奔驰、大众福特、日产、通用和丰田等企业，均是跨国制造商100%出资的子公司或控股子公司。其他所有车型也均为进口，如欧洲的标致-雪铁龙、雷诺，日本的大发、本田、斯巴鲁，韩国的现代、起亚和双龙，印度的塔塔、马亨德拉，以及中国部分自主品牌。

5 中国汽车产品出口南非情况

2009年中国出口到南非整车5 566辆，出口金额5 381.6万美元；2010年出口到南非整车17 027辆，出口金额15 851.6万美元，同比分别增长205.9%和194.6%，增长速度显著。

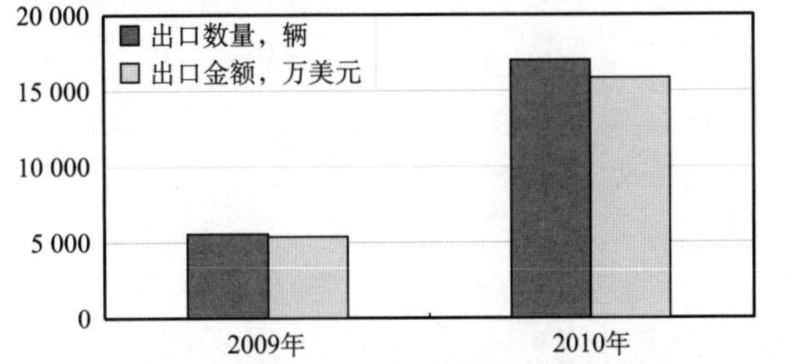

图8-14 2009～2010年中国汽车出口南非情况

6 中国汽车出口南非需要注意的问题

6.1 代理人

企业必须制定一个代理商（Agent），代理商将申明对所有数据信息以及售后等所有事项负责。南非道路交通法要求进口商在当地的交通部进行注册。

代理人可以找自己的经销商，也可以委托第三方认证服务机构寻找代理商。代理人可以为法人，也可以为自然人，具有南非国籍，且长期居住在南非，无犯罪史，了解南非的法律法规以及汽车相关法规。

6.2 主动权

大多数企业为了降低成本，选择由经销商在当地进行认证，自己只负责提供相应的技术支持，但认证后的证书均由经销商持有，厂家想要更换经销商时就会陷入被动的局面。

6.3 降低认证费用

南非本土的SABS/SANS法规基本同步采用ECE法规体系，而且南非接受各种等同标准；就南非认证而言，可以在国内按照欧标进行测试后取得E-mark证书，向NRCS提供测试报告即可。E-mark报告可以被世界上大多数国家和地区接受，适用范围广，认证费用均摊到各个出口地以后，每个国家的认证费用就变得很低，从全局利益考虑，可以大大降低认证成本。

6.4 合规性

产品必须符合SABS/SANS国家标准，应该严格依据南非相关标准完成所有测试项目，并且将满足NRCS的报告等技术文件资料提交，以保证顺利通过

表 8-77 ECE 法规南非采用情况

ECE 法规号	项目	车辆强制法规
1	包括装有 R2 类灯丝和 / 或远光的前照灯	SABS 1376/ 联合国 ECE R1
2	不对称近光和 / 或远光灯	SABS 1376
3	后视镜	SABS 1376/ 联合国 ECE R3
4	后牌照板	SABS 1376
5	（封闭式）前照灯	SABS 1376/ 联合国 ECE R5
6	转向指示器	SABS 1376/ 联合国 ECE R6
7	后示廓灯、前后侧灯、制动灯（停车灯）	SABS 1376/ 联合国 ECE R7
8	装有卤素灯（H1、H2、H3、HB3、HB4、H7、H8 和 / 或 HIR1）的前照灯	SABS 1376/ 联合国 ECE R8
10	无线电干扰抑制	ACT
11	门锁门铰链	SABS 1443
12	车辆碰撞时转向装置状态	SABS 1440
13	制动	SABS 1207 或 联合国 ECE R13
13H	制动	SABS 1207/ 联合国 ECE R13H
14	安全带固定装置	SABS 1207/ 联合国 ECE R14
15	排放、功率和油耗	ACT
17	座椅强度	SABS 1429/ 联合国 ECE R17
18	防盗	SABS 1248
20	前照灯（H4）	SABS 1376/ 联合国 ECE R20
21	内饰件	SABS 1047
23	倒车灯	SABS 1376/ 联合国 ECE R23
24	柴油机排放污染物	ACT
25	头枕	SABS 1269/ 联合国 ECE R25
27	提前警告三角板	SABS 1329 –1/ 联合国 ECE R27
30	机动车及其挂车充气轮胎	VC 8056/ 联合国 ECE R30
31	卤素封闭式前照灯	SABS 1376/ 联合国 ECE R31
37	经认证的灯具中的白炽灯	SABS 1376/ 联合国 ECE R37
38	后雾灯	SABS 1376/ 联合国 ECE R38
39	车速表	SABS 1441
43	安全玻璃	SABS 1191, 1192,1193 或 联合国 ECE R43
44	儿童安全防护系统	SABS 1340
46	后视镜	SABS 1436/ 联合国 ECE R46
48	灯光和信号装置的安装	
49	柴油发动机排放物	
51	噪声级	SABS 0181/0205/0281
54	商用车及其挂车用充气轮胎	VC 8059/ 联合国 ECE R54
77	停车灯	SABS 1376/ 联合国 ECE R77
90	备用制动衬片总成	联合国 ECE R90
91	侧标志灯	SABS 1376/ 联合国 ECE R91
98	装用气体放电光源的前照灯	联合国 ECE R98
99	气体放电光源	联合国 ECE R99
110	使用压缩天然气的机动车的专用部件	联合国 ECE R110
111	N 类和 O 类罐式机动车的侧倾过度的稳定性	联合国 ECE R111
112	发射不对称近光或远光并装有白炽灯的机动车前照灯	联合国 ECE R112
113	发射对称近光或远光和装有白炽灯的机动车前照灯	联合国 ECE R113
114	备用气囊系统的气囊组件	联合国 ECE R114
115	I. 液化石油气专用加注系统；II. 压缩天然气专用加注系统	联合国 ECE R115
116	车辆防盗保护	联合国 ECE R116
117	轮胎，有关的滚动噪声传播及在湿路面上附着能力	联合国 ECE R117
118	内部结构用材料的燃烧特性	联合国 ECE R118
119	转弯指示灯	联合国 ECE R119
121	操控件、信号装置和指示器的位置和识别	联合国 ECE R121
122	加热系统	联合国 ECE R122
123	自适应性汽车前头灯系统	联合国 ECE R123
124	乘用车车轮	联合国 ECE R124
125	前方视野	联合国 ECE R125

认证；此后还要注意保持生产一致性，以应对 NRCS 在日后进行阶段性的市场抽验。

6.5 证书有效期

与海湾国家不同，在南非车辆类产品的证书并无固定的期限，而是只要适用的法规没有进行更新或增加，且出口车型没有变化的情况下，证书将持续有效，这一点沿袭了 E-mark 证书的特点。

7 中国汽车产品出口南非的建议

7.1 质量和性能

企业应多了解南非的气候、地理环境，以及路面交通特点，在设计、制造时适当对产品进行本土化改造。出口南非的汽车要满足南非标准、欧洲标准或者等同的其他标准。当地消费者重视产品安全性、经济性以及耐久性，技术落后、外观陈旧的车型在南非市场将被迅速淘汰。

7.2 销售策略

考虑到贫富分化的社会状况，汽车要有价格优势才能得到基层消费者的青睐。此外，零部件供应及售后服务一定要完善。销售渠道与品牌形象建设也是必要工作。

7.3 政策环境的应对

整车生产企业要时刻关注当地政策，充分利用相关组织和优惠政策增强竞争力。南非的零部件进口关税仅为 7%，且劳动力资源丰富、价格低，政府对国外企业投资建厂持积极保护和扶持的态度，为在当地建厂提供较好的基础。建厂的地点可以选在东开普省，如伊丽莎白港和东伦敦，两地汽车及配套工业发达，物流便利。

2004 年以来，中国汽车出口南非的数量和金额均稳步增长，虽然在 2008 年金融危机席卷全球时候受到严重影响，但随着经济的复苏，出口额又继续保持稳步增长的态势。南非汽车市场的准入门槛不高，并且与欧洲共用标准，证书有效期长，对于高品质的整车生产企业是理想的出口目标国；相对正规的法规体系和严格的审查制度，也隔绝了不合规的小企业。可以预见，南非汽车市场将逐渐成为未来企业的理想投资地点和汽车出口的重要市场。

中国汽车技术研究中心　余　薇

《中国汽车工业年鉴》期刊社
CHINA AUTOMOTIVE INDUSTRY YEARBOOK HOUSE

1 2 3 4 5 6 7 8 9 10

国家汽车及零部件出口基地

National Automobile and Parts & Components Export Bases

长春国家汽车及零部件出口基地

2010年，长春市规模以上工业总产值完成5 750亿元，增长28.5%，其中汽车工业总产值3 705亿元，同比增长31.2%；汽车产量168万辆，同比增长35.8%；汽车销量166.19万辆，同比增长36.1%。一汽轿股、一汽　大众两个整车扩产改造项目建成投产，一汽丰越主厂房实现暖封闭，通用新车正式下线，全市整车产能接近200万辆；汽车零部件实现总产值796.4亿元。据海关统计，2010年长春汽车产品出口5.44亿美元，同比增长44.3%。其中，整车出口16 590辆，同比增长56.3%。

1　长春市汽车产业运行情况

1.1　总体情况

2010年，长春市汽车工业总体趋势良好，除了2月份受春节因素影响，汽车产销量低于10万辆外，其余月份几乎都高于2009年单月最好水平。尤其进入9月份以后，月产销量始终保持在14.5万辆以上，增长幅度十分明显，延续了2009年高增长的趋势。

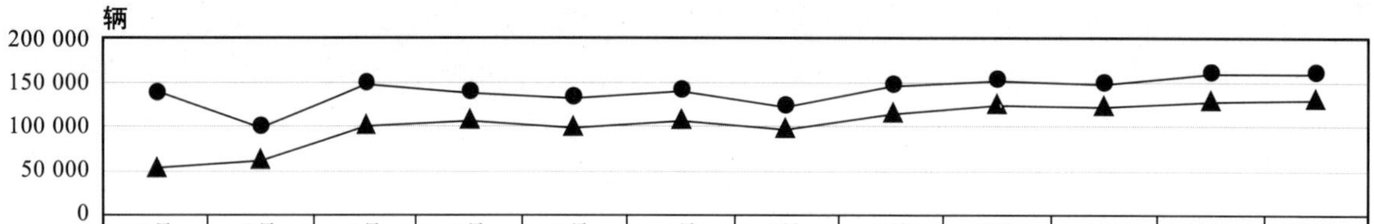

	1月	2月	3月	4月	5月	6月	7月	8月	9月	10月	11月	12月
2010年产量	138 932	97 442	147 185	137 847	131 986	139 734	120 602	144 985	151 453	147 086	159 594	159 112
2009年产量	52 519	61 724	99 606	105 120	98 818	105 467	96 339	114 027	123 168	120 734	127 867	129 808

图9-1　2010年长春市月度汽车产量

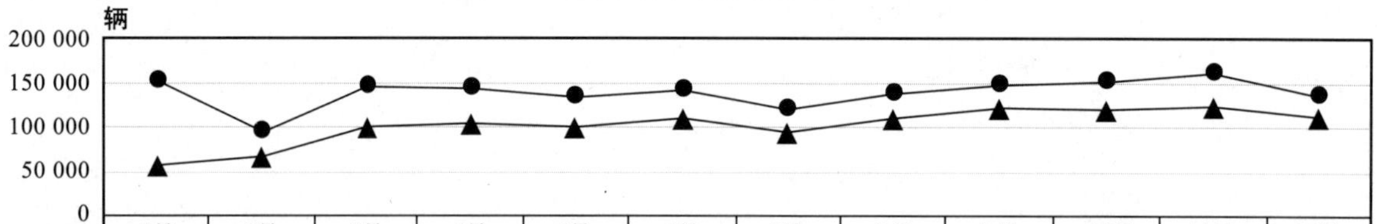

	1月	2月	3月	4月	5月	6月	7月	8月	9月	10月	11月	12月
2010年产量	151 834	94 248	144 197	142 388	133 647	140 959	119 006	137 552	147 325	150 341	160 674	135 259
2009年产量	56 889	67 068	100 764	103 071	99 985	109 377	94 239	109 980	122 174	119 022	124 478	111 682

图9-2　2010年长春市月度汽车销量

2010年，长春市汽车产量达168万辆，同比增长35.8%；汽车销量166.19万辆，同比增长36.1 %；完成汽车工业总产值3 705亿元，同比增长31.2%，占全市工业总产值的64.4%；长春市汽车零部件完成产值796.4亿元，同比增长45.5%。

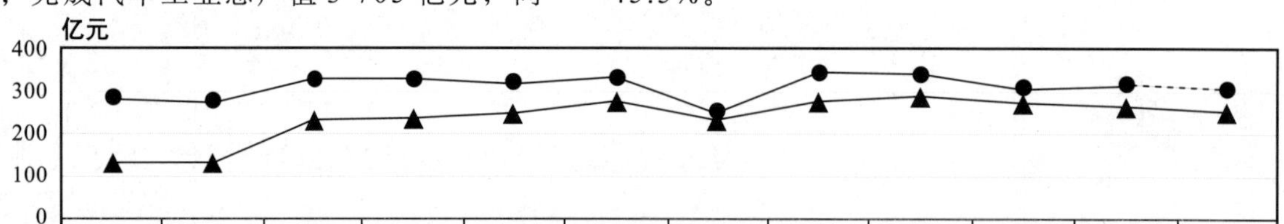

	1月	2月	3月	4月	5月	6月	7月	8月	9月	10月	11月	12月
2010年产量	278.1	272.2	326.3	329.9	318.0	333.9	248.6	343.6	340.5	304.6	311.8	300.0
2009年产量	132.3	130.7	231.8	235.8	248.1	277.2	232.5	275.2	288.7	270.1	264.2	250.9

图9-3　2010年长春市月度汽车工业产值

1.2　汽车工业发展特点

1.2.1　汽车工业保持了较强的增长势头。

2010年，全国汽车工业保持了较快的增长态势，受去年高增长的带动，国内车市需求逐步增加。进入9月份后，月产销规模始终在150万辆以上，其中11月份的单月产销量再创历史新高，分别达到了175万辆和169.7万辆。同时，国内汽车产销增速从年初开始，一直运行在30%以上。

1.2.2　受汽车产业政策拉动的车型增速下降明显

2009年，经济型轿车和微型客车受车购税、汽车下乡以及以旧换新鼓励政策影响，增幅十分明显。2010年尽管购置税优惠幅度有所减小，并且延续了其他政策，但由于2009年以上两款车型增幅过大，已透支了2010年的市场需求，导致2010年经济型轿车及微客增速放缓。其中2009年表现最突出的微型客车，2010年前11个月增速仅为27.9%，比去年同期下降了53个百分点，并低于国内平均增幅。

1.2.3 重型载货车市场需求增大，增速居商用车首位

2010年前11月，随着宏观经济发展的向好，以及基础设施建设对重型载货车市场需求的推动，货物运输量在实体经济稳步增长的带动下，重型载货车表现十分突出，2010年的累计销量增速已达到62.9%，居商用车之首。一汽新产品J6重型载货车，在经过2009年的市场检验后，今年1～11月份表现十分抢眼，凭借累计销售23万辆的业绩，继续领跑重型载货车领域。

1.2.4 长春市整车扩能项目推进较好

2010年，随着国内汽车市场的良好发展，长春市整车扩能项目也在积极推进和落实。一汽-大众在2009年实现了68万辆产量后，产能已达到上限，为了应对市场需求的不断扩大，一汽-大众今年借助顺华一厂和二厂的涂装线，顺利提升了涂装生产能力，目前该项目已完成，为大众突破80万辆提供了保障；一汽轿股二期新增20万辆产能项目，也于2010年7月份完成；一汽通用8万辆整车项目，目前已基本就绪，新车于2010年12月8日下线；一汽丰越公司整车扩能项目推进较为顺利，五大工艺车间已于今年末完成暖封闭。

1.2.5 2010年长春市汽车产品出口情况

据海关统计，2010年长春汽车产品出口5.44亿美元，同比增长44.3%。其中，整车出口16 590辆，同比增长56.3%。整车出口涵盖亚洲、非洲、北美洲、南美洲等地区，主要国家为巴基斯坦、美国、德国、伊朗、俄罗斯、埃及、秘鲁、马来西亚、印尼、肯尼亚和阿尔及利亚等。零部件出口主要国家为：美国、印度、德国、韩国、俄罗斯、墨西哥、南非、罗马尼亚、伊朗、东盟和日本等。

主要出口产品有解放重型载货车、轻型载货车、微型车、客车和底盘、皮卡和专用车等；零部件涵概有发动机及附件、转向与传动系统部件、制动系统部件、汽车电子电控部件、汽车环境系统部件和车身附件等。

当前，长春市出口的汽车零部件产品还是主要以劳动密集型、材料密集型和低附加值的产品为主，拥有自主知识产权的高附加值、技术密集型的产品不多。

2 长春国家汽车及零部件出口基地2010年主要工作

2010年，长春国家汽车及零部件出口基地主要开展了以下工作：

2.1 调整了组织机构设置

为加强长春市国家汽车及零部件出口基地建设，长春市政府调整了长春市国家汽车及零部件出口基地组织机构设置。五月份，长春市编委印发了《关于调整长春国家汽车及零部件出口基地建设领导小组成员的通知》（长编〔2010〕38号），将原设置于市政府汽车办的长春国家汽车及零部件出口基地建设领导小组办公室调整到市商务局。六月份，本部门正式接收了汽车基地办公室相关工作，并向商务部产业司汇报了汽车出口基地组织机构调整情况。同时，本部门按商务部要求，调度整理了长春市汽车产业相关数据上报商务部产业司。

2.2 健全了基地服务功能

为促进长春市国家汽车及零部件出口基地建设，做好汽车出口基地共公服务平台建设，六月份，按市领导要求，注册成立了长春汽车及零部件出口基地服务中心。该服务中心以服务长春国家汽车及零部件出口基地为核心，以企业为主体，积极争取相关政策及资金支持；帮助出口基地企业开拓国际市场；促进出口基地内企业项目建设发展及产品出口；为相关企业提供公共服务。

2.3 高标准完成了基地联席会议筹备工作

按照商务部产业司的总体部署，办公室认真筹备并成功组织召开第一次国家汽车及零部件出口基地联席会议。会上，商务部产业司张骥司长、支陆逊副司长、发改委产业协调司李刚处长到会并做了重要讲话，对基地今后的发展指明了方向。会议取得较好的效果，受到了商务部、国家发改委、财政部及其他11个基地城市的高度好评。

2.4 顺利通过国家考核

9月初，我们会同市工信局认真迎接商务部、国家发改委对国家汽车及零部件出口基地的考核工作并顺利通过考核，取得了较好效果。

2.5 努力做好市场开拓工作

9月份，长春汽车出口基地办公室积极组织长春市20户重点汽车零部件企业组成长春国家汽车及零部件出口基地代表团参加第四届　中国国际汽车零部件博览会　，共申请展位54个，高标准的完成商务部及省商务厅布置的参展任务。此次参展，长春市一汽富奥、一汽富维、一汽四环等代表长春市最高汽车零部件水平的国有大型企业全部参展，并取得了较好效果。10月份，出口基地办公室精心筹划组织长春市6户汽车零部件企业组成长春市经贸代表团赴美国、加拿大和韩国参加拉斯维加斯国际汽车零部件及售后服务展览会并开展了系列经贸活动。此次出访，参展企业取得了丰硕成果，得到了肖万民副市长的高度评价。此次参展，吉林汽车制动器厂与加拿大Fenco公司副总裁签订了出口制动器主缸产品的合作协议。旭阳集团与美国凯迪拉克部件公司达成车门内板密封件

的合资合作协议。同时，该公司表示愿意为旭阳的汽车地毯以及轮罩打入通用和福特公司提供帮助。

2.6 充分发挥长春国家汽车及零部件出口基地北美服务中心服务功能

2010 年，长春多家汽车零部件企业通过北美服务中心拓展北美业务。主要有：富奥汽车零部件股份有限公司被正式批准成为通用汽车公司的水泵 OEM 供应商，同时取得了一个年用量为 5 万只的水泵订单，合同期 8 年；富奥公司对万国载货车公司的底盘支架产品出口继续扩大，全年出口额有望突破 150 万美元，较去年增长 40%；富奥公司正式成为 Haldex-Concentric 的供应商，同时取得了 4.5 万只产品的订单，年销售额在 150 万美元以上；富奥公司基本确立了与 Speedway 的供货关系，年销额在 150 万美元左右；富奥公司对 WorldPac 的油、水泵出口份额继续扩大，全年有希望实现出口 75 万美元；富奥公司取得了 WorldPac 的散热器的订单，目前小批量试产已经开始；长春夸克普精汽车电子有限公司的汽车加热垫产品已通过北美服务中心平台进入北美售后市场，并正在准备 OEM 配套。长春富锋冲压件有限公司通过北美服务中心平台已为美国克来斯勒公司配套生产发动机隔热板，并由北美服务中心协助解决当地服务问题，从而大大降低了供货成本，提高了市场竞争力。北美服务中心为长春旭阳工业（集团）股份有限公司开发市场，取得了克莱斯勒的报价包；为吉林东光离合器有限公司开发了售后市场项目；此外，为了节省长春市企业的进口件成本，北美服务中心还在北美开发了一些新的材料及零件采购资源，拉直了一些进口采购路线，其中有油封、水封、轴承和吸水棉等。

3 下一步工作思路

3.1 积极争取国家对出口基地建设的资金支持。

2010 年，本办公室没有得到国家对长春市国家汽车及零部件出口基地建设资金。2011 年，为保证基地建设工作的开展，我们将积极争取国家对出口基地的建设资金。

3.2 重点建设长春国家汽车及零部件出口基地公共服务体系

以长春汽车及零部件出口基地服务中心为基础，为出口基地搭建六大公共服务平台：一是技术研发、引进消化吸收（服务）平台；二是专业化国际贸易服务力量平台；三是出口产品展示及公共信息与电子商务平台；四是国际贸易物流平台；五是试验检测及认证服务平台；六是培训服务平台。

3.3 参照长春国家汽车零部件出口基地北美服务中心模式，重点建设海外公共服务平台

拟在欧洲建立长春汽车出口基地服务中心。通过在世界各地的服务窗口为长春汽车及零部件企业开拓国际市场提供服务。

3.4 重点组织参加以下国内外专业展会，进一步拓展国际市场

一是中国国际汽车零部件博览会；二是美国拉斯维加斯国际汽车零部件及售后服务展览会；三是德国斯图加特欧洲汽车零部件 OEM 展。

长春国家汽车及零部件出口基地办公室

重庆国家汽车及零部件出口基地

2010 年，在商务部和重庆市委、市政府的领导和关心下，在重庆汽车及零部件出口基地领导小组的具体指导下，各有关政府部门和企业通力合作，积极开展工作，克服了后经济危机的不利影响，基地建设工作卓有成效。

1 基地 2010 年汽车产品出口情况及基地建设情况概述

1.1 汽车工业对全市工业发展支撑作用明显

汽车工业现已形成以北部新区汽车城为中心，渝北、江北、沙坪坝、大渡口、九龙坡、双桥、南岸、巴南等八大汽车工业园为辅的 一城多园 产业格局，发展态势良好，北部、西部、南部三大汽车产业群聚集和辐射效应增强。2010 年，汽车工业增加值占全市工业增加值的 34%；汽车工业产值占全市工业产值比例为 36.3%，汽车工业产值增量占全市工业增量贡献度为 58%。

1.2 出口规模不断壮大

2010 年重庆汽车及零部件出口 53 286 万美元，同比增长 67%，其中汽车整车出口 38 782 万美元，同比增长 77.1%，出口数量为 108 844 辆，同比增长 50.1%；汽车零部件出口 14 504 万美元，同比增长 45%。

汽车整车及零部件主要出口产品都大幅增长，从整车主要出口产品看：轿车出口 17 832 万美元，同比增长 147.0%，出口数量为 32 256 辆，同比增长 143.0%；货车出口 28 638 万美元，同比增长 66.9%，出口数量为 28 638 辆，同比增长 72.4%；全地形车出口 4 332 万美元，同比增长 12.4%，出口数量为 46 108 辆，同比增加 11.0%；客车出口 2 172 万美元，同比增长 38.3%，出口数量为 1 176 辆，同比增长 107.4%。从汽车零部件主要出口产品看：变速器出口 2 415 万美元，同比增长 33.0%；制动器出口 1 225 万美元，同比增长 47.3%；散热器出口 285 万美元，同比增加 5.2%。

1.3 企业自主创新能力不断增强，拥有一批自主知识产权的产品

重庆有59所高校、3所具有国内一流的试验检测设备及能力的国家级法定汽车检测机构和一批在汽车与汽车电子技术等方面有较强科研实力的科研院所。重庆是中国最先开展燃气汽车研究的地区，压缩天然气（CNG）汽车研发水平、生产能力处于全国领先地位。重庆汽车轻金属材料铝合金及镁合金的技术水平和生产能力居全国领先地位。拥有长安、力帆、青山等三家国家级企业技术中心，占全市国家级企业技术中心的18.75 %；拥有长安福特、渝安、綦齿、渝江压铸、蓝黛、庆铃、上依红等市级企业技术中心40家，占全市的23.5 %。长安汽车、庆铃汽车、红岩载重车、铁马载重车、力帆客车及轿车、恒通客车、迪马专用车、金冠专用车、大江专用车等自主研发的新车型在全国名列前茅，还有一批技术创新能力强、拥有自主知识产权的零部件企业及品牌，如力帆汽车发动机、綦齿变速器、青山变速器、红宇制动器、庆铃车桥、庆铃铸锻件、渝江压铸件、超力汽车空调等。重庆市极有市场影响的自主知识产权新产品主要有：长安混合动力轿车、纯电动轿车及自主品牌轿车，青山AMT轿车自动变速器，綦齿公交客车AMT自动变速器，渝安纯电动微车，恒通混合动力客车，蓝黛汽车双动力无极变速器等。

2 基地出口主要特点

2.1 出口以一般贸易方式为主

2010年，汽车整车产品一般贸易出口占比达79.6%，汽车零部件一般贸易占比45.9%。

2.2 出口产品以自主品牌为主

长安、力帆、渝安、上依红、恒通等整车企业自主品牌出口比例为100%；綦江齿轮、超力高科、渝江压铸、红旗缸盖等零部件企业自主品牌出口比例分别为100%、70%、50%和50%。

2.3 出口市场以发展中国家为主

主要出口市场以发展中国家为主。2010年整车出口前10国是俄罗斯联邦、阿尔及利亚、乌拉圭、叙利亚、美国、伊朗、智利、墨西哥、科威特、哥伦比亚。汽车零部件出口前10个国家和地区是美国、日本、俄罗斯联邦、伊朗、台湾省、越南、泰国、马来西亚、英国和韩国。

2.4 民营企业整车出口占据半壁江山，合资企业是零部件出口主力军

2010年，民营企业整车和零部件出口额占比分别为76.6%、39.5%。长安福特旗下安特贸易公司、中日合资利时德、蓝黛科博等公司连续3年都稳据零部件出口企业前列。

3 主要存在的问题

3.1 出口产品结构仍需改善，出口规模有待大力提高

从整车出口来看，全地形车占比仍较大，客车、微型货车和轿车出口量占比虽然稳步上升，但仍然不高。从零部件出口来看，出口总体份额较小，出口规模较大的企业少，以机械类产品为主，附加值较低。

3.2 多种外部因素影响汽车出口

全球后经济危机时代、国外进口标准不断提高、一些国家消费信贷大幅度削减、人民币升值压力及各种贸易壁垒频发等多种因素影响，企业出口风险加剧。

3.3 整车出口认证难

为应对国际金融危机，发达国家制定了严格的汽车油耗、排放及安全标准，限制汽车整车进口。汽车出口到欧洲至少要多增加二十几项认证，准入认证不仅花费巨大，而且一种车型一个认证，大大增加了汽车企业出口成本。

3.4 境外营销服务体系薄弱

汽车出口需要建立完备的售后服务系统，在国外市场建立营销和售后服务体系费用较高，企业出口经营成本要远大于国内销售，很多汽车出口规模不大的整车企业不愿投入或投入十分有限。

3.5 创新体系还需加强

以企业为主体的技术创新体系在大多数零部件企业内尚未真正建立。高技术含量、高附加值的零部件的创新能力尚需提高。汽车工业人才资源结构性矛盾突出，高层次研发人才较为短缺。

4 2011年主要思路和措施

2011年，重庆基地要深入贯彻落实国家汽车产业发展政策，以提高企业自主创新能力和加快形成国际竞争新优势为核心，以优化产业结构和发挥产业集群优势为手段，以实现整车与零部件企业均衡发展为目标，以出口公共服务平台和海外营销服务体系建设为重点，继续推进出口市场多元化，大力推动汽车出口又好又快发展。

4.1 继续推进重大招商引资项目

随着长安福特马自达新发动机工厂、北汽银翔微型车基地和韩泰轮胎中国区第三工厂等项目进入建设的关键时期，以及渝安微车新基地和DSI变速器重庆工厂项目的正式启动，各部门将积极配合，保障重大投资项目的顺利实施。

4.2 切实贯彻国家六部委文件精神，营造有利于扩大汽车出口的环境

一是要集成科、工、贸等各个方面的资金支持政策，重点支持、鼓励有实力的汽车企业开展共性技术研发，支持龙头企业采取多种方式开展境外营销服务体系建设；二是要发挥关、港、贸、检、银、税等部门的作

用，继续推进贸易投资便利化；三是要加强对主要出口市场政策、法规和认证程序等问题的专题研究和宣传培训，切实提高外贸人员的从业素质，帮助企业更理性的选择海外市场；四是要积极推进高级专业人才的引进工程，用优厚的待遇吸引高层次专业人才入渝，突破重庆市汽车行业高尖端人才缺乏的瓶颈。

4.3 积极组织企业开拓国际市场

继续大力组织企业参加拉斯维加斯汽车零部件及售后服务展、法兰克福汽车零部件展、莫斯科国际汽车展和北京汽车零部件博览会等展会。鼓励企业进入全球汽车零部件供应商的链条，与跨国企业开展合资合作，借助国际专业代理商、销售商和服务网络进入国际市场，扩大汽车出口销售和服务本地化。整车以开拓发展中国家市场为主，零部件以开拓欧美市场为主，支持企业在境外设立生产、维修服务和营销网络体系，扩大出口规模，提升服务品质。继续办好中国重庆国际汽车展，举办 国际汽车零部件采购商产品转包及贸易对接洽谈会 。继续依托 SPX 开展零部件企业差异化评估，推动更多的中小型企业通过 OEM、ODM 直接参与跨国公司的全球采购链。同时要精心承办 12 个国家汽车出口基地联系会。

4.4 大力支持新能源产业联盟

支持以长安汽车为旗舰的新能源汽车产业发展，打造我国新能源产业化基地，培育全国最大的新能源汽车研发、生产基地。充分发挥重庆市混合动力汽车产业化和天然气汽车产业化优势，以长安、恒通、力帆等企业为依托，攻克和掌握核心关键技术，加快新能源汽车产业集群培育，将重庆建设成为中国最大的新能源汽车研发、制造、检测和回收再制造基地，抢占新一轮国际竞争的制高点。

4.5 着力打造公共服务平台

结合基地建设发展目标，积极争取中央和地方财政支持资金，按照 面向行业、服务企业、资源共享、注重实效 的原则，支持通过产学研合作，依托国家级、市级企业（工程）技术中心、大专院校和科研院所，建设公共技术研发、公共信息、认证服务、公共试验检测、人员培训和国际孵化器等公共服务平台，解决汽车出口企业面临的与国外互认、试验检测、国际化经营等共性问题，逐渐形成以市场为主导、企业为主体、人才为支撑、产学研相结合的汽车产业技术创新和出口服务体系。

4.6 进一步加强与产业部门的联系和合作

一是要加强与产业部门的联系，在制定政策方面实现互动，善于利用产业部门的政策资源，商请其支持政策向出口企业倾斜；二是要建立产业专家队伍，形成专家咨询制度；三是要加强对产业的服务，从贸易角度制定促进汽车产业发展的政策措施，支持汽车及零部件企业进行新产品研发，促进产品升级换代，提高企业的核心竞争力。

4.7 完善金融组织、中介机构等配套服务建设

引导金融业加大对企业深化国际合作的支持力度，延伸金融产品领域，对企业从开发新兴市场、进行产品研发到建立境外营销网络给予全方位的资金支持。积极争取金融机构支持，锁定 1 ~ 2 个市场，选定 2 ~ 3 家企业，以地方银行为主，探索建立银行与企业共建财务公司或与境外银行合作，开办对境外个人汽车消费信贷业务，实现境外投资企业境内结算全覆盖，突破境外消费信贷。采取多种方式，帮助中小企业解决融资难问题，鼓励企业运用出口信保工具防范收汇风险。引导涉外律师事务所为企业开拓国际市场提供全方位法律咨询服务，并帮助企业进行反倾销、反补贴诉讼工作。引导认证机构提供保姆式一站服务，帮助企业更好的 走出去 。

4.8 加强行业运行预警，做到未雨绸缪

加强对主要出口市场政策、法规、专利信息和认证程序的研究和宣传，及时发布相关信息动态预警，支持企业应对各种贸易壁垒。加大生产资源要素调控力度，力保整车及配套厂家水、电、气的生产供应，确保生产企业特别是出口生产企业正常运行。

4.9 创新管理体制

充分发挥区县作用，广泛动员各种资源，探索建立若干个汽车及零部件出口分基地。促进汽车及零部件出口基地建设。

重庆市外经贸委

台州国家汽车及零部件出口基地

1 2010 年台州汽车及零部件出口基地建设及产品出口情况概述

自 2006 年 8 月 17 日国家商务部、发改委授予台州为首批国家汽车及零部件出口基地以来，台州市切实贯彻国家商务部、发改委有关国家汽车及零部件出口基地建设总体要求，加大培育扶持力度，积极培育汽车及零部件龙头企业，不断改善出口基地建设环境，经过 4 年多的发展，汽车及零部件产业规模不断扩大，产品国际竞争力明显增强，并在国际上形成一定品牌知名度和美誉度，出口基地建设和管理取得显著成效。目前，台州市汽车零部件产业汽车整车产业格局，汽车零部件产业特色产品区域已经形成。汽车整车产业

建成了路桥区、临海市和三门县三个整车生产基地。汽车零部件产业形成了特色产品区域，产业集群配套，产品种类齐全，其中椒江重点发展密封件、电机等附件；黄岩重点发展塑料件、灯具等配套件；路桥重点发展发动机、变速器和车架等关键零部件；临海重点发展发动机、管路等零部件；温岭、玉环重点发展变速器、减振器、转向盘、泵类和摇臂等机械零部件；天台、三门、仙居重点发展热系统、座椅、装饰件和橡胶件等配套件。在此基础上，台州市将汽车及零部件出口基地建设纳入建设沿海产业带和沿江发展轴的总体部署，积极引导与汽车及零部件有关联性质的项目向出口基地各功能区块聚集，促进优势产业相对集中，形成汽车产业专业化区域，发挥聚集效应。

2010 年台州有汽车及零部件出口实绩的企业 419 家，比去年同期增加 44 家。汽车整车及零部件出口额 6.11 亿美元，同比下降 39.0%。全市有整车出口实绩的企业6家，出口汽车整车1 684辆、计1 203万美元（吉利集团通过其上海公司出口，未统计在台州），同比减少 244 辆，金额同比下降 14.1%。其中吉奥出口整车 1 538 辆，计 1 020 万美元；温岭兴鼎公司出口 18 辆工程用特种车，计 158 万美元；中能公司出口整车 17 辆，计 10 万美元。

2010 年，全市零部件出口 5.99 亿美元，同比增长 40.8%；7家基地零部件企业出口零部件 16 269 万美元，占全部汽车零部件出口的 27.2%，同比增长 36.8%。其中跃岭轮毂出口 8 670 万美元，同比增长 47.3%；正裕实业出口 3 592 万美元，同比增长 23.9%；玉环锐利公司出口 1 587 万美元，同比增长 48.2%；宏利公司出口 1 056 万美元，同比下降 11.9%。

2 台州汽车及零部件出口特点及优势

2.1 产品出口国家及地区情况

2010 年全市汽车整车及零部件主要出口亚洲、欧洲和北美洲，出口金额分别为 19 043 万美元、15 101 万美元和 12 809 万美元，增幅分别为 26.9%、53.5% 和 32.1%。出口遍及 134 个国家和地区，比去年同期减少 7 个，主要出口国家和地区分别为美国、伊朗、阿联酋、俄罗斯和德国，出口金额分别为 10 924 万美元、3 567 万美元、3 306 万美元、2 582 万美元和 2 483 万美元，同比分别增长 34.2%、55.1%、27.7%、236.1% 和 42.4%。2010 整车及零部件出口前 10 国情况表见表 9-1、表 9-2。

表 9-1 2010 年汽车整车出口前 10 国统计表

序号	国别（按本年度出口数量排序）	出口数量，辆		出口金额，万美元	
		本年度	增长率，%	本年度	增长率，%
1	意大利	221	360.4	213	342.6
2	乌拉圭	404	155.7	210	136.8
3	利比亚	36	125.0	158	10.4
4	约旦	200	-34.4	141	-32.5
5	阿尔及利亚	182	–	126	–
6	沙特阿拉伯	117	105.3	82	105.2
7	秘鲁	162	–	67	–
8	科威特	62	24.0	46	44.2
9	老挝	42	–	38	–
10	南非	31	–	24	–
合计		1 457	129.8	1 105	97.0

表 9-2 2010 年汽车零部件出口前 10 国统计表

序号	国别（按本年度出口金额排序）	出口金额，万美元	
		本年度	增长率，%
1	美国	10 923	34.2
2	伊朗	3 565	55.9
3	阿联酋	3 306	31.1
4	俄罗斯	2 582	236.1
5	德国	2 483	42.4
6	南非	2 155	23.4
7	土耳其	2 131	49.5
8	意大利	1 921	23.7
9	加拿大	1 884	21.2
10	巴西	1 879	74.8
合计		32 829	43.9

2.2 产品出口结构特点及优势

2.2.1 产品结构特点

2010 年全市零部件出口 5.99 亿美元，汽车零部件出口涉及 12 类零部件产品，其中出口悬架减振器 17 405 万美元，同比增长 54.6%；车轮及零件 12 653 万美元，同比增长 53.9%；发动机及零件 6 614 万美元，同比增长 47.7%；驱动桥总成 3 947 万美元，同比增长 25.8%；转向系统 2 901 万美元，同比下降 11.6%；车身及附件 1 883 万美元，同比增长 39.7%。

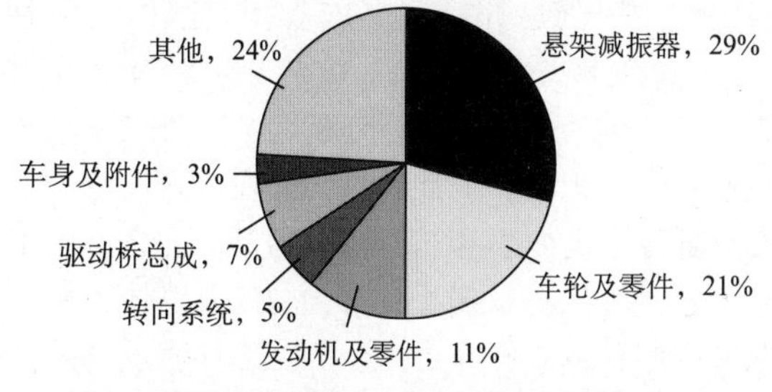

图9-4 台州出口基地2010年零部件出口结构分布图

2.2.2 台州出口基地的优势

1）民营机制优势。台州创造了 以民营经济为主导加政府推动 为主要特征的 台州现象 ，凭借民营经济灵活的体制机制优势，台州汽车及零部件企业迅速发展，在全市外贸出口中的份额不断提高。现在全市整车生产企业和零部件企业，全部为民营企业，这是台州区别于其他地方的一个显著特点。

2）自有品牌优势。近年来，台州汽车及零部件重点企业出口的品牌化程度不断提高，目前以自有品牌出口的比例约为 55% 左右，许多企业在美国、马德里条约国等国家和地区注册了商标。六大出口的整车企业全部使用自有品牌，如吉利控股集团，凭借灵活的经营机制和不断的观念创新，已成长为中国经济型轿车的主力品牌，并已成为60家 中国制造行业内最具竞争力的自主品牌企业 之一；浙江银轮机械股份有限公司 中国散热器行业龙头企业，是浙江省名牌企业，其主导产品 银轮牌 机油冷却器是浙江省名牌产品；浙江正裕工业有限公司的 正裕牌汽车减振器系列 ，被认定为 浙江名牌产品 ， 正裕 （减振器）商标获台州市著名商标称号。

3）产业发展优势。改革开放以来，台州成功走出了一条具有较强区域特色的民营经济发展汽车及零部件产业的路子。目前，台州现有整车生产企业6家，汽车零部件生产企业3 000余家，从业人员超过10万，产品出口的国家和地区达134个，汽车及零部件产业是台州 5＋1 主导行业之一，在台州制造业发展中的主导地位日益凸显。

表9-3 台州市主要汽车零部件生产企业一览表

产品名称	主要生产厂家	主要配套厂家	备 注
发动机	吉利发动机、凌田、东仪、本菱	吉利汽车、江南奥拓、吉林通田	
摇臂等动车系统	骆氏、和日、申林、汇丰、中元、新大陆、恒祥	德国及国内	
变速器	中马、吉利豪鑫、明华齿轮、兴发	吉利、夏利等国内各大汽车生产厂家	
冷却器、中冷器等冷却系统	银轮、爱信宏达、玉旋、玉环零部件、易宏、普罗	康明斯、铂金斯及国内一汽、东风公司、玉柴、五十铃等	
减振器	正裕、中兴、申林、骆氏企业、普罗	美国通用、马来西亚及国内	年产量800万支
车灯	天翀、浙江模具、大发、赛豪、天合、天盛	各大汽车生产厂家	
刮水器	法莱奥	各大汽车生产厂家	
转向盘等转向系统	方科、利中、宏利、荣达、永安转向器	意大利、一汽、上海通用、吉利、南京长安	
汽车管路	铁马、四通	一汽、东风公司、厦汽等	全国第三位
汽车齿轮、轴承	双环、中马、台州齿轮、鼎利、优特	变速器、减速器、差速器等厂家	
制动总泵、凸轮轴等制造系统	凯凌、普罗、解放汽配、温岭正田、新龙、金宏、华龙、通用汽配、双辉	丰田、本田、日产及美国厂家及挂车制动系统	
汽车空调压缩机	大元、吉利、三欣	一汽、上汽、江陵、工程车、吉利	
密封胶条、三角带	赛阳、通用、锦达、兴宇、第一同步带	与国内各大汽车厂家配套	产量全国第一
车桥系统	吉利、玉发	东风	
汽车用品与饰品	竺梅、天成、明丰	出口为主	全国生产基地

3 出口基地建设及产业集群培育情况

3.1 组织编制基地画册和十二五发展规划

组织召开《台州市国家汽车及零部件出口基地 十二五 发展规划》（以下简称《规划》）评审会，与会专家一致认为《规划》分析了国内外汽车及零部件产业、贸易现状和发展趋势，并在深入调研台州汽车及零部件产业发展和出口情况的基础上，提出了出口基地建设目标、发展重点与方向以及总体布局框架和保障措施，基本符合台州经济社会环境发展的实际情况和发展趋势，对于台州汽车及零部件产业发展以及出口基地建设具有较强的针对性、指导性、前瞻性和可操作性，经过努力和有关方面的大力支持，预期可以实施见效，同意通过评审。另外编印《2006～2010台州市国家汽车及零部件出口基地宣传画册》。

3.2 规划和新建、扩建平台中心

1）汽车及零部件产品国际电子商务应用平台。建成后将为汽车及零部件企业提供一个大规模、高性能、稳定安全的电子商务应用系统。

2）汽车模具技术服务中心。规划中的技术服务中心建成后将为汽车模具企业提供一个布局合理、功能齐全、开发高效、体系完备的公共技术服务体系。

3）汽车整车技术研发中心。浙江吉利汽车研究院有限公司承建汽车整车技术研发中心项目，依靠吉利集团的上下游合作能力，广泛开展技术服务，促进汽车产业的持续健康发展，并为汽车及零部件企业提供整车设计开发、零部件检测服务和技术交流与合作支持。

4）汽车换热器测试验证中心。浙江银轮机械股份有限公司负责建设汽车换热器测试验证中心项目，拟建立国内热交换器行业试验设备最齐全、研发试验能力最强的试验中心，设立产品性能试验与质量检测和信息交流与人才培训两大服务功能。

5）国际物流服务中心。以台州国际物流中心、浙江中外运有限公司台州分公司、台州海运有限公司、华东汽摩城等为基础，基地规划建设国际物流服务中心项目，为汽车及零部件企业搭建贸易、物流平台，增强汽车及零部件产业的物流支撑，为企业提供全球共享的资源、信息、物流服务，帮助企业降低运营成本。

6）出口认证服务中心。针对汽车及零部件出口中存在的产业国际化程度低、技术准备水平相对落后、国际市场开拓经验缺乏等问题，基于汽车产品出口现实需求，筹建统一的出口认证服务平台，为通过获得国内外有关机构的认证授权或互认，建立健全认证体系，为区域内企业开展质量管理体系认证、各种产品认证以及获得相关技术咨询与支持提供便利，为汽车及零部件产品避开国际贸易技术壁垒，顺利进入国际市场打下基础。基地规划建设出口认证服务中心项目，

选择与汽车及零部件企业有较强合作基础的管理咨询有限公司加盟。

3.3 强化品牌建设，提高企业品牌意识，扩大出口基地影响力

以国家汽车及零部件出口基地统一形象参加于2010年9月25～27日在北京中国国际展览中心（旧馆）举办的第四届中国国际汽车零部件博览会。台州市政府出台补助政策鼓励100多家汽车及零部件企业参加展会，展品涉及汽车热交换器、橡胶密封件、轮毂、发动机部件、转向系统、汽车用品等。

台州市成为全国唯一设立专门展馆的国家汽车及零部件出口基地，并于展会期间举办了2010台州（北京）汽车产业对接会，着重介绍了台州市汽车业在研发创新领域的努力和成就，以及和国际同行开展合作共赢方面的重大进展，为进一步推动和促进台州汽车及配件产业的国际合作和转型升级工作营造了良好氛围。

另外，台州在中国浙江品牌产品（印尼）贸易展示中心设立台州馆，汽车出口基地办重点组织了吉利集团、吉奥汽车、银轮机械等重点汽车及零部件企业入驻，该展示中心为常年展。

3.4 建立了有效的预警防范应对机制

台州市汽车及零部件对外贸易预警示范点自2009年3月顺利通过验收以来认真扎实开展外贸出口预警工作，取得了一定成效。台州市国家汽车及零部件出口基地相应成立了专门的工作机构　　预警机制示范点办公室　，目前累计358多家有出口实绩的汽车及零部件企业参与。依据《台州市汽车及零部件对外贸易预警机制示范点工作制度》，做好预警信息的采集、筛选、分析、综合、发布等日常工作；建立信息队伍，以预警示范点企业的主要负责人或外贸部经理作为信息员，建立沟通渠道，及时收集各类反馈信息，定期编写信息报告。

台州汽摩配网站作为预警信息收集和发布的主要平台。示范点办公室专人负责网页信息的更新，平均每周更新8条。通过电子邮件和短信平台及时向各县（市、区）和相关企业发送预警信息。同时每月定期整理编制《台州贸易壁垒信息》汽车及零部件专栏，发放至示范点各企业。全年编印电子版和印刷版12期。另外结合本市汽车及零部件行业所应对的反倾销调查和其他贸易壁垒，及时收集案件资料并报送总结经验。

4 台州国家汽车零部件发展规划及措施

4.1 发展规划

在全面分析台州市汽车及零部件产业发展现状的基础上，利用台州市建设沿海产业带和沿江发展轴的机遇，确立汽车及零部件产业重点发展区域，构建覆盖全市的南部、中部、北部三大组团。其中南部组团涵盖玉环、温岭，重点以发展汽车零部件生产、出口为主；中部组团涵盖市区以及临海，重点以发展整车和零部件制造以及产品技术研发为主；北部组团涵盖天台、三门、仙居，重点以发展汽车零部件生产、出口为主。

按照有所为、有所不为的原则，扬长避短，鼓励和重点支持开发一批先进适用技术，重点发展一批能够参与国际竞争的主导产品，构筑产业发展的新优势。

4.2 发展措施

4.2.1 加强整合各方资源，提高组织领导能力

重点发挥基地办和行业协会的组织协调和领导作用。加强管委会办公室建设，基地办牵头做好出口相关规划和政策措施的制订、实施；做好国家汽车及零部件出口基地建设专项资金的申报、安排、使用监督工作；定期召开管委会成员单位、行业协会和汽车及零部件出口企业会议，研究促进汽车及零部件出口的政策措施和对策建议，协调解决出口基地及企业在建设、生产、经营中的困难和问题。

行业协会要积极发挥桥梁和纽带作用，为政府服务、为企业服务。协会要利用自身的信息渠道，收集、发布有关汽车及零部件出口信息，为基地企业提供免费的公共信息服务。通过创立综合信息服务平台为会员提供电子商务及广告服务，帮助基地企业开展国际交流和合作。同时协会应规范企业的出口秩序，促进行业诚信建设，避免出口企业之间的恶性价格战。

4.2.2 组织企业组团参展，提升出口基地知名度

积极组织台州汽车及零部件企业参加国内外汽车及零部件展览会，重点组织参加巴西圣保罗国际汽车零配件展览会、德国法兰克福国际汽车零部件及售后服务展览会、美国拉斯维加斯汽车零部件展、上海国际汽车工业展览会和广交会。在广交会等企业参展意愿非常强烈的重要展会上要为企业多争取展位。同时在参展组织方面，应以台州国家汽车及零部件出口基地统一的品牌组团参展，既可扩大出口基地的知名度，又能提升出口基地企业的形象。

实施出口基地品牌营销战略。台州的汽车及零部件已在国内外汽车领域产生了较大的影响，具备了一定的区域知名度。台州汽车及零部件出口基地应以国家汽车及零部件出口基地联席会议为契机，积极争取国家汽车及零部件出口办公室的支持，通过定期举办汽车及零部件出口展会和出口论坛，邀请全国汽车及零部件出口企业来台州参展和出席论坛会议，努力打响台州市　国家汽车及零部件出口基地　品牌。

4.2.3 打造出口服务体系，全面提高服务水平

建立重点企业联系制度。及时掌握出口企业的经营状况，帮助企业协调解决在运营中遇到的困难。建

立情报信息收集机构和法律援助机构，为企业提供各类技术信息和法规标准，有针对性地举办形式多样的讲座和培训，使企业增加对与出口相关的法律法规、管理程序等信息。

开展各类国际标准认证。做好汽车出口企业资质认定工作，推行强制性产品认证（3C认证），鼓励汽车及零部件出口企业开展质量管理体系、环境管理体系、GB/T28000职业健康安全管理体系、协助企业在国外进行各种质量认证并给予一定的资助。

落实出口退税政策。切实加快出口退（免）税进度，做到申报、审核、审批、退税的 四及时 。落实延期申报政策。对汽车及零部件出口企业确因国外客商拖欠货款等因素造成企业无法及时申报退税的情形，准予办理延期申报，最大限度减少出口企业的损失。

完善对外贸易预警体系建设。继续支持台州市汽车及零部件出口基地预警点建设，建立汽车及零部件出口数据资料库和运行分析系统，定期收集发布国外贸易预警信息，帮助企业规避贸易摩擦。鼓励企业积极参与应对国外反倾销、反补贴、保障措施和贸易壁垒。同时，在汽车及零部件出口企业中推广出口信用保险和产品质量保险，化解市场风险。

4.2.4　努力拓展发展空间，增强土地保障能力

没有土地供应，项目就没有载体，台州土地资源稀缺，人均耕地只有0.4亩，随着工业化和城市化的不断推进，对土地资源的需求日益增加。高昂的地价和紧张的土地供应，已成为制约台州很多汽车及零部件企业最主要瓶颈，目前很多上规模的优质汽车及零部件企业由于土地的限制，没有办法在本地实现扩张或者是扩张的成本太高，纷纷外迁，给台州的台州汽车及零部件产业的健康发展带来非常不利的影响。

台州沿海产业带是台州 十二五 期间沿海开发的主平台，主要包括十二大产业区块，总面积约760km^2。因此在优化出口基地空间布局时，要充分结合沿海产业带的发展规划，在沿海产业带先进制造业基地内划出专门区域保障台州市汽车及零部件出口基地企业的用地需求，尤其是在工业用地日趋紧张的情况下，要重点支持关联度大、带动作用强的项目用地，在土地安排、地价优惠等方面实行适度倾斜，增强发展的空间保障。

4.2.5　实施多层次人才计划，增强人才保障能力

加大对拥有自主开发能力的高端人才的引进力度，着重引进既精通汽车专业技术又精通产业管理和外语的复合型人才。通过技术入股、提供创业基金等多种方法吸引拥有发明、专利、专有技术的技术能手到台州来组建创业团队和研发团队。要充分利用长三角地区高端人才集中的优势，定期邀请一些国内高水平的技术专家来台讲课。

采取校企合作等办法，培养专业技术人才与管理人才。争取与浙江大学、同济大学等著名院校合作，开设汽车专业研究生班和本科班，为台州市定向培养汽车专业人才。吸收和借鉴德国职业教育的经验，依托本地的高职院校、职业技校开设与汽车及零部件行业相衔接的专业班，通过定向培养的方式，为台州市汽车及零部件行业输送各种技能型、应用型的一线产业工人。

在引进和培养人才的同时，要为人才的发展创造良好的环境。对外来人才的子女入学、职称评定、配偶工作等方面进行统筹安排，使外来人才有归属感。在有条件的地方，可由政府牵头兴建一批人才公寓，安置外来高端人才。

台州市国家汽车及零部件出口基地是台州汽车产业发展的一个重要平台，加强国家汽车及零部件出口基地建设，对于推动台州汽车及零部件产业快速发展，提高产品质量和档次，增强国际竞争力，都具有十分深远的意义。2011年是 十二五 规划的开局之年，基地重点将加强汽车出口基地办基础建设，认真履行出口基地办的职能职责，努力做好管理、协调工作。充分利用国家扶持政策，进一步加强基地办对汽车零部件出口基地公共服务平台的管理，发挥出口基地公共服务平台作用，为基地内汽车零部件企业提供优质服务。按照基地 十二五 发展规划要求，推动规划平台、重点项目的建设工作。

台州市国家汽车及零部件出口基地建设管理委员会办公室

上海国家汽车及零部件出口基地

2010年上海国家汽车及零部件出口基地在商务部和市政府的指导和支持下，围绕国际贸易、自主研发、电子商务、质量认证、知识产权保护、出口结构优化、培训体系及数据库中心建设等方面重点搭建汽车及零部件出口贸易服务平台，出口基地建设工作取得了较大进展。

1　汽车及零部件出口情况良好。

2010年上海市实现汽车零部件出口29.82亿美元，同比增长46.1%；汽车整车出口30 486辆，同比增长15.8%；整车出口金额2.5亿美元，同比增长11.8%。

2　聚焦大型活动，体现出口基地服务功能，扩大汽车及零部件出口基地的影响力

1）2010年11月29日，与中国汽车报社共同承办中国汽车国际化发展战略研讨会暨国家汽车及零部件出口基地（上海）建设推进活动。在活动中，有关领

导为上海国际汽车产品交易中心、上海国际汽车城信息产业园揭牌，包括上汽集团售后配件体验中心（安亭）、博泽汽车技术企业管理（中国）有限公司、斯凯孚（上海）汽车技术有限公司等10家大型企业签约入驻出口基地。国家各部委领导、行业机构领导、专家学者以及出口基地汽车零部件企业总裁近500人参加了此次活动。《中国汽车报》以三个主题《上海争创汽车及零部件出口基地典范》、《 安亭模式 值得借鉴》和《上海国家汽车及零部件出口基地建设一马当先》四个整版全方位介绍了出口基地建设所取得的成绩，上海出口基地品牌影响力逐步体现。

2）2010年10月与国家机动车产品质量监督检验中心（上海）共同承办汽车产品出口认证检测技术研讨会暨出口认证检测平台服务功能推介会。推介会上发布了 机动车出口认证检测平台 标准法规数据库的免费使用权及出口认证检测的优惠服务等有关信息；该平台涵盖主要国际机动车标准法规原文、译文和研究论文的数据库，平台还投资数亿元建成了满足主要国际标准法规要求的机动车实验室，帮助出口基地汽车企业突破国际市场技术贸易壁垒、开拓国际市场，深受汽车零部件企业好评。

3）2010年12月，承办由中国汽车工业协会主办的2010中国汽车零部件行业年会，近300家汽车零部件企业参加了年会。与会代表介绍了 中国汽车零部件产业发展战略 阶段研究成果；各分会秘书长介绍了汽车转向器、汽车电子产业、发动机产业和电机电器等零部件产业的 十二五 发展规划，众多出口基地汽车零部件企业代表参会，了解汽车行业的最新发展动态。

3 吸引知名汽车企业入驻，逐步完善出口基地国际贸易、自主研发、信息服务、数据库建设等平台功能

3.1 研发方面

主要引进了以下3家企业：①上海灏渤自动化科技有限公司，该公司是汽车工业白车身制造的全方位系统供应商。在汽车白车身装备规划设计制造和集成领域技术研究方面已达到国际先进水平，在国内同行业中处于领先地位。②波特尼线束上海研发中心，波特尼线束是全球第二大线束供应商，上海研发中心是该公司全球第7个研发中心。③上海景田工业产品设计有限公司，该公司专注于汽车、摩托车外观设计，拥有完善的设计服务体系。

3.2 国际贸易方面

主要引进了以下项目：①上海国际汽车零部件采购中心，采购中心主要专注于汽车售后市场和进出口业务，有自己统一的配件品牌 安帕仕 ，发展前景广阔。②全国知名的汽配连锁机构中汽连锁，中汽连锁是中国汽车零部件工业公司的子公司，在全国有1 000多家连锁店，同时中汽连锁的汽车零部件数据库建设将填补全国汽车零部件数据统计的空白。③上海奥向国际贸易有限公司，该公司专注于汽车橡胶件的出口贸易业务。

3.3 电子商务方面

引进了汽车电子商务平台盖世汽车网。该公司目前已有30多万家稳定的买家资源，公司有员工近400人，提升了汽车城俱乐部街区的人气。

4 组织企业参展各类国内外展会，帮助企业开拓国际市场，促进汽车及零部件出口

1）2010年与盖世汽车网合作举办了近10场汽车零部件采购配对会和专业技术研讨会，尤其12月的大型零部件采购会，有近50家国际采购商、300多家汽车及零部件供应商参加，采购清单明晰，采购会现场配对成功率较高。

2）组织企业参加9月份在北京举办的中国国际汽车零部件博览会，展会采购商众多，出口基地企业布展合理，产品竞争力强，达成众多采购意向。期间，还组织企业参加了同期举办的国际汽车零部件发展高峰论坛、重点汽车出口市场政策法规宣讲会，了解汽车零部件行业最新发展动态及各国零部件进口的相关政策法规。

3）11月份，组织企业参加了在拉斯维加斯举办的国际汽车零配件和售后行业展览会，参展展品涵盖了汽车内饰件、橡胶制品（胶管、密封件、轮胎等）、洗车用品、修车用品、金属件（轴承、齿轮）以及发动机车身配件、车灯等汽车用品。上海团参展企业在展前准备充分，布展独特，多家企业在展会上获得订单并建立了新的国外市场渠道。

5 扩大出口基地对外宣传

出口基地与《东方早报》合作征集上海国际汽车产品交易中心和上海国际汽车城信息产业园Logo，征集到成熟作品100余幅，扩大了出口基地影响力。

制作出口基地宣传长廊，介绍出口基地四大平台建设成果及入驻企业风采。

制作出口基地宣传折页、出口基地宣传短片和上海国际汽车城信息产业园对外宣传PPT，完善出口基地各项宣传材料。

6 2011年主要工作计划

1）重点推进上海国际汽车产品交易中心建设，实现出口基地跨越式发展。

2）以上海国际汽车城信息产业园为核心，加快信息平台建设。

3）通过举办汽车相关的论坛、采购配对会，认证检测培训及组织企业参加国内外展会等活动，体现出口基地平台服务宗旨，扩大出口基地影响力。

4）通过举办出口基地推介会等方式，进一步加强出口基地市场推广工作。

上海市商务委员会

武汉国家汽车及零部件出口基地

1 出口基地发展概况

2010 年，武汉市汽车及零部件出口基地以科学发展观为统领，围绕 扩内需、促外需、调结构、转方式 这条主线，克难前进、开拓创新，取得迅速发展。全年汽车出口基地实现汽车总产值 1 212.28 亿元，同比增长 43.7%；汽车总产量 66.93 万辆，同比增长 36.0%，净增 17.72 万辆；汽车及零部件出口 2.4 亿美元，同比增长 63.8%。

2 工作特点

2.1 统一思想，提高认识，加大政策扶持力度

汽车产业是武汉市的支柱产业，2010 年，武汉市汽车及零部件工业取得了快速发展。为提高武汉市汽车及零部件出口的核心竞争力，发挥出政府支持做大做强基地建设的政策导向和优惠政策的作用，扶持重点企业的发展，基地领导小组有关单位多次调研相关企业，并且与外管、商检、海关、国税等部门多次沟通，反复磋商，努力解决基地企业在出口中存在的问题，帮助企业做大出口。同时加大政策扶持力度，按照武政 37 号《市人民政府关于支持汽车及零部件出口的意见》（以下简称《意见》）和武财商〔2007〕410 号《关于 武汉市汽车及零部件出口专项扶持资金有关事项的通知》的要求，对重点汽车及零部件出口企业的技术改造、研发项目、出口参展、培训认证、设立境外服务中心给予政策等支持。为保证公平、公正使用好扶持资金，基地办公室按照《 武汉市汽车及零部件出口基地专项扶持资金 项目评审程序和办法》，同时在 2009 年全面完成汽车及零部件出口目标的情况下，对全市汽车及零部件出口基地的东风汽车公司和相关企业的各类支持出口的相关项目进行了评审，对 27 家企业的 46 项较好促进出口的项目给予了支持，共计资金 1 567 万元。去年武汉市汽车公用平台建设已争取国家扶持资金 180 万元。支持汽车及零部件出口的优惠政策的兑现，调动了广大企业的积极性。

2.2 加强领导，完善机制，着力为企业服务

为了强化对汽车及零部件出口工作的领导，加大工作力度，加强基地办公室的领导，明确商务局、武汉开发区在办公室工作的专职人员和工作职责，并开展工作。税务、海关和外管等相关部门都各司其职，各负其责，积极支持配合出口基地政策制定和落实。市国税局、外管局根据基地企业的一些特殊性，积极制定优惠政策并多次到企业宣讲，帮助解决实际困难。

2.3 加强调研，抓好落实，做好重点企业的服务工作

为进一步抓好促进汽车及零部件出口各项支持政策的落实，我们在《意见》出台后，多次召开了不同类型的汽车及零部件出口工作会议，向全市相关企业和部门宣传武汉市支持汽车及零部件出口的优惠政策，并多次召开各区、开发区商务、外经贸和招商等部门企业会议，帮助出口企业理解好、使用好《意见》中的政策。为服务好武汉市的汽车及零部件出口企业，办公室领导还多次带队到各区、开发区调研，摸清武汉市汽车及零部件出口家底，建立相关的基地工作网络，并加强了对企业的指导服务，完善重点企业和重点地区的联系制度，一企一策，一事一策，有针对性的帮助解决生产和出口中遇到的困难和问题，更好的有针对的服务企业。

2.4 抓住龙头，优化服务，促进东风公司资源整合

东风公司是武汉市汽车行业的龙头，也是基地汽车及零部件出口的主力军。为适应形势的发展和响应市委、市政府号召，做大做强出口基地，基地挂牌后东风汽车公司对出口资源进行了整合，并有计划的向武汉出口基地集中。为帮助支持东风公司资源整合，帮助东风集团做大海外市场，市领导以及相关部门多次到东风公司总部及所属企业调研、研究做大做强出口需要解决的问题。基地办公室还多次与省商务厅、市国税局、外管局协调，帮助东风公司解决资源整合中的问题。

2.5 加大宣传，开拓市场，帮助企业实施 走出去 战略

为加强武汉市出口基地企业与国际合作和交流，转变武汉市外贸出口增长方式，2010 年 9 月 25 ~ 27 日，武汉基地办公室组织东风富士康汤姆森、协和、元丰、集诚等 12 家企业参加了经商务部批准举办的第四届中国汽车零部件博览会。参加此次博览会的各单位都感觉效果比较好，如武汉达普科零部件有限公司先后接待了来自巴基斯坦、印度、孟加拉、瑞士、美国以及俄罗斯等国家的客户共四十余家，其中有 4 家客户是第二次在展会上进行会谈。在相互交流中该公司了解到了不同区域的市场环境，为开拓市场提供了更明确的信息。东风富士汤姆森调温器有限公司通过前期充分的沟通，本次展会 DFT 共接待了 38 家海外客户，20 多家国内客户，同时还为公司联系 5 家潜在的供应商资源。其中印度 MAHIND 公司，泰国 RADIATOR 公司，韩国 INTERNATIONAL 公司都是比较有实力的 TIER 1 客户，已提供了 RFQ 文件包。土耳其 RODIC 公司当场确认了 3 万美元的 QFE 节温器订单。后续正陆续收到客户的询问，并有部分客户将于近期成交。

11 月组织部分单位参加了美国拉斯维加斯国际汽车及零部件博览会。参展的企业纷纷表示，每参加一

次国际博览会，企业的出口就会有一次惊喜，希望基地办公室多组织企业 走出去 参展，共同促进武汉汽车及零部件事业的快速发展。

12月8～11日，组织了东风富士康汤姆森、协和、元丰、集诚等单位参加了上海国际汽车零部件展览会。武汉出口基地展区凭借主题鲜明、品牌形象突出等优势，在近4天的展会期间，光临展区的客商络绎不绝，贸易洽谈十分活跃。据统计，共接待海内外客商3 000人次，涉及德国、法国、意大利、美国、加拿大、韩国和日本等十几个国家，达成意向成交金额1 000多万美元，合资合作项目意向金额500万美元 。展后以走访、座谈、书面问卷等多种方式开展的调查结果显示，有近60%的参展企业认为本届展会效果较好或很好，有80%的企业表示还会继续参加下一届展会。

同时，为加强武汉市出口基地企业与国际合作和交流，转变武汉市外贸出口增长方式，武汉市汽车及零部件出口基地建设领导小组会同中国汽车技术研究中心主办，由汉阳专用汽车研究所、武汉经济技术开发区管理委员会联合举办了以创新出口与可持续发展为主题的 2010中国专用汽车产业发展国际论坛 ，来自商务部、工业和信息化部、国资委、国家信息中心等相关部门的领导；来自中国汽车技术研究中心、欧洲汽车工业协会、SAE中国代表处、汉阳专用汽车研究所等行业研究机构的多位专家，以及来自一汽贸易总公司、北汽福田汽车股份有限公司、中集车辆（集团）有限公司等企业的负责人出席会议。

2.6 加快试验检测平台建设，更好服务企业

为帮助武汉市汽车及零部件出口企业应对国外技术壁垒，降低产品检测认证成本，培育本地区汽车及零部件产品出口服务环境，武汉市汉阳专用汽车研究所近几年获得了国家支持建设的汽车产品出口试验检测平台项目。已争取国家扶持资金530万元，武汉市配套支持资金近300万元。该平台项目建设目标是：利用2年左右的时间，分二步实施，建成一个以汽车整车性能及零部件扩展检测为一体的综合性试验检测平台，基本满足发展中国家汽车及零部件产品型式认证与检测的技术要求，和进口认证管理要求和市场化评价技术要求。目前项目扶持资金也全部落实到项目应用中，新实验室已经完成征地工作，土建工程与实验室建筑工程正在紧张启动。

3 下步工作安排

十二五 时期是深化改革开放、加快转变经济发展法方式的攻坚时期，也是推动武汉经济社会进一步发展的重大战略发展时期。我们要利用两型社会建设和国家促进中部地区崛起政策的契机，进一步加快武汉市汽车及零部件产业的发展，推动产业的结构升级。要全面按照市政府〔2007〕37号文件精神，以东风公司为依托，积极引导开拓国际市场，促进企业加强自主创新，扩大具有自主知识产权和自主品牌的汽车及零部件出口，推动武汉市汽车及零部件出口持续快速发展。努力做好 三抓 ：

1）抓 龙头 。东风汽车公司是武汉市汽车产业的龙头，也是武汉市汽车及零部件产品开拓国际市场的龙头。我们要依据东风公司的国际市场开拓战略，制订出相应的支持政策，做到政策贴身。要深入到东风汽车公司及所属企业，主动为企业提供服务，和他们共同策划国际市场开拓项目，使其真正能发挥 龙头 作用，促进汽车产业的发展。

2）抓 引导 。当前，武汉市汽车及零部件产品的市场是在国内，特别是零部件的主要市场更是围绕 东风 系列车型配套，因此，引导企业走向国际市场仍然是我们相当长一段时间内工作的重点。要以东风整车产品出口带动零部件的出口，要想办法让企业了解国际市场，熟悉国际市场。为此，2011年还要以基地名义组织全市汽车及零部件企业参加9月在北京举办的中国汽车零部件博览会，并与东风公司共同组织相关企业参加11月的美国拉斯维加斯和4月在巴西举办的汽车展。

3）抓 基础 。一是继续贯彻落实好《武汉市人民政府关于支持汽车及零部件出口的意见》，建设好全市汽车及零部件的工作网络。在全市的宣传平台上要开展一次汽车及零部件出口基地宣传周，要继续完善基地的工作网络；二是要把《意见》中有关的扶持政策真正落实到重点企业。2011年度继续加大扶持力度，积极支持企业的技术更新改造项目和出口产品的研发项目，支持市内科研机构、企业和中介机构的公共平台建设，支持汽车研究所公共检测设施设备中心的建设，努力夯实武汉市汽车及零部件出口的制造和管理网络基础。

武汉市商务局机电处

厦门国家汽车及零部件出口基地

1 产业发展及出口概况

1.1 产业发展概况

2010年，厦门市实现国内生产总值（GDP）2 053.74亿元人民币，比上年增长15.1%，全市汽车工业增加值达到28.59亿元，完成规模以上汽车工业总产值173.77亿元，汽车产量达到45 805辆。经过

二十多年的发展，厦门基地汽车产业形成了以大中型客车和轻型客车整车制造为龙头，带动协作配套体系发展，专业零部件制造迅速崛起的产业体系。

目前，厦门基地具备年产大中型客车 35 000 辆、轻型客车 45 000 辆的能力，产品涵盖 4.8 ~ 18m、5 ~ 86 座位的各类型客车，广泛应用于海内外旅游、公交、团体单位等客运领域。

厦门基地整车生产企业有大、小金龙 2 家，零部件生产企业约 150 家，其中规模以上零部件生产企业 47 家。

1.2 汽车及零部件产品出口情况

据海关统计，2010 年厦门基地实现汽车产品出口额 72 974 万美元，比上年增长 34.9%。其中汽车零部件出口占据主要地位，当年全市汽车零部件出口额达到 52 397 万美元，比上年增长 30.8%，占汽车产品累计出口额的 71.80%；整车累计出口 20 577 万美元，比上年增长 46.4%。

2 扶持产业发展和扩大出口的措施

1）根据《厦门市重点出口企业扶持资金管理办法》和《厦门市机电产品出口发展专项资金管理办法》，对汽车出口企业的海外宣传、海外参展、海外注册、海外认证、海外营销网络建设的费用给予 50% 的补贴。对企业投保出口信用保险的保费，市、区两级财政分别给予 50% 和 25% 的补贴。

2）对大金龙和小金龙等汽车产品生产企业扩大出口实行特殊奖励政策，帮助企业应对金融危机。

3）财政拨款 5 万元，支持基地参与商务部举办的 重点汽车出口市场政策法规宣讲会 ，组织大小金龙、宏发电声等国家汽车及零部件出口基地企业以及部份汽车零部件企业参会，帮助企业了解国外汽车出口市场的政策法规，推动基地汽车产品进一步开拓国际市场。

4）组织了 18 家汽车及零部件企业参加商务部在北京举办的 中国国际汽车零部件博览会 ，共申请标准展位 30 个，室内展地 600m^2，市财政为此出资 72.81 万元，一方面对参展企业的展位费给予 50% 补贴，另一方面支持厦门团做好公共布展。

3 公共服务平台建设情况

为了提升出口基地企业的核心竞争力，基地充分利用各方面的资源，建设了 6 个公共服务项目，预计总投资 5.48 万元。2010 年底累计完成投资 3.51 亿元，其中国家补助 1 500 万元，地方政府补助 1.95 亿元。

3.1 机动车污染控制技术研发与测试验证公共服务平台（简称 污控中心 ）

该项目是国家环保总局和市经发局审批立项的 2008 年度厦门市重点项目，同时也是商务部国家汽车出口基地公共服务平台资助项目，项目建设将为厦门基地内企业及周边汽车企业提供型式认证和生产一致性认证服务，通过检测分析研究，促进汽车出口企业的自主创新和技术改造，从而促进具有自主知识产权和民族品牌的汽车及零部件出口。

项目建设占地约 10 000m^2，建设面积 6 700m^2，主要建设有轻型车排放检测区（-7℃低温整车试验室，常温整车超低排放试验室）、重型车排放检测区（重型整车试验室，发动机台架排放试验室）和轻型车 10 万 km 耐久试验室 3 个功能区及相关配套辅助设施。项目总投资 1.08 亿元，实际已完成投资 9 800 万元，其中商务部结构资金 1 000 万元，地方政府补助 8 000 万元。该项目已于 2010 年 9 月投入运营。

3.2 机动车试验检测中心（简称 检测中心 ）

检测中心建设内容有液压实验室、摩擦及传动实验室，以加强对国产汽车，以及消防、机场、环保等特种专用车的液压系统、液压元件、传动系统进行试验与检测，并对新车提供液压和传动系统的检测服务。

检测中心规划用地 2 000m^2，建筑总面积约为 1 700m^2，其中液压实验室建筑面积约为 900m^2，摩擦与传动实验室建筑面积约为 800m^2。项目实际完成投资 2 946.7 万元，其中国家结构补助资金 500 万元，企业自筹解决 2 447 万元。

3.3 国家场（厂）内机动车辆质量监督检验中心

该项目是国家质检总局批复给厦门汽车出口基地建设的项目，占地总面积 20 万 m^2，建筑面积约为 1.65 万 m^2，预算总投资 2.9 亿元，其中建安投资 1.68 亿元，设备投资 1.22 亿元。中心分两期建设，其中一期为整机检测项目，将全面覆盖从工程机械、建筑机械到特种车辆的整机检测，工程从 2009 年 6 月起开始建设，已完成 1.65 亿元投资，即将竣工；二期将继续建设结构件、液压系统、传动系统和动力系统的检测试验室，试验室的仪器设备总投资预计为 1.06 亿元。该检验中心的建设，将大大提高我国机械工业的水平和竞争力，能够为企业提供更好服务。

3.4 信息化集成管理公共服务平台

为了对企业人流、物流和资金流进行集成管理，实现供应商与制造企业、零部件企业与整车企业、制造企业与客户之间模块信息共享，将传统管理转化为供应链信息化管理，减小供产销周期，提升产品质量，增强基地企业的核心竞争力，从而提高企业经济效益，2009 年，厦门实施基地信息化集成管理公共服务平台。项目预算总投资 6 800 万元，分二期建设，一期主要建设信息技术中心机房基础设施等，已完成投资 3 500 万元，2009 年 10 月正式投入运行；二期建设金龙联合和江身车架等企业 ERP 项目建设。

3.5　机动车技术服务中心

该中心 2007 年初建成投入使用，注册资金 3 550 万元，是专业从事大中型客车总成维修、整容翻新、肇事车维修、机动车检测、加油加气站等项目的综合性机动车服务企业，占地 5 万 m^2。新建的 1.5 万 m^2 标准厂房和 2 万 m^2 停车场为客户提供了良好的修车环境。完成投资 5 312 万元。

3.6　产学研研发平台项目

为了提升研发水平，基地拟建设产学研研发平台项目，主要建设焊接工艺、外观设计与内饰、理化检测等研发平台。项目总投资 4 000 万元，计划建设期为 2010 年 6 月～ 2011 年 5 月。

4　园区建设及产业集群培育情况

厦门基地建设以机械工业集中区为依托。该园区主要由汽车工业城、厦工工业园、配套产业区及生活区等部分组成，总规划用地面积 1 542 万 m^2，其中汽车工业城规划为整车制造区、零部件制造区和研发行政中心、物流区等四大功能区。

为了加强园区建设和管理，市政府成立了机械工业集中区建设指挥部，全面负责园区的筹建和后续管理服务；国有企业海翼汽车工业城开发有限公司专门负责园区内基础设施和配套功能的开发建设。

经过近三年的开发、建设，园区已吸纳 129 家企业入驻，以金龙汽车为龙头的产业体系基本趋于完善，产业集群规模逐步壮大，汽车产业形成集研发、设计、整车及部件制造、物流、服务等为一体的高新技术产业区，产业集聚效应日益显现。目前园区呈现以下几大特点。

4.1　产业链初步形成

园区在招商引资过程中，注重引进与产业链相关的项目和厂商，重点是引入关键零部件项目，特别是引进重要主机企业和汽车电子零部件企业，发挥产业集聚效应，培育产业发展平台。目前园区汽车产业链已初步形成。目前，园区共引进整车及零部件配套项目 24 个，主要有金龙客车、金龙车身、金龙礼宾车、底盘总装、模具中心和玉柴发动机等。

4.2　产业规模可观

截至 2009 年底，园区累计完成投资近 60 亿元，利用外资 4.82 亿美元。2009 年，虽然受到金融危机的严重影响，但园区仍然实现工业产值 253 亿元，缴纳税金 10.58 亿元，同比增长 8.3%，实现出口 31.6 亿元（以上数据含厦工）。

4.3　技术水平显著提高

园区目前建有金龙国家级技术中心和博士后科研工作站以及正新等省级技术中心，成功研发以正新子午线轮胎、新能源混合动力车和纯电动车为代表的关键零部件和新能源汽车等产品近 30 项。

4.4　信息化水平更上一层楼

园区企业已经普遍发展到把　信息化与工业化融合　作为企业生存、发展的重要资源加以经营的阶段。以金龙等为龙头的核心业务流程信息化达到高级水平，开始向国际水平靠拢，增强了对园区配套企业信息化普及的带动作用。

5　2011 年工作思路

1）组织厦门市企业积极申报 2011 年度国家汽车出口基地公共服务平台建设项目和共性技术研发项目，争取商务部、财政部　优化机电和高新技术产品出口结构调整资金　的支持。

2）对整车出口企业继续实施扶持政策，鼓励和支持企业到海外参展，到海外进行商标注册、产品认证，到海外建立自己的售后服务体系，鼓励企业与海外经销商合作，在国外建立自己的组装厂，以 CKD、SKD 的形式进一步扩大出口，进一步扩大和提高厦门市金龙客车、金旅客车在国际市场的占有率。对整车出口企业开拓海外市场的所有费用，给予 50% 的政府补贴。

3）对获得商务部资助的厦门市汽车出口基地公共服务平台建设项目　国家机动车污染控制中心　的运营情况进行跟踪，发挥其对厦门市汽车产业的服务功能。

4）继续组织厦门市汽车及零部件企业参加商务部举办的　重点汽车出口市场政策宣讲会　，帮助企业了解我国重点出口国家和地区汽车市场的政策法规、技术标准和认证程序。

5）组织企业参加商务部在北京举办的　第五届中国国际汽车零部件博览会　以及　世界客车（比利时）展览会　、法兰克福中东（迪拜）国际汽车配件博览会　和　美国拉斯维加斯国际汽车零部件展览会　等国际专业展会，进一步扩大厦门市汽车及零部件在国外市场的影响和份额。

6）在汽车产品出口企业中加大国家出口信用保险政策的宣传力度，协助厦门出口信保公司加强对汽车产品出口企业的出口信用保险业务培训，帮助企业全面了解国别风险动向和业务风险防范知识，提升企业对出口市场的风险意识和风险管理能力。鼓励企业充分利用出口信用保险工具，规避出口市场风险，巩固和扩大出口市场。对汽车产品出口企业投保出口信用保险的保费，市、区两级财政分别给予 50% 和 25% 的补贴。

厦门市机电产品进出口办公室

芜湖国家汽车及零部件出口基地

1 2010 年芜湖国家汽车及零部件出口基地情况

1.1 2010 年基地出口概况

2010 年，芜湖国家汽车及零部件出口基地软硬件建设方面取得了长足的进步，各项工作成效明显。基地领导小组千方百计引进和扶持汽车及零部件企业，2010 年基地规模以上汽车及零部件企业新增 60 家，由 2009 年的 271 家增加到 331 家；基地规模以上汽车及零部件企业实现产值 638.36 亿元，同比增长 35.6%；基地全年汽车整车产销量达到 70 万辆，其中出口 9.2 万辆，出口额 6.66 亿美元，同比增长 1.13 倍。

1.2 基地主要工作

2010 年商务部和国家发展改革委对国家汽车及零部件出口基地运行 3 年进行动态考核，芜湖汽车及零部件出口基地认真迎接考核各项工作，编制整理全套上报考核材料和重点出口基地企业资料。上报的材料翔实、规范，得到商务部、省商务厅好评。最终芜湖基地顺利通过考核并取得较好的成绩。

除此之外，为提升基地企业竞争力，基地下大力气在产业集群式发展和优化产业结构方面做文章，具体措施有：

1）开展国际合作，实施开放式创新。通过设立研发中心与国外研发机构合作等形式，提升创新水平。例如，奇瑞公司在意大利都灵、日本东京分别设立了汽车工程研究分院，同时还与欧美 12 家世界一流的轿车研发机构建立了合作关系。

2）推动基地企业开展引智工作，利用国际科技人才提高企业技术研发能力。以奇瑞为例，除 200 多名科技人员在国际著名汽车研发机构工作之外，还有来自国际著名汽车厂家的 40 多名外籍专家，使奇瑞的研发水平提升至世界先进水平。同时依托留学生创业园，不断完善功能，出台系列配套政策，经过近 4 年的发展，吸引了一批具有核心竞争力的企业，也吸引了一批来自美国、澳大利亚、英国、日本等国家和地区的汽车专业人才。

3）注重资源整合力度和共享服务平台建设。打破条块分割，充分利用现代信息技术，实现区域资源开放共享。

推动产学研各方围绕产业基地技术创新链，开展联合攻关，制定技术标准，扶持和支持基地企业 走出去 。奇瑞公司是中国第一个将 KD 散件、整车制造技术和装备出口至国外的汽车企业，目前已分别在俄罗斯、乌克兰、埃及、马来西亚、印度尼西亚、伊朗、乌拉圭、泰国、叙利亚和台湾等 10 个国家和地区建立或筹备了 11 家组装工厂，不仅有效增强了奇瑞汽车的出口竞争力，也提升了中国汽车在海外的产品形象和品牌形象。

围绕自主品牌汽车企业和周边区域汽车电子产业的集聚发展，在奇瑞汽车公司等龙头企业的带动下，联合中国汽车电子企业、高校和研究机构，成立了芜湖汽车零配件产业技术联盟和安徽汽车电子产业联盟，共同推进汽车电子技术的自主创新。

建立企业、高校、研究所联动合作发展机制，构建以企业为主体、以市场为导向、产学研结合的区域技术创新体系。在推进高校科研院所与企业之间的产学研对接层面上，基地 80% 的规模以上工业企业与清华大学、北京理工大学、上海交通大学、中科院合肥分院等 40 多所高校、科研机构建立了长期合作关系。

5）加大创新创业载体　　国家级芜湖高新技术创业服务中心的建设，目前中心已成为芜湖汽车关键零部件产业成果和科研开发人才聚集地。已累计招引孵化企业 215 家，孵化毕业企业 60 家。

6）大力发展中介服务机构及服务平台建设，成立了芜湖创新服务中心、芜湖生产力促进中心、芜湖汽车零部件产品质量监督检验中心、安汇知识产权代理公司等机构，初步形成了服务功能较为完善的科技中介服务体系。

7）积极推进中小企业投融资平台及体系建设。设立 3 亿元自主创新专项资金、5 亿元　小巨人　企业培育专项资金、2.5 亿元的汽车零部件风险投资基金、5 亿元注册资本的奇瑞徽银汽车金融公司、3 亿元注册资本的奇瑞科技公司、1 亿元注册资本的市科技创业投资公司，以及 130 多家担保机构，15 家小额贷款公司，10 家典当机构，为产业高速发展的投融资需求提供了强有力支撑。

2 存在的问题

2.1 汽车企业发展不平衡

全市 6 家汽车生产企业中，奇瑞汽车股份公司已发展成中国主流汽车生产企业，轿车出口也持续保持全国领先水平，芜湖中集瑞江汽车有限公司的搅拌车产销量已逐步上升，其他汽车生产厂家的外销还有差距。零部件出口的中小企业较多，缺乏大的出口企业。

2.2 行业素质需进一步提高

人才机构还不够合理，管理和外贸人才队伍与日益发展的业绩还不匹配，需要不断引进和培养，尤其是开拓国际市场的外贸人才缺乏，高级技工也不够。

股份制改革还没突破，至今还没有上市公司，影响企业做大做强。

2.3 国际贸易壁垒及人民币的汇率影响出口

日益增加的贸易壁垒和汇率风险影响了企业出口，尤其是奇瑞汽车公司的俄罗斯市场受到很大影响。汇率变化的压力基本是出口企业自行消化，影响了中国汽车及零部件企业走向国际市场。

3 2011年出口基地建设和扩大出口的工作思路

2011年芜湖汽车及零部件出口基地工作思路是：以提升芜湖汽车及零部件产业基地的自主创新能力和产业竞争力为目标，围绕节能与新能源汽车的发展方向，3个层面推进，构建6大创新平台，主攻6大关键技术，实现增长目标。

围绕汽车节能与新能源汽车前沿技术、关键技术、应用技术等3个层面，从整车龙头企业、关键模块系统骨干企业、零部件中小企业3个层次，加强创新体系建设，促进产业技术的升级。

构建6大平台。建立出口服务体系建设平台（芜湖基地向商务部上报了汽车节能环保公共服务平台项目、汽车电子及关键零部件出口企业孵化平台项目以及汽车出口信息与培训公共服务平台项目）、产业技术研发、产业要素交易、科技成果转化、中介服务、资源共享服务平台，形成信息交换、要素交融、合作交流、成果交易的开放市场体系。

主攻6大关键技术。突破先进发动机、新型汽车关键零部件、汽车电子化产品、车辆加工与检测装备、汽车轻量化材料和新能源汽车零部件六大关键技术，掌握一批自主知识产权。

实现增长目标。2011年实现汽车产业销售收入800亿元，汽车工业增加值占GDP的比重达到30%以上，汽车及零部件出口增幅保持20%以上；整车销售达到80万辆，其中在海外市场销售30万辆；围绕节能与新能源汽车产业的技术需求，新建一批产业技术研发平台，在集群中形成省级以上重点（工程）实验室、工程（技术）研究中心等10个以上。

芜湖市国家汽车及零部件出口基地领导小组办公室

天津国家汽车及零部件出口基地

1 2010年度出口基地建设基本情况

2011年，天津市国家汽车及零部件出口基地建设领导小组（以下简称 出口基地领导小组 ）各成员单位密切配合，积极应对后危机时代的不利影响，大力促进天津市汽车出口基地建设。

2010年全市汽车工业产值1 513.85亿元，同比增长27.5%。另据海关统计，2010年全市汽车及零部件出口12.11亿美元，同比增长34.1%；其中整车出口量931辆，同比下降15.4%，出口金额4 700万美元，同比下降7.4%（该数据不含一汽集团出口天津市一汽夏利系列轿车568辆，金额2 353.54万元）；零部件出口11.64亿美元，同比增长36.6%。

2 2010年度完成主要工作

2.1 完善促进机制

2.1.1 健全政策支持体系

2010年，天津基地重点完成了对《天津市国家汽车及零部件出口基地发展规划》（十二五期间）的意见征求和修订工作，最终提交领导小组会审议并正式发布。

2.1.2 项目库建设效果明显

出口基地领导小组经过认真调研并结合天津实际情况，在2009年确定了集聚各方政策，共促汽车产品结构调整，发展壮大汽车出口基地的新思路、新模式，即创建天津市汽车及零部件出口企业项目库。配合国家汽车产业调整振兴规划，在天津市范围内征集筛选了企业研发、技改等项目，集聚各部门力量，整合国家及地方资金对入库项目给予重点支持。

2010年，天津汽车及零部件出口基地共组织29个项目，支持资金共计8 069万元。其中天津市发改委争取国家资金对5个项目补贴5 972万元，市经信委使用地方资金对6个项目补贴640万元，市科委对18个项目补贴1 457万元。（项目库为市级研发、技改项目库，因此不含开发区、武清区和西青区的支持情况，及商务委境外市场开拓支持项目和公共服务平台支持项目）。

2.1.3 积极推动核心区和分基地建设

核心区和分基地发挥功能，建立健全管理及促进体系，制定发展规划、落实各项支持政策，区内企业快速发展。2010年，核心区和武清、西青分基地汽车及零部件出口额分别为5.92亿美元、2.77亿美元和0.51亿美元，比上年同期分别增长26.2%、82.0%和15.0%。

2.1.4 搭建汽车出口公共服务平台

天津市拥有中国汽车技术研究中心这样的第三方技术服务资源。出口基地办公室充分发挥中汽中心的资源优势，大力支持该中心建设集标准法规、认证试验、政策及市场信息和质量体系认证为一体的 出口服务平台 ，为汽车及零部件出口企业提供一站式服务，帮助和支持天津市汽车及零部件企业 走出去 并辐射周边地区。目前，出口基地办公室正在积极组织中国汽车技术研究中心申报2010年度信息服务和检测、认证两个公共服务平台项目。

2.2 提升基地企业核心竞争力

2.2.1 加强对出口分基地和出口基地企业的服务

对重点区域开展政策宣讲活动，引导企业用足用好国家及本市鼓励汽车及零部件出口基地建设和促进出口基地企业发展的相关政策。对国家级和市级出口基地企业，在项目申报、审批、资金安排、融资、进出口办证、通关、检验、结付汇和出口退税等方面，给予重点支持。

召开了出口基地企业座谈会，就天津市出口企业共同关注的问题进行了集中研究和讨论，建立重点企业联系制度，及时掌握和帮助企业协调解决在运营过程中遇到的困难与问题。

据海关统计，2010年3家国家级出口基地企业出口0.29亿美元，同比增长58.0%；14家市级出口基地企业出口3.02亿美元，同比增长63.2%。

2.3 多渠道拓展境外市场

2.3.1 积极利用电子商务平台

经充分调研和考察，出口基地领导小组办公室选择了与汽车产业全国领先的电子商务平台　盖世汽车网合作，协助天津市汽车及零部件企业拓展海外业务。为此，2010年3月出口基地办公室协助盖世汽车网在天津成立办事机构，方便为天津市汽车企业服务。商务委已将盖世汽车网纳入天津市重点支持合作的网站，已加入盖世汽车网会员的企业，享受了政府支持（对每个入会企业年费补贴5 000元）和网站让利。

2.3.2 举办天津汽车产业开拓国际市场专题培训会

按照《关于促进中国汽车产品出口持续健康发展的意见》，为促进天津市汽车产品出口持续健康发展，出口基地领导小组办公室定期为天津市汽车及零部件企业举办免费专题培训会。

培训会共举办了3期。每次会议内容的设置充分考虑了企业需求。会议邀请了来自国内外的咨询机构、检测机构、金融机构的专家和出口企业的主管从国家政策导向、出口战略制定、自由贸易区关税减让表、电子商务、金融服务、原产地证的作用和办理，以及企业开拓国际市场的经验教训等方面，为天津市汽车及零部件企业进行了培训和咨询。培训会的召开也受到了国内主流媒体的关注，多家平面、网络媒体对培训会进行了相关报导。经问卷调查表明培训得到了企业的高度评价。

2.3.3 举办　一对一　采购对接会

2010年6月份，出口基地领导小组办公室在天津赛象酒店成功举办了　走进汽车产业集群（天津）大型采购配对会　。来自博世贸易、电装中国、通用中国、OMEGA（英国）、四川新大地等27家知名采购商齐聚天津，集中发布采购项目155项，采购金额达5 000万美元。天津市150多家汽车零部件企业积极参会洽谈，达成意向成交额2 600万美元。本次活动创新实践了天津市零部件企业对接国内外的配套采购链，开拓国际市场的新模式。举办方在会前根据买家的需求，对天津市供应商已经做了认真地筛选分类，使采供双方快速进入实质性的谈判。这一采购模式有效地抓住了采供双方的需求，为天津市生产企业产品结构调整明确了具体方向，同时创造了便宜、便利的贸易对接平台。

2.3.4 积极参加境内外专业展会，加大国际市场开拓力度

5月份组织天津市五家企业参加了　2010中东（迪拜）国际汽车零部件及售后服务展览会　，实现意向成交额近千万美元。7月份，组织天津市10家企业参加2010中美洲（墨西哥）汽车零部件展览，意向成交额约800万美元。在走出去的同时，还组织天津市18家企业参加了第四届（北京）　中国国际汽车零部件博览会　，参展面积189m^2，达成成交意向300万美元。

2.4 考核验收取得好成绩

2.4.1 基地建设措施得力，材料准备内容充分

依据《国家汽车及零部件出口基地管理办法（试行）》2010年9月，商务部和国家发改委以及相关专家组成的联合考核组对全国12家出口基地进行了考核验收。天津市汽车出口基地领导小组副组长李培生带队，一行4人到北京参加了考核。考核包括基地现场汇报、专家组提问、专家组现场评议并打分三个环节（商务委副主任刘东水同志进行了考核汇报）。

经充分准备，领导小组各成员单位、武清区和西青区密切配合，整理材料、查找数据及时准确，顺利完成考核。综合各方面信息，天津市出口基地在全国12个出口基地中表现较为出色。

2.5 加强和完善组织领导

2.5.1 健全联席会议制度

2010年召开领导小组办公室会议4次，各成员单位之间保持有效的沟通和高效的协作，大大提高了办公室的工作效率和为企业及时排忧解难的能力。

2.5.2 组织集中学习调研活动

出口基地办公室组织成员单位开展了高效的调研活动。在多次深入天津市重点企业调研的同时，主动走出去，组织了赴武汉、柳州汽车出口基地调研学习；另外，多次赴东疆保税港区，就汽车及零部件进出口物流和融资平台建设等事宜与管委会进行了密切沟通和联系。通过调研，现场协调解决了企业发展中的一些实际困难和问题，同时也进一步提高了出口基地领

导小组办公室的管理能力和服务水平。

3 2011 年汽车及零部件出口基地重点工作

2011 年是 十二五 的开端年，出口基地领导小组各成员单位将继续深入学习、贯彻党的十七届五中全会和市委九届九次全会精神，按照市委、市政府提出的 调结构、增活力、上水平 的工作思路，以优化产业结构、提高企业核心竞争力、确保出口基地建设再上新水平为目标，借助天津市科技型中小企业 小巨人 计划，加快提高企业的研发和制造水平，加快建设和完善信息、检测、认证和培训等公共服务平台体系，积极探索、实践开拓国际市场的新举措，力争把天津建设成为基础设施完善、企业高度集聚、服务功能全面的汽车及零部件出口基地。结合天津市出口基地建设实际情况，重点工作安排如下：

1）加快核心区、分基地和汽车产业园区建设。继续支持开发区，武清区和西青区，静海滨海汽车产业园，蓟县专用车产业园优化产业结构，引入优势汽车及零部件研发、制造企业，发挥基地和园区的集聚功能和辐射效应。

2）认定第二批市级出口基地企业。经过 3 年的培养，认定第二批市级汽车出口基地企业的时机已经成熟。鼓励出口基地企业率先提高自主创新能力，率先加快自主品牌建设，有利于天津市汽车及零部件产业的基础建设和长远发展。

3）办好两期 天津汽车产业开拓国际市场专题培训会 。在成功举办了 3 期培训会的基础上，认真总结经验、强化针对性，逐步扩大规模，把培训会打造成具有出口基地自身品牌特点的专业培训会，为天津市汽车零部件企业走向世界，抢占国际市场搭建快车道。

4) 建设汽车及零部件出口公共服务平台。一方面，支持中国汽车技术研究中心依托行业内资源优势建设汽车及零部件出口公共服务平台，为企业提供技术研发、信息服务、产品认证、检验检测和人员培训等服务；另一方面，支持东疆保税港区建设进出口物流和融资公共服务平台，充分利用海关和国税的政策优势，提升天津市对整车、改装车和汽车总成生产企业的招商优势。

5）加强与汽车行业电子商务平台的合作。在与盖世汽车网等电子商务平台合作的基础上，引入竞争机制，研究与中国汽车出口服务网的合作途径。

6）继续办好 一对一采购对接会 。总结前两届对接会的经验，建立跟踪反馈机制，帮助天津市企业熟悉并打入全球汽车产业的采购体系，拓展国际市场。

7）积极组织企业参加境内外专业展。组织企业积极参加中国汽车零部件出口博览会，以及在美国、墨西哥、阿尔及利亚举办的汽车及零部件展览会，并认真做好展会后的总结和追踪问效工作。

8）开展多层次调研学习。首先做好对天津市企业的调研工作，及时了解企业需求，帮助解决实际问题；同时，计划组织天津市汽车出口基地成员单位和出口基地企业到浙江瑞安和玉环调研，学习成功的发展模式以及发展外向型经济、开拓国际市场的经验，并结合天津市实际情况，尽快将经验转化为有效措施，促进企业发展。

9）完善项目库的建设。积极组织企业申报项目，并借助天津市 科技型小巨人 计划，协调出口基地领导小组各成员单位对入选项目在研发、技改等方面加大支持。形成多方政策的叠加效应，增强企业实力。

10）支持企业自发成立天津市汽车产品进出口商会。天津市 900 多家汽车及零部件生产企业中出口企业近 500 家，目前还没有相关的组织。支持企业自发成立行业商会，充分发挥好商会的桥梁和纽带作用，有助于信息交流，有助于资源共享，有助于提高自主知识产权意识，有助于行业保护，有助于汽车出口基地的建设和发展。

11）大力推动新能源汽车产业国际化发展。贯彻落实商务部产业司即将出台的《促进战略性新兴产业国际化发展指导意见》，大力推动新能源汽车产业国际化发展，利用出口基地已有优势，积极建设并争取成为新能源乘用车国际化发展示范基地。

12）开展《东疆保税港区汽车进出口物流和融资平台发展规划及政策建议》的课题研究。充分发挥东疆保税港区的政策优势，以物流和融资优势扩大天津对中国北方的辐射力和影响力。

天津市国家汽车及零部件出口基地建设领导小组办公室

合肥国家汽车及零部件出口基地

合肥国家汽车及零部件出口基地挂牌 3 年以来，以江淮汽车为核心的合肥汽车产业跨入新的发展阶段，经济总量持续增加，在自主品牌建设、自主创新和新能源汽车研发能力、市场拓展速率等方面均得以迅速提升，产品结构进一步优化，汽车出口业绩突出，基地建设和发展成效显著。2010 年，合肥国家汽车及零部件出口基地在出口业绩和基地建设及发展方面都有了长足的发展。

1 2010 年汽车产品出口情况及基地建设情况

1.1 产业发展迅猛、出口业绩突出

1.1.1 产业规模

汽车工业是合肥市重点支柱产业之一，目前已形

成轻型汽车、汽车底盘、商务车、豪华大客车、微型车、轿车等较为完备的汽车生产体系，具有中国最全商用车产品型谱。全市拥有规模以上汽车整车及改装车生产企业10家，其中汽车整车生产企业有安徽江淮汽车集团公司（含安凯汽车股份公司）和中国长安合肥昌河汽车有限公司两家。整车企业的不断发展壮大，有力地带动了汽车零部件产业的快速发展，汽车发动机、变速器、车桥和悬架等关键零部件已具备相当规模，汽车零部件企业由上世纪九十年代的10余家发展到现在的300多家。2010年全市汽车产业总产值584.1亿元，同比增长30.3%；汽车综合产能在全国城市中居第9位。全市全年生产整车52.35万辆，同比增长34.3%；整车销售51.58万辆，同比增长38.1%。

其中，JAC、安凯等均为完全性自主品牌及出口产品。江淮集团作为产业发展和汽车及零部件出口的龙头，2010年汽车产值已达346亿元，同比增长47.9%；整车产销量达46.4万辆，同比增长43.7%。随着长安汽车在合肥投资力度的加大，项目全部建成投产后，年计划产能是40万辆、出口微车8万辆、年销售收入可达110亿元以上。

2011年合肥汽车产业业绩更加突出：前2月江淮汽车产量已达92 653辆，增长近18%。2011年，合肥市轿车盈利能力和出口量迅速增长将是汽车产业发展的亮点。

1.1.2 出口业绩

合肥汽车出口基地在克服金融危机之后，国际化业务快速发展，出口市场遍及东南亚、中东、北非、南美、印度、俄罗斯等国家和地区，建立了相对完善的营销网络，出口产品结构不断优化、增幅大大提高。2010年，合肥市汽车及零部件出口金额达到6.2亿美元，同比增幅39.2%；其中汽车整车出口23 684辆，同比增幅86.1%，出口金额2.3亿美元，同比增幅67.0%；汽车零部件出口金额3.9亿美元，同比增幅37.5%。

2010年，基地核心企业江淮汽车共出口各类汽车21 569辆，同比增长78.7%，增速高于行业约14个百分点，行业内出口排名第十，实现销售收入2.07亿美元，出口市场占有率由2009年的3.7%提升至2010年的4.0%。出口产品结构不断优化，乘用车比例上升，形成了独具特色的 轻型载货车、中重型载货车和乘用车 三大出口产品板块。其中轻型载货车产品出口1.1万余辆，在中国同类产品细分市场中国际销量第一；重型载货车出口近1 500辆，品牌增速最快；乘用车出口8 000多辆。

2011年1～2月，江淮汽车出口各类汽车8 755辆，同比增长300%，实现销售收入突破7 000万美元，江淮汽车出口排名位居行业第四，较2010年行业第十上升六位，其中乘用车行业出口更是跃居行业第二位。

2011年江淮汽车全年计划出口将超过4万辆，销售收入突破3.4亿美元，进一步保持轻型载货车规模和效益的优势，加快重型载货车重点市场的突破，实现乘用车战略业务的新飞跃。

1.2 自主品牌和技术创新能力迅速提升

3年来，合肥市汽车产业不断加大自主创新能力建设。截至2010年，核心企业江淮集团已经建设了一套规范的产品开发流程管理技术和四个层面的自主创新综合体系：以合肥本部的国家级技术中心为核心层；以日本东京和意大利都灵设立的研发设计中心为第二层（目前已进入市场的 同悦 、 和悦 、 悦悦 等系列轿车，即为该层研发的新成果）；国内产学研合作体为第三层；国内外广泛的策略联盟为第四层。目前江淮汽车技术中心硬件条件已达到国际同步水平，具有了完备的整车开发所需要的设计、试制、试验条件，和自主、独立完成整车及核心零部件研发的能力。

商用车业务是江淮汽车的核心业务，轻型载货车市场规模位居国内第二，江淮汽车的十二五战略规划是进军全球轻型载货车前三甲。为适应经济全球化的竞争态势，解决目前型载货车柴油发动机外购比例过大的问题，江淮汽车决定在更大范围、更广领域、更高层次参与国际经济技术合作与竞争，充分利用国际国内两个市场，优化资源配置，拓展发展空间。江淮汽车与万国载货车合资生产发动机项目启动在即，美国纳威司达公司的全资子公司万国载货车在美国中型柴油发动机制造商中名列前茅，该合资项目建成后，可形成达15万台轻中型柴油发动机和2万台重型柴油发动机的生产能力。目前该项目已获得安徽省国资委、安徽省发改委批复文，目前已报国家发改委审批。

另外，江淮汽车计划与NC2公司（纳威司达和卡特彼勒的合资子公司）进行中重型载货车合资合作，此项目能够最大限度地整合运用江淮汽车和纳威司达在资金、技术和渠道等多方面的优势资源，拟建成单班年产4万辆中重型载货车生产能力和规模。目前该项目已获得安徽省国资委批复文，并报安徽省发改委审批，积极准备报国家发改委审批。以上两个重大的合资项目将为江淮汽车立足中国国内，全面进入国际市场提供有效平台。

同时，围绕着建设国家认定企业技术中心，江淮建立了自主创新的技术研发体系，具备了整车及关键零部件开发所必须的规划控制、设计开发、试制试验条件和能力，能按照国际通用的技术规范和流程进行全新平台正逆向组合开发。

1.3 重点企业发展和产业集群发展迅猛

对于合肥汽车及零部件出口基地，核心企业江淮集团具有强势的带动性和辐射性。该集团拥有江淮汽车、安凯客车两家上市公司和江淮专用车公司等13家全资、控股子公司，已形成江淮、客车、重工和零部件四大业务板块发展格局。截至2010年12月底，集团公司拥有总资产228.5亿元，汽车年综合生产能力60万辆以上，拥有零部件配套企业200多家，员工队伍3万多人。目前，合肥的汽车产业已经形成了紧紧围绕核心企业江淮集团的汽车产品研发、生产、国内外市场开拓为一体的产业集群。

1.4 新能源汽车产品的发展特色鲜明

从2002年起，江淮汽车就已经开始新能源汽车的研发工作。2009年开始，江淮汽车在PLUG-IN与纯电动车两个技术路线上全力出击，在 和悦 汽车上开发PHEV技术、在A0级轿车和A00级轿车上开发锂离子电池的纯电动轿车，进一步形成了开发增程型插电式混合动力 和悦 轿车、锂离子电池纯电动 同悦 轿车的技术路线。

目前，江淮汽车新能源汽车研发已取得阶段性成果：增程型混合动力车项目于2009年6月初完成方案设计，目前完成首轮样车研制，预计在2011年底基本成熟；A00纯电动车和A0纯电动车项目已分别完成两辆样车研制，有铅酸电池版本和锂电池版本；完成M209电电混合电动车功能样车研制。2010年6月江淮汽车纯电动A级轿车已顺利通过碰撞试验。

在新能源汽车商用车研发上，目前安凯上公告产品有11款，其中有7款纯电动客车被列入了节能与新能源汽车示范推广应用工程推荐车型目录（第2批）。北京、上海、大连、乌鲁木齐和合肥等城市现约有160多辆安凯纯电动客车在示范运营，且运营效果良好；52辆纯电动客车为上海世博会服务。与此同时，合肥政府正在规划进行换电站等基础设施的配套建设，拟订出台相关的扶持政策。江淮汽车与上海瑞华等国内多家单位联合开发出一款纯电动电力工程车，被列入国家第179批公告目录，是《节能与新能源汽车示范应用工程推荐车型目录》（第1批）推荐的5款新能源车之一。

1.5 基地管理有序，整改方案明确

三年来，合肥市政府全面加强汽车出口基地管理工作，根据商务部和国家发改委《国家汽车及零部件出口基地认定和管理办法》的规定和要求，政府出台了《关于加快国家汽车及零部件出口基地建设的若干意见》（合政〔2008〕126号），成立了出口基地建设领导小组，组长由市委常委、常务副市长担任，领导小组成员由市发改委、经信委、商务局、财政局、海关、江淮集团等相关部门负责人组成。出口基地管理机构办公室设在商务局，具体职责是：研究制定并落实促进出口基地发展战略和扶持政策、产品出口和招商、服务平台的建设和管理、支持企业自主创新和品牌建设。

三年来，管理机构建立了领导小组的决策负责机制和管理机构联合工作机制，对出口基地实行统一规划、管理和协调，及时向商务部、国家发改委和各级相关部门报送出口基地运行情况材料及重点企业的相关数据和信息。在执行和配合国家相关政策和措施的落实方面成效显著。

结合商务部和国家发改委对全国12个国家汽车及零部件出口基地进行的考核评审结果，合肥市汽车出口基地在出口规模、公共服务平台建设、发展规划以及政府扶持政策措施等四个方面存在问题和差距。为此，基地管理办公室根据商务部和国家发改委对基地考核评审情况和意见，结合本市汽车及零部件产业发展特点，提出具体整改方案及工作重点，并确保逐步实施。

1.5.1 充实人员、规范基地管理办公室工作程序

为加强汽车出口基地管理工作，全面执行和开展落实国家相关政策和措施的具体工作，基地管理办公室落实商务局机电办为具体责任部门，挂牌并设立专门的工作办公场所，增加2位工作人员参加管理工作。基地管理工作部门和人员明确分工和职责，主导部门和局机关其他相关配合部门各负其责、各司其职，确保基地管理工作有效有序地开展。

1.5.2 制定落实本市汽车产业发展和出口基地建设规划

按照国家对出口基地企业的要求，结合本市十二五总体经济和汽车产业发展规划，制定和落实出口基地发展战略，制定合肥市汽车及零部件2015年出口总额以及逐年增幅计划。并根据规划目标，制定合肥市汽车企业进行定期考核的计划和措施，确保合肥市汽车及零部件出口基地的连续性和健康快速发展。

1.5.3 明确工作重点，创新思考、主动作为

基地管理办公室在日常工作中围绕基地发展，及时向市政府提出相关建议，形成创新思考、主动作为。在建设公共服务平台、建立网络信息窗口、宣传自主品牌、组织基地企业努力拓展国际市场等方面下功夫，出成效。

贯彻国家和省、市政府对已认定的汽车及零部件出口基地的优惠扶持政策，并制定相应的配套支持措施，对符合支持条件的企业，全面落实各项扶持政策。

1.5.4 建立联络制度，掌握跟踪并及时报告核心企业情况

对合肥市汽车出口重点企业进行全面摸底排序，

建立政府与企业的联络机制，加强沟通交流，实现信息共享。

基地管理办公室必须跟踪和掌握本基地内汽车及零部件生产企业创新发展的情况、需求以及问题，每月初向省商务厅报告基地整车、零部件产销（包括境外销售）情况，并每季度定期向国家商务部提供相关信息。

1.5.5　支持企业自主品牌开拓国际市场

基地管理办公室设招商小组，研究分析国际和国内市场的动态需求情况，利用政府资源，有的放矢地广泛开展各类招商活动。同时，利用中部外贸发展资金和中小企业国际市场开拓资金，支持参加企业参加各种国际汽车及零部件展会，对参展企业的摊位，包括出国人员的费用给予支持。

1.5.6　强化出口公共服务体系建设

依托并跟踪核心企业进行技术研究和质量检测等大型公共技术服务平台建设和有效地利用等情况，与此同时，注重利用政府一切资源，搭建信息交流、人才培养等多个资源共享的公共平台，使不同规模和类型的关联企业都能公平、快捷、便利地到公共服务的资源，共同促进整车和零部件产业发展和扩大出口。

2　合肥基地汽车产品出口国家地区、产品结构特点及优势

目前，江淮汽车随着出口产品进一步完善和丰富，国际市场网络也逐步健全，江淮品牌的出口已超过了行业平均水平：轻型载货车产品已连续10多年保持中国出口第一、中重型载货车产品在国际市场占有率快速上升、乘用车产品发展迅速，已陆续进入中国产品出口的主流厂家之列，其中轿车产品2009年已经开始大步进入国际市场。其中，基地核心企业江淮集团出口各类汽车23 360辆，实现出口销售收入2.57亿美元，同比增幅高达86.1%。其中乘用车比例不断上升，出口产品结构不断优化，形成了独具特色的三大出口产品板块：

1）在轻型载货车方面，连续10多年保持中国轻型载货车产品出口第一。

2）以　格尔发　重型载货车为代表的中重型载货车产品在国际市场占有率快速上升。

3）在乘用车方面，以宾悦、同悦、瑞风、瑞鹰为组合的乘用车产品发展迅速，已陆续进入中国产品出口的主流厂家之列，其中轿车产品2009年已经开始逐步进入国际市场。

随着出口产品的进一步完善和丰富，江淮汽车的国际市场网络也逐步健全，目前已形成覆盖100多个国家或地区的全球营销网络，建设了13个海外形象店、2个国际办事处、6个营销中心、6个服务中心和9家KD组装工厂。目前，江淮汽车与越南合资工厂正在有序地推进，北非合资项目正在积极地策划。

同时，由于江淮汽车早起步、宽领域地进行了海外市场营销网络建设，如今国际市场空间广阔，目前已形成覆盖100多个国家或地区的全球六大区域营销网络（以越南、菲律宾为代表的东南亚区域，以叙利亚、斯里兰卡为代表的西南亚区域，以沙特、伊朗为代表的海湾区域，以阿尔及利亚、埃及为代表的非洲区域，以哥伦比亚、智利为代表的美洲区域，以乌克兰、俄罗斯为代表的欧洲区域等）；建设了13个海外形象店、2个国际办事处、6个营销中心、6个服务中心和9家KD组装工厂。

3　2010年出口基地出口经验介绍

3.1　加强与国家和省商务部门的沟通联系

基地管理办公室与国家和省商务部门建立了经常性的联系，积极参加国家商务部每年定期召开的全国汽车出口基地工作会议，认真完成商务部和国家汽车研究部门要求的材料撰写和数据上报工作，基地管理工作一直受到商务部的重视和好评。

3.2　落实基地扶持政策，争取国家资金支持

为支持合肥市汽车及零部件出口基地建设，配合国家相关政策，近年来合肥市相继出台《关于加快国家汽车及零部件出口基地建设的若干意见》（合政〔2008〕126号）、《合肥市汽车及零部件出口基地扶持资金管理暂行办法（试行）》（合财〔2007〕227号）、《关于加快新型工业化发展的若干政策》（合政〔2007〕18号）、《合肥市进一步推进自主创新若干政策措施》（合政〔2008〕135号）等文件，对合肥市汽车及零部件出口基地建设进行扶持，并制定了具体的执行措施，明确了各相关部门的责任和考核制度。

3.3　支持企业自主创新和品牌建设

支持汽车及零部件生产企业自主创新，支持高新技术产品和自主品牌产品开拓国际市场，对汽车及零部件出口名牌产品给予奖励。利用专项资金支持汽车及零部件企业境外商标注册和品牌宣传推介，组织合肥市汽车出口重点企业参加历届俄罗斯和北京举办的国际汽车博览会，取得了良好的效果。

3.4　强化出口公共服务体系建设

在依托核心企业建设技术研究和质量检测等大型公共技术服务平台的同时，我们还注重利用政府的一切资源，搭建信息交流、人才培养等多个资源共享的公共平台，基地还建立了国际市场培训中心，使不同规模和类型的关联企业都能公平、快捷、便利得到公

共服务资源，共同促进整车和零部件产业发展和扩大出口。

在公共服务平台建设方面主要做法为以下几点：

1）跟踪建设技术研发及检测平台。江淮集团商用车技术研发及试验检测平台建设项目自2007年1月施工以来，经过三年的建设，目前已完成土建工程。试验、检测及计算机等设备的安装、调试有序进行。新建成的商用车试验检测中心，总面积15 000m^2，新增加了主要研发设备：与整车道路试验相关的实验仪器、仪表；进口发动机进、排气综合测量仪，车内环境综合测量仪，车外加速噪声测量系统，车辆多头成像监控系统等设备。

2）组织企业参展搭建国际市场平台。为支持汽车及零部件企业境外商标注册和品牌宣传推介，政府多次在北京组织江淮集团等优秀汽车企业进行品牌推介和参加各类国际汽车展会。三年来分别组织合肥市汽车出口重点企业参加了俄罗斯和北京举办的国际汽车博览会（共40多家企业，以60个多个展位，分别在北京和俄罗斯两地国际汽车博览会上进行了自主产品的精彩亮相），取得了良好的市场开拓效果。

3）抓好出口企业投融资和产权交易中介服务平台。利用产权交易中心、招投标中心、中小企业出口专项资金担保、出口信保、中小企业出口专项资金支持等，形成汽车及零部件出口企业产权交易、投融资等方面的公共服务体系，使企业在项目运作、产品研发、知识产权、扩大出口、市场开拓等方面得到及时有效的公共服务。

4 2011年发展规划及制定的发展措施

目前，合肥市汽车产业发展纲要和出口基地建设的 十二五 规划目标以及政府的支持方向已经明确。

4.1 主要发展目标

到2015年，汽车整车生产能力达到年产200万辆（包括50万辆新能源车），发动机150万台，本地零部件配套率超过60%；培育一家产值超千亿大型企业，数家产值超百亿企业，汽车工业总产值达到1 700亿元。实现年出口整车40万辆，零部件15亿美元，出口总额40亿美元的战略目标。并确保出口年增长幅度在30%以上。

4.2 政府支持基地发展的具体思路和措施

进一步落实扶持政策，强化支持服务企业力度。对已认定的汽车及零部件出口基地尽快落实优惠扶持专项政策，并制定相应的配套支持措施。每年安排一定的资金并逐年增加用于支持汽车及零部件企业技改项目贷款贴息或研发补助。在以下几个方面给以重点支持：

1）开拓国际市场支持：支持参加国际汽车及零部件展会，对参展企业的摊位，包括出国人员的费用给予支持。

2）出口信用保费支持：提高对汽车及零部件出口信用保费补贴，由目前的30%基础上再适当提高。

3）企业和产品的认证支持：利用中小企业国际市场开拓资金，优先支持汽车及零部件出口基地企业开展各类认证。

4）担保融资支持：利用省级中小企业出口担保资金，为汽车及零部件出口基地企业解决贷款担保问题。争取财政给予配套支持。

5）搭建信息、培训等服务平台支持：帮助企业化解和消除参与国际市场竞争所遭遇的各种不公正的贸易待遇。对产品出口所遇到的非技术性贸易壁垒限制等问题，积极帮助企业上报国家有关部门协调解决，帮助汽车及零部件出口企业开拓国际市场。举办外贸进出口业务、出口退税等方面的培训。邀请海关、商检、税务等有关部门专家就开拓国际市场开展讲座和培训，帮助出口基地企业开展专业知识培训。

4.3 政府支持基地建设内容和方向

3年来，合肥市累计投入汽车及零部件基地建设资金48 407.78万元（其中，年度投入情况为：2007年8 498.94万元，2008年16 693.13万元，2009年23 215.71万元），平均每年16 135.93万元。项目投入情况为：支持汽车及零部件企业新产品研发等科技创新扶持资金21 490万元，鼓励企业增加投资、扩大产能的固定资产投资补助14 419.55万元，吸引大型汽车零部件企业落户合肥、促进汽车整车生产企业扩大产能的 一企一议 政策兑现扶持资金11 164.88万元，支持企业境外营销网络建设资金119万元，引导企业提升管理水平、产品知名度和研发能力建设等扶持资金85万元。此外，国家商务部和省商务厅拨付基地优化出口产品结构等重点项目资金近千万元，为基地企业加速开拓国际市场起到了重要作用。

十二五 发展规划中，政府将继续并进一步加大力度扶持汽车产业，逐年增加对汽车产业的投入，不断扩大汽车产业规模。资金投入计划主要为：支持汽车及零部件企业科技创新和自主品牌的建设；鼓励补助企业扩大产能的固定资产投资；吸引大型汽车零部件企业落户合肥；促进汽车整车生产企业扩大产能；支持企业开拓国际市场，进行境外营销网络和体系建设。与此同时，政府还将调动金融机构和社会资金的积极性，加快实施汽车企业 走出去 发展战略，推动汽车企业到国外设立销售基地或投资办厂，进一步拓展海外市场，扩大汽车产品出口。

合肥市商务局国家汽车及零部件出口基地办公室

广州国家汽车及零部件出口基地

2007年9月，商务部和国家发改委授予广州市 国家汽车及零部件出口基地 称号。近年来，在国家商务部、国家发改委和广州市领导的关心指导和大力支持下，广州市以汽车及零部件出口基地（以下简称 汽车出口基地 ）为重要载体，以抓出口和调结构为工作主线，有效促进了汽车产业的快速发展。并于2011年4月顺利通过了商务部、国家发改委的验收考核，考核结果位于12个基地前列。

1 2010年汽车产业发展和出口情况

汽车出口基地已成为推动广州市开放型经济又好又快发展的重要组成部分。主要体现在一下几个方面。

1.1 推进产业集聚规模呈现新面貌

1.1.1 产业规模情况

2010年，广州汽车产量达135.84万辆，比2009年增长20.2%，占全国汽车总产量1 826.47万辆的7.4%，全国每生产13辆汽车就有1辆广州制造。2010年全市规模以上汽车制造业工业总产值2 878.44亿元，同比增长21.2%，占全市规模以上工业总产值的比重为19.55%，较2009年度提高1.31个百分点，居广州三大支柱产业的首位。

近年来，广汽集团积极贯彻国家《汽车产业调整和振兴规划》，重组广汽长丰公司，实现跨地域发展。2010年5月，广汽集团和菲亚特集团合资4亿欧元，在湖南长沙建立生产基地，一期年生产能力为轿车14万辆、发动机22万台，项目预计将于2011年下半年投产；随后，广汽集团收购了杭州依维柯汽车变速器有限公司和杭州依维柯汽车传动有限公司各1/3的股权，将作为广汽日野的配套项目和自主品牌乘用车项目的配套项目；随着东风日产增资32.5亿元建设二期工厂，总产能将突破60万辆；另外，2010年广汽自主品牌也正式投产，广州汽车产业规模将进一步扩大。

1.1.2 产品结构和产业集群情况

目前，广州市已拥有从研发、测试、加工、组装到销售服务等较完整的汽车产业链条，形成了以轿车为龙头，客车、载货车及零部件协调发展的格局。一是在整车装配方面，主要为广汽本田、东风日产和广汽丰田，以及广汽自主品牌乘用车、广汽客车、广汽日野和本田（中国）等整车配套；二是在零部件方面，涵盖了变速器、车身、仪表盘、水泵、汽车线束、气门、燃油喷射系统、排气管、减震器、空调压缩机、内饰及座椅、汽车漆、汽车模具、安全带、紧固件、汽车制动等领域；三是在汽车电子方面，拥有卫星导航（GPS）、汽车防盗电子装置、遥控器、电子显示线路板、汽车音响等；四是在研发方面，成立了广汽集团汽车工程研究院，投资68亿元建设自主品牌研发和生产基地，研制的自主品牌轿车达到欧Ⅳ排放水平，获得电磁偶合无级变速传动系统、混联式混合动力驱动装置等15项专利；还设立了东风日产研发中心、本田生产技术（中国）公司和丰田汽车技术研究交流（广州）公司等研发机构。

1.1.3 自主品牌和自主创新能力建设情况

广州市在加快汽车及零部件产品自主品牌建设方面进行了不懈的努力。一是大力支持汽车及零部件企业开展技术创新和技术改造。重点支持广汽集团汽车研究院科研平台、混合动力电动大客车研制、广汽集团自主品牌乘用车关键技术研发等一批重点科技攻关项目；二是重点建设自主品牌乘用车基地。广汽集团汽车研发生产基地总投资68亿元，设立研发生产基地，重点发展自主品牌乘用车、动力总成及相关汽车配件，一期规划产能整车10万辆/年、发动机10万台/年，实现年销售收入150亿元；二期规划产能整车20万辆/年、发动机25万台/年。

2010年，广州汽车产业在自主创新方面成效卓著。首款自主研发的品牌车型 传祺 ，于2010年9月下线，达到欧Ⅳ排放水平，获得电磁偶合无级变速传动系统、混联式混合动力驱动装置等15项专利，在2010年北京国际车展上获得 最佳（自主）首发新车奖 ，并被定为2010年广州亚运会专用车，成为广州汽车产业新的里程碑。

1.1.4 新能源汽车发展情况

2010年广汽客车GZ6121HEV混合动力公交车已批量生产，8m纯电动客车作为亚运场馆用车进行示范运行；广汽集团首款自主品牌混合动力四驱乘用车及插电式混合动力乘用车将在2011年下半年实现批量生产；2010年4月，广汽丰田搭载了新一代油电混合动力系统的凯美瑞轿车下线。

1.2 促进汽车及零部件出口得到新提升

1.2.1 出口规模和出口产品情况

按海关统计，2010年，广州汽车及零部件产品累计出口17.34亿美元，列全国汽车及零部件出口基地城市第二位；其中汽车出口3.40亿美元，降幅收窄至-6.80%，出口整车2.59万辆；发动机出口2.38亿美元，同比增长6.5%。

出口产品整车主要有小轿车（3.35亿美元）、客车（245.56万美元）和载货车（133.30万美元）；零部件主要有轮胎(3.03亿美元)、发动机(2.38亿美元)、车身（1.08 亿美元）、车轮（7 976 万美元）、制动器（5 356 万美元）、安全气囊及其零件（3 867 万美元）和悬架系统及零件（2 663 万美元）等大类产品。

1.2.2 分贸易方式和出口市场情况

按贸易方式分，一般贸易出口 5.86 亿美元，占比 33.81%；加工贸易出口 11.34 亿美元，占比 65.41%；其他贸易方式出口 1 348 万美元。

按出口市场分，对欧盟出口 4.70 亿美元，占比 27.1%；对日本出口 4.67 亿美元，占比 26.94%；对美国出口 2.11 亿美元，占比 12.15%。其中，整车方面：对欧盟出口 2.83 亿美元，占 83.37%。汽车零部件方面：对日本出口 1.15 亿美元，占 22.02%；对美国出口 9 667 万美元，对中国香港出口 6 929 万美元，对欧盟出口 5 784 万美元。

1.2.3 重点出口企业情况

2010 年全市有汽车及零部件出口实绩的企业共 331 家。其中出口超亿美元企业有本田（中国）汽车（3.34 亿美元）、广州万力轮胎商贸有限公司（2.39 亿美元）和广汽丰田发动机（2.38 亿美元）3 家，出口超 100 万美元企业有广汽集团客车有限公司和广州番禺奥迪威电子公司等 81 家。

2 扶持汽车产业发展和扩大出口具体措施情况

2.1 强化领导管理机制和政策扶持措施取得新成效

2.1.1 出口基地管理机构执行情况

广东省委、省政府和广州市委、市政府高度重视广州汽车产业的发展，市政府成立了由分管副市长为组长、外经贸局、发展改革委、经贸委、科技和信息化局、财政局、质监局、以及海关和检验检疫局等中央及省属驻穗单位组成的市汽车出口基地建设工作领导小组。领导小组定期召开工作会议，提出促进汽车出口基地发展的工作措施，每年定期向商务部报送广州汽车出口基地工作情况的总结报告，每年及时报送汽车出口基地的动态信息；通过政策说明会、协调会和走访企业等形式，及时解决汽车出口基地企业在生产和经营中遇到的问题，确保广州市汽车出口基地的快速发展。

2.1.2 贯彻国家相关政策和措施的执行情况

广州市认真贯彻执行商务部和国家发展改革委等有关部委《关于促进我国汽车产品出口持续健康发展的意见》和《国家汽车及零部件出口基地管理办法（试行）》的精神，及时把基地建设的情况和问题与商务部等相关部委沟通。2010 年积极组织企业参加商务部在北京举办的第四届中国国际汽零部件博览会和国家汽车及零部件出口基地城市年会，积极配合商务部组织的各项汽车及零部件出口基地促进活动。积极落实专项扶持资金，每年市本级和区（县级市）级财政合计大于 1 亿元用于扶持汽车出口基地的项目。对企业申报的汽车及零部件项目，经市统一评审通过给予市级财政资金支持的同时，项目所在地的区级财政再按 1 ：2.5 的配套比例给予资金支持，使企业得到最大限度的资金扶持。

2.2 首创分基地共建模式赢得新拓展

广州市汽车产业主要分布在广州东部、南部和北部。广州市获得 国家汽车及零部件出口基地 称号后，为充分调动各区（县级市）政府共建汽车出口基地的积极性，结合广州市汽车产业基地布局的特点，制订了《国家汽车及零部件出口基地广州分基地管理暂行办法》，对符合条件的汽车聚集区进行认定和考核，以授予分基地的形式，发挥分基地集聚、辐射和示范作用。市政府先后认定了南沙开发区等 6 个 广州国家汽车及零部件出口分基地 。区市共建汽车出口分基地的发展模式，使汽车产业迎来新一轮的发展高潮。广州市在 2010 年上半年对全市 6 个汽车出口分基地进行了首次考核。主要是对各分基地近 3 年的组织机构、发展规划、园区规模、汽车及零部件出口值、汽车工业总产值、出口产品自主研发和品牌建设，专项资金配套落实，项目引进和增资扩股，出口公共服务体系建设等执行情况进行实地考察和综合考评。通过以考核促落实，以考核促提升，取得了良好的效果。

2.3 构建产学研公共服务平台支撑体系得到新提高

2.3.1 大力发展汽车零部件技术支撑公共服务平台

积极指导和扶持中国电器科学研究院的 汽车零部件技术支撑公共服务平台 项目和广州机械科学研究院的 汽车零部件技术开发平台 项目。中国电科院的平台项目已实现为各类汽车及零部件产品提供 6 大类 300 多个标准的检测评价及技术支持的能力。广州机械研究院在 机械工业汽车零部件产品质量监督检测中心（广州） 基础上，建设了汽车滤清器性能试验室，可为企业进行发动机节能减排产品性能检测、车用内饰件检测、车用变速器油性能检测、车用密封件耐久性试验和汽车电动转向器检测等项目。未来这两大平台将建成立足广州、服务全省、辐射全国的汽车技术检测平台，更好地发挥公共服务的效能。

2.3.2 汽车公共技术创新平台取得较好进展

广汽研究院主要负责开发自主品牌整车系列产品、动力总成系列产品和汽车关键总成零部件等并为企业提供技术支持。广汽研究院拥有设计大楼、造型室、整车试验室、结构强度试验室、整车耐久试验室、材料试验室、动力总成试验室、NVH 试验室、零部件试验室、电子电器试验室、碰撞试验室（一期）、混合动力试验室和试制车间等，具备较强的整车及动力总成和部分关键零部件试验能力以及试制能力。广汽研究院成立以来，通过整合和联合国内外资源，对技术转让的底盘平台和发动机平台进行消化吸收和二次开发，完成了首款车的设计工作并投入生产，实现了自主品牌与自主研发的重大突破。

2.4 推进新能源汽车建设和节能减排成为新亮点

广州市高度重视新能源汽车战略性新兴产业的发展。一是为创建国家节能与新能源汽车示范推广试点城市，广州市制订了《广州市发展新能源汽车行动方案》和《广州市节能与新能源汽车示范推广试点实施方案》，明确了未来广州市发展新能源汽车的指导思想、发展目标、主要任务和具体措施。

二是积极做好广州亚运会期间新能源汽车示范推广工作。围绕 科技亚运 和 绿色亚运 的战略，市政府制订了亚运会期间新能源汽车示范推广工作方案，共示范推广各类新能源汽车300辆。通过在亚运会示范应用我国自行研制的节能与新能源汽车，展现我国节能与新能源汽车技术的发展成果和发展低碳经济的决心。

三是推进试点城市实施方案落实。2010年5月，国家四部委批准广州市为 国家节能与新能源汽车示范推广试点城市 。《广州市节能与新能源汽车示范推广试点城市实施方案》在7月通过了国家专家论证会，在第二批国家试点城市中首个通过专家论证。从2010年到2012年，广州市将示范推广各类节能与新能源汽车2 600辆，相应配套1 500个以上充电站和充电桩。为确保节能与新能源汽车示范推广，市财政将安排8亿元专项资金，重点支持新能源汽车关键技术研发。

2.5 培育国际汽车展平台迎来新机遇

广州车展已发展成为中国三大国际汽车展之一。2010年12月，广州市与中国汽车行业有关协会共同举办了第八届中国（广州）国际汽车展，车展盛况空前，总面积16万m^2，吸引了国内外观众49万人以及超1 000家新闻媒体采访。广州市借此举办了一系列宣传汽车出口基地的活动，一是由广州市政府主办、广州市外经贸局承办的 新广州 新机遇 2010广州汽车产业投资推介会 吸引了国内外业界400多人参加；二是精心特装大型的 广州国家汽车及零部件出口基地 展示区，突出宣传汽车出口基地良好的投资环境和发展成果；三是组织汽车零部件及汽车用品参展企业近600家，吸引了日本振兴机构等以整管承包方式加盟，其中，日本贸易振兴机构组织的参展企业有283家共400个展位；四是举办了 绿色标准 绿动未来 、 2010中国广州汽车零部件论坛－供应链管理与市场准入 等论坛和专业活动20多场，系列活动取得良好的成效，广州车展已成为广州市宣传汽车出口基地和提升国际市场竞争力的重要平台。

3 广州汽车出口基地未来的发展思路及工作措施

广州市汽车出口基地将认真贯彻落实商务部和国家发展改革委等有关部委《关于促进我国汽车产品出口持续健康发展的意见》(商产发〔2009〕523号)和《国家汽车及零部件出口基地管理办法（试行）》（商产发〔2008〕330号）的精神，以提高汽车产业竞争力为核心，加快技术进步与产业优化升级，促进汽车及零部件出口，不断促进广州汽车出口基地发展迈上新的台阶。

3.1 突出抓好基地发展规划，努力增强产业发展集聚力

根据国家汽车及零部件出口基地管理办法的要求，按照国务院《汽车产业调整和振兴规划》和《珠江三角洲地区改革发展规划纲要》的部署，认真总结 十一五 时期广州汽车出口基地的发展历程，创新思路，统筹规划，科学制定广州汽车出口基地 十二五 发展规划，在积极引入国内外汽车零部件关联企业的同时，加快培育本地汽车零部件产业，扩大汽车及零部件出口，形成更加完整的产业链。

3.2 突出抓好公共平台支撑体系，努力增强自主创新驱动力

大力发展汽车及零部件公共服务平台，加快中国电器科学研究院 国家新能源汽车零部件技术公共支撑平台 的检测标准制定。加快提升汽车及零部件企业技术创新能力，重点扶持汽车及零部件公共检测平台、扩大自主品牌产品出口等项目，努力提升广州市汽车产业的国际化水平。加快推进广汽集团以汽车工程研究院为核心平台的自主品牌整车和发动机系列产品的技术研发，重点扶持汽车整车集成开发、关键零部件的技术突破和产业化项目。

3.3 突出抓好开拓国际市场支持体系，努力增强企业国际竞争力

一是进一步优化汽车及零部件出口产品结构。通过外引内联，引进一批技术含量高、与广州整车配套的汽车零部件厂商，推动零部件出口从以机械类为主向机电类、电子类产品为主转变。二是组织企业参加国际汽车零部件展览会，进一步开拓新兴国际市场。三是要积极发挥当地行业商协会的桥梁和纽带作用，推荐熟悉当地法规和运作方式的企业与广州 走出去 企业开展多种形式的合作，使 走出去 企业尽快适应当地的贸易和投资环境，更好地扎根和发展。

3.4 突出抓好新能源汽车发展，努力增强战略性新兴产业源动力

一是根据新能源汽车产业的发展要求，加快推进新能源汽车示范推广工作。支持新能源汽车研发、制造及应用，扩大新能源汽车市场占有率，逐步建立鼓

励新能源汽车应用和产业发展的良好政策环境。二是依托广汽集团和东风日产等有实力的企业，培育壮大一批配套制造企业。三是重点扶持一批新能源汽车的整车集成开发、关键零部件的技术突破和产业化项目。鼓励和支持新能源汽车企业申报国家和省研发和产业化项目。四是积极研究制定并出台促进广州市节能和新能源汽车发展的有关鼓励政策，加大与国内外技术领先企业的合作力度，加快新能源汽车在广州市导入和推广应用的步伐。

3.5　突出抓好综合服务效能，努力增强基地可持续发展向心力

发挥汽车出口基地建设工作领导小组的作用，在园区规划、土地利用、项目审批和通关便利等方面创造条件，进一步加强对分基地的指导和协调，为招商引资和产业集聚创造良好的投资环境。利用广州南沙保税港区、广州白云机场综合保税区和广州保税物流园区的政策功能优势，继续加强汽车及零部件项目招商工作，为汽车出口提供良好的制度保障。办好第九届中国（广州）国际汽车展，吸引更多的汽车零部件企业进入汽车出口基地展示区，提升产品的国际知名度和影响力。促使汽车出口基地成为加强汽车行业交流与合作的友好平台。

广州市外经贸局机电处

保定国家汽车及零部件出口基地

一年来，在国家、省、市各级领导的大力支持和关怀下，保定市国家汽车及零部件出口基地发展迅猛，已经发展成为全国最大的皮卡、微客、微货、SUV 汽车生产和出口基地，品种和数量居全国市场首位，出口国际市场逐年递增。

1　保定国家汽车及零部件出口基地建设情况及出口情况

1.1　2010 年基地建设情况

目前，保定市汽车出口基地共有汽车及零部件企业 300 余家，其中规模以上企业 88 家，其中汽车制造和改装企业 9 家，零部件企业 79 家。从业人员 60 276 人。汽车工业已占到全市入统工业经济总量的六分之一以上，是保定市重要支柱产业。全市汽车生产能力已达 90 万辆，主导车型为皮卡、SUV、微卡、微客、轿车等。汽车零部件企业 300 余家，主导产品有发动机、蓄电池、汽车轮毂、转向机总成、车架、变速器、底盘和车灯等。

2010 年，保定市生产汽车整车 72.47 万辆，同比增长 33.2%。汽车工业完成生产总值为 605 亿元，同比增长 48.5%，其中，汽车整车完成 396.0 亿元，同比增长 79.0%，汽车零部件完成 209.7 亿元，同比增长 12.2%。

1.2　2010 年汽车产品出口情况

据海关统计，2010 年保定市出口整车 6.79 万辆，同比增长 37.5%。汽车工业完成出口金额 6.38 亿美元，同比增长 77.6%，其中整车完成出口金额 4.31 亿美元，同比增长 57.2%；汽车零部件完成出口金额 2.07 亿美元，同比增长 143.1%。主要整车企业利税总额实现 38.3 亿元，同比增长 110.3%。汽车零部件企业实现利税总额 29.78 亿元，同比增长 73.4%。

1.3　2010 年汽车工业运行特点

一是产销保持高位运行，内销继续保持高速增长，汽车产销均创历史新高，汽车生产基本处于满负荷状态；二是出口快速复苏，出口增势良好，尤其是汽车零部件产品出口首次突破 2 亿美元，实现历史性突破。

2　保定国家汽车及零部件出口基地出口产品结构特点及出口国家和地区

2.1　在出口产品结构特点方面

目前，保定市出口基地内主要有乘用车、商用车、客车和特种车等四大系列 40 多个品种 200 多个车型。出口产品品牌为：长城汽车的精灵系列、炫丽系列（轿车）、哈弗系列（SUV）、迪尔系列（皮卡），河北长安的基型车系列、星卡系列、小客车系列，中兴汽车的威虎（皮卡）、无限（SUV）、旗舰（SUV）系列等。汽车零部件出口主要有轮毂、灯泡、汽车线束、蓄电池等，其中轮毂和灯泡出口辐射 100 多个国家和地区。

保定市重点汽车及零部件出口企业全部为自主品牌，以自营出口为主，主要以一般贸易方式出口，还有少量加工贸易和其他贸易方式。在 2008 ~ 2010 年的整车和成套散件出口中，以一般贸易方式出口的产品金额分别占到出口总额的 94.5%、95.3% 和 97.6%，其余为加工贸易和其他贸易方式出口。在 2008 ~ 2010 年的汽车零部件出口中，以一般贸易方式出口的产品金额分别占到出口总额的 97.2%、99% 和 95%，其余为加工贸易和其它贸易方式出口

2.2　在出口市场方面

长城汽车、中兴汽车、河北长安等企业汽车整车出口的国家和地区主要集中在：中东、南美、非洲、东南亚等一百多个国家和地区，主要出口国家为俄罗斯、伊拉克、澳大利亚、利比亚、阿尔及利亚、南非、意大利、智利、叙利亚、扎伊尔、科威特等。目前，保定市整车企业在海外设立组装厂 16 个，进行成套散件出口。立中车轮、凌云、风帆股份、亚大汽配等

汽车零部件企业出口的国家和地区主要是：美国、英国、俄罗斯、日本、韩国、埃及、台湾等国家和地区。

3 出口基地建设的主要做法和经验

针对当前保定市出口基地的发展形势和具体现状，我们主要做了以下工作，推动保定市出口基地建设又好又快发展。

3.1 优化发展环境，搞好协调服务

进一步落实国家、省、市有关扶持汽车产业发展的政策，优化汽车工业发展环境，加快推进汽车工业基地建设。继续贯彻落实国家和保定市已出台的支持汽车工业发展的扶持政策和措施，按照《保定国家汽车及零部件出口基地规划（2009 ~ 2015 年）》（保市政〔2009〕143 号）要求，进一步加大出口基地建设力度，在生产规模、产品质量和品种、品牌建设、海内外市场开拓等方面取得了重大突破。

3.2 推动出口公共服务体系建设

加强出口基地公共服务平台建设，是保定市出口基地重点工作之一。近一年来，保定市加强协调全行业力量，坚持共建、共享、开放的原则，着力打造汽车产品出口公共服务平台。目前以长城汽车、中兴汽车、立中车轮、凌云股份等汽车及零部件骨干企业为依托的技术研发服务平台、试验检测平台、培训服务平台建设已初具规模，累计投资已达 2 亿多元，现已为多家企业提供了优质服务，初步实现了可承担共性技术研发与成果推广、产品性能试验和质量检测为主的公共服务平台的要求。

3.3 引导出口企业诚信经营和规范汽车出口秩序

1）积极推动保定市企业通过各类国际标准认证，提升中国汽车的海外品牌形象，树立企业的诚信形象。长城汽车四款产品通过了欧盟认证，成为中国汽车首家获得该认证的汽车品牌；中兴公司是国内同行业中首批通过国家汽车产品 3C 认证企业，通过 ISO9001 质量管理体系认证、美国 RAB 认证、智利认证、海湾 6 国出口认证，被商务部评定为　中国对外贸易信用体系指定示范单位　；立中车轮公司通过了美国 SFI、日本 VIA、德国 TUV、俄罗斯商检局等权威机构的认证。

2）引导企业建立完善的销售服务网络。目前，以长城、中兴、长安等为首的汽车出口企业均在海外市场建立了完善的销售服务网络，其中仅长城一家企业在海外市场的 4S 店数量就达到了 100 多家，长城、中兴等企业在中东、俄罗斯等市场建立了零配件中心库，更好地为消费者提供了售后服务支持。

3）加大对重点出口企业的扶持力度，树立典型，规范汽车出口秩序。河北长安与保定商检局签订了诚信承诺书，建立了出口生产加工企业质量档案。长城、长安、中兴等企业连续多年被评为重质量守信誉单位。

3.4 支持企业境外营销网络建设

出口基地每年通过业务培训、政策宣讲、专项资金项目支持等形式积极推动保定市汽车及零部件出口企业加快构建、扩建海外营销网络。目前，长城汽车、河北中兴、河北长安、立中车轮、凌云股份、风帆股份、亚大汽配等骨干汽车及零部件出口企业在海外均已建立了完善的销售服务系统。其中，长城汽车产品出口 120 多个国家和地区，建立了 500 余个形象统一、功能齐全的销售服务网点；中兴公司目前出口近 40 多个国家和地区，并已构建了 20 多个海外销售点。

3.5 加大研发创新和自主品牌建设力度

保定市汽车工业一直以来坚持自主开发与技术合作相结合的产品研发方式，在产品研发方面的投入不断加强，已累计投入 30 亿元用于研发创新。目前保定市汽车及零部件骨干生产企业共申请国内外注册商标 2 000 多件，其中国内注册商标 400 余件，国外注册商标 1 600 余件，涉及国家和地区近 200 余个。申请专利 400 多项，参与国际市场竞争的实力和基础日益增强。

4 2011 年保定国家汽车及零部件出口基地发展规划及措施

4.1 加快工业园区建设

1）加快保定市汽车零部件工业园区建设。随着长城汽车总投资 3.2 亿元的冲压件项目于 2010 年 7 月份竣工投产，园区内新入驻零部件企业已达 20 多家，进一步提高了保定市汽车及零部件生产配套能力。总投资 1.16 亿元的东利汽车配件项目已开工建设。

2）加快河北长安汽车基地建设。占地 1 000 亩总投资 40 亿元的河北长安汽车基地新区已于 2010 年 7 月份开工建设，项目建成后，将使河北长安汽车基地整车产能在现有 30 万辆基础上扩大到 50 万辆以上，并形成年产 30 万台发动机生产能力。届时保定市汽车总产能将突破 100 万辆。

3）加快长城汽车天津基地建设。项目总投资 84.7 亿元，其中一期工程将于 2010 年投产，将形成 30 万辆整车生产能力和发动机、前后桥等 15 个零部件配套能力。

4）加快长城汽车总投资 162 亿元的汽车零部件园建设。

4.2 纳入发展规划及争取政策支持

努力争取将保定国家汽车及零部件出口基地建设纳入省、市　十二五　发展规划，请求尽快出台支持保定市国家汽车及零部件出口基地的扶持政策，加快保定市汽车工业国际化步伐，增强国际市场竞争力。加强对自主品牌出口企业的扶持力度，对出口企业在品牌培育过程中的标准制订、质量认证、产品认证、

产品宣传及公共服务平台建设等方面给予支持。抓紧落实保定市国家汽车及零部件出口基地财政支持资金。争取将汽车及零部件出口基地列入《中国·保定汽车城规划》，以争取更大的政策支持。

4.3 制度化、常态化深入企业调研

定期组织专人专门深入企业了解情况，在摸清企业基本现状、出口情况、发展规划及制约企业发展的瓶颈等情况下，撰写调研报告并提出合理化建议，进一步明确资金支持方向，总结出切实有效的支持办法，从而促使企业又好又快的发展，为汽车出口基地建设夯实坚实的基础。

保定市商务局机电科技处

柳州国家汽车及零部件出口基地

1 2010年柳州国家汽车出口基地发展情况概述

1.1 基本情况

经过40多年发展，汽车工业已成为柳州第一大支柱产业，汽车工业总产值占全市工业总产值的比例超过40%，柳州是目前全国唯一同时拥有上汽、一汽、东风、重汽中国四大汽车集团生产基地的城市（其中三大汽车集团为整车生产基地）。柳州市现有汽车整车及零部件生产企业450多家，资产总额578亿元，从业人员6.6万人。其中：整车生产企业3家，专用车生产企业4家，低速载货车生产企业2家。全市已形成年产微型车110万辆、载货车10万辆、多功能乘用车10万辆、专用车10万辆、低速车2万辆、发动机130万台的生产能力。培育出了 五菱 、 乘龙 、 霸龙 、 风行 、 景逸 等具有自主知识产权的中国知名品牌。其中，2010年 五菱 微型车市场占有率达39.37%，连续五年领跑国内微车市场；东风柳汽 风行MPV 产销稳居全国前列，其生产的 霸龙 重型载货车在国内市场具有较大影响力；重汽运力的专用车产量跻身全国专用汽车企业前10位，特别是粉粒物料运输车产销量稳居国内前五名。

1.2 2010年产销情况

2010年，柳州市汽车工业总产值突破1 000亿元，达1 027亿元，汽车工业成为柳州首个千亿元产业，同时也是广西第二个千亿元产业，占全区汽车工业比例达75%以上，全市汽车产销量分别达137.2万辆和134.8万辆，同比增长14.9%和19.0%，分别占全国汽车产销总量的7.51%和7.46%。

在整车企业的拉动下，柳州的汽车零部件产业形成较为完整的产业链和聚集效应，具备了发动机、变速器、车桥、钢圈、减振器、制冷压缩机及空调系统、车身覆盖件、冲压焊接件和内外饰件等重要零部件的批量生产能力。2010年，全市规模以上汽车零部件企业实现工业总产值395.7亿元，同比增长34.8%。

1.3 新产品上市情况

2010年，柳州市汽车新产品下线频率进一步加快，亮点不断闪现：

2010年8月，东风柳汽两厢车景逸1.5XL成功上市，成为该领域增长最快的车型之一。在该车型的拉动下，东风柳汽2010年汽车产销双双突破10万辆，年销售收入超过百亿元，一跃成为国内主流汽车制造商。

2010年，上汽通用五菱首款紧凑型商务车 五菱宏光 在全国上市，开启了紧凑型商务车先河。

2010年11月22日，上汽通用五菱中级轿车 宝骏630 正式下线，填补了柳州市中型轿车生产空白，标志着该企业的乘用车战略迈入全新阶段。

重汽运力、中航工业集团柳州乘龙专用车公司也相继开发了附加值较高的罐式车、特种专用车等产品。

1.4 出口情况

2010年，柳州市汽车及零部件完成出口额14 124.59万美元，同比增长49.73%。

主要出口的汽车产品为 东风 、 乘龙 、 霸龙 重型载货车及 风行 多功能乘用车、 五菱 系列微型车、 运力 自卸车及罐式车、高尔夫球车和微型车发动机、 高迈 钢圈等，基本均为自主品牌产品。

主要出口东盟、中东、非洲、南北美洲、俄罗斯等50多个国家和地区。随着对东盟区位优势进一步凸显，柳州已成为我国进入东盟汽车产品市场的 桥头堡 ，2010年柳州市汽车及零部件对东盟出口占全市汽车及零部件出口总额的40%以上。

1.5 走出去 步伐加快

近年来，柳州市汽车企业海外生产销售网络不断扩张。上汽通用五菱、东风柳汽、重汽运力积极借助美国通用、东风、重汽等汽车集团的国际营销网络，出口业务发展迅速；并根据自身产品、市场特点搭建海外销售网络。如东风柳汽已在海外建立起了共计96个销售网点、90个服务网点和83个配件点。

企业为国际市场提供OEM生产的能力日益增强。2010年上汽通用五菱继续以OEM形式向拉美、中东、非洲地区出口 雪佛兰 N200车型（五菱鸿途）整车5 990辆，完成出口总额3 234.6万美元。

东风柳汽缅甸（风行菱智）KD工厂项目建设完毕（目前已完成出口额370多万美元）， 十二五 期出口额将有一个较大突破；上汽通用五菱印度KD组装厂项目即将启动，预计投产第一年产量将达3万辆、形成 3 亿美元的出口额。

2 2010 年柳州国家汽车出口基地主要工作

2.1 完善领导管理机制

为更好地推进柳州市国家汽车及零部件出口基地的建设，2010 年柳州市委、市政府对柳州市汽车产业发展国家汽车及零部件出口基地领导小组成员进行了调整，组长为市委书记陈刚、市长郑俊康，副组长为副市长焦耀光、王柳平，同时设立了汽车产业发展工作组（设在市工信委）、汽车及零部件出口基地建设工作组（设在市商务委）。

2.2 规划引导

为促进柳州市汽车产品结构的优化升级、扩大产品出口，根据国家出台的《汽车产业调整和振兴规划》，结合自治区及柳州市具体情况，柳州市制定了《柳州市国家汽车及零部件出口基地发展规划》、《柳州市汽车产业 2010 ~ 2015 年发展计划》等发展纲要，进一步明确了以产业结构调整为主线，全面丰富汽车产品品种，调整产品结构，促进产业升级，做大做强汽车出口的发展思路。

2.3 政策保障

2010 年，柳州市颁布了《柳州市人民政府办公室关于印发 < 柳州市对外贸易出口保持稳定增长的若干措施 > 的通知》（柳政办〔2010〕63 号）、《柳州市人民政府办公室关于印发 < 推进柳州市汽车产品产业结构调整的意见 > 的通知》（柳政办（2010）176 号）等多项政策措施，为柳州市加快汽车产品结构调整，提升企业自主研发能力，增强企业国际市场竞争力，促进汽车产品出口提供了有力保障。

2.4 资金支持

2010 年，自治区及柳州市两级财政对汽车产业的扶持资金共 26 464 万元。其中，自治区财政扶持资金 12 120 万元、柳州市扶持资金 14 344 万元。

2.5 公共服务平台建设

柳州市严格按照《国家汽车及零部件出口基地管理办法》的要求，不断完善公共服务平台体系，主要已建的公共服务平台：

2.5.1 广西汽车零部件产品质量监督检验公共服务平台

该平台由柳州市产品质量监督检验所建设，主要为各地汽车及零部件产品质量的科学研究提供技术服务，同时也开展委托检验和各种质量检验服务。

该平台总投资约 3 000 多万元，在自治区质量技术监督局、柳州市政府大力支持下，2008 年至今已累计投入资金 2 028.59 万元。在阳和工业园区新建 5 000 多 m^2 的新检测中心已完成基础设施建设，建成了汽车电器检测实验室、汽车零部件环境实验室、汽车零部件测量实验室、汽车零部件安全检测实验室，购置了低高温试验箱、日晒牢度试验机、盐雾试验箱、万能材料试验机、50 吨振动试验台等大型精密检测设备 50 多台套。目前该平台检测项目能力范围已覆盖汽车零配件产品金属材料测试、高分子材料测试、环境性能测试等共性技术检测项目和车内空气 VOC、车用油品、汽车零部件安全与性能等个性技术检测项目，共 100 多种产品，200 个检测项目。

2.5.2 中重型载货车公共技术研发平台

该平台由东风柳州汽车有限公司承担建设，已投入资金 3 000 多万元，现新增投资 2 100 万元。平台主要开发中重型载货车驾驶室造型、中重型载货车驾驶室相关配套、中重型载货车发动机匹配、中重型载货车整车性能匹配等公共服务技术，从而建立起面向整车、专用车及配套零部件企业的公共技术研发平台，为企业提供整车底盘匹配性、零部件共同开发技术合作，增强柳州中重型载货车研发能力，帮助和带动基地企业快速提升技术水平和市场竞争力。

2.6 大力支持企业开拓国际市场

2010 年，柳州市组织汽车企业参加了中国国际汽车零部件博览会、中国　东盟博览会、广交会、在印尼、马来西亚、越南举办广西商品博览会及伊朗中国工业展览会等国内外知名展会，帮助企业提高国际知名度，寻找商机。

3 2011 年柳州国家汽车出口基地发展思路及目标

3.1 发展思路

全面贯彻落实科学发展观，以国务院《汽车产业调整和振兴规划》和对外开放　十二五　发展规划为导向，以东盟自由贸易区的正式建立、新一轮西部大开发战略实施为契机，加快汽车及零部件出口基地公共服务平台建设，打造技术研发、公共信息、试验检测、认证等公共服务平台，提高企业开发新产品能力；加大技改力度，提高汽车及零部件出口竞争力；深入实施出口品牌战略，支持企业在国外注册商标、申请专利、获取国际认证，提高企业国际竞争力；积极开拓国际市场，鼓励企业　走出去　到东盟、南亚、南美等新兴市场投资办厂，建立境外营销网络、售后服务体系和开展推广宣传活动；重点以 KD 方式，努力扩大柳州汽车产品出口规模。

3.2 发展目标

2011 年，柳州市将力争汽车产销量达到 140 万辆，规模以上汽车及零部件企业实现产值 1 100 亿元。

全市汽车及零部件完成出口额 1.7 美元以上，同比增长 20% 以上，占全市机电产品出口额的比例继续保持在 30% 以上。

4 2011 年柳州国家汽车出口基地建设主要工作计划

4.1 加快公共服务平台建设，增强新产品研发能力

2011 年，柳州市将重点建设广西汽车零部件产品

质量监督检验公共服务平台、中重型载货车公共技术研发平台建设项目。

其中，广西汽车零部件产品质量监督检验公共服务平台建成后，将为汽车及零部件产品质量的宏观调控、科学研究提供技术服务，同时开展委托检验和各种质量检验服务，项目预计总投资 3 000 万元，已累计投入资金 2 028.59 万元（预计 2011 年 12 月底该平台将完成国家实验室认可、实验室资质认定、中心挂牌验收）；中重型载货车公共技术研发平台建成后，将为柳州市汽车企业整车底盘匹配性、零部件共同开发技术合作，增强柳州中重型载货车的研发能力，该项目申请政府扶持资金 1 000 万元。

4.2 加大技改支持力度，提高汽车产品竞争力

1）加大技改支持力度，增强整车的研发能力，上汽通用大力发展乘用车业务。以低端中型车为主导，不断拓展产品系列，把轿车业务培养成为公司又一新的出口增长点；东风柳汽商用车、乘用车并重发展，确保后续三厢轿车、轿跑车等项目按计划顺利推进。同时推进 SUV 等乘用车品种的研发生产，扩大生成规模和提高产品市场占有率；中国重汽集团柳州运力专用汽车有限公司提升产能及工艺装备能力，以特种矿运车为先期产品，争取重汽集团在柳州导入整车装配线，把重汽运力建成重汽集团整车生产基地，从而为现实柳州市第四家整车制造企业的落户夯实基础。

2）加快新能源汽车及其关键部件开发和产业化。积极开发纯电动微车、纯电动城市公交车、混合动力多功能乘用车等产品，引进动力电池、电机驱动系统和电控系统等核心部件并形成产业化积极推动柳州市新能源汽车运行推广，帮助柳州市新能源汽车在出口市场上抢占先机。

3）大力提升零部件配套能力。一是立足现有产品升级配套，重点围绕乘用车、商用车和发动机打造专业化、规模化、研发型的汽车零部件配套产业，打造西南最具竞争力的汽车零部件基地；二是以建设中级轿车配套体系为契机，着力提升零部件企业技术装备水平和产品质量，增强企业研发能力和供货能力，积极引进和培育产业链缺项产品与高技术含量零部件，提高企业规模化和专业化水平；三是加快推进河西柳州五菱工业园、阳和方盛工业园等产业园区建设，打造一批具备一定规模的汽车零部件集团。

4.3 加大市场开拓力度，提高企业国际竞争力，扩大出口规模

1）进一步拓展国际市场。支持和鼓励汽车及零部件出口企业积极开拓东盟、非洲、南美等新兴市场，参加国内国际知名展会（广交会、中国 - 东盟博览会、广西（越南、印尼、马来西亚）商品博览会和中国国际汽车零部件展等），在境外设立办事处、分公司及寻求境外代理商等形式巩固并深度开发东盟、拉美等主要传统出口市场，进一步促进柳州市汽车及零部件产品出口国际市场多元化。

2）办好首届中国 - 东盟（柳州）汽车、工程机械及零部件博览会。博览会将于 2011 年 12 月 8 日在柳州市会展中心开幕，以东盟国家专业客商为重点，兼顾印度、伊朗、南美及东欧专业客商，重点展示在东盟汽车细分市场中柳州市较具竞争优势的微型车、多用途商务车、载货车、专用车和工程机械，兼顾其他省市汽车及零部件产品。

通过举办首届中国 - 东盟（柳州）汽车、工程机械及零部件博览会，搭建政府平台、建立沟通渠道，全面展示柳州市城市风貌及汽车、工程机械产业发展成就，推动柳州市与东盟国家经贸交流与合作以建立更紧密的贸易投资关系，互相补充、互相促进、共同发展，推进柳州市汽车、工程机械及零部件企业进行国际化经营，并以此为切入点带动全市经济加快融入中国东盟自由贸易区，使之成为拉动经济的新增长点。

3）加强对汽车及零部件出口企业在国外注册商标、申请专利、获取国际认证的经费支持，充分运用国家支持品牌发展的资金促进柳州市具有自有品牌和自主知识产权的汽车整车出口。

4）支持、鼓励企业建立境外营销网络和售后服务体系。大力支持企业在海外重点市场进行营销和售后服务体系建设，帮助企业通过提高海外销售和配件供应的响应速度，以服务促出口，扩大汽车产品出口；鼓励有条件的企业加快海外库建设，以提高海外区域性配件需要的满足率；支持汽车零部件出口企业联合组建海外零部件营销网络和售后服务体系，增强产品的国际竞争力。

5）加大走出去力度。一是以东风柳汽 缅甸 KD 项目、上汽通用五菱 印度 KD 项目为契机，加强对项目的跟踪服务工作，及时帮助企业协调解决在项目进展中遇到的困难和问题，实现柳州市汽车产品出口新跨越；二是积极组织有条件的汽车企业 走出去 。鼓励企业积极开展境外投资，推动企业对外技术交流与合作，对 走出去 的企业，除在办理相关手续上给予支持外，并按规定给予奖励；三是支持、鼓励汽车企业开展加工贸易，通过加工贸易开展，降低企业产品出口成本，提高产品出口竞争力，进一步发展企业的外向型经济，实现出口贸易方式的转变。

4.4 用好各项扶持资金，支持企业扩大出口

1）设立财政专项资金，重点促进柳州市汽车及零部件出口的发展。一是在每年市财政年度预算安排的技术挖潜改造资金、科技三项费用、技术创新资金

等专项资金中，确定一定比例的资金用于专项支持汽车及零部件出口研发和技改项目贷款贴息等配套；每年继续由市财政从预算中安排不低于 5 000 万元专项资金，用于扶持基地企业扩大出口和服务体系建设。

2）为企业申报区域协调发展促进资金、中小企业国际市场开拓资金、外贸公共服务平台建设资金、柳州市外贸扶持专项资金及进口贴息资金，推动柳州市汽车及零部件出口的产业升级和结构调整，帮助企业降低开拓国际市场的费用。

3）用好出口信用保险这项政策。积极向企业介绍出口信用保险的功能和作用，并按照政策规定为投保企业申请补贴，帮助企业防范收汇风险，保障企业的资金安全，帮助企业降低开拓国际市场的风险。

4）利用中小企业扶持资金、出口基地专项扶持资金对企业参加国际展会的摊位费、宣传费、运输费和进行国际商标注册、专利申请等费用给予补助，帮助企业开拓国际市场。

5）支持汽车零部件出口企业联合组建海外零部件营销网络和售后服务体系。对海外整车或零部件销售平台建设及前期工作费用，按投资额比例在汽车出口基地专项资金中一次性给予奖励。

6）鼓励外商和跨国公司以独资或合资形式设立研发中心。对经核准的外商投资企业技术中心、试验室等投资项目，按投资额从出口基地专项扶持资金等专项资金中给予一定比例的资金补助。

7）积极引进面向全球生产、供应汽车零部件的外商投资项目，对确能促进柳州市汽车及零部件企业进入跨国公司营销体系并扩大出口的项目，在其引进重大关键技术和设备时给予政策性贷款支持。

8）鼓励各商业银行对汽车及零部件进出口所需的资金贷款按信贷原则优先安排，重点支持。增加对重点汽车产品出口企业的授信额度，用于对外信贷承诺、履约和预付金保证；为汽车及零部件出口项目提供贷款担保，加大对汽车及零部件出口政策性融资和保险的扶持力度，协调各商业银行在信用证抵押、 打包贷款 、流动资金贷款等方面为汽车及零部件出口企业提供便利和优质的金融服务。

柳州市商务委员会机电产品进出口办公室

《中国汽车工业年鉴》期刊社
CHINA AUTOMOTIVE INDUSTRY YEARBOOK HOUSE

附录

Annex

表10-1 2006～2010年中国汽车产销量

Table10-1 Auto Production and Sales Volume in China (2006～2010)

辆 Unit

产品类型 Category			2010 产量 Production	2010 销量 Sales	2009 产量 Production	2009 销量 Sales	2008 产量 Production	2008 销量 Sales	2007 产量 Production	2007 销量 Sales	2006 产量 Production	2006 销量 Sales
汽车总计 Total			18 264 667	18 061 936	13 790 994	13 644 794	9 299 180	9 336 326	8 882 455	8 791 523	7 279 718	7 215 525
其中1:国内制造 In which 1:Domestic Manufacturing			17 941 833	17 740 443	13 545 569	13 401 564	9 165 341	9 199 424	8 763 251	8 673 345	6 941 593	6 877 544
其中2:CKD In which 2:CKD			322 834	321 493	245 425	243 230	133 839	136 902	119 204	118 178	338 125	337 981
乘用车 Passenger Car	**乘用车总计 Sub-total of Passenger Car**		13 897 083	13 757 794	10 383 831	10 331 315	6 737 745	6 755 609	6 381 115	6 297 533	5 233 029	5 175 419
	其中1 In which 1	柴油汽车 Diesel Vehicle	126 610	125 567	81 367	80 469	53 409	56 526	44 754	43 542	41 143	39 040
		汽油汽车 Petrol Vehicle	13 757 096	13 619 456	10 302 205	10 250 527	6 683 480	6 698 184	6 336 049	6 253 577	5 189 638	5 134 227
		其他燃料汽车 Vehicles with other Fuels	13 377	12 771	259	319	856	899	312	414	2 248	2 152
	其中2 In which 2	基本型乘用车 Basic Passenger Car	9 575 890	9 494 269	7 471 194	7 473 106	5 037 334	5 046 934	4 797 687	4 726 612	3 869 391	3 828 320
		多功能乘用车 MPV	451 028	445 407	250 724	248 943	191 740	197 393	224 733	225 745	194 710	191 090
		运动型多用途乘用车 SUV	1 337 947	1 326 036	657 871	658 821	447 956	447 722	360 060	357 366	238 113	238 106
		交叉型乘用车 Cross-Passenger Car	2 532 218	2 492 082	2 004 042	1 950 445	1 060 715	1 063 560	998 635	987 810	930 815	917 903
商用车 Commercial Vehicle	**商用车总计 Sub-total of Commercial Vehicle**		4 367 584	4 304 142	3 407 163	3 313 479	2 561 435	2 580 717	2 501 340	2 493 990	2 046 689	2 040 106
	其中1 In which 1	柴油汽车 Diesel Vehicle	3 551 003	3 496 075	2 773 123	2 693 492	2 087 156	2 104 369	2 030 857	2 010 192	1 613 130	1 618 101
		汽油汽车 Petrol Vehicle	809 229	800 950	629 005	615 097	472 742	474 812	468 616	481 952	431 760	420 233
		其他燃料汽车 Vehicles with other Fuels	7 352	7 117	5 035	4 890	1 537	1 536	1 867	1 846	1 799	1 772
	其中2 In which 2	客车 Bus and Coach	358 645	356 177	276 028	271 263	251 746	252 849	242 022	247 490	195 333	191 022
		载货车 Truck	2 854 778	2 831 295	2 326 260	2 250 143	1 584 104	1 596 372	1 522 605	1 516 375	1 318 140	1 317 312
		半挂牵引车 Semi-Trailer Tractor	362 526	354 623	208 218	211 106	195 314	194 155	178 040	177 776	91 015	92 660
		客车非完整车辆 Uncompleted Bus and Coach	88 576	86 874	81 965	82 791	85 416	87 756	101 983	101 990	98 288	97 884
		货车非完整车辆 Uncompleted Truck	703 059	675 173	514 692	498 176	444 855	449 585	456 690	450 359	343 913	341 228

注：数据来源于中国汽车工业信息网。
Source: ***China Automotive Information Net.***

表10-2 2009～2010年汽车分车型产销量

Table10-2 Auto Production and Sales Volume in 2009 through 2010 (by Vehicle Type)

辆
Unit

产品分类 Product			产量 Production			销量 Sales		
			2010	2009	同比增长，% Growth, %	2010	2009	同比增长，% Growth, %
汽车总计 Total			18 264 667	13 790 994	32.4	18 061 936	13 644 794	32.4
乘用车 Passenger Car	乘用车小计 Sub-total of Passenger Car		13 897 083	10 383 831	33.8	13 757 794	10 331 315	33.2
乘用车 Passenger Car	按燃料类型分 by Fuel	柴油汽车 Diesel Vehicle	126 610	81 367	55.6	125 567	80 469	56.0
		汽油汽车 Petrol Vehicle	13 757 096	10 299 189	33.6	13 619 456	10 247 660	32.9
		其他燃料汽车 Vehicles with other Fuels	13 377	3 275	308.5	12 771	3 186	300.8
	按车型分 by Type	基本型乘用车 Basic Passenger Car	9 575 890	7 471 194	28.2	9 494 269	7 473 106	27.0
		多功能乘用车 MPV	451 028	250 724	79.9	445 407	248 943	78.9
		运动型多用途乘用车 SUV	1 337 947	657 871	103.4	1 326 036	658 821	101.3
		交叉型乘用车 Cross-Passenger Car	2 532 218	2 004 042	26.4	2 492 082	1 950 445	27.8
	按排量分 by Displacement	排量≤1.0L Displacement≤1.0L	2 036 595	1 284 753	58.5	2 006 391	1 273 832	57.5
		1.0L＜排量≤1.6L 1.0L＜Displacement≤1.6L	7 526 853	5 993 594	25.6	7 454 372	5 922 759	25.9
		1.6L＜排量≤2.0L 1.6L＜Displacement≤2.0L	2 881 563	1 985 852	45.1	2 854 755	2 002 663	42.5
		2.0L＜排量≤2.5L 2.0L＜Displacement≤2.5L	1 206 407	959 463	25.7	1 197 800	967 029	23.9
		2.5L＜排量≤3.0L 2.5L＜Displacement≤3.0L	207 307	136 355	52.0	205 686	139 907	47.0
		3.0L＜排量≤4.0L 3.0L＜Displacement≤4.0L	32 143	21 587	48.9	32 535	22 521	44.5
		排量＞4.0L Displacement＞4.0L	6 215	2 227	179.1	6 255	2 604	140.2
商用车 Commercial Vehicle	商用车小计 Sub-total of Commercial Vehicle		4 367 584	3 407 163	28.2	4 304 142	3 313 479	29.9
商用车 Commercial Vehicle	按燃料类型分 by Fuel	柴油汽车 Diesel Vehicle	3 551 003	2 773 123	28.1	3 496 075	2 693 492	29.8
		汽油汽车 Petrol Vehicle	809 229	629 005	28.7	800 950	615 097	30.2
		其他燃料汽车 Vehicles with other Fuels	7 352	5 035	46.0	7 117	4 890	45.5
	按车型分 by Type	**客车 Bus and Coach**	358 645	276 028	29.9	356 177	271 263	31.3
		大型 Large Bus and Coach	60 538	40 790	48.4	60 015	40 443	48.4
		中型 Medium Bus and Coach	59 880	48 597	23.2	58 602	48 065	21.9
		轻型 Light Bus and Coach	238 227	186 641	27.6	237 560	182 755	30.0
		载货车 Truck	2 854 778	2 326 260	22.7	2 831 295	2 250 143	25.8
		重型 Heavy Truck	253 108	130 920	93.3	247 698	134 281	84.5
		中型 Medium Truck	176 098	190 383	-7.5	179 424	182 574	-1.7
		轻型 Light Truck	1 844 646	1 516 345	21.7	1 831 211	1 455 580	25.8
		微型 Mini Truck	580 926	488 612	18.9	572 962	477 708	19.9
		半挂牵引车 Semi-Trailer Tractor	362 526	208 218	74.1	354 623	211 106	68.0
		准拖挂车总质量≤25t GCW≤25t	6 178	5 482	12.7	5 921	4 633	27.8
		25t＜准拖挂车总质量≤40t 25t＜GCW≤40t	332 917	191 385	74.0	324 985	193 561	67.9
		准拖挂车总质量＞40t GCW＞40t	23 431	11 351	106.4	23 717	12 912	83.7
		客车非完整车辆 Uncompleted Bus and Coach	88 576	81 965	8.1	86 874	82 791	4.9
		大型 Uncompleted Large Bus and Coach	8 670	6 851	26.6	8 799	6 732	30.7
		中型 Uncompleted Medium Bus and Coach	32 515	32 972	-1.4	31 280	33 883	-7.7
		轻型 Uncompleted Light Bus and Coach	47 391	42 142	12.5	46 795	42 176	11.0
		货车非完整车辆 Uncompleted Truck	703 059	514 692	36.6	675 173	498 176	35.5
		重型 Uncompleted Heavy Truck	443 001	300 747	47.3	415 112	290 784	42.8
		中型 Uncompleted Medium Truck	92 884	80 192	15.8	92 342	76 389	20.9
		轻型 Uncompleted Light Truck	128 291	99 900	28.4	128 596	98 227	30.9
		微型 Uncompleted Mini Truck	38 883	33 853	14.9	39 123	32 776	19.4

注：数据来源于中国汽车工业信息网。
Source: ***China Automotive Information Net.***

表10-3 2002～2010年汽车发动机产量
Table10-3 Engine Production in 2002 through 2010

万台
10 000 Unit

年份 Year	总产量 Production	其中 In which		
		汽油机 Petrol Engine	柴油机 Diesel Engine	其他燃料 Engine with other Fuels
2002	307.6	202.7	104.9	–
2003	412.4	299.6	112.8	–
2004	476.3	332.0	144.3	–
2005	525.5	367.5	157.8	0.2
2006	685.6	493.7	191.6	0.4
2007	882.8	651.2	231.2	0.4
2008	894.4	665.6	228.3	0.6
2009	1 315.5	1 001.2	313.6	0.7
2010	1 690.9	1 296.6	393.6	0.8

注：数据来源于中国汽车工业信息网。
Source: *China Automotive Information Net.*

表10-4 2009～2010年中国主要汽车企业产销量
Table10-4 Production and Sales Volume of Major China Auto Manufacturers in 2009 through 2010

辆
Unit

企业名称 Manufacturer	产量 Production		销量 Sales	
	2010	2009	2010	2009
总计 Total	**18 264 667**	**13 790 994**	**18 061 936**	**13 644 794**
上海汽车工业(集团)公司 Shanghai Automotive Industry Corporation (Group)	3 620 653	2 764 220	3 558 440	2 705 457
东风汽车集团 Dongfeng Motor Corporation	2 769 883	2 008 569	2 724 815	2 002 814
中国第一汽车集团 China FAW Group Corporation	2 572 260	1 942 705	2 558 166	1 944 576
中国长安汽车集团股份有限公司 China Changan Automobile Group Co., Ltd.	2 378 052	1 900 817	2 378 798	1 869 802
北京汽车工业控股集团有限责任公司 Beijing Automotive Industry Holding Group Co., Ltd.	1 504 083	1 271 392	1 489 865	1 242 980
广州汽车工业集团有限公司 Guangzhou Automobile Industry Group Co., Ltd.	722 565	638 600	724 221	636 760
奇瑞汽车股份有限公司 Chery Automobile Co., Ltd.	691 924	508 567	682 060	500 303
比亚迪汽车有限责任公司 BYD Auto Co., Ltd.	521 232	427 732	519 806	448 397
华晨汽车集团控股有限公司 Brilliance Auto Group	515 473	358 193	501 369	348 307
安徽江淮汽车集团 Anhui Jianghuai Automotive Group Co., Ltd.	467 948	336 979	458 482	321 840
浙江吉利控股集团有限公司 Zhejiang Geely Holding Group Co., Ltd.	416 776	330 275	416 168	329 104
长城汽车股份有限公司 Great Wall Motor Co., Ltd.	398 692	226 560	397 362	225 940
中国重型汽车集团 China National Heavy Duty Truck Group Co., Ltd.	214 890	151 541	218 800	155 702
湖南江南汽车制造有限公司 Hunan Jiangnan Automobile Manufacturing Co., Ltd.	135 648	2 584	128 698	2 545
陕西汽车(集团)有限责任公司 Shaanxi Automobile Group Co., Ltd.	130 818	79 026	120 189	80 547
东南(福建)汽车工业有限公司 South East (Fujian) Motor Industry Corporation Ltd.	120 692	88 604	120 369	85 354
郴州吉奥南燕驰峰汽车有限公司 Chenzhou Gonow Nanyan Chifeng Automobile Co., Ltd.	92 490	51 008	91 986	50 586
四川南骏汽车有限公司 Ziyang Nanjun Automobile Co., Ltd.	82 797	72 470	82 487	72 373
荣城华泰汽车有限公司 Hawtai Automobile Co., Ltd.	81 300	51 208	81 439	50 875

注：数据来源于中国汽车工业信息网。
Source: *China Automotive Information Net.*

表10-5 2009～2010年中国主要汽车发动机企业产销量
Table10-5 Production and Sales Volume of Major China Auto Engine Manufacturers in 2009 though 2010

台
Unit

企业名称 Manufacturer	产量 Production		销量 Sales	
	2010	2009	2010	2009
总计 **Total**	16 909 453	13 268 876	17 025 933	13 123 685
汽车用汽油机 **Petrol Engine**	12 965 853	10 114 307	13 025 243	10 054 296
重庆长安汽车股份有限公司 Chongqing Changan Automobile Company Limited	1 031 407	851 007	1 032 118	852 044
一汽-大众汽车有限公司 FAW-Volkswagen Automotive Company Ltd.	871 064	652 255	858 511	640 784
上汽通用五菱汽车股份有限公司 SAIC GM Wuling Automobile Co., Ltd.	862 965	555 622	863 570	542 118
奇瑞汽车股份有限公司 Chery Automobile Co., Ltd.	695 942	504 960	695 369	505 452
东风日产乘用车部 Dongfeng Nissan Passenger Vehicle Co., Ltd.	660 225	450 986	660 165	448 684
上海通用动力总成有限公司 Shanghai General Power Train Co., Ltd.	658 898	453 010	656 203	451 518
柳州五菱柳机动力有限公司 Liuzhou Wuling Liuji Power Co., Ltd.	651 143	592 681	699 079	578 617
北京现代汽车有限公司 Beijing Hyundai Motor Company	588 688	530 098	588 338	529 599
上海大众汽车有限公司 Shanghai Volkswagen Automotive Company Limited	484 399	355 191	475 298	359 706
神龙汽车有限公司 Dongfeng Peugeot Citroen Automobile Company Ltd.	424 332	290 680	421 893	285 418
浙江吉利控股集团有限公司 Zhejiang Geely Holding Group Co., Ltd.	410 144	330 101	410 626	330 260
广汽丰田发动机有限公司 Guangqi Toyota Engine Co., Ltd.	399 401	361 407	395 988	355 591
上海大众动力总成有限公司 Shanghai Volkswagen Power Train Co., Ltd.	393 779	343 916	390 936	346 789
东风本田发动机有限公司 Dongfeng Honda Engine Co., Ltd.	386 123	364 830	386 094	364 781
哈尔滨东安汽车发动机制造有限公司 Harbin Dongan Automotive Engine Manufacturing Co., Ltd.	361 980	356 333	366 115	353 768
哈尔滨东安汽车动力股份有限公司 Harbin Dongan Auto Engine Co., Ltd.	347 940	479 090	401 136	474 853
一汽丰田(天津)发动机有限公司 Tianjin FAW Toyota Engine Co., Ltd.	344 275	300 739	343 104	299 957
重庆渝安淮海动力有限公司 Chongqing Yuan Huaihai Power Co., Ltd.	312 529	197 522	309 833	195 311
沈阳航天三菱汽车发动机制造有限公司 Shenyang Aerospace Mitsubishi Motors Engine Manufacturing Co., Ltd.	308 709	165 095	308 400	156 769
东风本田汽车有限公司 Dongfeng Honda Automobile Company Limited	266 006	208 131	260 600	210 601
长安福特马自达汽车有限公司 Changan Ford Mazda Automobile Co., Ltd.	221 183	142 769	221 183	142 769
天津一汽夏利汽车股份有限公司 Tianjin FAW Xiali Automobile Co., Ltd.	214 490	152 591	214 198	151 203
上海通用汽车有限公司 Shanghai General Motors Corp., Ltd.	213 644	214 105	213 644	214 105
南京长安福特马自达发动机公司 Nanjing Changan Ford Mazda Engine Co., Ltd.	213 052	172 290	212 268	172 415
重庆长安铃木汽车有限公司 Chongqing Changan Suzuki Automobile Co., Ltd.	199 410	145 391	199 410	145 391
长城汽车股份有限公司 Great Wall Motor Co., Ltd.	198 006	127 201	199 026	126 326
绵阳新华内燃机股份有限公司 Mianyang Xinhua Internal Combustion Engine Co., Ltd.	197 635	128 749	196 971	129 863
一汽轿车股份有限公司 FAW Car Co., Ltd.	191 600	142 652	191 766	142 688
比亚迪汽车有限责任公司 BYD Auto Co., Ltd.	174 028	57 509	171 454	63 513
汽车用柴油机 **Diesel Engine**	3 935 515	3 147 776	3 992 674	3 062 877
广西玉柴机器集团有限公司 Guangxi Yuchai Machinery Co., Ltd.	648 025	663 822	754 650	673 725
中国第一汽车集团公司 China FAW Group Corporation	564 514	471 522	534 721	460 600
潍柴控股集团有限公司 Weichai Power Co., Ltd.	451 466	263 599	447 062	239 684
安徽全柴集团有限公司 Anhui Quanchai Group Corporation	445 061	368 735	446 392	364 163
东风汽车股份有限公司 Dongfeng Automobile Co., Ltd.	230 541	130 028	229 272	129 707
东风朝阳柴油机公司 Chaoyang Diesel Engine Co., Ltd.	229 375	188 875	224 031	180 525
昆明云内动力股份有限公司 Kunming Yunnei Power Co., Ltd.	227 213	302 027	247 664	264 093
中国重型汽车集团公司 China National Heavy Duty Truck Group Co., Ltd.	198 527	125 034	186 831	128 286
江西江铃汽车控股有限公司 Jiangxi Jiangling Motors Holding Co., Ltd.	187 981	120 512	187 604	120 316
山东莱动内燃机有限公司 Shandong Laidong Engine Co., Ltd.	177 680	97 394	172 196	95 384
潍柴动力扬州柴油机有限责任公司 Weichai Power Yangzhou Diesel Engine Co., Ltd.	123 756	111 148	118 422	105 622
长城汽车股份有限公司 Great Wall Motor Co., Ltd.	85 364	40 185	85 254	40 575
北汽福田汽车股份有限公司 Beiqi Foton Motor Co., Ltd.	83 639	73 259	81 773	71 963
庆铃汽车(集团)有限公司 Qingling Motors (Group) Co., Ltd.	59 598	41 199	59 598	41 199
安徽江淮汽车股份有限公司 Anhui Jianghuai Automobile Co., Ltd.	46 834	24 557	46 699	24 536
南京汽车集团有限公司 Nanjing Automobile (Group) Corporation	36 538	27 281	34 356	27 206
东风汽车有限公司商用车公司 Dongfeng Motor Co., Ltd. Commertial Vehicle Co.	32 967	15 690	32 868	15 558
上海柴油机股份有限公司 Shanghai Diesel Engine Co., Ltd.	31 217	23 389	28 249	22 532
上海日野发动机有限公司 Shanghai Hino Engine Co., Ltd.	22 729	12 021	22 305	11 592
其他燃料 **Engines with Other Fuels**	8 085	6 793	8 016	6 512
东风南充汽车有限公司 Dongfeng Nanchong Automobile Co., Ltd.	8 085	6 793	8 016	6 512

注：数据来源于中国汽车工业信息网。
Source: ***China Automotive Information Net.***

表10-6 2010年汽车产品分地区进口金额
Table10-6 Value of Imported Auto Products in 2010 (by Province)

美元
US Dollar

地区 Province	金额 Value	地区 Province	金额 Value	地区 Province	金额 Value	地区 Province	金额 Value	地区 Province	金额 Value	地区 Province	金额 Value
合计 Total	**58 151 478 596**	辽宁 Liaoning	2 237 532 241	安徽 Anhui	125 842 108	湖北 Hubei	1 103 570 130	重庆 Chongqing	1 059 931 908	陕西 Shaanxi	65 485 541
北京 Beijing	21 621 974 076	吉林 Jilin	7 238 829 321	福建 Fujian	596 595 019	湖南 Hunan	910 607 157	四川 Sichuan	433 423 760	甘肃 Gansu	780
天津 Tianjin	4 521 590 524	黑龙江 Heilongjiang	72 621 552	江西 Jiangxi	131 771 122	广东 Guangdong	5 711 623 650	贵州 Guizhou	11 428 978	青海 Qinghai	711 647
河北 Hebei	148 218 319	上海 Shanghai	8 417 040 338	山东 Shandong	686 899 601	广西 Guangxi	49 143 468	云南 Yunnan	20 248 128	宁夏 Ningxia	34 052
山西 Shanxi	14 618 509	江苏 Jiangsu	2 343 095 645			海南 Hainan	22 344 494	西藏 Tibet	0	新疆 Xinjiang	10 439 218
内蒙古 Inner Mongolia	95 932 921	浙江 Zhejiang	321 325 373	河南 Henan	178 599 016						

注：本表金额不包含摩托车及其主要零部件数据，包含摩托车发动机及少量零部件数据。
Note: The date does not include the amount of data on motorcycles and it's major components, includes motorcycle engines and parts with a small amount of data.

表10-7 2005～2010年汽车整车产品进口量及金额
Table10-7 Volume and Value of Imported Complete Vehicle in 2005 through 2010

辆，美元
Unit, US Dollar

产品类型 Category		2010 数量 Volume	2010 金额 Value	2009 数量 Volume	2009 金额 Value	2008 数量 Volume	2008 金额 Value	2007 数量 Volume	2007 金额 Value	2006 数量 Volume	2006 金额 Value	2005 数量 Volume	2005 金额 Value
乘用车 Passenger Car	轿车 Sedan	343 653	14 147 734 762	164 837	6 566 104 353	154 521	6 356 035 182	139 867	5 009 726 890	111 777	3 993 854 602	76 542	2 594 131 106
	四驱越野车 4-wheel Drive Off-road Vehicle	351 408	12 711 408 243	207 381	7 078 768 254	215 062	7 120 636 990	142 228	4 373 652 940	86 273	2 538 322 329	65 966	1 819 414 498
	9座及以下小客车 Small Bus with no more than 9 seats	89 919	1 856 653 535	35 693	679 462 262	24 674	523 293 925	19 144	427 324 730	20 262	395 337 866	12 326	261 409 331
	其他载人机动车 Other Passenger Vehicle	6 093	181 316 314	1 282	18 992 461	1 156	24 854 861	630	12 312 013	234	4 748 450	218	4 590 755
	未列名载人机动车 Untitled Passenger Vehicle	53	1 977 498	32	11 071 173	386	7 768 897	227	4 686 412	78	1 432 571	123	2 674 756
	乘用车合计 Sub-total of Passenger Car	791 126	28 899 090 352	409 225	14 354 398 503	395 799	14 032 589 855	302 096	9 827 702 985	218 624	6 933 695 818	155 175	4 682 220 446
商用车 Commercial Vehicle	客车 Bus and Coach	5 092	231 684 702	1 902	82 794 043	2 311	89 216 919	1 558	54 374 982	1 840	68 869 729	1 336	50 019 603
	载货车 Truck	14 977	1 315 836 929	8 201	767 699 167	10 171	813 525 367	9 147	894 969 634	6 380	386 986 619	4 087	262 910 961
	专用汽车 Special Vehicle	333	257 626 368	375	219 941 920	498	280 407 746	435	196 101 082	625	163 504 019	552	161 881 481
	汽车底盘 Chassis	1 817	81 282 900	993	46 482 116	990	47 347 108	894	30 551 386	304	8 218 111	515	13 977 121
	商用车合计 Sub-total of Commercial Vehicle	22 219	1 886 430 899	11 471	1 116 917 246	13 970	1 230 497 140	12 034	1 175 997 084	9 149	627 578 478	6 490	488 789 166
汽车总计 Total of Automobile		813 345	30 785 521 251	420 696	15 471 315 749	409 769	15 263 086 995	314 130	11 003 700 069	227 773	7 561 274 296	161 665	5 171 009 612

表10-8 2010年汽车整车产品分贸易方式进口量及金额
Table10-8 Volume and Value of Imported Complete Vehicle in 2010 (by Trade Mode)

辆，美元
Unit, US Dollar

贸易方式 Trade Mode	汽车总计 Total of Automobile		乘用车 Passenger Car									
			乘用车合计 Sub-total of Passenger Car		轿车 Sedan		越野车 Off-road Vehicle		小客车 Small Bus		其他载人机动车 Other Passenger Vehicle	
	数量 Volume	金额 Value	数量 Volume	金额 Value	数量 Volume	金额 Value	数量 Volume	金额 Value	数量 Volume	金额 Value	数量 Volume	金额 Value
合计 Total	813 345	30 785 521 251	791 126	28 899 090 352	343 653	14 147 734 762	351 408	12 711 408 243	89 919	1 856 653 535	6 093	181 316 314
一般贸易 General Trade	801 546	30 207 097 996	780 979	28 480 307 383	341 242	14 022 772 268	344 302	12 440 041 848	89 332	1 835 600 210	6 059	180 059 103
国家间、国际组织无偿援助和赠送的物资 Inter-governmental and International Organizational and Given Gratis	28	1 026 569	19	752 267	3	100 252	11	481 515	5	170 500	0	0
其他境外捐赠物资 Other International Bene Ficences	0	0	0	0	0	0	0	0	0	0	0	0
来料加工装配贸易 Assembled with Imported Materials	111	6 745 755	0	0	0	0	0	0	0	0	0	0
进料加工贸易 Manufactured with Imported Materials	997	95 506 687	12	508 388	6	267 153	4	195 275	0	0	2	45 960
外商投资企业作为投资进口的设备、物资 Equipment and Materials Invested by Foreign Side of JVs	58	23 888 008	0	0	0	0	0	0	0	0	0	0
易货贸易 Barter Trade	2	174 000	2	174 000	0	0	2	174 000	0	0	0	0
保税仓库进出境货物 Entry and Exit Goods in Bonded Warehouse	0	0	0	0	0	0	0	0	0	0	0	0
保税区仓储转口货物 Sailing Goods in Bonded Zone	2 401	111 107 740	1 915	77 565 465	271	5 965 716	1 309	58 117 752	303	12 270 746	32	1 211 251
出口加工区进口设备 Manufactured by Imported Equipment in Export Processing Zone	3	87 190	3	87 190	2	61 190	1	26 000	0	0	0	0
其他 Others	8 199	339 887 306	8 196	339 695 659	2 129	118 568 183	5 779	212 371 853	279	8 612 079	0	0

续表 Continued

贸易方式 Trade Mode	乘用车 Passenger Car		商用车 Commercial Vehicle									
	未列名载人机动车 Untitled Passenger Vehicle		商用车合计 Sub-total of Commercial Vehicle		客车 Bus and Coach		载货车 Truck		专用汽车 Special Vehicle		汽车底盘 Chassis	
	数量 Volume	金额 Value	数量 Volume	金额 Value	数量 Volume	金额 Value	数量 Volume	金额 Value	数量 Volume	金额 Value	数量 Volume	金额 Value
合计 Total	53	1 977 498	22 219	1 886 430 899	5 092	231 684 702	14 977	1 315 836 929	333	257 626 368	1 817	81 282 900
一般贸易 General Trade	44	1 833 954	20 567	1 726 790 613	4 709	214 445 588	14 139	1 225 191 278	309	250 386 301	1 410	36 767 446
国家间、国际组织无偿援助和赠送的物资 Inter-governmental and International Organizational and Given Gratis	0	0	9	274 302	9	274 302	0	0	0	0	0	0
其他境外捐赠物资 Other International Bene Ficences	0	0	0	0	0	0	0	0	0	0	0	0
来料加工装配贸易 Assembled with Imported Materials	0	0	111	6 745 755	28	625 000	45	998 485	0	0	38	5 122 270
进料加工贸易 Manufactured with Imported Materials	0	0	985	94 998 299	0	0	611	53 935 717	8	1 803 800	366	39 258 782
外商投资企业作为投资进口的设备、物资 Equipment and Materials Invested by Foreign Side of JVs	0	0	58	23 888 008	0	0	58	23 888 008	0	0	0	0
易货贸易 Barter Trade	0	0	0	0	0	0	0	0	0	0	0	0
保税仓库进出境货物 Entry and Exit Goods in Bonded Warehouse	0	0	0	0	0	0	0	0	0	0	0	0
保税区仓储转口货物 Sailing Goods in Bonded Zone	0	0	486	33 542 275	346	16 339 812	123	11 756 166	16	5 436 267	1	10 030
出口加工区进口设备 Manufactured by Imported Equipment in Export Processing Zone	0	0	0	0	0	0	0	0	0	0	0	0
其他 Others	9	143 544	3	191 647	0	0	1	67 275	0	0	2	124 372

表10-9 2010年汽车整车产品分地区进口量及金额
Table10-9 Volume and Value of Imported Complete Vehicle in 2010 (by Province)

辆，美元
Unit, US Dollar

地区 Province	汽车总计 Total of Automobile		乘用车 Passenger Car									
			乘用车合计 Sub-total of Passenger Car		轿车 Sedan		越野车 Off-road Vehicle		小客车 Small Bus		其他载人机动车 Other Passenger Vehicle	
	数量 Volume	金额 Value	数量 Volume	金额 Value	数量 Volume	金额 Value	数量 Volume	金额 Value	数量 Volume	金额 Value	数量 Volume	金额 Value
合计 Total	813 345	30 785 521 251	791 126	28 899 090 352	343 653	14 147 734 762	351 408	12 711 408 243	89 919	1 856 653 535	6 093	181 316 314
北京 Beijing	490 407	18 925 002 120	486 604	18 562 492 476	258 251	10 946 590 025	152 509	5 967 356 608	72 165	1 511 292 145	3 676	137 037 608
天津 Tianjin	86 983	2 725 539 624	85 137	2 616 694 913	29 800	802 992 839	53 887	1 760 655 021	1 416	51 654 677	33	1 263 576
河北 Hebei	668	32 232 729	638	14 427 941	49	1 514 700	587	12 854 830	1	24 011	1	34 400
山西 Shanxi	5	7 569 654	0	0	0	0	0	0	0	0	0	0
内蒙古 Inner Mongolia	16	34 594 187	1	6 800	0	0	1	6 800	0	0	0	0
辽宁 Liaoning	10 797	527 136 255	9 854	455 940 646	1 558	76 038 625	7 744	359 170 271	536	19 924 007	6	519 200
吉林 Jilin	54 692	2 341 692 740	54 688	2 341 132 650	24 184	1 038 117 999	22 723	1 186 001 251	7 781	117 013 400	0	0
黑龙江 Heilongjiang	141	37 427 959	57	2 397 246	18	707 670	31	1 369 444	8	320 132	0	0
上海 Shanghai	101 125	3 371 996 965	99 614	3 252 316 341	14 305	821 002 491	75 707	2 259 055 867	7 213	129 787 851	2 371	41 676 025
江苏 Jiangsu	2 816	239 755 513	1 109	65 702 357	71	4 078 210	971	58 859 512	67	2 764 635	0	0
浙江 Zhejiang	2 874	78 709 733	1 665	35 639 392	684	12 714 808	873	20 813 102	106	2 089 416	0	0
安徽 Anhui	417	31 445 596	18	681 332	12	505 729	3	90 841	1	41 232	2	43 530
福建 Fujian	1 837	70 081 473	1 197	55 276 403	44	5 489 646	1 076	47 060 619	59	2 336 932	0	0
江西 Jiangxi	29	17 098 890	13	508 451	6	298 395	5	159 569	2	50 487	0	0
山东 Shandong	336	38 439 472	165	7 568 754	56	3 847 134	103	3 582 069	6	139 551	0	0
河南 Henan	28	3 243 145	2	117 000	2	117 000	0	0	0	0	0	0
湖北 Hubei	240	15 590 299	208	5 713 477	206	5 538 591	0	0	1	36 200	0	0
湖南 Hunan	9 373	709 570 918	575	12 852 154	373	5 312 955	202	7 539 199	0	0	0	0
广东 Guangdong	23 979	1 100 357 869	23 491	1 049 708 594	4 206	293 226 536	18 811	740 598 257	472	15 837 841	2	45 960
广西 Guangxi	6	138 148	6	138 148	1	14 250	1	34 423	4	89 475	0	0
海南 Hainan	7	983 666	3	147 411	2	87 086	1	60 325	0	0	0	0
重庆 Chongqing	10 414	152 301 623	10 397	151 098 565	9 812	128 485 432	571	22 171 180	13	356 566	1	85 387
四川 Sichuan	15 856	287 957 526	15 577	262 151 956	2	258 085	15 533	260 084 966	42	1 808 905	0	0
贵州 Guizhou	3	1 434 211	2	512 576	2	512 576	0	0	0	0	0	0
云南 Yunnan	240	19 207 166	96	5 492 984	4	57 364	65	3 738 920	26	1 086 072	1	610 628
西藏 Tibet	0	0	0	0	0	0	0	0	0	0	0	0
陕西 Shaanxi	18	6 826 424	7	311 733	3	166 564	4	145 169	0	0	0	0
甘肃 Gansu	0	0	0	0	0	0	0	0	0	0	0	0
青海 Qinghai	1	710 930	0	0	0	0	0	0	0	0	0	0
宁夏 Ningxia	1	34 052	1	34 052	1	34 052	0	0	0	0	0	0
新疆 Xinjiang	36	8 442 364	1	26 000	1	26 000	0	0	0	0	0	0

续表 Continued

地区 Province	乘用车 Passenger Car		商用车 Commercial Vehicle									
	未列名载人机动车 Untitled Passenger Vehicle		商用车合计 Sub-total of Commercial Vehicle		客车 Bus and Coach		载货车 Truck		专用汽车 Special Vehicle		汽车底盘 Chassis	
	数量 Volume	金额 Value	数量 Volume	金额 Value	数量 Volume	金额 Value	数量 Volume	金额 Value	数量 Volume	金额 Value	数量 Volume	金额 Value
合计 Total	53	1 977 498	22 219	1 886 430 899	5 092	231 684 702	14 977	1 315 836 929	333	257 626 368	1 817	81 282 900
北京 Beijing	3	216 090	3 803	362 509 644	2 416	97 902 611	1 307	215 464 857	68	47 417 804	12	1 724 372
天津 Tianjin	1	128 800	1 846	108 844 711	914	45 987 613	886	49 043 809	46	13 813 289	0	0
河北 Hebei	0	0	30	17 804 788	0	0	21	942 623	5	16 792 765	4	69 400
山西 Shanxi	0	0	5	7 569 654	0	0	0	0	5	7 569 654	0	0
内蒙古 Inner Mongolia	0	0	15	34 587 387	0	0	12	33 663 609	3	923 778	0	0
辽宁 Liaoning	10	288 543	943	71 195 609	437	24 280 950	471	39 772 848	5	5 145 097	30	1 996 714
吉林 Jilin	0	0	4	560 090	2	273 492	2	286 598	0	0	0	0
黑龙江 Heilongjiang	0	0	84	35 030 713	0	0	64	7 398 716	20	27 631 997	0	0
上海 Shanghai	18	794 107	1 511	119 680 624	857	44 117 636	616	45 483 276	38	30 079 712	0	0
江苏 Jiangsu	0	0	1 707	174 053 156	313	10 823 895	1 167	89 775 225	67	61 985 107	160	11 468 929
浙江 Zhejiang	2	22 066	1 209	43 070 341	10	817 849	383	16 386 366	2	1 642 800	814	24 223 326
安徽 Anhui	0	0	399	30 764 264	0	0	396	27 498 896	3	3 265 368	0	0
福建 Fujian	18	389 206	640	14 805 070	59	2 287 270	3	309 700	9	1 308 803	569	10 899 297
江西 Jiangxi	0	0	16	16 590 439	0	0	16	16 590 439	0	0	0	0
山东 Shandong	0	0	171	30 870 718	0	0	151	22 009 751	4	8 016 737	16	844 230
河南 Henan	0	0	26	3 126 145	0	0	1	127 000	1	248 500	24	2 750 645
湖北 Hubei	1	138 686	32	9 876 822	0	0	30	6 053 864	2	3 822 958	0	0
湖南 Hunan	0	0	8 798	696 718 764	4	1 651 986	8 787	692 573 912	7	2 492 866	0	0
广东 Guangdong	0	0	488	50 649 275	20	717 000	256	13 059 238	24	9 567 050	188	27 305 987
广西 Guangxi	0	0	0	0	0	0	0	0	0	0	0	0
海南 Hainan	0	0	4	836 255	0	0	0	0	4	836 255	0	0
重庆 Chongqing	0	0	17	1 203 058	0	0	17	1 203 058	0	0	0	0
四川 Sichuan	0	0	279	25 805 570	60	2 824 400	214	18 716 176	5	4 264 994	0	0
贵州 Guizhou	0	0	1	921 635	0	0	1	921 635	0	0	0	0
云南 Yunnan	0	0	144	13 714 182	0	0	144	13 714 182	0	0	0	0
西藏 Tibet	0	0	0	0	0	0	0	0	0	0	0	0
陕西 Shaanxi	0	0	11	6 514 691	0	0	6	737 710	5	5 776 981	0	0
甘肃 Gansu	0	0	0	0	0	0	0	0	0	0	0	0
青海 Qinghai	0	0	1	710 930	0	0	0	0	1	710 930	0	0
宁夏 Ningxia	0	0	0	0	0	0	0	0	0	0	0	0
新疆 Xinjiang	0	0	35	8 416 364	0	0	26	4 103 441	9	4 312 923	0	0

表10-10 2010年汽车整车产品分国别进口量及金额
Table10-10 Volume and Value of Imported Complete Vehicle in 2010 (by Country)

辆，美元
Unit, US Dollar

国家和地区 Country & Region	汽车总计 Total of Automobile		乘用车 Passenger Car									
			乘用车合计 Sub-total of Passenger Car		轿车 Sedan		越野车 Off-road Vehicle		小客车 Small Bus		其他载人机动车 Other Passenger Vehicle	
	数量 Volume	金额 Value	数量 Volume	金额 Value	数量 Volume	金额 Value	数量 Volume	金额 Value	数量 Volume	金额 Value	数量 Volume	金额 Value
合计 Total	813 345	30 785 521 251	791 126	28 899 090 352	343 653	14 147 734 762	351 408	12 711 408 243	89 919	1 856 653 535	6 093	181 316 314
德国 Germany	239 324	11 791 961 229	235 806	11 363 617 752	211 328	10 243 979 616	23 931	1 105 711 492	527	12 882 849	1	610 628
日本 Japan	254 489	7 599 266 195	241 786	6 790 036 955	62 525	1 675 736 625	150 380	4 295 243 254	22 822	639 091 659	6 051	179 055 826
美国 U.S.A.	80 119	3 540 124 296	76 807	3 151 256 485	12 339	420 923 892	62 707	2 660 177 633	1 725	68 960 809	17	613 354
英国 U.K.	43 255	2 151 141 140	43 117	2 123 169 125	18 399	842 990 621	24 717	1 280 156 473	1	22 031	0	0
韩国 South Korea	87 428	1 617 811 881	86 828	1 600 196 067	4 770	91 473 697	27 480	563 545 511	54 576	945 133 329	2	43 530
斯洛伐克 Slovakia	25 338	1 411 826 574	25 338	1 411 826 574	2	158 675	25 336	1 411 667 899	0	0	0	0
墨西哥 Mexico	31 347	661 941 047	31 310	660 078 484	12 248	192 869 565	9 130	290 478 911	9 932	176 730 008	0	0
奥地利 Austria	10 453	447 017 027	10 379	436 217 065	41	6 399 951	10 338	429 817 114	0	0	0	0
比利时 Belgium	10 663	372 543 179	10 619	369 331 179	3 532	78 142 085	7 087	291 189 094	0	0	0	0
瑞典 Sweden	5 515	298 040 449	4 212	175 061 267	257	9 323 089	3 955	165 738 178	0	0	0	0
加拿大 Canada	5 693	220 340 733	5 685	207 644 915	29	935 117	5 615	205 230 325	41	1 479 473	0	0
葡萄牙 Portugal	6 456	160 511 834	6 456	160 511 834	6 456	160 511 834	0	0	0	0	0	0
意大利 Italy	1 745	158 788 686	1 720	155 730 186	1 719	155 698 543	0	0	1	31 643	0	0
匈牙利 Hungary	2 512	112 048 394	2 512	112 048 394	2 512	112 048 394	0	0	0	0	0	0
法国 France	5 566	85 220 867	5 552	83 869 926	5 551	83 850 173	0	0	1	19 753	0	0
芬兰 Finland	868	58 444 916	859	52 075 542	859	52 075 542	0	0	0	0	0	0
中国台湾省 Taiwan Province of China	1 274	23 103 735	1 268	22 703 705	553	10 734 029	714	11 947 518	1	22 158	0	0
西班牙 Spain	524	20 862 486	483	15 877 251	185	3 200 074	0	0	277	11 718 601	21	958 576
白俄罗斯 Belarus	18	16 172 800	0	0	0	0	0	0	0	0	0	0
波兰 Poland	424	15 331 013	314	5 103 867	308	4 839 621	0	0	6	264 246	0	0
土耳其 Turkey	162	7 592 556	10	428 546	3	144 979	0	0	7	283 567	0	0
挪威 Norway	14	4 126 000	0	0	0	0	0	0	0	0	0	0
泰国 Thailand	38	2 080 880	2	73 020	0	0	2	73 020	0	0	0	0
荷兰 Netherlands	10	1 874 710	5	922 258	5	922 258	0	0	0	0	0	0
中华人民共和国 China	16	1 781 906	2	30 779	1	20 060	1	10 719	0	0	0	0
澳大利亚 Australia	10	1 552 635	0	0	0	0	0	0	0	0	0	0
马来西亚 Malaysia	10	1 433 000	0	0	0	0	0	0	0	0	0	0
印度尼西亚 Indonesia	16	796 000	10	220 000	0	0	10	220 000	0	0	0	0
瑞士 Switzerland	3	427 169	2	55 440	2	55 440	0	0	0	0	0	0
印度 India	22	403 549	16	220 623	7	153 271	0	0	2	13 409	0	0
南非 South Africa	10	348 162	9	319 241	4	118 139	5	201 102	0	0	0	0
俄罗斯联邦 Russia	10	265 564	10	265 564	10	265 564	0	0	0	0	0	0
巴西 Brazil	5	146 550	3	93 661	2	59 261	0	0	0	0	1	34 400
捷克 Czech Republic	6	100 769	5	84 847	5	84 847	0	0	0	0	0	0
约旦 Jordan	1	73 520	0	0	0	0	0	0	0	0	0	0
伊朗 Iran	1	19 800	1	19 800	1	19 800	0	0	0	0	0	0

续表 Continued

国家和地区 Country & Region	乘用车 Passenger Car		商用车 Commercial Vehicle									
	未列名载人机动车 Untitled Passenger Vehicle		商用车合计 Sub-total of Commercial Vehicle		客车 Bus and Coach		载货车 Truck		专用汽车 Special Vehicle		汽车底盘 Chassis	
	数量 Volume	金额 Value	数量 Volume	金额 Value	数量 Volume	金额 Value	数量 Volume	金额 Value	数量 Volume	金额 Value	数量 Volume	金额 Value
合 计 Total	53	1 977 498	22 219	1 886 430 899	5 092	231 684 702	14 977	1 315 836 929	333	257 626 368	1 817	81 282 900
德 国 Germany	19	433 167	3 518	428 343 477	154	11 852 823	3 239	284 926 364	77	126 349 678	48	5 214 612
日 本 Japan	8	909 591	12 703	809 229 240	2 799	112 911 286	9 015	665 292 101	13	2 670 121	876	28 355 732
美 国 U.S.A.	19	580 797	3 312	388 867 811	1 984	99 539 371	1 176	202 500 013	152	86 828 427	0	0
英 国 U.K.	0	0	138	27 972 015	1	26 437	13	3 830 752	4	1 674 886	120	22 439 940
韩 国 South Korea	0	0	600	17 615 814	1	118 360	1	13 371	27	7 567 313	571	9 916 770
斯洛伐克 Slovakia	0	0	0	0	0	0	0	0	0	0	0	0
墨西哥 Mexico	0	0	37	1 862 563	0	0	37	1 862 563	0	0	0	0
奥地利 Austria	0	0	74	10 799 962	0	0	56	4 743 818	18	6 056 144	0	0
比利时 Belgium	0	0	44	3 212 000	0	0	44	3 212 000	0	0	0	0
瑞 典 Sweden	0	0	1 303	122 979 182	0	0	1 136	110 600 320	3	590 149	164	11 788 713
加拿大 Canada	0	0	8	12 695 818	0	0	1	428 464	7	12 267 354	0	0
葡萄牙 Portugal	0	0	0	0	0	0	0	0	0	0	0	0
意大利 Italy	0	0	25	3 058 500	1	72 415	21	2 569 385	3	416 700	0	0
匈牙利 Hungary	0	0	0	0	0	0	0	0	0	0	0	0
法 国 France	0	0	14	1 350 941	0	0	13	1 092 906	1	258 035	0	0
芬 兰 Finland	0	0	9	6 369 374	0	0	3	798 619	6	5 570 755	0	0
中国台湾省 Taiwan Province of China	0	0	6	400 030	0	0	0	0	0	0	6	400 030
西班牙 Spain	0	0	41	4 985 235	0	0	40	1 115 125	1	3 870 110	0	0
白俄罗斯 Belarus	0	0	18	16 172 800	0	0	18	16 172 800	0	0	0	0
波 兰 Poland	0	0	110	10 227 146	0	0	94	8 266 137	6	361 009	10	1 600 000
土耳其 Turkey	0	0	152	7 164 010	152	7 164 010	0	0	0	0	0	0
挪 威 Norway	0	0	14	4 126 000	0	0	14	4 126 000	0	0	0	0
泰 国 Thailand	0	0	36	2 007 860	0	0	36	2 007 860	0	0	0	0
荷 兰 Netherlands	0	0	5	952 452	0	0	4	512 968	1	439 484	0	0
中华人民共和国 China	0	0	14	1 751 127	0	0	0	0	3	901 474	11	849 653
澳大利亚 Australia	0	0	10	1 552 635	0	0	1	921 635	0	0	9	631 000
马来西亚 Malaysia	0	0	10	1 433 000	0	0	0	0	10	1 433 000	0	0
印度尼西亚 Indonesia	0	0	6	576 000	0	0	6	576 000	0	0	0	0
瑞 士 Switzerland	0	0	1	371 729	0	0	0	0	1	371 729	0	0
印 度 India	7	53 943	6	182 926	0	0	5	169 996	0	0	1	12 930
南 非 South Africa	0	0	1	28 921	0	0	1	28 921	0	0	0	0
俄罗斯联邦 Russia	0	0	0	0	0	0	0	0	0	0	0	0
巴 西 Brazil	0	0	2	52 889	0	0	2	52 889	0	0	0	0
捷 克 Czech Republic	0	0	1	15 922	0	0	1	15 922	0	0	0	0
约 旦 Jordan	0	0	1	73 520	0	0	0	0	0	0	1	73 520
伊 朗 Iran	0	0	0	0	0	0	0	0	0	0	0	0

表10-11 2010年汽车整车产品分洲别进口量及金额
Table10-11 Volume and Value of Imported Complete Vehicle in 2010 (by Continent)

辆，美元
Unit, US Dollar

洲别 Continent	汽车总计 Total of Automobile		乘用车 Passenger Car									
			乘用车合计 Sub-total of Passenger Car		轿车 Sedan		越野车 Off-road Vehicle		小客车 Small Bus		其他载人机动车 Other Passenger Vehicle	
	数量 Volume	金额 Value	数量 Volume	金额 Value	数量 Volume	金额 Value	数量 Volume	金额 Value	数量 Volume	金额 Value	数量 Volume	金额 Value
合计 Total	**813 345**	**30 785 521 251**	**791 126**	**28 899 090 352**	**343 653**	**14 147 734 762**	**351 408**	**12 711 408 243**	**89 919**	**1 856 653 535**	**6 093**	**181 316 314**
亚洲 Asia	343 457	9 254 363 022	329 923	8 413 929 495	67 860	1 778 282 461	178 587	4 871 040 022	77 408	1 584 544 122	6 053	179 099 356
北美洲 North America	85 812	3 760 465 029	82 492	3 358 901 400	12 368	421 859 009	68 322	2 865 407 958	1 766	70 440 282	17	613 354
大洋洲 Oceania	10	1 552 635	0	0	0	0	0	0	0	0	0	0
非洲 Africa	10	348 162	9	319 241	4	118 139	5	201 102	0	0	0	0
拉丁美洲 Latin America	31 352	662 087 597	31 313	660 172 145	12 250	192 928 826	9 130	290 478 911	9 932	176 730 008	1	34 400
欧洲 Europe	352 704	17 106 704 806	347 389	16 465 768 071	251 171	11 754 546 327	95 364	4 684 280 250	813	24 939 123	22	1 569 204
其他 Others	0	0	0	0	0	0	0	0	0	0	0	0

续表 Continued

洲别 Continent	乘用车 Passenger Car		商用车 Commercial Vehicle									
	未列名载人机动车 Untitled Passenger Vehicle		商用车合计 Sub-total of Commercial Vehicle		客车 Bus and Coach		载货车 Truck		专用汽车 Special Vehicle		汽车底盘 Chassis	
	数量 Volume	金额 Value	数量 Volume	金额 Value	数量 Volume	金额 Value	数量 Volume	金额 Value	数量 Volume	金额 Value	数量 Volume	金额 Value
合计 Total	**53**	**1 977 498**	**22 219**	**1 886 430 899**	**5 092**	**231 684 702**	**14 977**	**1 315 836 929**	**333**	**257 626 368**	**1 817**	**81 282 900**
亚洲 Asia	15	963 534	13 534	840 433 527	2 952	120 193 656	9 063	668 059 328	53	12 571 908	1 466	39 608 635
北美洲 North America	19	580 797	3 320	401 563 629	1 984	99 539 371	1 177	202 928 477	159	99 095 781	0	0
大洋洲 Oceania	0	0	10	1 552 635	0	0	1	921 635	0	0	9	631 000
非洲 Africa	0	0	1	28 921	0	0	1	28 921	0	0	0	0
拉丁美洲 Latin America	0	0	39	1 915 452	0	0	39	1 915 452	0	0	0	0
欧洲 Europe	19	433 167	5 315	640 936 735	156	11 951 675	4 696	441 983 116	121	145 958 679	342	41 043 265
其他 Others	0	0	0	0	0	0	0	0	0	0	0	0

表10-12 2006～2010年汽车零部件分产品进口量及金额
Table10-12 Volume and Value of Imported Auto Parts in 2006 through 2010 (by Category)

美元
US Dollar

产品类型 Category \ 年份 Year	2010		2009		2008		2007		2006	
	数量 Volume	金额 Value	数量 Volume	金额 Value	数量 Volume	金额 Value	数量 Volume	金额 Value	数量 Volume	金额 Value
汽车零部件合计 Total of Auto Parts	–	27 365 957 345	–	18 702 702 308	–	15 210 470 518	–	14 213 333 819	–	12 458 740 041
发动机零部件 Engine Parts	–	3 551 240 385	–	2 369 222 456	–	2 504 209 782	–	2 182 026 255	–	1 925 820 171
汽车轮胎 Tyre	–	437 163 254	–	298 041 503	–	114 006 356	3 445 874	204 570 208	3 081 968	193 005 987
汽车玻璃，kg Glass, kg	5 920 180	60 256 177	3 031 546	34 277 541	4 978 303	37 539 498	4 801 865	36 517 553	4 427 743	47 927 305
汽车空调器，台 Air Conditioner, set	214 597	59 114 409	75 071	27 555 866	19 122	9 944 101	65 962	17 893 257	104 042	48 610 685
汽车照明及信号装置 Lighting and Signaling Device	–	1 055 851 896	–	762 904 208	–	579 810 057	–	273 924 923	–	277 978 416
汽车电子电器及仪表 Electric and Electronic Device and Instrument	–	573 609 607	–	364 274 611	–	260 887 300	–	230 238 839	–	251 927 084
车身，台 Vehicle Body, set	598	12 866 066	1 020	17 346 613	773	7 246 360	752	7 986 386	1 310	5 261 999
车身附件及零部件 Vehicle Body Accessories and Parts	–	5 382 326 531	–	3 742 834 133	–	3 419 532 243	–	3 064 793 646	–	3 214 496 235
制动器及其零件，kg Brake and Brake Parts, kg	108 444 177	994 566 852	69 144 946	707 268 393	55 804 311	652 380 070	61 561 299	845 427 311	52 629 947	847 370 345
装在拖车底盘上的空气压缩机，台 Air Compressor to be installed on Chassis of Towing Vehicle, unit	1 424	28 055 794	1 697	23 605 955	3 397	32 650 359	2 138	29 436 897	40 128	31 004 287
变速器及其零件，台/kg Transmission Assembly and Transmission Parts, unit/kg	–	7 463 624 193	–	4 986 434 374	–	3 979 150 864	–	3 275 756 745	–	2 017 420 062
离合器及其零件，kg Clutch and Clutch Parts, kg	30 732 410	309 917 042	22 377 449	205 499 349	21 622 283	196 732 837	16 807 988	175 382 214	11 474 113	122 869 200
车辆用传动轴，kg Driving Shaft, kg	6 753 277	116 924 501	3 749 023	60 775 393	5 219 246	49 454 138	5 304 178	53 344 977	–	–
驱动桥及其零件，台/kg Drive Axle and Axle Parts, unit/kg	–	360 526 170	–	245 531 763	–	223 261 107	–	138 076 764	–	39 235 700
非驱动桥及零件，kg Non-drive Axle and Axle Parts, kg	16 430 287	83 753 389	9 864 728	58 137 010	12 957 932	79 918 590	16 080 201	101 024 061	15 012 178	97 565 149
车轮及零件，kg Wheel and Wheel Parts, kg	21 543 675	155 485 490	13 852 821	96 396 875	17 218 678	123 279 321	16 349 306	111 910 408	25 402 425	138 185 625
悬架系统及零件，kg Suspension System and Suspension Parts, kg	88 009 899	655 566 425	57 140 790	419 928 329	39 578 641	291 740 752	31 539 164	218 490 554	4 186 585	72 482 192
转向系统及其零件，kg Steering System and Parts, kg	90 357 830	1 242 551 673	60 581 965	776 084 983	49 783 307	716 688 435	46 908 080	631 026 130	19 816 848	343 948 627
车架，kg Vehicle Frame, kg	2 771 939	22 298 338	2 424 231	22 677 349	1 206 277	9 403 905	2 911 725	11 814 347	–	–
未列名零部件，kg Untitled Parts, kg	173 357 602	2 055 297 859	129 251 592	1 669 217 493	124 617 252	1 774 810 526	178 386 313	2 517 325 736	244 131 953	2 662 914 198
挂车、半挂车及零部件 Trailer, Semi-trailer and their Parts	–	70 167 780	–	46 982 460	–	74 601 596	–	86 366 608	–	120 716 774

表10-13　2006～2010年汽车发动机及其零部件进口量及金额

Table10-13　Volume and Value of Imported Engine and Engine Parts in 2006 through 2010

台，美元
Unit, US Dollar

产品类型 Category		年份 Year	2010		2009		2008		2007		2006	
			数量 Volume	金额 Value	数量 Volume	金额 Value	数量 Volume	金额 Value	数量 Volume	金额 Value	数量 Volume	金额 Value
发动机整机 Complete Engine	汽油发动机 Petrol Engine	排量≤50mL Displacement≤50mL	1 213	280 259	9 924	2 283 652	493	121 171	14	4 311	447	60 361
		50mL＜排量≤250mL 50mL＜Displacement≤250mL	7 673	1 108 498	28	15 640	1 047	308 591	3 110	1 237 881	2 944	1 644 108
		250mL＜排量≤1 000mL 250mL＜Displacement≤1 000mL	7 685	5 262 223	23 323	13 502 139	15 449	10 633 148	51 469	24 639 323	52 475	21 691 235
		1 000mL＜排量≤3 000mL 1 000mL＜Displacement≤3 000mL	969 441	2 318 301 502	557 820	1 439 511 986	481 456	1 242 381 723	469 882	1 077 576 063	486 549	941 869 380
		排量＞3 000mL Displacement＞3 000mL	17 939	73 591 386	11 206	54 742 952	15 163	73 880 820	19 173	105 865 052	5 688	35 535 583
	柴油发动机 Diesel Engine	输出功率≥132.39kW（180hp） P≥132.39kW（180hp）	11 445	182 896 566	9 649	171 195 833	15 415	261 083 706	16 305	216 493 888	13 331	150 149 831
		输出功率＜132.39kW（180hp） P＜132.39kW（180hp）	23 203	57 811 642	26 981	67 921 406	37 580	93 836 966	50 425	107 398 318	40 347	78 987 846
	合计 Total		1 038 599	2 639 252 076	638 931	1 749 173 608	566 603	1 682 246 125	610 378	1 533 214 836	601 781	1 229 938 344
发动机零部件 Engine Parts	电控燃油喷射装置，kg/套 Electric Fuel Injector, kg/set		56 455	6 612 834	–	3 239 132	–	8 972 482	–	17 530 098	–	31 187 344
	其他点燃式活塞内燃发动机用，kg for other Positive Piston Internal Combustion Engine, kg		146 146 568	2 432 235 584	86 412 500	1 599 912 763	81 603 101	1 528 874 212	96 401 686	1 597 189 032	99 567 441	1 561 367 588
	输出功率在132.39kW（180hp）及以上发动机用，kg for Engine with Output Power more than 132.39kW (180hp), kg		17 999 875	323 699 754	9 756 140	232 577 956	17 805 375	386 771 724	10 224 186	194 797 376	6 610 156	117 982 219
	输出功率在132.39kW（180hp）以下发动机用，kg for Engine with Output Power less than 132.39kW (180hp), kg		8 177 345	238 567 264	4 289 536	147 613 438	7 803 699	220 765 967	6 639 458	118 596 739	2 883 600	50 540 417
	散热器（水箱）及其零件，台/kg Radiator (Water Tank) and their Parts, unit/kg		1 197 795	129 867 621	–	77 166 792	–	62 325 090	–	45 576 411	–	26 821 342
	机油冷却器，台/kg Oil Cooler, unit/kg		1 306 765	33 952 721	–	15 963 952	–	–	–	–	–	–
	消声器及排气管及其零件，kg Muffler & Exhaust Pipe and their Parts, kg		15 126 824	213 610 516	11 304 249	153 074 310	11 564 118	145 129 365	11 396 799	133 246 254	10 824 364	90 755 109
	发动机增压器，台 Engine Supercharger, unit		229 113	172 694 091	160 693	139 674 113	178 727	151 370 942	100 307	75 090 345	165 385	47 166 152
	合计 Total		190 240 740	3 551 240 385	–	2 369 222 456	–	2 504 209 782	–	2 182 026 255	–	1 925 820 171

注：表中数据含有摩托车发动机及零部件。
Note: The statistics include those of motorcycle engines and parts.

表10-14　2010年汽车发动机及其零部件分洲别进口量及金额
Table10-14　Volume and Value of Imported Engine and Engine Parts in 2010 (by Continent)

美元
US Dollar

洲别 Continent	总计 Total	发动机合计 Sub-total of Engine		汽油发动机 Petrol Engine										柴油发动机 Diesel Engine			
				排量≤50mL Displacement≤50mL		50mL<排量≤250mL 50mL<Displacement≤250mL		250mL<排量≤1 000mL 250mL<Displacement≤1 000mL		1 000mL<排量≤3 000mL 1 000mL<Displacement≤3 000mL		排量>3 000mL Displacement>3 000mL		输出功率≥132.39kW (180hp) Output Power≥132.39kW (180hp)		输出功率<132.39kW (180hp) Output Power<132.39kW (180hp)	
	金额 Value	数量 Volume	金额 Value	数量 Volume	金额 Value	数量 Volume	金额 Value	数量 Volume	金额 Value	数量 Volume	金额 Value	数量 Volume	金额 Value	数量 Volume	金额 Value	数量 Volume	金额 Value
合计 Total	6 190 492 461	1 038 599	2 639 252 076	1 213	280 259	7 673	1 108 498	7 685	5 262 223	969 441	2 318 301 502	17 939	73 591 386	11 445	182 896 566	23 203	57 811 642
亚洲 Asia	3 004 262 900	566 594	1 088 333 150	1 211	279 187	3 992	712 737	7 674	5 237 236	525 980	967 324 852	16 140	52 981 206	2 124	28 269 752	9 473	33 528 180
北美洲 North America	396 834 659	30 465	131 120 530	0	0	3 666	387 930	8	15 681	24 921	92 610 555	619	8 345 510	1 233	29 501 706	18	259 148
大洋洲 Oceania	44 086 658	10 827	42 940 995	0	0	0	0	0	0	10 605	41 974 618	221	890 522	1	75 855	0	0
非洲 Africa	37 629 854	30 447	33 398 480	0	0	0	0	0	0	30 447	33 398 480	0	0	0	0	0	0
拉丁美洲 Latin America	104 239 898	56	312 401	0	0	0	0	0	0	17	57 587	1	5 954	5	48 947	33	199 913
欧洲 Europe	2 603 207 569	400 210	1 343 146 520	2	1 072	15	7 831	3	9 306	377 471	1 182 935 410	958	11 368 194	8 082	125 000 306	13 679	23 824 401
其他 Others	230 923	0	0	0	0	0	0	0	0	0	0	0	0	0	0	0	0

续表　Continued

洲别 Continent	发动机零部件 Engine Parts																			
	合计 Total	电控燃油喷射装置，kg/套 Electric Control Fuel Injector, kg/set		其他点燃式活塞内燃发动机用，kg for other Positive Piston Internal Combustion Engine, kg		输出功率≥132.39kW (180hp)的车用柴油机用，kg for Diesel Engine with Output Power≥132.39kW (180hp), kg		输出功率<132.39kW (180hp)的车用柴油机用，kg for Diesel Engine with Output Power<132.39kW (180hp), kg		散热器（水箱），台/kg Radiator (Water Tank) unit/kg		机油冷却器，台/kg Oil Cooler, unit/kg		散热器其他零件，kg Radiator (Water Tank) Parts, kg		消声器及排气管及其零件，kg Muffler & Exhaust Pipe and their Parts, kg		发动机用增压器，台 Engine Supercharger, unit	
	金额 Volume	数量 Volume	金额 Value	数量 Volume	金额 Value	数量 Volume	金额 Value	数量 Volume	金额 Value	数量 Volume	金额 Value	数量 Volume	金额 Value	数量 Volume	金额 Value	数量 Volume	金额 Value	数量 Volume	金额 Value
合计 Total	3 551 240 385	56 455	6 612 834	146 146 568	2 432 235 584	17 999 875	323 699 754	8 177 345	238 567 264	1 074 083	76 222 015	1 306 765	33 952 721	123 712	53 645 606	15 126 824	213 610 516	229 113	172 694 091
亚洲 Asia	1 915 929 750	27 249	2 626 828	78 019 754	1 486 819 300	7 186 382	113 776 744	3 857 124	117 072 758	430 696	23 563 370	172 463	5 607 651	54 405	31 971 596	9 176 982	100 144 409	56 008	34 347 094
北美洲 North America	265 714 129	17 350	2 268 410	4 250 311	114 490 332	5 253 813	86 692 081	313 199	14 692 694	18 476	2 543 276	222 942	4 990 509	8 620	1 732 489	322 599	5 102 731	9 940	33 201 607
大洋洲 Oceania	1 145 663	0	0	20 028	440 243	5 177	39 027	1 195	53 679	761	156 417	6	3 240	18	17 453	6 564	206 782	182	228 822
非洲 Africa	4 231 374	0	0	546 691	3 197 132	12	153	310	6 321	6 114	363 124	20	4 251	14 814	271 896	23 310	386 490	13	2 007
拉丁美洲 Latin America	103 927 497	130	9 623	7 702 438	74 632 266	830 631	11 042 769	623 012	12 232 509	750	156 884	136	20 035	1 084	57 419	204 157	4 095 374	1 569	1 680 618
欧洲 Europe	1 260 061 049	11 726	1 707 973	55 607 337	752 656 052	4 723 039	111 941 297	3 378 631	94 490 265	617 286	49 438 944	911 198	23 327 035	44 771	19 594 753	5 393 212	103 674 730	161 397	103 230 000
其他 Others	230 923	0	0	9	259	821	207 683	3 874	19 038	0	0	0	0	0	0	0	0	4	3 943

表10-15 2010年汽车发动机及其零部件分贸易方式进口量及金额
Table10-15 Volume and Value of Imported Vehicle Engine and Engine Parts in 2010 (by Trade Mode)

台，美元 Unit, US Dollar

贸易方式 Trade Mode	总计 Total	发动机合计 Sub-total of Engine		发动机零部件合计 Sub-total of Engine Parts
	金额 Value	数量 Volume	金额 Value	金额 Value
合计 Total	6 190 492 461	1 038 599	2 639 252 076	3 551 240 385
一般贸易 General Trade	5 608 289 125	1 011 710	2 512 851 987	3 095 437 138
来料加工装配贸易 Assembled with Imported Materials	4 298 234	0	0	4 298 234
进料加工贸易 Manufactured with Imported Materials	381 502 988	11 593	42 147 985	339 355 003
边境小额贸易 Border Trade in Small Value	42 020	0	0	42 020
加工贸易进口设备 Improvement Trade with Imported Equipment	308	0	0	308
外商投资企业作为投资进口的设备、物资 Equipment and Materials Invested by Foreign Side of JVs	1 798 643	6	35 398	1 763 245
出料加工贸易 Recalairing Trade	1 899 335	0	0	1 899 335
保税仓库进出境货物 Entry and Exit Goods in Bonded Warehouse	96 575 231	13 647	72 168 978	24 406 253
保税区仓储转口货物 Sailing Goods in Bonded Zone	90 741 377	1 432	11 289 826	79 451 551
出口加工区进口设备 Manufactured by Imported Equipment in Export Processing Zone	5 792	0	0	5 792
其他 Others	5 339 408	211	757 902	4 581 506

表10-16 2010年汽车发动机及其零部件分地区进口量及金额
Table10-16 Volume and Value of Imported Vehicle Engine and Engine Parts in 2010 (by Province)

台，美元 Unit, US Dollar

地区 Province	总计 Total	发动机小计 Sub-total of Engine		发动机零部件小计 Sub-total of Engine Parts
	金额 Value	数量 Volume	金额 Value	金额 Value
合计 Total	6 190 492 461	1 038 599	2 639 252 076	3 551 240 385
北京 Beijing	543 643 215	91 126	204 928 802	338 714 413
天津 Tianjin	162 685 862	11 360	17 393 070	145 292 792
河北 Hebei	9 224 823	3	55 046	9 169 777
山西 Shanxi	421 330	0	0	421 330
内蒙古 Inner Mongolia	19 638 687	577	19 260 622	378 065
辽宁 Liaoning	415 546 281	76 987	249 921 836	165 624 445
吉林 Jilin	1 267 454 430	401 507	1 016 897 829	250 556 601
黑龙江 Heilongjiang	20 600 943	701	2 758 967	17 841 976
上海 Shanghai	1 060 416 884	195 239	389 259 872	671 157 012
江苏 Jiangsu	452 062 500	20 826	51 467 155	400 595 345
浙江 Zhejiang	48 398 413	9 292	18 586 006	29 812 407
安徽 Anhui	35 619 077	109	1 455 724	34 163 353
福建 Fujian	170 432 918	44 087	154 343 409	16 089 509
江西 Jiangxi	40 873 283	1 164	4 346 929	36 526 354
山东 Shandong	257 198 744	9 925	29 295 979	227 902 765

地区 Province	总计 Total	发动机小计 Sub-total of Engine		发动机零部件小计 Sub-total of Engine Parts
	金额 Value	数量 Volume	金额 Value	金额 Value
河南 Henan	86 592 290	23 994	75 393 772	11 198 518
湖北 Hubei	119 189 400	570	6 645 563	112 543 837
湖南 Hunan	51 551 048	9 933	49 279 356	2 271 692
广东 Guangdong	1 084 815 680	111 598	279 825 729	804 989 951
广西 Guangxi	40 456 947	7 643	6 295 051	34 161 896
海南 Hainan	469 689	0	0	469 689
重庆 Chongqing	238 539 530	15 960	39 018 904	199 520 626
四川 Sichuan	32 929 417	5 713	17 836 735	15 092 682
贵州 Guizhou	3 955 149	0	0	3 955 149
云南 Yunnan	597 408	0	0	597 408
西藏 Tibet	0	0	0	0
陕西 Shaanxi	27 123 334	285	4 985 720	22 137 614
甘肃 Gansu	780	0	0	780
青海 Qinghai	0	0	0	0
宁夏 Ningxia	0	0	0	0
新疆 Xinjiang	54 399	0	0	54 399

表10-17　2010年汽车传动系统零部件产品分国别进口量及金额
Table10-17　Volume and Value of Imported Transmission System Parts in 2010 (by Country)

美元 US Dollar

国家和地区 Country & Region	合计 Total	离合器及其零部件，kg Clutch and Clutch Parts, kg		变速器及其零件，台/kg Transmission Assembly and Transmission Parts, unit/kg		车辆用传动轴，kg Driving Shaft, kg		驱动桥及其零件，个/kg Drive Axle and Axle Parts, unit/kg		非驱动车桥及零件，kg Non-drive Axle and Axle Parts, kg	
	金额 Value	数量 Volume	金额 Value	数量 Volume	金额 Value	数量 Volume	金额 Value	数量 Volume	金额 Value	数量 Volume	金额 Value
合计 Total	8 334 745 295	30 732 410	309 917 042	4 071 726	7 463 624 193	6 753 277	116 924 501	32 483	360 526 170	16 430 287	83 753 389
日本 Japan	4 473 362 292	5 358 990	74 320 895	2 466 574	4 220 232 452	2 634 631	50 932 921	664	102 048 246	4 887 548	25 827 778
德国 Germany	1 824 035 086	5 288 542	78 141 421	518 238	1 550 441 150	3 105 117	46 613 777	5 229	116 567 932	6 474 879	32 270 806
韩国 South Korea	1 068 272 333	13 610 630	85 592 224	577 139	939 652 719	41 402	333 181	12 758	34 599 631	2 281 161	8 094 578
法国 France	304 571 918	164 299	3 237 037	286 672	295 424 058	56 034	1 055 783	6 007	1 916 180	425 975	2 938 860
美国 U.S.A.	256 205 573	1 660 624	24 477 611	100 833	213 568 654	53 241	916 890	413	15 405 993	149 590	1 836 425
比利时 Belgium	56 196 791	120 273	1 383 214	37 291	54 577 613	533	22 526	19	207 259	490	6 179
印度尼西亚 Indonesia	55 541 761	8 504	53 902	4	1 831 702	148	1 142	0	53 651 377	1 781	3 638
荷兰 Netherlands	53 999 828	511	10 169	7 048	53 861 909	5 310	118 902	3	8 848	0	0
西班牙 Spain	38 389 585	350 347	2 236 976	34 134	33 449 107	22 390	472 073	8	1 243 615	247 554	987 814
奥地利 Austria	19 451 934	8 048	144 157	7 302	6 129 428	657 290	13 018 628	2	157 062	78	2 659
意大利 Italy	17 816 091	99 538	1 685 651	479	4 448 312	5 586	98 801	3 656	10 834 314	68 542	749 013
墨西哥 Mexico	16 989 537	189 107	1 059 222	4	8 118 271	12 494	189 606	0	1 016 427	906 897	6 606 011
匈牙利 Hungary	16 934 101	1 013 774	4 937 776	2 217	10 986 739	5 179	153 355	150	856 036	20	195
中国台湾省 Taiwan Province of China	15 333 452	22 217	279 132	511	9 405 129	32 762	207 521	66	5 440 601	343	1 069
英国 U.K.	13 856 565	694 076	6 098 564	1 574	4 522 102	55 581	1 507 001	9	1 454 979	42 102	273 919
巴西 Brazil	12 868 049	464 538	5 312 804	2 041	7 446 533	5	505	0	106 433	450	1 774
加拿大 Canada	12 292 771	332 712	4 677 577	14	5 818 377	16 577	225 416	15	602 693	339 058	968 708
泰国 Thailand	10 700 777	115 629	1 162 252	0	6 892 532	168	21 317	12	2 621 709	959	2 967
智利 Chile	9 402 742	4	31	19 392	9 402 711	0	0	0	0	0	0
斯洛伐克 Slovakia	8 558 552	105 048	932 140	3 817	7 245 953	0	0	8	342 113	6 214	38 346
越南 Vietnam	7 806 328	758 546	7 786 379	0	19 843	14	106	0	0	0	0
印度 India	7 697 927	47 623	523 430	295	4 783 927	377	51 075	2 061	2 031 117	84 795	308 378
瑞典 Sweden	7 249 608	21 980	810 277	250	3 240 306	596	46 535	825	3 103 335	3 051	49 155
马来西亚 Malaysia	5 832 052	3 742	56 638	4 824	5 665 765	63	729	4	20 057	15 762	88 863
捷克 Czech Republic	4 579 570	59 983	2 875 483	177	1 094 344	65	672	0	598 397	549	10 674
瑞士 Switzerland	4 267 315	521	4 025	4	252 519	0	0	0	4 010 771	0	0
土耳其 Turkey	2 649 338	108 390	683 272	1	443 852	343	7 041	1	44 710	206 436	1 470 463
澳大利亚 Australia	2 550 636	440	11 249	73	1 976 134	16 623	301 922	130	255 660	1 008	5 671
白俄罗斯 Belarus	2 077 222	26 359	298 144	145	1 094 725	805	9 922	200	674 431	0	0
波兰 Poland	1 934 053	8	287	0	128 254	28 342	586 537	0	101 849	272 673	1 117 126
中华人民共和国 China	1 074 159	49 502	284 565	663	727 560	586	3 495	239	39 042	9 573	19 497

续表 Continued

国家和地区 Country & Region	合计 Total	离合器及其零部件，kg Clutch and Clutch Parts, kg		变速器及其零件，台/kg Transmission Assembly and Transmission Parts, unit/kg		车辆用传动轴，kg Driving Shaft, kg		驱动桥及其零件，个/kg Drive Axle and Axle Parts, unit/kg		非驱动车桥及零件，kg Non-drive Axle and Axle Parts, kg	
	金额 Value	数量 Volume	金额 Value	数量 Volume	金额 Value	数量 Volume	金额 Value	数量 Volume	金额 Value	数量 Volume	金额 Value
斯洛文尼亚 Slovenia	473 387	556	3 619	0	33 376	0	0	0	436 392	0	0
以色列 Israel	468 376	0	0	0	467 840	6	261	0	275	0	0
菲律宾 Philippines	423 518	13 580	405 744	6	17 490	0	0	0	284	0	0
南非 South Africa	383 986	30 713	381 132	0	0	48	2 805	0	0	3	49
芬兰 Finland	303 170	11	616	2	120 193	0	0	4	125 529	2 463	56 832
新加坡 Singapore	64 436	7	1 568	0	34 181	429	16 392	0	0	264	12 295
罗马尼亚 Romania	34 498	0	0	0	32 616	0	0	0	0	38	1 882
挪威 Norway	23 332	351	9 657	0	11 910	0	0	0	0	31	1 765
俄罗斯联邦 Russia	17 793	72	16 631	0	0	53	1 162	0	0	0	0
阿根廷 Argentina	13 707	0	0	2	13 446	28	261	0	0	0	0
阿拉伯联合酋长国 United Arab Emirates	12 641	2 098	11 242	0	1 389	1	10	0	0	0	0
叙利亚 Syria	3 475	0	0	0	0	97	2 676	0	799	0	0
委内瑞拉 Venezuela	3 475	80	1 558	0	0	65	1 535	0	382	0	0
伊朗 Iran	3 155	133	3 155	0	0	0	0	0	0	0	0
厄瓜多尔 Ecuador	2 807	44	2 807	0	0	0	0	0	0	0	0
卢森堡 Luxembourg	2 729	0	0	0	2 729	0	0	0	0	0	0
沙特阿拉伯 Saudi Arabia	1 497	8	307	0	0	130	1 061	0	129	0	0
突尼斯 Tunisia	1 496	0	0	0	1 496	0	0	0	0	0	0
埃及 Egypt	1 320	0	0	0	1 177	5	143	0	0	0	0
中国香港 China Hongkong	1 286	0	0	0	0	0	0	0	1 286	0	0

表10-18　2010年汽车传动系统零部件产品分洲别进口量及金额

Table10-18　Volume and Value of Imported Transmission System Parts in 2010 (by Continent)

美元 US Dollar

洲别 Continent	合计 Total	离合器及其零部件，kg Clutch and Clutch Parts, kg		变速器及其零件，台/kg Transmission Assembly and Transmission Parts, unit/kg		车辆用传动轴，kg Driving Shaft, kg		驱动桥及其零件，个/kg Drive Axle and Axle Parts, unit/kg		非驱动车桥及零件，kg Non-drive Axle and Axle Parts, kg	
	金额 Value	数量 Volume	金额 Value	数量 Volume	金额 Value	数量 Volume	金额 Value	数量 Volume	金额 Value	数量 Volume	金额 Value
合计 Total	8 334 745 295	30 732 410	309 917 042	4 071 726	7 463 624 193	6 753 277	116 924 501	32 483	360 526 170	16 430 287	83 753 389
亚洲 Asia	5 649 250 348	20 099 619	171 165 141	3 050 017	5 190 176 941	2 711 185	51 579 477	15 805	200 499 263	7 488 622	35 829 526
北美洲 North America	268 498 344	1 993 336	29 155 188	100 847	219 387 031	69 818	1 142 306	428	16 008 686	488 648	2 805 133
大洋洲 Oceania	2 550 636	440	11 249	73	1 976 134	16 623	301 922	130	255 660	1 008	5 671
非洲 Africa	387 544	30 824	381 644	0	2 903	53	2 948	0	0	3	49
拉丁美洲 Latin America	39 280 497	653 785	6 376 602	21 439	24 980 961	12 592	191 907	0	1 123 242	907 347	6 607 785
欧洲 Europe	2 374 776 659	7 954 406	102 827 218	899 350	2 027 099 117	3 943 006	63 705 941	16 120	142 639 158	7 544 659	38 505 225
其他 Others	1 267	0	0	0	1 106	0	0	0	161	0	0

表10-19　2010年汽车车身及其附件、零部件产品分国别进口量及金额

Table10-19　Volume and Value of Imported Vehicle Body, Body Accessories and Parts in 2010 (by Country)

美元 US Dollar

国家和地区 Country & Region	合计 Total	车身，台 Vehicle Body, set		车身附件、零部件 Vehicle Body Accessories and Parts									
				车辆后视镜，kg Rear-view Mirror, kg		机动车辆用中央控制门锁，kg/套 Central Control Lock, kg/set		机动车辆用其他锁，kg Other Locking Device, kg		车辆用的贱金属附件及架座，kg Metal Accessories and Bracket, kg		车辆风挡刮水器、除霜器及去雾器，台 Windscreen Wiper, Defroster and Defogger, unit	
	金额 Value	数量 Volume	金额 Value	数量 Volume	金额 Value	数量 Volume	金额 Value	数量 Volume	金额 Value	数量 Volume	金额 Value	数量 Volume	金额 Value
合计 Total	5 382 326 531	598	12 866 066	2 695 772	77 934 484	3 751 121	76 640 727	3 314 315	86 405 540	3 648 323	31 775 015	2 739 610	62 047 012
德国 Germany	1 719 875 670	55	1 696 827	915 652	16 710 784	305 124	9 286 868	707 169	19 680 600	73 716	1 616 002	205 863	8 368 605
日本 Japan	1 515 460 695	231	4 067 858	623 800	20 738 533	166 204	10 892 454	1 369 029	39 153 562	723 770	16 286 122	563 005	9 006 277
韩国 South Korea	884 482 283	110	753 094	180 062	2 674 123	1 553 037	23 598 453	567 974	8 332 783	2 678 470	11 027 665	1 529 548	31 334 566
美国 U.S.A.	181 818 214	19	4 584 676	392 140	25 635 859	95 853	1 149 889	25 181	829 553	25 584	584 558	35 201	1 785 873
捷克 Czech Republic	127 891 314	0	0	154	15 683	1 487 515	25 552 171	179 854	5 846 213	1 857	210 777	448	12 139
法国 France	107 322 028	2	10 394	81 262	469 210	1 911	386 869	12 276	350 936	34 245	291 756	204	17 312
中国台湾省 Taiwan Province of China	104 216 033	47	250 459	69 860	1 069 550	1 148	65 302	81 774	1 268 703	14 342	89 417	35 173	56 761
西班牙 Spain	99 034 260	10	59 019	110 200	2 751 197	22 585	2 473 953	18 571	1 087 747	26	1 765	222 475	9 018 184
墨西哥 Mexico	77 490 674	50	885 037	740	46 863	189	4 392	60 286	948 319	29 847	286 529	7 891	24 349
意大利 Italy	70 611 037	0	0	275	48 069	106	2 724	58 462	1 425 939	5 068	278 014	313	10 969
波兰 Poland	52 840 963	0	0	130	3 653	0	0	239	9 310	28	657	14	911
荷兰 Netherlands	51 375 744	0	0	61 977	4 534 784	0	360	73 775	1 925 097	133	2 512	38	16 326
英国 U.K.	42 483 318	11	34 552	8 760	637 987	3 052	181 775	4 253	343 504	12 297	258 847	947	450 782
马来西亚 Malaysia	42 275 462	2	31 093	14 039	229 534	19 054	304 931	1 299	26 308	198	1 516	17 068	91 620
奥地利 Austria	33 555 025	3	33 810	24	528	0	0	103	6 941	300	33 537	60	5 577
罗马尼亚 Romania	31 166 671	0	0	16	897	33	1 507	9	1 298	120	2 568	154	3 003
瑞典 Sweden	29 826 921	32	220 990	2 635	349 880	10	1 108	636	57 874	2 786	30 429	162	5 246
挪威 Norway	29 782 901	0	0	50	5 964	0	0	0	0	0	0	6	133
加拿大 Canada	25 855 950	3	26 485	9 016	195 626	25 708	489 929	1 457	50 850	22 261	390 342	289	20 717

续表 Continued

国家和地区 Country & Region	车身附件、零部件 Vehicle Body Accessories and Parts													
	缓冲器（保险杠）及其零部件，kg Bumper and Bumper Parts, kg		座椅安全带，kg Safety Belt, kg		安全气囊及其零件，套 Safety Airbag and Airbag Parts, set		侧围，kg Side Wall, kg		车门，只/kg Door, unit/kg		发动机罩盖，kg Engine Hood, kg		前围，kg Front Wall, kg	
	数量 Volume	金额 Value	数量 Volume	金额 Value	数量 Volume	金额 Value	数量 Volume	金额 Value	数量 Volume	金额 Value	数量 Volume	金额 Value	数量 Volume	金额 Value
合 计 Total	17 447 416	190 154 447	1 357 816	35 631 497	21 979 244	488 624 162	2 685 223	30 873 348	587 572	66 641 071	2 985 178	30 207 949	1 018 469	7 424 427
德 国 Germany	3 116 095	61 005 564	252 562	14 298 409	4 169 419	121 680 287	1 266 690	17 808 530	450 081	50 646 079	809 380	14 279 160	25 074	931 448
日 本 Japan	3 686 375	46 819 433	416 542	7 014 583	5 233 201	107 832 106	211 213	2 654 188	20 578	4 115 443	412 290	6 171 165	262 430	2 617 228
韩 国 South Korea	3 302 193	15 283 315	148 997	3 506 550	1 021 602	31 786 456	192 634	1 797 390	73 233	5 928 718	323 989	1 711 360	552 978	1 996 734
美 国 U.S.A.	425 577	8 183 677	158 847	2 261 023	3 160 783	49 357 021	36 574	1 649 503	2 894	1 033 785	44 467	839 818	1 623	68 516
捷 克 Czech Republic	486 257	2 483 647	8 791	193 370	86 479	1 522 492	227	5 663	59	13 391	1 494	12 466	5	20
法 国 France	92 463	993 893	137	11 938	1 449 495	41 820 348	162	5 745	657	212 735	10 137	191 761	43	1 656
中国台湾省 Taiwan Province of China	1 522 451	5 605 159	433	4 636	273 546	3 137 242	11 587	68 430	7 839	641 633	937 602	2 419 345	1 207	10 487
西班牙 Spain	113 802	4 967 845	18	1 478	92 590	4 680 630	637 811	2 948 567	50	19 162	57	1 331	0	0
墨西哥 Mexico	4 465	85 064	15 759	413 570	2 237 244	43 843 314	606	9 109	430	135 421	2 847	40 479	0	0
意大利 Italy	9 186	424 025	47	2 477	69 557	1 627 886	1 073	68 565	139	69 123	487	57 754	307	19 402
波 兰 Poland	4 923	147 099	150 855	3 879 023	283 910	8 881 016	0	0	21	4 530	323	2 788	11	551
荷 兰 Netherlands	299 253	2 341 871	88 291	1 865 044	45 272	1 015 961	130	2 360	155	67 967	153 283	1 178 365	10	863
英 国 U.K.	101 581	3 373 209	27 717	672 921	5 857	819 958	3 662	62 280	1 607	518 862	20 156	352 808	1 512	77 555
马来西亚 Malaysia	235 432	2 207 340	74 569	731 850	63 866	2 330 302	317 075	3 677 669	26 877	2 332 475	79 347	389 380	98 476	581 394
奥地利 Austria	2 977	401 942	169	16 572	66 636	2 583 324	831	44 531	2	713	2 736	37 676	32	2 293
罗马尼亚 Romania	573	26 459	692	35 004	1 822 951	23 320 561	0	0	0	0	0	0	0	0
瑞 典 Sweden	64 420	2 084 366	5 272	127 323	519 295	10 503 717	2 714	26 600	953	476 064	22 133	495 827	0	0
挪 威 Norway	3 219 032	25 899 008	0	0	0	0	0	0	0	0	65	4 770	0	0
加拿大 Canada	59 568	908 000	14	898	72 538	2 128 032	287	7 127	84	17 373	67 983	1 003 819	73 291	1 105 394

续表 Continued

国家和地区 Country & Region	车身附件、零部件 Vehicle Body Accessories and Parts													
	行李箱盖或背门，kg Trunk Cover or Back Door, kg		后围，kg Back Wall, kg		翼子板或叶子板，kg Fender, kg		其他车身覆盖件，kg Other Body Covering Parts, kg		车窗玻璃升降器，kg Window Lifter, kg		电动天窗，套/kg Electric Sunroof, set/kg		手动天窗，套/kg Mannual Sunroof, set/kg	
	数量 Volume	金额 Value	数量 Volume	金额 Value	数量 Volume	金额 Value	数量 Volume	金额 Value	数量 Volume	金额 Value	数量 Volume	金额 Value	数量 Volume	金额 Value
合　计 Total	5 283 515	47 381 940	199 461	2 992 042	1 781 068	21 838 691	52 626 032	212 290 834	565 942	9 431 148	479 624	130 808 764	12 889	6 847 446
德　国 Germany	3 157 795	32 784 389	122 060	2 460 782	385 788	8 525 724	3 503 103	30 139 013	102 429	2 549 765	79 866	21 567 447	2 947	2 089 831
日　本 Japan	441 639	2 161 067	17 876	113 383	598 787	7 022 299	1 457 766	13 814 246	272 441	3 216 932	110 847	50 474 260	0	0
韩　国 South Korea	854 041	4 791 635	38 827	170 376	188 965	1 376 746	44 412 463	149 001 762	23 676	207 267	252 007	45 283 395	129	7 367
美　国 U.S.A.	16 786	372 113	825	32 200	15 678	325 772	17 660	351 396	6 923	129 267	42	26 110	2 440	953
捷　克 Czech Republic	107	4 743	6	132	908	17 882	61 805	2 025 612	1 109	29 671	1	321	0	0
法　国 France	5 315	92 025	611	10 203	5 725	142 129	1 155 755	5 869 614	4 196	313 486	11 459	3 040 236	21	4 790
中国台湾省 Taiwan Province of China	51 001	232 977	3 103	17 610	421 294	2 119 231	884 176	4 221 631	23 986	232 187	200	28 931	0	0
西班牙 Spain	294 803	2 154 331	0	0	49 310	772 879	68 747	771 549	64 231	1 059 479	140	40 493	0	0
墨西哥 Mexico	1 697	33 576	0	0	824	36 757	23 240	610 598	1 333	98 778	6	1 893	4	1 320
意大利 Italy	435	30 409	0	0	954	77 628	5 095	70 727	772	70 985	865	211 455	10	4 186
波　兰 Poland	35	874	0	0	67	1 591	2 127	111 459	34	3 494	0	228	12	4 283
荷　兰 Netherlands	146 103	464 240	10	415	17 429	232 163	638 413	2 204 476	5	646	22 040	8 985 264	6 982	4 656 165
英　国 U.K.	2 741	69 684	2 024	13 701	11 763	312 411	230 277	1 989 979	6 454	332 736	2	3 642	2	713
马来西亚 Malaysia	65 696	416 867	12 121	160 058	54 863	257 990	98 197	445 926	7 257	77 982	0	0	0	0
奥地利 Austria	0	0	119	2 680	614	60 153	217	4 583	28	1 157	0	0	0	0
罗马尼亚 Romania	56 139	482 375	0	0	7	357	3	457	0	0	0	0	0	0
瑞　典 Sweden	1 846	49 565	22	177	13 955	250 279	29 933	164 642	260	15 858	4	1 957	2	682
挪　威 Norway	0	0	0	0	0	0	162	3 552	0	0	0	0	0	0
加拿大 Canada	170 463	2 957 017	77	3 824	1 113	22 025	3 258	12 612	44 237	878 233	6	3 513	0	0

续表 Continued

国家和地区 Country & Region	车身附件、零部件 Vehicle Body Accessories and Parts								汽车玻璃，kg Glass, kg		汽车空调器，台 Air Conditioner, unit	
	其他未列名车身零部件, kg Other Untitled Body Parts, kg		机动车辆用座具，个 Seat Device, unit		机动车辆用座椅调角器，套/kg Seat Adjuster, set/kg		其他车辆用座具零部件, kg Other Parts of Seating Device, kg					
	数量 Volume	金额 Value	数量 Volume	金额 Value	数量 Volume	金额 Value	数量 Volume	金额 Value	数量 Volume	金额 Value	数量 Volume	金额 Value
合 计 Total	**306 538 477**	**2 741 871 868**	**333 824**	**66 618 597**	**9 883 363**	**71 053 721**	**94 415 982**	**754 595 149**	**5 920 180**	**60 256 177**	**214 597**	**59 114 409**
德 国 Germany	106 915 738	1 022 422 733	53 494	15 645 606	1 950 981	18 403 791	20 453 685	182 850 447	1 098 603	14 779 006	126 020	27 647 973
日 本 Japan	72 107 043	781 022 166	153 934	34 332 081	4 793 899	32 889 093	30 319 070	283 371 703	1 100 727	15 703 409	7 482	13 971 104
韩 国 South Korea	82 823 876	420 437 001	804	185 707	440 137	2 106 637	24 697 769	118 073 236	833 346	2 888 461	790	221 486
美 国 U.S.A.	3 371 645	46 051 877	22 168	1 216 767	65 827	751 739	3 628 986	24 732 802	1 092 482	8 911 858	1 439	951 609
捷 克 Czech Republic	4 879 101	59 528 485	62 511	8 807 406	838	15 981	1 581 412	13 054 756	85 189	1 381 142	44 754	7 157 151
法 国 France	2 848 901	34 063 622	1 574	49 573	1 340 087	6 819 394	846 549	10 551 068	95 301	1 548 766	176	52 569
中国台湾省 Taiwan Province of China	5 137 773	56 946 239	4 960	219 812	148 942	1 263 142	3 493 860	22 968 949	221 733	1 272 325	25	5 875
西班牙 Spain	5 542 842	51 022 995	0	0	44 000	680 230	1 081 111	8 513 787	4 961	59 974	22 657	5 947 665
墨西哥 Mexico	3 279 364	17 697 068	46	28 794	3 748	225 578	229 318	11 277 313	33 565	751 944	8	4 609
意大利 Italy	2 108 473	63 871 680	5 191	360 587	10	1 366	96 739	867 635	50 982	895 645	68	113 787
波 兰 Poland	1 120 180	15 967 512	856	95 580	632 634	5 084 968	2 500 423	16 929 355	106 743	1 712 081	0	0
荷 兰 Netherlands	3 185 750	18 597 762	8	2 449	1	443	38 504	214 732	26 125	385 717	11 024	2 679 762
英 国 U.K.	1 323 787	27 623 673	2 519	599 022	208 554	1 279 646	150 704	1 619 511	65 978	832 974	43	20 586
马来西亚 Malaysia	3 880 908	21 439 325	21 578	3 351 361	20	22	321 339	1 991 855	260 738	980 016	44	218 648
奥地利 Austria	1 796 665	20 837 433	22	4 172	0	0	502 411	9 374 040	14 359	103 363	0	0
罗马尼亚 Romania	331 895	4 955 349	0	0	0	0	141 792	2 334 004	165	660	26	2 172
瑞 典 Sweden	508 080	11 421 477	67	48 776	45 085	719 738	152 270	2 379 196	18 955	392 048	10	3 102
挪 威 Norway	226 894	3 869 168	0	0	0	0	0	0	26	306	0	0
加拿大 Canada	822 011	10 796 329	39	12 306	115 894	131 280	766 333	4 630 961	2 887	63 258	0	0

表10-20　2010年汽车车身及其附件、零部件产品分洲别进口量及金额

Table10-20　Volume and Value of Imported Vehicle Body, Body Accessories and Parts in 2010 (by Continent)

美元 US Dollar

洲别 Continent	合计 Total	车身，台 Vehicle Body, set		车身附件、零部件 Vehicle Body Accessories and Parts：车辆后视镜，kg Rear-view Mirror, kg		机动车辆用中央控制门锁，kg/套 Central Control Lock, kg/set		机动车辆用其他锁，kg Other Locking Device, kg		车辆用的贱金属附件及架座，kg Metal Accessories and Bracket, kg		车辆风挡刮水器、除霜器及去雾器，台 Windscreen Wiper, Defroster and Defogger, unit	
	金额 Value	数量 Volume	金额 Value	数量 Volume	金额 Value	数量 Volume	金额 Value	数量 Volume	金额 Value	数量 Volume	金额 Value	数量 Volume	金额 Value
合计 Total	5 382 326 531	598	12 866 066	2 695 772	77 934 484	3 751 121	76 640 727	3 314 315	86 405 540	3 648 323	31 775 015	2 739 610	62 047 012
亚洲 Asia	2 633 234 302	407	5 193 677	1 104 474	26 013 591	1 796 491	35 822 299	2 053 652	49 240 744	3 427 591	27 464 985	2 166 413	40 551 874
北美洲 North America	207 674 164	22	4 611 161	401 156	25 831 485	121 561	1 639 818	26 638	880 403	47 845	974 900	35 490	1 806 590
大洋洲 Oceania	2 737 917	0	0	1 053	27 969	275	6 588	189	145 190	1 225	158 281	11	657
非洲 Africa	3 322 350	0	0	213	4 386	0	0	12	278	1	16	0	0
拉丁美洲 Latin America	80 472 525	50	885 037	862	50 501	190	4 415	60 408	955 186	29 945	288 363	12 690	187 909
欧洲 Europe	2 454 649 661	119	2 176 191	1 188 014	26 006 552	1 832 604	39 167 607	1 173 144	35 174 657	141 716	2 888 470	525 006	19 499 982
其他 Others	235 612	0	0	0	0	0	0	272	9 082	0	0	0	0

续表 Continued

洲别 Continent	车身附件、零部件 Vehicle Body Accessories and Parts：缓冲器（保险杠），kg Bumper and Bumper Parts, kg		座椅安全带，kg Safety Belt, kg		安全气囊及其零件，套 Safety Airbag and Airbag Parts, set		侧围，kg Side Wall, kg		车门，只/kg Door, unit/kg		发动机罩盖，kg Engine Hood, kg		前围，kg Front Wall, kg	
	数量 Volume	金额 Value	数量 Volume	金额 Value	数量 Volume	金额 Value	数量 Volume	金额 Value	数量 Volume	金额 Value	数量 Volume	金额 Value	数量 Volume	金额 Value
合计 Total	17 447 416	190 154 447	1 357 816	35 631 497	21 979 244	488 624 162	2 685 223	30 873 348	587 572	66 641 071	2 985 178	30 207 949	1 018 469	7 424 427
亚洲 Asia	8 849 276	70 582 784	642 515	11 280 273	7 822 709	172 554 780	733 003	8 206 538	129 728	13 189 912	1 755 811	10 725 432	916 126	5 213 025
北美洲 North America	485 145	9 091 677	158 861	2 261 921	3 233 321	51 485 053	36 861	1 656 630	2 978	1 051 158	112 450	1 843 637	74 914	1 173 910
大洋洲 Oceania	22 172	314 472	0	0	462	20 465	0	0	47	17 088	4 671	46 278	167	1 342
非洲 Africa	13 817	37 405	1	64	66 749	1 972 425	0	0	56	15 981	5 319	116 230	27	312
拉丁美洲 Latin America	63 857	570 425	15 759	413 570	2 237 255	43 845 232	1 019	13 313	495	147 607	80 434	687 492	8	70
欧洲 Europe	8 013 038	109 556 441	540 680	21 675 669	8 618 748	218 746 207	1 914 340	20 996 867	454 268	52 219 325	1 026 466	16 788 870	27 227	1 035 768
其他 Others	111	1 243	0	0	0	0	0	0	0	0	27	10	0	0

续表 Continued

洲别 Continent	车身附件、零部件 Vehicle Body Accessories and Parts													
	行李箱盖或背门，kg Trunk Cover or Back Door, kg		后围，kg Back Wall, kg		翼子板或叶子板，kg Fender, kg		其他车身覆盖件，kg Other Body Covering Parts, kg		车窗玻璃升降器，kg Window Lifter, kg		电动天窗，套/kg Electric Sunroof, set/kg		手动天窗，套/kg Mannual Sunroof, set/kg	
	数量 Volume	金额 Value	数量 Volume	金额 Value	数量 Volume	金额 Value	数量 Volume	金额 Value	数量 Volume	金额 Value	数量 Volume	金额 Value	数量 Volume	金额 Value
合计 Total	5 283 515	47 381 940	199 461	2 992 042	1 781 068	21 838 691	52 626 032	212 290 834	565 942	9 431 148	479 624	130 808 764	12 889	6 847 446
亚洲 Asia	1 421 600	7 682 253	73 707	467 928	1 268 844	10 852 227	46 877 967	167 748 162	330 377	3 810 242	363 063	95 786 764	130	7 419
北美洲 North America	187 249	3 329 130	902	36 024	16 791	347 797	20 918	364 008	51 160	1 007 500	48	29 623	2 440	953
大洋洲 Oceania	389	7 703	0	0	568	9 586	1 624	26 406	1 020	23 617	0	0	0	0
非洲 Africa	2 930	61 641	0	0	17	60	805	64 743	0	0	6	1 334	0	0
拉丁美洲 Latin America	1 832	35 851	0	0	1 597	44 784	23 303	613 291	1 720	107 926	6	1 893	4	1 320
欧洲 Europe	3 669 515	36 265 362	124 852	2 488 090	493 246	10 584 231	5 701 415	43 474 224	181 665	4 481 863	116 501	34 989 150	10 315	6 837 754
其他 Others	0	0	0	0	5	6	0	0	0	0	0	0	0	0

续表 Continued

洲别 Continent	车身附件、零部件 Vehicle Body Accessories and Parts								汽车玻璃，kg Glass, kg		汽车空调器，台 Air Conditioner, unit	
	其他未列名车身零部件，kg Other Untitled Body Parts, kg		机动车辆用座具，个 Seat Device, unit		机动车辆用座椅调角器，套/kg Seat Adjuster, set/kg		其他车辆用座具零部件，kg Other Parts of Seating Device, kg					
	数量 Volume	金额 Value	数量 Volume	金额 Value	数量 Volume	金额 Value	数量 Volume	金额 Value	数量 Volume	金额 Value	数量 Volume	金额 Value
合计 Total	306 538 477	2 741 871 868	333 824	66 618 597	9 883 363	71 053 721	94 415 982	754 595 149	5 920 180	60 256 177	214 597	59 114 409
亚洲 Asia	166 311 962	1 306 988 968	185 238	39 613 834	5 475 704	36 939 567	61 224 519	450 420 556	2 750 085	22 344 811	8 370	14 531 657
北美洲 North America	4 193 656	56 848 206	22 207	1 229 073	181 721	883 019	4 395 319	29 363 763	1 095 369	8 975 116	1 439	951 609
大洋洲 Oceania	89 506	1 223 389	65	125 606	0	0	29 953	443 895	8 815	137 618	2	1 767
非洲 Africa	112 527	957 857	2	506	0	0	299	81 674	1 705	7 438	0	0
拉丁美洲 Latin America	3 379 548	19 299 738	48	30 134	3 748	225 578	230 500	11 291 687	35 362	766 594	8	4 609
欧洲 Europe	132 407 652	1 356 368 010	126 264	25 619 444	4 222 190	33 005 557	28 525 458	262 954 003	2 028 844	28 024 600	204 778	43 624 767
其他 Others	43 626	185 700	0	0	0	0	9 934	39 571	0	0	0	0

表10-21 2010年汽车行驶系统零部件产品分国别进口量及金额

Table10-21 Volume and Value of Imported Running System Parts in 2010 (by Country)

美元 US Dollar

国家和地区 Country & Region	合计 Total	汽车轮胎，条/kg Tyre, piece/kg		车轮及其零部件，kg Wheel and Wheel Parts, kg							
				牵引车、拖拉机用 for Towing Vehicle and Tractor		30座及以上大型客车用 for Large Bus with at least 30 seats		非公路自卸车用 for Non-road Dumping Vehicle		车辆总质量<14t柴油载货车及车辆总质量<8t汽油载货车用 for Diesel Truck with GVW<14t and for Petrol Truck with GVW<8t	
	金额 Value	数量 Volume	金额 Value	数量 Volume	金额 Value	数量 Volume	金额 Value	数量 Volume	金额 Value	数量 Volume	金额 Value
合计 Total	1 270 513 507	88 315 185	437 163 254	826 604	7 640 957	146 254	951 840	454 413	4 102 396	56 959	523 606
日本 Japan	418 296 595	24 284 780	114 336 566	521	4 882	425	4 401	7 261	49 067	1 420	18 213
德国 Germany	256 254 813	8 013 593	55 672 937	2 780	30 579	6 644	100 933	196	2 716	117	1 008
美国 U.S.A.	87 453 315	2 780 405	17 884 667	221 198	1 300 258	13 341	160 257	388 164	3 625 178	3 438	9 617
韩国 South Korea	87 376 261	2 726 364	11 234 619	40 734	357 158	16 171	49 257	0	0	0	0
意大利 Italy	61 815 041	11 884 018	57 498 161	193	4 847	0	0	124	747	0	0
西班牙 Spain	51 174 951	2 419 345	13 775 428	15	53	0	0	0	0	0	0
法国 France	49 032 342	4 358 526	28 511 804	115 747	441 026	98	3 809	0	0	0	0
泰国 Thailand	45 304 520	9 520 534	43 948 863	0	0	0	0	0	0	0	0
英国 U.K.	22 750 815	1 769 406	10 137 151	82	334	5 466	13 986	1 071	17 361	0	0
罗马尼亚 Romania	18 699 248	4 064 115	16 843 521	0	0	0	0	0	0	0	0
捷克 Czech Republic	18 653 000	1 692 149	10 874 729	0	0	0	0	0	0	0	0
中国台湾省 Taiwan Province of China	14 694 082	1 491 635	4 411 610	23 944	163 126	23 682	169 074	0	0	0	0
葡萄牙 Portugal	12 873 322	2 611 912	12 812 549	0	0	0	0	0	0	0	0
中华人民共和国 China	12 245 022	2 739 221	7 872 948	275	4 599	0	0	0	0	0	0
马来西亚 Malaysia	11 732 593	1 194 116	3 425 633	0	0	0	0	0	0	0	0
土耳其 Turkey	11 086 763	1 711 080	7 317 141	4 195	9 684	0	0	0	0	0	0
荷兰 Netherlands	10 579 343	46 019	70 531	0	0	0	0	0	0	0	0
波兰 Poland	10 049 895	648 272	3 111 294	2	90	0	0	0	0	0	0
墨西哥 Mexico	9 672 837	105 823	302 019	18 759	155 435	0	0	0	0	0	0
匈牙利 Hungary	8 958 454	77 232	737 981	276 420	2 332 295	4 617	60 434	0	0	51 923	494 096
加拿大 Canada	8 718 500	32 850	250 516	99 946	2 451 361	0	0	32 639	180 777	0	0
比利时 Belgium	7 922 070	19 595	44 196	301	4 999	0	0	45	2 284	0	0
卢森堡 Luxembourg	5 566 500	1 130 856	5 563 391	0	0	0	0	0	0	0	0
挪威 Norway	5 448 636	0	0	0	0	0	0	0	0	0	0
奥地利 Austria	3 830 929	0	0	0	0	0	0	0	0	0	0
印度尼西亚 Indonesia	3 613 754	939 890	3 610 548	60	241	0	0	0	0	0	0
巴西 Brazil	3 466 461	696 525	3 102 783	227	1 987	0	0	0	0	15	316
南非 South Africa	2 128 817	6	24	24	818	0	0	0	0	0	0
斯洛伐克 Slovakia	2 124 007	120 710	323 519	0	0	0	0	0	0	0	0

续表 Continued

国家和地区 Country & Region	车轮及其零部件，kg Wheel and Wheel Parts, kg						悬架系统及零件，kg Suspenssion System and Suspenssion Parts, kg			
	车辆总质量≥14t柴油载货车及车辆总质量≥8t汽油载货车用 for Diesel Truck with GVW≥14t and for Petrol Truck with GVW≥8t		专用汽车用 for Special Vehicle		其他机动车辆用 for Other Motor Vehicle		载人机动小客车用（含减振器） for Small Bus (including Shock Absorber)		其他机动车辆用（含减振器） for Other Motor Vehicle (including Shock Absorber)	
	数量 Volume	金额 Value	数量 Volume	金额 Value	数量 Volume	金额 Value	数量 Volume	金额 Value	数量 Volume	金额 Value
合 计 Total	3 214 155	6 490 462	17 598	260 223	16 827 692	135 516 006	77 580 541	558 874 525	7 592 381	50 989 473
日 本 Japan	853	39 992	5 922	122 159	4 544 147	38 065 949	36 747 949	241 657 134	697 350	6 979 015
德 国 Germany	35 402	191 238	24	1 287	3 740 726	32 111 138	11 322 318	140 208 732	748 109	11 603 873
美 国 U.S.A.	80 512	660 498	973	16 574	440 685	7 009 735	2 716 211	22 017 848	5 210 476	24 639 555
韩 国 South Korea	21 713	138 095	10	57	1 757 117	12 988 164	13 465 129	51 260 796	218 284	991 642
意大利 Italy	93	603	0	0	127 396	2 690 961	33 327	575 609	27 407	564 139
西班牙 Spain	0	0	0	0	1 099 800	5 243 230	4 669 363	31 010 279	112 664	810 531
法 国 France	620	10 936	233	2 763	341 458	3 078 643	1 912 412	13 652 260	95 805	1 310 208
泰 国 Thailand	0	0	0	0	12 048	123 698	142 054	1 227 704	174	3 243
英 国 U.K.	0	0	251	1 099	29 873	725 514	1 312 625	11 167 058	15 421	561 255
罗马尼亚 Romania	0	0	0	0	0	0	172 045	1 671 372	17 387	184 284
捷 克 Czech Republic	0	0	0	0	980 258	5 209 023	150 730	2 523 923	1 571	13 288
中国台湾省 Taiwan Province of China	8 565	28 783	0	0	808 178	3 494 774	972 562	5 911 903	4 829	86 427
葡萄牙 Portugal	0	0	0	0	0	0	307	3 723	0	0
中华人民共和国 China	2 848 108	3 522 190	90	2 972	70 820	598 292	46 212	107 078	52 176	135 870
马来西亚 Malaysia	0	0	0	0	184 915	577 141	721 463	5 319 753	4 364	33 562
土耳其 Turkey	1 800	5 247	68	752	466 935	3 436 305	2 498	31 066	57 921	275 562
荷 兰 Netherlands	0	0	0	0	919 546	9 060 911	233 534	1 149 432	24 168	283 773
波 兰 Poland	0	0	0	0	235 190	2 248 067	433 982	4 618 085	2 166	23 213
墨西哥 Mexico	0	0	0	0	79 409	750 378	96 931	1 767 907	42 630	271 980
匈牙利 Hungary	187 511	1 716 346	0	0	270 139	2 330 715	45 391	546 058	46 050	637 917
加拿大 Canada	1 526	19 008	0	0	74 637	1 087 116	499 006	4 136 117	185	2 030
比利时 Belgium	15	880	0	0	782	9 456	682 973	7 099 126	92 419	679 426
卢森堡 Luxembourg	0	0	0	0	74	3 109	0	0	0	0
挪 威 Norway	0	0	0	0	861	18 589	624 627	5 427 459	87	2 588
奥地利 Austria	126	1 137	0	0	269 638	2 873 095	70 463	868 548	1 517	18 142
印度尼西亚 Indonesia	0	0	0	0	288	2 667	10	178	0	0
巴 西 Brazil	152	1 546	0	0	668	8 070	8 227	109 242	67 546	240 949
南 非 South Africa	0	0	0	0	272 380	940 964	112 431	1 184 125	136	2 886
斯洛伐克 Slovakia	0	0	0	0	2 083	86 750	179 083	1 702 804	592	10 934

续表 Continued

国家和地区 Country & Region	悬架系统及零件，kg Suspension System and Suspension Parts, kg		车架，kg Vehicle Frame, kg									
	汽车用片簧及簧片 Plate Spring and Reed		30座及以上机动客车用 for Bus with at least 30 seats		非公路自卸车用 for Non-road Dumping Vehicle		车辆总质量<14t柴油载货车及车辆总质量<8t汽油载货车用 for Diesel Truck with GVW<14t and for Petrol Truck with GVW<8t		车辆总质量≥14t柴油载货车及车辆总质量≥8t汽油载货车用 for Diesel Truck with GVW≥14t and for Petrol Truck with GVW≥8t		其他机动车辆用 for Other Motor Vehicle	
	数量 Volume	金额 Value	数量 Volume	金额 Value	数量 Volume	金额 Value	数量 Volume	金额 Value	数量 Volume	金额 Value	数量 Volume	金额 Value
合 计 Total	2 836 977	45 702 427	18 013	141 459	531 475	6 391 156	393	1 792	187	1 533	2 221 871	15 762 398
日 本 Japan	548 066	11 471 043	0	0	0	0	317	1 120	0	0	867 318	5 547 054
德 国 Germany	1 173 607	16 328 713	0	0	0	0	0	0	0	0	164	1 659
美 国 U.S.A.	153 084	3 831 633	0	0	501 060	6 210 583	0	0	187	1 533	11 128	85 379
韩 国 South Korea	566 359	9 626 669	124	433	0	0	0	0	0	0	24 731	729 371
意大利 Italy	32 150	477 874	0	0	0	0	0	0	0	0	279	2 100
西班牙 Spain	26 207	331 205	0	0	0	0	0	0	0	0	270	4 225
法 国 France	129 277	1 989 089	0	0	0	0	0	0	0	0	1 986	31 804
泰 国 Thailand	226	1 012	0	0	0	0	0	0	0	0	0	0
英 国 U.K.	1 942	49 420	0	0	0	0	0	0	0	0	48 000	77 637
罗马尼亚 Romania	0	71	0	0	0	0	0	0	0	0	0	0
捷 克 Czech Republic	1 307	32 037	0	0	0	0	0	0	0	0	0	0
中国台湾省 Taiwan Province of China	32 359	420 958	0	0	0	0	76	672	0	0	2 036	6 755
葡萄牙 Portugal	9 093	57 050	0	0	0	0	0	0	0	0	0	0
中华人民共和国 China	53	1 073	0	0	0	0	0	0	0	0	0	0
马来西亚 Malaysia	2 310	36 786	4 723	10 030	0	0	0	0	0	0	329 191	2 329 688
土耳其 Turkey	1 956	11 006	0	0	0	0	0	0	0	0	0	0
荷 兰 Netherlands	746	5 756	0	0	915	8 940	0	0	0	0	0	0
波 兰 Poland	2 692	49 146	0	0	0	0	0	0	0	0	0	0
墨西哥 Mexico	1 318	21 517	0	0	0	0	0	0	0	0	917 774	6 403 601
匈牙利 Hungary	7 435	102 612	0	0	0	0	0	0	0	0	0	0
加拿大 Canada	107 174	419 942	0	0	29 500	171 633	0	0	0	0	0	0
比利时 Belgium	17 215	81 703	0	0	0	0	0	0	0	0	0	0
卢森堡 Luxembourg	0	0	0	0	0	0	0	0	0	0	0	0
挪 威 Norway	0	0	0	0	0	0	0	0	0	0	0	0
奥地利 Austria	2 294	70 007	0	0	0	0	0	0	0	0	0	0
印度尼西亚 Indonesia	136	120	0	0	0	0	0	0	0	0	0	0
巴 西 Brazil	67	1 568	0	0	0	0	0	0	0	0	0	0
南 非 South Africa	0	0	0	0	0	0	0	0	0	0	0	0
斯洛伐克 Slovakia	0	0	0	0	0	0	0	0	0	0	0	0

表10-22 2010年汽车行驶系统零部件产品分洲别进口量及金额
Table10-22 Volume and Value of Imported Running System Parts in 2010 (by Continent)

美元 US Dollar

洲别 Continent	合计 Total	汽车轮胎，条/kg Tyre, piece/kg		车轮及其零部件，kg Wheel and Wheel Parts, kg													
				牵引车、拖拉机用 for Towing Vehicle and Tractor		30座及以上大型客车用 for Large Bus with at least 30 seats		非公路自卸车用 for Non-road Dumping Vehicle		车辆总质量<14t柴油载货车及车辆总质量<8t汽油载货车用 for Diesel Truck with GVW<14t and for Petrol Truck with GVW<8t		车辆总质量≥14t柴油载货车及车辆总质量≥8t汽油载货车用 for Diesel Truck with GVW≥14t and for Petrol Truck with GVW≥8t		专用汽车用 for Special Vehicle		其他机动车辆用 for Other Motor Vehicle	
	金额 Value	数量 Volume	金额 Value	数量 Volume	金额 Value	数量 Volume	金额 Value	数量 Volume	金额 Value	数量 Volume	金额 Value	数量 Volume	金额 Value	数量 Volume	金额 Value	数量 Volume	金额 Value
合计 Total	1 270 513 507	88 315 185	437 163 254	826 604	7 640 957	146 254	951 840	454 413	4 102 396	56 959	523 606	3 214 155	6 490 462	17 598	260 223	16 827 692	135 516 006
亚洲 Asia	606 635 111	44 675 652	196 367 959	87 326	903 684	41 550	230 080	9 287	69 966	1 450	18 364	2 883 825	3 761 916	6 090	125 940	7 916 614	59 676 310
北美洲 North America	96 171 815	2 813 255	18 135 183	321 144	3 751 619	13 341	160 257	420 803	3 805 955	3 438	9 617	82 038	679 506	973	16 574	515 322	8 096 851
大洋洲 Oceania	1 268 610	1 479	10 463	215	1 297	4 460	16 550	11 860	116 374	16	205	0	0	7 010	92 391	5 731	81 527
非洲 Africa	2 165 288	6	24	79	1 310	0	0	0	0	0	0	0	0	0	0	274 350	967 267
拉丁美洲 Latin America	13 193 186	813 962	3 429 789	18 986	157 422	0	0	0	0	15	316	152	1 546	0	0	80 242	762 879
欧洲 Europe	551 073 454	40 010 831	219 219 836	398 854	2 825 625	86 903	544 953	12 463	110 101	52 040	495 104	248 137	2 047 163	3 525	25 318	8 035 418	65 930 237
其他 Others	6 043	0	0	0	0	0	0	0	0	0	0	3	331	0	0	15	935

续表 Continued

洲别 Continent	悬架系统及零件，kg Suspenssion System and Suspenssion Parts, kg						车架，kg Vehicle Frame, kg											
	载人机动小客车用（含减振器） for Small Bus (including Shock Absorber)		其他机动车辆用（含减振器） for Other Motor Vehicle (including Shock Absorber)		汽车用片簧及簧片 Plate Spring and Reed		30座及以上机动客车用 for Bus with at least 30 seats		非公路自卸车用 for Non-road Dumping Vehicle		车辆总质量<14t柴油载货车及车辆总质量<8t汽油载货车用 for Diesel Truck with GVW<14t and for Petrol Truck with GVW<8t		车辆总质量≥14t柴油载货车及车辆总质量≥8t汽油载货车用 for Diesel Truck with GVW≥14t and for Petrol Truck with GVW≥8t		其他机动车辆用 for Other Motor Vehicle	
	数量 Volume	金额 Value	数量 Volume	金额 Value	数量 Volume	金额 Value	数量 Volume	金额 Value	数量 Volume	金额 Value	数量 Volume	金额 Value	数量 Volume	金额 Value	数量 Volume	金额 Value
合计 Total	77 580 541	558 874 525	7 592 381	50 989 473	2 836 977	45 702 427	18 013	141 459	531 475	6 391 156	393	1 792	187	1 533	2 221 871	15 762 398
亚洲 Asia	52 167 353	306 146 335	1 037 929	8 539 356	1 159 692	21 626 953	4 847	10 463	0	0	393	1 792	0	0	1 242 270	9 155 993
北美洲 North America	3 215 217	26 153 965	5 210 661	24 641 585	260 258	4 251 575	0	0	530 560	6 382 216	0	0	187	1 533	11 128	85 379
大洋洲 Oceania	116 340	861 049	5 622	34 009	6 545	54 745	0	0	0	0	0	0	0	0	0	0
非洲 Africa	112 754	1 189 874	216	4 430	513	2 383	0	0	0	0	0	0	0	0	0	0
拉丁美洲 Latin America	105 944	1 892 238	110 347	517 457	1 851	27 938	0	0	0	0	0	0	0	0	917 774	6 403 601
欧洲 Europe	21 862 925	222 630 958	1 227 534	17 250 846	1 407 908	19 735 952	13 166	130 996	915	8 940	0	0	0	0	50 699	117 425
其他 Others	8	106	72	1 790	210	2 881	0	0	0	0	0	0	0	0	0	0

表10-23　2010年汽车制动系统零部件产品分国别进口量及金额
Table10-23　Volume and Value of Imported Braking System Parts in 2010 (by Country)

美元
US Dollar

国家和地区 Country & Region	合计 Total	制动器及其零部件，kg Brake and Brake Parts, kg									
		装在蹄片上的制动摩擦片 Friction Lining Mounted on Brake Shoe		牵引车、拖拉机用 for Towing Vehicle and Tractor		30座及以上机动客车用 for Bus with at least 30 seats		非公路自卸车用 for Non-road Dumping Vehicle		车辆总质量<14t柴油载货车及车辆总质量<8t汽油载货车用 for Diesel Truck with GVW<14t and for Petrol Truck with GVW<8t	
	金额 Value	数量 Volume	金额 Value	数量 Volume	金额 Value	数量 Volume	金额 Value	数量 Volume	金额 Value	数量 Volume	金额 Value
合　计 Total	1 190 400 736	19 728 770	209 672 219	611 150	5 764 611	3 115 445	20 112 878	456 123	7 920 490	1 345 817	20 014 060
日　本 Japan	546 502 919	3 995 322	80 995 852	9 622	272 751	197	11 712	47	689	754 650	14 593 591
德　国 Germany	242 706 891	4 394 695	35 082 863	169 719	1 988 781	1 798 187	11 499 339	2 281	87 428	12 672	315 685
韩　国 South Korea	132 721 106	963 730	9 127 367	20	315	185 798	754 858	0	0	555 757	4 678 896
美　国 U.S.A.	67 359 510	2 511 353	31 941 787	147 162	1 127 521	130 495	729 138	272 274	5 443 160	1 089	5 039
法　国 France	25 077 239	1 121 608	11 985 539	4 593	86 939	57 169	640 704	1 199	16 786	3 059	10 082
捷　克 Czech Republic	24 708 838	16 416	199 048	4 204	32 064	72 992	476 384	200	8 900	0	0
意大利 Italy	24 091 133	1 713 194	16 805 397	1 040	23 299	2 901	20 260	1 962	38 268	863	38 512
西班牙 Spain	19 306 654	574 478	6 282 172	680	28 995	47 273	105 762	0	0	0	0
比利时 Belgium	17 772 041	4 618	73 233	11 450	145 610	0	0	1 987	111 127	0	0
斯洛伐克 Slovakia	16 822 860	177	4 609	0	0	0	0	0	0	0	0
英　国 U.K.	12 303 228	629 440	7 138 397	273	6 481	57 021	412 829	165 432	1 964 573	10	44
泰　国 Thailand	8 006 039	6 361	72 348	0	0	0	0	0	0	355	7 816
荷　兰 Netherlands	6 160 757	61	2 846	143 015	380 690	23 966	273 779	34	2 174	1 499	76 799
中国台湾省 Taiwan Province of China	6 060 091	518 914	2 290 676	12	1 156	51	202	8	135	0	0
波　兰 Poland	5 795 280	2 879 808	3 844 876	516	7 341	4 991	81 902	0	0	0	0
加拿大 Canada	5 202 348	138	714	6 806	10 394	221	5 204	512	10 039	110	460
瑞　典 Sweden	4 344 454	12 761	264 020	0	0	289 839	2 698 061	0	0	0	0
印　度 India	3 932 248	18 588	144 501	49 739	1 082 630	343 417	1 110 096	0	0	111	303
澳大利亚 Australia	2 668 646	143 960	2 022 346	14 459	71 127	7 893	78 356	295	31 404	80	495
印度尼西亚 Indonesia	2 616 345	23 559	166 012	0	0	0	0	0	0	0	0
中华人民共和国 China	2 308 691	17 720	51 996	3 198	109 316	4 064	323 792	1 310	4 996	36	407
葡萄牙 Portugal	2 257 484	2 985	61 789	0	0	800	5 769	0	0	0	0
瑞　士 Switzerland	2 069 197	187	8 533	0	0	0	0	0	0	0	0
马来西亚 Malaysia	1 715 130	50 264	197 038	0	0	25	40	0	0	0	0
斯洛文尼亚 Slovenia	1 331 553	0	0	0	0	0	0	0	0	0	0
土耳其 Turkey	1 116 677	1 340	18 080	5 391	27 504	81 924	822 419	0	0	0	0
墨西哥 Mexico	1 057 933	9 094	268 400	6	231	18	87	149	1 494	14 484	275 154
巴　西 Brazil	997 439	102 470	398 977	35 209	110 009	6 006	60 490	0	0	30	1 220
菲律宾 Philippines	802 099	0	0	0	0	0	0	0	0	0	0
阿　曼 Oman	708 283	0	0	0	0	0	0	0	0	0	0
罗马尼亚 Romania	501 462	403	8 220	0	0	0	0	0	0	0	0

续表 Continued

国家和地区 Country & Region	制动器及其零部件，kg Brake and Brake Parts, kg						防抱死制动系统，kg ABS, kg				装在拖车底盘上的空气压缩机，台 Air Compresser Mounted on Chassis of Towing Vehicle, set	
	车辆总质量≥4t柴油载货车及车辆总质量≥8t汽油载货车用 for Diesel Truck with GVW≥14t and for Petrol Truck with GVW≥8t		专用汽车用 for Special Vehicle		其他车辆用制动器及其零部件 Brake and Brake Parts of Other Vehicle		牵引车、拖拉机、非公路自卸车用 for Towing Vehicle, Tractor, Non-road Dumping Vehicle		其他车辆用 for Other Vehicle			
	数量 Volume	金额 Value	数量 Volume	金额 Value	数量 Volume	金额 Value	数量 Volume	金额 Value	数量 Volume	金额 Value	数量 Volume	金额 Value
合计 Total	**610 869**	**6 459 225**	**28 240**	**454 395**	**82 547 763**	**724 168 974**	**13 261**	**88 050**	**2 178 933**	**167 690 040**	**1 424**	**28 055 794**
日本 Japan	395 752	4 692 984	7 923	82 286	30 426 172	307 794 640	549	10 105	1 286 607	115 540 497	802	22 507 812
德国 Germany	24 994	332 703	1 748	120 639	18 034 417	157 705 223	6 516	11 373	479 641	35 311 433	67	251 424
韩国 South Korea	116 740	448 628	8 424	47 703	16 855 368	115 613 416	4 530	32 259	32 465	1 941 111	105	76 553
美国 U.S.A.	13 952	183 915	3 042	103 445	1 647 217	24 879 212	52	2 323	2 898	29 635	61	2 914 335
法国 France	4 151	87 666	679	20 845	969 994	12 201 585	0	0	168	12 549	41	14 544
捷克 Czech Republic	1 917	80 755	0	0	1 863 490	23 851 280	0	0	0	0	7	60 407
意大利 Italy	325	3 014	5 185	13 523	1 315 407	7 140 622	0	0	89	7 543	4	695
西班牙 Spain	18 558	120 286	0	0	2 208 394	12 767 831	0	0	126	1 608	0	0
比利时 Belgium	0	0	150	21 504	69 466	1 950 037	0	0	345 861	13 448 874	68	2 021 656
斯洛伐克 Slovakia	0	0	0	0	2 822 280	16 812 955	0	0	100	5 296	0	0
英国 U.K.	1 039	47 767	755	33 842	76 673	2 633 807	1 614	31 990	1 615	30 444	5	3 054
泰国 Thailand	3	101	0	0	138 011	7 925 774	0	0	0	0	0	0
荷兰 Netherlands	65	3 543	320	9 572	291 267	5 408 920	0	0	117	2 434	0	0
中国台湾省 Taiwan Province of China	0	0	0	0	1 332 206	3 767 596	0	0	0	0	4	326
波兰 Poland	0	0	0	0	436 493	1 826 440	0	0	372	34 721	0	0
加拿大 Canada	51	1 463	0	0	1 281 700	5 174 074	0	0	0	0	0	0
瑞典 Sweden	27 483	434 489	6	480	75 605	797 491	0	0	96	659	193	149 254
印度 India	0	0	0	0	573 076	1 594 718	0	0	0	0	0	0
澳大利亚 Australia	679	2 056	0	0	32 585	449 433	0	0	132	2 384	3	11 045
印度尼西亚 Indonesia	0	0	0	0	504 738	2 450 333	0	0	0	0	0	0
中华人民共和国 China	5	120	0	0	102 507	1 243 950	0	0	11 217	564 952	1	9 162
葡萄牙 Portugal	0	0	0	0	498 554	2 189 926	0	0	0	0	0	0
瑞士 Switzerland	0	0	0	0	82 057	2 060 664	0	0	0	0	0	0
马来西亚 Malaysia	771	884	0	0	128 151	1 516 118	0	0	50	1 050	0	0
斯洛文尼亚 Slovenia	0	0	0	0	161 108	1 331 418	0	0	72	135	0	0
土耳其 Turkey	1 559	10 023	0	0	41 014	233 659	0	0	0	0	20	4 992
墨西哥 Mexico	0	0	0	0	32 902	476 859	0	0	492	35 708	0	0
巴西 Brazil	118	606	0	0	44 582	421 140	0	0	4	3 439	12	1 558
菲律宾 Philippines	997	2 600	0	0	688	162 582	0	0	15 627	636 917	0	0
阿曼 Oman	0	0	0	0	346 643	708 283	0	0	0	0	0	0
罗马尼亚 Romania	0	0	0	0	93 734	493 242	0	0	0	0	0	0

表10-24 2010年汽车制动系统零部件产品分洲别进口量及金额
Table10-24 Volume and Value of Imported Braking System Parts in 2010 (by Continent)

美元 US Dollar

洲别 Continent	合计 Total	制动器及其零部件，kg Brake and Brake Parts, kg											
		装在蹄片上的制动摩擦片 Friction Lining Mounted on Brake Shoe		牵引车、拖拉机用 for Towing Vehicle and Tractor		30座及以上机动客车用 for Bus with at least 30 seats		非公路自卸车用 for Non-road Dumping Vehicle		车辆总质量<14t柴油载货车及车辆总质量<8t汽油载货车用 for Diesel Truck with GVW<14t and for Petrol Truck with GVW<8t		车辆总质量≥14t柴油载货车及车辆总质量≥8t汽油载货车用 for Diesel Truck with GVW≥14t and for Petrol Truck with GVW≥8t	
	金额 Value	数量 Volume	金额 Value	数量 Volume	金额 Value	数量 Volume	金额 Value	数量 Volume	金额 Value	数量 Volume	金额 Value	数量 Volume	金额 Value
合　计 Total	1 190 400 736	19 728 770	209 672 219	611 150	5 764 611	3 115 445	20 112 878	456 123	7 920 490	1 345 817	20 014 060	610 869	6 459 225
亚　洲 Asia	706 660 098	5 603 593	93 116 276	68 117	1 502 220	615 476	3 023 119	1 380	6 009	1 310 962	19 281 722	517 368	5 159 109
北美洲 North America	72 561 858	2 511 491	31 942 501	153 968	1 137 915	130 716	734 342	272 786	5 453 199	1 199	5 499	14 003	185 378
大洋洲 Oceania	2 700 554	143 960	2 022 346	14 459	71 127	7 893	78 356	295	31 404	80	495	679	2 056
非　洲 Africa	20 901	567	5 740	0	0	197	1 695	0	0	955	8 587	98	408
拉丁美洲 Latin America	2 062 456	111 573	667 752	35 350	113 004	6 024	60 577	149	1 494	14 515	276 563	170	1 946
欧　洲 Europe	406 394 690	11 357 586	81 917 604	339 256	2 940 345	2 355 139	16 214 789	181 513	2 428 384	18 106	441 194	78 551	1 110 328
其　他 Others	179	0	0	0	0	0	0	0	0	0	0	0	0

续表 Continued

洲别 Continent	制动器及其零部件，kg Brake and Brake Parts, kg				防抱死制动系统，kg ABS, kg				装在拖车底盘上的空气压缩机，台 Air Compresser Mounted on Chassis of Towing Vehicle, set	
	专用汽车用 for Special Vehicle		其他车辆用制动器及其零部件 Brake and Brake Parts of Other Vehicle		牵引车、拖拉机、非公路自卸车用 for Towing Vehicle, Tractor, Non-road Dumping Vehicle		其他车辆用 for Other Vehicle			
	数量 Volume	金额 Value	数量 Volume	金额 Value	数量 Volume	金额 Value	数量 Volume	金额 Value	数量 Volume	金额 Value
合　计 Total	28 240	454 395	82 547 763	724 168 974	13 261	88 050	2 178 933	167 690 040	1 424	28 055 794
亚　洲 Asia	16 347	129 989	50 474 048	443 115 918	5 079	42 364	1 345 966	118 684 527	932	22 598 845
北美洲 North America	3 042	103 445	2 928 917	30 053 286	52	2 323	2 898	29 635	61	2 914 335
大洋洲 Oceania	0	0	34 481	481 341	0	0	132	2 384	3	11 045
非　洲 Africa	0	0	342	4 471	0	0	0	0	0	0
拉丁美洲 Latin America	0	0	77 776	900 415	0	0	496	39 147	12	1 558
欧　洲 Europe	8 851	220 961	29 032 175	249 613 364	8 130	43 363	829 441	48 934 347	416	2 530 011
其　他 Others	0	0	24	179	0	0	0	0	0	0

表10-25 2010年汽车转向系统零部件产品分国别进口量及金额
Table10-25 Volume and Value of Imported Steering System Parts in 2010 (by Country)

美元
US Dollar

国家和地区 Country & Region	合计 Total	转向系统零部件，kg Steering System Parts, kg													
		牵引车、拖拉机用 for Towing Vehicle and Tractor		30座及以上机动客车用 for Bus with at least 30 seats		非公路自卸车用 for Non-road Dumping Vehicle		车辆总质量<14t柴油载货车及车辆总质量<8t汽油载货车用 for Diesel Truck with GVW<14t and for Petrol Truck with GVW<8t		车辆总质量≥14t柴油载货车及车辆总质量≥8t汽油载货车用 for Diesel Truck with GVW≥14t and for Petrol Truck with GVW≥8t		专用汽车用 for Special Vehicle		其他机动车辆用 for Other Motor Vehicle	
	金额 Value	数量 Volume	金额 Value	数量 Volume	金额 Value	数量 Volume	金额 Value	数量 Volume	金额 Value	数量 Volume	金额 Value	数量 Volume	金额 Value	数量 Volume	金额 Value
合计 Total	1 242 551 673	91 653	1 120 705	346 695	4 885 978	20 081	817 770	890 297	12 897 886	5 101 546	59 376 478	46 969	2 709 390	83 860 589	1 160 743 466
德国 Germany	446 695 534	1 418	32 163	208 693	2 913 501	739	25 687	29	503	4 522 825	46 039 817	38 764	2 494 519	23 830 107	395 189 344
日本 Japan	431 701 301	80 944	932 050	19	212	19	1 170	866 361	12 480 205	93 520	1 520 853	858	25 770	24 697 351	416 741 041
法国 France	96 915 673	253	6 021	0	0	0	0	510	1 234	11 016	313 362	1 150	30 432	7 249 423	96 564 624
韩国 South Korea	88 046 763	806	8 850	27 990	202 265	0	9	129	8 444	964	3 728	0	0	14 491 483	87 823 467
列支敦士登 Liechtenstein	40 662 135	0	0	0	0	0	0	0	0	0	0	0	0	3 170 093	40 662 135
美国 U.S.A.	37 283 420	1 389	29 767	2 107	11 943	11 631	588 326	499	15 630	374 699	9 362 553	5 397	126 795	1 660 702	27 148 406
波兰 Poland	27 367 228	67	1 901	0	0	0	0	0	0	0	0	0	0	1 259 033	27 365 327
墨西哥 Mexico	11 829 573	0	0	1 111	10 123	20	1 227	0	0	0	0	0	0	1 396 501	11 818 223
奥地利 Austria	11 535 970	0	0	0	0	0	0	0	0	0	0	0	0	904 239	11 535 970
马来西亚 Malaysia	6 234 322	0	0	0	0	0	0	0	0	12	16	0	0	877 820	6 234 306
中国台湾省 Taiwan Province of China	5 085 131	724	5 590	390	2 810	0	0	4	100	0	0	0	0	1 033 020	5 076 631
瑞士 Switzerland	4 625 761	0	0	0	0	0	0	0	0	0	0	0	0	860 767	4 625 761
巴西 Brazil	4 076 671	0	0	27 734	1 011 554	0	0	0	0	33 147	1 436 120	0	0	290 069	1 628 997
捷克 Czech Republic	3 987 787	0	0	0	0	0	0	0	0	0	0	0	0	332 991	3 987 787
匈牙利 Hungary	3 957 026	0	0	0	0	0	0	0	0	422	53 875	0	0	336 155	3 903 151
意大利 Italy	3 319 444	129	2 556	71	898	3	136	46	334	18	525	124	5 231	196 006	3 309 764
西班牙 Spain	3 261 130	0	0	0	0	0	0	0	0	6 226	136 630	0	0	200 399	3 124 500
加拿大 Canada	3 096 957	90	210	0	0	0	0	10	45	0	0	0	0	289 439	3 096 702
英国 U.K.	2 785 038	0	0	5	2 016	7 203	158 350	9	896	1 248	40 321	0	0	238 118	2 583 455
罗马尼亚 Romania	2 352 361	0	0	0	0	0	0	0	0	0	0	0	0	99 131	2 352 361
荷兰 Netherlands	1 794 669	0	0	6	1 723	83	9 975	0	65	0	0	0	0	72 953	1 782 906

续表 Continued

国家和地区 Country & Region	合计 Total	转向系统零部件，kg Steering System Parts, kg												
		牵引车、拖拉机用 for Towing Vehicle and Tractor		30座及以上机动客车用 for Bus with at least 30 seats		非公路自卸车用 for Non-road Dumping Vehicle		车辆总质量<14t柴油载货车及车辆总质量<8t汽油载货车用 for Diesel Truck with GVW<14t and for Petrol Truck with GVW<8t		车辆总质量≥14t柴油载货车及车辆总质量≥8t汽油载货车用 for Diesel Truck with GVW≥14t and for Petrol Truck with GVW≥8t		专用汽车用 for Special Vehicle		其他机动车辆用 for Other Motor Vehicle	
	金额 Value	数量 Volume	金额 Value	数量 Volume	金额 Value	数量 Volume	金额 Value	数量 Volume	金额 Value	数量 Volume	金额 Value	数量 Volume	金额 Value	数量 Volume	金额 Value
泰　国 Thailand	1 649 712	0	0	0	0	0	0	22 634	389 380	0	0	0	0	77 316	1 260 332
中华人民共和国 China	843 039	1 106	6 041	120	680	0	0	23	473	34 624	197 969	0	0	55 733	637 876
瑞　典 Sweden	785 364	65	700	59 678	630 010	20	612	5	316	0	0	0	0	892	153 726
印度尼西亚 Indonesia	734 177	0	0	0	0	0	0	0	0	0	0	0	0	101 822	734 177
印　度 India	498 448	6	66	16 920	93 238	0	0	0	0	0	0	0	0	100 972	405 144
澳大利亚 Australia	427 669	48	1 048	1 851	5 005	0	0	0	0	0	0	0	0	12 912	421 616
中国香港 China Hongkong	233 856	0	0	0	0	0	0	38	261	20 088	231 710	40	20	422	1 865
菲律宾 Philippines	170 622	0	0	0	0	0	0	0	0	0	0	0	0	2 824	170 622
比利时 Belgium	146 038	694	36 600	0	0	0	0	0	0	0	0	0	0	5 485	109 438
葡萄牙 Portugal	94 702	0	0	0	0	0	0	0	0	0	0	0	0	2 064	94 702
斯洛文尼亚 Slovenia	75 904	0	0	0	0	0	0	0	0	0	0	0	0	7 174	75 904
丹　麦 Denmark	69 896	702	26 843	0	0	0	0	0	0	292	14 596	636	26 623	40	1 834
白俄罗斯 Belarus	50 403	2 959	18 784	0	0	320	30 827	0	0	0	0	0	0	48	792
突尼斯 Tunisia	37 235	0	0	0	0	0	0	0	0	0	0	0	0	853	37 235
新加坡 Singapore	30 037	203	9 875	0	0	10	336	0	0	0	0	0	0	3 620	19 826
斯洛伐克 Slovakia	24 369	0	0	0	0	0	0	0	0	2 410	24 369	0	0	0	0
土耳其 Turkey	23 744	27	1 494	0	0	33	1 115	0	0	0	0	0	0	1 563	21 135
阿拉伯联合酋长国 United Arab Emirates	22 256	0	0	0	0	0	0	0	0	0	0	0	0	478	22 256
沙特阿拉伯 Saudi Arabia	5 832	0	0	0	0	0	0	0	0	0	0	0	0	179	5 832
科威特 Kuwait	4 476	0	0	0	0	0	0	0	0	0	0	0	0	100	4 476
马耳他 Malta	2 872	0	0	0	0	0	0	0	0	0	0	0	0	2	2 872
越　南 Vietnam	2 411	0	0	0	0	0	0	0	0	0	0	0	0	44	2 411

表10-26 2010年汽车转向系统零部件产品分洲别进口量及金额
Table10-26 Volume and Value of Imported Steering System Parts in 2010 (by Continent)

美元 US Dollar

洲别 Continent	合计 Total	转向系统零部件，kg Steering System Parts, kg					
		牵引车、拖拉机用 for Towing Vehicle Tractor		30座及以上机动客车用 for Bus with at least 30 seats		非公路自卸车用 for Non-road Dumping Vehicle	
	金额 Value	数量 Volume	金额 Value	数量 Volume	金额 Value	数量 Volume	金额 Value
合计 Total	**1 242 551 673**	**91 653**	**1 120 705**	**346 695**	**4 885 978**	**20 081**	**817 770**
亚洲 Asia	535 286 615	83 816	963 966	45 439	299 205	62	2 630
北美洲 North America	40 380 377	1 479	29 977	2 107	11 943	11 631	588 326
大洋洲 Oceania	427 669	48	1 048	1 851	5 005	0	0
非洲 Africa	37 880	23	146	0	0	0	0
拉丁美洲 Latin America	15 907 828	0	0	28 845	1 021 677	20	1 227
欧洲 Europe	650 511 304	6 287	125 568	268 453	3 548 148	8 368	225 587
其他 Others	0	0	0	0	0	0	0

续表 Continued

洲别 Continent	转向系统零部件，kg Steering System Parts, kg							
	车辆总质量<14t柴油载货车及车辆总质量<8t汽油载货车用 for Diesel Truck with GVW<14t and for Petrol Truck with GVW<8t		车辆总质量≥14t柴油载货车及车辆总质量≥8t汽油载货车用 for Diesel Truck with GVW≥14t and for Petrol Truck with GVW≥8t		专用汽车用 for Special Vehicle		其他机动车辆用 for Other Motor Vehicle	
	数量 Volume	金额 Value	数量 Volume	金额 Value	数量 Volume	金额 Value	数量 Volume	金额 Value
合计 Total	**890 297**	**12 897 886**	**5 101 546**	**59 376 478**	**46 969**	**2 709 390**	**83 860 589**	**1 160 743 466**
亚洲 Asia	889 189	12 878 863	149 208	1 954 276	898	25 790	41 444 794	519 161 885
北美洲 North America	509	15 675	374 699	9 362 553	5 397	126 795	1 950 141	30 245 108
大洋洲 Oceania	0	0	0	0	0	0	12 912	421 616
非洲 Africa	0	0	0	0	0	0	881	37 734
拉丁美洲 Latin America	0	0	33 147	1 436 120	0	0	1 686 636	13 448 804
欧洲 Europe	599	3 348	4 544 492	46 623 529	40 674	2 556 805	38 765 225	597 428 319
其他 Others	0	0	0	0	0	0	0	0

表10-27 2010年汽车电子电器产品分国别进口量及金额
Table10-27 Volume and Value of Imported Vehicle Electric and Electronic Devices in 2010 (by Country)

美元 US Dollar

国家和地区 Country & Region	合计 Total	汽车照明及信号装置 Vehicle Lighting and Signaling Device													
		机动车辆用照明装置，套 Lighting Device for Motor Vehicle, set		机动车辆用视觉信号装置，只 Visual Signaling Device for Motor Vehicle, set		机动车辆用卤钨灯，只 Tungsten Halogen Lamp for Motor Vehicle, unit		机动车辆用其他白炽灯泡，只 Other Filament Bulb for Motor Vehicle, unit		机动车辆用喇叭、蜂鸣器，个 Horn and Buzzer for Motor Vehicle, unit		机动车辆用其他音响信号装置，只 Other Audio Signaling Device for Motor Vehicle, set		电气照明或信号装置、风挡刮水器、除霜器及去雾器的零件，kg Parts for Electric Illumination, Signal Device, Windscreen Wiper, Defroster and Demister, kg	
	金额 Value	数量 Volume	金额 Value	数量 Volume	金额 Value	数量 Volume	金额 Value	数量 Volume	金额 Value	数量 Volume	金额 Value	数量 Volume	金额 Value	数量 Volume	金额 Value
合计 Total	1 629 461 503	19 852 052	395 361 280	9 119 747	91 883 970	110 465 387	96 638 495	260 183 007	49 147 459	8 389 741	29 982 005	557 849	9 810 398	16 157 831	383 028 289
德国 Germany	474 854 430	3 562 491	183 026 945	691 943	12 410 800	68 257 042	69 890 707	43 483 958	5 472 889	251 468	3 014 326	396 526	7 246 005	1 418 207	100 962 976
日本 Japan	374 570 593	7 226 528	90 864 700	4 525 986	41 352 815	13 732 342	9 628 860	52 636 823	18 072 097	1 268 701	9 206 978	132 680	2 029 930	4 410 598	109 804 381
韩国 South Korea	198 072 296	4 111 258	27 188 136	1 195 628	5 348 832	15 468 028	4 184 888	23 735 265	3 953 565	3 338 710	7 327 655	3 296	45 498	4 901 514	50 077 101
比利时 Belgium	116 908 015	83 602	3 146 095	1 736	80 973	69 309	81 614	0	0	433	9 557	0	0	1 281 588	26 226 215
捷克 Czech Republic	87 890 690	23 458	5 177 782	6 485	722 736	0	0	0	0	21	163	0	0	71 570	1 410 819
泰国 Thailand	30 369 890	938 806	1 249 785	438 104	5 830 082	30 058	3 968	522 934	136 474	258 169	48 056	0	0	39 574	17 142 885
法国 France	28 124 716	1 029 173	2 786 600	1 118 877	1 221 939	109 849	163 913	58 455 739	10 225 169	1 819	33 932	150	8 093	234 577	12 903 498
美国 U.S.A.	26 437 326	325 989	4 069 828	48 383	1 180 359	7 118 159	8 335 205	8 093 509	2 093 738	19 398	317 729	726	33 993	415 398	4 673 476
葡萄牙 Portugal	25 996 151	1 420	4 728	0	0	0	0	0	0	0	0	0	0	22	1 136
菲律宾 Philippines	24 722 470	63	396	2	214	0	0	0	0	2 100 323	5 129 162	0	0	14 890	7 399 572
马来西亚 Malaysia	23 786 810	74 135	6 100 757	3 183	6 055	2	691	105	186	1 542	12 015	2 670	17 955	1 923 320	15 032 396
匈牙利 Hungary	22 985 491	329 915	8 165 909	112 583	844 973	3 431 759	3 008 760	16 577 289	2 031 063	52 116	1 058 628	0	0	78 147	1 618 339
中国台湾省 Taiwan Province of China	21 417 908	213 987	2 786 095	260 472	2 294 421	960 569	164 392	275 062	136 193	140 969	398 052	1 257	46 884	367 841	4 948 807
斯洛伐克 Slovakia	21 411 603	115 826	3 136 248	349 645	14 058 551	363 515	108 007	16 051 524	1 996 315	1 448	62 577	0	0	56 853	1 126 295
斯洛文尼亚 Slovenia	21 036 781	310 394	20 172 847	1 731	148 822	40	48	11 070	3 244	0	0	0	0	26 659	702 998
西班牙 Spain	20 880 207	346 932	9 974 779	32 366	889 893	32 082	10 167	0	0	46 927	752 293	355	37 885	174 730	8 466 139
中华人民共和国 China	15 744 976	151 945	1 028 180	40 653	97 544	70 554	63 415	872 763	174 207	192 120	115 348	3	289	84 701	3 061 755

续表 Continued

国家和地区 Country & Region	汽车电子电器及仪表 Vehicle Electric and Electronic Instrument													
	机动车辆用无线电导航设备，台 Radio Navigation Device, set		需外接电源的汽车收录（放）音组合机，台 Receiver and Player Combination Requiring External Energy Source, set		需外接电源的汽车用无线电收音机，台 Radio Receiver Requiring External Energy Source, set		机动车辆用防盗报警器，个 Anti-theft Device for Motor Vehicle, set		机动车辆用点火布线组及其他布线组，kg Ignition Wire Harness and Other Wire Harness for Motor Vehicle, kg		机动车辆用速度计，个 Tacheometer for Motor Vehicle, unit		车载音频转播器或发射器，台 On-board Audio Broadcast Device and Transmitter，set	
	数量 Volume	金额 Value	数量 Volume	金额 Value	数量 Volume	金额 Value	数量 Volume	金额 Value	数量 Volume	金额 Value	数量 Volume	金额 Value	数量 Volume	金额 Value
合计 Total	481 892	153 293 858	487 402	202 460 941	131 023	8 291 064	242 980	6 360 722	4 368 550	126 338 066	696 866	73 268 868	288 336	3 596 088
德国 Germany	6 138	4 530 624	145 175	40 238 311	14 397	3 922 200	165 607	3 961 153	661 129	25 027 489	71 318	15 129 465	197	20 540
日本 Japan	10 230	8 725 868	115 398	38 803 714	1 778	209 478	661	18 960	546 916	28 084 730	184 588	17 759 329	14	8 753
韩国 South Korea	75 755	51 287 490	1 355	305 285	260	45 144	3 696	83 985	1 698 218	19 787 507	312 276	28 433 964	520	3 246
比利时 Belgium	1 985	4 097 032	50 263	82 912 643	90	205 851	0	0	1 502	38 818	27	109 217	0	0
捷克 Czech Republic	47 014	37 151 528	74 136	28 972 833	1 682	820 385	0	0	305 762	11 047 003	28 834	2 585 936	5	1 505
泰国 Thailand	8	2 090	24 122	3 338 969	45	4 056	0	0	1 322	107 538	31 826	2 505 987	0	0
法国 France	9	17 566	17	7 804	50	21 360	16	1 222	11 839	578 403	219	154 857	5	360
美国 U.S.A.	622	2 171 072	2 415	535 673	428	230 081	28	2 597	36 944	2 514 430	996	278 110	17	1 035
葡萄牙 Portugal	66 054	25 145 542	2 642	811 788	0	0	0	0	367	32 568	1	389	0	0
菲律宾 Philippines	8 791	847 108	27	4 102	0	0	0	0	401 238	8 028 745	18 327	3 313 171	0	0
马来西亚 Malaysia	3	1 046	12 343	768 458	258	18 091	5 963	801 728	78 160	1 010 030	107	11 192	1 500	6 210
匈牙利 Hungary	17	15 315	1 145	2 178 625	0	0	29 056	551 214	65 039	3 441 242	78	71 423	0	0
中国台湾省 Taiwan Province of China	74 274	8 420 912	1 194	197 084	231	2 296	3 592	19 299	30 172	1 383 763	11 058	569 416	2 139	50 294
斯洛伐克 Slovakia	0	0	0	0	0	0	0	0	16 073	918 893	45	4 717	0	0
斯洛文尼亚 Slovenia	0	0	0	0	0	0	0	0	83	8 822	0	0	0	0
西班牙 Spain	353	160 368	0	0	0	0	0	0	3 143	336 968	1 510	251 715	0	0
中华人民共和国 China	72 677	3 853 883	6 886	497 482	42 254	184 279	4 043	57 527	88 763	3 764 471	10 634	91 428	218 030	2 755 168

续表 Continued

国家和地区 Country & Region	合计 Total	汽车照明及信号装置 Vehicle Lighting and Signaling Device													
		机动车辆用照明装置，套 Lighting Device for Motor Vehicle, set		机动车辆用视觉信号装置，只 Visual Signaling Device for Motor Vehicle, set		机动车辆用卤钨灯，只 Tungsten Halogen Lamp for Motor Vehicle, unit		机动车辆用其他白炽灯泡，只 Other Filament Bulb for Motor Vehicle, unit		机动车辆用喇叭、蜂鸣器，个 Horn and Buzzer for Motor Vehicle, unit		机动车辆用其他音响信号装置，只 Other Audio Signaling Device for Motor Vehicle, set		电气照明或信号装置、风挡刮水器、除霜器及去雾器的零件，kg Parts for Electric Illumination, Signal Device, Windscreen Wiper, Defroster and Demister, kg	
	金额 Value	数量 Volume	金额 Value	数量 Volume	金额 Value	数量 Volume	金额 Value	数量 Volume	金额 Value	数量 Volume	金额 Value	数量 Volume	金额 Value	数量 Volume	金额 Value
意大利 Italy	15 702 747	323 476	6 990 010	115 911	3 271 270	206 990	204 288	13 417 561	1 142 193	49 538	757 945	1 862	33 449	250 389	2 062 712
荷　兰 Netherlands	10 468 492	112 509	6 044 081	155	36 980	16	47	46 204	116 788	9 963	36 537	2	1 341	14 682	2 096 644
墨西哥 Mexico	8 748 514	5 408	1 955 095	622	13 450	409	6 490	1 205	1 966	156	1 411	651	16 557	24 265	4 221 462
波　兰 Poland	8 052 466	1 575	134 300	5 149	146 586	20 380	17 038	22 857 787	2 804 271	18	537	16 800	20 317	37 742	540 656
中国香港 China Hongkong	7 638 527	60	8 001	50 270	23 485	7 542	18 976	2 404	771	1 000	988	5	698	36 750	938 082
越　南 Vietnam	7 197 898	0	0	4	51	0	0	0	0	0	0	0	0	188 863	4 092 203
奥地利 Austria	6 337 033	115 539	4 789 197	2 809	100 153	378	3 790	447	81 487	92	21 864	0	0	13 336	780 801
英　国 U.K.	6 110 349	162 561	1 545 629	71 615	1 299 483	11 966	171 372	1 939 182	314 111	4 072	132 670	302	25 000	21 461	1 475 757
保加利亚 Bulgaria	4 280 954	0	0	0	0	0	0	0	0	0	0	0	0	0	0
澳大利亚 Australia	3 644 911	37 153	2 821 033	1 992	317 017	25 278	61 783	200	3 748	728	26 883	4	2 399	10 744	191 478
罗马尼亚 Romania	2 524 954	49 337	189 434	214	1 119	0	0	15 228	18 919	4	3	4	269	8 507	95 285
瑞　典 Sweden	2 306 033	5 129	539 293	749	37 507	5 115	10 797	550	34 535	2 315	101 101	519	239 238	3 229	90 347
印　度 India	2 011 640	16 405	604 128	26	182	541 285	477 737	248 870	103 537	139 723	654 049	0	0	3 772	82 119
乌克兰 Ukraine	1 698 386	0	0	0	0	400	1 509	0	0	380 928	404 894	0	0	0	0
印度尼西亚 Indonesia	1 502 180	44	513	0	0	0	0	10 339	2 327	77 671	103 918	0	0	26 283	225 447
土耳其 Turkey	1 363 384	5 004	284 213	377	2 056	0	0	204	778	49 004	243 242	0	0	4 281	163 036
瑞　士 Switzerland	924 913	15	969	102	1 692	0	0	69 272	20 035	10	273	0	0	2	2 078
拉脱维亚 Latvia	595 829	0	0	0	0	0	0	0	0	0	0	0	0	0	0
巴　西 Brazil	533 522	8 816	97 178	3	112	18	50	803 204	159 673	31	303	0	0	303	25 602

续表 Continued

国家和地区 Country & Region	汽车电子电器及仪表 Vehicle Electric and Electronic Instrument													
	机动车辆用无线电导航设备，台 Radio Navigation Device, set		需外接电源的汽车收录（放）音组合机，台 Receiver and Player Combination Requiring External Energy Source, set		需外接电源的汽车用无线电收音机，台 Radio Receiver Requiring External Energy Source, set		机动车辆用防盗报警器，个 Anti-theft Device for Motor Vehicle, set		机动车辆用点火布线组及其他布线组，kg Ignition Wire Harness and Other Wire Harness for Motor Vehicle, kg		机动车辆用速度计，个 Tacheometer for Motor Vehicle, unit		车载音频转播器或发射器，台 On-board Audio Broadcast Device and Transmitter，set	
	数量 Volume	金额 Value	数量 Volume	金额 Value	数量 Volume	金额 Value	数量 Volume	金额 Value	数量 Volume	金额 Value	数量 Volume	金额 Value	数量 Volume	金额 Value
意大利 Italy	16 533	320 096	0	0	0	0	7 141	208 249	7 627	609 260	255	103 275	0	0
荷　兰 Netherlands	44	18 452	5 519	986 723	1	271	22 692	640 369	15 948	490 259	0	0	0	0
墨西哥 Mexico	5 971	509 456	17	4 894	4	1 708	0	0	25 213	1 706 652	3 573	309 117	3	256
波　兰 Poland	65	3 690	19 513	693 648	67 350	2 494 978	0	0	5 704	1 196 445	0	0	0	0
中国香港 China Hongkong	76 379	5 335 073	1 000	40 500	0	0	0	0	13 140	547 684	0	0	65 890	724 269
越　南 Vietnam	0	0	0	0	0	0	0	0	98 730	3 105 404	0	0	2	240
奥地利 Austria	13 438	200 908	8	2 255	0	0	0	0	4 588	312 854	13	43 724	0	0
英　国 U.K.	212	185 405	114	28 557	82	22 100	226	8 107	22 252	774 860	554	127 097	3	201
保加利亚 Bulgaria	0	0	0	0	0	0	0	0	79 430	4 280 954	0	0	0	0
澳大利亚 Australia	5 046	90 144	0	0	0	0	3	582	1 377	59 714	28	67 275	5	2 855
罗马尼亚 Romania	0	0	25	3 210	0	0	0	0	55 852	2 200 823	31	15 892	0	0
瑞　典 Sweden	0	0	6	3 003	17	13 357	0	0	35 643	950 027	659	285 672	5	1 156
印　度 India	0	0	1	23	2	80	0	0	2 484	70 031	64	19 754	0	0
乌克兰 Ukraine	0	0	0	0	0	0	0	0	19 767	1 291 983	0	0	0	0
印度尼西亚 Indonesia	0	0	21 762	983 598	2 085	93 836	0	0	1 140	92 541	0	0	0	0
土耳其 Turkey	0	0	0	0	0	0	0	0	6 509	668 797	24	1 262	0	0
瑞　士 Switzerland	0	0	0	0	0	0	0	0	250	19 182	19 526	880 684	0	0
拉脱维亚 Latvia	0	0	0	0	0	0	0	0	6 785	595 829	0	0	0	0
巴　西 Brazil	3	875	2 002	109 345	2	361	0	0	2 646	129 383	171	10 640	0	0

表10-28 2010年汽车电子电器产品分洲别进口量及金额
Table10-28 Volume and Value of Imported Vehicle Electric and Electronic Devices in 2010 (by Continent)

美元 US Dollar

洲别 Continent	合计 Total	汽车照明及信号装置 Vehicle Lighting and Signaling Device													
		机动车辆用照明装置，套 Lighting Device for Motor Vehicle, set		机动车辆用视觉信号装置，只 Visual Signaling Device for Motor Vehicle, set		机动车辆用卤钨灯，只 Tungsten Halogen Lamp for Motor Vehicle, unit		机动车辆用其他白炽灯泡，只 Other Filament Bulb for Motor Vehicle, unit		机动车辆用喇叭、蜂鸣器，个 Horn and Buzzer for Motor Vehicle, unit		机动车辆用其他音响信号装置，只 Other Audio Signaling Device for Motor Vehicle, set		电气照明或信号装置、风挡刮水器、除霜器及去雾器的零件，kg Parts for Electric Illumination, Signal Device, Windscreen Wiper, Defroster and Demister, kg	
	金额 Value	数量 Volume	金额 Value	数量 Volume	金额 Value	数量 Volume	金额 Value	数量 Volume	金额 Value	数量 Volume	金额 Value	数量 Volume	金额 Value	数量 Volume	金额 Value
合计 Total	1 629 461 503	19 852 052	395 361 280	9 119 747	91 883 970	110 465 387	96 638 495	260 183 007	49 147 459	8 389 741	29 982 005	557 849	9 810 398	16 157 831	383 028 289
亚洲 Asia	709 051 462	12 738 794	130 137 840	6 514 788	54 964 071	30 810 408	14 543 298	78 305 220	22 582 813	7 567 959	23 240 646	139 920	2 144 672	12 004 918	213 018 755
北美洲 North America	26 912 120	331 774	4 079 649	84 826	1 189 627	7 118 177	8 337 365	8 093 664	2 093 784	19 425	318 754	727	34 052	421 815	4 788 734
大洋洲 Oceania	3 752 816	39 552	2 881 571	2 922	345 858	25 278	61 783	200	3 748	728	26 883	4	2 399	10 752	191 547
非洲 Africa	525 677	6 918	37 543	49	2 726	13	171	0	0	12	199	0	0	32	2 193
拉丁美洲 Latin America	9 299 717	14 383	2 054 120	630	13 649	427	6 540	804 438	161 655	187	1 714	653	16 776	24 570	4 247 084
欧洲 Europe	879 917 584	6 720 627	256 170 439	2 516 532	35 368 039	72 511 084	73 689 338	172 979 485	24 305 459	801 430	6 393 809	416 545	7 612 499	3 695 744	160 779 976
其他 Others	2 127	4	118	0	0	0	0	0	0	0	0	0	0	0	0

续表 Continued

洲别 Continent	汽车电子电器及仪表 Vehicle Electric and Electromic Instrument													
	机动车辆用无线电导航设备，台 Radio Navigation Device, set		需外接电源的汽车收录（放）音组合机，台 Receiver and Player Combination Requiring External Energy Source, set		需外接电源的汽车用无线电收音机，台 Radio Receiver Requring External Energy Source, set		机动车辆用防盗报警器，个 Anti-theft Device for Motor Vehicle, set		机动车辆用点火布线组及其他布线组，kg Ignition Wire Harness and Other Wire Harness for Motor Vehicle, kg		机动车辆用速度计，个 Tacheometer for Motor Vehicle, unit		车载音频转播器或发射器，台 On-board Audio Broadcast Device and Transmitter, set	
	数量 Volume	金额 Value	数量 Volume	金额 Value	数量 Volume	金额 Value	数量 Volume	金额 Value	数量 Volume	金额 Value	数量 Volume	金额 Value	数量 Volume	金额 Value
合计 Total	481 892	153 293 858	487 402	202 460 941	131 023	8 291 064	242 980	6 360 722	4 368 550	126 338 066	696 866	73 268 868	288 336	3 596 088
亚洲 Asia	318 182	78 512 635	184 102	44 942 126	46 916	557 844	18 069	982 637	2 969 474	67 169 848	568 909	52 706 097	288 095	3 548 180
北美洲 North America	793	2 328 075	2 545	545 462	428	230 081	30	2 698	39 161	2 565 746	1 049	397 058	17	1 035
大洋洲 Oceania	5 046	90 144	169	18 457	0	0	3	582	1 377	59 714	28	67 275	5	2 855
非洲 Africa	20	2 339	4	1 257	0	0	105	849	10 135	473 317	11	5 083	0	0
拉丁美洲 Latin America	5 980	510 582	2 019	114 239	10	2 637	13	1 001	27 958	1 849 623	3 747	319 841	3	256
欧洲 Europe	151 871	71 850 083	298 563	156 839 400	83 669	7 500 502	224 760	5 372 955	1 320 437	54 217 809	123 122	19 773 514	216	43 762
其他 Others	0	0	0	0	0	0	0	0	8	2 009	0	0	0	0

表10-29 2010年挂车、半挂车及其零部件和其他汽车用零部件产品分国别进口量及金额 美元
Table10-29 Volume and Value of Imported Trailer, Semi-trailer and their Parts and Parts for Other Vehicle in 2010 (by Country) US Dollar

国家和地区 Country & Region	挂车、半挂车，辆 Trailer and Semi-trailer, unit		挂车、半挂车或其他非机械驱动车辆零件，kg Trailer, Semi-trailer or Parts for Other Non-mechanically-driven Vehicle		其他汽车用零部件，kg Parts for Other Vehicle, kg 牵引车、拖拉机用 for Towing Vehicle and Tractor		大型客车用 for Large Bus		非公路自卸车用 for Non-road Dumping Vehicle	
	数量 Volume	金额 Value	数量 Volume	金额 Value	数量 Volume	金额 Value	数量 Volume	金额 Value	数量 Volume	金额 Value
合计 Total	52 915	24 351 415	12 279 804	45 816 365	1 878 012	11 905 814	372 642	2 965 006	257 794	7 381 116
美国 U.S.A.	17 078	7 180 490	3 114 982	11 457 194	244 254	2 649 092	84	898	140 516	4 778 076
德国 Germany	3 428	5 388 310	954 100	10 195 295	44 394	1 544 191	6 709	501 988	2 763	87 012
日本 Japan	6 913	2 047 378	403 924	2 462 718	779 995	3 843 460	416	152 228	109	12 208
中国台湾省 Taiwan Province of China	2 203	1 912 867	246 787	1 233 419	1 001	2 640	0	0	0	0
英国 U.K.	214	1 898 516	8 368	99 321	5 223	15 662	516	6 545	4 645	217 067
法国 France	207	1 265 047	36 946	368 398	18 883	153 527	67	923	83	13 935
韩国 South Korea	2 234	1 126 885	68 159	290 848	37 010	276 342	72 884	561 136	3 747	11 672
中华人民共和国 China	12 833	739 532	5 312 814	12 156 450	392	8 141	10	254	66	1 887
瑞典 Sweden	330	658 525	3 172	41 218	1 365	14 377	288 181	1 720 055	0	0
西班牙 Spain	4 073	445 076	3 013	25 403	1 961	120 418	0	0	0	0
意大利 Italy	951	336 184	47 979	394 399	87 287	463 694	0	0	923	24 100
波兰 Poland	21	231 943	4 293	48 039	96	1 623	0	0	0	0
丹麦 Denmark	160	149 657	131	3 567	85	1 089	0	0	0	0
荷兰 Netherlands	183	131 969	58 330	597 738	203	2 464	0	0	0	0
瑞士 Switzerland	57	123 201	4	525	19	1 232	0	0	0	0
爱尔兰 Ireland	112	122 382	0	0	0	0	0	0	0	0
马来西亚 Malaysia	105	106 298	755 444	3 039 936	0	0	3 356	16 916	0	0
芬兰 Finland	98	67 513	2 901	20 353	4 688	32 300	0	0	2	237
澳大利亚 Australia	37	64 296	153 299	757 038	4 523	195 779	0	0	2	152
泰国 Thailand	124	51 759	100	6 726	0	0	0	0	0	0
南非 South Africa	72	42 997	0	0	0	0	0	0	0	0
比利时 Belgium	33	41 312	739	19 327	15 504	614 901	15	157	14 031	637 103
加拿大 Canada	45	32 974	868 372	1 429 650	987	14 565	0	0	14 271	254 247
捷克 Czech Republic	65	27 692	446	4 058	4	261	108	1 901	6 161	77 615
奥地利 Austria	67	23 026	53 645	603 867	1 512	65 846	0	0	0	0
新加坡 Singapore	86	22 851	73 924	248 657	371	45 118	50	168	350	2 945
中国香港 China Hongkong	728	19 401	65 879	64 777	0	0	0	0	0	0
埃及 Egypt	31	19 368	0	0	0	0	0	0	0	0
以色列 Israel	11	11 108	349	28 923	0	0	0	0	0	0
印度 India	190	9 820	280	932	547 846	785 022	215	868	28	1 502
利比亚 Libya	10	9 116	0	0	0	0	0	0	0	0
也门共和国 Yemen	13	9 112	0	0	0	0	0	0	0	0
印度尼西亚 Indonesia	70	6 912	16	134	210	421	0	0	0	0

续表 Continued

国家和地区 Country & Region	其他汽车用零部件，kg Parts for Other Vehicle, kg							
	车辆总质量<14t柴油载货车及车辆总质量<8t汽油载货车用 for Diesel Truck with GVW <14t and for Petrol Truck with GVW<8t		车辆总质量≥14t柴油载货车及车辆总质量≥8t汽油载货车用 for Diesel Truck with GVW≥14t and for Petrol Truck with GVW≥8t		专用汽车用 for Special Vehicle		其他机动车辆用 for Other Motor Vehicle	
	数量 Volume	金额 Value	数量 Volume	金额 Value	数量 Volume	金额 Value	数量 Volume	金额 Value
合　计 Total	979 255	14 996 194	698 376	10 924 783	921 735	18 517 209	168 249 788	1 988 607 737
美　国 U.S.A.	85	588	18 989	435 758	27 857	756 171	1 724 249	25 672 295
德　国 Germany	0	0	256 013	3 210 037	816 151	16 098 403	47 201 838	616 360 313
日　本 Japan	928 384	14 402 921	298 660	4 333 405	7 038	118 721	65 068 355	869 123 877
中国台湾省 Taiwan Province of China	33 855	466 077	6 242	20 146	300	9 750	1 858 357	11 244 100
英　国 U.K.	0	0	106	11 643	304	6 422	1 105 932	19 327 511
法　国 France	0	0	4 013	95 614	1 525	57 459	3 091 216	50 844 217
韩　国 South Korea	175	624	45 060	104 221	7 164	36 233	32 426 565	181 521 460
中华人民共和国 China	14 372	40 115	29	495	5 147	13 985	129 392	3 244 127
瑞　典 Sweden	0	0	23 723	1 228 512	11 369	99 397	322 845	15 850 092
西班牙 Spain	0	0	1 769	21 923	135	2 138	3 902 693	37 821 484
意大利 Italy	50	750	0	0	32 919	848 529	809 082	14 579 209
波　兰 Poland	0	0	5	178	0	0	486 018	5 976 873
丹　麦 Denmark	0	0	0	0	0	0	940	12 418
荷　兰 Netherlands	0	0	0	0	0	0	796 243	11 284 047
瑞　士 Switzerland	0	0	0	0	623	21 452	48 306	653 818
爱尔兰 Ireland	0	0	0	0	4	3 162	962	9 633
马来西亚 Malaysia	0	0	120	1 459	0	0	188 666	1 230 981
芬　兰 Finland	0	0	0	0	1 878	70 829	1 336	53 945
澳大利亚 Australia	120	1 713	111	13 602	681	20 603	115 554	7 266 450
泰　国 Thailand	1 581	79 902	0	0	0	0	1 951 623	11 823 040
南　非 South Africa	0	0	0	0	0	0	16 276	179 211
比利时 Belgium	0	0	0	0	430	10 545	1 289 053	25 050 825
加拿大 Canada	0	0	10	944	1 928	4 412	623 826	7 892 563
捷　克 Czech Republic	0	0	31 465	1 358 318	0	0	913 374	12 751 404
奥地利 Austria	0	0	43	1 738	5 065	310 391	404 611	4 470 781
新加坡 Singapore	5	20	0	0	35	140	98 144	3 262 347
中国香港 China Hongkong	0	0	0	0	0	0	8 385	112 123
埃　及 Egypt	0	0	0	0	0	0	0	0
以色列 Israel	0	0	0	0	3	1 650	24 935	225 092
印　度 India	1	73	0	0	0	0	647 055	4 882 302
利比亚 Libya	0	0	0	0	0	0	1	17
也门共和国 Yemen	0	0	0	0	0	0	0	0
印度尼西亚 Indonesia	14	200	0	0	0	0	171	2 279

表10-30　2010年挂车、半挂车及其零部件和其他汽车用零部件产品分洲别进口量及金额
Table10-30　Volume and Value of Imported Trailer, Semi-trailer and their Parts and Parts for Other Vehicle in 2010 (by Continent)

美元 US Dollar

洲别 Continent	挂车、半挂车，辆 Trailer and Semi-trailer, unit		挂车、半挂车或其他非机械驱动车辆零件，kg Trailer, Semi-trailer or Parts for Other Non-mechanically-driven Vehicle		其他汽车用零部件，kg Parts for Other Vehicle, kg					
					牵引车、拖拉机用 for Towing Vehicle Tractor		大型客车用 for Large Bus		非公路自卸车用 for Non-road Dumping Vehicle	
	数量 Volume	金额 Value	数量 Volume	金额 Value	数量 Volume	金额 Value	数量 Volume	金额 Value	数量 Volume	金额 Value
合计 Total	**52 915**	**24 351 415**	**12 279 804**	**45 816 365**	**1 878 012**	**11 905 814**	**372 642**	**2 965 006**	**257 794**	**7 381 116**
亚洲 Asia	25 584	6 069 292	6 962 830	19 715 703	1 411 854	5 044 194	76 931	731 570	4 300	30 214
北美洲 North America	17 123	7 213 464	3 983 354	12 886 844	245 241	2 663 657	84	898	154 787	5 032 323
大洋洲 Oceania	53	69 211	153 586	758 106	31 198	1 044 685	0	0	2	152
非洲 Africa	120	77 167	108	2 391	44	756	0	0	0	0
拉丁美洲 Latin America	3	5 039	5 068	19 624	8 233	114 185	24	703	394	16 392
欧洲 Europe	10 032	10 917 242	1 174 858	12 433 697	181 442	3 038 337	295 603	2 231 835	98 311	2 302 035
其他 Others	0	0	0	0	0	0	0	0	0	0

续表 Continued

洲别 Continent	其他汽车用零部件，kg Parts for Other Vehicle, kg							
	车辆总质量<14t柴油载货车及车辆总质量<8t汽油载货车用 for Diesel Truck with GVW <14t and for Petrol Truck with GVW<8t		车辆总质量≥14t柴油载货车及车辆总质量≥8t汽油载货车用 for Diesel Truck with GVW≥14t and for Petrol Truck with GVW≥8t		专用汽车用 for Special Vehicle		其他机动车辆用 for Other Motor Vehicle	
	数量 Volume	金额 Value	数量 Volume	金额 Value	数量 Volume	金额 Value	数量 Volume	金额 Value
合计 Total	**979 255**	**14 996 194**	**698 376**	**10 924 783**	**921 735**	**18 517 209**	**168 249 788**	**1 988 607 737**
亚洲 Asia	978 992	14 992 871	350 439	4 475 464	19 695	180 774	102 727 416	1 089 544 326
北美洲 North America	85	588	18 999	436 702	29 785	760 583	2 348 075	33 564 858
大洋洲 Oceania	120	1 713	111	13 602	736	25 597	117 659	7 319 428
非洲 Africa	0	0	0	0	0	0	16 432	180 149
拉丁美洲 Latin America	8	272	11 690	71 052	17	2 469	1 734 950	14 150 889
欧洲 Europe	50	750	317 137	5 927 963	871 502	17 547 786	61 305 237	843 846 459
其他 Others	0	0	0	0	0	0	19	1 628

表10-31 2004～2010年世界分地区分国别汽车产量
Table10-31 Global Vehicle Production by Country & Region in 2004 through 2010

辆 Unit

洲别、国别、地区 Continent, Country & Region	2010	2009	2008	2007	2006	2005	2004
欧洲 Europe	**19 613 040**	**16 967 971**	**21 770 913**	**22 852 578**	**21 396 156**	**20 814 593**	**20 831 055**
欧盟27国 European Union 27 Countries	**16 904 436**	**15 208 784**	**18 432 198**	**19 724 773**	**18 675 982**	**16 467 000**	**16 854 297**
奥地利 Austria	104 814	72 234	151 277	228 066	274 907	253 279	248 718
比利时 Belgium	338 290	537 354	724 498	834 403	918 056	926 528	900 273
芬兰 Finland	6 500	10 971	17 895	24 309	32 746	21 644	10 501
法国 France	2 227 374	2 047 658	2 568 978	3 015 854	3 169 219	3 549 008	3 665 990
德国[1] Germany[1]	5 905 985	5 209 857	6 045 730	6 213 460	5 819 614	5 757 710	5 569 954
意大利 Italy	840 039	843 239	1 023 774	1 284 312	1 211 594	1 038 352	1 141 944
荷兰 Netherlands	94 106	76 751	132 494	138 568	159 454	180 748	247 503
葡萄牙 Portugal	158 723	126 015	175 155	176 242	227 325	219 137	226 728
西班牙 Spain	2 387 900	2 170 078	2 541 644	2 889 703	2 777 435	2 752 500	3 011 010
瑞典[2] Sweden[2]	217 084	156 436	308 299	366 020	333 072	339 229	338 756
英国 U.K.	1 393 463	1 090 139	1 649 515	1 750 253	1 649 792	1 803 109	1 856 049
捷克 Czech Republic	1 076 385	983 243	946 567	937 648	854 817	602 237	–
匈牙利 Hungary	167 890	133 370	346 055	292 027	190 233	152 015	–
波兰 Poland	869 376	878 998	945 959	792 703	714 600	613 200	–
罗马尼亚 Romania	350 912	296 498	245 308	241 712	213 597	194 802	122 155
斯洛伐克 Slovakia	556 941	461 340	575 776	571 071	295 391	218 349	–
斯洛文尼亚 Slovenia	205 711	212 749	197 843	198 402	153 127	177 951	–
其他欧洲国家 Other Europe	**1 614 047**	**889 582**	**2 191 605**	**2 028 392**	**1 732 394**	**1 551 752**	**1 675 534**
塞尔维亚 Serbia	6 470	10 075	11 628	9 903	11 182	14 179	13 350
独联体 CIS	**1 607 577**	**879 507**	**2 179 977**	**2 018 489**	**1 721 212**	**1 537 573**	**1 540 029**
俄罗斯 Russia	1 403 244	725 012	1 790 301	1 660 120	1 503 469	1 352 237	1 385 434
白俄罗斯 Belarus	16 650	11 520	28 511	27 708	23 150	23 150	18 500
乌克兰 Ukraine	83 133	69 295	423 127	402 591	288 203	215 759	186 851
乌兹别克斯坦 Uzbekistan	156 880	117 900	208 038	184 900	110 000	95 814	80 279
土耳其 Turkey	**1 094 557**	**869 605**	**1 147 110**	**1 099 413**	**987 780**	**879 452**	**823 408**
美洲 America	**16 611 667**	**12 562 420**	**16 881 684**	**19 154 059**	**19 098 999**	**22 505 513**	**18 796 890**
北美自由贸易区 NAFTA	**12 177 590**	**8 782 931**	**12 943 726**	**15 454 764**	**15 909 007**	**16 318 783**	**16 264 886**
加拿大 Canada	2 071 026	1 490 482	2 082 241	2 578 790	2 571 366	2 687 892	2 710 683
墨西哥 Mexico	2 345 124	1 561 052	2 167 944	2 095 245	2 045 518	1 684 238	1 564 816

注：1. 官方数据包括比利时的GM组装厂。
2. 官方数据包括瑞典汽车制造商在世界的产量,本统计只计算在瑞典生产的汽车产量,沃尔沃载货车未计入分国别汽车产量中。
3. 数据来源：OICA。

Note: 1. Official figures include Belgian GM assembly.
2. Official figures take account of Swedish manufacturers world production; in this report,we only use the vehicles produced in Sweden, and the vehicles for which Volvo Trucks does not specify the country of production.
3. Source: ***OICA***.

续表 Continued

洲别、国别、地区 Continent, Country & Region	2010	2009	2008	2007	2006	2005	2004
美国 U.S.A.	7 761 440	5 731 397	8 693 541	10 780 729	11 292 123	11 946 653	11 989 387
南美洲 South America	**4 434 077**	**3 779 489**	**3 937 958**	**3 699 295**	**3 189 992**	**2 989 892**	**2 531 564**
阿根廷 Argentina	716 540	512 924	597 086	544 647	432 101	319 755	260 402
巴西 Brazil	3 648 358	3 182 923	3 215 976	2 977 150	2 611 034	2 530 840	2 210 062
智利 Chile	4 700	3 250	4 405	10 804	5 685	6 660	5 500
哥伦比亚 Columbia	28 350	28 199	38 327	73 667	50 659	55 435	37 000
厄瓜多尔 Ecuador	5 950	15 309	29 322	26 338	25 170	25 465	1 500
秘鲁 Peru	0	0	0	–	–	–	–
乌拉圭 Uruguay	0	0	0	0	0	0	100
委内瑞拉 Venezuela	104 357	111 655	135 042	172 418	171 693	155 210	17 000
亚洲与大洋洲 Asia-Oceania	**40 897 325**	**31 760 155**	**31 285 049**	**30 714 858**	**28 268 460**	**25 905 845**	**21 971 614**
澳大利亚 Australia	243 495	227 283	329 556	334 617	331 768	394 713	411 406
中国 China	18 264 667	13 790 994	9 299 180	8 882 456	7 277 899	5 708 421	5 070 527
印度 India	3 536 783	2 641 550	2 332 328	2 253 729	2 016 511	1 638 674	1 511 157
印度尼西亚 Indonesia	704 715	464 816	600 628	411 638	296 008	500 710	396 800
伊朗 Iran	1 599 454	1 394 075	1 051 430	997 240	904 500	817 200	717 700
日本 Japan	9 625 940	7 934 057	11 575 644	11 596 327	11 484 233	10 799 659	10 511 518
马来西亚 Malaysia	567 715	489 269	530 810	441 661	502 973	563 408	372 916
巴基斯坦 Pakistan	152 970	109 433	155 973	169 861	157 520	156 222	50 520
菲律宾 Philippines	63 530	50 419	54 434	49 492	41 603	45 311	55 000
韩国 South Korea	4 271 941	3 512 926	3 826 682	4 086 308	3 840 102	3 771 870	3 469 464
中国台湾省 Taiwan Province of China	303 456	226 356	182 974	283 039	303 229	446 345	430 814
泰国 Thailand	1 644 513	999 378	1 393 742	1 287 346	1 193 903	1 122 712	927 981
越南 Vietnam	32 920	32 969	33 418	23 898	18 211	31 600	25 000
非洲 Africa	**487 869**	**413 451**	**582 847**	**544 566**	**569 990**	**521 929**	**378 107**
博茨瓦那 Botswana	0	0	0	0	397	1 566	0
埃及 Egypt	69 060	92 339	114 782	104 473	91 573	69 223	49 335
肯尼亚 Kenya	0	0	1 080	705	615	405	0
利比亚 Libya	0	0	0	–	–	–	–
摩洛哥 Morocco	50 000	46 679	41 731	36 671	28 620	14 881	22 964
尼日利亚 Nigeria	0	0	2 040	3 072	3 000	2 937	4 000
南非 South Africa	472 049	373 923	562 965	534 490	587 719	525 227	339 752
苏丹 Sudan	0	0	0	0	0	0	500
突尼斯 Tunisia	0	0	2 190	2 071	–	–	–
津巴布韦 Zimbabwe	0	0	1 345	1 611	1 420	0	2 300
总计 Total	**77 609 901**	**61 703 997**	**70 520 493**	**73 266 061**	**69 333 605**	**66 551 047**	**63 956 415**

表10-32 2004～2010年世界分地区分国别乘用车产量 辆

Table10-32 Global Passenger Car Production by Country & Region in 2004 through 2010 Unit

洲别、国别、地区 Continent, Country & Region	2010	2009	2008	2007	2006	2005	2004
欧洲 Europe	**17 039 180**	**15 158 241**	**18 381 339**	**19 330 513**	**18 104 141**	**17 729 595**	**17 826 887**
欧盟27国 European Union 27 Countries	**15 068 473**	**13 907 699**	**15 954 688**	**17 103 687**	**16 198 017**	**16 048 425**	**16 040 208**
奥地利 Austria	86 000	56 620	125 836	199 969	248 059	230 505	227 244
比利时 Belgium	313 520	524 595	680 131	789 674	881 929	895 109	857 119
芬兰 Finland	6 500	10 907	17 519	24 006	32 393	21 233	10 051
法国 France	1 922 339	1 819 462	2 145 935	2 550 869	2 723 196	3 112 961	3 227 416
德国[1] Germany[1]	5 552 409	4 964 523	5 532 030	5 709 139	5 398 508	5 350 187	5 192 101
意大利 Italy	573 169	661 100	659 221	910 860	892 502	725 528	833 578
荷兰 Netherlands	48 025	50 620	59 223	61 912	87 332	115 121	187 600
葡萄牙 Portugal	114 563	101 680	132 242	134 047	143 478	189 040	150 781
西班牙 Spain	1 913 513	1 812 688	1 943 049	2 195 780	2 078 639	2 098 168	2 402 103
瑞典[2] Sweden[2]	177 084	128 738	252 287	316 850	288 583	288 659	290 383
英国 U.K.	1 270 444	999 460	1 446 619	1 534 567	1 442 085	1 596 356	1 646 881
捷克 Czech Republic	1 069 518	976 435	934 046	925 060	848 799	596 774	0
匈牙利 Hungary	165 000	131 600	342 359	287 982	187 633	148 533	0
波兰 Poland	785 000	818 800	842 000	695 000	632 300	540 100	0
罗马尼亚 Romania	323 587	279 320	231 056	234 103	201 663	174 538	98 997
斯洛伐克 Slovakia	556 941	461 340	575 776	571 071	295 391	218 349	0
斯洛文尼亚 Slovenia	195 207	202 570	180 233	174 209	119 212	138 393	0
其他欧洲国家 Other Europe	**1 367 313**	**739 611**	**1 805 084**	**1 591 943**	**1 360 442**	**1 227 507**	**1 339 527**
塞尔维亚 Serbia	5 620	8 720	9 818	8 236	9 832	12 574	12 500
独联体 CIS	**1 361 693**	**730 891**	**1 795 266**	**1 583 707**	**1 350 610**	**1 214 933**	**1 228 030**
俄罗斯 Russia	1 208 362	599 265	1 469 429	1 288 652	1 176 337	1 068 764	1 109 958
白俄罗斯 Belarus	–	–	–	–	–	–	–
乌克兰 Ukraine	75 261	65 646	400 799	400 799	267 183	196 722	179 098
乌兹别克斯坦 Uzbekistan	130 400	110 200	195 038	195 038	100 000	87 512	66 896
土耳其 Turkey	**603 394**	**510 931**	**621 567**	**621 567**	**545 682**	**453 663**	**447 152**
美洲 America	**8 465 551**	**6 954 032**	**9 198 354**	**9 238 009**	**9 332 663**	**8 816 463**	**8 336 645**
北美自由贸易区 NAFTA	**5 090 128**	**3 960 731**	**6 189 535**	**6 213 082**	**6 892 197**	**6 523 591**	**6 359 479**
加拿大 Canada	968 860	822 267	1 195 436	1 195 436	1 427 582	1 356 271	1 335 464
墨西哥 Mexico	1 390 163	942 876	1 217 458	1 241 288	1 097 619	846 048	794 390

注：1. 官方数据包括比利时的GM组装厂。
2. 官方数据包括瑞典汽车制造商在世界的产量，本统计只计算在瑞典生产的汽车产量，沃尔沃载货车未计入分国别汽车产量中。
3. 数据来源：OICA。

Note: 1. Official figures include Belgian GM assembly.
2. Official figures take account of Swedish manufacturers world production; in this report,we only use the vehicles produced in Sweden, and the vehicles for which Volvo Trucks does not specify the country of production.
3. Source: ***OICA***.

续表 Continued

洲别、国别、地区 Continent, Country & Region	2010	2009	2008	2007	2006	2005	2004
美国 U.S.A.	2 731 105	2 195 588	3 776 641	3 776 358	4 366 996	4 321 272	4 229 625
南美洲 South America	**3 375 423**	**2 993 301**	**3 008 819**	**3 024 927**	**2 440 466**	**2 292 872**	**1 977 166**
阿根廷 Argentina	508 401	380 067	399 236	399 577	263 120	182 761	171 400
巴西 Brazil	2 828 273	2 575 418	2 545 729	2 561 496	2 092 029	2 011 817	1 756 166
智利 Chile	–	–	–	–	0	0	1 500
哥伦比亚 Columbia	25 300	24 679	34 138	34 138	45 239	51 905	35 000
厄瓜多尔 Ecuador	–	–	–	–	–	–	–
秘鲁 Peru	–	–	–	–	–	–	–
乌拉圭 Uruguay	–	–	–	–	0	0	100
委内瑞拉 Venezuela	73 757	71 907	88 116	88 116	120 358	139 166	13 000
亚洲与大洋洲 Asia-Oceania	**32 418 779**	**25 289 717**	**24 767 495**	**24 646 730**	**22 205 999**	**20 049 013**	**17 695 745**
澳大利亚 Australia	205 334	188 158	285 590	285 590	274 267	316 414	340 954
中国 China	13 897 083	10 383 831	6 737 745	6 737 745	5 233 132	3 931 807	2 316 262
印度 India	2 814 584	2 175 220	1 846 051	1 829 677	1 473 235	1 264 111	1 178 354
印度尼西亚 Indonesia	528 200	352 172	431 423	431 423	206 321	332 590	250 000
伊朗 Iran	1 367 014	1 170 503	940 870	940 870	800 000	725 000	700 000
日本 Japan	8 307 382	6 862 161	9 928 143	9 916 149	9 754 903	9 016 735	8 720 385
马来西亚 Malaysia	522 568	447 002	484 512	419 963	377 952	404 571	364 852
巴基斯坦 Pakistan	130 625	92 552	126 268	98 425	136 400	133 998	43 260
菲律宾 Philippines	56 580	43 558	46 458	46 458	33 012	36 236	40 000
韩国 South Korea	3 866 206	3 158 417	3 450 478	3 450 478	3 489 136	3 357 094	3 122 600
中国台湾省 Taiwan Province of China	251 490	183 986	138 714	138 709	211 306	323 819	299 639
泰国 Thailand	554 387	313 442	401 309	401 309	298 810	277 562	299 439
越南 Vietnam	32 100	32 085	31 684	31 684	17 516	20 076	20 000
非洲 Africa	**340 834**	**281 783**	**378 929**	**378 929**	**339 371**	**319 598**	**240 355**
博茨瓦那 Botswana	–	–	–	–	397	1 566	0
埃及 Egypt	44 480	60 249	72 485	72 485	59 462	48 034	34 591
肯尼亚 Kenya	–	–	–	–	0	0	0
利比亚 Libya	–	–	–	–	–	–	–
摩洛哥 Morocco	40 250	37 573	32 056	32 056	20 194	7 622	15 000
尼日利亚 Nigeria	–	–	2 040	2 040	3 000	2 472	4 000
南非 South Africa	295 394	222 981	321 124	321 124	334 482	324 875	200 264
苏丹 Sudan	–	–	–	–	0	0	500
突尼斯 Tunisia	–	–	–	–	–	–	–
津巴布韦 Zimbabwe	–	–	–	–	–	–	–
总计 Total	**58 264 344**	**47 683 773**	**52 726 117**	**52 637 206**	**49 982 174**	**46 914 669**	**44 099 632**

表10-33 2004～2010年世界分地区分国别轻型商用车产量

Table10-33 Global Light Commercial Vehicle Production by Country & Region in 2004 through 2010

辆 Unit

洲别、国别、地区 Continent, Country & Region	2010	2009	2008	2007	2006	2005	2004
欧洲 Europe	2 038 799	1 442 036	2 443 484	2 593 083	2 481 925	2 325 836	2 294 236
欧盟27国 European Union 27 Countries	1 426 518	1 015 014	1 763 106	1 914 464	1 859 914	1 744 302	1 728 532
奥地利 Austria	–	–	–	0	0	0	0
比利时 Belgium	–	–	–	0	0	0	11 161
芬兰 Finland	–	–	–	0	0	0	0
法国 France	262 479	198 847	349 131	393 254	386 512	382 201	385 439
德国 Germany	212 511	148 145	246 266	251 594	202 431	193 037	174 095
意大利 Italy	237 000	158 089	314 977	320 889	272 205	269 749	267 643
荷兰 Netherlands	–	–	–	0	0	0	0
葡萄牙 Portugal	39 770	22 172	36 178	36 056	78 472	26 725	73 218
西班牙 Spain	437 242	331 131	523 328	599 584	619 444	578 989	535 480
瑞典[1] Sweden[1]	–	–	–	0	0	0	0
英国 U.K.	111 395	80 206	175 557	195 895	188 339	186 948	192 368
捷克 Czech Republic	2 745	2 650	6 288	6 238	1 077	1 220	–
匈牙利 Hungary	–	–	–	–	–	–	–
波兰 Poland	73 953	49 929	92 887	91 825	76 100	67 700	–
罗马尼亚 Romania	27 270	16 990	13 964	7 444	11 410	20 078	22 916
斯洛伐克 Slovakia	–	–	–	–	–	–	–
斯洛文尼亚 Slovenia	10 504	10 179	17 610	24 193	33 915	39 558	0
其他欧洲国家 Other Europe	152 895	85 149	209 821	264 883	231 221	205 487	235 980
塞尔维亚 Serbia	850	970	1 100	1 098	808	775	300
独联体 CIS	152 045	84 179	208 721	263 785	230 413	204 712	212 764
俄罗斯 Russia	121 528	74 612	192 607	241 932	220 704	196 410	199 001
白俄罗斯 Belarus	–	–	–	–	0	0	0
乌克兰 Ukraine	4 037	1 867	3 114	9 239	10 409	11 322	3 493
乌兹别克斯坦 Uzbekistan	26 480	7 700	13 000	14 900	10 000	8 302	13 383
土耳其 Turkey	459 386	341 873	470 557	413 736	390 790	376 047	329 724
美洲 America	7 611 581	5 183 730	7 064 619	9 171 291	8 952 727	9 752 470	9 808 916
北美自由贸易区 NAFTA	6 825 859	4 597 495	6 389 918	8 545 546	8 359 412	9 229 387	9 406 277
加拿大 Canada	1 096 542	656 894	851 586	1 200 017	1 069 785	1 266 609	1 327 285
墨西哥 Mexico	864 379	559 041	867 480	796 604	858 164	759 800	706 097

注：1.官方数据包括瑞典汽车制造商在世界的产量，本统计只计算在瑞典生产的汽车产量，沃尔沃载货车未计入分国别汽车产量中。
2.商用车数据来自KAMA的OICA交换文件。
3.数据来源：OICA。

Note: 1. Official figures take account of Swedish manufacturers world production; in this report,we only use the vehicles produced in Sweden, and the vehicles for which Volvo Trucks does not specify the country of production.
2. Distribution of commercial vehicles is derived from KAMA's OICA exchange files.
3. Source: ***OICA***.

续表 Continued

洲别、国别、地区 Continent, Country & Region	2010	2009	2008	2007	2006	2005	2004
美国 U.S.A.	4 864 938	3 381 560	4 670 852	6 548 925	6 431 463	7 202 978	7 372 895
南美洲 South America	**785 722**	**586 235**	**674 701**	**625 745**	**593 315**	**523 083**	**402 639**
阿根廷 Argentina	187 225	118 525	188 999	188 279	164 823	116 444	72 943
巴西 Brazil	582 570	449 337	458 806	409 315	379 195	365 636	318 196
智利 Chile	–	–	–	–	5 685	6 660	4 000
哥伦比亚 Columbia	3 050	3 520	4 189	5 620	5 420	3 530	2 000
厄瓜多尔 Ecuador	5 950	6 861	8 941	6 236	25 170	25 465	1 500
秘鲁 Peru	–	–	–	–	–	–	–
乌拉圭 Uruguay	–	–	–	–	–	–	–
委内瑞拉 Venezuela	20 797	23 993	37 566	42 024	39 092	16 044	4 000
亚洲与大洋洲 Asia-Oceania	**4 957 323**	**3 872 167**	**4 011 048**	**4 271 515**	**3 971 780**	**3 883 914**	**4 498 335**
澳大利亚 Australia	34 109	35 196	38 528	44 636	52 893	72 571	64 360
中国 China	1 946 820	1 573 546	1 216 747	1 431 311	1 130 222	983 931	2 133 740
印度 India	390 576	269 450	239 601	249 834	208 334	164 740	130 368
印度尼西亚 Indonesia	85 480	54 550	84 917	51 931	49 964	99 536	75 000
伊朗 Iran	196 752	191 713	105 600	110 240	100 000	88 000	10 000
日本 Japan	787 612	691 427	900 918	921 273	1 018 857	1 047 498	1 008 894
马来西亚 Malaysia	39 682	38 252	40 944	78 788	105 474	137 977	8 064
巴基斯坦 Pakistan	18 431	13 124	24 091	29 247	21 120	22 224	7 260
菲律宾 Philippines	–	–	7 976	10 569	8 591	9 075	15 000
韩国[2] South Korea[2]	337 280	291 550	331 897	320 051	308 959	299 827	302 864
中国台湾省 Taiwan Province of China	47 200	38 811	40 390	67 222	86 529	117 437	125 635
泰国 Thailand	1 073 381	674 548	979 039	955 993	880 457	829 574	612 150
越南 Vietnam	–	–	400	420	380	11 524	5 000
非洲 Africa	**122 153**	**108 463**	**168 887**	**178 933**	**191 367**	**171 820**	**121 731**
博茨瓦纳 Botswana	–	–	–	–	–	–	–
埃及 Egypt	15 470	21 530	29 952	26 105	20 845	14 626	7 424
肯尼亚 Kenya	–	–	1 080	705	615	405	0
利比亚 Libya	–	–	–	–	–	–	–
摩洛哥 Morocco	9 750	9 106	9 675	9 059	8 426	7 259	7 964
尼日利亚 Nigeria	–	–	–	–	0	465	0
南非 South Africa	153 773	131 177	205 955	220 753	219 618	172 522	123 467
苏丹 Sudan	–	–	–	–	–	–	–
突尼斯 Tunisia	–	–	2 190	2 071	–	–	–
津巴布韦 Zimbabwe	–	–	1 345	1 611	1 420	–	2 300
总计 Total	**14 729 856**	**10 606 396**	**13 688 038**	**16 214 822**	**15 597 799**	**16 134 040**	**16 723 218**

表10-34 2004～2010年世界分地区分国别重型载货车产量
Table10-34 Global Heavy Truck Production by Country & Region in 2004 through 2010

辆
Unit

洲别、国别、地区 Continent, Country & Region	2010	2009	2008	2007	2006	2005	2004
欧洲 Europe	477 720	310 837	849 891	839 143	722 973	680 899	638 531
欧盟27国 European Union 27 Countries	377 106	251 046	674 620	669 600	577 043	551 066	528 140
奥地利 Austria	18 814	15 714	25 441	28 097	26 621	22 652	21 414
比利时 Belgium	24 340	12 039	43 081	43 516	34 984	30 379	29 689
芬兰 Finland	–	64	376	303	353	411	450
法国 France	39 120	25 325	69 761	67 395	55 439	50 159	50 143
德国 Germany	134 129	89 403	257 396	243 642	209 385	205 696	193 774
意大利 Italy	28 800	23 046	48 232	51 114	44 020	39 616	37 808
荷兰 Netherlands	44 764	24 490	71 326	74 649	70 202	63 643	58 442
葡萄牙 Portugal	4 320	2 079	6 609	5 981	5 248	3 266	2 603
西班牙 Spain	36 891	25 707	73 883	92 793	77 882	74 081	71 992
瑞典[1] Sweden[1]	30 000	17 859	46 858	40 364	35 485	41 346	40 640
英国 U.K.	10 116	9 003	25 565	18 436	18 099	18 374	15 500
捷克 Czech Republic	1 411	1 091	2 737	3 168	1 993	2 050	0
匈牙利 Hungary	2 760	1 670	3 067	3 566	2 010	2 473	0
波兰 Poland	5 936	5 447	6 500	2 324	0	0	0
罗马尼亚 Romania	55	188	277	155	516	186	242
斯洛伐克 Slovakia	–	–	–	–	–	–	–
斯洛文尼亚 Slovenia	–	–	–	–	0	0	0
其他欧洲国家 Other Europe	76 763	51 545	138 471	134 999	108 904	92 606	78 601
塞尔维亚 Serbia	–	285	350	420	413	477	400
独联体 CIS	76 763	51 260	138 121	134 579	108 491	92 129	77 959
俄罗斯 Russia	60 071	40 326	102 393	103 932	82 491	65 965	57 715
白俄罗斯 Belarus	15 600	10 470	26 291	25 548	22 500	22 500	18 000
乌克兰 Ukraine	1 092	464	9 437	4 637	3 500	3 664	2 244
乌兹别克斯坦 Uzbekistan	–	–	–	–	–	–	–
土耳其 Turkey	23 851	8 246	36 800	34 544	37 026	37 227	31 790
美洲 America	466 886	366 519	551 241	588 904	747 042	703 754	592 577
北美自由贸易区 NAFTA	242 152	202 739	342 873	405 301	625 552	565 805	470 097
加拿大 Canada	5 624	11 321	35 219	36 640	73 999	65 012	47 934
墨西哥 Mexico	90 582	59 135	83 006	89 544	89 735	78 390	64 329

注：1. 官方数据包括瑞典汽车制造商在世界的产量，本统计只计算在瑞典生产的汽车产量，沃尔沃载货车未计入分国别汽车产量中。

2. 商用车数据来自KAMA的OICA交换文件。

3. 数据来源：OICA。

Note: 1. Official figures take account of Swedish manufacturers world production; in this report,we only use the vehicles produced in Sweden, and the vehicles for which Volvo Trucks does not specify the country of production.

2. Distribution of commercial vehicles is derived from KAMA's OICA exchange files.

3. Source: ***OICA***.

续表 Continued

洲别、国别、地区 Continent, Country & Region	2010	2009	2008	2007	2006	2005	2004
美国 U.S.A.	145 946	132 283	224 648	279 117	461 818	422 403	357 834
南美洲 South America	**224 734**	**163 780**	**208 368**	**183 603**	**121 490**	**137 949**	**122 480**
阿根廷 Argentina	18 585	12 891	7 183	4 912	3 303	19 949	15 518
巴西 Brazil	191 646	123 633	167 330	137 394	106 001	118 000	106 962
智利 Chile	4 700	3 250	4 405	10 804	–	–	–
哥伦比亚 Columbia	–	–	–	–	–	–	–
厄瓜多尔 Ecuador	–	8 448	20 381	20 102	–	–	–
秘鲁 Peru	–	–	–	–	–	–	–
乌拉圭 Uruguay	–	–	–	–	–	–	–
委内瑞拉 Venezuela	9 803	15 558	9 069	10 391	12 186	0	0
亚洲与大洋洲 Asia-Oceania	**3 261 096**	**2 385 535**	**2 306 622**	**1 806 159**	**1 805 350**	**1 632 068**	**1 645 712**
澳大利亚 Australia	4 052	3 929	5 438	6 633	4 608	5 728	6 092
中国 China	2 259 161	1 704 407	1 224 800	726 024	719 212	617 293	541 813
印度 India	277 014	154 878	202 575	245 996	276 715	179 476	202 435
印度尼西亚 Indonesia	87 385	55 766	81 332	48 823	38 469	66 155	70 000
伊朗 Iran	32 929	29 130	–	0	0	0	3 700
日本 Japan	520 672	371 686	734 923	718 901	699 410	723 663	769 953
马来西亚 Malaysia	4 384	3 217	4 146	13 986	18 254	19 500	0
巴基斯坦 Pakistan	3 364	3 069	4 716	–	0	0	0
菲律宾 Philippines	6 950	6 861	–	–	0	0	0
韩国[2] South Korea[2]	43 341	37 219	30 470	26 397	28 621	0	30 000
中国台湾省 Taiwan Province of China	4 766	3 559	3 870	3 132		5 089	5 540
泰国 Thailand	16 258	10 930	13 018	15 331	14 352	15 164	16 179
越南 Vietnam	820	884	1 334	936	315	0	0
非洲 Africa	**19 169**	**17 492**	**28 810**	**28 578**	**32 268**	**26 683**	**15 067**
博茨瓦那 Botswana	–	–	–	–	0	0	0
埃及 Egypt	5 150	6 406	7 983	6 280	5 633	3 882	4 540
肯尼亚 Kenya	–	–	–	–	0	0	0
利比亚 Libya	–	–	–	–	0	0	0
摩洛哥 Morocco	–	–	–	–	0	0	0
尼日利亚 Nigeria	–	–	–	–	0	0	0
南非 South Africa	21 129	18 206	34 027	36 362	32 268	26 683	15 067
苏丹 Sudan	–	–	–	–	0	0	0
突尼斯 Tunisia	–	–	–	–	–	–	–
津巴布韦 Zimbabwe	–	–	–	–	–	–	–
总计 Total	**4 224 871**	**3 080 383**	**3 736 564**	**3 262 784**	**3 307 633**	**3 043 404**	**2 891 887**

表10-35 2004～2010年世界分地区分国别客车产量

Table10-35 Global Bus and Coach Production by Country & Region in 2004 through 2010

辆 Unit

洲别、国别、地区 Continent, Country & Region	2010	2009	2008	2007	2006	2005	2004
欧洲 Europe	**57 341**	**56 857**	**96 199**	**89 839**	**78 268**	**71 401**	**69 293**
欧盟27国 European Union 27 Countries	**32 339**	**35 025**	**39 784**	**37 022**	**39 601**	**30 310**	**38 385**
奥地利 Austria	–	–	0	0	122	60	138
比利时 Belgium	430	720	1 286	1 213	1 040	2 304	5 458
芬兰 Finland	–	–	0	0	0	0	0
法国 France	3 436	4 024	4 151	4 336	3 687	2 992	2 393
德国 Germany	6 936	7 786	10 038	9 085	8 790	9 984	10 423
意大利 Italy	1 070	1 004	1 344	1 449	3 459	2 915	2 850
荷兰 Netherlands	1 317	1 641	1 945	2 007	1 984	1 461	1 547
葡萄牙 Portugal	70	84	126	158	106	126	139
西班牙 Spain	254	552	1 384	1 546	1 262	1 435	1 502
瑞典[1] Sweden[1]	10 000	9 839	9 154	8 806	9 224	7 733	8 050
英国 U.K.	1 508	1 470	1 774	1 355	1 431	1 300	1 737
捷克 Czech Republic	2 711	3 067	3 496	3 182	2 193	0	0
匈牙利 Hungary	130	100	629	479	1 009	0	0
波兰 Poland	4 487	4 822	4 572	3 554	5 400	0	0
罗马尼亚 Romania	–	–	11	10	0	0	1
斯洛伐克 Slovakia	–	–	–	–	0	0	0
斯洛文尼亚 Slovenia	–	–	–	–	0	0	0
其他欧洲国家 Other Europe	**17 076**	**13 277**	**38 229**	**36 567**	**26 152**	**21 426**	**19 941**
塞尔维亚 Serbia	–	100	360	149	353	150	162
独联体 CIS	**17 076**	**13 177**	**37 869**	**36 418**	**25 799**	**21 276**	**19 778**
俄罗斯 Russia	13 283	10 809	25 872	25 604	21 098	18 760	17 224
白俄罗斯 Belarus	1 050	1 050	2 220	2 160	650	500	480
乌克兰 Ukraine	2 743	1 318	9 777	8 654	4 051	2 016	2 074
乌兹别克斯坦 Uzbekistan	–	–	–	–	–	–	–
土耳其 Turkey	**7 926**	**8 555**	**18 186**	**16 250**	**12 515**	**14 742**	**10 967**
美洲 America	**67 649**	**58 139**	**67 470**	**68 270**	**35 988**	**58 312**	**55 036**
北美自由贸易区 NAFTA	**19 451**	**21 966**	**21 400**	**28 419**	**0**	**29 033**	**27 943**
加拿大 Canada	–	–	–	–	0	0	0
墨西哥 Mexico	–	–	–	–	0	0	0

注：1. 官方数据包括瑞典汽车制造商在世界的产量，本统计只计算在瑞典生产的汽车产量，沃尔沃载货车未计入分国别汽车产量中。
2. 商用车数据来自KAMA的OICA交换文件。
3. 数据来源：OICA。

Note: 1. Official figures take account of Swedish manufacturers world production; in this report,we only use the vehicles produced in Sweden, and the vehicles for which Volvo Trucks does not specify the country of production.
2. Distribution of commercial vehicles is derived from KAMA's OICA exchange files.
3. Source: ***OICA***.

续表 Continued

洲别、国别、地区 Continent, Country & Region	2010	2009	2008	2007	2006	2005	2004
美国 U.S.A.	19 451	21 966	21 400	28 419	31 846	0	29 033
南美洲 South America	**48 198**	**36 173**	**46 070**	**39 851**	**34 721**	**35 988**	**29 279**
阿根廷 Argentina	2 329	1 441	1 668	721	855	601	541
巴西 Brazil	45 869	34 535	44 111	39 087	33 809	35 387	28 738
智利 Chile	–	–	–	–	0	0	0
哥伦比亚 Columbia	–	–	–	–	0	0	0
厄瓜多尔 Ecuador	–	–	–	–	0	0	0
秘鲁 Peru	–	–	–	–	0	0	0
乌拉圭 Uruguay	–	–	–	–	0	0	0
委内瑞拉 Venezuela	0	197	291	43	57	0	0
亚洲与大洋洲 Asia-Oceania	**260 127**	**212 736**	**199 884**	**424 489**	**285 331**	**340 850**	**111 011**
澳大利亚 Australia	–	–	–	–	0	0	0
中国 China	161 603	129 210	119 888	344 005	195 333	175 390	78 712
印度 India	54 609	42 002	44 101	44 420	58 227	30 347	0
印度尼西亚 Indonesia	3 650	2 328	2 956	1 676	1 254	2 429	1 800
伊朗 Iran	2 759	2 729	4 960	5 000	4 500	4 200	4 000
日本 Japan	10 274	8 783	11 660	11 516	11 063	11 763	12 286
马来西亚 Malaysia	1 081	798	1 208	916	1 293	1 360	0
巴基斯坦 Pakistan	550	688	898	–	0	0	0
菲律宾 Philippines	–	–	–	–	–	–	–
韩国[2] South Korea[2]	25 114	25 740	13 837	16 378	13 386	114 949	14 000
中国台湾省 Taiwan Province of China	–	–	–	–	0	0	0
泰国 Thailand	487	458	376	578	275	412	213
越南 Vietnam	–	–	–	–	0	0	0
非洲 Africa	**5 713**	**5 713**	**6 221**	**4 511**	**6 984**	**3 828**	**954**
博茨瓦那 Botswana	–	–	–	–	0	0	0
埃及 Egypt	3 960	4 154	4 362	3 154	5 633	2 681	2 780
肯尼亚 Kenya	–	–	–	–	0	0	0
利比亚 Libya	–	–	–	–	0	0	0
摩洛哥 Morocco	–	–	–	–	0	0	0
尼日利亚 Nigeria	–	–	–	–	0	0	0
南非 South Africa	1 753	1 559	1 859	1 357	1 351	1 147	954
苏丹 Sudan	–	–	–	–	0	0	0
突尼斯 Tunisia	–	–	–	–	–	–	–
津巴布韦 Zimbabwe	–	–	–	–	–	–	–
总计 Total	**390 830**	**333 445**	**369 774**	**587 109**	**445 999**	**458 934**	**241 678**

表10-36 2010年世界27个国家和地区分车型汽车产量

Table10-36 Global Vehicle Production of 27 Countries & Regions in 2010 (by Vehicle Type)

辆，% Unit, %

国家或地区 Country & Region	车型 Type	产量 Production	同比增长 Growth
世界27个国家和地区 27 Countries & Regions	乘用车（含MPV） Passenger Car (Including MPV)	54 441 534	23.1
	轻型商用车 Light Commercial Vehicle	15 216 486	38.1
	大中型商用车 Large and Medium Commercial Vehicle	3 380 985	41.1
	商用车小计 Sub-total of Commercial Vehicle	18 597 471	38.7
	合计 Total	73 039 005	26.7
美国[1] U.S.A.[1]	乘用车 Passenger Car	2 745 346	24.1
	轻型商用车 Light Commercial Vehicle	4 837 006	44.0
	大中型商用车 Large and Medium Commercial Vehicle	147 505	2.2
	商用车小计 Sub-total of Commercial Vehicle	4 984 511	42.3
	合计 Total	7 729 857	35.3
加拿大[1] Canada[1]	乘用车 Passenger Car	971 369	18.1
	轻型商用车 Light Commercial Vehicle	1 087 455	65.8
	大中型商用车 Large and Medium Commercial Vehicle	5 112	-63.3
	商用车小计 Sub-total of Commercial Vehicle	1 092 567	63.1
	合计 Total	2 063 936	38.3
墨西哥[1] Mexico[1]	乘用车 Passenger Car	1 468 969	45.4
	轻型商用车 Light Commercial Vehicle	791 807	59.1
	重中型载货车 Heavy and Medium Truck	80 349	56.6
	大中型客车 Large and Medium Bus and Coach	6 148	11.6
	商用车小计 Sub-total of Commercial Vehicle	878 304	58.4
	合计 Total	2 347 273	50.0
北美3国 3 Countries of North America	乘用车 Passenger Car	5 185 684	28.2
	轻型商用车 Light Commercial Vehicle	6 716 268	48.9
	大中型商用车 Large and Medium Commercial Vehicle	239 114	11.2
	商用车小计 Sub-total of Commercial Vehicle	6 955 382	47.2
	合计 Total	12 141 066	38.4
巴西[2] Brazil[2]	乘用车 Passenger Car	2 578 900	3.9
	轻型商用车 Light Commercial Vehicle	562 012	29.5
	中轻型载货车 Medium and Light Truck	66 508	34.6
	重型载货车 Heavy Truck	123 262	72.2
	载货车小计 Sub-total Truck	189 770	56.9
	大中型客车 Large and Medium Bus and Coach	40 512	34.9
	商用车小计 Sub-total of Commercial Vehicle	792 294	35.5
	合计 Total	3 371 194	9.9
阿根廷[2] Argentina[2]	乘用车 Passenger Car	515 884	35.7
	多用途车 UV	187 225	58.0
	大中型商用车 Large and Medium Commercial Vehicle	20 914	45.9
	商用车小计 Sub-total of Commercial Vehicle	208 139	56.7
	合计 Total	724 023	41.2

国家或地区 Country & Region	车型 Type	产量 Production	同比增长 Growth
南美2国 2 Countries of South America	乘用车 Passenger Car	3 094 784	8.1
	轻型商用车 Light Commercial Vehicle	749 237	35.6
	大中型商用车 Large and Medium Commercial Vehicle	251 196	51.9
	商用车小计 Sub-total of Commercial Vehicle	1 000 433	39.4
	合计 Total	4 095 217	14.4
德国[2] Germany[2]	乘用车 Passenger Car	5 551 429	11.8
	轻型载货车 Light Truck	231 749	38.3
	重中型载货车 Heavy and Medium Truck	115 887	65.7
	客车 Bus and Coach	6 892	-11.5
	商用车小计 Sub-total of Commercial Vehicle	354 528	44.5
	合计 Total	5 905 957	13.4
法国[2] France[2]	乘用车 Passenger Car	1 665 797	11.8
	轻型商用车 Light Commercial Vehicle	242 753	34.1
	重中型载货车 Heavy and Medium Truck	29 702	44.2
	商用车小计 Sub-total of Commercial Vehicle	272 455	35.1
	合计 Total	1 938 252	14.6
意大利[2] Italy[2]	乘用车 Passenger Car	573 169	-13.3
	轻型载货车 Light Truck	232 116	46.8
	重中型载货车 Heavy and Medium Truck	28 354	23.0
	载货车小计 Sub-total Truck	260 470	43.8
	客车 Bus and Coach	1 157	15.2
	商用车小计 Sub-total of Commercial Vehicle	261 627	43.6
	合计 Total	842 856	0
英国[3] U.K.[3]	乘用车 Passenger Car	1 271 816	27.3
	轻型商用车 Light Commercial Vehicle	–	–
	重中型载货车 Heavy and Medium Truck	–	–
	大中型客车 Large and Medium Bus and Coach	–	–
	商用车小计 Sub-total of Commercial Vehicle	122 816	35.6
	合计 Total	1 394 632	28.0
西班牙[3] Spain[3]	乘用车 Passenger Car	1 913 489	5.6
	轻型商用车 Light Commercial Vehicle	437 658	32.3
	重中型载货车 Heavy and Medium Truck	36 481	39.7
	大中型客车 Large and Medium Bus and Coach	254	-54.0
	大中型商用车 Large and Medium Commercial Vehicle	36 735	37.8
	商用车小计 Sub-total of Commercial Vehicle	474 393	32.7
	合计 Total	2 387 882	10.0
比利时[3] Belgium[3]	乘用车 Passenger Car	529 014	0.8
	商用车 Commercial Vehicle	26 306	106.2
	合计 Total	555 320	3.3

续表 Continued

国家或地区 Country & Region	车型 Type	产量 Production	同比增长 Growth
葡萄牙[3] Portugal[3]	乘用车 Passenger Car	109 190	7.4
	轻型商用车 Light Commercial Vehicle	39 764	79.3
	大中型商用车 Large and Medium Commercial Vehicle	4 385	102.8
	商用车小计 Sub-total of Commercial Vehicle	44 149	81.4
	合计 Total	153 339	21.7
瑞典[3] Sweden[3]	乘用车 Passenger Car	389 928	17.8
	大中型商用车 Large and Medium Commercial Vehicle	146 970	70.5
	合计 Total	536 898	28.7
西欧8国 8 Countries of West Europe	**乘用车 Passenger Car**	12 003 832	10.3
	轻型商用车 Light Commercial Vehicle	1 184 040	25.6
	大中型商用车 Large and Medium Commercial Vehicle	396 388	58.4
	商用车小计 Sub-total of Commercial Vehicle	1 580 428	32.5
	合计 Total	13 584 260	12.5
捷克[4] Czech Republic[4]	乘用车 Passenger Car	1 069 518	10.5
	轻型商用车 Light Commercial Vehicle	2 745	3.6
	重中型载货车 Heavy and Medium Truck	1 411	29.3
	客车 Bus and Coach	2 711	-11.6
	商用车小计 Sub-total of Commercial Vehicle	6 867	0.9
	合计 Total	1 076 385	10.4
罗马尼亚 Romania	乘用车 Passenger Car	323 587	15.8
	轻型商用车 Light Commercial Vehicle	27 270	60.0
	大中型商用车 Large and Medium Commercial Vehicle	57	-57.1
	商用车小计 Sub-total of Commercial Vehicle	27 327	59.1
	合计 Total	350 914	18.4
俄罗斯 Russia	乘用车 Passenger Car	1 208 673	101.9
	载货车 Truck	150 825	66.5
	客车 Bus and Coach	44 752	28.1
	商用车小计 Sub-total of Commercial Vehicle	195 577	55.8
	合计 Total	1 404 250	93.9
土耳其[4] Turkey[4]	乘用车 Passenger Car	603 394	18.1
	轻型商用车 Light Commercial Vehicle	445 649	35.0
	重中型载货车 Heavy and Medium Truck	23 841	189.1
	大中型客车 Large and Medium Bus and Coach	24 909	22.2
	商用车小计 Sub-total of Commercial Vehicle	494 399	37.8
	合计 Total	1 097 793	26.2
中东欧4国 4 Countries of Middle East Europe	**乘用车 Passenger Car**	3 205 172	36.0
	轻型商用车 Light Commercial Vehicle	609 725	40.1
	大中型商用车 Large and Medium Commercial Vehicle	114 445	56.5
	商用车小计 Sub-total of Commercial Vehicle	724 170	42.5
	合计 Total	3 929 342	37.2

国家或地区 Country & Region	车型 Type	产量 Production	同比增长 Growth
中国[5] China[5]	乘用车 Passenger Car	13 886 703	34.0
	轻型商用车 Light Commercial Vehicle	2 868 747	21.2
	大中型商用车 Large and Medium Commercial Vehicle	1 487 404	44.0
	商用车小计 Sub-total of Commercial Vehicle	4 356 151	28.1
	合计 Total	18 242 854	32.6
韩国 South Korea	乘用车 Passenger Car	2 792 210	17.6
	MPV MPV	1 073 996	37.1
	乘用车小计 Sub-total of Passenger Car	3 866 206	22.4
	载货车 Truck	254 689	8.9
	客车 Bus and Coach	137 521	26.3
	专用汽车 Special Vehicle	13 325	13.9
	商用车小计 Sub-total of Commercial Vehicle	405 535	14.4
	合计 Total	4 271 741	21.6
中国台湾省[5] Taiwan Province of China[5]	乘用车 Passenger Car	251 752	36.8
	轻型商用车 Light Commercial Vehicle	46 931	22.5
	大中型商用车 Large and Medium Commercial Vehicle	4 766	17.4
	商用车小计 Sub-total of Commercial Vehicle	51 697	22.0
	合计 Total	303 449	34.1
印度[5] India[5]	乘用车 Passenger Car	2 812 552	30.0
	轻型商用车 Light Commercial Vehicle	390 579	45.0
	大中型商用车 Large and Medium Commercial Vehicle	331 509	68.2
	商用车小计 Sub-total of Commercial Vehicle	722 088	54.8
	合计 Total	3 534 640	34.4
巴基斯坦 Pakistan	乘用车 Passenger Car	130 625	41.1
	轻型商用车 Light Commercial Vehicle	18 431	40.4
	大中型商用车 Large and Medium Commercial Vehicle	3 914	4.2
	商用车小计 Sub-total of Commercial Vehicle	22 345	32.4
	合计 Total	152 970	39.8
泰国[6] Thailand[6]	乘用车 Passenger Car	554 387	76.9
	轻型商用车 Light Commercial Vehicle	1 073 381	59.1
	大中型商用车 Large and Medium Commercial Vehicle	16 745	47.0
	商用车小计 Sub-total of Commercial Vehicle	1 090 126	58.9
	合计 Total	1 644 513	64.6
印度尼西亚[6] Indonesia[6]	乘用车 Passenger Car	496 558	41.0
	轻型商用车 Light Commercial Vehicle	101 648	86.3
	大中型商用车 Large and Medium Commercial Vehicle	104 486	79.9
	商用车小计 Sub-total of Commercial Vehicle	206 134	83.0
	合计 Total	702 692	51.2
马来西亚[6] Malaysia[6]	乘用车 Passenger Car	403 474	8.2
	轻型商用车 Light Commercial Vehicle	145 650	43.8
	载货车 Truck	17 510	22.1
	客车 Bus and Coach	1 081	35.s5
	商用车小计 Sub-total of Commercial Vehicle	164 241	41.1
	合计 Total	567 715	16.0

续表 Continued

国家或地区 Country & Region	车型 Type	产量 Production	同比增长 Growth
日本[6] Japan[6]	微型乘用车 Mini Passenger Car	1 304 832	3.8
	小型乘用车 Small Passenger Car	2 159 119	0.6
	普通乘用车 Ordinary Passenger Car	4 846 411	40.1
	乘用车小计 Sub-total of Passenger Car	8 310 362	21.1
	微型载货车 Mini Truck	449 776	12.9
	轻型载货车 Light Truck	238 776	11.0
	普通载货车 Ordinary Truck	520 672	40.1
	载货车小计 Sub-total of Truck	1 209 224	22.8
	小型客车 Light Bus and Coach	99 060	27.0
	大中型客车 Large and Medium Bus and Coach	10 457	13.1
日本[6] Japan[6]	客车小计 Sub-total of Bus and Coach	109 517	25.5
	商用车小计 Sub-total of Commercial Vehicle	1 318 741	23.0
	合计 Total	9 629 103	21.4
亚洲9国 9 Countries & Regions of Asia	**乘用车** Passenger Car	30 712 619	28.7
	轻型商用车 Light Commercial Vehicle	5 957 216	30.2
	大中型商用车 Large and Medium Commercial Vehicle	2 379 842	40.6
	商用车小计 Sub-total of Commercial Vehicle	8 337 058	33.0
	合计 Total	39 049 677	29.6
澳大利亚 Australia	小型车 Light-duty Vehicle	239 443	7.2

注：1. 美国、加拿大、墨西哥的汽车分类为轻型商用车（GVW≤14 000Ibs）、中型商用车（14 000Ibs<GVW≤33 000Ibs）、大型商用车（GVW>33 000Ibs）（1Ib=453.592g）。轻型商用车包括MPV、SUV、皮卡。

2. 巴西、阿根廷汽车分类为轻型商用车（GVW≤3.5t）、重中型载货车（GVW>3.5t）。巴西轻型商用车包括厢式车（Van）、SUV、厢式载货车、皮卡。阿根廷的多用途车包括派生厢式乘用车（Van）、SUV、皮卡。德国的汽车分类为轻型商用车（GVW≤6t）、重中型载货车（GVW>6t）。法国的统计为法国本国汽车制造商的数据，不包括法国以外汽车制造商的国内生产数据。法国的汽车分类为轻型商用车（GVW≤5t）、重中型载货车（GVW>5t）。德国、法国、意大利的乘用车包括乘用车平台的MPV、SUV。

3. 西班牙的汽车分类为轻型商用车（GVW≤3.5t）、中型商用车（3.5t<GVW≤15t）、大型商用车（GVW>15t）。客车含小型车。比利时的统计数据中包含KD进口组装量。英国、比利时、葡萄牙、瑞典的乘用车包括MPV、SUV。

4. 捷克的乘用车包括小型厢式乘用车（Minivan）、SUV；轻型商用车包括派生厢式乘用车（Van）、商用厢式车。土耳其的轻型商用车包括派生厢式乘用车、商用厢式车。

5. 中国轻型商用车包括微型载货车（GVW≤1.8t）、轻型载货车（1.8t<GVW≤6t）、轻型客车（全长≤7m、乘载人数>9人），大中型商用车包括中型载货车（6t<GVW≤14t）、重型载货车（GVW>14t）、中型客车（7m<全长≤10m）、大型客车（全长>10m）。台湾的轻型商用车为（GVW>8t）。印度的轻型商用车包括轻型载货车、小型客车（GVW≤3.5t）；大中型商用车分为重中型载货车、大中型客车（GVW>3.5t）。

6. 泰国的轻型商用车指MPL≤5t的载货车、皮卡、厢式车（Van）、微型客车；大中型商用车指MPL>5t的载货车、客车。马来西亚的商用车中包含部分SUV。印度尼西亚的汽车分类为轻型商用车为（GVW<5t）、大中型商用车（GVW≥5t）。日本的汽车分类为微型乘用车（ED≤660mL）、小型乘用车（660mL<ED≤2 000mL）、普通乘用车（ED>2 000mL）、微型载货车（ED≤660mL）、小型载货车（660mL<ED≤2 000mL）、普通载货车（ED>2 000mL）、小型客车（乘载人数≤29人）、大中型客车（乘载人数≥30人）。

7. 数据来源：FOURIN《世界汽车调查月报》。

Note: 1. In U.S.A., Canada and Mexico, GVW of light commercial vehicle≤14 000Ibs, 14 000Ibs<GVW of medium commercial vehicle≤33 000Ibs, GVW of large commercial vehicle>33 000 Ibs (1Ib=453.592g). Light commercial vehicle covers MPV，SUV and pick-up.

2. In Brazil and Argentina,GVW of light commercial vehicle≤3.5t, GVW of heavy and medium truck>3.5 t. In Brazil,light commercial vehicle covers Van,SUV and pick-up.In Argentina,SUV covers Van derived from passenger car,SUV and pick-up. In Germany, GVW of light commercial vehicle≤6t, GVW of heavy and medium truck>6 t. The data for France only include statistics of Frence manufacturers, not including those of overseas manufacturers in France.In France, GVW of light commercial vehicle≤5t, GVW of heavy and medium truck>5 t. In Germany,France and Italy, passenger car covers MPV and SUV of passenger platform.

3. In Spain, GVW of light commercial vehicle≤3.5 t, 3.5t<GVW of medium commercial vehicle≤15t, GVW of large commercial vehicle>15t, bus and coach covers small bus. The statistics for Belgium include the volume of imported KD vehicles. In U.K.,Belgium,Portugal and Sweden, passenger car covers MPV and SUV.

4. In Czech Republic, passenger car covers Minivan and SUV, light commercial vehicle covers Van derived from passenger car and commercial Van. In Turkey, light commercial vehicle covers Van derived from passenger car and commercial Van.

5. In China, light commercial vehicle covers mini truck(GVW≤1.8 t), light truck (1.8 t<GVW≤6 t)and light bus and coach (the full length≤7m, seating capacity>9people), large and medium commercial vehicle covers medium truck (6t<GVW≤14t), heavy truck (GVW>14t), medium bus and coach (7m<the full length≤10m) and large bus and coach (the full length>10m). In Taiwan Province of China, GVW of light commercial vehicle>8t. In India, light commercial vehicle covers light truck and Light bus and coach (GVW≤3.5t), large and medium commercial vehicle covers heavy and medium truck and large and medium bus and coach (GVW>3.5 t).

6. In Thailand, MPL of light commercial vehicle (covering truck, pick-up, Van and mini bus and coach) ≤5t , MPL of large and medium commercial vehicle (covering truck and bus and coach) >5t. In Malaysia, commercial vehicle covers partial SUV. In Indonesia, GVW of light commercial vehicle<5t, GVW of large and medium commercial vehicle≥5t. In Japan, ED of mini passenger car≤660mL, 660mL<ED of small passenger car≤2 000mL, ED of ordinary passenger car>2 000mL, ED of mini truck≤660mL, 660mL<ED of light truck≤2 000mL, ED of ordinary truck>2 000mL, seating capacity of light bus and coach≤29 people, seating capacity of large and medium bus and coach≥30 people.

7. Source: ***FOURIN Monthly Report on the Global Automotive Industry***.

表10-37 2010年世界47个国家和地区分车型汽车销量

Table10-37 Global Vehicle Sales of 47 Countries & Regions in 2010 (by Vehicle Type)

辆，%
Unit, %

国家或地区 Country & Region	车型 Type	销量 Sales	同比增长 Growth
世界47个国家和地区[1] 47 Countries & Regions[1]	乘用车（含MPV） Passenger Car (Including MPV)	51 189 092	11.9
	轻型商用车 Light Commercial Vehicle	14 708 199	19.7
	大中型商用车 Large and Medium Commercial Vehicle	3 501 286	31.9
	商用车小计 Sub-total of Commercial Vehicle	18 202 175	21.8
	合计 Total	69 398 083	14.3
美国[2] U.S.A.[2]	乘用车 Passenger Car	5 643 051	4.3
	轻型商用车 Light Commercial Vehicle	5 912 153	18.4
	大中型商用车 Large and Medium Commercial Vehicle	217 859	8.6
	商用车小计 Sub-total of Commercial Vehicle	6 130 012	18.0
	合计 Total	11 773 063	11.0
加拿大[2] Canada[2]	乘用车 Passenger Car	695 557	-4.6
	轻型商用车 Light Commercial Vehicle	856 300	17.5
	大中型商用车 Large and Medium Commercial Vehicle	28 688	21.9
	商用车小计 Sub-total of Commercial Vehicle	884 988	17.6
	合计 Total	1 580 545	6.7
墨西哥[2] Mexico[2]	乘用车 Passenger Car	503 748	14.7
	轻型商用车 Light Commercial Vehicle	316 656	0.3
	大中型商用车 Large and Medium Commercial Vehicle	29 595	37.9
	商用车小计 Sub-total of Commercial Vehicle	346 251	2.7
	合计 Total	849 999	9.5
北美3国 3 Countries of North America	乘用车 Passenger Car	6 842 356	4.0
	轻型商用车 Light Commercial Vehicle	7 085 109	17.4
	大中型商用车 Large and Medium Commercial Vehicle	276 142	12.4
	商用车小计 Sub-total of Commercial Vehicle	7 361 251	17.2
	合计 Total	14 203 607	10.4
巴西[3] Brazil[3]	乘用车 Passenger Car	2 644 772	6.9
	轻型商用车 Light Commercial Vehicle	684 174	28.1
	大中型商用车 Large and Medium Commercial Vehicle	186 121	40.5
	商用车小计 Sub-total of Commercial Vehicle	870 295	30.6
	合计 Total	3 515 067	11.9
阿根廷[3] Argentina[3]	乘用车 Passenger Car	524 514	40.3
	轻型商用车 Light Commercial Vehicle	152 592	50.2
	大中型商用车 Large and Medium Commercial Vehicle	21 193	78.8
	商用车小计 Sub-total of Commercial Vehicle	173 785	53.2
	合计 Total	698 299	43.3
委内瑞拉[3] Venezuela[3]	合计 Total	125 593	-8.3
南美3国 3 Countries of South America	乘用车 Passenger Car	3 294 879	10.4
	轻型商用车 Light Commercial Vehicle	836 766	31.6
	大中型商用车 Large and Medium Commercial Vehicle	207 314	43.6
	商用车小计 Sub-total of Commercial Vehicle	1 044 080	33.9
	合计 Total	4 338 959	15.2
德国[4] Germany[4]	乘用车 Passenger Car	2 916 260	-23.4
	轻型商用车 Light Commercial Vehicle	203 253	18.2
	大中型商用车 Large and Medium Commercial Vehicle	78 904	16.7
	商用车小计 Sub-total of Commercial Vehicle	282 157	17.8
	合计 Total	3 198 417	-21.0
法国[4] France[4]	乘用车 Passenger Car	2 251 669	-0.7
	轻型商用车 Light Commercial Vehicle	417 616	11.7
	大中型商用车 Large and Medium Commercial Vehicle	39 599	-6.6
	商用车小计 Sub-total of Commercial Vehicle	457 215	9.8
	合计 Total	2 708 884	0.9
意大利[4] Italy[4]	乘用车 Passenger Car	1 959 436	-9.3
	轻型商用车 Light Commercial Vehicle	186 752	6.2
	大中型商用车 Large and Medium Commercial Vehicle	21 892	-1.0
	商用车小计 Sub-total of Commercial Vehicle	208 644	5.4
	合计 Total	2 168 080	-8.0
英国[4] U.K.[4]	乘用车 Passenger Car	2 039 226	2.2
	轻型商用车 Light Commercial Vehicle	226 089	21.3
	大中型商用车 Large and Medium Commercial Vehicle	41 445	-3.0
	商用车小计 Sub-total of Commercial Vehicle	267 534	16.8
	合计 Total	2 306 760	3.7
西班牙[4] Spain[4]	乘用车 Passenger Car	982 009	3.1
	轻型商用车 Light Commercial Vehicle	115 680	12.9
	大中型商用车 Large and Medium Commercial Vehicle	16 156	7.3
	商用车小计 Sub-total of Commercial Vehicle	131 836	12.2
	合计 Total	1 113 845	4.1
荷兰[4] Netherlands[4]	乘用车 Passenger Car	485 709	24.7
	轻型商用车 Light Commercial Vehicle	49 629	-3.2
	大中型商用车 Large and Medium Commercial Vehicle	10 252	-21.1
	商用车小计 Sub-total of Commercial Vehicle	59 881	-6.8
	合计 Total	545 590	20.2
比利时[4] Belgium[4]	乘用车 Passenger Car	548 024	15.0
	轻型商用车 Light Commercial Vehicle	54 597	2.0
	大中型商用车 Large and Medium Commercial Vehicle	8 840	-11.1
	商用车小计 Sub-total of Commercial Vehicle	63 437	-0.1
	合计 Total	611 461	13.2
奥地利[4] Austria[4]	乘用车 Passenger Car	328 513	2.9
	轻型商用车 Light Commercial Vehicle	28 076	9.6
	大中型商用车 Large and Medium Commercial Vehicle	5 911	8.2
	商用车小计 Sub-total of Commercial Vehicle	33 987	9.3
	合计 Total	362 500	3.4

续表 Continued

国家或地区 Country & Region	车型 Type	销量 Sales	同比增长 Growth
瑞士[4] Switzerland[4]	乘用车 Passenger Car	293 323	10.3
	轻型商用车 Light Commercial Vehicle	26 745	13.3
	大中型商用车 Large and Medium Commercial Vehicle	3 795	-25.1
	商用车小计 Sub-total of Commercial Vehicle	30 540	6.5
	合计 Total	323 863	9.9
葡萄牙[4] Portugal[4]	乘用车（含越野车） Passenger Car(Including SUV)	223 424	38.8
	轻型商用车 Light Commercial Vehicle	45 643	19.5
	大中型商用车 Large and Medium Commercial Vehicle	3 583	-5.7
	商用车小计 Sub-total of Commercial Vehicle	49 226	17.2
	合计 Total	272 650	34.3
丹麦[4] Denmark[4]	乘用车 Passenger Car	148 831	32.9
	轻型商用车 Light Commercial Vehicle	16 239	4.8
	大中型商用车 Large and Medium Commercial Vehicle	3 195	-23.5
	商用车小计 Sub-total of Commercial Vehicle	19 434	-1.2
	合计 Total	168 265	27.8
瑞典[4] Sweden[4]	乘用车 Passenger Car	289 684	35.8
	载货车 Truck	42 088	30.4
	客车 Bus and Coach	1 519	39.0
	商用车小计 Sub-total of Commercial Vehicle	43 607	30.7
	合计 Total	333 291	35.1
爱尔兰[4] Ireland[4]	乘用车 Passenger Car	89 355	55.5
	轻型商用车 Light Commercial Vehicle	10 552	13.7
	大中型商用车 Large and Medium Commercial Vehicle	1 067	-15.7
	商用车小计 Sub-total of Commercial Vehicle	11 619	10.1
	合计 Total	100 974	48.5
希腊[4] Greece[4]	乘用车 Passenger Car	141 501	-35.6
	轻型商用车 Light Commercial Vehicle	10 648	-26.8
	大中型商用车 Large and Medium Commercial Vehicle	1 738	-38.6
	商用车小计 Sub-total of Commercial Vehicle	12 386	-28.8
	合计 Total	153 887	-35.1
芬兰[4] Finland[4]	乘用车 Passenger Car	111 874	23.6
	轻型商用车 Light Commercial Vehicle	11 039	27.2
	大中型商用车 Large and Medium Commercial Vehicle	3 380	-10.2
	商用车小计 Sub-total of Commercial Vehicle	14 419	15.9
	合计 Total	126 293	22.6
挪威[4] Norway[4]	乘用车 Passenger Car	127 754	29.5
	轻型商用车 Light Commercial Vehicle	29 071	23.4
	大中型商用车 Large and Medium Commercial Vehicle	5 529	6.3
	商用车小计 Sub-total of Commercial Vehicle	34 600	20.3
	合计 Total	162 354	27.4

国家或地区 Country & Region	车型 Type	销量 Sales	同比增长 Growth
卢森堡[4] Luxemburg[4]	乘用车 Passenger Car	49 036	3.7
	轻型商用车 Light Commercial Vehicle	3 267	6.7
	大中型商用车 Large and Medium Commercial Vehicle	1 033	-8.9
	商用车小计 Sub-total of Commercial Vehicle	4 300	2.5
	合计 Total	53 336	3.6
冰岛[4] Iceland[4]	乘用车 Passenger Car	3 106	47.0
	轻型商用车 Light Commercial Vehicle	233	-24.4
	大中型商用车 Large and Medium Commercial Vehicle	54	8.0
	商用车小计 Sub-total of Commercial Vehicle	287	-19.8
	合计 Total	3 393	37.3
西欧18国 18 Countries of West Europe	**乘用车 Passenger Car**	**12 988 734**	**-4.8**
	轻型商用车 Light Commercial Vehicle	**1 477 217**	**12.7**
	大中型商用车 Large and Medium Commercial Vehicle	**248 679**	**0.8**
	商用车小计 Sub-total of Commercial Vehicle	**1 725 895**	**10.9**
	合计 Total	**14 714 622**	**-3.2**
波兰[5] Poland[5]	乘用车 Passenger Car	333 470	4.1
	轻型商用车 Light Commercial Vehicle	40 508	-3.4
	大中型商用车 Large and Medium Commercial Vehicle	13 573	40.6
	商用车小计 Sub-total of Commercial Vehicle	54 081	4.8
	合计 Total	387 551	4.2
捷克[5] Czech Republic[5]	乘用车 Passenger Car	169 236	4.7
	轻型商用车 Light Commercial Vehicle	11 576	-40.4
	大中型商用车 Large and Medium Commercial Vehicle	6 196	11.9
	商用车小计 Sub-total of Commercial Vehicle	17 772	-28.8
	合计 Total	187 008	0.2
斯洛伐克[5] Slovakia[5]	乘用车 Passenger Car	64 033	-14.3
	轻型商用车 Light Commercial Vehicle	6 918	-56.0
	大中型商用车 Large and Medium Commercial Vehicle	2 849	22.0
	商用车小计 Sub-total of Commercial Vehicle	9 767	-45.9
	合计 Total	73 800	-20.4
匈牙利[5] Hungary[5]	乘用车 Passenger Car	43 398	-27.9
	商用车 Commercial Vehicle	9 162	-13.7
	合计 Total	52 560	-25.8
罗马尼亚[5] Romania[5]	乘用车 Passenger Car	105 088	-19.3
	轻型商用车 Light Commercial Vehicle	9 194	-33.8
	大中型商用车 Large and Medium Commercial Vehicle	3 875	-0.3
	商用车小计 Sub-total of Commercial Vehicle	13 069	-26.5
	合计 Total	118 157	-20.1
俄罗斯[5] Russia[5]	乘用车 Passenger Car	1 899 416	29.8
	载货车（含底盘） Truck(Chassis)	150 444	54.6
	客车 Bus and Coach	44 912	25.1
	商用车小计 Sub-total of Commercial Vehicle	195 356	46.7
	合计 Total	2 094 772	31.3

续表 Continued

国家或地区 Country & Region	车型 Type	销量 Sales	同比增长 Growth
土耳其[5] Turkey[5]	乘用车 Passenger Car	515 595	41.2
	轻型商用车 Light Commercial Vehicle	255 123	38.3
	大中型商用车 Large and Medium Commercial Vehicle	26 479	75.5
	商用车小计 Sub-total of Commercial Vehicle	281 602	41.1
	合计 Total	797 197	41.2
中东欧7国 7 Countries of Middle East Europe	**乘用车** Passenger Car	3 130 236	21.6
	轻型商用车 Light Commercial Vehicle	332 481	16.2
	大中型商用车 Large and Medium Commercial Vehicle	248 328	46.3
	商用车小计 Sub-total of Commercial Vehicle	580 809	27.4
	合计 Total	3 711 045	22.4
中国[6] China[6]	乘用车 Passenger Car	13 748 884	33.3
	轻型商用车 Light Commercial Vehicle	2 846 528	24.4
	大中型商用车 Large and Medium Commercial Vehicle	1 446 405	42.0
	商用车小计 Sub-total of Commercial Vehicle	4 292 933	29.8
	合计 Total	18 041 817	32.5
韩国[6] South Korea[6]	乘用车 Passenger Car	1 318 257	6.3
	载货车 Truck	167 805	16.0
	客车/专用汽车 Bus and Coach/Special Vehicle	84 341	7.7
	商用车小计 Sub-total of Commercial Vehicle	252 146	13.0
	合计 Total	1 570 403	7.3
中国台湾省[6] Taiwan Province of China[6]	乘用车 Passenger Car	291 862	11.8
	轻型商用车 Light Commercial Vehicle	26 704	-2.3
	大中型商用车 Large and Medium Commercial Vehicle	9 049	47.2
	商用车小计 Sub-total of Commercial Vehicle	35 753	6.8
	合计 Total	327 615	11.3
印度[6] India[6]	乘用车 Passenger Car	2 386 299	31.5
	轻型商用车 Light Commercial Vehicle	340 700	35.6
	大中型商用车 Large and Medium Commercial Vehicle	312 005	58.0
	商用车小计 Sub-total of Commercial Vehicle	652 705	45.5
	合计 Total	3 039 004	34.2
巴基斯坦[6] Pakistan[6]	乘用车 Passenger Car	130 038	37.7
	轻型商用车 Light Commercial Vehicle	18 194	36.4
	大中型商用车 Large and Medium Commercial Vehicle	4 117	4.9
	商用车小计 Sub-total of Commercial Vehicle	22 311	29.3
	合计 Total	152 349	36.4
泰国[6] Thailand[6]	乘用车 Passenger Car	346 644	50.7
	轻型商用车 Light Commercial Vehicle	430 810	42.8
	大中型商用车 Large and Medium Commercial Vehicle	22 903	34.4
	商用车小计 Sub-total of Commercial Vehicle	453 713	42.3
	合计 Total	800 357	45.8
马来西亚[6] Malaysia[6]	乘用车 Passenger Car	414 597	1.9
	轻型商用车 Light Commercial Vehicle	173 004	16.0
	大中型商用车 Large and Medium Commercial Vehicle	17 410	11.0
	商用车小计 Sub-total of Commercial Vehicle	190 414	46.7
	合计 Total	605 011	12.8
印度尼西亚[6] Indonesia[6]	乘用车 Passenger Car	541 465	50.7
	轻型商用车 Light Commercial Vehicle	118 667	81.6
	大中型商用车 Large and Medium Commercial Vehicle	104 052	76.8
	商用车小计 Sub-total of Commercial Vehicle	222 719	79.4
	合计 Total	764 184	58.0
菲律宾[6] Philippines[6]	乘用车 Passenger Car	59 698	29.1
	商用车 Commercial Vehicle	110 957	28.7
	合计 Total	170 655	28.9
新加坡[6] Singapore[6]	乘用车 Passenger Car	28 891	-45.3
	商用车 Commercial Vehicle	4 219	-21.9
	合计 Total	33 110	-43.1
越南[6] Vietnam[6]	乘用车 Passenger Car	34 369	-2.7
	商用车 Commercial Vehicle	77 264	-8.2
	合计 Total	111 633	-6.6
日本[6] Japan[6]	微型乘用车 Mini Passenger Car	1 284 665	0.1
	小型和普通乘用车 Small and Ordinary Passenger Car	2 927 603	10.9
	乘用车小计 Sub-total of Passenger Car	4 212 268	7.4
	微型商用车 Mini Commercial Vehicle	441 755	9.1
	轻型商用车 Light Commercial Vehicle	195 640	3.6
	大中型商用车 Large and Medium Commercial Vehicle	106 475	15.8
	商用车小计 Sub-total of Commercial Vehicle	743 870	8.5
	合计 Total	4 956 138	7.5
亚洲12国 12 Countries & Regions of Asia	**乘用车** Passenger Car	23 513 272	25.2
	轻型商用车 Light Commercial Vehicle	4 646 769	25.2
	大中型商用车 Large and Medium Commercial Vehicle	2 412 235	37.7
	商用车小计 Sub-total of Commercial Vehicle	7 059 004	29.2
	合计 Total	30 572 276	26.1
澳大利亚[6] Australia[6]	乘用车 Passenger Car	827 407	13.5
	轻型商用车 Light Commercial Vehicle	179 553	-0.8
	大中型商用车 Large and Medium Commercial Vehicle	28 614	3.8
	商用车小计 Sub-total of Commercial Vehicle	208 167	-0.2
	合计 Total	1 035 574	10.5

续表 Continued

国家或地区 Country & Region	车型 Type	销量 Sales	同比增长 Growth
新西兰[6] New Zealand[6]	乘用车 Passenger Car	62 176	14.1
	轻型商用车 Light Commercial Vehicle	16 412	23.1
	大中型商用车 Large and Medium Commercial Vehicle	1 838	-13.7
	商用车小计 Sub-total of Commercial Vehicle	18 250	18.0
	合计 Total	**80 426**	**15.0**
南非[6] South Africa[6]	乘用车 Passenger Car	337 184	30.6
	轻型商用车 Light Commercial Vehicle	133 892	13.3
南非[6] South Africa[6]	大中型商用车 Large and Medium Commercial Vehicle	22 063	8.3
	商用车小计 Sub-total of Commercial Vehicle	155 955	12.6
	合计 Total	**493 139**	**24.3**
埃及 Egypt	乘用车 Passenger Car	192 848	21.3
	载货车 Truck	39 306	17.5
	客车 Bus and Coach	16 763	27.5
	商用车小计 Sub-total Commercial Vehicle	56 069	20.3
	合计 Total	**248 917**	**21.1**

注：1. 47个国家和地区的销售数量指新注册登记量、零售量、批发销售量、出厂量。各国的汽车分类不尽相同，直接采用当地汽车工业协会的分类进行统计。

2. 美国、加拿大、墨西哥的数据为零售量。汽车分类为轻型商用车（GVW≤14 000Ibs）、中型商用车（14 000Ibs＜GVW≤33 000Ibs）、大型商用车（GVW＞33 000Ibs）（1Ib＝453.592g）。轻型商用车包含微型厢式车（Minivan）、SUV、皮卡。

3. 巴西的数据为新注册登记量，阿根廷、委内瑞拉的数据为批发销售量。汽车分类为轻型商用车（GVW≤3.5t）、重中型载货车（GVW＞3.5t）。巴西的轻型商用车包括厢式车（Van）、SUV，阿根廷的乘用车包括SUV。

4. 西欧各国的数据均为新注册登记量。德国的汽车分类为轻型商用车（GVW≤6t）、重中型载货车（GVW＞6t）。法国的汽车分类为轻型商用车（GVW≤5t）、重中型载货车（GVW＞5t）。意大利、英国、西班牙、荷兰、比利时、奥地利、瑞士、葡萄牙、丹麦、瑞典、爱尔兰、希腊、芬兰、挪威、卢森堡、冰岛的汽车分类为轻型商用车（GVW≤3.5t）、中型商用车（3.5t＜GVW≤15t）、大型商用车（GVW＞15t），客车中包含轻（小）型客车。英国的乘用车中包括MPV，轻型商用车包括SUV、皮卡、乘用车派生厢式车。

5. 波兰、捷克、斯洛伐克、匈牙利、罗马尼亚的数据为新注册登记量。俄罗斯的数据为国产品牌出厂量与海外品牌销售量的合计。土耳其的数据为国产车批发销售量与进口车销售量的合计。波兰、捷克、斯洛伐克、匈牙利、罗马尼亚、土耳其的汽车分类为轻型商用车（GVW≤3.5t）、大中型商用车（GVW＞3.5t）。俄罗斯的乘用车内包括SUV。

6. 中国和巴基斯坦的数据为国产车出厂量。韩国的数据为国产车批发销售量与进口车的合计。台湾、新加坡、日本为新注册登记量。印度的数据为批发销售量。泰国、马来西亚、澳大利亚、新西兰、南非为零售销售量。印度尼西亚、菲律宾为批发销售量。越南为国产车批发销售量。中国的轻型商用车包括微型载货车（GVW≤1.8t）、轻型载货车（1.8t＜GVW≤6t）、轻型客车（全长≤7m、乘载人数＞9人），大中型商用车包括中型载货车（6t＜GVW≤14t）、重型载货车（GVW＞14t）、中型客车（7m＜全长≤10m）、大型客车（全长＞10m）。印度的汽车分类为轻型商用车（GVW≤3.5t）；大中型商用车（GVW＞3.5t）。泰国的汽车分类为轻型商用车（2t＜MPL≤4t）。印度尼西亚的汽车分类为轻型商用车（GVW＜5t）、大中型商用车（GVW≥5t）。日本的汽车分类为微型乘用车（ED≤660mL）、小型和普通乘用车（ED＞660mL）、微型商用车（ED≤660mL）、轻型商用车（660mL＜ED≤2 000mL、MPL≤2t）、大中型商用车（ED＞2 000mL、MPL＞2t）。

7. 数据来源：FOURIN《世界汽车调查月报》。

Note: 1. The volume of registration, retail, wholesale and consignment is considered as sales volume. The vehicle is classified as defined by each countries' national standard.

2. In U.S.A., Canada and Mexico, the statistics is the retail sales. Vehicle is classified as: GVW of light commercial vehicle≤14 000Ibs, 14 000Ibs＜GVW of medium commercial vehicle≤33 000Ibs, GVW of large commercial vehicl＞33 000Ibs（1Ib＝453.592g）. The statistics of light commercial vehicle covers the sales of Minivan, SUV and pick-up.

3. The statistics for Brazil is the registration volume of new vehicles. The statistics for Argentina and Venezuela is the wholesale volume. Vehicle is classified as: GVW of light commercial vehicle≤3.5t, GVW of heavy and medium truck＞3.5t. The statistic of light commercial vehicle for Brazil covers the sales of Van and SUV. The statistics of Passenger Car for Argentina covers the sales of SUV.

4. The statistics for countries in west Europe is the registration volume of new vehicles.In Germany, vehicle is classified as: GVW of light commercial vehicle≤6t, GVW of heavy and medium truck＞6 t. In France, vehicle is classified as: GVW of light commercial vehicle≤5t, GVW of heavy and medium truck＞5t.In Italy, U.K., Spain, Netherlands, Belgium, Austria, Switzerland, Portugal, Denmark, Sweden, Ireland, Greece, Finland, Norway, Luxemburg and Iceland, vehicle is classified as: GVW of light commercial vehicle≤3.5t, 3.5 t＜GVW of medium commercial vehicle≤15t, GVW of large commercial vehicle＞15t, and the statistics of bus and coach covers the sales of light bus and coach. The statistics of passenger car for U.K. covers the sales of MPV, and statistics of light commercial vehicle covers the sales of SUV, pick-up and Van derived from passenger car.

5. The statistics for Poland, Czech Republic, Slovak, Hungary and Romania is the registration volume of new vehicles. The statistics for Russia include the sales of vehicles in home market and the export. The statistics for Turkey is total retail sales of home-made vehicles and the imported vehicles. In Poland, Czech Republie, Slovak, Hungary, Romania and Turkey, vehicle is classified as: GVW of light commercial vehicle≤3.5t, GVW of large and medium commercial vehicle＞3.5t. The statistics of passenger car for Russia covers the sales of SUV.

6. The statistics for China and Pakistan is the production of domestic vehicles.The statistics for Korea is total retail sales of home-made vehicles and the imported vehicles.The statistics for Taiwan Province of China ,Singapore and Japan is the registration volume of new vehicles.The statistics for India is the sales of wholesale vehicles.The statistics for Thailand, Malaysia, Australia, New Zealand and South Africa is the retail volume. The statistics for Indonesia and Philippines is the wholesale volume.The statistics for Vietnam is retail sales of home-made vehicles. In China, light commercial vehicle covers mini truck (GVW≤1.8 t), light truck (1.8t＜GVW≤6t) and light bus and coach (the full length≤7m, seating capacity＞9people), large and medium commercial vehicle covers medium truck (6t＜GVW of≤14t), heavy truck (GVW＞14t), medium bus and coach (7m＜the full length≤10m) and large bus and coach (the full length＞10m). In India, vehicle is classified as: GVW of light commercial vehicle≤3.5t, GVW of large and medium commercial vehicle＞3.5t. In Thailand, light commercial vehicle is defined as 2t＜MPL≤4t. In Indonesia, vehicle is classified as: GVW of light commercial vehicle＜5t, GVW of large and medium commercial vehicle≥5t. In Japan, ED of mini passenger car≤660mL, ED of small and ordinary passenger car＞660mL, ED of mini commercial vehicle≤600mL, 660mL＜ED of light commercial vehicle≤2 000mL and MPL of light commercial vehicle≤2t, ED of large and medium commercial vehicle＞2 000mL and MPL of large and medium commercial vehiclev＞2t.

7. Source: ***FOURIN Monthly Report on the Global Automotive Industry***.

表10-38 2007～2009年世界各国汽车分车型拥有量
Table10-38 Auto Population of Countries in 2007 through 2009 (by Vehicle Type)

辆 Unit

国家 Country \ 年份 Year	2009			2008			2007		
	乘用车 Passenger Car	商用车 Commercial Vehicle	合计 Total	乘用车 Passenger Car	商用车 Commercial Vehicle	合计 Total	乘用车 Passenger Car	商用车 Commercial Vehicle	合计 Total
德国 Germany	41 737 627	2 895 281	44 632 908	41 321 171	2 682 465	44 003 636	41 183 594	2 657 086	43 840 680
意大利 Italy	36 477 025	4 845 878	41 332 903	36 105 183	4 789 308	40 894 491	35 680 098	4 687 968	40 368 066
法国 France	31 050 000	6 388 000	37 438 000	30 850 000	6 362 000	37 212 000	30 700 000	6 333 000	37 033 000
英国 U.K.	31 035 791	4 181 519	35 217 310	31 167 000	4 450 000	35 617 000	31 285 912	4 275 207	35 561 119
西班牙 Spain	22 199 602	5 432 996	27 632 598	22 145 364	5 467 781	27 613 145	21 760 174	5 414 322	27 174 496
荷兰 Netherlands	7 800 123	1 120 094	8 920 217	7 777 751	1 130 015	8 907 766	7 597 000	1 095 000	8 692 000
比利时 Belgium	5 160 257	792 706	5 952 963	5 086 756	777 960	5 864 716	5 006 294	770 806	5 777 100
奥地利 Austria	4 359 944	397 571	4 757 515	4 284 919	390 700	4 675 619	4 245 583	381 944	4 627 527
瑞典 Sweden	4 300 752	527 983	4 828 735	4 278 995	523 673	4 802 668	4 258 463	517 400	4 775 863
波兰 Poland	16 494 650	2 892 182	19 386 832	16 079 533	3 015 000	19 094 533	14 589 000	2 609 000	17 198 000
瑞士 Switzerland	4 009 602	378 483	4 388 085	3 989 881	374 800	4 364 681	3 955 787	372 153	4 327 940
土耳其 Turkey	7 093 964	3 517 339	10 611 303	6 796 629	3 394 000	10 190 629	6 472 156	3 181 390	9 653 546
俄罗斯 Russia	33 186 915	6 322 625	39 509 540	32 020 998	6 242 845	38 263 843	28 300 000	5 805 000	34 105 000
美国 U.S.A.	132 424 003	116 035 659	248 459 662	135 882 003	114 356 659	250 238 662	137 523 377	113 686 769	251 210 146
加拿大 Canada	19 876 990	915 274	20 792 264	19 612 930	907 166	20 520 096	19 199 000	872 000	20 071 000
巴西 Brazil	23 612 000	6 031 000	29 643 000	21 884 000	5 597 000	27 481 000	20 722 700	5 085 100	25 807 100
墨西哥 Mexico	17 226 300	8 663 000	25 889 300	16 827 296	8 485 000	25 312 296	16 164 550	8 222 317	24 386 867
阿根廷 Argentina	6 464 580	2 295 729	8 760 309	6 243 879	2 215 848	8 459 727	6 003 730	5 197 059	8 200 789
日本 Japan	58 020 388	15 791 534	73 811 922	57 864 972	17 663 343	75 528 315	57 632 753	18 091 068	75 714 821
中国 China	25 300 500	35 875 000	61 175 500	38 389 200	12 606 900	50 996 100	31 960 000	10 540 000	42 500 000
韩国 South Korea	13 023 803	4 301 407	17 325 210	12 483 809	4 310 000	16 793 809	12 099 793	4 328 452	16 428 245
印度 India	10 400 000	6 250 000	16 650 000	12 900 000	5 610 000	18 510 000	12 700 000	5 455 000	18 155 000
泰国 Thailand	4 462 231	5 721 804	10 184 035	4 188 292	5 583 416	9 771 708	4 200 400	5 419 008	9 619 408
印度尼西亚 Indonesia	5 005 000	3 625 000	8 630 000	4 750 000	3 500 000	8 250 000	4 355 000	3 345 000	7 700 000
澳大利亚 Australia	12 023 098	2 980 713	15 003 811	11 803 536	2 880 647	14 684 183	11 462 000	2 757 289	14 219 289
南非 South Africa	5 050 364	2 771 394	7 821 758	5 275 000	2 215 000	7 490 000	5 100 000	2 360 000	7 460 000
其他 Others	103 358 602	33 153 004	136 511 606	120 795 411	36 722 029	157 517 440	118 681 948	35 355 151	154 037 099
世界合计 Total	681 154 111	284 103 175	965 257 286	710 804 508	262 253 555	973 058 063	692 829 612	255 814 489	948 644 101

注：数据来源：《世界自动车统计年报》。
Source: ***World Motor Vehicle Statistics.***

表10-39 2005～2009年世界各国汽车分车型出口量
Table10-39 Export Volume of Countries in 2005 through 2009 (by Vehicle Type)

辆 Unit

国家 Country \ 年份 Year	2009			2008			2007			2006			2005		
	乘用车 Passenger Car	商用车 Commercial Vehicle	合计 Total	乘用车 Passenger Car	商用车 Commercial Vehicle	合计 Total	乘用车 Passenger Car	商用车 Commercial Vehicle	合计 Total	乘用车 Passenger Car	商用车 Commercial Vehicle	合计 Total	乘用车 Passenger Car	商用车 Commercial Vehicle	合计 Total
日本 Japan	3 208 639	407 529	3 616 168	5 915 429	811 662	6 727 091	5 811 959	737 981	6 549 940	5 295 497	671 175	5 966 672	4 363 168	689 893	5 053 061
美国 U.S.A.	755 093	351 885	1 106 978	1 588 076	378 096	1 966 172	1 939 144	456 423	2 395 567	1 672 640	382 052	2 054 692	1 676 725	387 474	2 064 199
德国 Germany	3 425 626	158 094	3 583 720	4 131 660	369 147	4 500 807	4 303 754	360 563	4 664 317	3 893 002	289 721	4 182 723	3 795 361	285 237	4 080 598
英国 U.K.	762 234	66 454	828 688	1 128 586	125 611	1 254 197	1 185 459	131 562	1 317 021	1 106 093	136 222	1 242 315	1 185 111	130 273	1 315 384
法国 France	3 542 282	340 931	3 883 213	3 736 921	585 270	4 322 191	4 109 972	586 686	4 696 658	3 738 684	553 680	4 292 364	3 841 448	474 532	4 315 980
意大利 Italy	251 038	131 571	382 609	279 670	281 283	560 953	374 177	276 331	650 508	367 087	228 865	595 952	272 781	224 833	497 614
比利时 Belgium	493 280	11 800	505 080	610 784	42 085	652 869	716 028	42 241	758 269	814 354	33 873	848 227	839 188	29 613	868 801
西班牙 Spain	1 555 149	328 026	1 883 175	1 655 154	525 698	2 180 852	1 803 955	585 269	2 389 224	1 689 092	583 780	2 272 872	1 705 434	541 869	2 247 303
瑞典 Sweden	284 965	82 686	367 651	384 487	177 397	561 884	494 015	164 882	658 897	477 805	138 248	616 053	492 745	135 665	628 410
巴西 Brazil	373 747	101 578	475 325	422 679	145 903	568 582	476 136	167 434	643 570	458 766	175 707	634 473	684 259	212 820	897 079
韩国 South Korea	2 007 230	141 632	2 148 862	2 508 911	175 054	2 683 965	2 718 548	128 590	2 847 138	2 530 180	118 040	2 648 220	2 456 525	129 563	2 586 088

注：数据来源：《世界自动车统计年报》。
Source: *World Motor Vehicle Statistics.*

表10-40 2010年世界汽车产量排名前20名的国家和地区
Table10-40 Top 20 Countries & Regions around the World in terms of Auto Production in 2010

辆，% Unit, %

序号 No.	国家和地区 Country & Region	产量 Production	同比增长 Growth	序号 No.	国家和地区 Country & Region	产量 Production	同比增长 Growth
1	中国 China	18 242 854	68.2	11	法国 France	1 938 252	39.5
2	日本 Japan	9 629 103	53.2	12	泰国 Thailand	1 644 513	114.5
3	美国 U.S.A.	7 729 857	68.9	13	俄罗斯 Russia	1 404 250	141.6
4	德国 Germany	5 905 957	36.7	14	英国 U.K.	1 394 632	59.3
5	韩国 South Korea	4 271 741	53.7	15	土耳其 Turkey	1 097 793	57.0
6	印度 India	3 534 640	65.9	16	捷克 Czech Republic	1 076 385	33.4
7	巴西 Brazil	3 371 194	32.5	17	意大利 Italy	842 856	19.8
8	西班牙 Spain	2 387 882	33.8	18	阿根廷 Argentina	724 023	79.5
9	墨西哥 Mexico	2 347 273	92.2	19	印度尼西亚 Indonesia	702 692	92.2
10	加拿大 Canada	2 063 936	74.3	20	马来西亚 Malaysia	567 715	40.3

注：数据来源：FOURIN《世界汽车调查月报》。
Source: *FOURIN Monthly Report on the Global Automotive Industry.*

表10-41 2010年世界汽车销量排名前20名的国家和地区
Table10-41 Top 20 Countries & Regions around the World in terms of Auto Sales in 2010

辆，% Unit, %

序号 No.	国家和地区 Country & Region	销量 Sales	同比增长 Growth	序号 No.	国家和地区 Country & Region	销量 Sales	同比增长 Growth
1	中国 China	18 200 226	47.7	11	加拿大 Canada	1 572 816	16.6
2	美国 U.S.A.	11 695 408	23.6	12	韩国 South Korea	1 571 865	20.4
3	日本 Japan	4 975 410	16.3	13	西班牙 Spain	1 117 869	17.0
4	巴西 Brazil	3 540 368	26.2	14	澳大利亚 Australia	1 041 991	22.1
5	德国 Germany	3 205 891	-15.0	15	墨西哥 Mexico	851 035	25.4
6	印度 India	3 007 403	45.8	16	泰国 Thailand	807 219	68.0
7	法国 France	2 730 358	12.6	17	土耳其 Turkey	793 684	63.6
8	英国 U.K.	2 307 669	12.8	18	印度尼西亚 Indonesia	764 273	76.9
9	意大利 Italy	2 173 764	0.7	19	阿根廷 Argentina	707 428	60.9
10	俄罗斯 Russia	2 099 184	45.8	20	比利时 Belgium	608 415	20.7

注：数据来源：FOURIN《世界汽车调查月报》。
Source: *FOURIN Monthly Report on the Global Automotive Industry.*

2010年中国汽车业遭遇反倾销重大事件一览表

事件	具体内容
欧盟执行对中国产铝制汽车轮毂的反倾销裁定	2010年5月11日，欧盟委员会开始对中国铝合金轮毂进行反倾销调查，初裁对涉案产品征收20.6%的临时反倾销税。10月28日，欧盟委员会公布对原产于中国的进口铝制轮毂的最终裁定，决定按22.3%的税率征收反倾销税，自10月29日起执行。按照欧盟反倾销条例，反倾销措施的实施期为5年。 初裁执行后，国内部分铝车轮供应商对欧盟的出口下降了30%以上，欧盟相关车企则分担了部分反倾销税率，在一定程度上提高了欧盟汽车企业的生产成本，弱化了其与美国、日本等企业同台竞争的实力。据专业人士介绍，目前国内的铝车轮行业毛利率一般不足20%，如果不能合理分担或转嫁欧盟征收的22.3%的反倾销税，出口欧盟的铝车轮将面临亏损直至出局。
印度海关初裁对中国产子午线轮胎征收反倾销税，进行复审调查	2008年10月，印度反倾销局对本案启动反倾销调查。2010年1月，该局对此案做出肯定性终裁。2010年2月19日，印度海关决定对原产于中国和泰国的子午线轮胎征收为期5年的从量反倾销税。相关企业税率情况如下： 青岛双星轮胎公司（34.81%），杭州中策橡胶公司（32.74%），杭州日升橡胶公司（32.74%），风神轮胎公司（30.79%），山东万达宝通轮胎公司（40.73%），三角轮胎公司(26.01%),山东银宝轮胎集团(35.17%),山东金宇轮胎集团(39.66%),山东恒丰橡塑公司（24.97%），固铂成山（山东）轮胎有限公司（42.48%），双钱集团(25.68%)，山东兴源轮胎集团(37.21%)，米其林轮胎（沈阳）公司(37.83%)，其他中国企业（88.27%）。 2010年9月21日，印度商工部反倾销局对原产于中国的子午线轮胎发起新出口商反倾销复审调查。调查申请人是佳通轮胎（安徽）有限公司、佳通轮胎（福建）有限公司和佳通轮胎（重庆）有限公司。根据法律规定，印度反倾销局将单独为这三家公司确定反倾销税率。此次复审调查期为2010年1月1日至2010年12月31日。

陕西汽车集团有限责任公司

董事长：方红卫

总经理：袁宏明

陕西汽车集团有限责任公司（简称陕汽），前身是陕西汽车制造厂。于1968年奠基兴建，1970年建成并试制出第一辆“延安牌”SX250型重型军用越野车。建厂至今，共生产各类汽车50余万辆，为我国国防建设和国民经济与社会发展做出了较大贡献。

40多年来，陕汽已发展成为占地面积590万m^2，拥有资产总额238亿元，从业人员3万余人的国内大型汽车企业集团之一。公司产品范围覆盖重型军用越野车、重型载货车、大中型客车（底盘）、中轻型载货车、微型车、重型车桥、微型车桥、康明斯发动机及汽车零部件等领域，是国家选型对比试验后保留的唯一指定装备我军的重型军用越野车生产基地和首批汽车出口基地企业。陕汽已拥有陕西重型汽车有限公司、陕西欧舒特汽车股份有限公司、宝鸡华山工程车辆有限责任公司、陕西通家汽车股份有限公司、陕西汉德车桥有限公司、西安康明斯发动机有限公司等38个参（控）股子公司。

陕汽拥有完整的产品研发体系，通过广泛的对外合作，搭建起了全系列商用车研发平台及其支撑系统。建立了国家级企业技术中心、博士后科研工作站和陕西省院士专家工作站，建成了国内重型载货车行业唯一的“重卡新能源研究开发与应用实验室”，承担的多个项目被列入国家“863计划”。企业在产业规模、研发能力、市场营销和零部件生产制造体系建设等方面均处于行业的领先位置。“陕汽牌”重型军用越野车先后参加了举世瞩目的建国35周年、50周年和60周年阅兵仪式，成为行业内唯一先后三次参加国庆阅兵的整车生产企业，受到国务院和中央军委的多次嘉奖。

2010年，陕汽在重型载货车领域推出通过自主创新开发出的“德龙F3000系列产品”，该系列产品集成了驾乘、休息、办公等多项功能，装备了具备故障监控、实时报警等功能的CAN总线分散拓扑电子综合管理系统，实现了整车结构和性能优化，具有可靠性高、承载力强、经济性好、低油耗、质量轻等诸多优势，进一步提升了国内重型载货车的技术水平，产品上市后，取得了可喜的销售业绩。在新能源汽车领域，陕汽推出了天然气重型载货车及客车系列产品，并形成了一定的替代燃料技术储备。研发出我国首辆纯电动码头牵引车，天然气重型载货车市场份额居国内前列，技术水平行业领先。

地址：西安经济技术开发区泾渭工业园陕汽大道1号　　邮编：710200

电话：(029)86955331　　传真：(029)86955000　　Http://www.sxqc.com